추천의 글

전문가의 시각을 바꾸고 새로운 세대의 이해를 돕는 통찰로 가득하다.
_ 리처드 홀브룩, 〈뉴욕타임스〉

강렬한 휴먼 드라마를 들려주기 위해 다양한 자료를 끌어모아 멋진 책을 썼다. 흥미로운 배경에 놀라운 상황과 기억할 만한 등장인물로 가득하다. 앨런 퍼스트, 존 르 카레, 그레엄 그린 같은 소설가를 떠올리게 한다.
_ 제임스 G. 허쉬버그, 〈워싱턴포스트〉

쿠바 미사일 위기에 관한 매혹적이고 치밀한 이야기. 읽은 책 중 최고다.
_ 파리드 자카리아, CNN

쿠바 미사일 위기에 대해 더 이상 쓸 만한 새로운 이야기가 없다고 생각했다. 하지만 이 책은 너무 잘 썼다.
_ 매들린 올브라이트, 전 국무부 장관

그야말로 드라마틱하고 독자들을 초조하게 만드는 역작인 동시에 학술적으로도 중요한 작품이다. 저자의 연구 결과는 가히 충격적이다. 쿠바 미사일 위기에 관한 어떤 역사 서술도 이 책이 이룬 성취에 필적하지 못한다.
_ 마틴 셔윈, 『아메리칸 프로메테우스』 저자

쿠바 미사일 위기를 현미경으로 들여다보듯 한 작품이다. 작가의 결론은 이론의 여지가 없다. 신화를 벗겨내고, 냉전 시대의 유물에 관한 또 하나의 장황한 사례가 거의 쇼킹할 정도로 파국이 될 뻔한 사례임을 설명하기 위한 지난 약 4반세기 노력의 절정을 보여준다.
_ 제임스 블라이트, 『아마겟돈 레터』 저자

의심할 여지 없이 쿠바 미사일 위기에 관한 현존하는 가장 완벽하고 정확한 설명이며, 이런 명성을 오랫동안 유지할 것이 틀림없다. 최고의 역사서이자 훌륭한 읽을거리다!

_ 레이먼드 가소프 대사, 브루킹스 연구소 선임연구원

쿠바 미사일 위기는 세계가 핵전쟁으로 인한 대학살의 일촉즉발까지 간 사건이다. 저자는 이처럼 고통스러운 나날에 시시각각 벌어진 상황을 매력적으로 설명한다.

_ 디노 브루지오니, 『눈싸움 *Eyeball to Eyeball*』 저자

국가 위기 상황에서 정치 지도자는 먼저 생각하고 또 생각해서 전쟁을 피하는 것이 중요하다. 이 책은 존 케네디와 니키타 흐루쇼프가 위기관리 능력을 어떻게 보여주었는지에 관한 그날그날의 시각을 제시한다. 두 지도자 덕분에 인류는 살아남아 이 책을 읽을 수 있게 되었다.

_ 세르게이 흐루쇼프(니키타 흐루쇼프의 아들) 브라운 대학 왓슨국제관계연구소 선임연구원

오싹하다. 사건 당시에 태어나지 않은 세대나 부모들의 공포를 간접적으로만 느낄 세대에게 사건을 생생하게 전해주고, 위기를 몸소 체험한 독자에게는 과거에 느낀 불안감을 되살려 준 점이 이 책의 크나큰 기여다.

_ 〈보스턴글로브〉

명쾌하다. 때맞춰 중요한 이야기를 들려줄 뿐 아니라 스릴러 소설만큼이나 흥미진진한 이야기를 만들어냈다.

_ 〈휴스턴크로니클〉

톰 클랜시의 스릴러 작품에서나 볼 수 있는 서술 방식으로 굉장히 상세하게, 그리고 시간순으로 빈틈없이 쓴 이 작품은 심장을 고동치게 하는 몇몇 오류를 분석한다.

_ 〈세인트루이스포스트디스패치〉

머리카락을 곤두서게 하는 이 책의 분석은 새로운 정보와 관점으로 인류의 종말을 가져올 뻔한 불행한 사건과 오판의 자취를 추적한다.
_ 〈어메리칸히스토리매거진〉

흡인력이 있다. 위험천만했던 그해 가을을 이해하는 데 큰 기여를 했다.
_ 〈블룸버그뉴스〉

대단하다. 어느 소설 못지않게 흥미롭다.
_ 〈크리스천사이언스모니터〉

흥미진진하다. 저자의 특별한 역사적이고 문학적인 기여는 핵전쟁으로 인한 재앙이 실제로 시시각각 어떻게 비껴갔는지에 대한 새롭고 명확한 시각을 제시한 점이다.
_ 〈프로비던스저널〉

1962

ONE MINUTE TO MIDNIGHT

ON THE BRINK OF NUCLEAR WAR

1962

세기의 핵담판 쿠바 미사일 위기의 13일

마이클 돕스 지음 | 박수민 옮김

M

일러두기

1. 단행본은 『 』로, 신문·잡지·영화는 〈 〉로 표기했다.

2. 인명과 지명을 비롯한 고유명사의 표기는 국립국어연구원 외래어표기법에 따르되, 이
   미 굳어진 경우에 한해서는 관용에 따랐다.

서문

쿠바 미사일 위기만큼 많이 연구되고 분석된 역사적 사건은 드물다. 수많은 기사, 책, TV 다큐멘터리, 대통령의 의사결정에 관한 논문, 대학 강의, 냉전에 관한 콘퍼런스, 할리우드 영화에서 1962년 10월의 13일간 인류가 핵전쟁에 가장 가까이 간 사건을 다뤘다. 놀랍게도 이처럼 많은 말이 쏟아졌음에도 아직 『디데이 *The Longest Day*』와 『대통령의 죽음*Death of a President*』 식의 사건에 관한 시간대별 설명이 없었다.

쿠바 미사일 위기에 관한 책 대부분은 회고록이거나 복잡하고 방대한 주제에 대해 한 가지 특정한 면을 다룬 학술 연구다. 이처럼 풍부한 학술 문헌에는 인간에 대한 이야기가 빠져 있었다. 제2차 세계대전 이후 가장 많은 병력과 장비가 동원되고, 엄청난 스트레스를 받는 상황에서 생사를 가르는 결정을 내리고, 커티스 르메이에서부터 체 게바라에 이르기까지 다양한 인물이 등장해서 독특한 이야깃 거리가 있는 이 사건은 20세기의 대서사시다.

이 책을 쓴 목적은 역사학자 아서 M. 슐레진저 2세가 말한 "인류 역사상 가장 위험했던 순간"에 초점을 맞춤으로써 신세대 독자들에게 냉전 위기의 정수를 느끼게 해주는 것이다. 케네디 행정부에서 "검은 토요일"로 알려진 1962년 10월 27일은 인류가 전무후무하게 핵전쟁으로 인한 종말에 가까이 갔던, 간이 떨릴 만큼 반전에 반전을 거듭한 날이었다. 또한 인류를 핵전쟁의 벼랑 끝으로 몰고 간 두 이념적 라이벌, 존 F. 케네디와 니키타 S. 흐루쇼프가 벼랑 끝에서 물러선 날이기도 했다. 쿠바 미사일 위기가 냉전의 결정적인 시기라면, 검은 토요일은 쿠바 미사일 위기의 결정적인 시기였다. 바로 그때가 "운명의 날 시계"가 비유적으로 0시 1분 전까지 간 순간이었다.

이날은 피델 카스트로가 흐루쇼프에게 공동의 적을 상대로 핵공격을 촉구하는 전보 내용을 구술하면서 시작되었고, 케네디 형제가 소련이 쿠바에서 미사일을 철수시키면 미국은 터키에 배치한 미사일을 포기하겠다고 소련에 은밀하게 제안하면서 끝났다. 그사이 소련군 핵탄두가 미사일 기지 인근으로 옮겨졌고, 쿠바 동부에서는 U-2 첩보기가 격추되었으며, 또 다른 U-2기는 소련 영공을 침입했다. 미 해군은 폭뢰를 투하해 소련 해군의 핵무장 잠수함을 수면 위로 강제 부상시켰고, 쿠바군은 미군 저공 정찰기를 상대로 발포하기 시작했다. 미 합참은 쿠바에 대한 전면적인 침공 계획 수립을 끝냈고, 소련군은 전술핵무기를 관타나모 미 해군기지 24킬로미터 이내로 옮겼다. 이 모든 상황 하나하나가 초강대국 사이의 핵공격을 촉발할 수 있었다.

나는 이 이야기를 하면서 역사학자의 글쓰기와 저널리스트의 글쓰기를 접목하려고 했다. 미사일 위기는 공문서를 통해 대부분의 비밀이 공개될 만큼 오래전에 벌어진 사건이다. 관련자 다수가 아직 살아 있고 적극적으로 증언할 의사가 있었다. 2년간의 집중적인 조사 기간에, 과거 자료를 발굴하고 목격자와 인터뷰를 했을 뿐 아니라 쿠바에 있는 미사일 기지를 방문했다. 미군 정찰기가 찍은 수천 장의 사진을 검토할 때는 새로운 자료의 양에 깜짝 놀랐다. 대개 가장 흥미로운 자료는 전혀 다른 정보가 합쳐질 때 나왔다. 이를테면 전직 소련 군인과의 인터뷰와 미국 정보기관의 감청 정보, 혹은 U-2 조종사의 기억과 국가문서보관소에서 찾아낸 U-2기의 2시간에 걸친 소련 영공 침범에 관한 미공개 지도가 여기에 해당된다.

이 사건에 관한 방대한 학술 연구에도 불구하고 아직 밝혀지지 않은 사실이 많다. 이 책에서는 사건 당시 실제로 핵탄두를 옮겨서 미국 도시를 겨냥한 소련군 장병들의 증언이 담겨 있다. 이들 중 다수는 서방 작가와 인터뷰를 한 적이 없다. 내가 아는 한, 이전에 미사일 위기를 연구한 그 누구도 쿠바 미사일 기지의 건설과 편성에 관한 세부적인 내용이 담긴 수백 건에 달하는 정찰 필름을 조사하지 않았다. 이 책에서는 딘 러스크 국무부 장관이 양측이 "눈싸움"을 벌였다고 말한

10월 24일 수요일 아침, 미국과 소련 함정 및 선박의 실제 위치를 표시하기 위해 기록물 증거를 처음으로 사용했다.

쿠바 미사일 위기에 관한 다른 자료들은 대통령의 의사결정을 전문적으로 다루는 학계의 주목을 받았다. 가장 확실한 사례가 라이벌 학자들이 아주 치밀하게 연구한 케네디 테이프다. 대통령과 대통령의 최측근 자문위원들의 대화가 담긴 43시간의 케네디 테이프는 매우 중요한 역사 자료지만, 더 큰 이야기의 단면일 뿐이다. 쿠바 미사일 위기 기간에 백악관으로 흘러들어온 몇몇 정보는 사실과 달랐다. 맥나마라 국방부 장관이나 존 매콘 CIA국장의 발언을 다른 역사 기록과 비교해 보지 않고, 있는 그대로 받아들이면 잘못된 결론에 도달하게 된다. 나는 이 책에서 이 이야기의 가장 확실한 오류 몇 가지를 지적했다.

새천년의 첫해와 마찬가지로 1960년대 초는 정치, 경제, 기술의 격변기였다. 제국이 사라지고 여러 신생국가가 유엔에 가입하면서 세계 지도가 바뀌었다. 미국은 전략적으로 압도적인 우위를 누렸지만 반미감정을 크게 불러일으켰다. 미국 본토가 이전에는 상상할 수 없던 먼 나라의 위협에 노출되면서 패권의 이면은 취약했다.

지금과 마찬가지로 사건 당시 세계는 기술 혁명의 산고를 겪었다. 항공기가 음속으로 비행할 수 있었고, 방송 영상을 세계 곳곳으로 전송할 수 있었으며, 미사일 몇 발이면 세계적인 핵전쟁을 촉발할 수 있었다. 마셜 맥루한의 신조어처럼 세계는 "지구촌"이 되어갔다. 인류는 한 번에 종말을 가져올 능력이 있었지만, 한편으로는 길을 찾기 위해 여전히 하늘의 별을 이용했다. 미국과 소련은 우주 탐사를 시작했지만, 주미 소련 대사는 본국에 전보를 보낼 때 자전거를 탄 전령을 불러야 했다. 미국 전함은 달에 메시지를 전송할 수 있었지만, 일급비밀 통신문을 해독하는 데 긴 시간이 걸리기도 했다.

쿠바 미사일 위기는 역사가 예기치 못한 반전으로 가득하다는 사실을 떠올리게 해주는 사건이다. 역사학자들은 때로는 논리적으로 설명되지 않는 사건에서 질서와 논리와 필연성을 찾길 좋아한다. 덴마크 철학자인 키르케고르의 말처럼 역사는 "앞으로 진행"되지만 "뒤로 이해"된다. 나는 이 이야기를 사건 당시와 마찬가지로 손에 땀을 쥐게 할 정도의 흥미와 예측 불가능성을 유지하면서 시간순으로 설명하려고 공을 들였다.

또한 검은 토요일에 벌어진 사건을 이해하는 데 필요한 배경지식을 알려주기 위해, 로버트 케네디의 회고록으로 유명해진 "13일"이 시작되는 시점부터 이야기를 꺼냈다. 위기 첫 주, 즉 케네디가 텔레비전을 통해 흐루쇼프에게 최후통첩을 하기 전, 워싱턴에서 비밀 토의를 했던 일주일은 한 개 장(제1장)으로 압축했다. 상황이 급박하게 돌아가면서 차츰 더 세부적인 이야기를 담았다. 10월 22일 월요일에서 10월 26일 금요일까지는 여섯 개 장(제2장~제7장)을 할애했다. 책의 나머지 절반(제8장~14장)에서는 위기의 절정에 해당하는 10월 27일 검은 토요일과 위기가 해소되는 10월 28일 일요일 아침까지를 분 단위로 설명했다.

쿠바 미사일 위기는 시차가 다른 24개 지역에서 동시다발적으로 벌어진 국제적인 사건이다. 주요 무대는 워싱턴·모스크바·쿠바지만, 런던·베를린·알래스카·중앙아시아·남태평양·심지어 북극도 무대가 되었다. 독자들의 혼란을 막기 위해 미국 워싱턴 시각을 매 절에 표시했다.

이야기 구성은 아주 간단하다. 워싱턴과 모스크바에 있던 두 사람이 자신들이 직접 풀어 놓은 핵전쟁이라는 유령과 싸웠다. 하지만 극적 사건을 보여주는 것은 부차적 줄거리다. 때로는 조연들이 이야기를 이끌어가는 듯 보이고, 부차적 줄거리가 언제든 핵심 줄거리가 될 수도 있다는 사실을 기억할 필요가 있다. 중요한 것은 케네디와 흐루쇼프가 사건을 통제하길 "원했는지"가 아니라, "통제할 수 있었는지"였다.

차례

지도

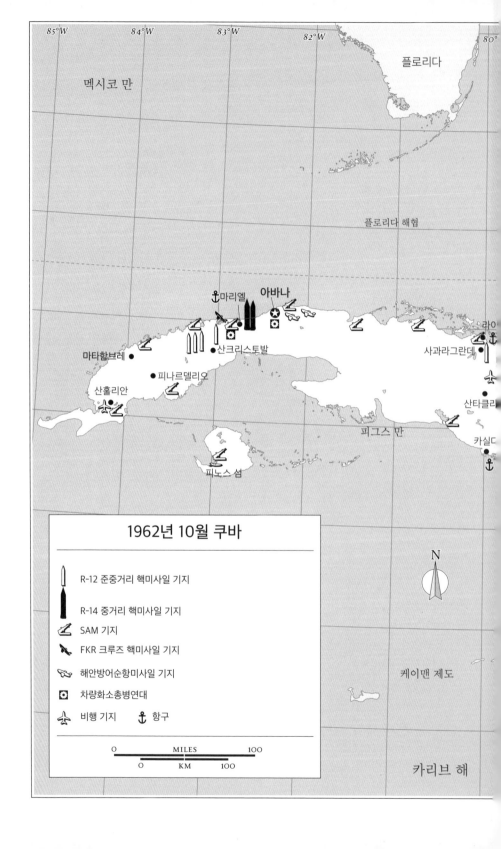

멕시코 만

플로리다

플로리다 해협

마리엘 아바나

마타함브레 산크리스토발

피나르델리오

산훌리안

라이

사과라그란데

산타클라

카실드

피노스 섬

피그스 만

1962년 10월 쿠바

R-12 준중거리 핵미사일 기지

R-14 중거리 핵미사일 기지

SAM 기지

FKR 크루즈 핵미사일 기지

해안방어순항미사일 기지

차량화소총병연대

비행 기지   항구

N

케이맨 제도

```
O        MILES        100
O         KM          100
```

카리브 해

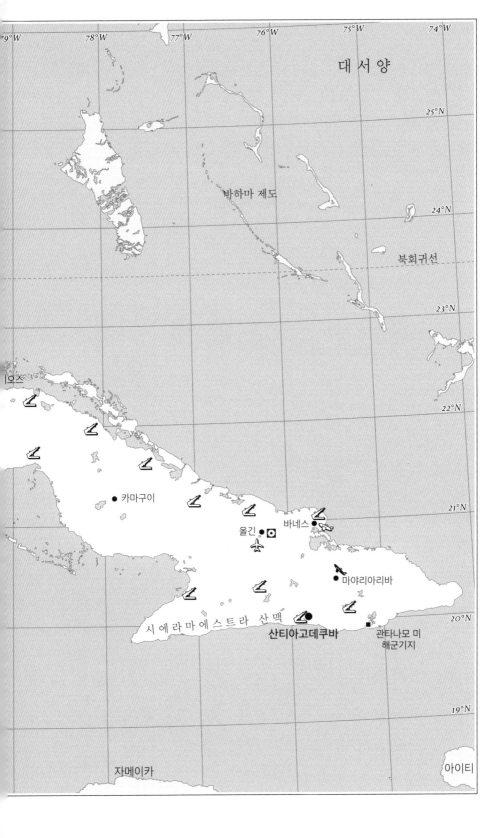

대 서 양

바하마 제도

북회귀선

카마구이

올긴   바네스

마야리아리바

시 에 라 마 에 스 트 라 산 맥

산티아고데쿠바   관타나모 미
                해군기지

자메이카

아이티

25°N

24°N

23°N

22°N

21°N

20°N

19°N

79°W   78°W   77°W   76°W   75°W   74°W

제1장

미국인

American

아서 런달은 대통령의 어깨 너머에 서 있었다. 국가사진판독센터 소장인 런달은 지시봉을 들고 인류를 핵전쟁의 벼랑 끝으로 몰고 갈 비밀을 공개할 준비를 했다.

커다란 검정 가방 안에 든 브리핑판 세 장에는 흑백 사진이 붙어 있고, 거기에 비밀이 감춰져 있었다. 고성능 줌렌즈를 이용해서 아주 먼 거리에서 촬영한 사진이 분명했다. 대충 보면 사진에 포착된 들판, 숲, 구불구불한 시골길의 모습이 평범한 전원 지역 같았다. 들판 중 한 곳에는 튜브 형태의 물체가 있고, 타원형의 흰 점이 가지런하게 줄 서 있었다. 나중에 케네디는 이곳을 "풋볼 경기장"으로 오해할 수도 있겠다는 말을 했다. 이날 아침 일찍 사진을 확인한 대통령의 동생 바비(로버트 케네디의 애칭 - 옮긴이)의 눈에는 "농장용 부지나 집을 짓기 위해 땅을 고르는 것"처럼 보였다.[1]

런달은 대통령이 사진의 중요성을 이해하는 데 도움을 주기 위해 사진에 나오는 점과 얼룩처럼 보이는 물체에 화살표와 함께 "수직발사 장비", "미사일 트레일러", "천막 구역"이라는 설명을 달았다. 런달이 브리핑판을 보여주려던 순간 문밖에서 시끄러운 소리가 들렸다. 네 살배기 여자아이가 백악관에서 가장 경비가 삼엄한 방에 뛰어 들어왔다.

"아빠, 아빠, 아저씨들이 내 친구 못 들어오게 해요."[2]

캐롤라인 케네디가 흥분해서 떠들며 케네디 대통령 쪽으로 뛰어가는 동안 미국에서 가장 힘 있는 열네 명이 들어왔다. 검정 양복 차림에 엄숙한 표정을 짓던 사람들은 이런 일이 낯설지 않았다. 대통령이 가죽 의자에서 일어서서 딸아이를 각료회의실 문 쪽으로 되돌려 보내는 동안 사람들의 찌푸린 표정은 미소로 바뀌었다.

"캐롤라인, 사탕 먹었니?"[3]

아무 대답이 없자 대통령은 미소를 지었다.

"말해봐. 먹었는지 안 먹었는지. 아니면⋯."

대통령은 팔로 딸아이의 어깨를 감싸고 회의실 밖으로 잠시 나갔고, 돌아올 때는 표정이 다시 심각하게 굳었다. 대통령은 로즈가든을 등진 채 대통령 인장 아래에 있는 긴 테이블의 중앙에 앉았다. 양옆으로 국무부 장관과 국방부 장관이 앉았다. 맞은편에는 대통령의 동생이기도 한 법무부 장관과 부통령, 국가안보보좌관이 있었다. 그 뒤로 링컨 대통령의 작은 흉상이 있고, 그 옆으로 모형 배가 있었다. 우측 벽난로 상단에는 유명 화가인 길버트 스튜어트가 그린, 분을 바르고 가발을 쓴 조지 워싱턴의 초상화가 걸려 있었다.

미국 제35대 대통령인 케네디가 회의 시작을 알렸다.

소련이 미국을 기만한 증거가 공개되었다. 회의실에 있는 사람들이 보기에 대통령은 이상할 정도로 차분했다. 절대 그럴 생각이 없다고 주장한 소련이 미국 남부 해안에서 160킬로미터도 떨어지지 않은 쿠바에 핵미사일을 몰래 배치했다. CIA에 따르면 해당 미사일은 사거리가 약 1900킬로미터로 미국 동부 연안 대부분을 타격할 수 있었다. 일단 미사일을 장착해서 발사 준비를 마치면 13분 만에 워싱턴 상공에서 폭파되어 미국 수도를 초토화시킬 수 있었다.[4]

런달은 가방에서 브리핑판을 꺼내 테이블 위에 얹었다. 그러고는 대통령이 주목할 수 있도록 지시봉으로 수직발사대 옆 캔버스 천으로 덮여 있는 미사일을 가리켰다. 주변 들판에는 미사일 트레일러 7대가 주차되어 있었다.

"준중거리탄도미사일이란 걸 어떻게 알 수 있습니까?"

대통령이 물었다. 목소리가 또박또박하고 차분했지만 긴장감과 들끓는 분노가 배어 있었다.

"길이로 알 수 있습니다, 각하."[5]

"뭐라고요? 길이 말입니까?"

"미사일의 길이로 알 수 있습니다. 네."

지난 36시간 동안 CIA 전문가들은 쿠바 서부에 있는 산과 계곡을 촬영한 정찰 사진 수천 장을 샅샅이 검토했다. 튜브 형태의 물체가 근처에 있는 타원형 반점과 연결된 케이블을 발견했고, 사무실의 절반을 차지하는 혁신적인 신형 컴퓨터 장치인 맨모델 621 비교 측정기로 길이를 쟀다. 튜브의 길이는 20미터였다. 같은 길이의 미사일이 모스크바 붉은광장에서 진행된 군사 퍼레이드에서 포착된 적이 있었다.

대통령은 미사일이 언제 발사 준비가 끝나는지 물었다. 전문가들도 확답을 내놓지 못했다. 미사일에 핵탄두를 장착하는 데 얼마나 걸리느냐에 달렸다. 일단 탄두가 장착되면 몇 시간 내 발사가 가능했다. 소련군이 탄두를 미사일 기지로 옮겼다는 증거는 아직 없었다. 탄두가 있다면 저장 시설이 있어야 하는데 아직 그런 시설은 발견되지 않았다.

"탄두가 없어서 발사 준비를 끝내지는 않은 것으로 보입니다."

로버트 맥나마라 국방부 장관이 말했다. 포드 자동차 사장 출신으로 컴퓨터 두뇌를 가진 맥나마라는 기습 공격의 가능성을 순식간에 계산했고, 아직 대통령에게 약간의 시간이 있다고 판단했다.

맥스웰 테일러 장군은 맥나마라와 생각이 달랐다. 합참의장인 테일러는 제2차 세계대전 당시 노르망디에서 공수 강하를 했고, 베를린과 한국에서 연합군을 지휘한 인물이었다. 뒤늦은 결정의 위험성을 지적하는 일은 그의 몫이었다. 소련군이 "아주 빨리" 미사일 발사 준비를 마칠 수도 있었다. 관련 시설 대부분이 이미 구축되었다.

"대규모 콘크리트 바닥 같은 시설이 구축되길 기다릴 문제가 아닙니다."

벌써 자문위원들은 비둘기파와 매파로 나뉘고 있었다.

케네디는 이날 아침 일찍 정보 보고를 받은 상태였다. 아침 8시가 지나자마자 맥조지 번디 국가안보보좌관이 백악관 2층에 있는 대통령 침실 문을 노크했다. 케네디는 침대에서 잠옷에 가운 차림으로 조간신문을 읽고 있었다. 자주 그렇듯 대통령은 〈뉴욕타임스〉의 1면 헤드라인에 화를 냈다. 특히 이날 아침 표적은 전임 대통령은 현직 대통령에 대한 비난을 자제한다는 암묵적인 관례를 깬 드와이트 아이젠하워였다.

아이젠하워, 현 정권 외교정책 나약하다 지적

–

정부 성과에 관한 대통령 발언에
이의 제기하며 "비참한 기록"이라고 비난

–

미국의 후퇴로 판단

번디가 최근 쿠바 상공을 정찰한 U-2기 임무에 관해 설명하자 케네디의 표적은 아이젠하워에서 냉전의 숙적으로 바뀌었다. 지난 2년간 케네디와 니키타 흐루쇼프는 핵무기를 둘러싸고 공공연하게 기 싸움을 벌였다. 케네디는 변덕스러운 상대를 잘 안다고 생각했다. 미국은 중간 선거를 3주 앞두고 있었다. 흐루쇼프는 물밑 접촉을 통해 미국 대통령을 정치적으로 당황하게 만들 행동은 하지 않겠다고 했다.

소련이 쿠바에서 미사일 기지를 구축하는 상황은 시기적으로 최악이었다. 케네디는 1960년 대통령 선거 기간에 피델 카스트로가 쿠바를 "적대적이고 전투적인 공산주의 위성국가"로 탈바꿈시키는데도 아이젠하워 행정부가 넋 놓고 있다고 비난하면서 쿠바 문제를 공화당에 대한 공격의 빌미로 삼았다.[6] 민주당이 집권하자 입장이 뒤바뀌었다. 공화당 정치인들은 쿠바에서 소련이 군사력을 구축한다는 정보를 케네디의 나약함과 무기력함을 비난하는 데 활용했다. 케네스 키팅 공화당 뉴욕 주 상원의원은 소련이 얼마 안 가 카리브 지역에 구축한 전초기지에서 "미국 본토로 로켓을 퍼부을" 수 있게 될 것이라고 주장했다. 불과 이틀 전, 케네디는 번디를 전국적으로 방영되는 텔레비전 방송에 내보내 키팅의 주장에 반박하게 했다.[7] 국가안보보좌관으로부터 흐루쇼프가 자신을 속였다는 사실을 보고받은 케네디는 이렇게 내뱉었다.

"그 작자가 나한테 이럴 순 없어."

한 시간 뒤에는 대통령 특별보좌관인 케니 오도넬의 사무실로 가서 우울하게 말했다.

"키팅이 아마 차기 미국 대통령이 될지도 몰라"[8]

보안을 철저하게 유지하기로 마음먹은 케네디는 마치 아무 일 없는 듯이 평소 일정을 소화하기로 했다. 임무에서 돌아온 우주비행사와 비행사의 가족들에게 캐롤라인의 조랑말인 마카로니를 자랑했고, 민주당 의원들과 30분간 환담을 나눴으며, 정신지체자 문제에 관한 콘퍼런스를 주관했다. 거의 정오가 되어서야 공식 일정에서 벗어나서 외교정책 자문위원들을 만날 수 있었다.

케네디는 자신이 흐루쇼프에게 속은 사실을 인정했다. 금속 노동자 출신인 흐루쇼프는 다중적인 인물이었다. 어떤 때는 사근사근하고 어떤 때는 무례했다. 친근하게 대하다가 협박하기도 했다. 흐루쇼프는 케네디가 만난 다른 정치인들과 완전히 달랐다. 1961년 6월 오스트리아 빈에서 열린 단 한 차례의 정상회담은 악몽이었다. 흐루쇼프는 미국의 잘못에 대해 설교를 했다. 서베를린을 점령하겠다고 으름장을 놓았을 뿐 아니라, 공산주의가 필연적으로 승리할 것이라면서 케네디를 어린

애 다루듯 했다. 가장 충격적인 사실은 핵전쟁의 위험성과 양측의 오판으로 핵전쟁이 촉발될 수 있다는 케네디의 우려에 대해 공감하지 않은 것처럼 보인 점이었다. 흐루쇼프는 아무렇지도 않다는 듯 핵무기를 초강대국 간 경쟁에 있어서 한 가지 요소일 뿐이라고 했다. 미국이 전쟁을 원하면 "당장 해봅시다"라며 거칠게 몰아쳤다.[9]

정상회담이 끝난 뒤 케네디는 〈뉴욕타임스〉의 제임스 레스턴에게 말했다.

"내 인생에서 가장 힘든 시기였습니다. 흐루쇼프에게 세계 두들겨 맞았습니다."

자신의 상관이기도 한 케네디의 회담 성과를 경멸했던 존슨 부통령은 친구에게 이렇게 말했다.

"흐루쇼프가 불쌍한 친구를 질겁하게 했지."

빈 정상회담 직후에 케네디를 만난 해롤드 맥밀런 영국 총리는 존슨보다 약간 더 동정적이었다. 맥밀런은 케네디가 "소련 서기장의 무자비함과 만행에 압도"되었다고 여겼다. 난생처음으로 케네디는 "자신의 매력에 둔감한" 인물을 만난 것이다. 맥밀런은 이런 말도 했다.

"한편으로 이 일은 핼리팩스 경이나 네빌 체임벌린이 히틀러와 회담할 때를 떠올리게 했다."[10]

이 문제는 부분적으로 케네디 자신의 오판 탓도 있었다. 가장 큰 실수는 피그스 만 침공이었다. 집권 4개월 뒤인 1961년 4월, 케네디는 CIA가 훈련시킨 쿠바 망명자 1500명이 쿠바를 침공하는 계획을 승인했다. 이 작전의 계획과 실행은 재앙과도 같았다. 카스트로는 침공군을 상륙 지점에 고립시켜 맹공을 퍼부었다. 케네디는 가능하면 미국의 공식적인 개입 사실을 숨기려 했다. 그래서 쿠바 앞바다에 있던 미군 함정과 항공기에 수적 열세에 놓인 침공군을 구하라는 명령을 내리지 않

제1장 미국인

앗고, 결국 침공군 대부분이 쿠바 정부군에 붙잡혔다. 나중에 케네디는 레스턴에게 이렇게 털어놓았다.

"(흐루쇼프가 나를) 미숙하다고 생각할 겁니다. 멍청하다고도 여기 겠죠. 가장 중요한 사실은 배짱이 없다고 생각할 가능성이 크다는 겁니다."[11]

이 사건 이후 케네디는 미숙하고 배짱 없는 지도자라는 이미지에서 벗어나려고 애를 썼다. 쿠바에서 들려온 소식은 흐루쇼프가 "지독한 거짓말쟁이"라는 인상을 더욱 굳혔다.[12] 케네디는 동생 바비에게 흐 루쇼프가 "정치인이 아니라, 책임감이 있는 인물이 아니라 … 개념 없 는 불량배처럼 행동"했다고 말했다.[13]

문제는 대응 방법이었다. U-2기 정찰 활동을 강화하는 것은 당연했 다. 군사적 조치로는 미사일 기지에 대한 제한적 공습이나 전면적인 침공 이 있었다. 테일러 합참의장은 한 차례 공격으로는 전체 미사일을 파괴할 수 없을지도 모른다고 경고했다.

"100퍼센트 장담할 순 없습니다, 각하."

모든 군사적 조치가 곧장 침공으로 확대될 가능성이 컸다. 침공을 하 려면 첫 공습 일주일 뒤 병력 15만 명을 동원해야 했다. 그사이 소련이 핵 미사일 1~2기를 쏠 수도 있었다.

케네디는 공습 방안을 언급하면서 무겁게 말했다.

"확실히 첫 번째 방안으로 합시다. 미사일을 제거하는 겁니다."

1962년 10월 16일 화요일 오후 2:30

이날 오후 로버트 케네디가 법무부 집무실에서 피델 카스트로를 상대 로 한 비밀전쟁 담당자들을 만났을 때, 아직 눈에 분노가 서려 있었다.

로버트 케네디는 몽구스 작전에 관한 대통령의 "불만"을 확실히 전하기로 했다.[14] 지난 1년간 실행한 작전은 사실상 아무런 성과가 없었다. 파괴 공작 계획을 수없이 수립했지만 전부 실패했다. 피델과 수염을 기른 쿠바의 혁명 세력은 여전히 건재했고, 매일 미국에 굴욕을 안겨주고 있었다.

법무부 장관을 가운데 두고 CIA, 펜타곤, 국무부 간부들이 반원 형태로 앉았다. 집무실 벽에는 관용 미술품과 함께 로버트 케네디의 자녀들이 그린 그림이 걸려 있었다. 서류가 어지럽게 놓인 책상에는 "몽구스 비밀"이라고 적힌 두 쪽짜리 문서가 있었다. 최근에 수립된 쿠바 내란 조장 계획이 담긴 이 문서는 CIA에 훨씬 더 "공격적인" 작전을 재촉한 케네디 형제의 요구로 작성된 것이었다. 로버트 케네디는 문서의 목록을 대충 훑어보면서 만족스러운 듯이 고개를 끄덕였다.

· 피나르델리오 철교 폭파
· 아바나 주재 중공 대사관 수류탄 공격
· 쿠바 주요 항구 접근로에 대한 기뢰 부설
· 아바나 항 및 마탄사스 항에 정박한 유조선 방화
· 아바나와 산티아고에 있는 정유 공장 방화[15]

법무장관이라는 직책은 바비의 진짜 역할을 숨기고 있었다. 정부 내 2인자나 다름없는 바비는 본 업무 외에도 "스페셜그룹(보강)"이라는 비밀 위원회를 주관했다. 이 기구의 목적은 카스트로를 "제거"하고 쿠바를 공산주의자의 지배에서 "해방"시키는 것이었다. 대통령의 동생이 기구에 추가로 투입된 사실은 "보강"이라는 모호한 말로 표시되었고, 이것은 다른 정부기관에 이 기구의 중요성을 강조하는 방법이었다.

바비는 1961년 11월 몽구스 작전을 직접 통제하게 된 직후 "쿠바 문제는 미국 정부의 최우선 과제로 다룬다. 시간, 돈, 인력, 노력을 아끼지 않겠다"고 선언했다.[16] 쿠바에서 소련 미사일이 발견된 바로 이날, 공교롭게도 바비는 쿠바를 상대로 한 비밀 행동 계획을 검토하는 일정을 잡아두었다.

바비는 스페셜그룹 회의를 주관하는 동안 단어 선택에 신중을 기했다. 대통령이 철저한 보안 유지를 강조했기 때문에 회의 참석자 중 절반은 이날 벌어진 상황을 모르고 있었다. 바비는 "지난 24시간 동안 미국 정부의 기류 변화"에 관해 말하는 동안 분노를 감추기 어려웠다. 파괴 공작 활동에 있어서 "밀어붙이기"가 부족하다는 이유로 낙담한 그는, 몽구스 작전에 "개인적인 관심을 더" 기울이겠다고 했다. 그러기 위해 별도로 언급이 있을 때까지 매일 아침 9시 30분에 몽구스 작전팀과 만날 생각이었다.

소련이 서반구에 미사일을 배치한 사실은 바비에게는 정치적인 모욕만이 아니라 개인적인 모욕이기도 했다. 케네디 형제 중 잭(케네디 대통령의 별칭)은 부드럽고 차분한 반면 바비는 다혈질이었다. 잭이 카스트로와 흐루쇼프에게 또다시 굴욕을 당했다. 바비는 이런 상황을 바로잡으려고 했다. 승부 근성이 아주 강한 케네디가의 가풍에 비춰봐도 바비는 승부욕이 엄청 강했고 한번 원한을 품으면 제일 오래갔다. 아버지 조셉 케네디 1세는 "우리 가족들은 모두 용서할 줄 알지. 바비만 **빼고** 말이야"라고 말을 하기도 했다.[17]

바비는 아침 일찍 형의 전화를 받고 쿠바 미사일에 관한 정보를 알게 되었다. 잭이 바비에게 말했다.

"아주 골치 아픈 문제가 생겼어."

곧이어 바비는 백악관 안보보좌관 사무실에서 정찰 사진을 확인했다. 이때 그는 주먹으로 손바닥을 세게 치면서 내뱉었다.

"빌어먹을, 빌어먹을, 빌어먹을. 이런 소련 개자식들."[18]

같은 소식에 잭이 냉정하게 반응한 반면, 바비는 당장이라도 누군가를 칠 듯 욕하고 주먹을 치켜들며 방에서 서성거리면서 분을 삭였다.

바비는 흐루쇼프에게 화가 났다. 쿠바를 해방시키겠다고 계속 말만 할 뿐 사실상 아무것도 하지 않은 나태한 미국 관료에게도 화가 나기는 마찬가지였다. 카스트로에 반대한 쿠바인들과 미사일 관련 활동을 감시하던 CIA 요원들이 수차례 관련 보고를 했음에도, 쿠바에 미사일을 배치하지 않겠다고 말한 소련을 믿은 자신에게도 화가 났다. 나중에 바비는 회고록에서 이렇게 말했다.

"회의 참석자 대부분은 어이없이 기만당했다는 생각에 사로잡혔다. 그동안 흐루쇼프에게 속았지만, 한편으로는 웃음거리가 되는 상황을 자초했다."[19]

지난 1년간 케네디 형제는 노골적으로 쿠바 침공 명령을 내리는 일 외에 피델 카스트로에게 앙갚음하기 위해 온갖 방법을 동원하려 했다. 1961년 11월 바비가 쓴 메모에는 이런 내용이 있었다.

쿠바인들이 자발적으로 쿠바에서 첩보 활동, 파괴 공작, 전반적인 무질서를 조장하게 할 계획이었음. 카스트로를 끌어내릴 수 있다고 장담할 수 없지만 손해 볼 것은 없다고 판단됨.[20]

이런 목표를 위해 아주 비열하고 기상천외한 방법도 마다치 않았다. 국무부는 쿠바 경제를 파탄시킬 계획을 수립했다. 펜타곤은 카스트로에게 책임을 떠넘길 수 있는, 마이애미와 워싱턴에 대한 연쇄 폭탄 테러 계획을 마련했다. CIA는 무기를 숨겨두고 폭동을 조장하기 위해 반카스트로 망명자들을 쿠바에 침투시켰다. CIA가 지원한 카스트로 암살 계획은 셀 수 없이 많았다. 여기에는 "엘 리더 막시모"를 제거하기 위해 마피아를 활용해서 쿠바에 무기와 독약을 몰래 반입하는, 진행 중인 활동도 포함되었다. 화학 약품으로 카스트로의 수염을 제거해서 카스트로를 쿠바 국민의 웃음거리로 만드는 예비 계획도 있었다.

바비는 개인적으로 반카스트로 작전의 모든 측면에 관심이 있었다. 그래서 버지니아 주 히코리힐에 있는 저택에 반카스트로 활동가들을 초대했고, 침대 밑에서 아이들이 장난감을 갖고 노는 동안 카스트로를 끌어내릴 방법에 관해 이야기를 나눴다. 정상적인 지휘 체계를 우회해 쿠바 망명자 공동체에 있는 연락책에게 직접 전화를 걸었고, CIA 내부에 상근 연락관도 심어두었다.[21] 독자적으로 활동했던 연락관은 상부에 보고하지 않고 은밀하게 법무부 장관이 시킨 일을 했다.

케네디 정부의 역사를 공식적으로 기록한 아서 슐레진저 2세는 몽구스 작전을 "로버트 케네디가 했던 가장 눈에 띄는 바보짓"이라고 했다.[22] 몽구스 작전은 바비 혼자만의 바보짓이 아니었다. 바비가 케네디 행정부 내에서 카스트로 전복을 가장 적극적으로 옹호한 인물인 것은 분명하지만, 대통령의 전폭적인 지지를 받았다. 스페셜그룹에 소속된 인원은 전부 그런 사실을 알고 있었다. 회의에 참석한 백악관 공식 속기사였던 토머스 패럿은 바비가 "앉아서 넥타이를 느슨하게 하고 책상에 다리를 얹은 채 껌을 씹으면서 반박할 테면 해보라고" 부추기곤 했다고 기억했다.[23] 그리고는 이런 말도 덧붙였다.

"새파랗게 젊었지만 대통령의 동생이었고 실세였기 때문에 무시할 수 없었다. 다들 바비의 뜻을 거역하면 그런 사실이 대통령 귀에 들어간다고 생각했다."

잭과 바비의 관계는 지킬 박사와 하이드와도 같았다. 괴로워하고 격앙된 바비는 이보다 차분하고 느긋한 잭의 더 어둡고 거친 모습을 대변했다. 백악관에서 일하면서 두 형제의 관계를 폭넓게 관찰했던 리처드 굿윈은 바비의 강경한 태도에 대해 이렇게 말했다.

"대통령 자신의 숨겨둔 감정과 두 사람이 사전에 나눈 개인적인 대화를 반영했다. … 겉보기에 붙임성 있고 사려 깊으면서도 세심하게 통제된 존 케네디의 행동 이면에는 냉담하면서도 종종 폭발 직전의 분노가 있었다."[24]

미국 역사상 최연소로 당선된 대통령이 된 지 2년이 지났고 냉전의 최대 위기가 벌어진 이때, 잭은 45세였고 바비는 36세에 불과했다.

케네디 형제가 쿠바에서 자신들의 의지를 관철할 도구는 에드워드 랜스데일이라는 정력적인 공군 준장이었다. 이날 법무장관 앞에 앉은 랜스데일 준장은 열심히 메모를 했다. 잘 다듬은 콧수염과 여자들에게 인기 있는 배우의 미소에, 일벌레 같은 표정을 짓고 있는 랜스데일 준장은 영화배우 클라크 게이블을 닮았다. 케네디 형제는 랜스데일의 뭐든 해낼 수 있다는 자신감을 마음에 들어 했다. 랜스데일의 공식 직함은 "쿠바 프로젝트"의 "작전대장"이었다.

공보 책임자이자 흑색선전 전문가 출신인 랜스데일은 필리핀 정부의 공산주의자 폭동 진압 작전을 지원하면서 동남아시아에서 명성을 얻었고, 남베트남에서 군사고문으로도 일했다. 몇몇 사람들은 랜스데일이 영국 작가 그레이엄 그린이 쓴 『조용한 미국인The Quiet American』의 성실하지만 고지식한 주인공의 실존 모델이었다고 생각했다. 소설 속 주인공은 아시아 정글에 미국식 민주주의를 수출하려는 생각에 사로잡혀 주변에 큰 혼란을 야기하는 인물이었다.

1962년 1월을 시작으로, 랜스데일은 카스트로 전복 계획을 지속적으로 수립하라는 지령을 내렸으며 "심리적 지원", "군사 지원", "파괴 공작 지원"이란 여러 가지 명목하에 이런 계획들을 능숙하게 조직했다. 작전명 "터치다운 플레이Touchdown Play"의 목표일은 미국 중간 선거가 있기 몇 주 전인 10월 중순이었다. 케네디 형제의 정치적 직관에 호소하기 위해 잡은 일정이었다. 2월 20일 자 일급비밀에 담긴 단계별 일정은 다음과 같았다.

· 1단계 행동 : 1962년 3월. 행동 개시.
· 2단계 예비 공작 : 1962년 4~7월. 쿠바 내부에서 혁명에 필요한 활동을 시작하는 동시에 쿠바 외부에서 주요 정치·경제·군사적 지원을 함.
· 3단계 준비 : 1962년 8월. 최종 정책 결정 점검.
· 4단계 저항 : 1962년 8~9월. 게릴라 작전 개시.
· 5단계 반란 : 1962년 10월 첫 2주. 반란 개시로 공산주의 정권 전복.
· 6단계 마무리 : 1962년 10월 중. 새 정부 구축.[25]

하지만 랜스데일은 장군이긴 해도 휘하에 병력이 없었다. 쿠바 내부에도 작전 실행에 필요한 자산이 거의 없었다. 뒤엉켜 있고 개별적으로 움직이는 미국 관료 체계를 통제하지도 못했다. CIA 소속의 몽구스 작전 요원들은 랜스데일의 지휘를 받아도 그의 "비현실적이고 섣부른" 계획을 경멸했다. 이들은 랜스데일에게 "육군 원수" 혹은 "전형적인 미국 게릴라 전사"라는 별명을 붙이는 동시에 "괴짜", "미개인"이라고 부르기도 했다. 이들은 랜스데일이 케네디 형제에게 미치는 것처럼 보이는 거의 "신비"하기까지 한 영향력을 이해하기 어려웠다. 존 매콘 CIA 국장의 보좌관인 조지 맥매너스는 "랜스데일의 프로젝트는 뭔가 하고 있다는 인상을 주긴 했다"고 말했다.[26] 아무런 결과 없이 온통 일만 벌인다는 의미였다.

쿠바 내부에 대혼란을 일으킬 목표일이 다가왔지만 아무 일 없이 넘어가자 랜스데일은 카스트로를 끌어내리기 위해 점점 더 이상한 아이디어를 짜냈다. 10월 15일로 잡은 마지막 계획은 미국 잠수함이 아바나 해안가에 부상해서 조명탄을 쏘는 것이었다. 조명탄으로 밤하늘을 밝게 비추는 사이 CIA 요원들은 카스트로가 적그리스도이고 조명탄 불빛이 예수의 재림을 알리는 전조라는 소문을 퍼트릴 계획이었다. 효과를 극대화하기 위해 작전 시점을 가톨릭교회의 축일인 위령의 날로 하자고 제안했다. 랜스데일의 계략에 회의적이었던 CIA 요원들은 이 계략을 "빛을 통한 제거"라고 불렀다.[27]

랜스데일이 관심을 가진 또 다른 프로젝트는 쿠바인들의 카스트로에 대한 저항을 "구사노 리브레(gusano libre : 해방 벌레)"로 이름 붙이는 것이었다. 쿠바 정부는 반카스트로 쿠바인들을 "벌레"라고 계속 비난했다. 이 표현을 빌려 카스트로를 비난하길 원했던 랜스데일은 망명자들이 자신들을 "해방 벌레"로 여기고 소규모 파괴 공작 활동을 통해 내부에서 쿠바 경제와 정치 체제를 전복시키도록 조장했다. 하지만 이런 심리전은 실패로 돌아갔다. 자존심 강하고 마초 기질이 다분한 쿠바인들은 해방이란 말과 상관없이 벌레로 불리기를 거부했다.

랜스데일은 능숙한 심리전이 뒷받침된 소규모 게릴라 작전을 통해 반카스트로 폭동을 조장하려 했고, 이런 계획은 미국의 지원을 받던 풀헨시오 바티스타를 몰아낸 카스트로의 성공에서 영감을 얻은 것이었다. 학생 반란의 주동자로 2년 동안 수감되었다가 멕시코로 망명한 카스트로는 1956년 12월 약간의 무장을 갖춘 81명의 추종자와 함께 보트를 타고 쿠바로 귀국했다. 바르부도스barbudos, 즉 수염을 기른 사람들이라고 불린 카스트로 세력은 쿠바 동부에 있는 시에라마에스트라 산맥에 은신처를 두고 5만 명 규모의 바티스타 군대를 상대로 농민 반란에 착수했다. 1958년 12월 말 무렵 독재자 바티스타가 도망가자 카스트로는 쿠바의 확고한 통치자가 되었다.

케네디 행정부에는 불행하게도 쿠바 혁명과 랜스데일이 꾸민 공작은 괴리가 컸다. 카스트로의 승리는 신속하고 극적이긴 했어도 장기간 준비 뒤에 이루어진 것이었다. 카스트로는 망명하기 전 이미 바티스타에 대한 대중의 불만을 조장했고, 쿠바 제2의 도시인 산티아고데쿠바에 있는 병영을 공격했으며, 자신의 재판을 반바티스타 선전의 발판으로 이용하면서 반란의 기반을 공들여 다졌다. 카스트로가 달성한 혁명의 원동력은 쿠바 바깥이 아니라 내부에서 비롯된 것이었다. 게다가 성공한 혁명가였던 카스트로는 자신과 같은 체제 전복 세력을 상대로 정권을 지키는 방법을 알고 있었고, 권력을 거머쥔 뒤 쿠바를 밀고자와 혁명 감시 위원회로 넘쳐나는 경찰국가로 바꿔놓았다.

여기에다 케네디 형제 스스로 부과한 제약들이 있었다. 배후에 백악관이 있다는 사실이 드러나지 않도록 그럴듯하게 부인할 수 있는 혁명이 벌어지길 바란 것이다. 이런 사실은 아주 모순적이었다. 몽구스 작전 회의에서 바비는 쿠바에 대한 파괴 공작을 주문하면서도 이전에 수행한 작전의 "소음 수준"에 대해 거듭 불평을 표했다. 결과적으로 케네디 형제에게 돌아온 것은 여러 부분으로 나눈 작전 단계, 색인이 잘 된 바인더, 각기 다른 목적을 달성하기 위한 일정, 끝도 없이 쏟아지는 극비 문서를 갖춘 서류상의 혁명이었다. 10월 무렵 랜스데일과 몽구스 작전 요원들은 어떻게 혁명을 일으켜야 할지 모르고 있던 것이 분명했다. 몇 개월간 끼니도 못 때우면서 정글에서 계속 싸운 카스트로와 달리, 이들은 혁명가가 아니라 관료였다.

9월 11일 "작전대장"은 쿠바에서 "우발 상황이 벌어지는 경우" 펜타곤 전시 상황실 내에 필요한 "서류 공간"과 "비화통신"에 관한 최신 내역을 얻기 위해 정부기관에 보낸 문서에는 이런 분위기가 포착되었다. 군대식의 신속함을 기대한 랜스데일은 일주일의 답변 기한을 주었다. 국무부의 답변은 형식적이었다. 비화기 한 대와 비밀 보관함 한 개면 충분하다는 것이었다.[28]

국가안보보좌관인 맥조지 번디가 말한 것처럼 몽구스 작전이 자기기만, 즉 "무대책에 대한 심리적 위안"을 위한 활동에 불과했다면 오히려 상대적으로 괜찮았을 것이다. 사실 몽구스 작전은 공격적이고 시끄럽지만 효과가 없는 최악의 외교정책이 합쳐진 것이었다. 미국 언론과 쿠바 망명자 공동체에서 흘러나오는 말에 귀 기울인 사람들이 보기에 케네디 형제가 피델 카스트로를 가만두지 않을 작정이라는 점은 분명했다. 몽구스 작전에는 카스트로 정권을 위협할 정도는 아니었지만 카스트로와 흐루쇼프가 대책 마련에 나서게 할 만큼의 충분한 실체가 있었다.

케네디는 피그스 만 침공이 실패로 돌아간 뒤 전임자에게 한 약속을 잊은 듯 보였다. 1961년 4월 아이젠하워는 케네디에게 설교를 했다.

"이런 종류의 일에 착수할 때에는 한 가지만 하시면 됩니다. 반드시 성공해야 한다는 겁니다."[29]

케네디가 답했다.

"장담하죠. 앞으로 이런 일에 뛰어드는 경우 꼭 성공하겠습니다."

몽구스 작전은 시작 첫해 말 거의 완벽한 실패로 돌아가고 있었다.

1962년 10월 16일 화요일 오후 4:35

잭 케네디는 대통령 취임 선서를 한 이후 소련과의 결전에 대비해 왔고 "새로운 세대의 미국인은 어떤 대가라도 치르고 어떤 부담이라도 짊어지며, 어떤 고난도 마다치 않을 뿐 아니라 어떤 친구라도 지원할 것이고 자유의 존속과 성공을 보장하기 위해 어떤 상대에게도 저항할 것"이라고 천명했다. 그러고는 에이브러햄 링컨의 말이 담긴 다음 메모를 들고 다니길 좋아했다.

저는 신이 있다는 사실을 알고 있습니다. 그리고 폭풍이 다가오고 있는 것도 알고 있습니다. 만약 신께서 저를 위한 자리를 갖고 계신다면, 저는 준비가 되어 있습니다.[30]

폭풍을 몰고 올 먹구름은 공산주의 동독의 깊숙한 곳에 자리 잡은, 둘로 나뉜 베를린 시에 오랫동안 아주 불길하게 드리워져 있는 듯 보였다. 한 해 전 소련이 서독으로 망명하는 사람들의 물결을 막기 위해 장벽을 세웠다. 미군과 소련군 전차가 찰리 검문소의 좁은 분계선을 마주보며 직접 대치했다. 베를린에서 소련군은 거의 완벽한 군사적 우위를 누렸기 때문에 미국은 핵무기로 위협하는 것 외에 소련의 서베를린 장악을 막을 방법이 없었다. 이런 상황에서 쿠바에서 폭풍이 불어닥쳤다.

케네디 대통령은 이때처럼 철저히 혼자라는 기분이 든 적이 없었다. 미사일 위기 전에도 지나칠 정도로 핵 파괴의 가능성에 대해 고민하곤 했는데, 한번은 저녁 만찬에서 "10년 내 수소폭탄이 동원되는 전쟁이 벌어질 가능성은 50퍼센트입니다"라고 말해 사람들을 깜짝 놀라게 했다.[31] 케네디의 최측근 가운데 극소수만이 지난 24시간 동안 이런 악몽에 아주 가까이 갔다는 사실을 알았다. 이보다 앞서 케네디 대통령은 핵전쟁 가능성이 "다섯 번에 한 번꼴"이라고 생각했다.

케네디는 이날 오후 공개 석상에 한 차례 모습을 드러냈다. 국무부에서 열린 신문 및 방송 언론인들을 위한 외교정책 콘퍼런스였다. 케네디의 목소리는 평소와 달리 어두웠다. 기자들에게는 대통령으로서 자신이 처한 크나큰 도전은 어떻게 "세 번째이자 마지막이 될 수 있는 전쟁을 시작하지 않고 … 미국의 생존"을 보장하는가라고 말했다. 주머니에서 메모를 꺼낸 케네디는 외롭지만 결의에 찬 기분을 말해주는 시구를 읊었다.

> 투우사를 비난하는 사람들은 줄지어 서 있고
> 거대한 광장에 군중들이 발 디딜 틈 없이 꽉 찼네.
> 하지만 현실을 알고 있는 사람은 한 사람뿐
> 그는 바로 황소와 싸우는 이라네.[32]

1962년 10월 16일 화요일 오후 6:30

대통령은 백악관으로 돌아와 각료회의실에서 열린 저녁 회의에 참석했다. 테이블 중앙의 대통령 자리에 앉은 케네디는 비밀 녹음 장치를 켰다. 대통령 의자의 뒷벽에 마이크가 매설되어 회의 내용은 지하에 설치된 릴투릴 테이프 장치에 기록되었다. 케네디 형제와 장비를 운용한 비밀경호국 요원을 제외하면 녹음 장치가 설치된 사실을 아는 사람은 없었다.

케네디가 보기에 흐루쇼프가 초강대국 간의 대결을 촉발시킨 이유는 "빌어먹을 미스터리"였다. 케네디가 질문했다.

"흐루쇼프가 왜 그랬을까요? 그렇게 해서 무슨 이점이 있을까요? 마치 우리가 상당수의 MRBM을 터키에 갖다 놓기 시작한 것과도 같습니다. 제가 보기에 그건 위험천만합니다."

번디가 지적했다.

"우리가 터키에 미사일을 배치한 것은 사실입니다, 각하."

케네디는 번디의 말을 무시했다. 케네디는 쿠바 미사일과 터키 미사일을 별개 사안으로 보았다. 1957년 미국은 쿠바에 배치 중인 소련제 R-12 미사일과 비슷한 MRBM을 터키에 제공하기로 했고, 1962년 초 해당 미사일은 완전히 작전 준비를 마쳤다. 터키에 미사일을 배치하는 문제를 둘러싸고 나토 국가들 사이에 공공연히 벌어진 긴 논쟁 상황은 소련이 쿠바에 미사일을 배치한 것과는 대조적이었다. 그렇다고 해도, 터키 미사일은 케네디를 불편하게 만들었다. 흐루쇼프가 가슴속 깊이 자리 잡은 분노를 이런 식으로 표출했을 가능성이 있었다. 미국인들에게 스스로 만든 약의 쓴맛을 보게 하고 싶었던 것이다.

쿠바에 배치된 소련 미사일이 세력 균형에 큰 차이를 가져왔는지 여부에 대해 의견이 분분했다. 합참 수뇌부는 미국이 기습적으로 공격당할 위험성이 높아졌음을 강조했다. 대통령은 흐루쇼프가 선제공격 능력을 갖추려면 아직 한참 멀었다고 주장한 맥나마라의 의견에 더 공감했다.

"미사일이 옮겨졌다고 해서 크게 달라진 건 없습니다."

케네디는 생각에 잠겼다. 쿠바에 배치된 미사일로 공격받으나 소련에서 발사된 ICBM(대륙간탄도미사일)으로 공격받으나 매한가지 아닌가?

케네디는 진짜 문제는 "군사적"인 것이 아니라 "심리적"이고 "정치적"인 것이라고 여겼다. 아무런 조치를 하지 않는 것은 협박에 대한 굴복이 될 수 있었다. 냉전 시절 핵을 동원한 벼랑 끝 외교 게임에서 인식하는 것이 현실이 되었다. 흐루쇼프가 쿠바에서 벌인 도박이 성공하도록 놔두면 베를린과 동남아시아, 혹은 또 다른 분쟁 지역에서도 비슷한 전술을 쓰도록 부채질하는 꼴이 되었다. 쿠바에 대해 미온적으로 대응한다는 공화당의 공격을 받은 대통령은, 지난 9월 4일 쿠바에서 "상당한 규모의 공격 능력"이 구축된다면 "아주 중대한 문제가 벌어질 것"이라고 소련에 경고했고 이제는 약속을 지킬 의무가 있었다. 케네디는 독백을 하듯 희망 섞인 발언을 했다.

"지난달에 상관없다고 말해야 했습니다. 가만있지 않겠다고 말한 상태에서 상대가 이런 식으로 나왔는데 아무런 조치도 하지 않으면 ⋯."

케네디의 목소리가 차츰 잦아들었다. 그냥 두는 것은 더 이상 선택할 수 있는 방안이 아니었다. 테이블 맞은편에 앉은 바비는 강경하게 대응하자고 주장했다. 말하는 것 이상으로 호전적인 바비는 흐루쇼프가 전쟁을 원한다면, "해치워버리고 ⋯ 피해를 감수해야" 한다고 말했다. 쿠바를 침공할 구실은 별로 어렵지 않게 찾을 수 있을 터였다. 바비는 1898년 벌어진 스페인-미국 전쟁을 떠올렸다. 그 당시 아바나 항구에서 미 해군 메인함이 원인 모를 폭발로 침몰한 사건이 전쟁의 빌미가 되었다. 미국은 이 사고를 스페인 식민 세력의 탓으로 돌렸지만 정확한 책임 규명은 이루어지지 않았다. 바비가 말했다.

"어떻게든 핑계를 만들 수 있어요. 메인함 사건 같은 걸 벌인다면 ⋯."

화제는 이날 이른 시간에 스페셜그룹이 검토했던 쿠바에 대한 파괴 공작으로 넘어갔다. 번디는 케네디에게 작전 목록을 건네면서 적극적으로 말했다.

"각하께서도 파괴 공작을 지지하시리라고 생각합니다."

케네디가 문제 삼은 것은 쿠바 항구에 기뢰를 부설하는 방안이 유일했다. 기뢰를 부설하면 쿠바나 소련 선박뿐 아니라 다른 나라 선박도 무차별적으로 피해를 줄 수 있었다. 다음 날 백악관은 몽구스 작전팀에게 "상부"의 승인을 공식적으로 알리는 문서를 전달했고, 여기에는 중공 대사관에 대한 수류탄 공격을 비롯해 각기 다른 파괴 공작 목표 여덟 개가 포함되었다.[33]

1962년 10월 17일 수요일 정오 무렵

카리브 지역은 허리케인 시즌이었다. 40척이 넘는 미국 전함이 쿠바를 상대로 한 가상 침공 훈련을 하기 위해 푸에르토리코의 비에케스 섬으로 향했다. 최악의 폭풍이었던 허리케인 엘라의 풍속이 시간당 약 150킬로미터에 달하자 섬으로 접근하던 해군 기동부대는 방향을 틀었고 4000명이 동원된 상륙 훈련 계획은 보류되었다.[34]

펜타곤의 전쟁 기획자들은 이번 기동 훈련을 "오트삭 작전Operation ORTSAC"으로 이름 붙였다. 카스트로CASTRO의 알파벳 철자를 뒤집은 말이었다. 기동부대가 일단 비에케스 섬에 도착하면, 해병대가 해안가를 기습하고 가상의 독재자를 끌어내려 민주주의를 정착시킬 작정이었다. 일이 순조롭게 진행되면 전체 작전에 2주가 채 걸리지 않았다.

합참 수뇌부 전체가 여러 달 동안 쿠바 침공을 재촉했다. 이들은 몽구스 작전에 매우 회의적이었다. 쿠바 내부에서 반카스트로 반란을 조성하는 일이 "조기에 성공할 가능성이 없다"고 본 것이다. 지난 4월에는 대통령에게 "미국은 서반구에서 공산주의 정부가 계속 존재하는 것을 두고 볼 수" 없다고 경고했다. 카스트로가 권력을 유지하게 두면 라틴아메리카에 있는 다른 국가들도 얼마 안 가 공산주의의 손아귀에 들어갈지도 몰랐다. 소련은 소련 주변을 둘러싼 미군 시설과 비슷한 방식으로 쿠바에 군사 기지를 구축하려 할 수도 있었다. 카스트로를 전복시킬 유일하고 확실한 방법은 "미국의 직접적인 군사 개입"이었다.[35]

쿠바에서 소련 미사일을 발견하기 전, 합참 수뇌부가 해결해야 했던 주요 문제는 미국에 비해 훨씬 약한 국가에 대한 공격을 어떻게 정당화하는가였다. 8월 8일 문서에는 바비 케네디가 흥미를 보인 "메인함를 기억하라!" 식의 시나리오에 따라 카스트로를 비난할 수 있는 연출된 도발에 관한 여러 아이디어가 정리되어 있었다.

· 관타나모 만에 정박한 미국 배를 침몰시키고 쿠바를 비난할 수 있음.

· 마이애미를 비롯한 플로리다 주의 여러 도시와 심지어 워싱턴에서 쿠바 공산주의자의 테러 활동을 전개할 수 있음.

· 인근 카리브 지역 국가를 상대로 "쿠바를 기반으로 한, 카스트로 지지" 군사 활동을 조작할 수 있음.

· 쿠바 항공기가 민간 전세기를 공격해서 격추시킨 것처럼 설득력 있게 보일 사건을 꾸밀 수 있음.[36]

합참 수뇌부는 소련과의 "전면전" 위험을 감수하지 않고도 쿠바를 침공할 수 있다고 확신했다. "지속적인 치안 조치가 필요할"지라도 미군은 쿠바를 "신속하게 통제"하기 충분한 힘이 있었다. 대략 1만 5000명 규모의 한 개 보병사단이면 침공 뒤 쿠바 섬을 장악하는 데 충분하다는 것이었다.

해병대만 의견이 달랐다. 해병대는 쿠바군의 저항을 신속하게 제압할 것이라는 가정에 이의를 제기했다. 해병대 문서는 이렇게 평가를 내렸다.

쿠바 면적(약 12만 제곱킬로미터로 대한민국 면적보다 약간 더 넓다 - 옮긴이)과 인구(674만 3000명), 장기간의 정치적 불안정, 기성 권위에 대한 지속적이고 광범위한 게릴라 및 테러리스트 저항의 전통이 있다는 점을 고려하면, 공격 단계에 뒤이은 한 개 사단급 병력 투입은 충분하지 않다고 판단됨.

제1장 미국인

따라서 해병대는 저항을 잠재우는 데 적어도 3개 보병사단이 필요하고, 피델 카스트로의 후임 정권이 안정화 될 때까지 "여러 해"가 걸릴 것으로 예상했다. 해병대가 쿠바 문제에 휘말리는 일에 신중한 데는 그럴만한 이유가 있었다. 역사적으로 쿠바에 군대를 보내는 일보다 빼기가 훨씬 어려웠다. 미국-스페인 전쟁 뒤 해병대가 쿠바에서 손을 떼는 데 4년이 걸렸다. 4년 뒤에는 쿠바로 되돌아갔고, 당시 대통령이었던 시오도어 루스벨트는 이 일을 아주 넌덜머리가 난다고 생각했다. 시오도어 루스벨트는 러프 라이더스Rough Riders라는 의용 기병대를 이끌고 쿠바 산후안 언덕으로 갔을 때 정치적 위상을 크게 드높인 인물이었다. 1898년 미국-스페인 전쟁의 영웅이던 그는 한 친구에게 이렇게 투덜거렸다.

"지긋지긋하고 작은 쿠바 공화국에 너무 화가 나서 쿠바인들을 지구상에서 제거하고 싶네. 쿠바인들에게 바라는 건 얌전하게 행동하고 번영하면서 행복하게 살아서 우리가 간섭하지 않아도 되는 것뿐이야."[37]

해병대는 피델 카스트로가 태어나기 불과 3년 전인 1923년까지 쿠바에 들락거리며 주둔했고, 이후에도 관타나모에 거점을 유지했다.

미국인들이 보기에 쿠바는 미국 영토의 연장선에 있었다. 악어 모양을 닮은 이 섬나라는 미시시피 강과 대서양 사이의 해양 항로를 통제하는 동시에 멕시코 만을 차단하는 수문과도 같았다. 1823년 존 퀸시 애덤스 국무부 장관은 쿠바가 "다른 어떤 외국 영토와 비교할 수 없을 정도로 국익 전반에 중요하다"고 생각했다.[38] 애덤스의 판단처럼, 미국의 쿠바 합병은 사실상 필연적이고 "정치적 중력 작용"이 적용된 것이었다.

키웨스트에서 불과 약 145킬로미터 떨어진 쿠바는 해병대가 철수한 한참 뒤에도 미국인들을 아주 강력하게 끌어당겼다. 1930년대부터 1950년대까지 쿠바는 미국 부호들이 비행기를 타고 와서 일광욕과 도박과 매춘을 즐기는 유흥지였다. 아바나에 있는 카지노와 호텔, 오리엔테의 사탕수수 농장, 피나르델리오에 있는 구리 광산에는 미국 돈이 엄청나게 투자되었다. 1950년 무렵 광산업의 90퍼센트와 공공 시설의 80퍼센트를 비롯해 쿠바 경제 대부분은 미국 회사의 통제 아래 놓였다.

쿠바는 지리적으로나 경제적으로만 매력적인 곳이 아니었다. 많은 사람들이 쿠바와 깊은 관계를 맺었다. 미국에서 가장 유명한 작가인 헤밍웨이는 쿠바 혁명 전날 무렵 아바나가 내려다보이는 언덕 꼭대기에 있는 핑카비히아Finca Vigia라는 곳에 머물고 있었다. 마피아 두목이었던 메이어 랜스키는 말레콘에 리비에라라는 21층짜리 호텔을 짓고 도박법 개혁에 관해 바티스타에게 조언을 했다. 가수 냇 킹 콜은 트로피카나 나이트클럽에서 노래를 했다. 존 F. 케네디라는 이름의 미국 상원의원은 친바티스타 성향의 쿠바 주재 미국 대사의 손님으로 아바나에 자주 들렀다.

1962년 10월 18일 목요일 오전 9:30

바비 케네디는 집무실에서 매일 몽구스 작전 회의를 하겠다던 화요일 오후에 한 약속을 지키기 어려웠다.[39] 백악관 긴급회의 때문에 수요일에 예정된 회의도 참석하지 못했다. 목요일에는 간신히 30분을 내서 랜스데일과 CIA의 반카스트로 TF팀 팀장인 윌리엄 하비를 비롯한 몽구스 작전 요원들이 모인 회의에 참석했다.

거칠고 퉁명스러운 하비는 랜스데일이 쉴 새 없이 쏟아낸 문서를 실행 가능하게 만드는 일을 했다. 하비와 랜스데일은 물과 기름이었다. 공상가였던 랜스데일은 카스트로를 공격할 각종 아이디어를 냈지만,

꼼꼼한 하비가 거부하곤 했다. 하비가 보기에 랜스데일이 제안한 작전은 착수하기 전 수개월간 세심한 준비가 필요했다.

위기가 벌어지고 나서 사흘째 되던 날 무렵, 바비는 흐루쇼프에 대해 어떻게 대응할지 다시 생각하고 있었다. 애초에 가졌던 소련의 이중성에 대한 분노를 접고 좀 더 냉정하게 상황을 분석하게 된 것이다. 나중에 바비 케네디의 전기 작가는 한 가지 패턴을 발견한다.

"처음에는 강경하고 비타협적이었다가 나중에 귀를 열고 태도를 바꿨다."[40]

바비는 이제 기습적인 공습이 미국의 전통에 맞지 않는다며 반대했다. 진주만 공습과 똑같은 행동이라는 것이다. 수요일 백악관 회의에서는 이렇게 말했다.

"우리 형은 1960년대의 도조(도조 히데키)가 되지는 않을 겁니다."[41]

바비는 맥나마라가 처음 제시한, 소련에 대한 일종의 최후통첩과 쿠바에 대한 해상 봉쇄를 결합한 방안을 지지하기 시작했다.

바비가 갑작스럽게 제기한 도덕주의는 몽구스 작전을 취소하게 할 만큼 영향을 미치지는 않았다. 10월 18일 회의에 관한 하비의 기록에 따르면, 바비는 "파괴 공작을 계속 크게 강조하고 CIA가 실행에 옮길 목록을 마련할 것"을 주문했다.[42]

하비는 쿠바 서부 피나르델리오에 있는 구리 광산을 가장 적절한 목표물로 판단했다. CIA는 지난 수개월간 마타암브레 광산의 가동을 중단시키려고 애를 썼고 그곳 지형을 신중하게 연구했지만, 계속 운이 따르지 않아 실패했다. 8월에 추진한 첫 번째 작전은 공작원이 맹그로브 습지대에서 길을 잃어 취소되었다. 두 번째 시도는 통신요원이 추락해 갈비뼈가 부러지는 바람에 취소되었다. 세 번째 작전은 공작팀이 목표물 약 900미터 내로 접근했을 때, 쿠바군 순찰대에 들켜 한 차례 교전을 벌인 뒤 철수해야 했다. 이렇게 몇 번이나 작전이 실패로 돌아갔지만, 하비는 마타암브레를 여전히 최우선 순위에 두었고, 바비 케네디와 랜스데일에게 상황에 허락되는 대로 최대한 빨리 작전을 "재실행"하겠다고 말했다.

1962년 10월 19일 금요일 오전 9:45

각료회의실에 장군들이 줄줄이 들어오는 동안 대통령은 최신 정보 보고서를 대충 훑어보았다. 이 무렵 쿠바에서 들리는 소식은 점점 더 불길했다. U-2기가 피나르델리오에서 처음 식별한 미사일 외에도 쿠바섬 중부 지역에 또 다른 기지들이 모여 있는 것을 발견했다. 추가로 식별한 기지는 중거리탄도미사일, 즉 IRBM 시설이 포함되었다. IRBM은 사거리가 약 4500킬로미터에 달해 10월 14일에 발견한 준중거리탄도미사일, 즉 MRBM 사거리의 두 배가 넘었다.

아직 더 큰 크기의 미사일이 쿠바에 도착한 증거는 없어서 당장 위협이 되지는 않았다. 하지만 애초에 발견한 미사일 기지에서 서둘러 작업이 진행되고 있었다. CIA는 쿠바에 MRBM 연대 3개가 있다는 사실을 파악한 상태였다. 각 연대는 미사일 발사장치 8개를 보유하고 있어서 전체 발사장치 수는 24개였다.

"한번 봅시다."

케네디는 정보 보고서를 큰 소리로 읽었다.

"현재 미사일 2기가 작전 가능함. … 발사 결정을 내리고 18시간 내 미사일을 발사할 수 있고 … 낮은 범위의 메가톤 출력을 보임."

케네디는 이런 회의를 싫어했다. 하지만 적어도 합참 수뇌부의 의견을 듣는 시늉이라도 해야 한다는 걸 알고 있었다. 케네디는 피그스

만 침공 시 장군들이 반카스트로 망명자의 제대로 준비되지도 않은 작전을 실행하게 압박해서 자신을 잘못된 방향으로 몰고 갔다고 생각했다. 특히 커티스 르메이 공군 참모총장을 믿지 않았다. 항상 담배를 입에 문 르메이는 제2차 세계대전 참전 영웅으로 3000개에 달하는 핵무기를 통제하고 있었다.

"다시는 저 인간을 가까이에 두지 않았으면 좋겠어."[43]

적국을 "석기 시대"로 되돌려 놓겠다는 르메이의 등골을 오싹하게 만드는 브리핑을 듣고 난 뒤 케네디가 한 말이었다. 거칠고 잔인할 정도로 효율을 중요시하는 커티스 르메이는 일단 싸움이 시작되었을 때 곁에 둘 만한 사람이지만 전쟁에 뛰어들지 여부를 결정할 때 필요한 인물이 아니었다.

대통령이 핵전쟁의 공포에 대해 말하는 동안 르메이는 자기 통제가 거의 되지 않았다. 흐루쇼프의 입장에서 생각하려 했던 케네디는 미국의 쿠바 공격이 소련의 베를린 공격으로 이어질 것이 불 보듯 뻔하다고 생각했다.

"이 경우 저로서는 핵무기를 사용할 수밖에 없는데, 그건 터무니없는 조치입니다."

마치 다소 덜떨어진 학생에게 말하듯 천천히 대꾸한 르메이의 논리는 다음과 같았다.

'당신이 말하는 것과 정반대야. 아무런 행동을 하지 않는 것이야말로 소련이 베를린에서 모험을 하도록 부채질해. 일부 자문위원들이 제안한 대로 해상 봉쇄를 하는 것은 미국의 나약함을 드러내는 치명적인 메시지일 수 있단 말이야.'

"봉쇄와 정치적인 조치가 오히려 전쟁으로 이어질 것으로 보입니다. 그런 조치는 뮌헨에서의 유화정책만큼이나 잘못된 방안입니다."

회의 참석자들은 충격을 받고 아무런 말을 하지 않았다. 르메이의 발언은 대통령의 아버지인 조셉 케네디를 두고 한 대담하기 짝이 없는 모욕이었다. 조셉 케네디는 주영 대사 시절 히틀러에 대한 유화정책을 지지한 인물이었다. 케네디는 『왜 영국은 잠들었나*Why England Slept*』라는 제목의 유화정책에 반대하는 책의 저자로 정치를 시작했다. 이런 상황에서 르메이는 케네디가 아버지의 전철을 따르려 한다는 것을 암시하는 발언을 했다.

라이벌 초강대국을 상대하기 위한 르메이의 전략은 간단한 논리에 근거했다. 미국은 핵전력 우위를 확실히 누리고 있다. 흐루쇼프가 아무리 위협하고 큰소리쳐도 질 것이 뻔한 핵전쟁 도발에는 전혀 관심이 없다. 역사상 가장 강력한 군대인 전략공군사령부 덕분에 미국은 "러시아 곰"을 완전하게 압도할 수 있다. 르메이는 동료들에게 이런 말을 했다.

"지금 덫으로 녀석을 잡았으니 다리를 잘라내지. 다시 생각해 보니 불알도 떼버리지 뭐."[44]

케네디의 논리는 전혀 달랐다. 미국이 소련보다 핵무기를 월등하게 많이 보유하고 있는지는 모르지만, "핵전쟁에서의 승리"는 아무런 의미가 없다. 소련과의 핵전쟁에서 무려 7000만 명의 미국인이 죽을 수도 있다.[45] 케네디는 합참 수뇌부에 이렇게 말했다.

"장군은 지금 국가의 파멸에 대해 말하고 있습니다."

케네디는 흐루쇼프가 맥나마라가 말한 "경련 반응", 즉 핵전쟁을 초래할 의도하지 않은 무릎반사 같은 반응을 일으키도록 자극하는 것을 피하려 했다.

공군 장군인 르메이의 무례함에 군 최고통수권자인 케네디도 충격을 받았다. 르메이가 "각하께서는 지금 아주 난처한 상황에 처하셨습니다"라고 말했을 때 케네디는 귀를 의심했다.

"뭐라고 했소?"

"지금 아주 난처한 상황에 처하셨다고 말씀드렸습니다."

"장군도 나와 같은 처지에 있지 않소. 그것도 직접적으로 말이오."

케네디의 대꾸는 회의 참석자들의 긴장된 웃음을 유발시켰다. 몇 분 뒤 르메이는 비록 "최적의 공격 개시일"은 다음 주 화요일이지만, 일요일 "새벽에 공격 준비를 마칠 수" 있다고 장담했다. 케네디는 금방 자리에서 일어났다.

대통령이 나가자 남아 있던 장군들이 속내를 드러냈다. 이때도 회의실에 감춰놓은 녹음 장치가 계속 돌아가고 있었다.

"대통령 발목을 제대로 잡아당기더군요."

데이비드 슈프 해병대 사령관이 르메이에게 말했다.

"나 참! 뭔 소리 하는 거요?"

르메이가 칭찬을 듣고 싶어 하는 듯 답했다. 슈프 사령관은 정치인들의 문제는 모든 일에 항상 꾸물거리는 데 있다고 했다. 군인인 그는 "별 볼일 없는 작은 나라"의 문제를 한 방에 해결하는 것을 선호했다.

"거기 가서 미사일 근처에서 세월아 네월아 해보라지. 일이 개판 되지."

"내 말이 그 말이오."

"개판이야. 개판. 개판."

나중에 집무실에 혼자 있던 대통령은 합참 수뇌부의 발언을 평가했다. 케네디는 미사일 기지를 공습하고 소련군 수백 명을 죽여도 흐루쇼프가 아무런 대응을 하지 못할 것이라는 르메이의 경솔한 확신에 놀랐다. 케네디는 보좌관이자 친구인 데이브 파워스에게 이런 말을 했다.

"이마에 별 단 작자들에게는 아주 유리한 점이 있지. 이들이 하자는 대로 했다가는 나중에 살아남아서 잘못을 지적해 줄 사람이 우리 중에 아무도 남지 않을 테니까."[46]

1962년 10월 19일 금요일 밤

잭 케네디는 역사가 변덕스럽다는 사실을 날카롭게 이해했다. 케네디는 제2차 세계대전 중 태평양에서 어뢰정 함장으로 복무한 경험을 통해 군 지휘관의 확신을 믿지 말아야 한다는 교훈을 얻었다. 피그스 만 침공으로 그런 생각은 더 굳어졌다. 케네디는 대통령의 생각이나 명령이 현장에서 이루어지는 실제 정책의 실행과 커다란 간격이 있을 수 있다는 사실을 알고 있었다. 전쟁 당시 케네디가 지속적으로 갖게 된 인상은 "군이 항상 모든 일을 망친다"는 사실이었다.[47]

앞으로 며칠간 벌어지는 사건들은 케네디의 역사관을 보여준다. 케네디가 판단하기에 역사는 가끔 원하는 방향으로 가더라도 절대로 완전하게 통제할 수 없는 무질서한 과정이었다. 대통령이 명령을 내릴 수는 있지만, 보통 사람은 종종 그런 명령을 무시해 버린다. 결국 역사는 수많은 개인의 행동에 의해 이루어진다. 유명인이 있는가 하면 일반인도 있다. 아주 높은 자리에 있는 사람이 있는가 하면 기성 질서를 무너트리려는 사람도 있다. 사태에 영향을 미치기 위해 적극적으로 노력하는 사람이 있는가 하면 우연히 정치 무대에 올라가는 사람도 있다. 나중에 쿠바 미사일 위기라고 알려지게 되는 사건은 역사에서 크게 주목받지 못한 역할을 한 조연들로 가득하다. 조종사, 잠수함 승조원, 스파이, 미사일 부대원, 관료, 선전 담당자, 레이더 운용요원, 파괴 공작원이 여기에 해당된다.

대통령이 미사일 기지를 어떻게 처리할지를 두고 고민하는 사이, 지휘 체계의 말단에 있던 냉전의 전사 두 명이 고무보트를 타고 쿠바 서부의 맹그로브 습지를 헤쳐 나가고 있었다. 미구엘 오로스코와 페드로 베라는 얼굴을 검게 칠하고 군용 판초를 입고 있었다. 두 사람이 짊어진 배낭에는 폭탄, 신관, 쌍방향 통신장비, M-3 소총, 권총 몇 정, 몇 주간 버티기 충분한 물과 음식이 들어 있었다. RB-12 보트에 장착된 전기 엔진은 소음기가 부착되어 있어서 구불구불한 운하를 이동하는 동안 거의 소리가 나지 않았다.

두 대원은 수년간 알고 지낸 사이였다. 시에라마에스트라 산맥에서 바르부도스를 상대로 함께 싸운 적이 있었다. 두 사람 중에 키가 더 크고 강인해 보이는 오로스코는 바티스타 군에서 중위로 복무했고, 베라는 병장 출신이었다. 카스트로 세력이 반란에 성공하자 두 사람은 쿠바를 떠나 CIA가 훈련시킨 2506여단에 합류했다. 2506여단은 반카스트로 게릴라군이었다. 오로스코는 피그스 만 침공 당시 부대원 수송을 지원했다. 카스트로 군의 반격으로 2506여단이 무질서하게 퇴각하기 전, 베라는 고립된 자파타 반도와 연결된 도로에서 낙하산 공격 임무에 참가했다. 운 좋게 살아남은 오로스코는 바다에서 작은 뗏목으로 일주일이 넘게 버티다가 미국 해안 경비대에 의해 구조되었다.

두 사람은 말라스아구아스 강과, 피나르델리오 주의 북부 해안선을 따라 솟아오른 낮은 산맥의 구릉으로 향했다. 목표는 마타암브레 구리 광산과 산타루시아 항구를 연결하는 케이블카였다. 목표 지점 약 19킬로미터 이내까지 접근하자 끔찍할 정도로 열악한 전원 지대가 펼쳐졌다. 늪지와 독성 덤불이 뒤섞인 빽빽한 숲이 있었다. 목적지에 도달하는 데 3~4일이 더 걸릴 수 있었다.

이번 작전은 모든 면에서 공들여 수립되었다.[48] CIA는 과거에 이 구리 광산을 소유했다가 쿠바 혁명 뒤 자산을 몰수당한 미국인으로부터 상세 설계도를 확보했다. 영국 식민지 시대 미국 버지니아의 주도였던 윌리엄즈버그에서 요크 강을 사이에 둔 건너편 지역에는 숲이 울창하게 우거진 훈련장이 있었다. CIA가 "농장the Farm"이라고 부른 그곳에는 구리 광산의 설계도를 바탕으로 실물 크기로 만든 모의 시설이 있었다.[49] 1962년 8월 오로스코는 케이블카와 인근 송전선을 파괴하는 훈련을 하기 위해 "농장"에 입소했다. CIA 작전담당관은 보호가 잘 되어 있을 것이 거의 확실한 광산 자체를 공격하기보다 케이블카를 공격하는 편이 더 안전하다고 판단했다. 작전이 성공한다면 구리 채굴에 큰 타격을 줄 수 있었다. CIA는 연구 결과 성공 가능성이 "아주 높다"고 평가했다. 작전담당관인 립 로버트슨이 플로리다 주 남쪽의 작은 섬인 섬머랜드키에 있는 아지트에서 최종 브리핑을 하면서 공작원들에 윽박지르듯 말했다.

"임무를 완수해. 실패하면 굳이 살아 돌아올 필요 없어."[50]

CIA가 사우스플로리다에서 은밀하게 운영하는 46미터 길이의 "모선mother ship"이 공작원들을 태우고 145킬로미터 해협의 절반 거리를 이동했다. 이때 반카스트로 게릴라들이 사용할 약 450킬로그램의 무기와 폭탄을 쿠바에 은밀하게 반입하는 임무를 맡은 쿠바인 4인으로 편성된 또 다른 팀이 합류했다. 쿠바 영해로 진입하는 동안 두 공작팀은 분리되었고, 더 작은 고속 모터보트로 야음을 틈타 목적지로 향했다.

오로스코와 베라는 리피Ree Fee에 탑승했다. 리피는 11미터 길이의 모터보트로, 근처에 있는 쿠바 해안 경비대를 발견하면 빠르게 이동할 수 있었다. 해안선에 가까워지자 공작원들은 다시 고무보트로 갈아탔다.

배로 이동할 수 없을 정도로 수심이 얕아지자 잽싸게 육지로 이동해 보트의 공기를 뺀 다음 나뭇가지 더미 밑에 숨겼다. 팀의 리더였던 미구엘 오로스코는 플로리다에서 갖고 온 지도와 나침반을 확인했고, 산 쪽으로 이동로를 정했다. U-2 정찰기가 촬영한 사진에 따르면 약 5킬로미터의 습지 뒤로 또 다른 거친 비포장도로인 120미터 정도의 산등성이가 있었다. CIA 작전담당관은 인적이 드물어 현지인과 마주칠 가능성이 작다고 장담했다. 그래도 우발 상황에 대비해 공작원들에게 는 가짜 쿠바 신분증과 쿠바에서 제조된 의류가 지급되었다. 신발에서 부터 판초에 이르기까지 공작원들이 착용한 모든 옷가지는 쿠바 망명 자들이 미국으로 가져온 것이었다.

흐리고 습한 날이었다. 두꺼운 고무 부츠를 신고 배낭을 멘 공작원 들은 맹그로브 습지를 천천히 걷기 시작했다. 반달을 배경으로 두 사람 의 어두운 형체가 실루엣으로 나타냈다.

1962년 10월 20일 토요일 아침

"미국인들이 이런 사실을 알면 깜짝 놀랄 게 확실해."[51]

제79미사일연대 공산주의청년단장인 알렉산드르 말라코프가 농담 을 했다. 제79미사일연대는 쿠바 중부의 작은 지방 도시인 사과라그란 데 인근에 있었다.[52]

말라코프는 임시로 만든 연단에 섰다. 9미터가 넘는 흙무더기로 만든 연단이었다. 연단에 사용된 흙은 보통 흙이 아니었다. 로디나ro- dina, 즉 "조국"을 떠올릴 수 있도록 소련에서 포대에 담아 지구 반 바 퀴 거리를 이동한 흙이었다. 극적인 효과를 높이기 위해 긴 나무 막대 기를 구해 국경 초소에 있는 깃대처럼 흰색과 적색으로 칠했다. 깃발 에는 "소련 영토"라고 적혀 있었다. 근처에 내걸린 현수막에는 이런 말이 적혀 있었다.

"우리는 쿠바를 우리 조국처럼 지킬 것이다."

연병장에는 장병 수백 명이 모였다. 계급에 따라 질서정연하게 정 렬했지만, 체크무늬 셔츠에 무릎 위를 잘라낸 군복 바지, 열대 더위에 맞게 윗부분을 잘라내고 통풍 구멍을 낸 두꺼운 러시아 부츠 등 특이한 차림을 하고 있어서 겉보기에 군인인지 눈치채기 어려웠다. 몇몇은 웃통을 벗고 있고, 몇몇은 말라코프가 보기에 "허수아비" 같았다.

알렉산드르 말라코프는 특별한 행사를 기념하기 위해 장병들을 소집했다. 제79연대가 쿠바에 배치된 소련 미사일 부대 중 가장 먼저 "전투태세"를 갖췄다고 선언하는 자리였다. 두꺼운 콘크리트 발사대 옆에 발사장치 8개가 있는데, 전체가 제국주의자들이 있는 북쪽을 향하고 있었다. 근처에 캔버스 천으로 덮어둔 트레일러에는 가늘고 길쭉하고 거대한 연필 형태의 R-12 미사일이 있었다. 연료 트럭과 산화제 차량도 준비되어 있었다. 탄두 자체는 아직 현장에 없었지만, 24시간 이내에 옮길 수 있었다. 말라코프가 격려 연설을 시작했다.

"1단계 임무를 마무리했다. 소련군은 맹세한 것을 반드시 지킨다. 영웅적인 죽음을 맞이할 수 있지만, 제국주의자들의 손에 쿠바 인민들이 고문당하고 고통을 겪도록 포기하는 일은 없을 것이다."

장병들은 박수치고 휘파람 소리를 냈고, 축하의 의미로 기관총 일제 사격으로 화답했다.

"로디나 일리 스메르트. 파트리아 오 무에르테(Rodina ili smert. Patria o muerte : 조국이 아니면 죽음을)."

"벤세레모스(Venceremos : 우리가 승리하리라)."

비록 허수아비 같은 겉모습을 하고 있었지만 제79미사일연대 장병들이 군사 작전에서 이룬 성취는 특별했다. 과거 어떤 러시아 군대도 본토에서 이처럼 먼 곳에 수천만 명을 쓸어버릴 무기로 무장하기는커녕 발을 내디딘 적조차 없었다. 게다가 대규모 작전을 비밀리에 해냈다. 첫 번째 미사일이 쿠바에 도착한 것은 8월이었지만, 한 달 이상 미국 첩보기에 발각되지 않았다. 미국은 그때까지도 자국 뒷마당에 예고도 없이 적군이 와 있는 사실을 까맣게 모르고 있었다.

작전 준비를 마치는 데 약 3개월이 걸렸다. 7월 말 연대장인 이반 시도로프 대령은 특별한 "정부 임무"를 맡게 되었다.[53] 8월 한 달 내내 미사일 기동부대의 장비를 꾸렸다. 로켓, 트럭, 불도저, 크레인, 조립식 막사 등 총 1만 1000톤에 이르는 장비였다. 소련 서부 기지에서 크림 반도의 세바스토폴 항구까지 장비를 수송하기 위해서 특수 열차 19량이 필요했다. 부대원들은 세바스토폴에서 수송선과 여객선 5척에 올라 탔다.

이런 배들은 훨씬 더 큰 함대의 일부였다.[54] 병력 5만 명과 군수 물자 23만 톤을 싣고 망망대해를 건너기 위해서 함정 85척을 편성했고, 이 중 다수는 쿠바까지 2~3회까지 왕복했다. 총 5개 미사일 연대가 있었고, 이 중 3개 연대는 MRBM인 R-12 부대고, 2개 연대는 IRBM인 R-14 부대였다. 그 밖에도 미사일 보호를 위한 차량화소총병연대 4개를 비롯해서, 크루즈미사일연대 3개, MIG-21 전투기연대 1개, IL-28 폭격기 48대, 헬기연대 1개, 유도탄고속정여단 1개, 잠수함전대 1개, 방공사단 2개도 포함되었다.

다른 파견 병력과 마찬가지로, 제79연대 장병들도 자신들이 배치될 장소와 그 이유를 알지 못했다. 작전명도 임무 성격을 속이기 위해 시베리아 동쪽 끝에 있는 도시의 이름을 따서 아나디리 작전Operation Anadyr이라고 붙였다. 부둣가에서 어슬렁거리는 미국 스파이가 보기에 추운 북부 지방으로 이동하는 것으로 착각하도록 스키와 발렌키라는 무거운 펠트 부츠도 수송선에 실었다. 가족과의 연락도 금지되었다. 배가 항해하는 동안 소련 총참모부에서 파견된 장교는 병사들에게 이렇게 말했다.

"조국은 제군들을 잊지 않을 거야."[55]

8월 25일, 1만 825톤의 옴스크호가 가장 먼저 출항했다.[56] 일본에서 건조된 화물선인 옴스크호는 미사일을 수송할 수 있을 정도로 해치가 충분히 컸지만, 약 20미터 길이의 R-12 미사일을 벽에 기대어 대각선 형태로 실어야 했다. 공간이 너무 협소해 시도로프 대령을 비롯한 상급자 일부만 선실에서 잘 수 있었다. 일반 장병들은 대개 창고로 사용된 선교 아래 중갑판의 비좁은 공간에 탔다. 약 370제곱미터 공간을 총 264명이 함께 사용해야 해서 1인당 1.5제곱미터도 안 되는 곳에서 겨우 누울 수 있었다.[57]

항해 중 따라야 할 지침은 봉투 여러 장에 밀봉되어 있었다. 봉투 내용은 연대장, 함장, KGB 파견 인원이 함께 확인해야 했다. 첫 번째 지침은 "(터키의) 보스포루스 해협으로 이동"이었고, 두 번째 지침은 "지브롤터 해협으로 이동"이었다. 지중해를 통과해 대서양에 진입하고 나서야 세 번째 봉투를 확인할 수 있었다. 거기에는 "쿠바로 이동"이라는 지침이 있었다.

갑판 아래는 숨이 턱턱 막혔다. 두꺼운 철제 해치에 내리쬔 햇볕이 실내 온도를 섭씨 49도 이상으로 끌어올렸고, 습도도 95퍼센트에 달했다. 외국 선박이 주위에 있거나 보스포루스 해협이나 지브롤터 해협처럼 육지 가까이에 접근했을 때는 해치를 닫았다. 밤에는 소수 인원이 갑판으로 올라가 신선한 공기를 들이켜는 것이 허락되었다. 모두 이런 특권을 간절히 원했다. 선내 오락거리로는 소련에서 만든 최신 블록버스터 영화인 〈고요한 돈강Tikhii Don〉을 반복해서 상영하는 것도 포함되었다.

뱃멀미는 심각한 문제였다. 미사일은 중량이 비교적 가벼워 배가 수면 깊이 잠기지 않았고 대서양 한가운데에서 강력한 태풍을 만나면 파도에 심하게 요동쳤다. 나중에 소련군 통계에 따르면 승선 인원의 4

분의 3이 심한 뱃멀미를 앓았다.[58] 항해 중 줄어든 승조원의 평균 체중이 10킬로그램에 달했다. 인원의 30퍼센트는 목적지에 도착한 뒤 하루에서 이틀 동안 활동할 수 없었고, 4퍼센트는 일주일이 넘도록 임무 수행이 불가능했다.

옴스크호가 쿠바 가까이에 접근하자 미 공군기가 갑판에 실은 화물을 촬영하면서 선회하기 시작했다. 어느 날 밤 시도로프 대령은 선실을 비춘 탐조등에 눈이 부셔 잠에서 깼다. 급히 선교로 가자 선박 우현에 미국 군함이 있었다. 9월 9일 관타나모 해군기지를 지나갈 때는 초계정이 선박 단속을 하기 위해 나타났다. 머리 위에서는 전투기 편대가 요란한 소리를 냈다. 미국이 옴스크호가 실은 화물의 정체를 파악하는 데에는 몇 주가 더 걸렸다. 8월 31일, 통신 활동을 감청한 미국 NSA(국가안보국)는 해당 화물선이 "경유통"을 싣고 있다고 결론 내렸다.[59]

제79연대의 나머지 병력은 3주 뒤 여객선인 아드미랄 나히모프호를 타고 뒤따라왔다. 소련 언론이 "농업 노동자와 학생"이라고 밝힌 인원 2000명 이상이 900인승 여객선에 간신히 몸을 실었다. 배가 아바나에 정박했을 때, 병들고 지친 병사들이 맨 처음 목격한 것은 육지에서 피어오르는 모닥불 연기였다. 쿠바에서 사용할 일이 없는 스키 장비를 소각하는 중이었다.

소련군의 배치 규모는 CIA가 판단한 최악의 상황을 훌쩍 뛰어넘었다. 맥나마라 국방부 장관은 10월 20일 브리핑에서 쿠바에 배치된 소련군 병력이 "6000~7000명"이라고 했다.[60] CIA 분석관은 대서양을 횡단한 소련 선박 수와 가용한 갑판 공간에 대한 관측을 토대로 이런 결론을 내렸다. 이 계산은 한 가지 요소가 빠져 있었다. 그것은 미군이 절대 견딜 수 없는 환경에서 버틴 소련군의 인내력이었다. 10월 20일 무렵 4만 명이 넘는 소련군 병력이 쿠바에 도착했다.

일단 배로 미사일을 수송한 뒤에도 구불구불한 산악 도로를 따라 발사기지로 가야 했다. 정찰팀이 이동로에 표시를 하고 도로와 다리를 신설하면서 장애물을 제거하는 데 몇 주가 걸렸다. 하룻밤 사이에 24미터 길이의 트레일러가 지나갈 길을 내기 위해 우체통이나 전신주뿐 아니라 가옥 전체를 철거하기도 했다. 소련군 호송대에 파견된 쿠바군 연락 장교들은 집을 비워야 했던 주민들에게 "혁명을 위해서"라는 판에 박힌 이유를 댔다.[61]

카실다에 정박한 옴스크호에서 화물을 내리는 데 이틀 밤이 걸렸다. 카실다는 중간 크기의 선박을 한 척만 수용할 수 있는 쿠바 남부 해안의 작은 어업 항구였다. 시설이 매우 열악해 원활하게 하역하기 위해 약 150미터 길이의 옴스크호가 여러 차례 이동해야 했다. 미사일 하역은 칠흑 같은 어둠 속에서 시에라마에스트라 산맥에서 파견된 카스트로 개인 경호원 70명의 경계 아래 이루어졌다. 초계정은 어선이 항구에 접근하지 못하게 했고, 수중 공격 시도에 대비해 두 시간마다 잠수 요원이 수중에서 선체를 확인했다.

노출을 최소화하기 위해 미사일 호송 시간은 자정에서 새벽 5시로 한정했다. 호송대가 출발하기 직전, 경찰이 "교통사고"를 이유로 사전에 도로를 차단했다.[62] 오토바이를 탄 경찰이 앞장섰고 그 뒤로 소련제 지프, 미제 캐딜락, 육중한 미사일 운송차량이 따라갔다. 행렬 끝에는 크레인, 지원 트럭, 오토바이가 뒤따랐다. 기만하기 위해 가짜 호송대가 반대 방향으로 이동했다.

공개적으로 러시아어로 말하는 행위, 특히 러시아어로 무전기를 사용하는 행위는 금지되었다. 호송대에 소속된 소련군은 쿠바군 군복을 입었을 뿐 아니라 콰트로(Cuatro : 호송 중지), 도스 트레스(dos tres : 이상 무) 등의 스페인어로만 통신해야 했다. 간단해 보였지만 이런 체계는 끝도 없이 오해를 일으켰다. 긴장된 상황에서 러시아어로 욕이 나오곤 했다. 소련군 장교들은 이런 농담을 했다.

"미군 정보 부대에 혼란을 주는지는 모르겠지만, 우리끼리 헷갈리는 건 확실해."[63]

호송대는 카실다에서 북쪽으로 약 5킬로미터 떨어진 트리니다드에 도착했다. 트리니다드는 18세기 설탕 부호와 노예 소유자가 건설한 건축 문화재가 많은 곳이었다. 소련군과 쿠바군은 미사일을 실은 호송대가 과거 식민지 시대에 만들어진 거리를 통과할 수 없자 우회로를 만들었다. 그리고는 반카스트로 게릴라의 요새였던 에스캄브라이 산맥의 남쪽 끝자락을 둘러서 쿠바 중부 평원이 있는 북쪽으로 향했다.

새벽이 다가오자 운전병들은 팔미라 외곽에 있는 삼림지역에서 휴식을 취하려고 운행을 중단했다. 다음 날 밤 호송대가 다시 이동을 시작할 때, 열대 호우 때문에 다리 하나가 유실되었다는 소식이 전해졌다. 이 지역에 거주하는 남자 전체가 복구 작업에 동원되는 동안 24시간이 늦어졌고 결국 225킬로미터 이동에 사흘 밤이 걸렸다.

제79연대의 본부로 선택된 장소는 사탕수수 농장과 채석장 사이의, 나지막한 언덕 뒤에 있었다. 주변에는 야자수가 흩어져 있었다. 곧이어 공병대가 미사일 발사장치 4개를 갖춘 포대를 구축하기 위해 관목을 제거했다. 북서쪽으로 23킬로미터 떨어진 사과라그란데 인근에도 발사장치 4개를 추가로 배치했다.[64]

키가 크고 인상적인 외모의 시도로프 대령은 자신이 지휘관이란 사실을 명확하게 하는 가운데 한시도 낭비하지 않았다. 신병들을 환영하는 자리에서 시도로프는 쿠바의 뜨거운 열기로 땀에 뒤범벅된 채 이렇게 말하곤 했다.

"한 가지만 기억해. 내가 연대장이다. 소련의 힘을 대표하는 사람이 바로 나란 뜻이다. 내가 검사이자 변호사일 뿐 아니라 판사이기도 하지. 그러니 일을 시작하도록 해."[65]

1962년 10월 20일 토요일 오후 2:30

미국 중서부를 가로지르는 긴 선거 유세 일정의 둘째 날을 보내던 존 F. 케네디 대통령은 막후에서 벌어지는 국제적 위기에 대한 관심을 차단하기 위해 대중과의 접촉을 과감하게 유지했다. 그때 동생 바비 케네디의 전화가 걸려왔다. 바비는 자문위원 사이의 토론이 교착 상태에 빠졌으니 백악관으로 돌아와 달라고 형을 재촉했다. 결정을 내릴 시간이 온 것이다.

시카고 쉐라톤-블랙스톤 호텔에서 기자들이 다음 유세 장소로 가는 버스에 탔을 때였다. 갑자기 행사가 취소되었다는 소식이 전해졌다. 백악관 언론 보좌관인 피어 샐린저는 별다른 부연 설명 없이 이렇게 발표했다.

"대통령께서 감기에 걸려 워싱턴으로 되돌아가실 예정입니다."

일단 에어포스원에 탑승한 샐린저는 케네디에게 무슨 일인지 물었다. 케네디는 사실을 말하고 싶지 않았다. 어쨌든 당장은 그랬고, 그래서 이렇게 말했다.

"워싱턴에 돌아가자마자 알게 될 걸세. 그때 단단히 각오하게."[66]

나흘간의 격론 뒤 자문위원들의 의견은 공습과 봉쇄라는 두 가지 방안으로 정리되었다. 각 방안은 장단점이 있었다. 기습적인 공습은 즉각적인 위협을 매우 감소시킬 터였지만 100퍼센트 성공을 장담할 수 없었다.[67] 흐루쇼프를 자극해 파괴되지 않은 미사일을 쏘거나, 쿠바가 아닌 다른 지역에서 행동에 나서게 할 수 있었다. 펜타곤이 계획한 800회 출격은 쿠바에 대혼란을 초래해서 침공을 불가피하게 만들 수도 있었다. 봉쇄 조치는 협상 가능성을 열어두지만, 둘러댈 기회를 줘서 미사일 기지 건설을 서둘러 마치게 할 수 있었다.

공습은 이 방안을 주도적으로 제시한 사람의 이름을 따서 "번디 계획"이라고 불렸고 군 수뇌부의 지지를 받았다. 매콘 CIA 국장과 더글러스 딜런 재무부 장관도 공습을 선호했지만, 폭격 전 미사일을 철수할 수 있도록 72시간 전에 최후통첩을 하길 원했다. 맥나마라 국방부 장관과 딘 러스크 국무부 장관, 아들라이 스티븐슨 유엔 대사, 대통령 연설문 작성담당인 시어도어 소렌슨은 봉쇄를 지지했다. 바비는 뒤늦게 생각을 바꿔 봉쇄를 지지했지만, "카스트로와 쿠바에 배치된 소련 미사일을 제거할 기회"를 놓치는 것도 우려했다.

케네디 대통령은 백악관 관저 2층 집무실에서 열린 회의에서 이렇게 말했다.

"여러분, 오늘 쉽지 않은 상황에 처할 겁니다. 다들 자신이 제시한 방안이 받아들여지지 않기를 바라야 할 겁니다."[68]

지난 며칠간 백악관 내에는 연설문 두 건이 회자되었다. 쿠바에서 소련 미사일이 발견된 사실을 알리는 대통령 연설문의 초안이었다. 그 중 하나이자 번디가 케네디에게 보고한 "공습" 연설은 40년 동안 서류철에 잠금 보관되었다.

국민 여러분

무거운 마음으로, 그리고 취임 선서에서 한 약속의 이행 차원에서, 저는 쿠바 영토에 배치된 대규모 핵무기를 제거하기 위해 재래식 무기만을 동원한 군사 작전을 명령했고, 지금 미 공군이 저의 명령을 이행했습니다. (…) 다른 모든 조치는 결코 받아들일 수 없는 시간 지연과 혼란을 유발할 위험이 있었고, 이러한 묵과할 수 없는 공산주의자의 핵무기 침투를 제거하는 데 실질적인 진전을 기대할 수 없었습니다. (…) 더 이상 지체하는 경우 엄청난 피해를 가져오고 즉각적인 경고는 모든 국가에 큰 인명 손실을 초래했을 것입니다. 행동하는 것이 저의 의무였습니다.[69]

바비와 마찬가지로 애초에 공습을 선호했던 대통령은, 이 순간 봉쇄로 의견이 기울었다. 하지만 아직 확실히 결정하지는 않았다. 봉쇄가 더 안전한 방안으로 보였지만, 이 또한 미군과 소련군의 해상 충돌을 포함해서 상당한 위험성이 있었다. 회의가 끝난 뒤, 케네디는 바비와 소렌슨을 워싱턴 기념탑이 내려다보이는 트루먼 발코니로 데려갔다.

"전쟁에 아주, 아주 가까이 갔어."[70]

케네디는 심각하게 말하고 나서 아일랜드식의 냉소적인 유머로 분위기를 가라앉게 만들었다.

"백악관 대피소엔 우리가 전부 들어갈 공간이 없어."

제2장

소련인

———

Russian

1962년 10월 22일 월요일 오후 3:00(모스크바 오후 10:00)

모스크바는 이미 밤이었다. 니키타 흐루쇼프는 자신이 벌인 미사일 도박이 실패할 수 있다는 사실을 깨달았다. 저녁 내내 백악관과 펜타곤의 비정상적인 활동에 관한 보고가 올라왔고, 결국 케네디 대통령이 "국가적으로 가장 긴급한" 문제에 관한 담화문을 발표하기 위해 방송 시간을 요청했다는 소식까지 들렸다.[1] 워싱턴 시각으로 오후 7시, 모스크바 시각으로는 10월 23일 새벽 2시에 방송될 예정이었다.

니키타 흐루쇼프는 레닌 언덕에 있는 관저 정원에서 산책을 하고 돌아오자마자 전화를 받았다. 흐루쇼프가 모스크바 강 굽이의 위쪽에 자리 잡은 곳을 거주지로 삼은 이유는 도시가 내려다보이는 멋진 전망 때문이었다. 이곳에는 역사적으로 유명한 장소도 있었다. 150년 전인 1812년 9월 16일 나폴레옹은 제국의 정복자로서 이 언덕에 올라왔다. 하지만 러시아군 수비대의 초토화 전술은 승리의 순간이 되어야 할 상황을 나폴레옹 최악의 패배로 바꿔놓았다. 나폴레옹은 요구하려던 전리품 대신 불타고 황폐해진 도시를 쳐다보았고, 한 달 뒤 총퇴각 명령을 내렸다. 흐루쇼프는 소련 지도부를 크렘린으로 호출하면서 아들 세르게이에게 말했다.

"미국이 미사일을 발견했을 거야. 미사일 기지는 방어 능력이 없어. 한 차례 공습으로 전부 무력화될 수 있지."[2]

소련제 차이카 리무진 두 대가 서둘러 강을 건넜다. 한 대에는 흐루쇼프가 다른 한 대에는 경호원들이 타고 있었다. 흐루쇼프는 야간 회의를 몹시 싫어했다. 집권 기간에 야간 회의를 거의 하지 않았다. 야간 회의는 스탈린 시절을 떠올리게 했다. 스탈린은 겁에 질린 부하들을 한밤중에 크렘린에 호출하곤 했다. 무슨 일이 벌어질지 몰랐다. 눈총을 받은 뒤 승진했다. 미소 띤 얼굴을 본 뒤에 죽을 수도 있었다. 독재자의 종잡을 수 없는 생각에 모든 것이 좌우되던 시절이었다.

차이카는 흐루쇼프를 크렘린 심장부의 붉은광장이 내려다보이는 과거 원로원 건물에 내려놓았다. 흐루쇼프는 엘리베이터를 타고 3층 집무실로 올라갔다. 그곳에는 새빨간 카펫이 깔린 길고 천정이 높은 복도가 있었다. 소련 수뇌부는 이미 최고회의 간부회의실에 모여 있었다. 공식적으로는 소련 정부가 권력을 장악했지만, 사실상 모든 중요한 결정은 공산당 중앙위원회 간부회의에서 내려졌다. 각료회의 의장이자 중앙위원회 제1서기로서, 흐루쇼프는 두 개 권력 기구를 동시에 이끌었다. 오후 10시 마침내 회의가 시작되었을 때, 국방부 장관인 로디온 말리놉스키 원수가 주장했다.

"선거를 앞두고 꾀를 부리는 겁니다. 쿠바 침공을 선언하더라도 준비에 며칠이 걸릴 겁니다."[3]

말리놉스키는 쿠바 주둔 소련군에 쿠바 방어를 위해 "가용한 모든 수단"의 동원을 허락하는 명령서를 준비했다. 깜짝 놀란 흐루쇼프는 반대했다.

"예외 없이 모든 수단을 사용하는 경우 (준중거리) 미사일도 포함하게 되오. 그러면 열핵전쟁의 촉발될 것이오. 그런 상황을 어떻게 받아들인단 말이오?"[4]

흐루쇼프는 변덕이 죽 끓듯 했다. 활기가 넘치다가도 몇 분 만에 시무룩해졌다. 정규 교육을 전혀 받지 못했지만, 자신만의 개성이 지닌 힘으로 사람들을 압도했다. 대담하고 확실한 비전이 있으며 정력적인 동시에 격정적이고 교활하며 쉽게 화를 냈다. 흐루쇼프의 아내는 남편이 "모 아니면 도"인 사람이라고 했다.[5] 안드레이 그로미코 외무부 장관은 흐루쇼프가 "적어도 열 사람의 감정을 충분히" 지녔다고 증언했다.[6] 지금 이 순간 흐루쇼프는 미국인에게 화가 났지만 핵전쟁은 피하고 싶었다.

흐루쇼프가 보기에 미국의 쿠바 침공 가능성이 매우 높았다. 흐루쇼프는 케네디가 피그스 만 침공 당시 왜 그렇게 우유부단하게 행동했는지 이해할 수 없었다. 1956년 10월 반혁명주의자들이 헝가리를 장악했을 때, 흐루쇼프는 며칠을 두고 본 뒤 소련군에 진압 명령을 내렸다. 이것이 초강대국의 대처 방식이었다. 수년 뒤, 흐루쇼프는 회고록에서 말했다.

미국은 미국 해안 인근에서 나머지 라틴아메리카 국가에 혁명의 전례를 제공하는 사회주의 쿠바라는 개념을 받아들일 수 없었다. 그와 마찬가지로 우리는 이웃에 사회주의 국가가 있는 상황을 선호했고 그게 편했기 때문이다.[7]

흐루쇼프는 미국의 쿠바 침공을 저지하는 것이 아나디리 작전의 주목적이라고 소련 지도부에 말했다.

"전쟁을 벌이긴 싫소. 미국이 쿠바를 건드리지 못하도록 겁주려는 것뿐이오."

그러면서 작전이 마무리되기 전에 발각된 것처럼 보이는 상황은 "문제"라는 사실을 인정했다. 일이 계획대로 진행되었다면 승리를 자축하는 퍼레이드에 참가하기 위해 아바나를 방문하려 했다. 그곳에서 군복을 입은 소련군이 쿠바 동지들과 나란히 공개 장소에 처음으로 모습을 드러낼 생각이었다. 양국은 공식적으로 방어 협정을 맺고, 미국을 겨냥한 수십 기의 소련 핵미사일 배치를 통해 협정이 굳건해지고, 이런 상황은 제국주의자들에게 기정사실로 제시될 수 있었다.

현실은 예상과 전혀 달랐다. 소련은 미국이 눈치채지 못하게 공군을 모조리 쓸어버릴 수 있는 핵탄두를 장착한 단거리 전술 미사일 수십 기를 쿠바에 배치한 상태였지만 R-14 IRBM을 실은 소련 선박 수십 척은 아직 공해에 있었다. 흐루쇼프가 초조해하며 말했다.

"상대가 우릴 공격할 수 있다는 것이 비극이오. 우리도 반격할 테고 결국 큰 전쟁으로 이어질 수 있소."[8]

이 순간, 흐루쇼프는 미사일 배치 전 방어 협정을 맺고 그런 사실을 공표해서 미국이 속았다고 비난하지 못하게 하자는 카스트로의 요구를 거절한 사실을 후회했다. 미국 정부는 소련과 인접한 터키 같은 나라와 방어 협정을 맺었기 때문에 소련의 유사한 행동에 반대하기 어려웠다.

토론을 주도한 흐루쇼프는 케네디가 발표할 연설에 대해 소련측의 가능한 대응을 간략하게 말했다. 한 가지 방안은 라디오를 통해 방어 협정을 즉각 공표해서 공식적으로 소련 핵우산을 쿠바로 확대하는 것이었다. 두 번째 방안은 미국이 공격하는 경우 소련군이 보유한 모든 무기의 통제권을 쿠바군에 넘기고, 쿠바가 자국 방어를 위해 핵무기를 사용하겠다는 의향을 밝히는 것이었다. 마지막 방안은 쿠바에 주둔한 소련군이 자체 방어를 위해 단거리 핵무기를 사용하되, 사정거리가 미국 본토에 이르는 전략 미사일은 사용하지 않는 것이다.

이처럼 중요한 회의를 기록한 자료는 단편적이고 혼란스러웠다. 그럼에도 흐루쇼프가 미군의 쿠바 침공이 임박하다고 판단했고, 미군을 상대로 전술핵무기를 기꺼이 사용할 생각이 있었다는 사실을 보여주었다. 매파 국방부 장관인 말리놉스키는 흐루쇼프가 서둘러 결정을 내리는 것을 만류했다. 말리놉스키는 미국이 당장 쿠바를 장악하기에는 카리브 해에 있는 해군 전력이 충분하지 않다고 판단했다. 성급한 조치가 득이 되기보다 해가 되는 상황도 우려했다. 미국에 핵공격을 할 빌

제2장 소련인

미를 줄 수 있었다.

모스크바 주재 미국 대사관은 소련 외무부에 모스크바 시각으로 새벽 1시, 워싱턴 시각으로 오후 6시에 케네디 대통령이 흐루쇼프에게 보내는 중요 메시지를 전송할 예정이라고 통보했다. 말리놉스키가 흐루쇼프에게 건의했다.

"1시까지는 기다리시죠."

말리놉스키가 발언하는 사이 전차와 미사일 운반 차량과 행군하는 군인들의 요란한 소리가 크렘린의 붉은 벽돌벽을 넘어 회의실로 들어왔다. 붉은광장을 가로질러 이동하는 중화기 중에는 쿠바에 배치된 R-12 미사일도 있었다. 핵무기를 책임진 엘리트 군부대인 전략로켓군이 R-12를 호송했다. 최고회의 간부회의 참석자들은 라이벌 초강대국과의 기분 나쁜 대치 상황에 지나치게 몰두한 나머지 다른 일에는 신경쓰지 않았다. 이들은 창문 아래에서 진행 중인, 경외심을 불러일으키는 군사력 과시가 연례적인 혁명 기념일 퍼레이드를 위한 최종 리허설이란 사실을 알고 있었다.

취임하고 가장 심각한 국제적 위기를 맞은 두 초강대국의 지도자가 즉각적으로 보인 반응은 거의 같았다. 그것은 충격과 상처 입은 자존심, 냉혹한 결의, 거의 억누를 수 없는 두려움이었다. 케네디는 소련 미사일 기지를 공격하길 원했고, 흐루쇼프는 미군을 상대로 전술 핵미사일 사용을 고려했다. 두 방안 모두 전면적인 핵전쟁으로 쉽게 이어질 수 있었다.

처음에 보여준 직관적인 반응은 비슷했을지라도, 존 피츠제럴드 케네디와 니키타 세르게예비치 흐루쇼프만큼 성격이 서로 다른 사람도 드물었다. 한 명은 미국 백만장자의 아들로, 특권층으로 태어나 특권층의 삶을 살았다. 또 한 명은 우크라이나 농부의 아들로, 어릴 때 맨발로 다니고 소매로 콧물을 훔치며 자랐다. 한 사람의 성장은 노력이 필요 없이 자연스러워 보였다. 또 한 사람은 아부와 무자비한 행동을 하면서 이를 악물고 정상에 올랐다. 한 명은 내성적인 반면, 다른 한 명은 격정 적이었다. 생김새도 달랐다. 한 명은 군살 없고 점잖으며 머리숱이 많 았고, 또 다른 한 명은 키 작고 통통한 데다 대머리였다. 배우자의 모습 도 달랐다. 한 명의 배우자는 패션 잡지에서 걸어 나온 듯한 모습인 데 반해, 다른 한 명의 배우자는 전형적인 러시아 바부슈카(babushka : 할머 니)였다.

68세의 흐루쇼프는 상상할 수 있는 가장 엄격한 정치 학교가 배출 한 산물이었다. 고속 승진은 대중적인 매력 때문이 아니라 스탈린을 만 족시키고 관료 게임을 할 줄 아는 능력 때문이었다. 흐루쇼프는 정치가 간사한 꾀와 인내가 많이 필요한 더러운 비즈니스라는 사실을 배웠다. 라이벌을 권좌에서 무자비하게 끌어내리기 전 기회를 엿보면서 사람 들의 신임을 얻는 법을 알았다. 흐루쇼프는 스탈린을 집단 살인마라고 비난하고 비밀경찰국의 국장인 라브렌티 베리아를 잡아들일 때나, 세 계 최초의 인공위성인 스푸트니크호를 쏘아 올린 때건 상관없이, 적을 깜짝 놀라게 하는 극적인 제스처를 하는 능력이 있었다.

냉소적인 사고방식과 잔인함과 더불어, 흐루쇼프는 이상주의적이 며 거의 종교적인 면도 내비쳤다. 흐루쇼프는 사후 세계가 아니라 지구 상에 인간이 만든 천국을 열렬하게 믿었다. 공산주의의 미래가 자신의 삶을 바꿨고 동포들의 삶도 바꿀 수 있다고 믿었다. 흐루쇼프는 언젠가 는 공산주의가 자본주의보다 더 낫고 더 공정하며 더 효율적인 체제라 는 사실을 입증할 것이라고 확신했다. 20년 내로 모든 인민의 필요가 완벽하게 충족되는 부의 평등 상태인 공산주의 사회가 "거의 다 건설" 되고, 그때쯤이면 소련이 미국보다 물질적으로 더 풍요로워질 것이라고 믿었다.

흐루쇼프는 자신의 출신이 보잘것없지만 더 힘 있고 더 부유하며 가방끈이 더 긴 상대보다 한 수 위라는 사실을 자랑스러워했다.[9] 흐루쇼프는 자신을 우크라이나 동화에 나오는 가난한 유대인 제화공과 비교했다. 사람들이 무시하고 업신여긴 이 제화공은 용기와 활력 덕분에 지도자로 선택되었다.

흐루쇼프는 정치가 "기차 여행을 하는 두 유대인에 관한 오래된 우스갯소리와 같다"고 말한 적도 있다.[10] 한 유대인이 다른 유대인에게 "어디에 가시나요?"라고 묻자 "지토미르에 갑니다"라는 답이 돌아온다. 질문을 한 유대인은 이렇게 생각한다. '여우 같은 놈. 진짜 지토미르에 간다는 걸 알지만, 지토미르에 간다고 말했으니 즈메린카로 간다고 생각해야겠군.'

요컨대 이 이야기는 흐루쇼프가 정치를 누가 더 크게 허세를 부리고 대담한가를 겨루는 게임으로 본다는 사실을 말해준다.

케네디와 상대하는 일은 스탈린이나 베리아 국장 같은 괴물을 상대하는 일에 비하면 애들 장난이었다. 케네디와 빈 정상회담을 마친 흐루쇼프는 이런 말을 했다.

"별로 세지 않아. 너무 지적이고 약해 빠졌어."[11]

나이 차도 확연했다. 케네디보다 스물세 살이 많았던 흐루쇼프는 케네디가 "아들뻘 정도로 어리"다고 했다.[12] 비록 나중에 빈에서 케네디에게 "약간 미안하게" 느꼈다고 고백했지만, 그런 사실이 자신의 라이벌을 가혹하게 몰아붙이는 데 문제가 되지는 않았다. 흐루쇼프는 정치를 "무자비한 비즈니스"로 이해했다.[13]

국제 관계에 대한 흐루쇼프의 이해는 소련의 열세를 인식하면서 형성되었다. 겉으로는 거드름을 피우는 불량배처럼 행동했지만, 1962년 여름 소련의 군사력에 대해 전혀 확신이 없었다. 소련은 서쪽으로 터키에, 동쪽으로는 일본에 배치된 미군 기지로 둘러싸여 있었다. 미국을 겨눈 소련 핵미사일보다 소련을 겨눈 미국 핵미사일이 훨씬 많았다. 중국과의 이념 분쟁도 전 세계적인 공산주의 운동에서 소련의 우위를 위협했다. 다가올 유토피아에 관한 모든 호언장담에도 불구하고 소련은 여전히 제2차 세계대전으로 인한 피해 복구에 몸부림치고 있었다.

흐루쇼프는 극적인 선전 활동을 통해 소련이 미국보다 힘이 약하다는 사실을 감추기 위해 최선을 다했다. 그래서 첫 번째 우주인을 탄생시켰고 세계에서 가장 강력한 핵무기 실험을 했다. 한번은 측근에게 이렇게 말했다.

"미국이 인정하는 건 힘뿐이지."[14]

ICBM을 "소시지처럼" 대량으로 생산할 수 있다고 떠벌렸을 때, 흐루쇼프의 아들인 세르게이는 깜짝 놀랐다. 미사일 기술자이기도 한 세르게이는 아버지의 발언이 사실과 거리가 멀다는 것을 알고 있었다. 세르게이가 따지듯 물었다.

"기껏해야 1~2기밖에 없는 상태에서 어떻게 그런 말씀을 하실 수 있어요?"[15]

아버지 흐루쇼프가 답했다.

"중요한 건 미국이 그렇게 믿게 하는 거야. 그런 식으로 미국이 공격하는 상황을 막을 수 있지."

세르게이는 소련의 정책이 "갖고 있지도 않은 무기"로 미국을 위협하는 행동에 바탕을 두고 있다고 결론 내렸다.

초강대국 순위에서 뒤로 밀린 소련은 말이 먹히도록 상대를 계속 위협하고 몰아붙여야 했다. 1962년 1월 흐루쇼프는 최고회의 간부회의에서 이런 말을 했다.

"확신에 찬 목소리로 인민들을 감동하게 해야 하오. 큰 모험을 두려워하지 마시오. 안 그러면 우리한테 돌아오는 것이 없소."[16]

의도적으로 국제적인 긴장을 촉발시키는 것과 주전자의 물이 끓어 넘치게 두는 것은 큰 차이가 있었다. 흐루쇼프는 미사일 배치의 목적이 "전쟁을 시작하는 것"이 아니라 미국이 "자기가 만든 약"의 쓴맛을 느끼게 하는 것이라고 계속 강조했다.[17]

애초에 흐루쇼프는 공화당 출신의 아이젠하워보다 민주당 출신의 케네디를 선호했지만, 두 대통령을 "그 나물에 그 밥"으로 여기게 되었다.[18] 흑해 연안에 있는 소치의 별장에서 여름을 보내던 흐루쇼프는 발사 5분 뒤면 소련에 도달하는, 바다 건너 터키에 미국 핵탄두가 있다는 사실에 분노했다. 흐루쇼프는 별장 방문객에게 쌍안경을 건네고는 뭐가 보이냐고 묻곤 했다. 어리둥절한 방문객이 끝없이 펼쳐진 바다의 경치를 설명하면, 쌍안경을 쥐고 화를 내며 이렇게 말하곤 했다.

"내겐 미국 미사일이 보이오. 이 별장을 겨누는 미사일 말이오."[19]

하지만 흐루쇼프는 자신이 곧 내놓을 놀라운 계획에 기운이 났다.

지난 9월 소치에서 흐루쇼프는 어리둥절해 하는 스튜어트 우달 미국 내무부 장관에게 말했다.

"미국이 우릴 어린애 다루듯 엉덩이를 때릴 수 있게 된 지 오랜 시간이 지났소. 이제 우리도 미국의 엉덩이를 때릴 수 있소."[20]

1962년 10월 22일 월요일 오후 4:00

케네디는 정부는 이번 일에 "최상의 보안을 유지"했다고 생각했다.[21] 대통령과 대통령이 가장 신임하는 자문위원 12명으로 편성한 엑스콤 ExComm, 즉 국가안전보장회의 집행위원회the Executive Committee of the

National Security Council라고 알려진 기구는 언론에 일절 노출되지 않은 상태에서 엿새간 점점 악화되고 있는 위기에 관해 토론을 했다. 백악관은 이런 사실이 신문에 나지 않도록 가능한 모든 조치를 했다. 백악관 긴급회의에 참석하는 관용 리무진이 볼거리를 제공하면서 길게 늘어서는 상황을 막기 위해 차량 한 대에 엑스콤 자문위원 아홉 명이 우르르 올라탄 적도 있었다. 밥 맥나마라와 존 매콘처럼 눈에 띄는 관료는 다른 사람의 무릎에 앉아 몸을 숙였다.

소련이나 쿠바와 업무상 아무런 관련이 없던 국무부 관료들은 동원할 수 있는 가장 큰 리무진을 타고 백악관으로 가라는 지시를 받았다. 국무부 동아시아 담당 차관보인 애버렐 해리먼은 일요일 아침 텅 빈 백악관 웨스트윙 사무실에서 몇 시간을 보냈다. 로비에 모인 기자들을 유인하는 역할을 한 것이다. 해리먼은 "언제까지 여기 앉아 있어야 해?"라며 투덜거렸다.[22]

일요일 저녁 무렵, 〈뉴욕타임스〉와 〈워싱턴포스트〉는 단편적인 이야기를 끌어모아 기사를 작성해 둔 상태였다. 대통령은 두 신문의 발행인에게 전화를 걸어 기사를 내보내지 말라고 요청했다. 피그스 만 침공 작전 전에도 비슷한 요청을 한 적이 있었다. 신문사측은 약간 떨떠름해하면서도 동의해 주었다. 월요일 조간 〈워싱턴포스트〉의 헤드라인은 기자들이 실제로 알고 있던 사실을 알쏭달쏭하게 암시했다.

미국 중대 정책 결정 예고

조치 내용은 비밀 유지

-

국방부 및 국무부 고위급 협의 중 각종 소문 나돌아

월요일 오후쯤 비밀이 거의 공개되었다.[23] 정오에는 관타나모 해군 기지에서 해병대가 민간인 대피 활동을 시작했다. 여성과 아동 2810명을 대기 중인 군함과 항공기로 이동시켰다. 휴가 중인 의회 지도자들에게는 워싱턴으로 서둘러 복귀하라는 메시지가 전달되었다. 군용 헬기가 멕시코 만에서 낚시를 즐기고 있던 루이지애나 민주당 하원의원 헤일 복스를 찾아내 병에 담은 메모를 전달했다.

워싱턴 18번 교환원에게 전화하십시오. 대통령 긴급 메시지입니다.[24]

얼마 안 가 공군기가 헤일 복스 의원을 비롯한 의회 지도자들을 워싱턴으로 데려갔다. 케네디 대통령은 우간다 총리와 함께 아프리카 경제 발전에 관해 45분간 회담을 하는 등 예정된 일정을 소화했다. 오후 4시 각료회의를 연 케네디 대통령은, 소련의 미사일 배치에 대응해 해상 봉쇄를 하기로 결정한 사실을 깜짝 놀란 장관들에게 알렸다. 대통령의 담화문 발표 시각을 뜻하는 암호명인 피-아워P-hour까지는 아직 3시간이 남았다.

그사이 국무부는 각국 정부에 봉쇄를 알리기 위한 대규모 지원 작전에 착수했다. "봉쇄blockade"라는 표현 대신 덜 위협적으로 들리도록 "격리quarantine"란 용어가 사용되었다. 소련을 포함해 대부분의 외국 정부는 이런 소식을 대통령 방송 연설 1시간 전인 워싱턴 시각 오후 6시에 전해 들었다. 영국, 독일, 프랑스 등 일부 가까운 맹방은 대통령 특사를 통해 사전 통보를 받았다.

밤사이 워싱턴에서 항공기로 파리를 방문한 딘 애치슨 전 국무부 장관은 드골 프랑스 대통령을 서재에서 만났다. 평소 미국의 주장을 못 미더워한 드골 장군은 소련 미사일의 쿠바 배치에 관한 사진 증거를 제시하겠다는 애치슨의 제안에 위엄 있게 손사래를 치며 말했다.

"미국처럼 위대한 국가가 증거도 없이 행동에 나설 리가 없죠."[25]

물론 프랑스는 동맹국인 미국을 지지했다. 드골이 U-2기 촬영 사진을 돋보기로 확인하는 데 동의한 것은 나중 일이었다. 군인 출신인 드골이 중얼거렸다.

"심상찮군요."

1962년 10월 22일 월요일 오후 4:39

NORAD(북미항공우주방위사령부)의 호출에 따라 전화 회의에 참석한 방공 부대 지휘관들은 귀를 의심했다. 존 게하트 NORAD 사령관은 전투요격기를 핵무장해서 공군기지 수십 곳에 급하게 배치하길 원했다. 명령은 즉각 실행될 예정이었다.

수 분 내로, 호출을 받은 지휘관들이 상황을 우려하면서 콜로라도 스프링스에 있는 전투센터에 모였다. 핵무기는 엄격한 안전 규정에 따라 이동이 이루어졌다. 게하트 사령관이 분산 배치를 명령한 F-106기는 1인승으로, 소련 폭격기를 요격하는 임무를 맡았다. F-106을 핵무장해서 미국 전역에 배치하는 조치는 "버디 시스템buddy system" 위반이었다. 버디 시스템은 핵무기를 운용할 때 반드시 최소 두 명의 장교가 합의하도록 한 공군의 신성불가침한 교리다. 충격을 받은 핵무기 안전 장교의 말에 따르면, 게하트의 명령은 조종사 한 명이 "무심코 핵무기를 완전히 폭발시킬 수 있게 한 조치였다."[26]

버디 시스템의 유일한 예외는 적 공격이 임박한 전시였다. 쿠바나 베를린에서의 위기 상황 악화설이 신문에 넘쳐났지만, 소련이 조만간 공격한다는 정황은 없었다.

제2장 소련인

미 공군 장교 다수는 전투요격기에 탑재하는 핵무기의 안전에 회의적이었다. 펜타곤이 경이적인 탄두라고 한 MB-1 지니Genie는 1.5킬로톤 탄두가 장착된 공대공미사일이었다. 지니는 제2차 세계대전 말기 히로시마를 쑥대밭으로 만든 폭탄의 10분의 1 정도의 위력을 갖고 있었다. 일부 조종사는 MB-1을 "공군이 구입한 가장 멍청한 무기 체계"로 여겼다.[27] 유도 미사일이 아니어서 목표물을 맞히기보다는 공중에 폭파되어 근처를 통과하는 모든 항공기를 파괴하도록 설계되었다.

분산 배치 작전의 목적은 미 공군 전투기와 폭격기가 소련 폭격기의 손쉬운 표적이 되는 일을 막는 것이었다. 적절한 핵무기 저장 시설이 부족한 공군기지로 이동하기 위해 인구 밀집 지역을 지나가야 하는데도 불구하고, 소련군 공격에 대한 대응 능력을 갖추기 위해 무장을 탑재해야 했다.

콜로라도스프링스에 있는 장교들은 상부 지시를 확인했다. 잠시 뒤 명령이 떨어졌고, 분산 명령은 유효했다. 지역 지휘관들이 무슨 일이 벌어지는지도 모르는 상태에서, 곧 미국 전역의 공군기지에서 핵무장한 F-106기가 요란한 소리를 내며 이륙했다.[28]

1962년 10월 22일 월요일 오후 5:00

위기 첫 주, 케네디와 자문위원들은 여론의 압박에 즉각적으로 대응할 필요성을 느끼지 않고 대응 방안을 검토할 여유가 있었다. 쿠바에 소련 핵무기가 배치된 사실에 대해 철통같이 보안을 유지하면서 며칠간 심사숙고할 수 있었다. 이런 시간은 결과적으로 매우 중요했다. 소련에 경고하지 않았고, 의회와 언론에 계속 해명할 필요도 없었다. 미사일 정보를 보고 받은 당일 대응 방안을 서둘러 결정해야 했다면 전혀 다른 조치를 취했을 것이다.

공개 국면이 전개되면서 위기의 진행 속도도 극적으로 빨라졌다. 텔레비전 연설 두 시간 전, 의회 지도자들이 대통령과 면담하기 위해 각료회의실로 모이자마자 이런 변화가 분명해졌다. 한때 매사추세츠주의 소장파 상원의원이었던 케네디는, 어깨 너머로 쳐다보며 이미 내려진 결정에 대해 비판하는 과거 의회 동료들을 마주 대했다. 오래 지나지 않아 미국 내 논평가 다수도 그런 비판에 목소리를 보탰다.

"이런!"

리처드 러셀 상원의원은 쿠바에 배치된 소련 미사일 중 적어도 일부가 "발사 준비"를 갖췄다는 말에 탄식했다. 대통령이 쿠바 주변 해상에 대한 봉쇄 계획을 제시하는 동안, 상원 군사위원회 위원장인 러셀은 가만히 있기 힘들었다. 러셀이 보기에 더 강력한 대응이 필요했다. 그가 말하려는 강력한 대응은 공습에 이은 침공이었다. 공산주의자들에게 "하던 일을 멈추고 생각할 시간"을 주는 것은 온당치 않았다. "더 잘 준비"할 시간을 줄 뿐이기 때문이었다. 러셀은 르메이 공군 참모총장의 손을 들어주었다. 조만간 소련과의 전쟁은 불가피하다. 미국에 힘이 있이 있는 바로 지금이 기회다. 러셀 의원이 말했다.

"제가 보기에 우리는 갈림길에 서 있습니다. 미국이 세계 최강국인지를 가늠할 갈림길 말입니다."

케네디는 러셀을 설득하기 위해 애썼다. 자신이 어떻게 이런 결론을 내렸는지 의회 지도부가 이해해 주었으면 했다. 봉쇄 조치도 위험이 없지는 않았다. 베를린이나 다른 분쟁 지역에서 "24시간 이내" 전쟁이 발발할 수 있었다. 하지만 미사일 기지에 대한 기습 공격은 위기를 심화시킬 터였다.

"우리가 쿠바에 뛰어든다면, 발사 준비를 한 쿠바 미사일의 발사 여부를 운에 맡겨야 한다는 사실을 아셔야 합니다. … 그건 터무니없는 도박입니다."

상원의 현인이자 로즈 장학생 출신인 윌리엄 풀브라이트 의원은 동료 민주당 상원의원인 러셀을 옹호했다. 풀브라이트는 피그스 만 침공 작전에 반대했지만, 지금 "가능한 한 빨리" 쿠바에 대한 "전면적인" 침공을 원했다.

과거 동료들의 비판은 케네디 대통령을 분개하게 했다. 케네디는 텔레비전 연설을 준비하기 위해 관저로 이동하는 동안 분통을 터트렸다.

"제기랄, 대통령 자릴 원하는 놈이 있으면 가져가라고 해. 전혀 달갑지 않은 자리니까."[29]

1962년 10월 22일 월요일 오후 6:00(모스크바 화요일 오전 1:00)

아나톨리 도브리닌 주미 소련 대사는 오후 6시에 국무부로 오라는 요청을 받았다. 소련 정부가 쿠바 미사일에 대해 보안을 유지했기 때문에 도브리닌은 상황이 어떻게 돌아가는지 모르고 있었다. 미국 국무부 장관으로부터 대통령 연설문 사본과 미국의 "의지와 결의"를 과소평가하지 말라는 흐루쇼프에 대한 경고를 전해 듣자 평소 쾌활했던 도브리닌의 얼굴은 창백해졌다. 딘 러스크 국무부 장관은 자신과 대화를 나눈 불과 몇 분 사이에 도브리닌이 "10년"은 더 늙어 보인다고 생각했다. 도브리닌이 보기에는 러스크 국무부 장관 자신도 "숨기려고 했지만 확실히 불안한 분위기"를 내비쳤다.[30] 도브리닌이 커다란 마닐라 봉투를 쥔 채 국무부를 나서자 기자들이 큰 소리로 물었다.

"위기 상황입니까?"

"기자 양반은 어떻게 생각하시오?"[31]

도브리닌은 무겁게 대꾸하며 검은색 크라이슬러 리무진에 올라타서 봉투를 흔들어 보였다.

시차 때문에 모스크바는 워싱턴 D.C.보다 7시간 빨랐다. 모스크바 주재 미국 대사관의 정치고문인 리처드 데이비스는 도브리닌이 전달받은 것과 동일한 문서를 소련 외무부에 건넸다. 이 문서는 15분 뒤 흐루쇼프에게 보고되었다. 흐루쇼프가 우려한 것만큼 나쁜 소식은 아니었다. 미사일을 철수하라는 요구였지만, 최종 기한을 정하지는 않았다. 흐루쇼프의 즉각적인 반응은 이랬다.

"쿠바에 대한 전쟁까지는 아니지만 일종의 최후통첩이군."[32]

변덕이 죽 끓듯 했던 흐루쇼프의 기분은 절망에서 안도로 바뀌었고 활기찬 목소리로 이렇게 덧붙였다.

"우리가 쿠바를 구했소."[33]

케네디의 해상 봉쇄 결정은 소련군 장비의 쿠바 수송을 효과적으로 차단했지만, 흐루쇼프는 R-12 MRBM 3개 연대가 장비 대부분과 함께 쿠바에 이미 도착한 사실을 알고 흡족해했다. 장비와 병력을 수송하는 데 동원된 선박 18척 중 한 척만 아직 바다에 있었다. 1만 1000톤짜리 유리 가가린호는 미사일 연료 주입 장치를 싣고 아바나에서 이틀 걸리는 바하마 제도로 접근하고 있었다.[34] R-12 미사일연대 한 개의 참모 대부분도 탑승하고 있었다.

R-14 2개 연대의 사정은 달랐다. R-12보다 더 크고 미국 전역을 사정권 안에 둔 IRBM과 병력과 관련 장비를 수송하기 위해 14척이 동원되었으나, 쿠바에 안전하게 도착한 선박은 한 척밖에 없었다. 두 척은 24시간 이내에 도착할 수 있는 거리에 있었다. 이 중 여객선인 니콜라옙스크호에는 2000명이 넘는 병력이 탑승하고 있었다. 또 다른 선박

인 디프노고르스크호는 폴란드에서 건조된 소형 유조선이었다. 미사일 자체는 아직 대서양 한가운데 있었다.

흐루쇼프가 가장 걱정한 선박은 핵탄두를 가득 실은 알렉산드롭스크호였다. 5400톤짜리 화물선인 알렉산드롭스크호에는 R-14 미사일용 1메가톤 탄두 24개를 싣고 있었다. 각 탄두 파괴력은 히로시마에 투하된 핵폭탄의 70배에 달했다.[35] 배에 실린 전체 핵폭탄의 파괴력은 역사상 전쟁에서 사용된 모든 폭탄 파괴력의 최소 3배가 넘었다.

알렌산드롭스크호는 북극권(북위 66도 33분 이북의 지역, 또는 북위 66도 33분의 위도선을 말한다 - 옮긴이) 경계선 위에 위치한 세베로모르스크 항에서 출발해 16일간 항해를 한 뒤 쿠바 북부 해안가로 접근하고 있었다.[36] 가장 가까이 있는 쿠바 항구에 도착하려면 아직 반나절쯤 걸렸다. 알렉산드롭스크호는 미 해군의 주요 봉쇄 대상이 분명했다. 대서양 횡단로 일부 구간에서는 핵무장한 잠수함의 호위를 받았지만, 이제는 또 다른 소련 화물선인 알메티옙스크호와 함께 이동할 뿐이어서 사실상 무방비 상태였다. 미군이 승선을 시도하는 경우, 선장은 자동화기로 사격을 개시하고 배를 자폭시켜 TNT 2500만 톤과 동일한 위력의 핵무기를 바다에 수장시키라는 명령을 내려야 했다. 알렉산드롭스크호를 적에게 넘길 수는 없었다.

수상함 외에도 대서양 서부에는 소련 잠수함 4척이 있었다.[37] 애초에 흐루쇼프는 쿠바에 현대식 잠수함 기지를 건설하려 했지만, 9월 말에 계획을 축소했다. 그러고는 한 번에 몇 주간 잠항이 가능한 핵추진 잠수함 대신 폭스트로트급 디젤 추진 잠수함 4척을 파견했다. 폭스트로트급 잠수함은 제2차 세계대전 중 연합국의 수송 활동을 괴롭힌 독일군 유보트를 확대 개량한 신형 잠수함이었다. 재래식 어뢰 21기 외에 소규모 핵어뢰를 탑재한 점이 유보트와 달랐다.

처음의 충격에서 벗어난 흐루쇼프는 차례차례 신속하게 결정을 내리기 시작했다. 우선 소련군에 전투태세 격상 명령을 내린 뒤 케네디와 카스트로에게 보낼 친서 내용을 구술했다. 봉쇄가 "해적 행위"고 미국이 전 세계를 "열핵전쟁"의 벼랑 끝으로 몰아붙인다고 비난하는 성명서도 작성했다. 그러면서도 신중함을 발휘해 분노를 누그러트렸다. 미국 군함과 충돌할 위험을 줄이기 위해 쿠바 영해에 도달하지 못한 소련 선박 대부분에 회항 지시를 내렸다. 여기에는 해치가 커서 R-14 미사일을 실은 키몹스크호 및 폴타바호, R-12 연대 중 한 곳에 필요한 장비를 실은 유리 가가린호도 포함되었다. 유조선인 부쿠레슈티호처럼 민간 화물을 실은 선박은 쿠바행이 허락되었다. 탄두를 실은 알렉산드롭스크호처럼 쿠바에서 가장 가까이에 있던 선박에는 인접 항구로 이동하라는 지시가 떨어졌다.[38]

앞서 흐루쇼프는 쿠바 현지 소련 사령관에게 미군의 침공에 대응해 전술 핵미사일의 사용 권한을 주는 것을 검토했지만, 이제는 그런 방안을 거부했다. 소련 무기에 대한 통제권을 쿠바군에 넘기거나 쿠바와의 공식적인 방어 조약을 발표하는 조치도 안 하기로 했다. 그 대신 쿠바 주둔 소련군 사령관인 이사 플리예프 장군에게 내릴 명령을 구술했다.

카리브 해에서 훈련 중인 미군에 의한 쿠바 상륙 가능성과 관련해서, 스타첸코의 무기와 벨로보로도프의 화물을 제외한 소련군 부대 전체가 쿠바군과 협력해서 전투태세를 강화하고 적을 격퇴시키기 위한 조치를 취하기 바람.[39]

이고르 스타첸코 소장은 쿠바 주둔 소련군 미사일 부대의 사령관이고, 니콜라이 벨로보로도프 대령은 핵탄두를 책임진 인물이었다. 명령 내용을 해석하자면 쿠바에 배치된 소련군은 미군의 침공에 저항하라는 지시를 받았지만, 핵무기 사용은 일절 허락되지 않았다. 흐루쇼프는 핵탄두를 직접 통제하기로 마음먹었다.

크렘린 속기사는 제1서기의 생각과 지시가 뒤섞인 구술 내용을 놓치지 않고 적느라 애를 먹었다.

선박 회항 지시(아직 도착하지 못한 선박).

(전원 이 결정이 옳다고 말함.)

소련 정부의 성명 발표 - 항의.

미국은 제3차 세계대전을 준비하고 일으킬 행동을 하고 있음.

미 제국주의는 자국의 의지를 다른 모든 이에게 강요하고 있음.

우리는 저항함. 모든 국가는 자국을 방어하고 동맹을 맺을 권한이 있음.

소련도 무기를 갖고 있고 이러한 해적 행위에 저항함.

잠수함 4척은 활동을 계속하게 둠. 알렉산드롭스크호는 가장 가까운 항으로 이동해야 함.

카스트로에게 전보 발송.

케네디의 친서를 받음.

쿠바 문제에 대한 무분별한 간섭.[40]

밤새 소련 외무부 관리가 초안을 마련했다. 흥분한 서기장의 두서없는 말을 형식을 갖춘 문서로 바꾸는 작업을 한 것이다. 그사이 흐루쇼프는 소련 지도부에 크렘린에서 취침할 것을 권했다. 외국 특파원과 "주변을 배회"할지도 모르는 "첩보원"에게 지나치게 불안해한다는 인상을 주지 않기 위해서였다. 흐루쇼프 자신도 집무실 휴식 공간에 있는 소파에서 옷을 입은 채 잤다. 흐루쇼프는 1956년 수에즈 위기 중 야밤에 "말 그대로 바지도 입지 않은 채 붙잡힌" 프랑스 외무부 장관에 관한 이야기를 들은 적이 있었다.[41] 자신은 그런 모욕을 피했으면 했다. 나중에 회고에서 "언제라도 깜짝 놀랄 소식에 대비했고, 즉각 행동할 준비가 되어 있길 원했다"라고 밝혔다.

케네디와 자문위원들이 쿠바에 미사일을 보낸 이유에 대해 곰곰이 따져보았다. 대부분 흐루쇼프가 핵전력 균형에 변화를 가져오길 원했다고 판단했다. 소련은 이른바 "전략" 무기에 해당하는 장거리 미사일과 항공기가 심각한 열세에 놓였지만, 유럽을 목표로 하는 준중거리탄도미사일, 즉 MRBM은 다수 보유하고 있었다. 쿠바에 배치한 MRBM은 라이벌 초강대국 영토를 공격할 수 있게 됨으로써 마술처럼 전략 무기로 탈바꿈했다.

미국의 핵전력 우세에 대해 크게 분개했던 흐루쇼프에게는 미국과 전략적으로 동격이 되는 상황이 확실히 중요한 동기였다. 흐루쇼프는 정치적이고 군사적인 이유 모두에서 미국에 보복하길 원했다. 하지만 기밀 해제된 소련 기록에 따르면, 개인적인 감정도 의사결정에 중요한 역할을 했다. 카스트로와 쿠바의 바르부도스는 늙고 열정이 식은 크렘린 사람들에게 한때 자신들도 혁명가였다는 사실을 상기시키면서 이상주의적 성향을 자극했다. 1960년 2월 카스트로를 맨 처음 만난 소련 지도자인 아나스타스 미코얀은 이렇게 말했다.

"카스트로는 진정한 혁명가입니다. 우리와 완전히 똑같이 말입니다. 유년 시절로 되돌아간 것 같은 기분이 들었습니다."[42]

1960년 9월 20일 흐루쇼프가 미국 할렘에 있는 테리사 호텔 앞에서 카스트로와 처음 포옹했을 때 카스트로를 두고 한 말은 "영웅적 인물"이었다. 두 지도자는 유엔 총회 참석차 뉴욕에 있었지만, 카스트로는 호텔 측의 "받아들일 수 없는 현금 요구"에 항의해 도심에 있는 호텔에서 나왔다. 키가 193센티미터인 카스트로는 허리를 굽혀 160센티미터의 흐루쇼프를 과장된 몸짓으로 힘껏 껴안았다. 나중에 흐루쇼프는 "카스트로가 내게 깊은 인상을 남겼다"고 회고했다.[43] 결국 흐루쇼프는 카스트로를 "아들처럼" 아끼게 된다.[44]

카스트로가 권력을 거머쥐기 전 소련은 라틴아메리카에 별로 관심이 없었다. 1952~1960년에는 아바나에 대사관을 두지도 않았다. 소련의 사상가들이 전혀 예상치 못하게, 쿠바 혁명은 포위되고 경제적으로 뒤떨어진 거인국으로 하여금 제국주의 적의 문 앞에 자신들의 힘을 투사할 수 있다고 느끼게 했다. 1960년 KGB는 쿠바를 서반구로 들어서는 "전초기지"라는 의미로 아반포스트AVANPOST라는 암호명으로 부르기 시작했다.[45] 소련의 관점에서 쿠바 혁명은 엉클 샘을 성가시게 할 기회일 뿐 아니라, 세계적인 "힘의 상관관계"가 모스크바 쪽으로 기우는 증거였다.

쿠바인들은 자신들이 소련에 미치는 영향을 잘 알았고 이를 자국에 득이 되도록 이용했다. 40년 뒤 카스트로는 이렇게 회상하곤 했다.

"흐루쇼프는 쿠바를 아주 좋아했다. 쿠바에 약했다고나 할까."[46]

카스트로는 소련 후원자들에게 뭔가 얻으려 할 때면 아주 간단한 질문을 던졌다.

"당신은 혁명가요, 아니요?"[47]

이런 질문에 흐루쇼프가 아니라고 답하기는 어려웠다. 스탈린과 달리 흐루쇼프는 소련의 힘과 영향력을 확장하는 데 한계가 없다고 봤다. 스탈린 시절 외무부 장관이었던 몰로토프는 한때 열강은 "매사에 한계가 있다는 것을 이해해야 한다. 안 그러면 질식할 수 있다"고 했다.[48] 하지만 흐루쇼프는 전임자보다 야망이 컸다. 어떤 면에서 흐루쇼프의 이상은 케네디의 이상과 닮았다. 소련은 전 세계 사회주의의 이익을 지키기 위해 "어떤 대가라도 치르고 어떤 부담이라도 떠안을" 터였다. 흐루쇼프에게 쿠바와 카스트로는 세계 최초의 인공위성인 스푸트니크와 세계 최초의 우주비행사인 유리 가가린처럼 소련의 성공을 상징했다.

피그스 만 침공이 미국의 실패로 돌아간 뒤, 흐루쇼프는 미국이 카스트로 정권의 전복을 시도하는 것은 시간 문제라고 확신했다. 그는 "불가피한 2차 침공이 1차 때처럼 엉터리로 계획되고 엉터리로 실행되리라고 내다보는 것은 어리석다"고 판단했다.[49] 실제로 시행되었든 아니면 계획으로 남았든, 쿠바를 상대로 한 미국의 음모에 관한 정보는 매번 소련에 전달되었다. 몇몇 놀라운 신호는 백악관에서 직접 나왔다. 1962년 1월 흐루쇼프의 사위인 알렉세이 아드주베이가 케네디를 만났다.[50] 아드주베이는 1956년 헝가리에서 벌어진 소요사태 때 소련이 한 행동에서 미국이 배울 점이 있다고 한 케네디의 발언에 놀랐다. 미국을 의심의 눈초리로 보던 소련에 케네디의 발언은 한 가지만을 의미하는 것일 수 있었다. 미국이 무력으로 쿠바 혁명을 무너트릴 준비를 한다는 뜻이었다. 고령이 된 흐루쇼프는 이렇게 회상했다.

"한 가지 생각이 계속 머리에서 맴돌았다. 쿠바를 잃으면 무슨 일이 벌어질까? 마르크스-레닌주의가 심각한 타격을 입었을 것이다."[51]

흐루쇼프의 생각처럼 쿠바에 미사일을 배치하면 많은 문제를 한 방에 해결할 수 있었다. 미국은 쿠바를 함부로 공격할 수 없게 되었다. 세력 균형을 가져올 수도 있었다. 제국주의자들에게 유익한 교훈도 가르쳐줄 수 있었다. 흐루쇼프는 말했다.

"미국이 자국 땅과 자국민들이 위협받는다는 것이 어떤 기분인지 알아야 할 시점이다. 지난 반세기 동안 우리 러시아인은 제1차 세계대전, 러시아 내전, 제2차 세계대전이라는 세 차례 전쟁을 겪었다. 미국인은 적어도 지난 50년간 자국 영토에서 전쟁을 치른 적이 없다."

1962년 4월, 흐루쇼프는 흑해에 있는 휴양지에서 말리놉스키 국방부 장관을 만났다. 흐루쇼프는 러시아식의 공식적인 태도로 국방부 장관의 이름과 성인 "로디온 야코블레비치"라고 부르고는, 장난스럽게 질문했다.

"엉클 샘의 바지에 고슴도치 한 마리를 집어넣으면 어떻게 될 것 같소?"[52]

1962년 10월 22일 월요일 오후 6:40(아바나 오후 5:40)

NORAD의 전력 분산 배치 계획에 따라 F-106 대대는 디트로이트 외곽의 어수선한 셀프리지 공군기지에서 위스콘신 주에 있는 거의 사용되지 않는 볼크필드로 옮겨야 했다. 조종사들은 30분 걸리는 단거리 비행을 한 적이 많지만, 핵무장을 하고는 처음이었다. 게다가 이륙 바로 직전 계획이 바뀌었다. 볼크필드에 안개가 심하게 끼어 인디애나 주 테러호트 교외의 헐먼필드로 비행하게 된 것이다.

조종사들은 비행 차트를 찾느라 허겁지겁 출격했다. 헐먼필드에서 보수 공사가 진행 중이어서 활주로 중 약 2킬로미터만 운용할 수 있다는 소식도 전해졌다. 작전이 까다로웠지만 불가능하지는 않았다.

27세의 공군 중위 댄 배리에게 핵무장 비행은 "얼마 안 가 뭔가 큰일"이 벌어진다는 신호였다.[53] 배리 중위를 비롯한 동료 조종사들은 저녁 7시에 대통령 연설이 예정된 사실을 알고 있었다. 하지만 무슨 내용인지는 전혀 몰랐다. 6대로 편성된 편대가 남서부 오하이오와 인디애나를 가로질러 비행하는 동안 조종사들은 북쪽 상공에서 소련 비행기와 미사일이 날아오는지 살펴보았다.

처음 5대는 활주로 시작 지점에 있는 돌과 잔해를 피해서 무사히 착륙했다.[54] 마지막으로 착륙한 F-106에는 동료들에게 "기드"로 불린 편대장 기더슨 대위가 타고 있었다. 착륙 직전, 기더슨은 뒤에서 갑자기 돌풍이 분다고 느꼈고 항공기 속도를 늦추기 위해 제동낙하산을 펼쳤다.

보조 낙하산이 나왔지만 주 낙하산은 탑재 용기에 그대로 있어서 완전히 펼쳐지지 않았다. 기더슨이 미사일 탑재 칸 후미에 핵탄두를 싣고 단축 활주로의 끝을 향해 고속으로 돌진하고 있다는 사실을 깨닫는 데는 1초도 걸리지 않았다.

피델 카스트로가 점점 더 심각해지는 위기에 관해 보고받은 첫 정보는 관타나모 해군기지에서 암약하던 첩보원이 입수한 것이었다. 매일 쿠바인 서비스 노동자 수백 명이 해병대 위병 검문소를 통과했다. 약 120제곱킬로미터 넓이의 기지에 쿠바 정보기관이 첩보원을 침투시키는 일은 식은 죽 먹기였다. 여성과 아이들을 본국으로 후송한다는 소식이 전해지자마자 해병대 병력 증원 이야기가 나왔다.

카스트로는 미국 대통령이 쿠바 상황과 관련이 있을지도 모르는 텔레비전 연설을 한다는 소식을 듣고 더 이상 기다릴 수 없다고 판단했다. 쿠바 정규군 병력은 10만 5000명이었다. 예비군을 동원하면 72시간 뒤 병력 규모를 3배로 확대할 수 있었다.[55] 장비가 부실한 쿠바군은 미군 제1보병사단의 상대가 안 될 수도 있었다. 하지만 소련군의 지원을 받는다면 양키 침공군을 심하게 괴롭힐 수 있는 것은 확실했다.

아바나 시간으로 오후 5시 40분 카스트로가 전투 경보를 발령하기 전이었지만, 쿠바군은 이미 작전명령 제1호를 시행 중이었다.[56] 케네디가 텔레비전 연설을 하기로 한 시각보다 20분 이른 시각이었다. 길이가 약 1300킬로미터에 이르는 쿠바 섬은 피그스 만 침공 당시와 마찬가지로 3개 방어구역으로 나뉘었다. 아르헨티나 의사 출신으로 게릴라 군 리더가 된 에르네스토 체 게바라는 서부 피나르델리오 주를 맡았다. 흑인 육군참모총장인 후안 알메이다는 산타클라라에 사령부를 두고 중부 지역을 지휘했다. 카스트로는 수도 아바나에 남았다.

얼마 안 가 쿠바 전역에서 예비군이 동원되었다. 포병이 아바나에서 북쪽을 바라보는 석조 방파제인 말레콘을 따라 자리 잡았다. 군함 두 척이 아바나 만으로 들어왔다. 벨라도 지구가 내려다보이는 언덕 위의 대학교에서는 교수들이 "쿠바 시, 양키 노Cuba si, yangqui no(Cuba yes, Yankee no를 의미한다 - 옮긴이)"라고 환호하는 학생들에게 소총을 나눠주었다. 23세의 페르난도 다발로스는 학군단 소집에 앞서 겨우 집으로 달려가서 군복, 배낭, 수건, 연유 캔 몇 개를 챙길 수 있었다. 아무것도 모르던 아버지는 아들에게 어디에 가느냐고 물었다. 다발로스가 숨을 헐떡이며 말했다.

"미군 때문이에요. 라디오를 켜보세요. 동원령이 떨어졌어요."[57]

아바나에서 약 2100킬로미터 떨어진 곳에서 기더슨 대위는 고삐 풀린 항공기를 세우기 위해 브레이크를 최대한 세게 밟았다. F-106이 활주로에서 끼익 소리를 내며 움직이는 동안 기더슨은 제동 낙하산이 오작동했고 "장애물에 부딪치려" 한다고 관제탑에 알렸다. 관제사가 버튼을 누르자 활주로 끝에서 그물망이 펼쳐졌다. 몇 달 전 F-106에 긴급 제동 시스템이 설치되었다. 착지점을 지나서 착륙하는 경우 동체 하부에 달린 갈고리가 장애물에 걸리도록 되어 있었다.

F-106은 착지점을 지나서 착륙하면서 랜딩 기어가 케이블에 걸려 강하게 제동이 걸렸고 표면이 고르지 않은 아스팔트 확장로로 미끄러졌다. 타이어가 터지면서 펑 하는 굉음이 들렸다. F-106은 230미터 정

도를 더 나아간 뒤에도 멈추지 않았다.

항공기가 활주로를 벗어나자 앞바퀴가 풀밭에 올라가더니 콘크리트 판에 부딪쳐서 망가졌다. 330만 달러짜리 항공기가 앞바퀴 지지대가 손상된 채 약 30미터를 더 미끄러진 뒤에 결국 멈췄다.

깜짝 놀랐지만 살아남은 사실에 기뻐한 기더슨 대위는 조종석에서 빠져나왔다. 매끈한 동체와 후퇴익이 달린, 그때까지 설계된 항공기 가운데 가장 멋진 요격기로 여겨진 F-106의 기수 부분이 불안하게 덜렁거렸다. 타이어가 터졌고 랜딩 기어는 심하게 찌그러졌으며 항공기 기수에 돌출되어 기압을 측정하는 장치인 피토관도 부러졌다. 그 외에는 크게 파손되지는 않았다.

다음 날 아침 인디애나 주의 부드러운 진흙에서 항공기를 끄집어내기 위해 크레인과 중형 트랙터를 탄 복구팀이 도착했다. 기적적으로 핵탄두는 아무런 손상 없이 미사일 탑재 칸에 그대로 있었다.

1962년 10월 22일 월요일 오후 7:00

"국민 여러분, 안녕하십니까?"

케네디는 턱을 내밀고 카메라를 쳐다보았다. 평소와 달리 얼굴이 수척했다.

"우리 정부는 (잠시 멈춤) 약속드린 대로 (다시 잠시 멈춤) 쿠바 섬에서 진행 중인 소련의 군사력 구축 상황을 관심 있게 지켜보았습니다. 지난주에 (보스턴 특유의 콧소리로 '지난'이라고 발음한다) 이곳에서 공격용 미사일 기지 다수가 건설되고 있다는 명백한 증거를 발견했습니다."

백악관 집무실은 방송국 스튜디오가 되었다. HMS 레졸루트함의 오크나무로 만든 책상 위에는 검은색 천이 깔렸다. 캔버스 천으로 덮인

제2장 소련인

바닥 위에는 케이블이 뒤엉켜 있었다. 카메라 장비, 녹음기, 조명을 설치하기 위해 원래 있던 가구를 옮겨둔 상태였다. 양복을 깔끔하게 차려입은 음향 기술자가 대통령 앞에서 무릎을 꿇었다. 대통령 뒤로 대통령을 상징하는 기와 함께 검은색 배경막이 놓였다.

몇 시간 동안 떠들썩하게 보도된 뉴스 속보를 통해 상황을 눈치챈 1억 명이 넘는 미국인들이 연설에 귀를 기울였다. 대통령 연설을 이렇게 많은 사람이 들은 적이 없었다. 케네디는 평소보다 느리고 신중하게 말했고, 일주일 전 강하게 든 의심과 분노를 전혀 내색하지 않았다. 대통령의 목표는 미국인을 단결시키고 크렘린에 있는 라이벌에게 정치적 의지를 전달하는 것이었다. 이번 위기는 소련이 미사일을 철수시켜야만 끝날 터였다.

대통령은 미국과 미국의 전통적인 나토 동맹국뿐 아니라 추가로 24개국을 끌어들이기 위해 핵억제라는 냉전 독트린을 확장시켰다.

"미국은 쿠바에서 발사된 핵미사일이 서반구에 있는 어떠한 나라를 공격하더라도 미국에 대한 소련의 공격으로 간주하고 전면적인 보복 대응에 나설 것입니다."

케네디는 미국 최초의 텔레비전 대통령이었다. 많은 사람이 케네디가 방송 토론 덕분에 공화당 후보인 리처드 닉슨에게 신승했다고 여겼다. 땀을 잔뜩 흘리고 눈 밑에 커다란 눈두덩이가 있던 닉슨과는 대조적으로, 케네디는 편안하고 잘생겼다는 인상을 주었다. 취임 뒤 케네디는 기자 회담을 매주 방송으로 내보내는 것을 허용했다. 일부에서는 이런 조치가 재앙이 되리라고 예상했다. 〈뉴욕타임스〉의 제임스 레스턴은 "훌라후프 이후 가장 멍청한 생각"이라고 했다.[58] 케네디는 레스턴 같은 언론인을 제쳐놓고 국민과 직접 소통하는 것을 좋아했다. 텔스타라는 혁신적인 통신 위성 덕분에 대통령 기자 회견은 유럽까지 생방송

될 수 있었다.

플로리다 주에 있는 민간 라디오 방송국 10곳이 막판에 협의를 해서 쿠바에도 스페인어 동시통역 방송이 송출되었다. 대통령은 17분 분량의 연설의 말미에 "쿠바에 억류된 사람들"에게 직접 호소했다.

"지금 쿠바 지도자들은 더 이상 쿠바인의 이상에 영감을 받은 지도자가 아닙니다. 국제적인 음모의 꼭두각시이자 대리인입니다. … 쿠바를 핵전쟁의 공격 목표가 된 첫 번째 라틴아메리카 국가로 만들었습니다."

중대 연설을 하는 케네디의 모습이 창백한 이유는 쿠바 문제와 거의 상관이 없었다. 케네디의 체중은 먹는 약에 따라 급격하게 바뀌었다. 애디슨 병에서부터 대장염, 십 대 때 걸려서 수시로 갑자기 재발했던 성병을 치료하는 약이었다. 주말 사이에 185센티미터의 호리호리한 신장에서 거의 2.3킬로그램이 빠져 76킬로그램이 되었다. 케네디는 여러 통증에 끊임없이 시달리고 있었다.

10월 22일 진료 노트에는 이런 말이 적혀 있었다.

운동하기에는 환자가 지나치게 피로한 상태임. 왼쪽 허벅지에 통증이 다소 있고 햄스트링 아래 3분의 1 부분에 근육 뭉침이 약간 있음.[59]

젊은 나이에 받은 과도한 스테로이드 치료가 주원인인 만성 요통도 있었다. 대통령 주치의들은 치료 방법을 두고 계속 논쟁을 벌였다. 어떤 의사는 약물을 더 많이 주입하길 원했고, 어떤 의사는 운동과 물리치료 요법을 처방했다.

집무실에서 나오면서 케네디는 체구가 작은 남성이 문 앞에서 기다리고 있는 것을 보았다. 운동 요법을 지지하는 의사들이 자문을 구하기 위해 고용한 뉴욕 정형외과 전문의인 한스 크라우스였다. 오스트리아의 올림픽 스키팀 코치 출신인 그는 심각한 국제 위기가 벌어진 줄 모른 채 뉴욕에서 날아왔다. 크라우스는 지난 1년간 주 1~2회 대통령을 만났지만, 백악관 분위기에 부아가 치밀기 시작했다. 자신이 "환영받지 않는다면 언제든 그만둘 용의가 있다"는 사실을 백악관 측이 알아주었으면 했다.[60]

크라우스가 불만을 가진 데에는 여러 이유가 있었다. 그는 무상 치료를 해주고 있었다. 건강에 관한 국가 재단 출범에 대해 대통령의 관심을 끌고자 했던 그의 시도에 대한 반응은 뜨뜻미지근하기만 했다. 뉴욕, 워싱턴, 플로리다 팜비치에 있는 케네디가의 별장을 오가면서 2782달러 54센트를 교통비로 썼지만 아무런 보상을 받지 못했다. 크라우스는 대통령 주치의들 사이에 벌어진 반목에도 크게 실망했다. 명확한 의료 위계질서를 세우는 것이 매우 중요하다고 느꼈다. 대통령은 연설에 너무 몰두한 나머지 처음에는 오스트리아 출신의 이 불행한 의사를 거의 알아채지 못했고, 마침내 그를 알아본 뒤에야 사과했다.

"미안합니다, 의사 선생님. 오늘은 시간이 안 나네요."[61]

대통령이 담화문을 발표하는 동안 전략공군사령부는 방어준비태세 3단계, 즉 데프콘 3에 돌입했다. 핵전쟁 두 단계 전인 데프콘 3단계에서는 대통령의 명령이 떨어지고 15분 내로 미국 전역에서 핵폭격기가 출격해야 했다. 소련군이 선제공격을 하는 경우 생존 가능성을 확보하기 위해 폭격기를 분산 배치해야 했다. 연설이 끝나갈 무렵에도 항공기 약 200기가 핵무기를 실무장한 채 이동했고 대부분은 민간 공항으로 향했다.

전력 분산 지시를 받은 부대 중에는 제509폭격비행단이 있었다. 뉴햄프셔 주 피즈 공군기지에 위치한 제509폭격비행단은 빛나는 역사가 있는 부대였다. 제2차 세계대전이 끝날 무렵 히로시마와 나가사키에 차례로 핵폭탄을 투하한 폭격기도 이 부대 소속이었다. 일본에 대한 원폭 투하는 전쟁에서 핵무기가 사용된 처음이자 유일한 사례였다. 히로시마에서는 약 8만 명, 나가사키에서는 약 4만 명이 즉사했다. 폭탄 투하 지점에서 반경 3.2킬로미터 이내에 있던 거의 모든 건물이 파괴되었다. 제509폭격비행단은 이런 전과를 인정받아 공군에서 유일하게 부대 마크에 버섯구름을 넣는 것을 허락받았다.

나머지 전략공군사령부 소속 부대와 함께 제509폭격비행단은 핵전쟁 발발 시 소련에 있는 군사 및 산업 목표 수십 개를 제거하는 것이 임무였다. 비행단의 주전력은 후퇴익 폭격기인 B-47 스트래토제트였다. B-47은 지중해에서 공중 급유가 가능한 핵시대의 믿음직한 일꾼이었다. 핵탄두 2기로 무장한 B-47 한 대는 일본에 투하한 폭탄보다 100배 강한 파괴력을 갖고 있었다.

피즈 공군기지에서 보스턴에 있는 로건 공항까지는 20분밖에 걸리는 않았다.[62] 연료를 가득 싣고 착륙하는 것은 위험하기 때문에 이륙 전 연료를 배출시켜야 했다. 동료 B-47 조종사와 마찬가지로 루거 윈체스터 대위는 분주한 민간 공항에 착륙한 적이 없었다. 처음에는 도시의 환한 불빛 때문에 당황스러웠다. 활주로가 잘 구별되지 않았고, 이 때문에 처음에는 지점 확인을 하면서 활주로 상공을 통과했고, 두 번째로 접근해서 레이더 유도를 받았다.

지상관제사가 B-47을 기지 한쪽 구석에 비어 있는 유도로로 안내했다. 핵무기 투하 관련 문서를 목에 걸고 38구경 권총을 벨트에 찬 조종사들은 숙소로 사용될 공군 주방위군 사무실로 안내되었다. 그사이 정비요원과 핵무기 경계를 설 헌병을 태운 군 호송 차량이 피즈 기지에서 출발하고 있었다.

로건 공항은 붉은 독수리 작전Operation Red Eagle과 전략폭격 전력을 수용할 복잡한 군수 업무 준비가 전혀 되어 있지 않았다.[63] 장비도 호환되지 않아 항공기 재급유에 15시간이 지연되었다. 한 공군 중령은 이 지역 민간 주유소에서 B-47용 연료를 구입하기 위해 개인 신용카드를 써야 했고, 또 다른 장교는 음식을 구하기 위해 식료품 가게를 찾아 헤맸다. 새벽 2시가 되도록 야전 침대와 침구가 준비되지 않았다. 외부와 연락 가능한 전화가 비상대기실에 하나밖에 없었다. 핵무기가 탑재된 항공기에 대한 보안도 제대로 이루어지지 않았다. 경보음이 울릴 경우 비상 대기 조종사들을 항공기로 실어 나를 밴 차량도 부족했다. 결국 군수 장교는 필요한 차량을 렌트 회사에서 빌렸다.

전력 재배치를 한 첫날 밤에 소련군이 공격했다면 제509폭격비행단은 수호자-복수자Defensor-Vindex라는 부대 구호에 부응하기 어려웠을 것이다.[64] 다음 날 조종사들이 항공기를 점검했을 때 엔진이 여섯 개 달린 중폭격기의 바퀴가 충분히 단단하지 않은 활주로에 깊이 파고들어간 것을 발견했다. 정비사들은 항공기를 빼내기 위해 견인 차량을 동원해야 했다.

1962년 10월 22일 월요일 오후 9:00(아바나 오후 8:00)

케네디의 연설이 끝나고 두 시간이 지나지 않아 피델 카스트로는 〈레볼루시온〉 사무실로 걸어 들어갔다. 신문사인 〈레볼루시온〉은 바티스타를 상대로 반란을 벌이는 동안 게릴라 단체의 비밀 조직이었고, 위기의 순간에 카스트로의 은신처 역할을 했다. 카스트로는 이곳에서 뉴스를 보고받고 뉴스를 만들어냈다. 이런 역사 때문에 〈레볼루시온〉은 다른 쿠바 언론에 비해 약간 더 독립성이 허용되었고, 엘 리더 막시모(el lider maximo : 최고지도자)를 둘러싼 공산당 관료들에게는 아주 짜증 나는 존재이기도 했다. 이날 아침 〈레볼루시온〉은 자체적으로 1면을 꽉 채운 헤드라인을 내보냈다.

양키 공격에 대비

–

항공기 및 군함 추가 전력 플로리다로 이동

이때만 해도 신문의 헤드라인은 공연히 소란을 피우는 내용처럼 들렸다. 관리들이 중얼거렸다.

"무책임하군."

하지만 카스트로는 침착했다. 사실 그 반대였다. 전쟁이 벌어진다는 예상은 카스트로를 대담하게 만들고 활기를 불어넣었다. 카스트로는 서성거리며 다음 날 1면에 실을 내용을 구술했다.

쿠바는 전시 체제로 전환해 어떠한 공격도 물리칠 준비를 마쳤다. 모든 무기가 제자리에 있고, 그 곁에는 혁명과 조국의 영웅적인 수호자들이 있다. (…) 혁명 지도부와 정부 관리 전체는 인민 곁에서 죽을 준비가 되어 있다. 쿠바 섬 전역에 있는 수백만 명의 목소리에서, 그 어느 때보다 더 큰 열정과 이유를 지닌, 역사적이고 영광스러운 외침이, 천둥소리처럼 울려 퍼진다.

조국이 아니면 죽음을!
우리가 승리하리라!

허세가 발동한 카스트로는 수행원들에게 말했다.

제2장 소련인

"양키들에게 겁먹을 필요 없어. 겁먹을 쪽은 바로 양키들이지."[65]

혁명이 성공하기 전, 엘치코 지역의 소유권은 부유한 친바티스타 성향의 신문 발행인에게 있었다. 이곳 단지에는 수영장, 테니스 코트, 방갈로 12채가 있었다. 가장 눈에 띄는 건물은 2층짜리 저택이었다. 기능성을 갖춘 박스 형태의 1950년대 미국 건축 양식으로 지어진 이 저택에는 1층 현관과 베란다로 이어지는 미닫이문이 있었다. 외부와 고립되어 안전하며 아바나에서 남서쪽으로 약 20킬로미터밖에 떨어지지 않았기 때문에 소련군 사령부로는 최적의 위치였다.

소련군 지휘관들은 저녁 내내 푼토도스Punto Dos 라는 곳에 모여 있었다.[66] 쿠바 전역에 있던 지휘관들이 사전에 계획된 소련군사위원회 회의에 참석하기 위해 엘치코에 왔지만, 회의 시간이 계속 늦춰졌다. 카스트로가 방문할 예정인 푼토우노Punto Uno와 연결된 회의실에는 미사일연대와 방공포대에서 영관급 장교들이 소문을 주고받으며 조급한 마음으로 대기했다.

마침내 이사 플리예프 장군이 나타났다. 플리예프는 지치고 아픈 듯 보였다. 캅카스 산맥에 있는 오세티아의 기병 출신인 58세의 플리예프는 제2차 세계대전 당시 만주에서 일본군을 상대로 역사상 마지막으로 대규모 기병 공격을 지휘해서 두각을 나타낸 인물이었다. 쿠바에 오기 몇 달 전에는 러시아 남부 노보체르카스크 거리에서 벌어진 식량 폭동을 군대로 진압해서 흐루쇼프에 대한 충성을 과시하기도 했다. 하지만 플리예프는 사실상 미사일에 대해서는 아무것도 몰랐고, 플리예프의 부하 다수도 자신들이 왜 아나디리 작전을 맡게 되었는지 이해하지 못했다. 사적인 자리에서 하급 장교들은 플리예프가 포병 용어와 기병 용어를 혼동해서 쓰는 것을 두고 놀리기도 했다. 플리예프는 러시아고전을 인용하기를 좋아하는 보수적인 장교로도 알려졌다.

플리예프는 쿠바 임무를 의무감으로 마지못해 받아들였다.[67] 보안을 이유로 파블로프라는 가명을 써야 한다는 말을 들었을 때는 격렬하게 반대하기도 했다. 신장과 담낭 질환에 시달려서 1962년 7월 소련 국영 항공사인 아에로플로트의 거대한 항공기인 Tu-114를 타고 아바나로 갔을 때 이미 몸 상태가 좋지 않았다. 열대 기후도 몸에 안 좋았다. 담석증이 악화되어서 시간 대부분을 침대에서 보내야 했고, 9월 말에는 통증이 심해져 중환자 명단에 오르기도 했다. 몇몇 소련 장군들이 귀국을 건의했지만, 본인은 쿠바에 남기를 원했다. 몸 상태는 차츰 나아졌다. 10월 중순 소련에서 가장 실력 있는 비뇨기과 전문의가 플리예프의 치료를 위해 아바나를 방문했는데, 마침 이때 미사일 기지의 존재가 미국에 발각되었다.

플리예프는 소련군 지휘관들에게 서둘러 상황을 설명했다.[68] 미국이 해상 봉쇄를 실행했고, 가장 높은 단계의 전투태세를 선포했다. 모두 앞으로 있을지 모르는 미군 공수부대의 침투를 격퇴하기 위해 즉각 소속 연대로 돌아가야 했다.

소련군 지휘관들이 야간에 엘치코를 떠나 소속 연대로 이동하는 동안, 도로는 이미 쿠바 예비군을 수송하는 트럭과 버스로 넘쳐났다. 곳곳에 검문소가 있었지만 "쿠바 만세, 소련 만세"라는 구호를 들은 쿠바 민병대원은 "쿠바 시, 양키 노. 조국이 아니면 죽음을"이라고 답하면서 소련군 동지들에게 통과 신호를 보냈다.[69]

갑자기 쿠바 전역이 전시 체제에 놓였다. 케네디의 연설과 쿠바군의 동원 소식이 퍼지자 소련군 병사들은 당황했다. 이들은 조국 소련의 지구 반대편에 있는 가늘고 긴 땅을 두고 미국과 곧 전쟁을 벌일지도 모른다는 사실을 깨달았다.

1962년 10월 23일 화요일 오전 3:00시(모스크바 오전 10:00)

소련 지도부는 크렘린에 있으라는 흐루쇼프의 지시 때문에 각자 집무실 소파와 의자에서 불편하게 밤을 보냈다. 오전 10시에 회의가 다시 소집되었다. 소련 정부의 공식 성명서를 포함해서 외무부 관리들이 밤새 작성한 문서를 승인하기 위한 회의였다. 새벽 6시를 기점으로 선박 16척에 회항 명령이 이미 떨어졌다.[70] 아직 결정하지 않은 주요 안건은 폭스트로트급 잠수함 4척을 어떻게 하냐는 것이었다.

잠수함이 쿠바에 도착할 때까지 아직 사흘이 더 걸렸다.[71] 맨 앞에 위치한 잠수함은 카리브 해 초입의 터크스케이커스 제도 인근에 있었다. 최고회의 간부회의 참석자 중 가장 신중했던 아나스타스 미코얀은 잠수함을 붙잡아 두길 원했다. 그는 소련 잠수함이 쿠바 영해에 있다가 미군과 충돌할 위험이 증가하는 상황을 우려했다. 쿠바로 항해를 지속하는 경우 미국 군함에 발각될 가능성이 컸다. 말리놉스키 국방부 장관은 잠수함 기지 구축이 예정된 쿠바 마리엘 항으로 항해를 계속해야 한다고 주장했다. 회의 참석자 다수가 국방부 장관을 지지했다. 흐루쇼프는 회의 참석자들이 논박을 주고받도록 잠자코 있었다. 결정을 내릴 수가 없는 상황이었다.

해군 총사령관인 세르게이 고르시코프 제독이 마침내 논란을 불식시켰다. 고르시코프는 지난밤에 열린 회의에 참석하지 않았지만, 이날 나중에 열린 회의에서 발언하기 위해 나왔다. 고르시코프의 전문성은 나무랄 데가 없었다. 그는 흐루쇼프가 과거 연안 방어 전력에 불과했던 소련 해군을 미국 국경까지 군사력을 투사할 수 있는 현대식 해군으로 탈바꿈시키기 위해 직접 선택한 인물이었다. 17세에 해군에 입대해서 제2차 세계대전 당시 31세에 제독에 올랐다. 이제 52세가 된 고르시코프는 역동적이고 전문적이라는 명성을 누렸고, 일 처리를 엄격하게 하는 것으로도 잘 알려졌다.

고르시코프 제독은 베이즈 천(당구대 등에 까는 녹색 천 - 옮긴이)이 깔린 테이블 위에 해군 차트를 펼쳐서 쿠바에서 약 480~800킬로미터 떨어져 있는 폭스트로트급 잠수함 4척의 위치를 가리켰다. 그러고는 카리브 해로 가는 항로상의 병목 지점들을 언급했다. 대서양에서 쿠바로 곧장 향하는 항로는 모두 바하마 제도에서부터 터크스케이커스 제도까지 남동쪽으로 펼쳐진 약 1000킬로미터에 달하는 여러 섬을 통과했다. 이 제도들을 통과하는 가장 넓은 항로의 폭은 약 65킬로미터에 불과했다. 이처럼 많은 섬을 피하는 유일한 방법은 그랜드터크 섬의 동쪽 끝을 둘러서 아이티와 도미니카공화국으로 향하는 항로를 이용하는 것으로, 적어도 이틀이 더 걸렸다.

고르시코프 제독은 미코얀의 손을 들어주었다. 그는 미군이 잠수함 탐지 장비를 갖추고 좁은 해상로를 통제하고 있어 발각되지 않고 통과하는 것이 불가능하다고 설명했다. 그러면서 쿠바에서 2~3일 걸리는 곳에 잠수함을 대기시켜 두어야 한다는 의견에 동의했다.

미코얀은 위기가 끝나자마자 적은 기록에서 해군 총사령관의 말에 말리놉스키가 "반대할 수 없었다"라고 회고했다. 고르시코프는 "아주 유익한 역할"을 했다. 국방부 장관이 "무능한" 사실을 보여준 것이다.

미코얀은 안도의 한숨을 쉬었다. 그는 즉각적인 충돌을 피한 사실을 자축했다. 하지만 안도의 순간은 잠시뿐이란 사실이 곧 드러났다. 미 해군은 이미 소련 잠수함에 서둘러 접근하고 있었다.

KGB 비밀경찰에 급한 일이 떨어졌다. 올레그 펜콥스키라는 소련 군 정보 장교가 지난 몇 년간 일급비밀을 영국과 미국에 넘기고 있었다. 펜콥스키가 빼돌려서 CIA가 갖고 있는 문서 중에는 R-12 미사일 체계에 관한 기술 매뉴얼과 미사일 기지의 전형적인 배치 및 여러 준비태세에 관한 상세 설명이 있었다. KGB는 몇 주간 펜콥스키를 의심했지만 스파이 조직 전체를 박살 낼 생각으로 행동 시기를 늦추고 있었다.

냉전이 열전으로 바뀌기 직전이 되자, 펜콥스키는 더 이상 정보를 미국에 빼돌릴 수 없게 되었다. 사복 요원들이 모스크바 강에 있는 아파트를 덮치자 펜콥스키가 꼼짝없이 붙잡힌 것이다. 사안이 중요한 만큼 블라디미르 세미차스트니 KGB 수장은 심문을 직접 하기로 했다. 반역자를 루비얀카에 있는 3층 구석 사무실로 데려오라고 지시하자, KGB 요원들은 펜콥스키를 긴 회의 테이블 끝에 앉혔다.

고문이나 더 심한 상황을 우려한 펜콥스키는 곧장 "조국의 이익을 위해" KGB에 협력하겠다고 제안했다.[72] 세미차스트니는 혐오감을 느끼며 펜콥스키를 쳐다보고 말했다.

"당신이 조국에 끼친 피해가 뭔지 말해봐. 현 상황과 가장 관련 있는 사실을 상세하게 털어놓으란 말이야."

제3장

쿠바인

————

Cuban

1962년 10월 23일 화요일 오전 6:45(아바나 오전 5:45)

CIA 분석관들은 소련 미사일을 발견한 지 일주일이 지났어도 대통령이 가장 시급하게 여기는 질문, 즉 핵탄두는 어디에 있는가라는 질문에 답하지 못했다. 보안용 울타리나 방공 시설 추가처럼 핵무기 저장소라는 단서를 찾기 위해 U-2기 촬영 사진 전체를 재확인했다. 핵탄두를 은밀하게 쿠바로 운송하는지 확인하기 위해 해상 봉쇄용 함정에 방사능 탐지 장치도 지원했다.[1]

사진판독관들은 특이하게 이중 울타리 체계로 보호된 버려진 당밀 공장을 포함해서 핵탄두 보관 장소로 추정되는 여러 곳을 파악했다.[2] 다수 미사일 기지에서 아치형 조립식 알루미늄 구조물로 만든 벙커 공사가 서둘러 진행되었다. 이런 벙커는 소련에 있는 핵무기 저장 시설과 유사했다. 이처럼 가능성 있는 단서는 있지만, 쿠바에 핵탄두가 있다는 확실한 증거는 없었다.

소련이 쿠바에 배치한 핵무기의 수는 미국 워싱턴에 있던 사람들이 예상한 최악의 시나리오보다 훨씬 많았다. 미국 본토를 겨냥한 대형 탄도미사일뿐 아니라 쿠바 침공이 예상되는 육군이나 해군을 쓸어버릴 수 있는 소형 무기도 많았다. 단거리 크루즈 핵미사일, IL-28 폭격기용 핵폭탄, 프로그로 알려진 전술 핵미사일이 그런 무기였다.

10월 4일 핵탄두 90개를 실은 인디기르카호가 1차로 마리엘 항에 도착했다.[3] 인디기르카호는 냉동 물고기 운송용으로 설계된 독일제 화물선으로, R-12 MRBM용 1메가톤 탄두 36개, 크루즈 미사일용 14킬로톤 탄두 36개, 프로그용 2킬로톤 탄두 12개, IL-28용 12킬로톤 핵폭탄 6개를 싣고 있었다. 알렉사드롭스크호는 핵탄두 68개를 실었다. 크루즈 미사일 탄두 44개와 R-14 IRBM 1메가톤 탄두 24개였다. (1메가톤은 TNT 100만 톤에 해당된다. 히로시마에 투하된 폭탄은 15킬로톤이다.)

핵무기를 대량으로 책임진 소련군과 기술자들에게 이런 임무는 전례가 없었다. 본국에서는 핵무기의 이동과 보관에 엄격한 규정이 적용되었다. 대개 탄두는 적절한 온도와 습도를 유지하기 위해 세심한 주의를 기울이면서 특수 열차로 안전 장소에서 안전 장소로 운송했다. 쿠바에서는 이런 규정이 대부분 비현실적이었다. 운송 체계가 발달하지 않았고 온도와 습도를 조절할 수 있는 저장 시설도 없었다. 갱도에서 롤러로 꺼낸 핵무기를 밴과 대형 트럭으로 편성된 호송대가 꾸불꾸불한 산길에 끌고 올라갔다.

발렌틴 아나스타시예프 중령은 IL-28 폭격기용 중력폭탄 6개를 책임졌다. 해당 폭탄은 1945년 8월 나가사키에 투하된 "팻맨Fat Man"과 유사한 플루토늄폭탄으로 엔지니어의 배우자 이름을 따서 "타티아나Tatyana"라는 애칭으로 불렸다.[4] 인디기르카호를 타고 마리엘에 도착했을 때, 아나스타시예프는 공중투하용 핵폭탄인 타티아나를 보관할 적절한 장소를 찾지 못했다는 이야기를 들었다. 타티아나는 흐루쇼프가 미국이 쿠바 침공을 준비할 수도 있다고 우려했던 9월 7일에 추가 배치가 결정된 무기였다.[5] IL-28은 플로리다까지 비행할 수 있었지만, 주요 임무는 미국 군함과 병력 집결지를 공격하는 것이었다.

아나스타시예프는 인디기르카호에서 타티아나를 내려서 아바나 방향이 아닌, 서쪽 해안으로 16킬로미터 떨어진 곳에 있는 버려진 막사로 옮기라는 지시를 받았다. 현장에 도착한 아나스타시예프는 충격을 받았다. 해당 지역은 울타리가 일부에만 쳐져 있었다. 고립된 장소이긴 해도 쿠바 포병이 있는 곳과 떨어져 있었고 보안 조치가 거의 되어 있지 않았다. 커다란 금속 상자로 포장된 폭탄은 금방이라도 무너질 듯한 창고에 자물쇠를 채워 보관하고, 위병 한 명이 보초를 섰다.

소련 기술자들에게는 한때 바티스타 소유의 해변 별장과 이웃한 단충 막사가 배정되었다. 밤에는 덥고 답답했다. 그래서 신선한 공기를 들이쉬려고 보트 프로펠러를 엔진에 연결한 뒤 창가에 두었다. 바람이 불어 약간 나았지만, 모터 소음 때문에 자는 데 애를 먹었다.

쿠바는 열대 지역의 천국일지도 모른다. 크리스토퍼 콜럼버스는 쿠바를 두고 "인간이 목격한 가장 아름다운 땅"이라고 했다. 하지만 대부분의 소련 장병들에게는 이상하고, 심지어 야생 동물과 인체에 치명적인 풀과 곤충과 오염된 물로 가득한 끔찍한 곳이었다. 발렌틴 아나스타시예프 중령의 동료 중 한 명은 노랑가오리의 공격을 받아 익사하기도 했다.

하루는 소련군 초병이 재미 삼아 커다란 바라쿠다를 잡은 뒤 배에 끈을 매달아 바티스타가 쓰던 수영장에 보관했다. 그러고는 심심할 때 수영장 주변에서 끈을 홱 잡아당기면서 놀았다. 바라쿠다는 무력하게 이를 드러낼 뿐이었다. 아나스타시예프는 이런 행동이 "유치한" 오락이었지만, 145킬로미터 떨어진 곳에 있는 훨씬 더 거대한 약탈자와 싸우는 것보다는 낫다고 생각했다.

아나스타시예프 중령은 수백만 명을 죽일 수 있는 무기를 통제하면서도 터무니없을 정도로 취약하다고 느꼈다. 미국이 핵탄두 보관 장소를 알고 있다면 무슨 수를 써서라도 빼앗으려 할 것이었다. 권총 한 자루밖에 없던 그는 미군 특수부대의 급습이나 반카스트로 반란군의 공격이 벌어질까 봐 안절부절못했다.

아이러니하게도 울타리와 경비가 허술했던 상황이 타티아나를 보관하기에 이상적이었던 것으로 드러났다.[6] 미국은 핵탄두 보관 위치를 전혀 알아내지 못했다.

인디기르카호와 마찬가지로, 알렉산드롭스크호도 바렌츠 해의 콜라 만에 있는 잠수함 지원 기지에서 핵무기를 실었다.[7] 두 선박은 흑해나 발트 해가 아니라 북극을 횡단함으로써 나토의 감시가 삼엄한 보스포루스 해협과 덴마크와 스웨덴 사이에 있는 스카게라크 해협의 병목 지점을 피할 수 있었다.

10월 7일 알렉산드롭스크호는 세베로모르스크에서 출발하기 전에 37밀리 대공포 3문을 상갑판에 설치했다.[8] 동맹국인 쿠바에 농업용 장비를 수송하는 상선으로 위장했기 때문에 무장은 둘둘 감은 밧줄 아래 조심스럽게 숨겼다. 승조원들은 미군이 승선을 시도하는 경우 밧줄을 치우고 공격하도록 지시받았다.

핀란드에서 건조된 현대식 선박인 알렉산드롭스크호는 짧고 격렬한 총격전을 벌이기에 충분한 무장을 갖추고 있었다. 선박 주위에는 폭파 기술자들이 폭탄을 설치했기 때문에 필요하면 서둘러 자침시킬 수도 있었다.[9] 선장실 가까이에 있는 잠금장치가 된 방에는 폭발물 점화용 스위치가 있었고, 선임 장교가 방 열쇠를 항상 지니고 다녔다.

소련군은 배로 핵무기를 운송한 경험이 없었기 때문에 항해 준비를 철저히 해야 했다. 알렉산드롭스크호와 인디기르카호에 탄두를 싣기 위해 이중 원치와 안전 바인딩과 함께 특수 화물 선반을 달았다. 무기 자체는 금속 용기 안에 보관했는데, 고강도 금속 바닥과 장비를 벽에 단단히 고정하기 위한 고리와 손잡이가 있었다. 튜브 형태의 이 용기는 길이가 4.6미터 무게가 6톤에 달했다.

이런 대비에도 불구하고 알렉산드롭스크호의 승조원들은 쿠바 도착 1주일을 앞두고 대서양 중부에서 강력한 태풍을 만났을 때 거의 패닉에 빠졌다. 강풍이 선박을 강타했고 탄두가 칸막이벽에 부딪칠 뻔했다. 핵무기 안전장교는 재앙을 막기 위해 사흘 내내 사투를 벌였다. 핵탄두를 안전하게 보관하기 위해서 더 많은 줄과 매듭으로 고정해야 했다. 나중에 작성된 군 보고서는 아나톨리 야스트레보프 대위와 장병 두 명이 승조원들과 "배를 구한" 사실을 치하했다.[10] 야스트레보프는 "뛰어난 용기, 근성, 자제력"을 인정받아 소련군에서 두 번째로 높은 영예인 적기훈장을 받았다.

알렉산드롭스크호는 달갑지 않은 관심을 끌지 않기 위해서 대서양을 횡단하는 대부분의 시간에 무선 통신 활동을 하지 않았다.[11] 모스크바와의 통신은 호송선인 알메티옙스크호가 대신했다. 쿠바 도착 나흘 전인 10월 19일, CIA는 알렉산드롭스크호의 위치를 파악했지만 특이할 것이 없는 "일반화물"선으로 분류했다.[12]

인디기르카호와 마찬가지로 알렉산드롭스크호도 마리엘에 정박할 예정이었다. "가장 가까운 항구"로 이동하라는 흐루쇼프의 명령이 하달된 10월 23일 동트기 전 시각, 알렉산드롭스크호는 마리엘에서 약 320킬로미터 떨어진 곳에 있었다.

가장 가까운 항구는 쿠바 북부 라이사벨라에 있었고, 그곳은 허리케인이 자주 발생하는 고립된 마을이었다.

바닷물이 드나드는 습지와 맹그로브 습지대로 둘러싸인 라이사벨라는 일시적이라고는 해도 아주 강력한 핵무기를 숨겨두기에는 이상한 장소였다. 가장 가까운 도시와도 16킬로미터가 떨어진 한적한 반도의 외딴 마을인 이곳은, 20세기 초 항구와 쿠바 중앙에 있는 사탕 농장을 잇는 철도 덕분에 호황을 누렸다. 외국 선박은 장비와 목재를 내려놓고 다량의 설탕을 실었다. 하지만 쿠바 혁명 뒤 외국과의 교역이 쇠퇴하면서 항구의 중요성도 상실했다. 대부분 타일 지붕의 1층짜리 판잣집이 줄지어 있는 거리에는 염소가 돌아다녔다.

이런 고립성 때문에 라이사벨라는 플로리다와 푸에르토리코에서 활동하는 반카스트로 게릴라의 좋은 공격 표적이 되었다. 10월 16일 케네디가 승인한 사보타주 작전에는 "두 명의 쿠바 잠수 공작원의 라이사벨라 항구 시설 및 선박에 대한 수중 폭파 공격"이 포함되어 있었다.[13] 한 주 전 반란군 집단인 알파 66은 소련 선박의 선체에 자석 폭탄을 설치하는 데 실패한 뒤 라이사벨라를 급습했다. 나중에 이들은 "철도 창고를 폭파하고 동구권 인원 5명을 포함해서 22명을 사살"했다고 자랑했다.[14] 습격대는 쿠바 민병대와 총격을 주고받고 철수했다.

알렉산드롭스크호와 알메티옙스크호는 모래톱으로 둘러싸인 만으로 항해해서 새벽 5시 45분 라이사벨라에 도착했다.[15] 핵무기 보관 전문가와 KGB 보안 조직이 소식을 듣자마자 현장으로 달려갔다. 크렘린이 이 선박들의 운명에 주목한다는 사실을 알고 있던 알렉산드르 알렉세예프 아바나 주재 소련 대사는 KGB 채널을 통해 "알렉산드롭스크호의 안전한 도착"과 "열핵무기 보관을 위해 협조했음"을 보고했다.[16]

아바나에 파견된 소련군 총참모부 대표인 아나톨리 그립코프 장군은 선박을 맞이하기 위해 라이사벨라에 갔다. 그립코프 장군은 선장에게 이렇게 농담을 던졌다.

"감자와 밀가루를 잔뜩 갖고 와 주셨군요."[17]

배에 실려 있던 일급비밀 화물에 대해 그립코프가 알고 있는지 확신하지 못한 선장이 답했다.

"뭘 싣고 왔는지는 모릅니다."

"걱정하지 마시오. 뭘 싣고 오셨는지 알고 있으니까."

R-14 탄두 24개를 배에서 내리는 것은 의미가 없었다. 미사일이 아직 바다에 있고 해상 봉쇄 때문에 쿠바에 도착할 가능성이 작았다. 공기조절장치가 있는 알렉산드롭스크호에 탄두를 보관하는 편이 더 안전할 수도 있었다. 반면 소련군 무장 호송대는 전술 핵탄두 44개를

제3장 쿠바인

하역해서 섬 반대편 양 끝, 즉 하나는 동쪽 끝에 있는 오리엔테 주(1976년에 이루어진 행정구역 개편으로 현재 오리엔테 주는 그란마, 올긴, 라스투나스, 산티아고데쿠바로 나뉘었다 - 옮긴이)에, 또 하나는 서쪽 끝에 있는 피나르델리오 주에 있는 크루즈 미사일 연대로 옮길 예정이었다.

머지않아 라이사벨라 항구는 활동의 중심이 되었다.[18] 군함이 항구 입구를 순찰했고, 잠수요원들은 알렉산드롭스크호의 선체에 기뢰가 설치되었는지 수시로 확인했다. 핵탄두 하역은 밤에 이루어졌다. 배의 크레인이 선반에서 번들거리는 금속 용기를 하나씩 들어 올려 부두에 쌓아두는 동안 조명등이 현장을 비추었다. 사고가 나면 대규모 핵무기고 폭발로 이어질 수 있다는 사실을 아는 핵무기 안전장교는 핵탄두가 배 위에서 불안하게 이동되는 동안 초조하게 숨을 죽였다.

핵탄두를 들키지 않고 보관하는 가장 좋은 방법은 적합하지 않다고 여겨지는 장소에 두는 것이었다. 마리엘은 CIA 사진판독관의 관심을 약간 끌었지만 워싱턴에 있던 누구도 라이사벨라가 핵무기 보관이 가능한 곳이라고 생각하지 않았다. 10월 23일 무렵 백악관은 한 주 전 대통령이 승인한 "수중 폭파 공격" 계획을 까맣게 잊고 있었다.

1962년 10월 23일 화요일 오후 12:05(아바나 오전 11:05)

쿠바에 배치된 소련 미사일이 전 세계에 위협이 된다는 주장을 하려면 화질이 더 좋은 사진이 필요했다. 그때까지 미국 정보 분석관들은 U-2기가 포착한 흐릿한 사진에 의존했다. 확대 이미지는 소련의 MRBM이 쿠바에 있다는 결정적인 증거를 처음으로 제시했지만 일반인이 알아보기 어려웠다.

U-2기의 첫 쿠바 정찰 임무는 10월 14일 일요일 아침 리처드 하이

저 소령이 수행했다. 쿠바 서부 산크리스토발 인근에 있는 사다리꼴 형태의 지역에서 미사일 관련 활동이 있다는 정보가 입수되어 임무 항로가 신중하게 결정되었다. CIA 분석관들은 쿠바 경비대가 시골의 넓은 지역을 고립시키는 사이 캔버스 천으로 덮인 긴 튜브가 잘 알려지지 않은 마을과 대농원에서 요란한 소리를 내며 통과한다는 정보를 이해하는 데 몇 주간 애를 먹었다. 하이저 소령은 고도 7만피트 고고도에서 해당 지역을 촬영했다.

미군은 정찰 활동을 재개했다. 이번에는 초저공비행이었다. 62사진정찰대Light Photographic Squadron 소속의 RF-8 크루세이더 6대가 키웨스트 해군 항공 기지에서 이륙해서 플로리다 해협이 있는 남쪽으로 향했다.[19] 쿠바군이나 소련군 레이더 스크린에 포착되지 않도록 바다 위를 초저공으로 비행했기 때문에 가끔 동체에 물보라가 튀기도 했다. RF-8 2기가 분대를 이뤘으며 분대장 약간 우측으로 약 800미터 뒤에 윙맨(호위기 조종사 - 옮긴이)이 쫓아갔다. 쿠바 해안에 도달한 정찰기들은 약 500피트로 상승해서 세 방향으로 흩어졌다.

비행대장인 윌리엄 에커는 윙맨인 브루스 윌헬미와 함께 마리엘 근처에 있는 SAM(지대공 미사일) 기지의 직상공과 남서쪽 시에라델로사리오 산맥을 지나 산크리스토발 MRBM 1번 기지로 향했다(CIA는 이 지역의 4개 미사일 기지를 산크리스토발 시의 이름을 따서 명명했지만, 해당 기지는 서쪽으로 32킬로미터 떨어져 있는 산디에고데로스바뇨스와 더 가까웠다). 제임스 코플린과 존 휴위트는 아바나 주변의 SAM 기지와 비행 기지로 향했다. 태드 릴리와 제럴드 커피 중위는 아바나 동쪽의 쿠바 중부와 사과라그란데 주변의 미사일 기지로 향했다.

다른 미사일 시설과 마찬가지로, 산크리스토발 MRBM 1번 기지는 산 뒤에 숨어 있었다. 에커는 오른편 소나무로 뒤덮인 산등성이에 바짝 붙어서 동쪽에서 접근했다. 에커 뒤로 약간 왼쪽에서 약 30미터 간격을 유지한 월헬미는 개활지와 더 가까웠다. 목표물을 발견한 에커는 1000피트로 급상승해서 수평 비행을 유지했다. 1000피트는 저고도 정찰 사진을 촬영하기에 이상적인 고도였다.[20] 고도가 더 낮으면 사진이 충분히 중첩되지 않고 화질이 좋지 않았다. 고도가 더 높으면 사진이 지나치게 중첩되고 세부적인 상황을 포착하지 못했다.

정찰기 조종사들은 한정된 필름을 아끼기 위해 마지막 순간까지 기다렸다가 카메라 스위치를 켰다. 항공기당 카메라 6대가 장착되어 있었다. 조종석 아래에 대형 전방 카메라 1대와 지평선 끝에서 끝까지 촬영하기 위한 좀 더 작은 카메라 3대가 각기 다른 각도로 장착되었다. 그 뒤로 수직 카메라 1대와 측면 촬영용 후방 카메라 1대가 설치되어 있었다.

RF-8 2대가 약 500노트(시속 926킬로미터)로 야자나무 위를 날아갔다. 조종사가 주변에 흩어진 미사일 기지를 흘깃 볼 수 있는 시간은 10초였다. 항공기에 장착된 카메라가 연신 찰칵하는 소리를 내며 초당 약 4프레임, 매 64미터를 이동할 때마다 한 프레임을 찍었다. 전방 카메라가 가장 쓸만한 사진을 촬영했는데, 가로세로 15센티미터 네거티브 사진을 붙여놓으면 전원 지대를 파노라마 형태로 미사일 발사대와 트럭뿐 아니라 병력까지 상세하게 담아냈다. 수직 카메라가 가장 정밀한 촬영을 했고, 두 항공기 바로 아래에 있는 폭 137미터 범위에 있는 모든 광경을 담았다.

9일 전 하이저가 찍은 미사일 기립장치(이 책에서는 국내에서 종종 혼용되는 미사일 관련 세 용어 erector, launcher, launch pad를 각각 기립장치, 발사장치, 발사대로 옮겼다 - 옮긴이)는 캔버스 천으로 덮여 있었고, 숲속에 있는 지휘부와 케이블이 연결되어 있었다. 미사일 자체는 기립장치에서 수십 미터 떨어져 있는 긴 텐트 안에 보관되었고, 근처에 연료 탱크 트레일러가 주차되어 있다. 일부 트럭 주변에는 젊은이들이 서 있었는데, 시끄러운 항공기 소음에 신경 쓰지 않는 듯 보였다. 왼편에 있는 미사일 시설을 촬영한 에커는 하얀 조립식 슬래브로 건설 중인, 큰 격납고 형태의 건물 위를 지나갔다. 이 건물은 주변의 녹색 배경 때문에 눈에 띄었다. 건물 지붕 위로 올라간 일꾼들이 슬래브를 끼워 넣고 있었다. 나중에 사진판독관들은 공사가 진행 중이던 이 건물이 핵탄두 보관을 위한 벙커라고 판단했다.

미사일 기지에서 벗어난 정찰기는 기수를 플로리다로 돌려 잭슨빌에 있는 해군 항공 기지에 착륙했다. 기술병이 폭탄탑재 칸에서 필름통을 꺼내 서둘러 사진판독실로 향했다. 매번 정찰 임무가 끝난 뒤에는 정찰기 동체에 죽은 닭을 그렸는데, 이것은 1960년 카스트로의 유엔 방문을 풍자한 것이었다. 당시 쿠바 대표단은 자신들이 머물던 호텔방에서 닭 요리를 했고, "닭 한 마리 추가"라는 말은 쿠바 저공 정찰 임무에서 돌아온 조종사들의 의례적인 구호가 되었다.[21]

임무를 마친 에커는 비행복 차림으로 워싱턴으로 날아갔다. 펜타곤 회의실에서 합참의장에게 브리핑하기 위해서였다. 에커가 소속된 해군은 공군보다 더 좋은 카메라를 보유했고 일반적으로 저공 정찰 능력이 더 낫다고 여겨졌다. 커티스 르메이 공군 참모총장은 공군이 해군에 밀린다는 사실을 못마땅하게 여겼다. 회의실에 들어선 에커가 말끔하지 않은 자신의 모습에 대해 사과했을 때, 르메이는 물고 있던 시가를 입에서 떼고 언짢은 듯 쏘아붙였다.

"귀관은 조종사야, 빌어먹을. 땀에 절어 있는 게 당연해."[22]

전날 밤에 소집된 페르난도 다발로스는 아바나 서쪽에 있는 산크리스토발로 향하는 군용 수송 차량에 타고 있다가 미군 정찰기를 목격했다.[23] 화창한 아침이었고 항공기 날개에 비친 빛 때문에 순간적으로 눈이 부셨다. 아바나 대학 학생인 다발로스는 근처 공군기지로 날아가는 쿠바 항공기라고 생각했다.

발렌틴 폴콥니코프도 비슷한 반응을 보였다.[24] 소련군 미사일 부대의 중위였던 그는 산디에고 검문소에서 흰색 별이 선명하게 새겨진 항공기를 목격했다. 폴콥니코프는 쿠바 공군이 흰색 별 모양의 엠블럼을 쓴다는 사실을 알았다. 물론 미군도 흰색 별을 썼지만, 제국주의자들이 이렇게 뻔뻔하게 나오리라고는 상상도 못 했다.

곧장 상부에서 경계태세를 강화하라는 지시가 떨어졌다. 심리적인 측면에서 고고도 비행과 저고도 비행은 전혀 달랐다. 쿠바인 대부분에게 U-2기는 그저 하늘에 있는 점일 뿐이었다. 자신들과 크게 상관 없이 멀리 떨어져 있었다. 하지만 저고도 정찰기의 영공 침범은 국가적 수치였다. 미군이 마음 내킬 때면 언제든 쿠바 상공을 돌아다니는 상황은 마치 미국인들이 쿠바를 상대로 가학적 유희를 즐기는 것과도 같았다. 몇몇 쿠바인들은 "양키" 조종사들이 날개를 흔들면서 조롱하듯 인사하는 것을 봤거나 봤다고 생각했다.

산타클라라의 소련 공군기지에서 있던 MIG-21 조종사들도 미군 정찰기의 쿠바 영공 비행에 대해 치밀어 오르는 화를 억누르지 못했다. 한 조종사가 불평했다.

"왜 대응하면 안 됩니까? 왜 꼼짝없이 당하고만 있어야 합니까?"[25]

장군들은 인내할 것을 요구했다. 반격하지 말 것을 명령했다. 당분간은 그랬다. 미군이 마음만 먹으면 미사일 기지를 공습할 수 있다는 사실에는 의심할 여지가 없었다. 20미터나 되는 물체를 숨기기란 사실상 불가능했다. 캔버스 천과 야자수 잎으로 가릴 수는 있어도 여전히 형태가 드러났다. 미사일 배치 전, 흐루쇼프의 측근들은 야자수로 미사일을 감출 수 있다고 장담했다. 농담도 잘하는군. 총참모부 대표인 아나톨리 그립코프는 생각했다.

"군을 모르고, 미사일 장비에 대한 이해가 없는 사람들이나 그런 판단을 내릴 수 있지."[26]

쿠바 현지에 있던 소련군 지휘관들이 할 수 있는 일이라고는 기껏해야 최대한 빨리 모든 미사일 부대가 전투준비태세를 갖추도록 긴급명령을 내리는 것이었다. 소련군 병력은 스타하노프 운동에 익숙했다. 스타하노프 운동은 "계획을 달성하고 초과 달성"하기 위해 대중의 열정을 조직적으로 분출시킨 것이다. R-12 미사일연대는 전력화가 거의 완료된 상태였다. 병력도 10월 23일 무렵 쿠바에 배치하기로 한 4만 5000명 중 4만 2822명이 도착했다.[27]

밤사이 미사일 기지에 작업 인원이 몰려들었다.[28] 한 개 연대가 핵탄두 저장소 건설을 위한 반원 형태의 첫 번째 기둥을 세우는 데 3시간 30분이 걸렸다. 작업에 박차를 가해서 42시간 만에 저장소 전체를 만드는 데 필요한 기둥 40개가 완성되었다. 핵탄두 저장소는 제곱인치당 140파운드의 폭발력을 견디도록 설계되었다.

쿠바의 표토에는 돌이 너무 많아 대부분의 땅파기 작업에 인력을 동원해야 했다. 미사일 기지를 둘러보던 그립코프 장군은 병사들이 불도저와 트랙터를 사용할 수 없는 땅을 고르기 위해 곡괭이와 삽을 이용한다는 사실에 깜짝 놀랐다. 그는 쿠바에 "이 시대의 가장 정교한 군장비"를 배치한 소련군이 "하루에 공병 한 명이 도끼 하나로 나무 하나"라는 소련군 속담에 "얽매여" 있다고 신랄하게 지적했다.

오후에는 날씨가 돌변해 차가운 북풍이 불기 시작했다. 바람 때문에 아바나에 있는 말레콘 방파제 전체에 파도가 쳐서 행군하는 민병대가 스프레이처럼 뿜어 나오는 물기둥에 흠뻑 젖었다. 병사들은 공격에 취약한 나시오날 호텔 외부에 벌써 대공포를 구축하고 있었다. 나시오날 호텔은 한때 마피아 두목인 럭키 루치아노가 다른 마피아 두목과 회의를 하고, 윈스턴 처칠에서부터 영화배우 에롤 플린에 이르는 유명 인사들이 다이커리(럼주를 베이스로 하는 쿠바 칵테일 - 옮긴이)를 마시던 곳이었다.

온종일 소그룹의 사람들이 아바나 해안 도로가의 돌담에 모여 북쪽 수평선을 응시했다. 미군 군함이 윤곽을 드러내는지 확인하는 것이었다. 해변을 따라 쏟아지는 장대비와 바람은 쿠바 섬의 고립을 두드러지게 했다. 케네디의 격리 선언과 카스트로의 동원령이 내려진 뒤 쿠바는 사실상 봉쇄되었다. 공용 차량만이 주요 도로 이용이 허용되었다. 민항기 운행이 무기한 중단되었고, 여기에는 매일 아바나와 마이애미를 오가는 팬아메리칸 항공편도 포함되었다.

수개월 동안 쿠바 중산층 사람들이 줄지어 아바나 공항에 왔다. 팬암 항공기를 타고 미국에서 새 삶을 찾기 위해서였다. "90마일을 이동하는 사람들ninety milers"이라고 불린 이런 망명자들은 쿠바 혁명 정권에서 벗어나기 위해 집과 차와 일터뿐 아니라 가족을 포함한 모든 것을 기꺼이 포기했다. 이제 이런 탈출로마저 차단되자 정부에 반대하는 사람들은 숨 막히는 폐쇄 공포증에 시달렸다. 나중에 쿠바 작가 에드문도 데스노에스는 쿠바 미사일 위기를 배경으로 한 『저개발의 기억』이라는 소설에서 이렇게 썼다.

"다른 사람이 내 삶을 결정하고 있고, 내가 할 수 있는 일이 없다. 이 섬은 덫이다."[29]

쿠바인 대부분은 이런 고립 상황에 개의치 않는 듯 보였다. 밤사이 아바나를 비롯한 쿠바 도시의 거리에는 포스터 수만 개가 붙었다. 기관총을 쥔 손이 그려져 있는 포스터에는 흰 글씨로 크게 아 라스 아르마스A LAS ARMAS, 즉 전투준비라는 구호가 적혀 있었다. 쿠바 편에 서서 사건을 목격한 한 아르헨티나 작가가 말했다.

"한 가지 색과 세 단어, 한 가지 동작을 담은 이 포스터는 쿠바인들의 즉각적인 대응을 간단하게 말해주었다. 쿠바는 소총을 든 한 명의 사람이었다."[30]

이날 아침 〈레볼루시옹〉은 "FIDEL HABLARA HOY AL PUEBLO", 즉 "금일 카스트로 대국민 연설 예정"이라는 사실을 헤드라인으로 크게 알렸다.

1962년 10월 23일 화요일 오후 7:06

케네디 대통령이 "공격용 무기"를 싣고 쿠바로 향하는 소련 선박을 격리하고 필요하면 억류를 승인하는 두 쪽짜리 선포문에 서명하는 동안 카메라 플래시가 터졌다. 대통령은 존 피츠제럴드 케네디라는 전체 이름을 부드러운 장식체로 서명했다. 봉쇄는 워싱턴 시각으로 다음날인 수요일 오전 10시에 발효될 예정이었다. 국제법적 효력의 적법성을 보여주기 위해, 국무부가 미주기구에서 19대 0의 지지표를 확보할 때까지 공표 일정을 늦췄다.

성조기를 배경으로, 가슴주머니에 흰 손수건이 나와 있는 양복 차림으로 레졸루트 책상에 앉은 케네디가 보여준 이미지는 대통령의 결의였다. 하지만 속마음은 그게 아니었다. 케네디는 자문위원들에게 미국 군함이 소련 선박과 충돌할 때 어떤 일이 벌어질지에 대해 계속 질문을 던졌으며 상황이 꼬일 수 있다는 생각 때문에 불안해했다. 미 해군이 소련 선박에 승선하려 하고 소련이 대응 사격을 하는 경우, "대참사"가 벌어질 가능성이 높았다.

딘 러스크 국무부 장관은 "이유식" 시나리오를 언급한 적이 있었다. 소련 선박 한 척이 단속에 응하지 않은 상황에서, 미군이 승선하기 위해 무력을 동원하고도 배 안에서 이유식밖에 찾지 못하는 경우 국제적인 여론에서 재앙이 벌어진다는 시나리오였다. 맥조지 번디 국가안보보좌관이 말했다.

"보모 세 명에게 총질을 하는 겁니다!"

케네디가 말했다.

"소련 선박은 항해를 계속할 겁니다. 우리 쪽은 방향타나 선박의 보일러를 맞추려 할 겁니다. 그런 다음 우리가 승선하려 하고, 상대방이 무력으로 맞설 겁니다. 승선하는 데 시간이 엄청 걸릴 겁니다. (…) 선박을 그냥 나포하기보다 격침해야 할지도 모릅니다."

로버트 케네디가 끼어들었다.

"소련이 폭침 지시 같은 걸 내릴 수도 있습니다."

맥나마라가 가슴을 졸이며 말했다.

"제가 우려하는 건 이유식 시나리오입니다."

더 큰 걱정은 소련 잠수함이 있다는 사실이었다. 입수된 정보에 따르면 적어도 미사일을 실은 선박 중 두 척에 잠수함이 따라다녔다. 미국 항공모함인 USS 엔터프라이즈호가 인근에 있었다. 케네디는 그런 조치가 현명한지 의심했다.

"항공모함 한 척을 순식간에 잃을 순 없습니다."

격리 선포문에 서명을 한 케네디는 각료회의실에서 동생과 단둘이 만났다. 주변에 자문위원들이 없어서 두 사람은 훨씬 자유롭게 속내를 드러냈다. 대통령은 영부인 재클린이 자이푸르의 마하라자(자이푸르라는 인도 도시의 군주 - 옮긴이)와의 공식적인 저녁 만찬을 계획하고 있다는 사실에 속이 탔다. 흐루쇼프와의 대결을 앞둔 상태에서 주의가 분산되는 것이 싫었다. 케네디는 잠시 다시 생각하는 듯싶더니 재클린에 대한 생각을 떨쳐버렸다. 잭 케네디가 바비 케네디에게 말했다.

"정말 골치 아프게 될 것 같아, 그렇지? 하지만 한편으로는 다른 방법이 없어. 이 문제에 이런 식으로 나온다면, 젠장! 다음엔 어떤 개지랄을 떨까?"

바비도 동의했다.

"맞아, 다른 방법이 없었어. 아마 형이 … 탄핵당했을 수도 있었어."

"내 생각도 그래. 탄핵당했겠지."[31]

백악관에서 몇 블록 떨어진 소련 대사관에서는 소련 외교관들이 캐비어와 보드카를 곁들인 만찬을 하고 있었다. 해군 무관의 전속 환송 파티였다. 손님들은 군복 차림의 사람 주변에 모여 봉쇄 조치에 대해 모스크바가 어떻게 대응할 계획인지 물었다. 블라디미르 두보빅 중장이 손수건으로 땀에 젖은 손을 훔치면서 소리쳤다.

"저는 이미 세 차례 전쟁을 치렀습니다. 다음 싸움도 고대하고 있습니다. 우리 선박은 항해를 멈추지 않을 겁니다."[32]

두보빅 장군의 말이 맞냐는 질문에 도브리닌 워싱턴 주재 소련 대사가 답했다.

"그 사람은 군인이고, 전 군인이 아닙니다. 해군이 어떻게 나올지 아는 사람은 두보빅 장군이죠."

다른 소련 관리들은 두보빅처럼 허세를 부리지는 않았다. 뉴욕에 있는 유엔 본부에 파견된 소련 외교관들은 핵전쟁이 벌어지는 경우 자신의 묘비에 쓸 내용에 대한 암울한 농담을 주고받았다. 이를테면 이런 말이었다.

"여기 자국군 폭탄에 죽은 소련 외교관이 잠들다."[33]

1962년 10월 23일 화요일 오후 8:15

로버트 맥나마라 국방부 장관은 포트맥 강이 내려다보이는, 펜타곤의 E동(펜타곤은 가장 안쪽에 있는 A동에서 가장 바깥쪽에 있는 E동까지 다섯 개의 오각형 고리ring형 건물로 이루어졌고 그중 E동은 군사 작전의 수립과 승인이 이루어지는 가장 중요한 동으로 알려져 있다 - 옮긴이) 3층에 있는 집무실에서 걸어 나왔다. 군인과 민간인 보좌관이 그 뒤를 따랐다. 맥나마라가 향한 곳은 격리 작전의 중추에 해당하는 해군지휘통제실Navy Flag Plot이었다. 해군지휘통제실은 인접 건물의 한 층 위에 있었다. 대통령은 국방부 장관에게 해군의 봉쇄 작전 실행을 철저히 감독하라고 지시했다.

46세의 맥나마라는 케네디가 대통령 당선 뒤 정부에서 함께 일하기로 약속한 "최고의 인재the best and the brightest"의 전형적인 인물이었다. 금속테 안경을 끼고 짧게 자른 머리를 뒤로 넘긴 그는, 미국 산업에 변화를 가져오기 시작한 컴퓨터가 인간의 모습을 한 것처럼 보이고 들리는 인물이었다. 맥나마라보다 머리 회전이 빠른 사람은 없어 보였다. 그는 빠른 집중력으로 복잡한 문제를 멋진 수학 공식으로 단순화시키는 요령이 있었다. 여성에게 호감을 주는 감성적이고 정열적인 면도 있었다. 한번은 바비 케네디가 이런 질문을 했다.

"사람들한테 '컴퓨터'라고 불리면서, 저녁 식사 자리에서 누나나 여동생이 모조리 맥나마라 옆에 앉고 싶어 하는 이유가 도대체 뭡니까?"[34]

군은 맥나마라가 영리하다는 점을 인정하면서도 그가 거만하고 참견하기 좋아한다고 생각했다. 고위급 장교 다수가 맥나마라를 아주 싫어했다. 그들은 "신동whiz kids"으로 알려진 젊은 민간인 천재로 구성된 맥나마라의 측근들도 의심했다. 사석에서는 맥나마라가 정식 지휘 계통을 우회한다고 비난했다. 또한 전임 국방부 장관과 달리 펜타곤 내부 실무까지 간섭하고 수치를 따질 뿐 아니라, 군이 선호하는 무기 체계를 거부하고 전통적인 운영 방식에 의문을 제기하는 경향을 싫어했다.

맥나마라 입장에서는 해군이 정확하고 신속하게 정보를 보고하지 않는 상황을 우려했다. 맥나마라뿐 아니라 로스웰 길패트릭 국방부 부장관은 버지니아 주 노포크에 있는 CINCLANT, 즉 대서양 사령관이 함대에 하달하는 명령문을 보지 못했다. 두 사람은 바다에서 미소 양측의 설전과 같은 작은 사건이 눈덩이처럼 커져 핵전쟁으로 비화할 수 있다는 점을 우려했다. 핵시대에 대통령은 군대를 "지휘"하는 것만으로 충분하지 않았다. 매일 때로는 매분 "통제"할 수 있어야 했다.

맥나마라와 보좌관들은 해군지휘통제실에 들어서면서 벽에 걸린 거대한 대서양 지도와 마주쳤다. 미소 양측 선박과 군함의 위치가 표시되어 있었다. 입구에는 무장 병력이 경계 근무를 섰다. 병사들은 최신 정보를 반영하기 위해 지도 주변에서 표시물을 이동시켰다. 쿠바 동쪽 끝에서 약 900킬로미터 떨어진 곳에 미군 항공모함과 구축함을 나타내는 깃발이 푸에르토리코에서부터 플로리다 해안에 이르기까지 긴 호를 형성했다. 소련 선박을 나타내는 화살표 약 24개는 대서양을 가로질러 쿠바로 향하고 있었다.

맥나마라는 특유의 무뚝뚝하고 사무적인 태도로 근무 중인 제독에게 질문을 퍼붓기 시작했다. 백악관에서 케네디가 온종일 고뇌하며 질문한 것과 비슷한 상황이었다. 미국 군함이 소련 선박에 항해 중단 신호를 어떻게 전달합니까? 러시아어 통역관이 승선했습니까? 상대방이 응답하지 않으면 어떻게 합니까? 상대가 도발하는 경우는 어떻게 합니까? 왜 이 군함들은 정위치에 없는 겁니까?

질문 세례를 받은 제독은 답하는 것이 내키지 않거나 답변할 수 없었다. 이런 식의 심문은 해군의 전통과 거리가 멀었다. 현장을 목격한 한 해군 장교는 나중에 이렇게 설명했다.

"해군은 군의 특성상 지시를 내리기만 하고 어떻게 하라고 하지는 않습니다."[35]

이때 맥나마라는 해군이 어떻게 할지에 대해 묻고 있었다. 답변에 만족하지 못한 맥나마라는 해군 참모총장인 조지 앤더슨 제독을 만날 수 있는지 물었다. 해군에서는 00, CNO, "멋진 조지Gorgeous George" 등으로 알려진 키 크고 잘생긴 앤더슨 제독은 적임자를 정해서 일을 맡기는 해군의 방식이 옳다고 확신하는 인물이었다. E동에 있는 자신의 집무실에 방문한 사람들에게 앤더슨 제독이 말한 개인 철학은 간단한 격언 몇 가지였다.

"철저하게 기본을 지켜라. 세부 사항은 참모에게 맡겨라. 부하의 사기에 집중하라. 그것만큼 중요한 것은 없다. 투덜거리지 말고 걱정하지 말라."[36]

봉쇄 규정에 서명을 한 앤더슨 제독은 다음과 같은 내용의 메모를 맥나마라에게 보고했었다.

"지금부터, 본인은 추가적인 정보를 입수하기 전에는 현장에 있는 부대에 간섭하지 않을 것입니다."[37]

앤더슨 제독은 쿠바에 대한 해상 봉쇄를 기획하는 일을 마지못해 받아들였다. 그는 맥나마라에게 이런 조치가 "소 잃고 외양간 고치기"나 다름없다고 했다.[38] 핵미사일이 이미 쿠바에 있고, 따라서 봉쇄로는 미사일 철수라는 목표를 달성할 수 없으며, 쿠바가 아닌 소련과의 충돌이 벌어질 수 있다는 생각이었다. 앤더슨 제독은 미사일 기지를 그냥 폭격하는 편이 낫다고 생각했으나 명령에 복종했다.

앤더슨 제독은 맥나마라가 작전 상황에 참견하는 것에 분개했다.[39] 그는 해군이 아주 철저하게 보안을 유지하는 비밀 중 하나를 보호할 작정이었다. 그것은 정교한 무선 탐지 수신망을 통해 소련 잠수함의 위치를 파악하는 능력이었다. 맥나마라가 질문한 미국 군함들은 소련군의 폭스트로트급 잠수함을 추적하는 중이었다. 국방부 장관과 부장관은 비밀 취급 인가가 난 것이 확실했지만, 민간인 수행원 다수는 그렇지 못했다. 앤더슨 제독은 잠수함 상황을 설명하기 위해 맥나마라와 길패트릭을 정보상황실Intelligence Plot로 안내했다.

맥나마라가 잠수함의 정확한 위치보다 더 관심을 가진 것은 해군이 "격리"를 시행하는 방법이었다. 해군은 봉쇄의 개념을 문자 그대로 해석했다. 금지된 무기를 통과시키지 않는 것이었다. 케네디와 맥나마라는 봉쇄를 라이벌 강대국에 보내는 정치적 메시지로 보았다. 소련 선박을 격침시키는 것이 아니라 흐루쇼프가 물러서게 하는 것이 목적이었다.

맥나마라는 앤더슨 제독에게 격리선을 통과하려는 첫 번째 선박을 막기 위해 어떻게 조치할 것인지 질문했다.

"신호를 보낼 겁니다."

"어떤 언어로 말입니까? 영어나 러시아어로 말인가요?"

"그걸 도대체 제가 어떻게 압니까?"

"상대가 못 알아들으면 어떻게 하죠?"

"깃발을 사용할 겁니다."

"그래도 멈추지 않으면요?"

"뱃머리 쪽으로 위협사격을 할 겁니다."

"그래도 말을 듣지 않으면요?"

　　　　　　　　　　　　　　　　제3장 쿠바인

"방향타를 맞출 겁니다."

"제가 확실히 허락하기 전에는 한 발도 쏘면 안 됩니다. 알겠습니까?"[40]

이날 오후 일찍 앤더슨 제독은 해군 지휘관들에게 1955년 발간된 『해전의 규칙Law of Naval Warfare』이라는 지침서에 주목하게 했다. 적국 군함을 상대로 한 승선과 수색 절차가 설명된 책이었다. 앤더슨은 두꺼운 표지로 된 지침서를 맥나마라의 코앞에서 흔들면서 말했다.

"여기에 다 있습니다. 장관님."[41]

지침서는 "수색이나 나포에 적극적으로 저항하는" 군함에 대해 "격침"을 허용했다. 나중에 길패트릭 부장관의 회고에 따르면 앤더슨 제독은 맥나마라의 캐묻는 듯한 질문을 듣는 동안 좀처럼 화를 억누르지 못했고, 결국 폭발했다.

"빌어먹을, 이 문제는 당신이 알 바 아닙니다. 해군은 봉쇄를 어떻게 할지 알고 있습니다. 존 폴 존스(1747~1792, 미 해군의 아버지라고 불리는 해군 제독 - 옮긴이) 시절부터 시행해 오고 있단 말입니다. 그냥 돌아가 계시면, 장관님, 여긴 우리가 알아서 하겠습니다."[42]

길패트릭은 자신의 상관인 맥나마라의 얼굴색이 벌겋게 바뀌는 것을 볼 수 있었다. 잠시 동안, 그는 모여 있는 해군 장성들이 앞에서 언쟁이 벌어질까 우려했다. 하지만 맥나마라는 이렇게만 말하고는 방에서 나왔다.[43]

"알아들으셨죠, 제독. 제 허락 없이 사격해서는 안 됩니다."

맥나마라는 집무실로 이동하면서 길패트릭에게 말했다.

"이걸로 앤더슨은 끝입니다. 제가 판단하기에 앤더슨은 신임을 잃었습니다."

국방부 장관과 해군 참모총장의 충돌은 민간인 출신 관료와 군 사이에 벌어지는 영향력 장악을 위한 더 큰 싸움을 집약적으로 보여주었다.[44] 이 에피소드는 너무 자주 입에 오르내려서 사실과 다른 신화로 둘러싸여 있었다. 예컨대 대부분의 쿠바 미사일 위기에 관한 설명은 이 충돌이 화요일 저녁이 아니라 격리가 이미 시행된 수요일 저녁에 벌어진 것으로 본다. 하지만 펜타곤 상황일지를 비롯한 관련 기록은 그런 일이 불가능하다는 사실을 보여준다. 앤더슨 제독이 맥나마라와 격론을 주고받았다고 알려진 수요일 해당 시간에는 해군지휘통제실에 있지도 않았다.

1962년 10월 23일 화요일 오후 9:30

맥나마라가 해군정보상황실을 막 나선 시각이었다. 포토맥 강 건너편에서 바비 케네디가 심란한 마음으로 워싱턴 D.C. 16번가에 있는 소련 대사관 입구에 나타났다. 바비 케네디를 맞이한 아나톨리 도브리닌 주미 소련 대사는 20세기 초에 만들어진 웅장한 저택의 3층에 있는 자신의 방으로 안내했다. 이 집은 철도차량 업계의 거물인 조지 풀먼의 미망인이 지은 저택이었다. 도브리닌은 거실에 바비 케네디를 앉게 하고는 커피를 권했다.

바비는 대통령이 개인적으로 소련에 배신당했다고 생각한다고 했다. 쿠바에 공격용 무기가 없다는 흐루쇼프의 말만 믿다가 속았다는 것이었다. 이런 상황은 "세계 평화에 충격적인 영향"을 주었다. 형이 공화당으로부터 심각한 공격을 받고 있고, 소련측 확약에 "정치 생명"을 걸었다는 말도 덧붙였다. 도브리닌은 본국으로부터 제대로 된 정보를 전달받지 못했기 때문에 답변을 하는 데 애를 먹었지만, 미국 정보가 잘못된 것이 분명하다고 뻔뻔하게 주장했다.

바비는 도브리닌의 배웅을 받으면서 소련 선박의 선장에게 어떤 지시가 내려졌는지 물었다. 도브리닌은 자신이 아는 한 "공해 상에서 불법적인 항해 중단과 검색 요구"를 무시하라는 지시가 떨어졌다고 답했다.

작별 인사를 하면서 바비가 말했다.

"이 일은 어떻게 진행될지 모르겠습니다. 하지만 우리 쪽은 소련 선박을 막을 작정입니다."[45]

도브리닌 대사가 반박했다.

"그건 전쟁 행위가 될 겁니다."

1962년 10월 23일 화요일 오후 9:35(아바나 오후 8:35)

워싱턴에서 약 1800킬로미터 떨어진 아바나에서는 관용차들이 베다도 상업 지구에 있는 방송국 스튜디오에 주차했다. 피델 카스트로가 자신의 트레이드마크인 국방색 전투복 차림으로 지프에서 내렸고, 그 뒤로 군복 입은 장관들이 뒤따라갔다. 어깨에 달린 견장의 검붉은 다이아몬드는 그가 코만단테comandante, 즉 쿠바군 최고 계급인 소령임을 알렸다. 전날 밤 케네디 대통령이 그랬듯이, 카스트로는 자신의 인생에서 매우 중요한 연설 중 하나를 통해 쿠바인들이 그들 앞에 놓인 힘든 나날을 준비하도록 하기 위해 텔레비전을 이용할 계획이었다.

텔레비전은 케네디에게만큼이나 카스트로에게도 중요했다. 텔레비전은 아주 인간적인 매체로, 카스트로가 쿠바인들에게 "카스트로"가 아닌 "피델"로 알려지게 했다. 카스트로는 단순한 최고사령관이 아니었다. 끊임없이 가르치고 회유하며 설명하는 최고의 선생님이기도 했다. 쿠바의 텔레비전 보급 수준은 미국에 못 미쳤지만, 다른 라틴아메리카 국가에 비해 높았다. 쿠바인들은 이웃에 텔레비전 수상기가 있으면 함께 모여 피델의 연설을 듣곤 했다.

대중 매체는 카스트로가 혁명 지도자로 성공하는 데 늘 중요한 역할을 했다.[46] 젊었을 때 그는 에디 치바스라는 이름의 열정적인 급진주의자가 매주 한 연설에 푹 빠져 있었다. 치바스는 부패와 비리를 비난하기 위해 라디오 방송을 이용했다. 바티스타를 상대로 한 전쟁 기간에, 카스트로는 혁명 지지를 호소하기 위해 산악 지역에서 "라디오 레벨데(Radio Rebelde : 라디오 반란군)"라고 알려진 소형 송신기를 설치했다. 또한 자신이 죽었다는 정부측 주장에 반박하기 위해 〈뉴욕타임스〉의 허버트 매튜스와의 인터뷰를 활용했다.

바티스타가 서둘러 망명길에 나선 뒤, 카스트로는 닷새 동안 쿠바 전역을 가로지르며 승리의 진군을 했다. 1959년 1월 8일 아바나 입성으로 분위기가 정점에 달했고, 그런 모습은 거의 일거수일투족이 생방송 되었다.

케네디와 마찬가지로 카스트로도 타고난 대중 연설가는 아니었다. 두 사람 모두 자신의 목소리를 찾기 위해 어느 정도 타고난 내향성을 극복해야 했다. 케네디는 1946년 하원에 처음 출마했을 때 차츰 편안해질 때까지 개인적으로 수차례 반복 연습을 하곤 했다. 대중 앞에 서는 것을 너무 불안하게 느낀 카스트로는 일부러 성질을 부리기도 했다. 주변 사람들은 한 번에 5~6시간 이어지는 카스트로의 달변이 그의 숫기 없음과 관련이 있다고 생각했다. 나중에 콜롬비아 작가인 가브리엘 가르시아 마르케스는 카스트로에 대해 이렇게 말했다.

"말하다 지치고, 말하면서 쉰다. 입을 열기 시작했을 때 카스트로의 목소리는 늘 알아먹기 어렵고 어디로 튈지 모르지만 서서히 청중을 사로잡을 때까지 수단을 가리지 않는다."[47]

연설을 시작하기 위해 엄청난 정신적 노력을 했기 때문에 멈추기 어려웠던 것이다. 진행자의 짧은 소개가 있고 나서 카스트로는 케네디와 미국을 상대로 한 장황한 열변에 들어갔다. 연설은 늘 그렇듯 화려한 웅변과 분개, 길고 산만한 여담, 신랄한 풍자, 비합리적인 추론이 뒤섞여 있었다. 카스트로는 케네디의 연설을 조목조목 해부하기 위해 자신이 받은 예수회 교육을 활용했고, 거의 숨도 쉬지 않고 "두 번째" 뒤에 "세 번째"를 빼먹고 "네 번째"로 곧장 넘어갔다.

카스트로는 케네디가 "쿠바에 억류된 사람들"에 대해 공감을 나타낸 것을 비꼬았다.

"케네디는 전투준비를 한 수십만 명의 인민들을 언급하고 있습니다. '무장을 갖춘' 쿠바에 억류된 사람들이라고 말해야 했습니다. 그것은 정치인의 말이 아니라 해적의 말입니다."

카스트로는 발끈했다.

"양키의 도움을 받은 것이 아니라, 우리 힘으로 독립했습니다. … 우리의 주권을 앗아가려면 지구 상에서 우리를 없애야 할 것입니다."

이 연설이 갖는 힘 대부분은 텔레비전용으로 만들어낸 신들린 듯한 몸짓이었다. 목소리가 다소 높고 날카로웠지만, 엄청난 확신을 하고 봇물 터지듯 내뱉는 말과 몸짓으로 연설을 해서 사람들을 감복시키기 쉬웠다. 강렬한 눈빛과 앞뒤로 흔들리는 굵고 검은 턱수염은 구약 성서에 나오는 예언자를 떠올리게 했다. 경멸과 분노, 해학, 결의 등 열두 가지 각기 다른 표정을 잇달아 지으면서도 자신에 대한 의심을 전혀 내비치지 않았다. 길고 마른 손은 강조를 하기 위해 허공을 갈랐고, 때로는 의자 팔걸이를 거머쥐기도 했다. 힘주어 말할 때는 마치 자신의 말에 동의하지 않는 누군가를 도발하는 것처럼 고압적인 태도로 오른손 집게손가락을 치켜들었다.

카스트로는 쿠바 국기를 배경으로 통렬한 비난을 퍼붓는 90분간 소련을 거의 언급하지 않았다. 쿠바에 대한 케네디의 온갖 비난에는 부인만 할 뿐 미사일도 언급하지 않았다. 그 대신 침략자들은 반드시 "전멸"될 것이라는 경고와 함께 쿠바 주권을 적극적으로 변호했다.

"쿠바는 누구의 사찰도 받지 않을 겁니다. 누구에게도 그런 행동을 허락하지 않을 것이기 때문입니다. 우리의 주권을 결코 포기하지 않을 겁니다. 우리 땅에서, 우리가 주인이고, 사찰을 하는 사람도 우립니다."

평소보다 절제된 카스토로의 단독 연설은 아바나에 있는 몇몇 외교관들을 놀라게 했다. 하지만 흥미진진하기는 마찬가지였다. 결론에 이르러서는 마치 의자에 앉아 있으려고 기를 쓰듯 팔걸이를 꽉 움켜졌다.

"우리 모두, 남녀노소 할 것 없이, 이런 위험한 시기에 모두가 하나입니다. 우리 모두 혁명가와 애국자 모두는 같은 운명입니다. 승리는 우리 것입니다."

"조국이 아니면 죽음을, 우리가 승리하리라"라는 말을 끝으로 자리를 박차고 일어선 카스트로는 서둘러 스튜디오에서 나왔다. 더 이상 우물쭈물할 시간이 없었다.

카스트로가 연설하는 동안 아바나 거리는 쥐죽은 듯 조용했다.[48] 연설이 끝나자 사람들은 양초와 즉석에서 만든 횃불을 들고 비가 휩쓸고 간 거리로 쏟아져 나왔다. 밤하늘은 수천 개의 불빛으로 가득했다. 쏟아져 나온 군중은 올드아바나의 골목길에서 1868년 스페인을 상대로 한 승리를 기념하는 애국가를 불렀다.

영광스러운 죽음을 두려워 말라.
조국을 위한 희생은 죽음이 아니니까.

미국 외교관 출신으로 소련 스파이라는 혐의를 받고 쿠바로 망명한 모리스 핼퍼린은 군중 다수가 고기를 써는 큰 식칼과 마테체(중남미에서 쓰는 긴 칼 - 옮긴이)를 자랑스럽게 허리에 차고 있는 사실에 주목했다.

"쿠바인들은 백병전을 준비했다. 보이지 않는 적이 자신들을 잿더미로 만들 수 있다고는 전혀 생각지 못했다."[49]

카스트로가 보기에, 자신이 권력을 장악하는 과정은 권선징악 극이었다. 카스트로는 일련의 훨씬 더 강력한, 처음에는 내부의 적을, 나중에는 외부의 적을 상대하는 영웅이었다. 상대가 바티스타이건 케네디이건 상관없이 카스트로는 같은 태도를 보였다. 그것은 비타협적인 완고함이었다. 상대방보다 훨씬 약했던 카스트로는 나약함을 내비칠 여유가 없었다.

카스트로는 쿠바인들이 자신을 따르도록 강력한 자신감을 보여주어야 했다. 한때 제3세계 지도자 중 누군가는 카스트로가 앞으로 일어날 일을 마치 과거에 벌어진 일처럼 매우 확신에 차서 말한다고도 했다. 모든 것은 지도자의 의지에 달려 있었다. 이런 태도는 "쿠바 독립의 사도"로서 1895년 스페인과 싸우다가 전사한 호세 마르티에게서 배운 철학이었다. 권력을 잡은 피델 카스트로는 호세 마르티가 한 말 중 하나를 혁명 정권의 슬로건으로 만들어서 쿠바 전역에 있는 게시판에 붙였다.

불가능한 일은 없다. 무능력한 사람만 있을 뿐이다.

카스트로는 자신의 롤모델인 마르티처럼 자기 신념을 위해 기꺼이 죽을 생각이 있었고, 추종자들도 그러길 기대했다. "조국이 아니면 죽음을"이라는 말은 카스트로의 개인적 철학을 나타냈다. 혁명은 거의 확실하게 두 가지 결과만 가져오는 리스크가 큰 도박이었다. 카스트로의 전우이기도 했던 체 게바라가 말했듯이 "혁명이 벌어지면 이기거나 죽거나 둘 중 하나"이지 불필요한 위험을 감수한다는 의미가 아니었다. 한 번 주사위를 던질 때 멋지게 기꺼이 모든 것을 걸라는 의미였다. 그 과정에서 죽으면 마르티처럼 쿠바 역사에 선교자로 기록되고, 살아남으면 국가적인 영웅이 될 터였다.

카스트로가 이 위기의 다른 두 주인공과 차별화되는 점은 이런 갈 때까지 간다는 식의 태도였다. 케네디와 흐루쇼프는 각기 다른 방식으로 핵시대의 현실을 인식하고 핵전쟁이 승전국과 패전국 모두에 받아들일 수 없을 정도의 피해를 준다는 사실을 이해했다. 반면 카스트로는 기존의 정치적 계산에서 전혀 벗어나지 못했다. 그는 자존심이 지나치게 강한, 정치인답지 않은 정치인이었다. 아바나 주재 영국 대사 허버트 마찬트가 보기에 카스트로는 "주연 중의 주연"이자 "편집증이 있는 과대망상증 환자"였을 뿐 아니라 "깜짝 놀랄만한 인물"이자 "정열적이고 머릿속이 복잡한 천재"였다. 세 지도자 가운데 카스트로만이 특별한 임무를 위해 역사가 선택한 구세주적 야심을 가진 인물이었다.

카스트로는 1926년 오리엔테 주에 있는 사탕수수 농장에서 꽤 성공한 스페인 이주민의 세 번째 자녀로 태어났다. 7세 무렵 반항기가 있었던 그는 성질을 부리면서 기숙학교에 보내달라고 떼를 썼다. 산티아고데쿠바(줄여서 "산티아고"라고도 부른다 - 옮긴이)에 있는 예수회 수사의 교육을 받은 뒤에는 쿠바 최고의 명문 교육 기관인 아바나 대학을 다녔다. 대학생인 된 그는 시위를 조직하는 데 전념했다. 여기에는 1947년에 반정부 시위 중 고등학생이 사망한 사건 뒤에 벌어진 48시간 총파업도 포함된다.

카스트로 인생의 전환점은 1953년 7월 26일 추종자 123명과 함께 산티아고에 있는 몬카다 병영을 점령하는 시도였다. 대실패로 끝난 이 사건으로 무장과 병력에서 열세였던 반란군 대부분이 체포되었다. 카스트로는 이런 패배를 7·26 정치 운동이라는 건국 신화로 탈바꿈시키고 자신을 바티스타와 상대할 주요인물에 올려놓을 수 있었다. 또한 이 사건과 관련된 재판을 정부를 공격하고 더 많은 지지자를 끌어모으는 발판으로 삼았다.

"나를 처벌하라. 그건 중요하지 않다. 역사가 나를 사면할 것이다."

15년 형을 선고받은 카스트로는 2년도 채 지나지 않아서 사면을 받고 1955년 7월 멕시코로 떠났다. 1956년 11월 카스트로는 멕시코를 출발해 남부 오리엔테 해안선을 따라 이어진 높은 산맥인 시에라마에스트로 향하는 그란마Granma라는 이름의 요트에 오르면서 추종자 81명에게 말했다.

"우리는 자유를 얻거나 순교자가 될 것이다."

늘 그렇듯, 카스트로는 바티스타 타도라는 불가능해 보이는 목표에 대해 터무니없을 정도로 긍정적이었다.

"출발하면 도착할 것이다. 도착하면 들어갈 것이다. 들어가면 이길 것이다."

몇 주 뒤 카스트로는 기쁨에 차서 선언했다.

"우리가 전쟁에서 이겼다."

자신이 이끈 반란군이 여러 차례 벌어진 정부군의 매복 공격에서 살아남았지만, 추종자 단 7명과 이들이 지닌 무기밖에 없는 상황이었다.[50] 카스트로의 삶은 마르크스주의자가 계급 투쟁의 탁월함에 대해 뭐라고 하든 상관없이, 한 개인이 역사의 물줄기를 바꿀 수 있다는 점을 보여주었다. 소련식 공산주의보다 쿠바 민족주의와 더 관련이 있는 그의 역사관에서는 순교자와 영웅이 항상 중심 무대에 있었다.

카스트로는 수년간 미국과의 결전을 준비했다. 산악 지역에서 바티스타군과 싸울 때조차 언젠가는 미국을 상대로 "훨씬 더 크고 중요한 전쟁"에 착수할 것이라고 내다보았다.[51] 1958년 6월 5일, 반란군이 미국이 지원해 준 폭격기로 편성된 바티스타 공군의 공습을 받았다는 소식을 들은 카스트로가 측근이자 연인인 셀리아 산체스에게 보낸 편지에는 이런 내용이 있었다.

"이것이 나의 진짜 운명이 될 것이란 사실을 깨달았소."

미국을 상대로 결전을 치른다는 카스트로의 확신은 미국 정부가 쿠바의 진정한 독립을 결코 허용하지 않을 것이라는 믿음을 반영했다. 쿠바에 걸려 있는 정치적이고 경제적인 이익이 엄청났기 때문이었다. 카스트로를 포함한 쿠바인 다수의 시각에서 보면 미국-쿠바 관계는 이상주의로 포장된 제국주의 이야기였다. 미국이 스페인 식민주의자를 내쫓은 이유는 결과적으로 자신들이 새로운 점령 세력이 되기 위해서였다. 머지않아 미군이 철수하기는 해도, 미국은 유나이티드프루트 같은 다국적 기업을 통해 쿠바에 대한 강력한 경제적 지배력을 계속 유지했다.

물론 미국은 그런 간섭을 관대하게 보는 경향이 있었다. 시오도어 루스벨트와 마지막 쿠바 총독인 레오나드 우드는 자신을 쿠바라는 미성숙한 공화국이 정치적 안정성과 경제적인 근대성을 갖추도록 도와준 이타주의자로 여겼다. 레오나드 우드는 도로를 건설하고 하수 시설을 설치하는 것뿐 아니라 부패와 싸우고 민주적 선거 시스템을 마련하는 데 시간을 보냈다. 그것은 보람은 없고 힘들기만 한 일이었다. 한 공문서에서 우드는 이렇게 불평했다.

"우리는 최대한 서둘러 진행하고 있지만, 수백 년간 서서히 내리막길을 내려가고 있는 인종을 다루고 있음."[52]

제3장 쿠바인

카스트로는 케네디를 제국주의자인 테디 루스벨트와 똑같은 인물로 보았다. 케네디는 "무식하고 거만한 백만장자"일 뿐이었다.[53] 피그스만 침공 사건 뒤 미국이 훨씬 더 강력한 군사력을 동원해 재공격하는 것은 시간문제였다.

1962년 가을, 반미주의는 카스트로의 가장 강력한 정치적 카드였다. "경제 기획의 해"라고 선포한 시기가 "경제 파탄의 해"가 된 상황이었다. 경기가 급격하게 나빠졌다. 부분적으로는 미국의 통상 금지 조치와 중산층의 도피가 원인이었지만, 주된 이유는 경제 정책이 실패했기 때문이었다. 중앙 기획과 강압적인 산업화라는 소련식 경제 모델을 따라 했던 시도는 만성적인 결핍을 초래했다.

쿠바 전체 수출 이익의 5분의 4가 넘는 사탕수수 수확은 전년 대비 30퍼센트 감소해 5백만 톤도 되지 않았다.[54] 1962년 6월에는 쿠바 서부에서 식량 문제로 폭동이 일어났다. 농민들은 농작물 거두고도 국가에 헌납하지 않고 밭에서 썩게 방치했다. 국가가 운영하는 상점에는 사실상 살 물건이 없어 암시장이 성행했다. 그사이 경제적 독립을 뽐내기 위해 보여주기식 계획에 돈을 쏟아부었다. 가장 잘 알려진 사례가 소련의 지원을 받아 건설한 연필 공장이었다. 결과적으로 나무와 흑연 같은 원자재를 수입해서 자체적으로 생산하는 것보다 이미 만들어진 연필을 수입하는 편이 더 경제적인 것으로 드러났다.

카스트로의 문제는 경제만이 아니었다. 정치도 문제였다. 카스트로군은 쿠바 중부에 있는 에스캄브라이 산맥에서 반혁명 세력을 상대로 여전히 게릴라전을 치르고 있었다. 그해 초 정통 공산주의자들의 도전을 물리쳤고, 공산주의 지도자인 아니발 에스칼란테를 쿠바에서 내쫓아 프라하에 망명하게 했다.

"파벌주의"에 대한 카스트로의 비난은 공산당에 대한 철저한 숙청

으로 이어졌고 당원 6000명 중 2000명이 제거됐다.[55]

이상주의자 카스트로에게는 현실적인 면도 있었다. 국내에서 궁지에 몰린 카스트로는 아무리 경제적·정치적인 불만이 있더라도 대부분의 쿠바인이 국가의 독립 문제에 관한 한 여전히 자신을 지지한다는 사실을 꿰뚫어 보았다. 추방 세력의 추가적인 소규모 침공이나 미국을 등에 업은 게릴라들의 반란은 대처할 수 있다는 확신이 있었다. 하지만 미국의 전면적인 침공을 막아낼 수 없다는 사실도 알았다. 1962년 7월에 열린 몬카다 병영 습격 9주년 기념식에서 카스트로는 지지자들에게 "제국주의자의 직접적인 도발"이 쿠바 혁명의 "결정적 위협"이라고 말했다.

이런 위험에 대응하는 유일하게 효과적인 방법은 다른 초강대국과 군사 동맹을 맺는 것이었다. 1962년 5월 흐루쇼프가 쿠바에 미사일을 지원하겠다는 의견을 처음 꺼냈을 때, 쿠바 전문가들은 카스트로가 동의하지 않을 것으로 예상했다.[56] 나머지 라틴아메리카 국가에서 자신의 평판을 떨어트릴지도 모르는 행동은 하지 않으리라고 판단한 것이었다. 하지만 카스트로는 소련의 제안을 주저 없이 받아들였고, 이 같은 합의를 필사적인 행동이라기보다 사회주의 진영과의 "연대 행위"로 보라고 주장했다. 국가의 품격을 지키는 일은 매우 중요했다.

카스트로는 미사일 배치를 공개적으로 선언하는 방안을 선호했지만, 미사일이 전부 배치될 때까지 비밀을 유지하자는 흐루쇼프의 주장에 마지못해 동의했다. 애초에 이 계획은 카스트로와 카스트로의 최측근 네 명만 알고 있었으나, 시간이 지날수록 더 널리 알려지게 되었다. 카스트로를 비롯해서 말 많은 쿠바인들은 미사일의 존재에 대해 다른 나라에 알리고 싶어 입이 근질근질했다. 9월 9일 R-12 미사일을 실은 소련 화물선인 옴스크호가 쿠바 중남부의 카실다 항에 정박한 당일, 한

CIA 스파이는 카스트로의 개인 조종사가 하는 말을 엿들었다. 쿠바가 "중거리 로켓 수송 장비 다수"를 보유하고 있고 "상대방은 앞으로 무슨 일이 있을지 모르고 있다"는 주장이었다.[57] 사흘이 지난 9월 12일, 〈레볼루시온〉은 다음과 같은 내용의 위협적인 헤드라인을 엄청 큰 글씨로 인쇄해 기사 1면 전체를 할애했다.

미국이 쿠바를 침공하면
로켓으로 날려버릴 것이다.

10월 8일 오스발도 도르티코스 쿠바 대통령은 유엔에서 거의 비밀을 누설하다시피 했다. 쿠바가 "필요 없었으면 했고, 사용하지 않았으면 하는 무기"를 보유하고 있으며, 양키의 공격이 "새로운 세계대전"을 초래할 것이라고 장담한 것이다. 카스트로는 도르티코스 대통령이 귀국하자마자 호들갑스럽게 맞이해 주었다. 카스트로도 미국을 상대로 한 새롭고 가공할만한 보복 수단의 존재에 대해 암시한 적이 있었다. 카스트로는 이렇게 결론을 내렸다. 미국은 쿠바 침공에 나설 수는 있지만 "끝낼 수는 없을 것이다." 10월 중순 쿠바의 한 고위직 관리는 사석에서 쿠바를 방문한 영국 기자에게 "쿠바 영토 내에 플로리다를 포함한 미국 본토를 공격하기 충분한 장거리 미사일"이 있다고 말했다.[58] 또한 해당 미사일을 "소련군이 운용"하고 있다는 말도 덧붙였다.

돌이켜보면 미국 정보기관이 이런 모든 정보를 입수해서 소련이 쿠바에 핵미사일을 배치했을 가능성이 농후하다고 좀 더 일찍 결론 내리지 않은 것은 물론 놀라운 사실이다. 그러나 이 당시 CIA 분석관들은 이런 정보를 쿠바인들의 전형적인 허풍으로 치부했다.

카스트로가 쿠바인들을 상대로 열변을 토하는 사이 체 게바라는 시에라델로사리오에서 이틀째 밤을 보낼 준비를 하고 있었다. 전날 저녁 여러 대의 지프와 트럭과 함께 산에 있는 아지트에 도착한 체 게바라는 이 지역 군 지휘관과 함께 방어 준비를 하는 데 하루를 보냈다. 미군이 침공하는 경우 쿠바 서부의 산과 계곡을 카스트로의 말처럼 "테르모필레의 고개"처럼 잔혹한 죽음의 덫으로 바꿔놓을 계획이었다.[59]

200명으로 편성된 정예 병력 중 다수는 혁명전쟁 당시 체 게바라가 이 지역에 진군할 때 동참했던 오랜 동지였다. 전설적인 게릴라전 지도자인 체 게바라는 마호가니와 유칼립투스 나무 사이에 숨겨진, 미로 같은 동굴을 군 사령부로 선택했다.

급류에 깎인 부드러운 석회암 지대인 라쿠에바데로스포르탈레스la Cueva de los Portales는 빽빽이 들어선 방과 복도로 둘러싸인 아치형 네이브(교회나 성당에서 중앙 회랑에 해당하는 중심부 - 옮긴이)를 갖춘 고딕 양식의 성당을 닮았다.[60] 소련군 연락 장교는 무전기와 유선 전화를 포함한 통신 시스템을 설치하느라 바쁘게 움직였다.

쿠바 북부와 남부 해안 사이 중간쯤, 산디에고 강의 수원 근처에 위치한 라쿠에바데로스포르탈레스는 전략적 가치가 있는 산 고개를 차지하고 있었다. 강을 따라 남쪽으로 16킬로미터를 내려가면 소련 미사일 기지 중 한 곳에 다다랐다. 체 게바라는 소련군이 이 지역에 크루즈 핵미사일 수십여 기를 배치한 사실을 알고 있었다. 양키들의 침략을 상대로 최종 방어선 역할을 할 무기였다.

43세의 아르헨티나 출신의 의사였던 체 게바라는 지난 수십 년간 라틴아메리카를 돌아다니며 혁명 투쟁을 벌였다. ('체'는 체 게바라가 친구나 동지를 의미하는 아르헨티나 말을 자주 사용해서 얻은 별명이었다.) 1955년의 어느 쌀쌀한 밤 멕시코시티에서 카스트로를 처음 만난 그는, 금방 카스트로에게 매료되어 일기장에 카스트로가 "특별한 인물이다. (…) 지적이고 자기 확신이 매우 강하며 놀랄 만큼 대담하다"고 평했다.[61] 이날 새벽쯤, 카스트로는 체 게바라에게 함께 배를 타고 쿠바로 가 혁명에 동참해달라고 설득했다.

체 게바라는 카스트로가 동생인 라울을 제외하면 100퍼센트 신뢰하는 극소수의 사람 중 한 명이었다. 카스트로는 아르헨티나 출신인 체 게바라가 자신을 대신해 쿠바 지도자가 될 생각을 절대 할 수 없다는 것을 알았다. 결국 피델, 라울, 체 게바라는 쿠바를 통치하는 3인방이 되었다. 나머지 다른 사람은 의심의 대상이 되거나 없어도 상관이 없었다.

혁명이 성공한 뒤, 카스트로는 군에 대한 일상적인 통제를 라울에게 맡기고 경제는 체 게바라에게 맡겼다. 산업부 장관으로서 체 게바라는 19세기 마르크스 이론을 곧이곧대로 적용해 경제를 망쳤다. 체 게바라는 과거 라틴아메리카 전역을 여행한 경험을 통해 유나이티드프루트 같은 기업의 사악한 면을 알고 있었다. 체 게바라는 기회가 주어진다면 "광범위하고 강력한 지배력을 지닌 자본주의자"를 뿌리 뽑겠다며 "우리의 오랜, 아주 애석한 스탈린 동지"의 초상 앞에서 맹세했다.[62] 체 게바라가 꿈꾸는 세상에서는 이윤이 동기가 되거나 어떤 종류의 금융 거래도 있을 수 없었다.

체 게바라의 한 가지 장점은 행동하는 이상주의자라는 사실이었다. 모든 쿠바 지도자 중 혁명의 모순, 엄숙함, 이상주의적 경향, 열광, 형제애를 가장 잘 집약한 인물이 다름 아닌 체 게바라였다. 그는 규율을 강요하는 사람인 동시에 몽상가이기도 했다. 마르크스 사상에 대한 체 게바라의 애착에는 온정주의적인 측면이 컸다. 자신을 비롯한 지식인들이 민중에 가장 좋은 것이 무엇인지 알고 있다고 확신했다. 동시에 자기 분석을 냉정하게 할 수도 있었다.

게릴라 전략가로서의 역할은 정부 관료들이 원했다기보다 체 게바라 스스로 더 원한 일이었다. 체 게바라는 바티스타를 상대로 거둔 승리의 주역 중 한 명이었다. 산타클라라에서 정부 무기를 수송하는 열차를 탈취했는데, 이 전투는 혁명전쟁의 결정적인 사건이었다. 미국의 실패로 돌아간 피그스 만 침공 당시, 카스트로는 체 게바라에게 쿠바 서부 방위를 맡겼고 쿠바 미사일 위기 때도 비슷한 임무를 맡겼다.

카스트로와 마찬가지로 체 게바라도 미국과의 군사적 충돌이 거의 불가피하다고 생각했다. 젊은 혁명가였던 그는 과테말라에서 1954년 하코보 아르벤스가 이끈 좌파 정부를 상대로 CIA를 등에 업은 쿠데타가 벌어진 일을 목격했고, 그런 경험에서 다음과 같은 중요한 교훈을 많이 얻었다. 첫째, 미국 정부는 라틴아메리카에서 사회주의 정부를 절대로 허용하지 않는다. 둘째, 아르벤스 정부는 "제국주의 첩자", 특히 언론에 "지나치게 많은 자유"를 허락하는 치명적인 실수를 저질렀다.[63] 셋째, 아르벤스는 무장한 시민군을 창설하고 게릴라전을 벌여서 자신을 스스로 방어해야 했다.

카스트로의 지시에 따라 체 게바라는 그 순간 바로 이런 교훈에 걸맞게 준비하고 있었다. 미국이 쿠바 도시를 점령하면, 쿠바 수비대는 동맹국인 소련의 지원을 받아서 게릴라전을 벌일 예정이었다. 곳곳에 무기를 숨겨두었다. 카스트로는 병력의 절반을 예비 전력으로 남겨두었다.[64] 이런 병력 대다수는 쿠바 최정예 사단으로, 미사일 기지 대부분이 있고 미군의 상륙이 예상되는 쿠바 서부의 방어 임무를 맡았다. 쿠바 전역이 스탈린그라드와 같은 참혹한 전장이 될 수 있었지만, 쿠바군 저항의 핵심은 피나르델리오에 있는 여러 핵미사일 기지였다. 그리고 그 중심에 체 게바라가 있었다.

〈프라우다〉지 아바나 특파원인 티무르 가이다르는 과거 힐튼 호텔이었지만 쿠바 미사일 위기 당시 아바나 리브레 호텔로 이름이 바뀐 곳에서 모스크바로 보낼 기사를 쓸 준비를 했다.[65] 그때 갑자기 한 젊은 이가 나타났다. 소련 문학계의 무서운 신예인 예브게니 옙투셴코였다. 시인인 예브게니 옙투셴코는 아바나에서 일종의 호화로운 망명 생활을 하면서 〈내 이름은 쿠바〉라는 제목의 쿠바 혁명에 관한 선전 영화를 만들고 있었다. 교묘하게 흐루쇼프의 환심을 사려고 애를 쓰는 것이었다.

"모스크바에서 연락 왔습니까?"[66]

"기다리는 중입니다. 곧 연락하겠죠."

"잘됐군요. 늦은 줄 알고 걱정했습니다. 밤새 쓰고 있어요."

카스트로가 연설할 때 방송국 스튜디오에 있었던 옙투셴코는 지난 몇 시간 동안 카스트로 연설에 대한 생각을 정리했다. 흐루쇼프가 카스트로에게 끌리는 이유를 옙투셴코는 잘 이해했다. 자신도 반쯤 매혹되었기 때문이었다.

연설을 들은 뒤 예브게니 옙투셴코는 피델 카스트로의 모든 것을 용서할 마음이 생겼다. 식료품 가게에 식초와 양배추밖에 없다고 한들, 창녀촌을 폐쇄하고 문맹을 끝내겠다고 선언한들 무슨 상관이랴? 옙투셴코는 다윗 쿠바와 골리앗 미국과의 싸움에서 자신이 어느 편인지 알고 있었다.

옙투셴코는 모스크바의 연락을 기다리는 동안 방안에서 서성거리면서 직접 쓴 시를 낭독했다. 얼마 안 가 이 시는 〈프라우다〉 1면에 대서특필되었다.

아메리카여, 쿠바에서 내가 너를 기다리고 있다.
휘몰아치는 폭풍을 지나
오늘 밤 긴장한 초병의 광대뼈와 절벽이
걱정스럽게 빛나는 쿠바에서 (…)

권총을 든 담배 공장 노동자는 항구로 향하네.
구두 수선공은 낡아빠진 기관총을 닦고,
군화를 신은 쇼걸은 보초를 서기 위해
목수와 함께 행진하네. (…)

아메리카여, 네게 쉬운 말로 묻겠다.
쿠바인들이 무기를 들게 해놓고
그렇게 했다고 비난하다니
부끄럽고 위선적이지 않은가?

카스트로의 연설을 들었네.
그는 의사나 검사처럼 상황을 정리했네.
카스트로의 연설에는 원한이 담겨 있지 않네.
풍자와 비난만이 있네. (…)

아메리카여, 위엄을 되찾기는 어려울 것이다.
장님놀이를 하느라 그것을 상실했으므로
그동안 꿋꿋이 버티는 작은 섬은
위대한 나라가 된다네!

제3장 쿠바인

1962년 10월 29일 백악관 각료회의실에서 진행된 엑스콤 회의. 성조기 바로 아래 로버트 맥나마라를 시작으로 시계 방향으로 로스웰 길패트릭, 맥스웰 테일러, 폴 니체, 도널드 윌슨, 시어도어 소렌슨, 맥조지 번디(가렸음), 더글러스 딜런, 린든 존슨(가렸음), 로버트 케네디, 루엘린 톰슨, 윌리엄 포스터, 존 매콘(가렸음), 조지 볼, 딘 러스크, 존 케네디 순으로 앉았다. [JFKL(케네디 대통령 도서관)]

1962년 10월 백악관 웨스트윙에서 대화를 주고받는 케네디 형제. [JFKL]

1961년 6월 오스트리아 빈에서 만난 흐루쇼프와 케네디. [USIA-NARA(미국공보처-국립문서기록관리청)]

1960년 9월 뉴욕 할렘에서 포옹하는 흐루쇼프와 카스트로. [USIA-NARA]

1962년 미사일 위기 당시 엘치코에서 소련군 현지 사령관인 이사 플리예프를 만난 피델 카스트로. [MAVI(소련 국제주의자투사지역간협회)]

1962년 11월 쿠바를 방문한 아나스타스 미코얀과 카스트로. 미코얀 뒤로 쿠바 주재 소련 대사 알렉산드르 알렉세예프가 서 있다. [USIA-NARA]

플로리다 주 키웨스트에서 정비요원이 쿠바 임무에 투입될 미 해군 RF-8 크루세이더를 점검하고 있다. 기체 하부에 전방 사진 촬영 장비가 보인다. [USNHC(미해군역사센터)]

첫 저공 정찰 비행을 지휘한 윌리엄 에커 해군 비행대장(왼쪽)이 존 허드슨 해병대 대위와 악수하고 있다. 배경에 보이는 항공기 기체에는 피델 카스트로와 쿠바 임무에 성공할 때마다 추가하는 닭이 그려져 있다. [USNHC]

조립식 건축자재

10월 23일 화요일 블루문 8003 임무에서 윌리엄 에커가 전방 카메라로 촬영한 산크리스토발 MRBM 1번 기지. 건설 중인 핵탄두 벙커가 보인다. [NARA]

미사일 기립장치

미사일 보관 천막

연료 주입 차량

산화제 차량

핵탄두 수송밴

블루문 8003 임무에서 촬영된 산크리스토발 MRBM 1번 기지. [NARA]

10월 25일 목요일 아들라이 스티븐슨 대사가 유엔 안보리에서 미사일 기지를 촬영한 사진을 보여주며 설전을 벌이고 있다.[UN]

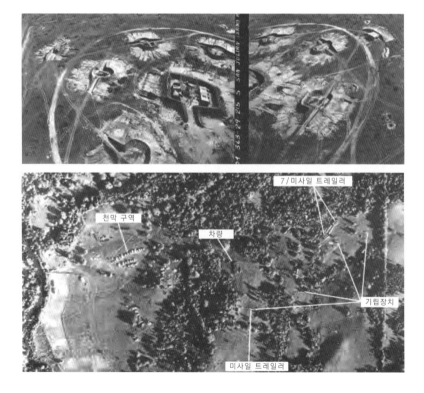

작업용 크레인

기립장치 및 발사대

미사일 준비 건물

기립장치 및 발사대

산화제 차량

연료 주입 차량

10월 23일 화요일 촬영된 사과라그란데 MRBM 2번 기지. [NARA]

오른쪽: 사과라그란데 인근의 R-12 MRBM 연대를 지휘한 이반 시도로프 대령. [MAVI]

왼쪽 상단: 공군이 촬영한 쿠바 서부 산훌리안 SAM 기지. 레이더와 화력통제밴이 참호가 구축되고 위장된 미사일 진지로 둘러싸여 있다. [NARA]

왼쪽 하단: 10월 14일 일요일 리처드 하이저 소령이 촬영해서 케네디 대통령에게 보고한 U-2 사진. 소련이 쿠바에 준중거리 미사일을 배치한 사실을 처음 알게 해준 이 사진은 10월 23일 에커가 저공 정찰기로 촬영하기도 했던 산크리스토발 MRBM 1번 기지를 보여준다. [NARA]

10월 25일 목요일 블루문 임무 5010을 위해 쿠바 중부에 투입된 미 해군 RF-8 크루세이더. [NARA/최초 공개]

11월 1일 미사일 기지 해체를 확인하기 위해 쿠바 영공에 진입하는 미 공군 RF-101.
[NARA/최초 공개]

제4장

"눈싸움"

Eyeball to Eyeball

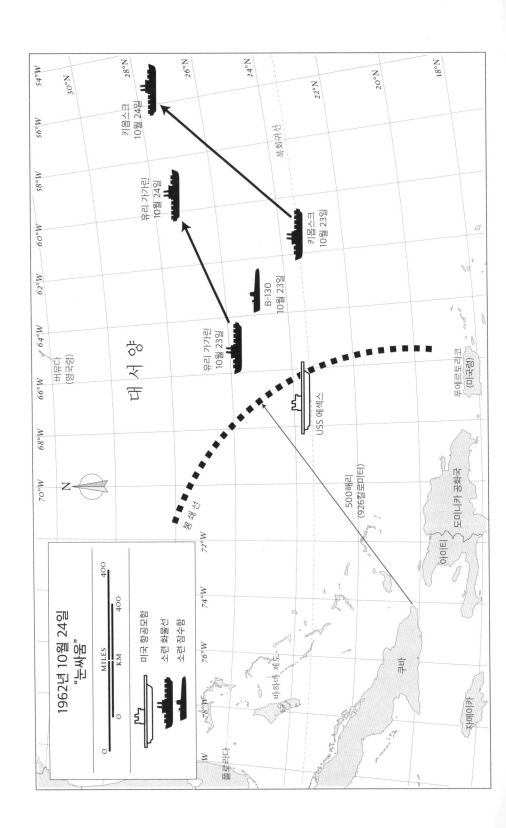

1962년 10월 24일
"눈싸움"

MILES
0   400
KM
0   400

미국 항공모함
소련 화물선
소련 잠수함

대서양

버뮤다
(영국령)

키몹스크
10월 24일

유리 가가린
10월 24일

키몹스크
10월 23일

B-130
10월 23일

유리 가가린
10월 23일

USS 에섹스

봉쇄선

N

500해리
(926킬로미터)

푸에르토리코
(미국령)

도미니카 공화국

아이티

쿠바

바하마 제도

플로리다

자메이카

북회귀선

54°W
56°W
58°W
60°W
62°W
64°W
66°W
68°W
70°W
72°W
74°W
76°W
78°W

30°N
28°N
26°N
24°N
22°N
20°N
18°N

1962년 10월 24일 수요일 오전 8:00(모스크바 오후 3:00)

심각한 국제 위기가 벌어졌어도 니키타 흐루쇼프는 인민들과 직접 대
화할 필요가 없다고 생각했다. 옥수수밭을 거닐거나 허공에 주먹을 흔
드는 모습을 촬영하도록 허용했던 그는, 소련 지도자 중 가장 친화력이
있는 인물이긴 해도 여론은 상대적으로 사소한 문제였다. 흐루쇼프는
케네디처럼 중간 선거를 치를 필요가 없었다. 카스트로처럼 침공 반대
집회를 열 필요도 없었다.

흐루쇼프는 아무 일 없는 듯 평소처럼 행동하려 했다. 전날 저녁 흐
루쇼프를 포함한 소련 지도부는 미국인 베이스 가수 제롬 하인스가 나
오는 오페라 〈보리스 고두노프Boris Godunov〉를 관람하기 위해 볼쇼이
극장에 갔고, 공연 뒤 제롬 하인스와 함께 샴페인을 마셨다.[1] 가장 최근
에 흐루쇼프를 방문한 사람은 웨스팅하우스 일렉트릭 인터네셔널 사
의 윌리엄 녹스 사장이었다.

윌리엄 녹스는 소련과 계약 가능성을 타진하기 위해 모스크바에 있
었다. 녹스는 소련에 대해 아는 것이 거의 없었다. 흐루쇼프의 크렘린
집무실 벽에 걸린 수염이 무성한 위인의 초상화를 보고 누구냐고 질문
하기도 했다. 놀란 흐루쇼프 서기장이 답했다.

"왜 그러시오. 그분은 공산주의의 아버지인 칼 마르크스라오."[2]

이틀 전 녹스는 요란한 군용 차량 소음과 크렘린 맞은편에 있는 자
신의 호텔방에 비친 눈부신 탐조등 때문에 깊은 잠에서 깼다. 나중 녹
스는 이렇게 회고했다.

"눈 앞에 펼쳐진 광경을 믿기 어려웠다. 병력과 전차, 장갑차, 최소
30미터 길이의 각종 미사일, 지프, 대포 등이 붉은광장을 가득 메웠다.
무슨 일인지 전혀 이해되지 않았다."

녹스는 다음 날 아침이 되어서야 전날 밤 훈련이 11월 7일 혁명 기

념일 퍼레이드 준비의 일환이라는 사실을 알게 되었다. 전기 회사 사장에게 초강대국의 밀사 역할을 맡긴 것은 특이한 결정이었다. 녹스는 미국 지배층에 대한 소련의 선입관을 제대로 구현했다. 마르크스 사상에 투철한 흐루쇼프는 막후에서 꼭두각시 인형을 조종하듯, 기업의 CEO가 실제로 미국 정부를 운영한다고 믿었다. 유명 자본가가 모스크바에 왔다는 소식을 들은 흐루쇼프는 그 말을 듣고 한 시간도 지나지 않아서 녹스를 크렘린으로 불러들였다.

흐루쇼프가 녹스를 통해 미국에 전하려는 메시지는 자신의 의지가 확고하다는 점이었다. 흐루쇼프는 소련이 쿠바에 핵무장 탄도미사일을 배치한 사실을 처음으로 인정했지만, 그 이유가 "방어" 목적일 뿐이라고 주장했다. 무기를 보유한 사람의 동기가 모든 것을 좌우한다는 주장이었다.

"내가 이렇게 공격하려고 권총을 겨눈다면, 이 권총은 공격용이오. 하지만 상대방의 공격으로부터 나를 보호하기 위해 겨눈다면 그건 방어용이오. 그렇지 않소?"[3]

니키다 흐루쇼프는 쿠바인들이 "변덕스러운 인민"이란 점을 이해하고, 이 때문에 쿠바 주둔 소련군이 미사일에 대한 통제를 계속 유지할 예정이라고 했다. 쿠바에 MRBM이 있다는 사실을 확인해 주면서 넌지시 단거리 크루즈 미사일의 존재도 언급했다. 어떤 무기를 쿠바에 배치했는지 정말 알고 싶다면, 케네디가 침공 명령만 내리면 곧장 드러날 터였다. 관타나모 기지는 "첫날 제거될 것"이었다.[4] 흐루쇼프가 녹스에게 말했다.

"나는 인류를 멸망시키는 데 관심이 없소. 하지만 우리가 모두 지옥에서 만나길 원한다면, 그건 미국에 달려 있소."

흐루쇼프는 자신이 좋아하는 일화를 들려주었다. 형편이 어려워진 뒤 염소와 함께 살게 된 사람에 관한 이야기였다. 이야기 속 인물은 염소 냄새가 싫어도 결국 거기에 익숙해졌다. 러시아인들은 오랫동안 터키, 그리스, 스페인처럼 나토 동맹국이라는 "염소"와 함께 살았다. 이제 미국인들이 쿠바에 있는 염소에 적응해야 한다.

"그게 달갑지 않고 싫겠지만 적응하게 될 것이오."

1962년 10월 24일 수요일 오전 10:00

백악관에서는 평소처럼 존 매콘 CIA 국장의 정보 브리핑과 함께 아침 회의가 시작되었다. 동료들은 이 의식을 "감사 기도"라고 했다.[5] 신앙심이 깊은 매콘 국장이 원고를 단조롭게 읽듯이 브리핑을 했기 때문이었다. 최근 입수된 정보에 따르면 소련 선박 22척이 쿠바로 향하고 있고, 미사일을 싣고 있다고 의심되는 선박 여러 척이 포함되어 있었다. 선박 다수는 본국으로부터 긴급 무선 메시지를 받았는데, 암호화되어 내용을 알 수는 없었다.

맥나마라 국방부 장관은 키몹스크와 유리 가가린이라는 두 선박이 쿠바 동쪽 끝에서 반경 약 900킬로미터에 위치한 격리선으로 접근하고 있다고 보고했다. 두 선박 사이에는 소련 잠수함 한 척이 배치되었다. 미 해군은 구축함으로 키몹스크호를 봉쇄하고, 그사이 항공모함에서 출격한 헬리콥터가 잠수함을 따돌릴 작정이었다. 핀란드에서 건조된 키몹스크호는 일반 선박과 달리 30미터짜리 화물 해치를 갖추고 있었다. 원래는 목재 운송용으로 설계되었지만 미사일 수송용으로도 적합했다. 앤더슨 제독이 선포한 교전규칙에 따르면 미 해군은 지시에 응하지 않는 소련 선박을 격침시킬 수 있었다.

국방부 장관 보고 도중 매콘 CIA 국장이 끼어들었다.

"각하, 방금 보고받은 메시지가 있습니다. 방금 들어온 정보입니다. … 현재 쿠바 해역에서 식별된 소련 선박 6척 모두가, 정확히 무슨 의미인지 모르겠지만, 멈춰섰거나 방향을 틀었다고 합니다."

회의 테이블 주변에서 왁자지껄한 소리와 "휴우!"하는 안도의 한숨이 나왔다. 러스크 국무부 장관은 어느새 안도감을 억누르고 말했다.

"무슨 의미입니까? '쿠바 해역'이라뇨?"

"지금으로선 저도 잘 모르겠습니다."

케네디는 방향을 튼 선박이 쿠바에서 출항했는지 쿠바로 향하던 선박인지 물었다. 매콘은 답하지 못했다. 매콘이 정보를 확인하기 위해 회의실을 나서는 동안 러스크 국무부 장관이 무뚝뚝하게 중얼거렸다.

"다른 정보를 가져와 봐요."

국부무 장관의 말은 초조함이 섞인 웃음이 터져 나오게 했다. 번디가 덧붙였다.

"그러셔야죠."

케네디는 이번 위기의 첫 충돌에 소련 잠수함이 포함될지도 모른다는 생각에 걱정이 되었다. 소련 잠수함이 "우리 구축함을 격침"하면 미 해군이 어떻게 대응할지 알고 싶었다. 맥나마라 국방부 장관은 여기에 직접적으로 답하지 않고, 해군이 소련 잠수함을 수면 위로 부상시키기 위해 연습용 폭뢰를 사용할 예정이라고 보고했다. 연습용 폭뢰로 잠수함을 맞추더라도 아무런 피해가 가지는 않았다.

각료회의실 반대편에서 자기 형이 손을 얼굴로 가져가 입을 막고 있는 모습을 본 바비 케네디는 그 순간을 이렇게 회고했다.

케네디 대통령은 주먹을 쥐었다 폈다 했다. 얼굴이 굳어 보였고, 근심 가득한 눈은 거의 창백했다. 우리는 테이블을 사이에 두고 서로를 쳐다보았다. 아주 잠깐 마치 회의장에 아무도 없고 케네디 대통령은 더 이상 내가 알던 대통령이 아닌 것처럼 보였다.[6]

갑자기 바비는 잭이 결장염에 걸려 거의 죽을 뻔했을 때와 맏형인 조 케네디가 항공기 사고로 죽었을 때, 케네디 부부의 첫 아이가 유산되었을 때처럼 가족으로서 형제가 겪은 힘든 시기를 떠올렸다. 바비는 형이 잠수함 공격을 늦출 수 없냐고 물을 때까지 사람들의 목소리가 전부 들릴락 말락 했다.

"소련 잠수함을 첫 공격 대상으로 삼지 않았으면 합니다. 상선이 훨씬 낫다고 봅니다."

맥나마라는 동의하지 않았다. 그는 현장에 있는 지휘관에게 간섭하다가 미국 군함을 잃을 수 있다고 단호하게 말했다. 잠수함을 "압박해서 다른 곳으로 내몰고" 그다음에 "봉쇄를 시행"할 계획이었다. 케네디는 미심쩍어하면서도 한발 물러섰다.

"좋습니다. 그렇게 합시다."

백악관에서 1킬로미터도 떨어지지 않은 소련 대사관에서는 외교관들이 라디오와 텔레비전 주변에 몰려들었다. 다른 사람들만큼이나 이들 역시 크렘린의 의도에 대해 아는 것이 없었다. 사람들은 소련 선박이 미국 군함과 마주칠 때까지 시시각각 바다에 그어진 가상의 선으로 접근하고 있다는 방송 보도를 들었다. 긴장감이 고조되었다. 나중에 도브리닌은 10월 24일이 "주미 대사로 일했던 긴 근무 기간 중 가장 기억에 남는 날이었을 것"이라고 했다.[7]

뉴욕 증권 거래소에서는 거래가 정신없이 이루어졌고 주가가 널뛰기를 했다. 화요일에는 주가가 급락했다. 수요일 아침 무렵에는 여름 최고가 대비 10퍼센트가 떨어졌다. 금값은 올랐다. 〈뉴욕타임스〉는 앨런 그린스펀이라는 젊은 경제학자의 발언을 보도했다. 위기가 장기간 계속된다면 "엄청난 불확실성"이 나타날 가능성이 크다는 말이었다.[8]

핵전쟁으로 인한 종말의 두려움은 미국 대중문화에도 스며들었다. 맨해튼의 그리니치빌리지에서 밥 딜런이라는 헝클어진 머리의 음유시인은 스프링 제본 노트에 〈어 하드 레인즈 고나 폴 A Hard Rain's Gonna Fall〉이란 노래의 가사를 쓰느라 밤을 지새웠다. 그는 "죽음의 느낌"을 담아내길 원했다. 밥 딜런은 갑자기 종말의 이미지를 떠올렸다. 살아남아 또 다른 노래를 쓸 수 있을 거라고 확신하지 못한 그는 "가능한 한 최고의 곡을 뽑아내길 원했다"고 회고했다.

미공개된 또 다른 곡에는 "세상이 끝나버릴 것이라고 여긴 끔찍한 밤"과 다음날 새벽에 제3차 세계대전이 발발할 수 있다는 두려움을 담았다. 한 인터뷰에서 그는 "사람들이 둘러앉아 이게 끝인지 궁금해했고, 나도 그랬다"고 말했다.[9]

"무슨 말이랍니까?"

매콘이 각료회의실로 돌아오는 동안 케네디 대통령이 조바심을 내며 물었다.

"전부 서쪽으로 가는, 쿠바행 선박입니다. 해당 선박들이 항해를 멈췄거나 방향을 바꿨습니다."

"어디서 들었습니까?"

"ONI(Office of Naval Intelligence : 해군정보국)입니다. 지금 각하께 보고될 겁니다."

소련 선박이 방향을 틀었거나 바다에서 멈춰 섰다는 소식은 엑스콤 자문위원들을 크게 안도하게 했다. 여러 시간 긴장이 고조된 뒤, 희미하게나마 희망의 빛이 보였다. 에섹스호가 이끄는 항공모함전단에는 키몹스크호와 키몹스크호를 호위하는 잠수함을 봉쇄하라는 명령이 떨어진 상태였다. 봉쇄는 워싱턴 시간으로 오전 10시 30분에서 11시 사이에 이루어질 예정이었다. 불과 몇 분밖에 여유가 없다고 판단한 케네디는 봉쇄 명령을 취소했다.

느닷없이 딘 러스크 국무부 장관은 어린 시절 조지아에서 60센티미터 떨어진 채 서로 상대방의 눈을 빤히 쳐다보는 게임이 생각났다. 먼저 눈을 깜빡이는 쪽이 지는 게임이었다. 러스크가 동료들에게 말했다.

"서로 눈싸움을 벌이다 방금 상대방이 눈을 깜박거린 것 같군요."[10]

나중에 바비 케네디는 이렇게 회고했다.

회의가 단조롭게 진행되었다. 하지만 참석자 모두가 다른 사람처럼 보였다. 잠시 지구가 멈춰 섰다가 이제 다시 돌아갔다.[11]

에섹스호에는 이런 명령이 떨어졌다.

"대통령 비밀 명령이다. 선박을 멈춰 세워 승선하지는 말라. 계속 감시하라."[12]

사실 그런 조치를 하는 것은 불가능했다. 이 명령이 하달되었을 때 키몹스크호는 에섹스호에서 약 1300킬로미터 떨어져 있었다.[13] 유리 가가린호는 800킬로미터 이상 떨어져 있었다. 두 "관심 선박"은 전날 본국으로부터 긴급 메시지를 받은 직후 이미 방향을 돌린 상태였다.

케네디와 흐루쇼프의 팽팽한 기 싸움에서 마지막 순간에 소련 선박이 방향을 틀었다는 오해는 수십 년간 이어졌다. "눈싸움"이라는 이미지는 정치적으로 케네디 형제에게 득이 되었다. 역사적이고 결정적인 순간에 두 사람이 보여준 용기와 냉정함을 돋보이게 한 것이다. 처음에

CIA도 헷갈렸다. 매콘 CIA 국장은 오전 10시 35분 봉쇄를 시도하는 동안 키몹스크호가 "해군 함정과 마주쳤을 때 방향을 틀었다"고 오해했다.[14] 언론도 소련 선박이 "해상에서 멈춰"섰고 격리선에서 가까스로 충돌을 피했다는 이야기를 필요 이상으로 강조했다. 나중에 정보 분석관들이 실제로 벌어진 상황을 규명했을 때, 백악관은 역사 기록을 고치지 않았다. 바비 케네디와 아서 슐레진저 2세는 "격리선 끝"에서 소련 선박과 미국 함정이 불과 "몇 마일" 떨어져 대치한 상황을 설명했다.[15] 로버트 케네디의 『13일』과 〈D-13〉 같은 대중적인 책과 영화, 『결정의 본질』과 『대단한 도박 One Hell of a Gamble』같이 이 사건을 다룬 권위 있는 작품이 이런 신화를 확산시켰다.

소련 선박의 항적을 표시하는 작업은 상당 부분 추측에 의존해야 하기 때문에 정확성이 떨어졌다. 가끔 미국 군함이나 정찰기가 육안으로 선박을 확인하기도 했지만, 대개 방향탐지라고 알려진 제2차 세계대전 때부터 사용된 기술을 통해 선박 위치를 파악했다. 배가 무선 메시지를 보낼 때 미 해군은 미국 동북부의 메인 주에서부터 플로리다 주, 스코틀랜드까지 세계 곳곳에 설치한 안테나로 신호를 수집했다. 이런 데이터는 워싱턴 D.C. 남부의 앤드류 공군기지 인근의 통제센터로 전송되었다. 분석관은 지도에 신호의 방향을 선으로 표시하고 선이 교차하는 지점을 파악함으로써 다양한 정확도를 지닌 무선 신호의 송신 위치를 파악할 수 있다. 두 선이 교차하는 지점은 오차가 약간 있고, 세 개 선이 교차할 때 정확도가 더 높았다.

케네디 대통령이 텔레비전을 통해 봉쇄를 선포하고 8시간이 지난 화요일 오전 3시, 키몹스크호는 격리선 동쪽 약 500킬로미터에 위치했다. 30시간이 지난 지 얼마 되지 않은 수요일 오전 10시 무렵에는 동쪽으로 약 700킬로미터 더 이동했고, 본국으로 회항하는 것이 분명했다. 감청 정보에 따르면 R-14 미사일 6기를 실은 키몹스크호는 "발트 해로 가는 중"이었다.[16]

다른 선박의 위치 정보는 차츰 드문드문 입수되어 정보기관이 니키다 흐루쇼프가 눈을 깜빡거렸다고 판단한 "유레카 순간"은 없었다. 해군 지휘부는 소련 선박이 정확한 이동 상황을 숨기기 위해 기만 신호를 보낸다고 의심했다.[17] 이런 기만 신호와 잘못된 가정 때문에 미국이 판단한 소련 선박의 위치는 아주 부정확했다. 입수된 정보가 정확하더라도 방향탐지로 파악한 위치는 최대 145킬로미터까지 오차가 있을 수 있었다.

각종 정보기관의 분석관들은 데이터를 어떻게 해석할지를 두고 밤새 논쟁을 벌였다. 소련 선박이 방향을 틀었다는 사실을 여러 정보를 통해 확인한 뒤에서야 백악관에 보고하기 충분하다고 확신할 수 있었다. 결국 "관심" 선박 중 적어도 6척이 화요일 정오 무렵 뱃머리를 돌렸다고 결론 내렸다.

엑스콤 자문위원들은 실시간으로 보고되는 정보가 부족해 불안해했다. 특히 맥나마라는 해군이 일부 정보가 모호할지라도 좀 더 빨리 정보 보고를 해야 한다고 느꼈다. 이날 백악관 엑스콤 회의에 참석하기 전 해군지휘통제실에 들렀지만, 정보 장교들은 선박 회항에 관한 초기 정보가 "확정적이지" 않다고 판단해서 국방부 장관에게 보고하지 않았다.[18]

밝혀진 바에 따르면 해군 지휘부도 백안관보다 나을 것이 없었다. 통신 체계에 과부하가 걸려 "비상" 전문이 전송되는 데 4시간이 지연되었다.[19] 한 단계 낮은 "작전 긴급" 전문은 전송에 5~7시간이 걸렸다. 해군은 쿠바 해역에서 벌어지는 일에 대해 꽤 정확히 알았지만, 대서양

한가운데에서 소련 선박을 발견하는 경우는 비교적 드물었다. 앤더슨 제독은 보좌관에게 이런 불평을 했다.

"항공 정찰을 통해 추가적인 정보를 얻지 못하다니 놀랍군."

전자정보를 담당한 정보기관은 NSA(국가안보국)였다. 메릴랜드 주 포트미드에서 암호분석을 하는 비밀 기관의 이름인 NSA는 우스갯소리로 "No Such Agency(그런 기관 없음)"으로 해석되기도 했다. 이날 오후 NSA는 백악관 상황실로 직접 보고하라는 긴급 지시를 받았다.[20] 백악관은 정보 보고가 누락되는 일이 반복되지 않게 하려 했다.

정보 분석관이 최종적으로 데이터를 일일이 확인했을 때, 키몹스크호를 비롯해서 미사일을 실은 선박 전체가 화요일 아침 뱃머리를 돌린 것이 분명했다. 일부 민간 유조선과 화물선만 쿠바행 항해를 계속했다. 양측의 대치 상황이 없었다는 기록은 현재 국가문서보관소와 케네디 대통령 도서관에 보관되어 있다. 미사일 위기를 연구한 과거 역사학자들이 이런 기록물을 이용해서 10월 24일 수요일 아침 소련 선박의 실제 위치를 따져보지 않았기 때문에 "눈싸움"을 한 순간이 있었다는 신화가 계속되었다.

이 이야기의 진실은 흐루쇼프가 위기가 공개 국면이 된 첫날 밤 이미 "눈을 깜박"거렸지만, 워싱턴의 정책 결정자가 그런 "깜박거림"을 확인하는 데 약 30시간이 걸린 것이다. 진짜 위협이 된 것은 이 무렵 미사일을 싣고 소련으로 회항하던 선박이 아니라, 대서양 서부에 아직 숨어 있던 폭스트로트급 잠수함 4척이었다.

1962년 10월 24일 수요일 오전 11:04

케네디 대통령이 손으로 입을 덮고 암울한 표정으로 동생을 쳐다보게 만든 폭스트로트급 잠수함의 소련 명칭은 B-130이었다. 화요일 아침, B-130 잠수함은 키몹스크호와 유리 가가린호를 보호하기 위해 선박을 계속 호위하고 있었다. 본국의 명령에 따라 무기를 실은 두 선박이 유럽 쪽으로 방향을 틀자 B-130은 바다 한가운데 홀로 남았다.

미 해군은 B-130을 비롯한 폭스트로트급 잠수함 4척이 콜라 반도 북쪽 끝에 있는 가지예보 잠수함 기지에서 이탈한 10월 1일 밤 이후 예의주시했다. 전자정보 수집 요원들은 잠수함이 노르웨이 해안을 돌아 스코틀랜드와 아일랜드 사이에 있는 해협을 통과해 대서양으로 내려오는 동안에도 추적을 계속했다. 폭스트로트급 잠수함은 적어도 하루 한 번 본국과 통신해야 했는데, 그때마다 잠수함의 대략적인 위치가 노출될 위험을 감수했다. 예고 없는 통신 활동은 단 몇 초간 지속되었지만 스코틀랜드에서부터 뉴잉글랜드에 이르기까지 대서양 전역에 흩어져 있는 감청기지는 이런 신호를 수집했다. 잠수함 사냥꾼들은 여러 곳에서 입수된 신호의 위치를 확보함으로써, 먹잇감이 있는 곳을 대략 파악할 수 있었다.

위기가 고조되면서 미국 정보기관은 소련 잠수함의 위치를 파악하는 데 주력했다. 케네디 대통령이 담화문을 발표한 10월 22일 월요일, 매콘 CIA 국장은 소련 폭스트로트급 잠수함 여러 척이 "약 1주 뒤 쿠바에 도착할 수 있는 위치"에 있다고 보고했다.[21] 앤더슨 제독은 함대 사령관들에게 "소련 잠수함의 기습 공격" 가능성을 경고했고, "가능한 모든 정보와 기만전술 및 회피 수단을 동원"할 것을 촉구했다.[22] 앤더슨 제독은 명령문을 이렇게 끝맺었다.

"행운을 비네."

미군 수뇌부는 미국 동부 해안에서 소련 잠수함을 발견한 사실에 충격을 받았다. 초강대국 간 경쟁이 새로운 차원에 접어든 것이었다.

그때껏 미국은 소련을 상대로 한 잠수함전에서 거의 전적인 우세를 누렸다. 스코틀랜드에 배치된 미국의 폴라리스 SLBM(잠수함발사탄도미사일) 핵추진 잠수함은 마음만 먹으면 소련 국경에서 초계활동을 할 수 있었다. 대개 북극해에서 제한적으로 활동을 한 소련 잠수함 함대는 미국 본토에 큰 위협이 되지 않았다.

소련이 쿠바 마리엘에 어업 항구를 구축한다고 속여서 잠수함 기지를 만든다는 소문이 있기는 했다. 흐루쇼프는 포이 퀄러 모스크바 주재 미국 대사와 대화를 주고받을 때 그런 의혹을 일축했다.

"내가 약속하겠소."[23]

10월 16일 폭스트로트급 잠수함 4척이 대서양을 가로질러 이동하는 동안에도 흐루쇼프는 어업 항구는 어업 항구일 뿐이라고 주장했다. 대서양함대 사령관인 로버트 데니슨 제독은 작전 구역 내에 소련 잠수함이 출현한 사실에 놀랐다.[24] 데니슨 제독은 소련 잠수함이 전개한 사실이 "쿠바에 탄도미사일이 배치된" 사실 만큼이나 심각하다고 판단했다. "미국 해안에 대한 대규모 공격 위협을 가하려는 소련의 의도를 명백하게 보여주기 때문이었다.""소련 잠수함이 미국 동부 해안에서 확실히 식별된 것은 처음"이었다. 미국이 해상 봉쇄를 시행하기 한참 전 소련이 잠수함 전개 결정을 내린 것이 분명했다.

수요일 아침 버뮤다와 푸에르토리코에서 초계기가 급파되었다. 키몹스크호와 유리 가가린호가 마지막으로 식별된 위치 인근에서 잠수함 수색을 하기 위한 조치였다. 버뮤다 해군기지에서 출격한 P5M 말린 비행정이 가장 먼저 현장에 도착했다. 워싱턴 시각으로 오전 11시 4분, 8인승 P5M 말린에 탑승한 수색 요원은 버뮤다 남쪽 800킬로미터에서 잠수함 스노클이 일으킨 소용돌이를 발견했다. 대잠수함 부대의 지휘관이 앤더슨 제독에게 보고했다.

"잠수함으로 추정됩니다. 미군이나 우방국 잠수함은 아닙니다."[25]

곧 에섹스호가 주축이 된 군함과 항공기로 편성된 함대가 현장으로 이동했다.

처음에 B-130 잠수함의 함장인 니콜라이 슘코프에게 색다른 모험으로 시작된 이번 임무는 이제 악몽으로 바뀌었다.[26] 배터리를 시작으로 문제가 계속 발생했다. B-130 폭스트로트급 잠수함은 대잠수함전에서 우위를 점하기 위해 은밀하게 이동할 필요가 있었다. 하지만 디젤 엔진에서 발생하는 소음은 쉽게 탐지되었다. 배터리를 사용하는 동안은 훨씬 조용했지만 속도가 느렸다. 임무 투입 전 슘코프 함장이 배터리 교체를 건의했지만 묵살되었다. 바다에서 며칠을 보낸 뒤, 슘코프는 필요한 만큼 장시간 배터리를 충전할 수 없다는 사실을 깨달았다. 재충전하려면 그만큼 자주 수면 위로 올라가야 했다.

다음 문제는 날씨였다. 북극해에서부터 대서양과 사르가소 해로 이동하면서 차츰 잠수함 온도가 올라갔다. 대서양을 반쯤 지났을 때는 허리케인 엘라와 풍속이 시간당 160킬로미터를 넘는 태풍을 만났다. B-130 잠수함 승조원 78명 전원이 뱃멀미에 시달렸다. 열대 수역에 도착하자 내부 온도가 최대 60도까지 올라갔고, 습도도 90퍼센트에 달했다. 승조원들이 심한 탈수증으로 고생했고 신선한 물이 부족해 상황은 더 악화되었다. 열기와 폭풍, 디젤 및 연료 오일의 악취가 뒤범벅되어 잠수함 내부 상황은 견디기가 어려울 정도였다.

본국에 있는 상관들은 B-130 잠수함이 10월 말까지 쿠바에 도달하도록 적어도 평균 9노트(시속 약 17킬로미터) 속도를 유지하길 원했다. 폭스트로트급 잠수함의 잠항 속도는 6~8노트에 불과했기 때문에 잠수함이 수면 위로 부상했을 때 최대한 빨리 이동해야 했다. 버뮤다 제도에서부터 대서양으로 길게 뻗은 사르가소 해에 다다를 무렵, B-130 폭스트로트급 잠수함의 엔진 3개 중 2개가 고장 났다. 괴물 잠수함인 B-130(여기서 B는 러시아어로 볼쇼이Bolshoi, 영어로 빅big이란 뜻이다)은 가까스로 조금씩 이동했다.

슘코프 함장은 통신 감청으로 입수한 정보를 통해 미군이 가까이 접근 중이라는 사실을 알고 있었다. 폭스트로트급 잠수함에는 신호정보팀이 타고 있었다. 버뮤다와 푸에르토리코에 있는 미 해군 통신 주파수를 감청해서 미군 대잠부대가 잠수함을 추적한다는 것을 파악했다. 쿠바에 소련 핵무기가 배치되어 미국이 해상 봉쇄를 시행하고 있으며, 미군이 쿠바 침공을 준비한다는 사실도 알게 되었다. 감청한 정보에는 "플로리다 반도에 소련군 전쟁 포로용 특수 수용소가 준비 중"이라는 내용도 있었다.[27]

슘코프 함장은 미군이 B-130 잠수함의 가장 중요한 비밀을 모른다는 생각에 안도했다. B-130의 뱃머리에는 10킬로톤짜리 핵어뢰가 장착되어 있었다. 슘코프는 소련 해군 내 누구보다 핵어뢰의 위력을 잘 알고 있었다.[28] 정확하게 약 1년 전인 1961년 10월 23일, 북해에서 T-5 어뢰의 실무장 시험 임무에 투입되었기 때문이다. 슘코프는 폭파 지점에서 8킬로미터 떨어진 곳에서 잠망경으로 눈이 멀듯 한 섬광을 보았고 충격파도 느꼈다. 이 임무 덕분에 소련 최고의 영예인 레닌훈장도 받았다.

임무에 나서기 전 슘코프는 해군 부총사령관 비탈리 포킨으로부터 미군의 공격에 어떻게 대응할지에 대해 수수께끼 같은 지시를 받았다.

"왼쪽 뺨을 맞는 경우, 나머지 뺨까지 맞도록 멍하니 있지 말게."[29]

슘코프는 버튼만 누르면 잠수함을 추적하는 미군 함대를 한 방에 날려버릴 수 있다는 사실을 알고 있었다. 슘코프가 통제한 무기는 히로시마에 투하된 핵폭탄에 비해 절반 이상의 위력을 지니고 있었다.

1962년 10월 24일 수요일 오전 11:10(오마하 오전 10:10)

B-130 잠수함 사냥이 진행되는 동안, 토머스 파워 전략공군사령관은 역사상 가장 강력한 전력이 전투태세를 갖췄다는 신호를 크렘린에 전달할 준비를 했다. 그는 네브래스카 주 오마하에 있는 전략사령부 지하 지휘소에서 전 세계에 배치된 전략사령부 전력 상황을 한눈에 확인할 수 있었다. 계속 갱신되는 화면이 비상 대기 중인 군용기와 미사일 수를 보여주었다.[30]

  폭격기 912대
  미사일 134기
  급유기 403대

  환한 화면은 미 공군기지에서 B-52 스트래토포트레스가 20분 간격으로 이륙하고 있다는 사실을 말해주었다. B-52 전략폭격기는 중간 규모의 소련 도시 네 곳을 파괴하기 충분한 위력의 핵무장을 하고 있었다. 다른 화면은 파워 장군이 관할하는 나머지 광범위한 제국의 정보를 전해주었다. 여기에는 미사일 시설, B-47 분산 기지, 공중 급유기, 정찰기가 포함되어 있었다. 시계는 전략공군사령부의 공습 목표인 소련 도시 두 곳, 즉 모스크바와 옴스크의 현지 시각을 보여주었다.
  파워는 금색 전화기를 이용해서 대통령과 합참 수뇌부에 보고했다. 적색 전화기는 세계 곳곳에 흩어진 장병 28만 명에게 자신의 명령을 전달할 전략공군사령부 지휘관들과 통화할 때 사용했다. 미국 핵 무기고를 책임진 파워는 전략공군사령부에 있든, 집에서 잠을 자든, 또는 골프장에서 운동을 하든 상관없이 대통령이 건 전화를 벨이 여섯 번 울리기 전에 받아야 했다.

지휘소에 가려면 원형 비탈길을 통해 지하 3층으로 내려가야 했다. 롤러가 달린 두꺼운 철문을 여러 번 통과했고, 각 철문에는 무장한 위병이 경계를 서고 있었다. 통제실은 재래식 폭탄 공격에는 견딜 수 있지만, 직접적인 핵공격에는 버틸 수가 없었다. 지휘소가 파괴되는 경우, 곧바로 일련의 예비 전력과 시설에 그 역할이 이전되었다. 여기에는 24시간 공군 장군이 탑승해서 체공해 있는 EC-135 3대도 포함되었다. 전략공군사령부 지휘소가 소련 미사일의 주요 공격 목표라는 사실은 불 보듯 뻔했다.

쿠바에 대한 해상 봉쇄가 발효된 오전 10시부로 파워는 예하 부대에 데프콘 2를 선포했다. 데프콘 2는 핵전쟁 바로 전 단계에 발령하는 경보였다. 전략공군사령부는 창설 16년이 되도록 이 정도 수준으로 전투태세를 격상한 적이 없었다. 전력을 최대로 동원했던 11월 4일 무렵, 파워는 공중대기 또는 지상에서 15분 비상대기하는 핵전력 2962대를 통솔했다.[31] 그중 "즉각 실행 전력"은 폭격기 1479대, 공중급유기 1003대, 탄도미사일 182기로 편성되었다.

소련 내 "최우선 임무 목표 1"에 해당하는 총 220개 시설이 즉각 파괴 대상이었다.[32] 여기에는 미사일 시설과 군 기지를 비롯한 모스크바 중심에 있는 크렘린 같은 "지휘통제센터", 제철소, 전력망, 정유 시설 같은 "도시 산업 목표"까지 포함되었다.

오전 11시 10분, 파워는 예하 부대에 핵공격 시작 시 사용하는 통신망이기도 한 주경보체계Primary Alerting System를 통해 명령을 하달했다.[33] 예하 부대는 명령 수신 여부를 지휘소에 보고하라는 지시를 받았다. 사령관 앞에는 콘솔 장치가 놓여 있었는데, 여기에 달린 작고 하얀 전구는 예하 부대를 나타냈다. 예하 부대가 전화에 응소하는 경우 불빛이 꺼졌다. 파워는 의도적으로 소련군이 감청하는 고주파 무선 통신을 통해 명령을 하달했다. 파워의 목소리는 전 세계 수십 곳에 있는 공군 기지와 미사일 시설에 울려 퍼졌다.

"파워 장군이다. 나는 지금 미국이 처한 상황의 심각성을 재강조하기 위해 이 연설을 하고 있다. 전략공군사령부는 모든 긴급 상황에 대비하기 위해 전투태세를 강화한 상태다."[34]

나중에 나온 일부 설명과 달리 펜타곤 기록에 따르면 파워 장군이 데프콘 2를 선포한 것은 대통령의 권한에 따른 것이었다. 하지만 공개 통신 채널을 통해 명령을 하달한 것은 상부의 승인을 받지 않았을 뿐 아니라 매우 이례적이었다. 파워의 예상대로 소련군 정보 부대는 이 메시지를 즉각 입수했다. 전략공군사령부가 예하 부대에 전파한 메시지가 모스크바에도 확실히 전달된 것이다.[35]

전략공군사령부는 주로 커티스 르메이 장군의 작품으로, 제2차 세계대전 당시 폭격기 부대를 지휘한 경험의 산물이었다. 그 당시 르메이는 일본 도시를 상대로 야간 저고도 공습 명령을 내렸다. 1945년 3월 9일과 10일 사이에 실시한 한 차례 야간 임무에서, 르메이가 지휘한 B-29 폭격기 부대는 도쿄 도심 약 40제곱킬로미터를 잿더미로 만들어 민간인 약 10만 명을 죽였다. 나중에 르메이는 일본이 전쟁에서 이겼다면 자신은 "전범"으로 기소될 가능성이 크다는 사실을 인정했다.[36] 르메이는 일본인의 전쟁 의지를 꺾어 종전을 앞당겼다고 주장함으로써 대학살을 정당화했다. 이 문제에 관해 르메이는 이렇게 말했다.

"모든 전쟁은 비도덕적이다. 그런 일에 신경 쓰는 사람은 좋은 군인이 아니다."

르메이는 전쟁의 목적이 적을 최대한 빨리 제거하는 것이라고 믿었다. 전략폭격은 거의 본질적으로 신중한 공격과 거리가 멀었다. 공격 대상이 정확히 무엇인지 크게 신경 쓰지 않고 치명타를 날린다는 개념이었다. 르메이의 시각에서 보면 나치 독일과 일본 제국주의, 또는 소련 공산주의 같은 적국을 상대하는 경우 공격에 제한을 두는 것은 의미가 없을 뿐 아니라 반역이었다.

1948년 10월 르메이가 전략공군사령관으로 부임했을 때, 전략공군사령부는 사기가 꺾인 잡다한 폭격기 비행단을 끌어모은 집단이나 다름없었다. 군기가 엉망이었고 훈련도 제대로 이루어지지 않았다. 르메이는 첫 훈련으로 조종사에게 실제 전투와 유사한 상황에서 오하이오 주 데이턴을 가상 공격하라고 명령했다. 훈련 결과는 재앙이었다. 단 한 대도 임무에 성공하지 못했다.

이후 몇 년 동안 르메이는 전략공군사령부를 역사상 가장 강력한 군 조직으로 탈바꿈시켰다. 조종사를 비롯한 공군 장병들에게 동일한 규칙을 적용해서 성공한 인원은 진급시키고 실패한 인원은 강등시켰다. 조종사들은 기술적 문제나 악천후 상황도 봐주지 않는 엄격한 등급 체계에 따라 평가받았다. 르메이에게 세상에 중요한 것은 두 가지밖에 없었고, 그건 바로 "전략공군사령부 기지와 전략공군사령부의 공격 목표"였다.[37]

르메이에 관한 일화는 미 공군의 전설이 되었다. 거침없이 행동하고 심술궂은 그는, 큰소리로 트림을 하거나 집무실에 딸린 개인용 화장실 문을 열어놓는 식으로 합참 동료들에 대한 경멸을 드러내곤 했다. 한번은 폭격기 기장이 르메이가 항상 입에 물고 있는 시가를 꺼달라고 부탁했다. 연료를 가득 채운 항공기의 폭발 사고를 피하기 위해서였다.

그러자 르메이는 으르렁거리며 말했다.

"감히 그럴 리가 없지."

쿠바에 대한 정책을 제안해 달라는 요청에는 이렇게 답했다.

"튀겨 버려."

르메이는 스탠리 큐브릭의 1964년 영화 〈닥터 스트레인지러브〉에 등장하는 통제 불능의 공군 장군인 벽 터짓슨의 실존 모델이 되기도 했다. 타군 지휘관들은 지휘관으로서 르메이의 능력은 존경했지만, 마치 제국을 건설하는 듯한 태도에는 분개했다. 르메이는 공군에 핵무기가 많으면 많을수록 좋다는 입장이었다. 계속 증가하는 공격 목표를 확실하게 파괴하기 위해서 더 많은 무기가 늘 필요했다. 라이벌이기도 한 타군 지휘관들은 공군의 "과잉 살상" 능력에 불평을 했다. 해군 참모총장이었던 알레이 버크 제독은 소련이 나머지 세계를 지배하려 하는 것과 마찬가지로, 공군이 나머지 군을 장악하려 한다고 비난했다. 공군 핵정책 기획자가 힘을 독점하려 한다는 의혹을 언급하면서 이런 말도 했다.

"공군은 영리하고 무자비하다. 공산주의자들의 방식과 똑같다. 정확하게 똑같은 기술이다."[38]

1957년 르메이가 공군 참모차장이 되자 오랫동안 전략공군사령부 부사령관이었던 파워가 전략공군사령관 자리에 올랐다. 규율을 엄격하게 따지기로는 파워가 르메이보다 훨씬 더 심하다는 평판이 있었다. 파워는 공공연하게 부하를 비웃는 일에서 비뚤어진 즐거움을 얻는 듯했다. 파워의 부하 중 한 명인 호러스 웨이드는 파워를 두고 "비열"하고, "잔인"하며, 용서할 줄 모를 뿐 아니라 정신적으로 "불안"하지는 않을까 의심했다고 설명했다.[39] 또한 파워가 "지나치게 많은 무기 체계를 통제하고 있고 특정 상황에서 그런 무기를 사용할 수 있다"는 사실에 우려를 표했다. 웨이드는 파워에 비하면 르메이가 너그럽다고 생각했다.

　도쿄 공습에 참여했던 파워는 치명적인 선제공격의 장점에 대해 르메이와 생각이 같았다. 설령 끔찍한 보복을 초래하더라도 개의치 않았다. 파워는 "카운터포스"로 알려진, 도시를 뺀 제한적인 전쟁 전략을 개발하기 위해 애를 쓰던 맥나마라의 민간인 보좌관에게 이렇게 물었다.

　"적국 국민의 목숨에 왜 그렇게 신경 쓰시오? 중요한 건 놈들을 죽이는 겁니다."[40]

　파워로서는 전쟁 뒤 미국인이 두 명 소련인이 한 명" 남으면 "미국이 이기는 것"이었다. 이 말을 들은 국방부 장관 보좌관은 "살아남은 미국인 두 명 중 한 명은 남자, 한 명은 여자"라면 좋겠다고 답했다.

　파워와 대화를 주고받은 사람은 윌리엄 카우프만이었다. 카우프만은 19세기 세력 균형 정치에 관해 박사 논문을 쓴 예일대 출신의 역사학자였다. 키가 작고 목소리가 카랑카랑하며 재미없는 유머 감각의 소유자인 그는, 케네디 대통령의 핵심 질문에 답하기 위해 펜타곤 사무실에 있었다. 대통령의 질문은 쿠바에 배치된 소련 미사일이 핵 공포의 균형에 어떤 변화를 가져왔는가였다. 군 수뇌부는 이로 인한 충격이 상당하다고 판단한 반면, 맥나마라는 큰 그림으로 볼 때 쿠바 미사일이 가져온 변화는 거의 없다고 판단했다.

　카우프만은 지도와 차트를 이용해 소련이 미국을 기습 공격할 때 벌어질 가능성이 큰 결과를 분석했다.[41] 그는 전략공군사령부 폭격기 기지 76개 중 34개가 쿠바에 배치된 소련 MRBM의 사거리 안에 있고, 나머지 기지 대부분도 사거리가 좀 더 긴 IRBM의 공격을 받을 수 있다는 사실을 지적했다. 반면 방어 강화 설비를 갖춘 미국 미사일 기지와 폴라리스 SLBM 탑재 잠수함은 소련의 공격에도 살아남을 수 있었다. 카우프만의 계산에 따르면, 소련이 쿠바에 배치한 미사일을 제외하고 선제공격을 하는 경우 미국은 여전히 최소 841개의 보복 핵전력을 보유할 수 있었다. 쿠바에 배치한 미사일이 발사되는 경우 미국에 남게 되는 핵전력은 최소 483개였다.

다시 말해 맥나마라와 군 수뇌부 모두 옳았다. 흐루쇼프는 쿠바에 미사일을 배치함으로써 전력을 강화했고, ICBM 열세를 만회했다. 한편으로는 어떤 상황에서도 미국을 상대로 치명타를 날릴 수 없었다. 피해를 당하지 않은 미국 핵공격 전력이 여전히 소련이 미국에 가한 것보다 훨씬 더 큰 피해를 소련에 가할 수 있었다.

매드MAD, 즉 상호확증파괴Mutual Assured Destruction 전략은 소련 미사일이 쿠바에 배치된 이후에도 계속 유효했다.

미군이 바쁘게 움직였다. 케네디 대통령은 쿠바 침공 가능성에 대비하기 위해 제2차 세계대전 이후 최대 비상동원령을 내렸다. 장병들이 갑자기 대규모 장비와 함께 도로, 철도, 항로를 통해 플로리다로 향하는 듯 보였다. 곳곳에서 차량 정체가 벌어졌다.

제1기갑사단 병력 1만 5000명과 전차, 장갑차, 야포를 옮기는 데만 민간 항공기 146대와 열차 2500대가 필요했다.[42] 군수 전문가들은 전차를 비롯한 궤도 차량을 신속하게 다른 곳으로 옮겨야 하는 상황에 대비해 열차에 남겨두기로 했다. 얼마 안 가 미국 남동부 전역에서 열차가 동원되었다. 육군은 열차 보관을 위해 적어도 48킬로미터의 측선(열차 운행에 상시로 쓰는 선로 이외의 선로 - 옮긴이)이 필요했지만, 당장 가용한 측선은 10킬로미터에 불과했다. 열차 보관 공간이 매우 중요해졌고,

각 군은 이를 앞다퉈 확보하려고 했다. 전략공군사령부 지휘관들은 자체 임무에 지장을 줄 수 있다는 이유로 육군에 측선 공간을 제공하지 않았다.

각군의 대규모 병력이 플로리다 주에 집결하자 숙박할 공간이 모자랐다. 일부 비행기지는 "뜨거운 침상hot bunk" 원칙을 도입했다. 침대 하나에 3명이 할당되어 여덟 시간씩 교대로 취침한 것이다. 플로리다 주 홀랜데일에 있는 걸프스트림 경마장이 제1기갑사단의 임시 주둔지가 되었다. 한 목격자는 이런 기록을 남겼다.

"곧 모든 입구에 헌병이 배치되었다. 군용 차량이 주차장을 가득 메웠고, 농가 주변의 밭은 창고나 군용 식당이 되었다. 1층과 2층 특별 관람석도 숙사로 제공되었다. 평소 베팅을 하는 곳에는 무기와 더플백이 쌓였다. 사진 현상실에서 종교 활동이 진행되었다."[43]

탄약은 또 다른 골칫거리였다. 무기 공장 노동자 다수가 소련군과 쿠바군을 상대로 맹공격을 퍼붓기 충분한 전투기용 무장을 생산하기 위해 주 7일 3교대 근무를 했다. 플로리다 주 공군기지에는 네이팜 폭탄이 산더미처럼 쌓였다.

마이애미에 있던 영국 영사는 제2차 세계대전 당시 디데이 전날 영국 남부의 분위기를 떠올렸다.[44] 군용기가 마이애미 국제공항에 분 단위로 착륙했고, 병력을 실은 기차는 남쪽의 포트에버글레이즈로 향했으며, 무기를 실은 트럭이 도로에서 주행했다. 약 600대에 달하는 대규모 항공 전력이 쿠바 공격과 쿠바 공군기지에서 이륙하는 소련 IL-28 폭격기를 요격하라는 명령이 떨어지길 기다렸다. 어마어마한 규모의 군 장비가 한곳에 집결하자 공군 장교들은 플로리다 주가 무게를 견디지 못해 바다에 잠길 것이라는 농담을 했다.

남쪽으로 내려갈수록 병력이 더 크게 눈에 띄었다. 플로리다키스의 끝단에 있는 키웨스트의 한가로운 휴양지가 갑자기 베를린이나 한국의 비무장지대처럼 냉전의 최전선이 되었다. 정부의 모든 부처가 처리할 일이 있었다. 해군 항공 기지는 정찰과 암호분석 작전을 실시했다. CIA는 인접한 여러 섬에 안전가옥을 구축했다. 육군은 20세기 초 철도 거물인 헨리 플래글러가 지은 카사마리나 호텔로 이동했다. 전투복을 입은 군인들이 이 지역 야구 경기장과 해변, 그리고 시내 주차장 대부분을 차지했다. 해병은 해변에 가시철조망으로 둘러싸인 기관총 진지를 구축했다.

이제 플로리다 주는 미국의 부드러운 아랫배가 되었다. 1962년 10월 이전에 미군 전략가들은 소련군의 공격이 북극을 가로질러 북쪽에서 시작될 것으로 예상했다. 이 때문에 조기경보레이더 시스템이 전부 북쪽을 향했다. 전투요격기 대대는 나토명 베어(Tu-142)와 바이슨(M-4)인 소련 전략폭격기의 공격에 대비해 캐나다에 있는 이른바 "소나무선 pine tree line"을 따라 전개 훈련을 했다. 소형 핵탄두가 탑재된 대공 미사일 시스템은 소련의 기습 공격에 대한 최종 방어선으로서 뉴욕과 워싱턴 D.C. 같은 동부 도시 주변에 배치되었다. 거의 하룻밤 사이 미국 방공 전력이 북쪽에서 남쪽으로 재배치되어야 했다.

군 수송이 항상 우선시되지는 않았다.[45] 10월 24일 수요일 아침, 펜실베이니아에 있는 육군 창고에서 트럭 3대로 편성된 호송대가 미국 1번 고속도로를 따라 내려갔다. 육군이 임대한 이 민간 견인 트레일러는 소련군 공습 시 플로리다 남부의 대공 방어를 위한 호크 지대공 미사일을 싣고 있었다. 하지만 육군은 미사일을 싣고 간다는 사실을 버지니아 주 경찰에 통보하지 않았다. 고속도로 순찰 경찰이 워싱턴 D.C.에서 포토맥 강 건너편 알렉산드리아에 있는 과적 차량 단속소에 트럭을 세웠다. 경찰관이 품은 의심은 사실로 확인되었다. 화물차가 900킬로그램

이상 과적을 한 것이었다. 민간인 운전사들은 운송 물품이 "기밀"이라고 해명하려 했지만 경찰관은 꿈쩍하지 않았고, 차를 돌려 펜실베이니아로 되돌아가라고 지시했다.

1962년 10월 24일 수요일 오후 1:00(오마하 정오)

피델 카스트로는 지하 지휘소에서 밤을 보냈다.[46] 알멘다레스 강을 사이에 두고 아바나 동물원을 마주 보고 있는 이곳 벙커는 미국 전략공군사령관의 벙커만큼 정교하지는 않았지만, 작은 섬나라 지도자용치고는 인상적이었다. 벙커는 약 183미터 길이의, 숲이 우거진 산허리를 파서 만든 터널로 되어 있었고, 양쪽으로 방이 6개 있었다. 주 출입구는 강둑에서부터 솟아오른 낭떠러지에 설치된 여러 개의 강화 철문을 통과했다. 비상용 엘리베이터는 정부 고위 관료 다수의 집이 있는 아바나콜리 구역과 연결되어 있었다.

미사일 위기가 벌어졌을 당시 터널 공사가 마무리되지는 않았지만, 지휘소 기능을 할 수 있을 정도로 거의 완공된 상태였다. 장병들은 거주가 가능하도록 작업을 대충 끝낸 바닥에 자갈을 깔았다. 가장 큰 단점은 환기 시스템을 제대로 갖추지 않았다는 점이었다. 습도가 높고 신선한 공기가 부족해서 잠은 물론 숨쉬기조차 어려웠지만, 예상되는 미군 공습을 충분히 견딜만한 공간을 제공했다. 카스트로와 쿠바 군 수뇌부뿐 아니라, 양국군 사령부 사이에서 연락 업무를 하기 위해 소련 장군 한 명이 벙커 안에 사무실을 두었다.

벙커에는 발전기 설비가 있었고 한 달간 먹을 음식과 물을 갖추고 있었다. 카스트로는 벙커에서 많은 시간을 보내지 않았다. 밤에 서너 시간 잠을 청할 때를 제외하면 군부대를 방문하거나 소련 장군과 면담을 했고, 아바나 방어 상황을 감독하느라 끊임없이 돌아다녔다. 케네디가 엑스콤 회의를 하는 동안 카스트로는 군 최고 지휘관들과 상의했다.

"가장 큰 문제는 통신입니다."[47]

카스트로에게 없어서는 안 될 오른팔이자 군사작전 사령관인 플라비오 브라보 대위가 보고했다.

"이미 도착했어야 할 장비 대부분이 아직 바다에 있거나 소련에 있습니다. 아군의 주 통신 수단은 전화입니다."

다른 장교들은 트럭, 전차, 방공 무기 부족을 호소했다. 카스트로는 전날 있었던 미군의 저고도 정찰을 더 걱정했다. 미군 조종사들이 아무런 제재 없이 쿠바 상공을 날아다니는 상황은 매우 모욕적이었다. 카스트로가 주장했다.

"300피트 상공에서 돌아다니는 항공기를 맞추지 못하게 할 어떠한 정치적 근거도 없다. 서너 곳에 있는 30밀리미터 대공포 부대에 집중해야 해. 저공으로 날아가는 항공기가 나타나면 튀겨 버려."

카스트로는 커티스 르메이가 쿠바에 대해 했던 말과 거의 같은 표현을 썼다.

아침 회의 뒤 카스트로는 아바나 동부 방어를 점검하기로 했다. 카스트로가 탄 지프를 포함해 일행의 차량은 엘모로 성을 둘러서 항구 아래쪽에 있는 터널을 통과했다. 엘모로 성은 16세기말 스페인이 카리브해에 돌아다니는 해적을 막기 위해 구축한 석조 요새였다. 일행은 코히마르라는 어촌을 지났는데, 그곳은 헤밍웨이의 『노인과 바다』의 배경이 된 곳이다. 이곳 해안 지역은 쿠바의 신흥 지배층에 인기 있는 휴양지가 되었다.[48] 카스트로 자신도 코히마르에 별장이 있었다. 카스트로는 혁명 초기 쿠바를 공산주의 국가로 탈바꿈시킬 계획을 마련하는 동안 이곳을 비밀 은신처로 사용했다. 해안 쪽으로 약간 더 들어가면 타라라라는 해안 피서지가 있었다. 체 게바라는 이곳에서 말라리아와 천식을 고쳤고, 외국인 소유의 설탕 농장 몰수를 포함한 각종 혁명 법안을 마련했다.

차량으로 30분 이동하자 타라라 해변이 내려다보이는 소련군 지대공 미사일 기지에 도착했다.[49] 미군이 침공로로 사용할 가능성이 가장 높은 길이 훤히 보이는 곳이었다. 오른쪽으로는 완만하게 경사진 모래사장이 8킬로미터에 걸쳐 펼쳐져 있고, 주변에는 야자수와 모래언덕이 있어서 마치 열대 지역에 있는 노르망디 해변 같았다. 쿠바 민병대가 몰려다니면서 카스트로가 해안선을 따라 구축하라고 지시한 참호를 파고 콘크리트 벙커를 요새화하는 작업을 했다. 수평선에는 플로리다 해협을 순찰하는 미국 군함의 희미한 실루엣이 보였다.

18개월 전, 미국은 쿠바에서 가장 고립된 지역 중 한 곳이면서 습지가 많은 사파타 반도의 피그스 만을 1만 5000명의 쿠바 망명자를 동원한 비운의 상륙 작전 장소로 선택했다. 침공 부대는 쿠바 지상군과 공군에 의해 진압되어 결국 섬멸되었다. 미국은 같은 실수를 되풀이하지 않을 작정이었다. 카스트로는 양키들이 이번에는 해병대를 비롯한 정예 병력을 동원해서 정면 공격을 감행할 것이라고 확신했다.

다윗의 별 형태로 구축된 SAM 기지는 해변에서 2.4킬로미터 떨어진 고지에 있었다. 별 모양 끝에 방어를 견고히 한 각각의 진지에는 발사장치와 전자 장비를 실은 밴, 레이더 장비가 있었다. 길쭉한 형태의 V-75(나토명 SA-2)미사일은 방어진지 사이로 사선으로 튀어나와 있었다.

흐루쇼프가 쿠바에 R-12 및 R-14 핵미사일 배치 구상을 하기 한참 전부터 카스트로는 이미 소련에 지대공 미사일을 지원해 달라고 압박했다. 지대공 미사일은 미군 공습에 대한 최고의 방어 수단이었다. U-2기는 일반적인 대공 사격을 무력화하도록 설계된 고고도 정찰기

제4장 "눈싸움"

였기 때문에 다른 소련 무기로는 격추시킬 수 없었다. V-75는 1960년 5월 1일 스베르들롭스크 상공에서 미국 조종사 파워스가 탄 U-2기를 격추해 아이젠하워 대통령을 크게 당황하게 했다. 1962년 9월 8일에도 같은 미사일이 중국 동부 상공에서 U-2기를 두 번째로 격추시켜서 다시 한번 존재감을 과시했다. 소련군은 24개 기지 V-75 144기로 쿠바를 에워싸서 거의 완벽한 대공 방어 태세를 갖추게 했다.

쿠바 지도자의 방문에 신이 난 소련군은 자신들의 능력을 보여주고 싶었다. 그래서 카스트로가 지켜보는 동안 약 240킬로미터 떨어진 목표물을 발견할 수 있는 밴 장착 레이더로 가상 미군기를 추적했다. 미사일 자체의 사거리는 최대 40킬로미터였다. 카스트로는 미사일 체계의 성능을 인상 깊게 보았다. 동시에 이 시스템의 주요 단점도 금방 알아챘다. 저공비행 목표물에는 무력하다는 사실이었다. 바로 전날, 미군은 수백 피트 상공에 정찰기를 보내 소련군 레이더를 피할 수 있다는 사실을 보여주었다.

대공포 1문이 지대공 미사일을 방어했다. 허술한 네발 운반대에 장착된 쌍렬 대공포였다. 티셔츠 차림의 쿠바군 6명이 대공포를 운용했다. 카스트로가 한 격려의 말에 쿠바군 장병들도 소련군 동지들과 마찬가지로 열렬하게 반응했다. 언제든 싸울 준비가 되어 있었다. 하지만 미군의 저공 공습에 아주 취약하다는 사실은 숨길 수 없었다.

아바나로 돌아오는 동안 카스트로는 쿠바군 방공 전력을 완전히 재편성해야 한다는 사실을 알았다.[50] 대부분의 쿠바군 대공포는 아바나를 비롯한 쿠바 도시를 방어했고, 미군 침공 시 곧바로 공격 목표가 되었다. 대공포 전력의 가치는 대부분 상징적이었다. 깊이 생각할수록 카스트로는 전략적 자산인 핵미사일 기지를 방어하기 위해 대공 무기를 옮겨야 한다고 확신했다. 침략자를 격퇴하기 위해서는 소련군 동지들이 미사일을 탑재해 쏠 수 있는 시간적 여유를 줘야 했다.

카스트로는 핵전쟁으로 자신의 조국이 불바다가 된다는 사실에 불안해하지 않았다. 오히려 놀랄 만큼 차분했고 집중력을 발휘했다. 카스트로가 삶에 충실했던 시기는 이처럼 가장 위태롭게 보이는 상황에서였다. 측근들은 카스트로가 위기를 즐긴다는 사실을 알았다. 이 시기에 "엘 리더 막시모"를 지켜본 한 쿠바 신문사 편집장은 말했다.

"피델은 전쟁과 극도의 긴장을 즐겼다. 신문 1면에 자신이 나오지 않는 걸 참지 못했다."[51]

카스트로는 승산이 희박한 상황에 익숙했다. 전력을 냉정하게 따져보면 오히려 희망적이었다. 과거 혁명전쟁 당시 카스트로 군대는 바티스타 군대에 비해 압도적인 열세였다. 쿠바 미사일 위기 당시에는 휘하 병력이 30만 명이었을 뿐 아니라 소련군의 지원도 받았다. 쿠바군은 각종 현대식 무기를 갖췄고 여기에는 대공포, T-54 전차, MIG-21 전투기가 포함되었다. 설령 다른 전력이 전부 무력화되더라도, 쿠바에 있는 소련군은 타라라 해변 너머에 있는 언덕을 비롯한 예상 상륙 지점에 전술핵무기를 숨겨 두었고 수 분 만에 미군 거점을 쓸어버릴 수 있었다.

전술핵무기는 미군 침공에 대해 쿠바가 버틸 수 있는 시간을 완전히 바꿔놓았다. 몇 개월 전, 소련군 전문가들은 미군이 쿠바를 장악하는 데 단 3~4일이 걸릴 것으로 판단했다.[52] 하지만 이때는 달랐다. 전쟁이 벌어지는 경우 양키들은 지루하고 피비린내 나는 싸움을 해야 했다.

이때 타라라 해변(미군은 침공 계획상 레드해변Red beach으로 불렸다) 공격을 주도할 해병 연대가 오트삭 작전을 중단하고 쿠바 북부 해안에서 바쁘게 움직이고 있었다.[53] 케네디 대통령의 연설 뒤 펜타곤은 비에케스 섬

제4장 "눈싸움"

에서 진행한 오트삭 작전을 취소했다. 가상 독재자를 전복할 준비를 멈추고 현존하는 독재자에 시선을 돌린 셈이었다.

헬기를 실은 USS 오키나와호에 탄 장병들의 사기는 높았다. 강습상륙함인 오키나와호는 임시 연대본부 역할을 했다. 해병들은 보트 탑승 훈련을 하고 총검을 갈거나, 체력 단련을 하고 카스트로를 욕하면서 시간을 보냈다. 그리고 축구장 크기의 갑판에서 구보를 하면서 이런 구호를 외쳤다.

"우리가 어디로 갈까?"

"쿠바로 가지."

"거기서 뭘 할까?"

"카스트로 거시기를 따지."[54]

갑판 아래에서 해병 제2사단 장교들은 미군 12만 명이 참여하는 쿠바 전면 침공 계획인 작전계획 316을 면밀히 검토했다. 계획은 다음과 같았다. 해병대가 아바나 동부에 있는 타라라를 공격하고, 제1기갑사단이 아바나 서쪽 마리엘 항에 상륙한다. 그사이 제101공수사단과 제82공수사단이 적 후방에 침투한다. 침공군은 최초 공세에서 아바나를 우회해 곧장 미사일 기지로 향한다.

오키나와호에 탑승한 장교 다수는 1년 이상 쿠바 침공을 준비했다. 이오지마와 인천에서 싸운 경험이 있던 장교들 대부분은 전투에 나서고 싶어서 몸이 근질근질했다. 상륙할 해변을 연구하고 내륙 이동로를 짰으며 쿠바의 "지명 수배자" 목록을 숙독했다. 그동안 침공 계획이 확장되고 다듬어져서, 심지어 군목이 해변에 도착할 시간(H+27분)과 민간인 구호 음식의 양(치킨 통조림 2209톤, 쌀 7454톤, 분말 달걀 138톤)이 포함될 정도로 구체적이었다.

레드해변 및 인접한 블루해변에 대한 공격은 과거 노르망디와 오키나와 상륙 작전처럼 전통적인 방식으로 진행될 예정이었다. 작전은 해군 함포 사격과 공습으로 시작한다. 수중폭파팀이 투입되어 해변 기뢰를 제거한다. 병력을 실은 상륙장갑차가 도착하고, 그 뒤로 디데이로 친숙한 바닥이 평평한 히긴스 보트를 포함한 더 큰 상륙함정이 뒤따른다. 상륙한 병력은 도로와 고지를 점령하기 위해 내륙에 침투한 헬리콥터 공중 강습 부대와 합류한다.

미군 작전을 수립한 사람들은 상대가 거점 공격에 전술핵무기를 사용할 가능성이 있다는 사실을 거의 고려하지 않았다. 화생방 공격에 대한 방어 장비는 방독면과 화학작용제 탐지 키트로 구성되어 있었다. 그 밖에도 병력은 "오염 지역"을 분명하게 표시하고 "핵공격"으로 인한 폭발과 출력(핵출력Nuclear yield은 핵무기가 폭발할 때 방출하는 에너지의 양을 말한다 - 옮긴이) 데이터를 상부에 보고하도록 지시받았다. 화생방 방호 계획을 마련하는 판에 박힌 듯 보이는 업무는 "최우선 순위의 임무에 투입되지 않은" 다소 덜떨어진 장교의 몫이었다.[55]

어쨌거나 엄청나게 많은 인원이 죽거나 다칠 가능성이 컸다.[56] 해병대는 첫날에만 주로 타라라 해변에서 사망자가 500명, 부상자 2000명이 발생할 각오를 했다. 열흘간의 싸움으로 발생할 총 사상자는 사망자 4000명을 포함해서 1만 8000명이 넘을 것으로 예상했다. 이중 해병대 인원이 절반 정도였다.

이런 수치는 소련군 전투 병력의 참전과 핵무기 사용을 감안하지 않은 것이었다.

1962년 10월 24일 수요일 오후 5:15(아바나 4:15)

펜타곤 출입 기자들은 소련 선박에 대한 봉쇄가 임박했다고 확신했다.

온종일 긴장이 고조되었지만 정부는 소련 선박의 이동에 관한 정보를 일절 공개하지 않았다. 대통령이 "보안 엄수"를 지시한 상태였다.

펜타곤 대변인은 언론인 출신으로, 〈뉴어크이브닝뉴스〉에서 37년 간 일한 아서 실베스터였다. 실베스터는 부하 직원들이 기자들을 상대로 "조수, 해양 상태, 날씨를 비롯해 주의를 딴 데로 돌리기 위한 답변"이라고 이름 붙인 행동으로 종일 시간을 벌었다.[57] 소련 선박 대여섯 척이 방향을 틀었다는 소문에 관해서 확인도 부인도 하지 않았다. 하지만 변명으로 일관하기 어려웠다. 기자들은 정보를 공개해 달라고 아우성이었다.

마침내 오후 늦게 맥나마라 국방부 장관이 신중하게 작성한 성명을 발표해도 된다고 허락했다.

"쿠바로 향하던 공산권 선박 일부가 방향을 튼 것으로 보인다. 일부 선박은 쿠바로 계속 항해 중이다. 아직 봉쇄 조치는 필요하지 않았다."

여론 조사에서 "미국에서 가장 신뢰감을 주는 인물"로 알려진 CBS 뉴스의 월터 크롱카이트가 풍부한 바리톤 음성으로 특별 보도를 했다.

"금일 쿠바행 항로에서 소련 선박과 미국 군함 사이의 무력 충돌이 벌어질 가능성이 있어 보이기 시작했습니다. 하지만 저희가 아는 한 아직 충돌은 없었습니다."

기자들은 백악관뿐 아니라 유엔 본부와 펜타곤에서도 대기하고 있었다. 상황을 제대로 아는 기자는 아무도 없었다. 백악관 바깥에서 조지 허먼 기자가 이렇게 보도했다.

"오늘 밤 카리브 해에서 충돌이 벌어질 수 있다고 생각하는 사람이 아직 많습니다."

펜타곤에 있던 찰스 본 프렌드 기자는 이렇게 보도했다.

"모두 입을 꾹 다물고 있습니다. 마치 전시 검열 체계하에 있는 것과도 같습니다."

크롱카이트는 "오늘 밤 무사히 넘어갈 가능성은 작습니다"라고 결론 내렸다. 눈 아래 다크서클에는 피곤함이 묻어 있었다.

엘치코에 있는 소련군 사령부에 도착한 카스트로는 차분하게 결의를 드러냈다. 야전상의를 입고 전투모를 쓴 그는 소련군 수뇌부와 힘있게 악수를 했다. 그런 다음 소련군 정보를 들으면서 메모하고 통역을 통해 질문을 하면서 한 시간 반을 보냈다. 현장에서 카스트로의 모습을 인상 깊게 본 소련군 장군은 이렇게 말했다.

"마치 전쟁이 임박하지 않고, 평생 이룬 일이 위태롭지 않은 것처럼 단호하고 전혀 흔들림이 없었다."[58]

카스트로는 양국 군이 앞으로 실시할 군사 작전을 조정하고 상호 통신을 보장하길 원했다. 쿠바군의 대공 무기를 재배치하려는 소련군 계획에도 곧바로 공감을 표했다.[59] 쿠바군이 보유한 가장 강력한 포는 포신 길이 5.8미터, 사거리 13킬로미터의 100밀리미터 대공포 2문이었다. 카스트로는 그중 하나를 라이사벨라 항에 정박한 알렉산드롭스크호를 방어하도록 하고, 또 하나는 사과라그란데 인근에서 시도로프 대령이 지휘하는 R-12 연대를 방어하도록 할 예정이었다. 해당 연대는 미사일 작전 준비가 가장 많이 진행된 상태였다. 다른 미사일 기지는 57밀리미터포 1문과 37밀리미터포 2문으로 방어할 생각이었다.

카스트로는 소련군이 엄격하게 통제를 유지하고 있는 핵탄두를 소련군이 사용할지를 알지 못했지만, 만약 자신에게 결정권이 있다면 어떻게 할지 분명했다. 그가 혁명 운동을 철저하게 연구하고 혁명가로서 자신의 경험을 통해 배운 것이 있다면 적이 공격하도록 기다리는 것은 자살 행위라는 사실이었다. 항상 과감한 사람에게 운이 따랐다. 1948

년 콜롬비아에서 반정부 폭동이 실패한 사건을 목격한 뒤에는 이런 결론을 내렸다.

"막사에 남아 있는 부대는 진 것이다."[60]

카스트로는 미군의 침공을 멍하니 기다릴 생각이 없었다. 자신이 주도권을 쥘 방법을 찾을 작정이었다.

1962년 10월 24일 수요일 오후 10:30(아바나 오후 9:30)

케네디 대통령은 백악관에서 바비 케네디 부부와 언론계 친구인 찰스 바틀렛을 포함한 지인 몇 명과 저녁 식사를 했다. 어느 시점이 되자 바틀렛은 소련 선박의 회항을 축하하는 의미로 축배를 하자고 제안했다. 케네디는 그럴 기분이 아니었다.

"이번 게임에서 축배를 들기에는 아직 일러."[61]

바비는 격리선에서 보고되는 정보를 확인하기 위해 들락거렸다. 케네디가 중얼거렸다.

"아직 소련과 전쟁을 벌일 가능성은 20퍼센트군."

케네디의 암울한 전망은 이날 밤 늦게 국무부 텔레타이프에서 출력되기 시작한 흐루쇼프의 친서 때문에 더욱 굳어졌다. 두서없고 강경한 언어로 작성된 친서에서 흐루쇼프는 "노골적인 강도 행위"에서부터 "인류를 핵전쟁의 심연"으로 밀어 넣었다는 등 온갖 비난을 퍼부었다. 그러면서 미국이 핵공격에 취약해졌다고 지적했다. 소련은 미사일을 철수하거나 미국의 격리 조치에 따를 생각이 없었다.

"만약 누군가가 미국에 비슷한 조건을 내건다면 대통령님도 그런 조건을 거부할 것입니다. 같은 이유로 우리도 '아니오'라고 말합니다. … 당연히 우리는 공해에서 미국 선박이 자행하는 해적 행위를 좌시하지만은 않을 것입니다. 우리의 권리를 보호하기 위해 필요하고 적절하다고 판단되는 조치를 취할 수밖에 없습니다."

손님들이 집으로 돌아간 뒤 편지를 읽은 케네디는 바틀렛 기자에게 전화를 걸었다.

"우리 친구가 보낸 친서 내용을 알면 흥미로울 거야. 소련 선박이 통과할 거라네."[62]

이날 밤 쿠바에서 어떤 일이 벌어지는지 알았다면 케네디는 더 크게 놀랐을 것이다.[63] 쿠바 전역에 있는 R-12 미사일연대 세 곳에 일급 비밀 목표 데이터를 전달하기 위해 특별 요원이 파견되었다. 야음을 틈타 미사일 발사 준비를 확실히 하기 위한 사전 연습도 진행되었다. R-12 미사일의 사거리는 미국 정보 분석관들이 판단한 것보다 길었다. 소련군 목표담당관은 워싱턴뿐만 아니라 뉴욕까지 공격할 수 있다는 가정하에 작전을 진행했다. CIA는 뉴욕은 R-12의 사거리 바깥에 있다고 대통령에게 보고했었다.

목표 카드에는 미사일 발사에 관한 구체적인 지시가 담겨 있었다.[64] 가장 중요한 변수는 고도, 방위, 거리, 로켓 추진 시간, 폭발 형태, 장약의 규모였다. 카드는 몇 주간 공들인 측지측량과 복잡한 산술 계산의 결과였다. 비행 내내 추진력으로 이동하는 크루즈 미사일과 달리, 탄도미사일은 발사 뒤 처음 몇 분만 추진된다. 그 뒤로는 다양한 수준의 정확성으로 계산할 수 있는 탄도를 따라 이동한다. R-12 미사일은 기계적인 자이로스코프를 통해 지정된 경로를 유지했다.

소련군 목표담당관들은 로켓 방향을 적절하게 정하기 위해 해발 고도를 비롯한 발사진지의 정확한 위치를 알아야 했다. 쿠바에서 세부적인 측지측량을 한 적이 없었기 때문에 지형 데이터를 모으기 위해 전국에 걸쳐 네트워크를 구축하면서 거의 처음부터 시작했다. 또한 카스트로가 바티스타에게서 넘겨받은 1:50000 미군 지도를 사용하기 위해 힘들게 소련 좌표 체계를 미국 체계에 맞게 조정했다. 정확한 전체 관측을 하기 위해 1000분의 1초의 정확도를 갖는 시계가 필요했다. 모스크바에서 나오는 시보 신호(정확한 시각을 알리기 위해 송출하는 무선 전신 부호 - 옮긴이)는 너무 약해 미국 시보 신호를 이용했다.

원시적인 컴퓨터와 계산기만 있던 시절이라 대부분의 계산 작업을 사람이 직접 해야 했다. 두 명의 목표담당관이 각자 계산을 한 다음 확인하고 또 확인했다. 각 R-12연대는 12개 목표가 있었다. 최초 8기를 일제 사격하고, 나머지 4기는 2차 사격을 위해 보유했다. 목표담당관들은 작업을 마쳤다고 생각하자마자 미사일 기지 한 곳에 할당된 목표가 사거리 바깥에 있다는 사실을 깨달았다. 목표를 재할당하고 전부 다시 계산하는 데 일주일이 넘게 걸렸고 뜬 눈으로 며칠 밤을 지새워야 했다.

니콜라이 오블리진 소령은 목표 카드를 시도로프 대령의 제79미사일연대에 전달할 책임이 있었다. 탄도처ballistic department의 부처장인 그는 지난 3개월 대부분을 엘치코 사령부에서 보냈다. 숙소로는 수영장과 고급 침대가 완비된 윤락업소를 사용했다.

오블리진은 3개월간 쿠바에 있는 동안 쿠바인들과 깊은 유대 관계를 맺었다. 쿠바인들은 오블리진을 "콤파녜로 소비에티코(compañero sovietico : 소련 동지)"라고 부르고 즉석에서 인터내셔널가(국제 사회주의자 노래로 1944년까지 소련 국가로 불렸다 - 옮긴이)와 〈모스크바의 밤Moscow Nights〉이라는 노래로 인사했다. 목표 카드를 들고 사과라그란데로로 가던 오브리진은 쿠바인 전체가 소련군의 쿠바 주둔을 반기는 것은 아니라는 사실을 깨닫게 되었다. 고지에 있던 반혁명 세력들이 목표담당관을 미사일 기지로 호위해 가는 장갑차를 향해 총질을 했다. 거리가 너무 멀어 피해는 없었다.

미하일 양겔이 설계한 R-12는 이동식이었고, 적어도 1960년대 초기 기준으로는 발사가 용이했다. 저장 가능한 액체 추진제를 썼고, 완전히 충전한 상태를 최대 한 달까지 유지할 수 있었으며, 카운트다운 시간은 30분이었다. 사전 조사를 해둔 발사지점은 볼트와 체인으로 땅에 고정한 5톤짜리 콘크리트 슬래브 주변에 구축되었다. 이 슬래브가 미사일 발사대 역할을 했다. 발사대는 단단하고 평평해야 했고 그렇지 않으면 연필 모양의 로켓이 쓰러졌다. 일단 슬래브 작업이 완료되면 미사일을 다른 기지로 옮기는 데 몇 시간밖에 걸리지 않았다. 양겔이 설계한 "연필"은 이 당시 소련 탄도미사일 가운데 가장 신뢰성이 높다고 평가되었다.

목표 카드를 확보한 미사일 요원들은 조준·발사 연습을 할 수 있었다. 쿠바 미사일 기지의 배치는 소련 미사일 기지와 매우 흡사했다. 미사일 발사에 성공하기 위해서는 아주 정확한 타이밍이 필요했고 모든 요원들이 정확하게 각자 맡은 임무를 알아야 했다.[65] 준비태세 4에서 준비태세 1로 격상되어야 미사일을 발사할 수 있었다. 간부들은 전체 단계별 조치 시간을 확실히 준수하기 위해 스톱워치로 시간을 쟀다.

미사일 요원들은 최종 연습을 시작하기 위해 밤이 되기를 기다렸다. 미국 정찰기에 들키지 않기 위해서였다. 알람이 울리자 담당 요원이 정위치 하는 데 정확하게 1분이 주어졌다.

탄두는 베후칼이라는 작은 마을 인근의 지하 벙커에 보관되어 있었다. 사과라그란데에서 차로 14시간 걸리는 곳이었다. 훈련은 원뿔형 모의 탄두로 했다. 특수 제작된 밴 차량에서 모의 탄두를 하역해서 도킹 차량에 실었다. 그럼 다음 미사일 준비용인 긴 천막에 도킹 차량을 밀어 넣었다.

천막 안에서 기술자들은 로켓 주변을 떼 지어 다니면서 전자 장비를 점검했다. 각 천막에서 빼낸 케이블은 발전기와 급수 차량과 연결했다. 탄두 장착에 30분이 걸렸다. 기술자들은 전기 케이블과 금속 볼트 3개를 연달아 연결했는데, 이 장치는 비행 중 미리 지정한 시간에 폭발해서 탄두를 미사일 동체와 분리했다. 이때는 준비상태 3으로, 미사일 발사 140분 전이었다.

견인 트레일러가 미사일을 천막에서 꺼내 수백 미터 떨어진 발사대로 옮겼다. 요원들은 미사일을 얹을 기립장치의 맨 위에 금속 체인 도르래를 달았다. 그런 다음 견인 차량으로 기립장치와 미사일을 발사 위치, 즉 수직에서 몇 도 정도 기울도록 감아올렸다. 발사대는 미국 방향으로 설치되었다.

다음 단계는 조준이었다. 기술 요원들은 목표 카드에 나오는 지시에 따라 미사일을 목표와 일직선으로 맞췄다. 정확도를 최대한 높이기 위해 세오돌라이트라는 장치를 사용했는데, 이 장치로 방위각과 수직 각도를 재고 발사장치에 놓인 미사일을 움직였다. 일단 미사일에 연료를 채워 넣으면 옮기기 어려웠기 때문에 조준 과정은 연료 주입 전에 이루어져야 했다.

밤하늘을 향한 미사일이 달빛 아래에서 반짝거렸다. 주변 곳곳에 야자수가 있었는데, 미사일은 마치 포동포동해진 야자수 같았다. 깃털 같은 나뭇잎 대신, 로켓에는 마치 연필 끝처럼 날카로운 원뿔 모양의 싹이 튀어나와 있었다. 발사 준비를 최종적으로 마무리하는 동안 비가 내렸다. 연료와 산화제를 실은 트럭이 요란한 소리를 내면서 발사진지로 올라갔고 로켓에 호스가 연결되었다.

통제 장교가 스톱워치를 누르고는 훈련을 중단시켰다. 하룻밤 훈련으로는 충분했다. 실제 탄두가 도착하기 전에 연료를 로켓에 주입하는 것은 의미가 없었다. 미사일 요원들은 발사 60분 대기에 해당하는 준비태세 2를 성공적으로 달성할 수 있다는 사실을 보여주었다.

요원들은 세워져 있던 미사일을 끌어내려 다시 천막 안으로 끌고 갔다. 훈련이 끝나자 지친 장병들은 잠을 청하기 위해 천막으로 기어들어 갔다. 격렬한 야간 훈련의 유일한 증거는 연료 트럭과 미사일 트레일러가 비에 젖은 들판을 지나가면서 새겨 놓은 깊이 파인 바퀴 자국들뿐이었다.

미사일 부대의 사령관인 이고르 스타첸코 소장은 베후칼에 있는 지하 사령부로 이동했다. 아직 사과라그란데에 있는 시도로프 대령이 지휘하는 연대와 유선 통신망을 안정적으로 갖추지 못했다. 본국에서 발사 명령이 떨어지면 스타첸코 소장은 무선으로 암호 전문을 재전송해야 했다.

10월 24일 밤, 스타첸코에게는 만족할 만한 일과 걱정스러운 일이 모두 있었다. 스타첸코 휘하에는 약 8000명의 병력이 있었다. 일단 핵탄두를 지원받으면, 시도로프 대령의 미사일은 뉴욕과 워싱턴 D.C.뿐 아니라, 그 밖의 미국 도시 여섯 곳을 파괴할 수 있었다. 쿠바 서부 산디에고데로스바뇨스 인근에 있는 니콜라이 반딜롭스키 대령의 연대는 10월 25일까지 작전 준비를 마칠 예정이었다.[66] 유리 솔로비예프 대령의 세 번째 R-12연대는 산크리스토발과 더 가까웠는데, 더 어려운 상황에 직면했다. 지원 선박 중 한 척인 유리 가가린호가 봉쇄 조치 때문에 쿠바에 오지 못했다. 솔로비예프 연대의 참모장은 연료와 산화제를 실은 트럭 대부분과 함께 소련으로 되돌아가는 중이었다.

이런 상황에서 합당한 해결책은 한 가지밖에 없었다. 스타첸코는 솔로비예프 연대가 최대한 빨리 전투태세를 갖추도록 이미 쿠바에 도착한 장비로 돌려막기를 해야 했다. 그래서 시도로프와 반딜롭스키에게 연료 장비 일부를 솔로비예프에게 지원하라고 지시했다.[67]

또 한 가지 문제가 남았다. 미 해군 항공기가 R-12 미사일연대 세 곳의 상공을 비행하고 있었다. 미국이 미사일 기지를 전부 발견했다고 확신한 스타첸코는 이런 상황이 벌어질 것에 대비해 미리 준비한 계획이 있었다. 그래서 또 다른 명령을 하달했다.

"예비 진지로 이동하라."

제5장

"주야장천"

Till Hell Freezes Over

"미국이 꽁무니를 뺏구려. 케네디가 목검을 들고 잠자리에 든 것처럼 보이오."[1]

흐루쇼프가 흡족해하며 말했다. 최고회의 간부회의 참석자들은 서기장의 죽 끓듯 하는 변덕에 익숙했다. 흐루쇼프는 "콧구멍으로 파리를 잡지 않는 법이야", "모든 도요새는 자기가 사는 습지를 좋게 말하지", "우리 전부를 합쳐도 스탈린이 싼 똥만도 못해"와 같은 거친 표현과 격언을 대화에 끼워 넣기 위해 우크라이나 농부의 전통문화에 의존하곤 했다.

"'목검'이라뇨?"

소련 수뇌부에서 흐루쇼프와 가장 가까운 친구이기도 한 미코얀 부총리가 물었다. 회심의 개그를 선보였지만 썰렁한 반응을 받은 개그맨처럼, 흐루쇼프는 자신이 내뱉은 농담을 설명해야 했다.

"곰 사냥에 처음 나설 때, 나무로 만든 칼을 갖고 간다는 말이 있소. 바지를 털기 쉽게 말이오."

미국과 대치한 지 사흘째가 되자 몇몇 소련 관리들은 목검이 더 필요한 쪽이 케네디인지 흐루쇼프인지 의문이었다. 소련 외무부 부장관은 미국 전략공군사령부가 데프콘 2를 발령했다는 소식에 흐루쇼프가 "바지에 똥을 쌌다"고 동료들에게 말하기도 했다.[2] 나중에 KGB 국장은 쿠바에 있는 미사일이 발각되었다고 보고받은 흐루쇼프가 "패닉"에 빠져 이런 비극적인 발언을 했다고 주장했다.

"끝났어. 레닌의 업적이 물거품이 되었어."[3]

진짜 속마음이 어떻든, 가장 최근의 상황은 흐루쇼프를 무척 심란하게 만들었다. 흐루쇼프는 재래식 전쟁을 아주 가까이에서 지켜본 적이 있었기 때문에 핵전쟁을 경험해 보고 싶은 마음이 없었다. 1942년

5월 하리코프 전투 당시 정치위원이던 흐루쇼프는, 정치 지도자의 실수와 고집 때문에 불필요하게 한 개 야전군 전체가 섬멸되는 것을 지켜보았다. 대조국전쟁 기간에는 3000만 명을 잃었다. 사망자 명단에는 흐루쇼프의 장남인 레오니트도 포함되었다. 전투기 조종사였던 레오니트는 독일 공군과 싸우다가 격추되었다. 핵전쟁이 발발하면 훨씬 더 많은 사상자가 발생할 것이 거의 확실했다. 흐루쇼프는 또 다른 전쟁에 휘말리지 않기 위해 최선을 다하리라고 마음먹었다. 또한 상황이 자신과 케네디의 통제 범위에서 벗어나고 있다는 사실을 이해했다.

부분적으로 이 문제는 미국의 대응을 잘못 예측한 데 있었다. 자신이 터키와 이탈리아에 미국이 핵무기를 배치한 것을 눈감아 준 것처럼, 결국 케네디도 쿠바 미사일을 마지못해 받아들일 것으로 생각했다. 속이 타고 화가 날 수는 있어도 전 세계를 핵전쟁의 벼랑 끝으로 몰고 가지는 않으리라고 내다본 것이다.

"걱정할 것 없소. 미국이 심각하게 반응하진 않을 거요."[4]

지난 7월 이 문제에 관해 쿠바와 첫 회담을 했을 때 흐루쇼프가 체 게바라에게 말했다.

"문제가 생기면, 발트 함대를 보내겠소."

이 말을 들은 체 게바라는 믿을 수 없다는 듯 눈썹을 치켜 올렸지만, 반박하지는 않았다. 흐루쇼프 동지가 늘 하는 사소한 농담이라고 생각했을 수 있었다. 발트 함대는 미 해군에 거의 상대가 되지 않았다. 발트 함대가 마지막으로 타국 영해에 전개한 것은 1904년이었는데, 이 당시 일본 제국 해군에 섬멸되었다. 역사상 러시아가 경험한 가장 큰 군사적 패배였다.

백악관에 있던 케네디와 마찬가지로, 흐루쇼프는 소련군에 전투태세 격상을 지시했다. 전 장병의 휴가가 취소되었고 전역도 무기한 연기되었다.

흐루쇼프는 회의실 테이블을 내려다보면서 동지들이 앞으로 있을 수 있는 후퇴를 준비하게 해야 한다는 사실을 깨달았다. 그는 "미사일 기지를 해체"해야 한다고 결론 내렸다. 그러면서도 쿠바 혁명 수호라는 주목적을 달성했다고 주장할 수 있는 방식으로 미사일을 철수하길 원했다. 흐루쇼프의 상황 설명에 따르면, 물러선 쪽은 모스크바가 아니라 워싱턴이었다. 흐루쇼프가 회의 참석자들에게 말했다.

"우리가 쿠바를 국제적으로 가장 주목받는 나라로 만들었소. 양 체제가 충돌했소. 케네디가 쿠바에서 우리 미사일을 빼내라고 하고 있고, 우린 이렇게 답하는 거요. '미국이 쿠바를 공격하지 않겠다고 약속하고 확실히 보장하라.' 그러면 상황이 나쁘지만은 않소."

협상이 가능했다. 불침공 약속을 받는 대신 "R-12 미사일을 빼내고 다른 미사일은 쿠바에 남겨둘 수" 있었다. 그런 조치는 "비겁"한 것이 아니라 상식적일 뿐이다.

"쿠바를 더 강하게 만들고 2~3년간 지켜줄 것이오. 몇 년 뒤에는 (미국이) 쿠바를 다루기가 훨씬 더 어렵게 될 것이오."

당장은 위기가 더 악화되는 상황을 피하는 것이 중요했다. 회의 테이블 주변에서 "맞습니다"라며 중얼거리는 소리가 들렸다. 누구도 감히 서기장의 말에 토를 달지 않았다. 흐루쇼프가 후퇴하자고 주장했고, 설령 후퇴라고 할지라도 일시적일 뿐이었다.

"시간이 지나갈 것이오. 필요하면 미사일은 또 배치할 수 있소."

일단 흐루쇼프가 미사일 철수를 결정하자, 적어도 원칙적으로 소련의 선전 태도가 갑자기 바뀌었다. 이날 아침 공산당 기관지인 〈프라우다〉는 미국에 맹비난을 퍼부었다.

"쿠바에서 손 떼라. 미제의 침략 구상은 반드시 저지되어야 한다."

다음 날 헤드라인은 다음과 같았다.

"전쟁을 막기 위한 모든 조치. 이성을 되찾아야."

이제 최고회의 간부회의에 참석한 동료들이 보기에 흐루쇼프가 쿠바 미사일 문제로 전쟁에 뛰어들 생각이 없다는 것이 분명했다. 모스크바에서 약 8000킬로미터 떨어지고 7시간 시차가 있는 워싱턴 D.C.에서 엑스콤 자문위원들도 케네디에 대해 비슷한 결론에 도달했다. 대통령은 핵전쟁을 무슨 대가를 치르더라도 피해야 할 "최종 실패the final failure"로 여겼다.

애초에 양국 지도자들은 호전적인 반응을 보였다. 케네디는 공습을 선호했고, 흐루쇼프는 쿠바 현지 지휘관에게 핵무기 사용 권한을 주는 것을 심각하게 고려했다. 많은 고뇌 끝에 양측은 무력 충돌을 피할 길을 찾기로 했다. 문제는 두 사람이 솔직하게 소통하는 것이 사실상 불가능하다는 데 있었다. 둘 다 상대방의 의도와 동기에 대해 거의 아는 바가 없고, 최악의 상황을 가정하는 경향이 있었다. 소통에 반나절이나 걸렸다. 도착한 메시지에는 초강대국 외교의 불명확한 언어가 담겨 있었다. 메시지 작성자들은 약점을 허용하거나 실수를 인정하지 않았다.

일단 작동하기 시작한 전쟁기계는 서둘러 자체적인 논리와 관성을 얻었다. 아무것도 인정하지 말라는 냉전 외교의 불문율 때문에 물러서기가 매우 어려웠다.

문제는 더 이상 두 초강대국 지도자가 전쟁을 원하는가가 아니라 이들에게 전쟁을 막을 힘이 있냐는 것이었다. 쿠바 미사일 위기의 가장 위험한 순간은 아직 시작되지 않았다.

CIA가 마타암브레 구리 광산을 파괴하기 위해 보낸 두 공작원은 초목을 쳐내면서 울창한 숲을 통과했다.[5] 길이 구불구불해서 속도가 더 뎠다. 숲에 도착하기 전 미구엘 오로스코와 페드로 베라는 무거운 배낭을 메고 무릎까지 올라오는 맹그로브 습지를 헤치며 걸었다. 오로스코는 무선 송신기와 소형 발전기, 그리고 M-3 반자동 소총을 휴대했다. 베라는 C-4 폭탄과 시한장치 세 팩을 휴대했다. 진행 방향을 파악하기 위해서 지도와 나침반도 갖고 있었다.

둘은 밤에 이동하고 낮에는 잠을 잤다. 문명의 흔적이라고는 해안을 따라 이어진 비포장도로밖에 없었다. 문제가 될 만한 일이나 마주치는 사람도 없었다. 짐승들도 가시 많은 관목이 우거진 습지를 조심했다. 강한 비바람이 이동을 더 힘들게 했다.

셋째 날, 케이블카 시스템을 지탱하는 목재 타워가 줄지어 있는 것이 보였다. 두 사람은 구리 광산과 바다 사이의 131미터 고지에 세워진 이른바 "브레이크오버 타워"라는 곳으로 향했다. 이 타워는 버지니아주 CIA 훈련장인 "농장"에 설치된 모형 타워와 똑같은 형태를 하고 있었다. 공작팀에 나중에 합류한 베라는 모형 타워를 본 적이 없었지만, 오로스코는 모형 타워에 여러 차례 기어오르는 연습을 했다. 게다가 오로스코는 이번이 마타암브레 임무에 네 번째로 투입된 것이었다.

두 사람은 닷새째 자정 무렵 타워 밑에 도착했다. 야간이라 케이블카가 운행을 멈춘 상태여서 온통 적막뿐이었다. 오로스코는 15미터 높이의 타워를 천천히 올라갔다. 그런 다음 폭탄 두 세트를 머리 위에 있는 케이블의 여러 위치에 부착했다. 아침에 케이블카 운행이 재개될 무렵이면 폭탄 하나는 마타암브레에 있는 구리 정제 공장에, 또 하나는 산타루시아에 있는 부두 저장 시설에 설치되어 있을 예정이었다. 두 폭탄은 접촉 시 폭파되도록 설계되었다.

그사이 베라는 타워 밑동에 폭탄을 설치했다. 그런 다음 안에 산acid

이 든 연필 모양의 금속 막대인 시한장치와 연결했다. 산은 폭탄이 폭발할 때까지 금속을 천천히 부식시켜 구리 광산으로 이어진 전력선과 함께 타워를 무너트릴 터였다. 특별히 인명 살상을 의도하지는 않았지만 전력선이 파손되면 지하에 있는 광부 수백 명이 탈출 수단이 없어 발이 묶이게 된다. 게다가 전기가 끊기면 광산에서 물을 끌어올리는 펌프의 가동이 중단되어 물이 크게 범람할 터였다.[6]

임무를 거의 달성한 두 공작 요원은 해안가로 복귀했다. 돌아오는 길은 훨씬 수월했다. 익숙한 길이었고 목적지를 분명하게 볼 수 있었다. 두 사람은 10월 28~30일 사이에 CIA 탈출 지원팀을 만나기로 했다.

새벽 무렵 목적지에 거의 도착했다. 멀리 소나무로 뒤덮인 언덕 너머에 바닷물이 반짝거렸다. 오로스코는 심한 복통을 느끼기 시작해서 걷기가 불편했지만 아무것도 아니라며 베라를 안심시켰다.

1962년 10월 25일 목요일 오전 8:00(아바나 오전 7:00)

워싱턴 주재 소련 대사관에 있던 외교관과 첩보원들은 모스크바로부터 미국의 쿠바 침공 계획에 관한 확실한 정보를 입수하라는 압박을 받았다. 요원들은 백악관, 펜타곤, 국무부에서 불이 켜진 창의 수를 셌고 술집과 주차장에서 언론인에게 접근했다. 무관들은 미군 부대의 이동을 예의주시했다.

그때까지도 이런 노력은 별다른 결실이 없었다. 모스크바로 보고한 정보 대부분은 신문 기사를 추린 것이었다. 일부 정보는 오류가 있었다. 도브리닌 대사가 보낸 공문에는 맥나마라 국방부 장관이 엑스콤 내에서 강경파의 리더 격인 반면, 더글러스 딜론 재무부 장관은 초기 군사 작전의 반대를 주도했다는 내용이 있었다.[7] 사실은 그 반대였다.

정확한 정보가 부족한 상황은 특히 KGB 워싱턴 지국장인 알렉산드르 페클리소프에게 좌절감을 안겨주었다. 페클리소프는 제2차 세계대전의 영광스러운 나날을 떠올렸다. 그 당시 소련 첩보원들은 미국 정부의 최고위층에 침투할 수 있었다. 젊은 시절 뉴욕에서 부영사로 위장 근무를 한 페클리소프는 역사상 가장 성공적인 정보 작전 중 하나의 실행을 도왔다. 다름 아닌 맨해튼 계획에 침투해서 미국 핵개발에 관한 기밀을 탈취하는 임무였다. 첩보원 중에는 줄리어스 로젠버그(로젠버그 부부는 핵기밀을 소련에 넘긴 죄로 1953년 전기의자에서 처형됐다 - 옮긴이)도 포함되었는데, 로젠버그는 페클리소프에게 미국 핵기술 가운데 가장 중요한 내용 중 하나인 근접 신관을 제공했다.[8]

그때만 해도 일하기가 수월했다. 소련의 위상이 높았고, 특히 1941년 6월 독일의 소련 침공 뒤에는 더 그랬다. 미국 좌파 지식인 다수는 나치 독일을 상대로 싸움을 도맡아 하는 국가를 지원하기 위해 뭐든 돕는 것이 자신들의 의무라고 생각했다. 정보 제공자들은 뉴욕 도로가에 있는 소련 영사관에 걸어 들어가 순전히 이상주의적인 이유로 도움을 주겠다고 자청했다.

스탈린 범죄에 대한 흐루쇼프의 폭로, 냉전, 1956년 소련의 헝가리 침공은 미국에 있던 소련 스파이의 활동을 크게 위축시켰다. KGB는 미국 시민들이 소련에 협력하도록 설득하는 주요 유인책으로 더 이상 이데올로기에 기댈 수 없었다. 돈 또는 일부 사례에서는 공갈을 동원했지만, 도무지 과거 정치적 공감대만큼의 효과는 없었다.

정보원이 고갈되자 소련 지도부는 미국에 대해 오해하기도 했다. 흐루쇼프는 1959년 미국을 방문했을 때 아이젠하워 대통령과 함께 캠프 데이비드라는 곳에서 며칠을 보내도록 초청받은 사실을 모욕적으로 받아들였다. 소련의 미국 전문가 중 캠프 데이비드에 대해 아는 사람이 없었다. 흐루쇼프는 캠프 데이비드가 "범죄 혐의가 있는 사람들을 격리시키는" 일종의 수용소임이 틀림없다는 반응을 보였다. 캠프 데이비드가 "러시아인들이 다차(dacha : 시골 별장)라고 부르는 곳"이라는 사실과, 그곳에 초청되는 것이 모욕이라기보다 영예라는 사실을 이해하는 데는 상당한 노력이 필요했다.[9] 흐루쇼프는 자신의 회고록에 이 사례는 "우리가 얼마나 무지했는지" 보여준다고 썼다.

1960년 페클리소프가 KGB 워싱턴 지국장으로 미국에 돌아왔을 때에는 주로 수준 낮은 가십을 알려주는 사람들이 정보원이었다. 소련 첩보 요원들은 기자와 외교관들이 소문을 주고받는 내셔널프레스클럽에서 서성거렸다. 귀를 쫑긋 세우면 가끔 신문에 아직 보도되지 않은 흥미로운 정보를 입수할 수 있었다.

수요일 저녁, 타스 통신원으로 위장한 한 KGB 요원은 클럽에서 중요한 가십을 확보했다. 조니 프로코프라는 이름의 리투아니아 출신의 바텐더는 〈뉴욕헤럴드트리뷴〉 기자인 워렌 로저스와 로버트 도너번의 대화를 엿들었다. 로저스는 혹시라도 미군이 쿠바를 침공하는 경우 해병대를 취재하기로 된 여덟 명의 기자 중 한 명이었다. 군사 행동이 임박했다고 생각한 로저스는 국장인 도노번에게 "제가 갈 것 같습니다"라고 말했다. 바텐더인 프로고프는 정확한 의미를 알 수 없는 이런 대화 내용을 타스 통신원에게 전했고, 이 정보는 페클리소프를 거쳐 도브리닌 주미 소련 대사에게 전달되었다.

서너 단계를 거친 정보였지만, 워싱턴에 있던 소련 관리들은 어떻게든 내부 정보 비슷한 것이라도 확보하는 데 급급했다. 정보가 사실인지 확인하기 위해 페클리소프는 또 다른 KGB 요원이 주차장에서 "우연히" 로저스와 마주치게 했다. 소련 대사관에서 일하는 2등 서기관으로 위장한 이 KGB 요원은 로저스 기자에게 케네디가 쿠바 공격을 심각하게 고려하고 있는지 물었다. 로저스 기자는 강하게 반박했다.

"아니면 제 손에 장을 지지죠."[10]

이날 아침 늦게, 로저스는 소련 대사관으로부터 전화를 받았다. 고위급 외교관인 게오르기 코르니옌코와 점심을 함께하자는 초청이었다. 기삿거리를 확보할 수도 있다고 판단한 로저스는 초청을 받아들였다. 식사 자리에서 코르니옌코는 정보를 캐기 위해 유도 질문을 했다. 엑스콤에서 실제로 이루어지는 상황을 모르던 로저스는 맥나마라와 바비 케네디가 주요 매파라고 말했다. 코르니옌코가 이날 대화를 상부에 보고한 내용에 따르면, 케네디 행정부는 이미 원칙적으로 "카스트로를 끝장" 내기로 한 상태였다.[11] 미국의 침공 계획은 "최종적인 세부 사항까지 준비"되었고 "언제든" 실행 가능했다. 흐루쇼프의 "융통성 있는 정책"만이 침공을 지연시킬 수 있었다. 케네디 대통령은 미국인과 국제 사회 모두를 만족하게 할 만한 쿠바 공격 구실이 필요했다.

KGB가 애타게 찾던 정보였다.[12] 도브리닌과 페클리소프는 대화 내용을 자세히 설명하는 긴급 전문을 모스크바에 보냈고, 얼마 안 가 해당 정보는 흐루쇼프를 비롯한 소련 지도부의 책상에 놓이게 되었다. 하룻밤 사이에 워싱턴 D.C.의 내셔널프레스클럽에서 급하게 주고받은 대화가 일급비밀 정보로 뒤바뀐 것이다.

새벽에 마타암브레 광산 운영이 재개되었다. 광부 700명이 철재로 된 승강기를 타고 지하 깊은 곳으로 내려간 다음, 동굴을 기어서 바위 표면으로 이동했다. 혁명 이후 쿠바에 새 장비가 수입되지 않았기 때문에 채굴 장비의 수리가 필요했지만, 이런 상황에서도 마타암브레 광산은 연간 약 2만 톤의 구리를 생산했고, 생산량 대부분을 공산권 국가에 수출했다.

케이블카 한쪽 끝에 있는 산타루시아의 한 감독관이 갑자기 뭔가 잘못되었다는 사실을 알아챘다. 펠리페 이글레시아스는 미국인이 공장을 운영했던 20년 전부터 컨베이어 장치를 관리한 인물이었다. 그는 컨베이어 양동이가 마타암브레에서부터 천천히 내려가고 있는 광경을 보다가 케이블에 이상한 물체가 부착된 것을 발견했다. 더 이상 진행하다가는 기계 장치에 뒤엉킬 것 같았다.

"컨베이어 세워."[13]

이글레시아스는 마타암브레에 있는 구리 정제 공장과 연결된 구내 전화에 소리를 쳤다.

"양동이 위에 뭔가 이상 게 있어."

다른 직원이 다이너마이트를 유심히 보면서 소리쳤다.

"폭탄처럼 보입니다."

몇 분 내로 두 번째 폭탄이 발견되었고, 이번에는 마타암브레 쪽 궤도였다. 몇몇 보안팀이 10킬로미터 거리의 궤도를 따라 걸어가서 브레이크오버 타워에서 마주쳤다. 이들은 오로스코와 베라가 설치한 마지막 폭탄을 폭파 직전에 발견했다.

1962년 10월 25일 목요일 정오(아바나 오전 11:00)

제럴드 커피 중위는 두 번째 저공 정찰 임무를 수행하고 있었다. 커피 중위는 사과라그란데 인근에 있는 MRBM 기지를 촬영한 적이 있었다. 전날 밤 훈련 때문에 진흙에 깊이 파인 바퀴 자국이 보였다. 커피 중위가 탄 RF-8 크루세이더는 완공되려면 아직 수 주가 걸리는 레메디오스 IRBM 기지가 있는 동쪽으로 향했다. 이때 항공기 기수 왼편에 뭔가 시선을 끄는 것이 있었다.

미사일 기지 북쪽으로 약 3.2킬로미터 떨어진 곳에 대규모 군 주둔지가 있었다. 전차와 트럭이 줄지어 있는 광경이 보였고 대부분 위장이 되어 있었다.[14] 커피 중위는 빨리 결정을 내려야 했다. 자신보다 계급이 높은 조종사의 윙맨이던 그는 분대장과 거리를 철저하게 유지하면서 미리 할당된 항로로 비행해야 했다. 하지만 놓치기에는 아까운 목표였다. 해당 주둔지는 쿠바에서 이전에 본 것과 달랐다. 결국 조종간을 왼쪽으로 당겨서 수평 자세를 유지한 다음 촬영을 시작했다. 최적의 촬영 자세로 기동하는 동안 RF-8에 장착된 카메라가 고속 연사로 하늘, 지평선, 녹색의 설탕수수 농장을 촬영했다.

시속 약 900킬로미터의 빠른 속도로 주둔지 상공을 요란하게 비행했기 때문에 조종사는 자신이 촬영하고 있는 것이 정확히 무엇인지 알기 어려웠다. 커피 중위는 급하게 우선회해서 분대장기 뒤로 이동했다. 두 조종사는 엄지손가락을 치켜드는 신호를 주고받고는 애프터버너를 켜서 플로리다 해협이 있는 북쪽으로 되돌아갔다.

젊은 해군 조종사였던 커피 중위가 자신이 촬영한 사진의 중요성을 인식하는 데에는 여러 주가 걸렸다. 결국 해병대 사령관은 "신속하게 변화하는 상황에서 기민하게 대처"한 사실을 치하하는 감사장을 커피 중위에게 전달했다.[15] 감사장에는 "훌륭한 해군-해병대 전투팀 역사상 상륙 부대에 가장 중요하고 적시적인 정보를 입수"했다는 칭찬도 덧붙었다. 당사자는 미처 몰랐지만, 커피 중위가 발견한 것은 새로운 차원의 소련 무기였다.

제146차량화소총병연대의 연대장인 그리고리 코발렌코 대령에게 RF-8의 쿠바 영공 침범 비행은 앞으로 경험할 여러 차례 좌절 가운데 가장 최근에 벌어진 일일 뿐이었다.[16] 제146차량화소총병연대는 소련 지상군에서 가장 위력적인 무기 중 일부를 보유하고 있었다. 그런 무기로는 T-54 전차, 대전차 유도미사일, 카튜샤로 알려진 다연장포, 핵탑재 프로그 미사일이 포함되었다. 하지만 부대원들은 병들고 지쳐 있었다. 이미 발생할 수 있는 나쁜 상황은 거의 다 발생한 상태였다.

부대원들의 고생은 대서양을 건너는 18일간의 여정에서부터 시작되었다. 부대원 절반이 뱃멀미에 시달렸다. 설상가상으로 장병들은 갑판 아래의 푹푹 찌는 공간에 갇혀 있었다. 비틀거리며 배에서 내린 부대원들이 트럭을 타고 이동한 곳은 버려진 양계장이었다. 야자수 몇 그루, 대나무 오두막, 소금기를 머금은 붉은색 물을 내뿜는 배수탑 말고는 거의 불모지나 다름없는 곳이었다. 며칠 지나지 않아 설사가 나기 시작했다. 12명으로 시작된 설사 인원은 40명으로 증가하더니 결국 부대원의 3분의 1로 늘어났다. 전염된 것이었다.

식수는 유해할 뿐 아니라 충분하지도 않았다. 쿠바인들은 소량의 물만으로 생활하는 데 익숙했고, 우물 하나면 4000명에게 식수를 제공하기 충분하다고 생각했다. 하지만 한 개 소련군 차량화소총병연대는 하루 100톤의 물을 소비했다. 물은 병력만이 아니라 군용 장비에도 필요했다. 우물을 팔 여유가 없었다. 다른 곳으로 옮겨야 했다.

동쪽으로 80킬로미터 떨어진 레메디오스 인근 지역으로 부대를 재배치하는 데 일주일이 걸렸다. 이동 중에는 연대 고위급 장교가 탄 차량이 쿠바 트럭을 들이받아서 탑승자들이 사망할 뻔했다. 레메디오스의 상황은 첫 번째 주둔지와 큰 차이가 없었다. 24킬로미터 떨어진 샘에서 트럭으로 식수를 실어 날라야 했다. 그래도 물은 깨끗했다. 부대원들은 덤불에서 뱀과 큰 돌을 치운 뒤 천막을 쳤다. 얼마 지나지 않아 비가 내려 사방을 적시고 막사 주변은 붉은 진흙탕으로 바뀌었다.

부대 재배치는 케네디 대통령이 해상 봉쇄를 발표할 무렵 거의 마무리 되었다. 코발렌코는 냉전의 새로운 위기 상황에서 자신이 지휘하는 부대가 최전방에 있다는 것을 알았지만 상부로부터 필요한 정보를 얻는 데 어려움이 있었다. 운 좋게 간부 중에 영어를 잘하는 인원이 있었다. 그 덕분에 마이애미 라디오와 〈미국의 소리〉를 통해 최신 정보를 계속 파악할 수 있었다.

제146차량화소총병연대의 주요 임무는 레메디오스와 사과라그란데에 있는 핵미사일 기지를 방어하는 것이었다. 또 다른 차량화소총병 연대 2개가 아바나와 쿠바 서부 피나르델리오 주에 있는 미사일 기지를 방어하기 위해 아바나 주변에 배치되었다. 네 번째 연대는 관타나모 탈출을 저지하기 위해 쿠바 동부 오리엔테 주에 있었다. 오리엔테에 배치된 부대를 제외한 모든 연대는 전술핵무기를 보유했다.

경전차의 포좌에 장착된 프로그 미사일은 조작이 쉬웠다. 발사 준비에 30분이 걸렸고, 재장착에 1시간이 걸렸다. 사거리 32킬로미터의 2킬로톤 핵탄두로 폭파 지점 반경 910미터 내에 있는 모든 물체를 파괴하고, 이보다 훨씬 더 넓은 지역을 방사능으로 오염시켰다. 미군이 프로그 공격을 받았다면 열과 압력으로 즉사했을 것이다. 차량 안에서 생존한 인원도 며칠 내로 방사능에 노출되어 죽었을 것이다.

코발렌코는 프로그 발사장치 2개와 핵탄두 4개를 통제했다.[17] 프로그는 카튜샤 다연장포와 T-54 전차와 함께 주기장에 반듯하게 정렬되어 있었고, 커피 중위가 촬영한 사진에는 그런 광경이 담겨 있었다.

레메디오스에서 동쪽으로 약 480킬로미터 떨어진 곳에는 오리엔테 주의 주도인 산티아고데쿠바가 있었다. 이곳에 있는 산악 지역에서 카를로스 파스콸이라는 CIA 요원은 최신 보고 내용을 문자 그룹 다섯 개로 암호화했다. 그런 다음 은신처에서 무전기와 발전기를 꺼냈다. 두 장비를 합치면 무게가 약 23킬로그램이어서 휴대하기에는 부담스러웠다. 주변에 아무도 없다는 사실을 확인한 파스콸은 무전기를 켜서 본부와 연락할 때 사용하는 HF 주파수를 맞췄고 모스부호로 송신한 뒤 행운을 빌었다.

쿠바에서 소련 미사일이 발견되자 상관들은 온갖 요구와 질문을 해서 파스콸을 괴롭혔다. 하지만 파스콸이 보고하려는 내용은 이후 며칠간 CIA가 파스콸에게 기대한 정보가 아니었다. 쿠바 당국은 전투 경보 기간에 개인 차량을 징발한다고 발표했고, 공식적인 허가 없이 시골 지역을 돌아다니는 일은 사실상 불가능했다.

파스콸의 아버지는 바티스타 정권의 쿠바 공군 총사령관이었다. 혁명 뒤 쿠바를 떠난 파스콸은 CIA에 지원했다. 1962년 9월 초 소형 보트로 쿠바에 은밀하게 되돌아온 뒤에는 반카스트로 세력이 소유한 커피 농장으로 갔다. 그곳에서 파스콸은 군 수송대의 이동, 산티아고 항에서 이루어진 소련 선박의 하역, 산악 지역에서 진행된 미사일 기지의 건설 상황을 담은 보고서 수십 건을 워싱턴에 보고했다. 하루 전에 보낸 최신 보고서는 관타나모 쪽으로 군 장비가 이동한다는 내용이 담겨 있었다.[18]

신경이 많이 쓰이는 일이었다. 키가 크고 피부가 무척 창백했던 파스콸은 자신에게 묵을 곳을 제공해 준 짙은 황갈색 피부의 농부들과 많이 달라 보였다. 다들 겁을 먹었고, 파스칼도 누구를 믿어야 할지 확신하지 못했다. 몇 주 전 농장 주인의 친척이 갑자기 나타나서 이방인인 파스콸에 대해 질문하기 시작했다. 민병대에 신고할 것을 우려한 파스콸은 산속에서 며칠간 숨어 지냈다. 이런 일이 있고 난 뒤에는 지하실에서 커피콩 자루 옆에서 웅크린 채 잠을 잤다. 그리고는 아무도 눈치채지 못하도록 새벽이 되기 훨씬 전 농장에서 빠져나왔다.

파스콸은 앰토리드AMTORRID라는 암호명의 스파이망에서 활동했다. 앰토리드는 CIA가 최근 몇 달간 쿠바에 침투시킨 요원과 간첩으로 편성한 주요 두 그룹 중 하나였다. 또 다른 망의 암호명은 코브라 COBRA로, 오리엔테 주의 반대편에 있는 피나르델리오 주를 근거지로 했다. 코브라팀은 정보 수집 활동 외에도 소규모 파괴 공작으로 활동 범위를 확장했고, 본부로부터 2000톤에 달하는 무기를 지원받았다. 코브라팀 팀장은 팀원 20명과 수백 명에 이르는 정보 제공자와 협력자를 확보했다.

쿠바에 침투한 CIA 요원의 문제는 미국에서 활동하던 KGB 요원의 문제와는 정반대였다. 인간정보가 없는 것이 아니라 넘쳐났다. 앰토리드와 코브라 외에도, CIA는 매일 팬암 항공사의 여객기를 타고 마이애미로 건너오는 망명자와, 혁명 정부에 반감을 갖고 있던 쿠바인 수십 명으로부터 정보를 얻었다. 이상한 튜브 형태의 물체가 거대한 트레일러에 실린 채 잘 알려지지 않은 쿠바 마을을 지나갔다는 정보가 수개월간 워싱턴에 보고되었다. 이런 보고 대부분은 알맹이가 없었다. 목격자들은 군 전문가가 아니어서 9미터 길이의 미사일을 18미터 미사일로 혼동할 수 있었다. 일부 보고는 목격자가 봤다고 생각되는 시점에는 쿠바에 아직 도착하지도 않은 무기 체계여서 확실히 잘못된 것이었다. 이런 소문의 대부분은 소설 『아바나의 사나이*Our Man in Havana*』에서나 나올 법한 터무니없는 내용이었다. 쿠바 미사일 위기가 벌어지기 4년 전인 1958년, 소설가인 그레엄 그린은 오리엔테 산악 지역에 있는 "로켓 발사대"의 도면을 넘기는 대가로 영국 정보기관으로부터 거액의 돈을 받은 진공청소기 세일즈맨에 관한 베스트셀러 소설을 썼다. 세일즈맨이 전달한 "일급기밀 정보"는 나중에 진공청소기 내부 도면인 것으로 밝혀졌다. 이 책을 원작으로 하는 영화는 1959년 카스트로가 정권을 장악한 뒤 아바나에서 촬영되었다.

첩보원과 망명자에게 얻은 엄청난 분량의 정보(1962년 9월에만 이런 보고서가 882건이나 되었다)를 샅샅이 살펴본 CIA 분석관들은 당시 가장 유행하는 어떤 가설이라도 뒷받침할 수 있는 온갖 종류의 증거를 찾아냈다.[19] 어떤 보고서가 정확하고 어떤 보고서가 과장되고 잘못된 것인지 구분하기 어려웠다. 대통령 정보점검목록The President's Intelligence Check List을 작성한 CIA 간부의 말에 따르면, 분석관들은 "그런 모든 보고서를 크게 의심하게 되었다."[20] 소련이 쿠바에 핵미사일을 배치하기에는 너무 위험 부담이 크다는 것이 10월 14일 U-2기 임무 전 CIA의 지배적인 견해였다. 9월 19일 국가정보판단서National Intelligence Estimate에는 이런 결론이 나온다.

쿠바 영토에 미국을 상대로 사용할 수 있는 핵전력을 구축하는 것은 우리가 현재 판단하는 소련 정책과는 모순됨.[21]

일단 CIA의 고위 분석관이 쿠바에 핵미사일이 배치될 가능성이 매우 낮다고 공식적으로 결론 내리자, 하급 분석관들은 상부의 의견에 반박하는 것을 꺼렸다. 소련 선박에서 미사일 부품이 하역되었다는 목격자 보고서가 있어도 마찬가지였다. 9월 19일 밤 CIA가 국가정보판단서를 발행하고 불과 몇 시간 뒤, 한 CIA 첩보원이 마리엘에 있는 부둣가에서 서성거렸다. 그는 "20미터가 넘는 대형 대륙간탄도 로켓"이 소련 선박에서 하역되는 광경을 목격했다.[22] 이런 정보는 지휘 체계를 통해 마이애미를 거쳐 워싱턴까지 보고되었지만, CIA 본부는 애초 보고와는 다른 평가를 덧붙였다.

정보원이 지대공 미사일이 하역되는 상황을 목격했을 가능성이 더 높음.

이제 와서 보면 최초 보고서는 놀랄 만큼 정확했다. 운송을 위해 로켓의 원추형 앞부분을 분리해서 포장한 R-12 미사일의 길이는 20미터로 V-75 지대공 미사일의 두 배였다. 이보다 3일 전에는 소련 화물선인 폴타바호가 R-12 미사일 8기를 싣고 마리엘에 도착했다.

항공사진 증거가 확보될 때까지 소련 핵미사일이 쿠바에 배치되었다는 사실을 믿지 않은 사람은 CIA 분석관만이 아니었다. 쿠바에 있던 서방 외교단 전체를 비롯해 경험이 많은 다른 전문가들도 그런 보고에 회의적이었다. 사건이 끝난 뒤, 아바나 주재 영국 대사였던 허버트 마찬트는 1962년 여름과 초가을에 "크리켓 피치(크리켓 경기장 중앙의 직사각형 구역으로 길이가 약 20미터다 - 옮긴이)보다 길고 거대한 미사일"이 소련에서 쿠바로 옮겨졌다는 소문을 알게 된 경위에 대해 설명했다.[23] 그는 이 이야기를 그레엄 그린의 인기 소설의 "믿기 몹시 어려운 속편"이라고 일축했었다.

드물게 고정관념에 따르지 않은 인물은 공화당 매파이자 CIA 국장인 존 매콘이었다. 매콘은 소련이 매우 중요한 감출 것이 없다면 쿠바 섬 주변 전체에 지대공 미사일을 배치할 이유가 없다고 의심했다. SAM 기지를 구축한 목적이 쿠바 상공에서 U-2기가 활동하지 못하게 하기 위한 것이 분명하다고 판단했다. 새로 맞은 부인과 함께 프랑스 남부에서 휴가를 보내던 존 매콘은 공식적인 CIA 평가에 대해 의문을 제기하고 소련의 MRBM 배치를 의심하는 내용을 담은 일련의 우려 섞인 메시지를 워싱턴에 보냈다. 이 메시지는 "허니문 전보"로 알려지게 되었다.

파스콸은 워싱턴에 보고하는 동안 정보 분야에서 휴민트Humint로 알려진 인간정보의 가치에 대해 CIA 내부에서 격론이 벌어지고 있다는 사실을 알지 못했다. 최근 그가 속한 앰토리드 네트워크는 시에라델크리스탈 산맥에 있는 마야리아리바(줄여서 "마야리"라고도 부른다 - 옮긴이) 마을 주변에서 미사일과 관련된 활동 정보를 입수했다. 이틀 전인 10월 23일 앰토리드가 작성한 문서는 "미사일을 실은 운반체 7개를 포함해 차량 42대로 이루어진 수송대"가 마야리로 이어진 신설 도로를 따라 올라갔다고 설명했다. 이 지역에서 "지하 시설을 건설"한다는 보고도 있었다.

워싱턴 분석관들은 쿠바 동부 오리엔테 주의 잘 알려지지 않은 장소에서 벌어지는 일에 신경 쓸 여유가 없었다. 이미 확인된 쿠바 서부 미사일 기지에서 진행되는 일을 알아내는 데 주력해야 했다. 그래서 관타나모 해군기지 주변에서 이루어지는 핵위협도 알아채지 못했다.

산티아고데쿠바에 있던 서방 외교관들도 산악 지역으로 연결된 새 도로와, 도로 건설에 총력을 기울이는 모습에 주목했다. 차로 관타나모로 가던 중 이 지역을 통과하던 영국 영사는 "북쪽으로 폭이 넓은 신설 비포장도로"에 주목했다.[24] 이 도로는 "낮은 언덕 위로 꺾여 있어서 시야에서 사라졌다."

미국 정보기관은 늦게나마 소련이 쿠바에 배치한 가장 위력적인 무기 다수를 찾아냈다. 여기에는 R-12 MRBM, IL-28 폭격기, 단거리용 프로그, SAM 미사일이 포함되었다. 찾지 못한 무기도 많았다. 핵탄두가 있을 것이라고 의심했지만 보관 장소를 몰랐다. 소련군 병력도 지나치게 과소평가했다. 게다가 미군의 침공에 대비한 소련군 방어 작전의 핵심이 되는 무기 체계에 대해 전혀 알지 못했다. 핵탄두를 장착한 크루즈 미사일에 있었다는 사실은 40년간 비밀로 남았고 이 책은 그 세부 내용을 최초로 담았다.

서방 외교관들이 마야리를 지나 구불구불한 언덕의 건너편을 확인했다면, 결국 크루즈 미사일 기지와 마주쳤을 것이다. 미사일은 산악 지역에 있는 막사에 숨겨져 있었다. 크루즈 미사일은 소형 미그 전투기처럼 생겼다. 길이 6미터, 폭 0.9미터에 기수가 뭉툭하고 날개가 접혔다. 일부는 아직 목제 상자 안에 있었고, 일부는 주기장 인근 들판에 캔버스 천으로 덮여 있었다.

미사일용 탄두는 막사에서 수백 미터 떨어진 곳에 있었다. 원래 포탄 저장용으로 사용된 콘크리트 저장실이었다. 각 탄두는 약 320킬로그램이 나갔고 14킬로톤 핵장약nuclear charge이 포함되어 대략 히로시마에 투하된 핵폭탄의 위력과 비슷했다. 저장실은 덥고 습해서 핵탄두를 보관하기에는 전혀 적합하지 않은 곳이었다.[25] 하지만 언제나 임기응변에 능한 쿠바인들은 해결책을 갖고 있었다. 산티아고를 샅샅이 뒤져 혁명 뒤에 문 닫은 여러 윤락가에서 미국산 구형 에어컨을 떼낸 것이다. 소련 기술자들은 발전기에 에어컨을 연결하기 전 전기 회로를 미국 표준인 초당 60사이클에서 소련 표준인 50사이클로 개조해야 했다.

러시아어로 FKR(Frontovaya Kylataya Raketa), 즉 "날개 달린 최전방 로켓"이라는 이름의 크루즈 미사일은 제2차 세계대전 중 런던을 위협했던 독일군의 V-1 미사일의 후속 모델이었다. 영국에서 "비행 폭탄flying bomb" 또는 "개미귀신doodlebug"이라는 별명이 붙은 V-1 미사일은 기본적으로 연료가 떨어졌을 때 추락하는 무인기였다. 트레일러 견인 미사일인 FKR은 최대 177킬로미터 떨어진 목표물을 맞출 수 있었고, 반경 1.8킬로미터 내에 있는 모든 것을 파괴했다. FKR 미사일 1기는 미국 항모 전단 1개 또는 주요 군사 기지 한 곳을 날려버릴 수 있었다.[26]

소련은 쿠바에 FKR 연대 2개를 배치했다. 각 연대는 크루즈 미사일 발사장치 8개와 핵탄두 40개를 통제했다. 한 개 연대는 쿠바 서부 마리엘에서 멀지 않은 구에라라는 이름의 마을 인근에 배치되었다. 해당 연대의 임무는 아바나 동서쪽으로 펼쳐진 해안선을 방어하는 것이었다. 이곳은 미군의 상륙이 예상되는, 공격에 취약한 지점이었다. 마야리에 연대본부를 둔 또 다른 연대는 "관타나모에 있는 해군기지에 대한 타격" 준비를 하라는 지시를 받은 상태였다.[27] 소련군은 관타나모 기지 공격 작전을 라울 카스트로와 긴밀하게 협조했다.

피델의 동생인 라울 카스트로는 조용한 성격의 소유자였다. 31세였던 라울은 늘 카리스마 넘치는 형의 그늘에서 살았다. 키가 작고 야위었으며 쿠바 혁명가들에게는 제복의 일부나 다름없던 턱수염도 한 움큼 이상 기른 적이 없었다. 라울은 피델 카스트로를 두고 "골칫거리"라며 형의 수다스러움을 비웃었다. 피델만큼이나 열정적인 라울은 여러 반혁명주의자의 숙청을 직접 감독했지만, 자신의 열정을 형과 다르게 표현했다. 피델은 비전을 가진 반면 라울은 조직 운영에 능했다.

피델 카스트로가 월요일 오후 전투 경보를 선포하자마자 오리엔테 주에 동생을 보낸 조치는 적절했다. 라울은 마야리 지역 환경에 친숙했다. 바티스타를 상대로 한 전쟁의 말기에 라울은 군사령부를 마야리에 두고 있었다. 피델은 시에라델크리스탈 내륙에 제2전선을 구축하기 위해 라울과 쿠바 남서부 해안 시에라마드레에 있던 인원 65명을 보냈다. 라울이 지프와 픽업 트럭 10대로 편성된 호송대와 함께 마야리에 도착했을 때, 그곳에는 금방이라도 무너질 듯한 오두막 24채가 있었다. 개중 한 곳에 지휘소를 설치한 라울은 땅을 확장했고 반란군 공군을 위한 비행장을 건설했을 뿐 아니라 학교와 의료 서비스도 갖추었다. 곧 마야리는 산악 지역을 건너 카스트로 가문이 있는 비란Biran쪽으로 확장된 "해방 지역"의 중심이 되었다.[28]

라울은 크루즈 미사일이 미군의 관타나모 탈출을 막는 데 매우 중요하다는 사실을 곧장 이해했다.[29] 도착하자마자 그는 소련군 지휘관들과 상의하기 위해 자신의 산티아고 사령부에서 회의를 열었다. 양측은 머리를 맞대고 관타나모 해군기지를 날려버릴 계획을 검토했다. 이 지역 FKR 연대의 연대장인 드미트리 말체프는 지도를 꺼내 부대 위치를 라울에게 브리핑해 주었다.

오리엔테 주의 지상군 방어 책임을 맡은 소련군 장교는 드미트리 야조프였다(나중에 미하일 고르바초프 시절 국방부 장관에 오른 야조프는 1991년 8월 고르바초프를 상대로 감행한 실패한 쿠데타의 주동자이기도 하다).[30] 레메디오스에 있는 코발렌코와 마찬가지로 야조프는 차량화소총병연대가 주둔할 적절한 주둔지를 찾는 데 큰 어려움이 있었다. 첫 번째 장소는 유독성 나무와 관목이 우거진 숲에 있었다. 위험성을 알지 못했던 장병들은 나뭇가지로 임시 막사와 침대도 만들었다. 장맛비가 내리자 독극물이 방출되었고, 이 때문에 1개 전차 대대원 전원이 끔찍한 피부병에 감염되었다. 야조프 연대는 올긴 시의 외곽에 있는 비행장으로 옮겼지만 전투력이 크게 감소했다.

라울은 오린엔테 주에 도착하자마자 지역 주민을 동원하라는 명령을 내렸다.[31] 이제 오리엔테 주에 있던 모든 노동자가 국방부 장관인 라울의 지휘를 받게 되었다. 민간인이 사용하던 지프와 트럭은 군용으로 징발하고 허락 없이 돌아다닐 수 없었다. 라울은 소련과의 연합 방어 계획에 따라 야조프 휘하의 전차 부대와 말체프 휘하의 크루즈 미사일 전력의 이동 상황을 지속적으로 통보받았다.

관타나모를 공격할 모든 준비가 갖추어졌다.[32] 라울은 말체프와 함께 해군기지가 내려다보이는 언덕을 돌아다니면서 FKR 미사일의 발사진지를 점검했다. 소련군은 몇 주간 숲에서 미사일 발사장치를 위한 공간을 마련했고, 참호와 철조망으로 이 지역을 차단했다. FKR 발사진지는 위장이 잘되어 있어 MRBM 기지에 비해 정찰기가 발견하기 더 어려웠다. 안테나와 발전기 같은 일부 장비를 미리 배치했지만 대부분의 장비는 최종 공격 시점에 옮길 예정이었다.

라울은 관타나모 해군기지에서 근무하면서 미군과 쿠바군 검문소를 오갔던 노동자와 어울린 쿠바 첩보원을 통해 정기적으로 최신 정보를 보고받았다.[33] 쿠바군은 해병대 증원 병력의 규모와 전개 위치를 알고 있었다. 관타나모 기지는 사방으로 포위되었다. 전쟁이 발발하는 경우 소련 해군은 관타나모 만 입구에 기뢰를 설치하고, 그사이 야조프가 지휘하는 부대가 상륙을 차단하기로 되어 있었다. 수십 개의 중포가 기지가 내려다보이는 언덕에 자리 잡았다.

소련군 지휘관들은 U-2기가 여러 차례 쿠바 영공을 정찰했지만 아직 크루즈 미사일이나 핵탄두의 존재를 발견하지 못했다고 확신했다. 인디기르카호를 통해 10월 첫 주 쿠바에 도착한 1차 핵탄두 수송 분량은 FKR 연대에 전달되었다. 핵통제 장교들은 알렉산드롭스키호를 맞이하기 위해 24시간 동안 비포장도로를 통해 라이사벨로로 가서 핵탄두를 배에서 내린 다음 마야리로 가져갔다. 이들은 호송대의 목적지를 감추기 위해 신중을 기했고, 최대한 혼란스럽게 하려고 반대 방향으로 기만용 트럭과 밴을 보내기도 했다.[34]

그사이 크루즈 미사일을 실은 트럭은 이미 마야리에서 관타나모 방향으로 새로 닦은 길을 따라 내려가고 있었다.

미국 해병들에게 지트모GITMO로 알려진 관타나모 만 해군기지는 열대 섬 끄트머리에 견고하게 요새화된 미국 교외 지역이 쿵 하고 떨어진 것처럼 보였다.[35] 작고 쾌적한 단층 주택 외부에 지프 차량이 주차되어 있었다. 주변에는 깔끔하게 다듬은 잔디가 깔려 있었다. 볼링장, 식료품 매장, 활기가 넘치는 수영장, 롤러스케이트장이 줄지어 있는 거리를 따라 곡사포와 박격포를 견인하는 트럭이 이동했다. 27홀 골프 코스 끝에 전차가 세워져 있고 인근 도로 표지판에는 "어린이 보호구역. 시속 10마일"이라고 적혀 있었다.

케네디 대통령이 쿠바에서 핵미사일을 발견했다고 발표하자 느긋한 미국 소도시 분위기가 사라졌다. 이날 아침 해병대는 집집을 돌아다니면서 여성과 아이들에게 한 시간 내로 짐을 싸서 떠나라고 했다. 해질 무렵 군인 가족 2810명이 대피했다.[36] 가족들이 머물던 공간은 증원 병력 5000명이 차지했고, 이들은 24킬로미터 길이의 쿠바 국경에 흩어졌다. 미 해군 군함은 앞바다로 이동해서 해군기지가 내려다보이는 언덕의 포병 진지를 향해 함포 사격을 할 준비를 갖췄다. 정찰기 한 대는 소련군과 쿠바군 목표를 식별하기 위해 상공을 계속 맴돌았다.

케네디 대통령이 담화문을 발표하고 몇 시간 뒤인 화요일 아침, 지트모에 탄약을 지원하기 위해 비행하던 해군 수송기가 착륙 중 추락했다. 사고가 나고 몇 분 뒤, 항공기에 실린 폭약이 뜨거운 열 때문에 폭발하기 시작했고 일련의 대규모 폭발로 인해 항공기 잔해가 1.6킬로미터 이상 떨어진 곳까지 흩어졌다. 사고 지역을 정리하고 검게 탄 승무원 시신 열 구를 찾는 데 나흘이 걸렸다.

산으로 둘러싸여 방어가 용이한 지트모는 미 해군에 카리브 지역 최고의 자연 항구를 제공해 주었다. 지트모는 비정상적인 역사가 있는 곳이기도 했다. 기지 협정은 쿠바가 아직 미국의 보호 아래 있던 테디 루스벨트 시절로 거슬러 올라간다. 신생 쿠바 정부는 약 117제곱킬로미터의 고립 지역을 매년 금화 2000달러, 나중 화폐로 약 3400달러에 해당하는 임대료로 미국에 영구 임대를 해줘야 했다. 쿠바 혁명 뒤 카스트로는 이 같은 기지 협정을 식민주의의 "불법적인" 잔재라고 비난하고 미국이 제공하는 임대료 수령을 거부했다. 그럼에도 불구하고 카스트로는 관타나모에서 그리고(라틴아메리카 국가들이 미국을 낮춰 부르는 표현 - 옮긴이)를 내쫓을 위협적인 행동은 자제했다. 그런 행동이 미국 정부가 선전 포고를 할 구실이 되리라는 사실을 알기 때문이었다.

돈과 정보가 필요했던 카스트로는 쿠바인 수천 명이 관타나모 기지에서 계속 일하는 것을 눈감아 주었다. 쿠바 노동자들은 식료품 가게에서 일하거나 선박 수리 및 하적 작업에 투입되고 미국 경찰과 합동으로 순찰 업무를 하기도 했다. 노동자들은 기지 북동쪽의 주 출입구에 있는 쿠바와 미국 검문소를 통과한 뒤 미 해군 버스를 타고 출근했다. 쿠바 정부는 인근에 있는 야테라스 강에서 연간 1억 갤런의 물을 퍼 올려 식수용으로 관타나모 기지에 팔기도 했다.

해상 봉쇄가 시행되자 지트모 기지 내 지휘관들은 쿠바군의 보복 행동에 대비했다. 이런 상황에서도 쿠바 노동자 2400명 중 약 절반은 화요일에 정상 출근하고, 그다음 날에는 출근 인원이 훨씬 많았다.[37] 물 공급도 중단되지 않았다. 쿠바인 다수가 관타나모 기지에서 다년간 일했고 카스트로 정부에 반대했다. 이들은 쿠바군과 소련군 배치에 관한 정보를 미 해병대에 제공했고 미군의 침공 가능성을 반기기까지 했다. 몇몇 노동자들은 쿠바 비밀경찰에 협력했다. 양측에 흘러 들어간 정보는 모두를 기쁘게 했다.

미 해병대는 관타나모 바로 인근에 있는 부대의 이동과 포병 진지에 관해 정확한 정보를 갖고 있었다. 그래서 개전 초기 몇 시간 사이에 제거해야 할 수십 개의 주요 목표 목록을 정리했다. 여기에는 비행장, 교량, 통신소, 군 주둔지, 미사일 기지 의심 지역이 포함되었다. 하지만 기지에 가장 큰 위협이 되기 쉬운 마야리에 있던 FKR 미사일 기지는 별로 중요하게 여기지 않았다. 이 지역은 합동작전계획상 "우선순위가 낮은" 군사 목표로 기술되었다.

전방에서 입수된 일부 정보는 미덥지가 않았다. 지트모 해병대 지휘관인 윌리엄 콜린스 준장은 부대 울타리 밖으로 약 800미터 떨어진 카이마네라에서 식별된 미스터리한 쿠바 신호 체계를 보고받고 처음에는 당황했다. 미국측 최전선에 새로 투입된 해병대원이 쿠바 쪽에서 노랑, 초록, 빨강 불빛이 연이어 비친다고 보고한 것이었다.[38]

이 비밀 암호의 실체를 알게 된 콜린스 준장은 웃음을 터트렸다. 부하들이 목격한 것은 신호등이었다.

1962년 10월 25일 목요일 오후 5:00

원래 아들라이 스티븐슨은 미사일을 촬영한 정찰 사진을 유엔 안보리에서 공개하지 않았으면 했다.[39] 그것은 스티븐슨이 선천적으로 싫어하는 요란한 행동이었다. 스티븐슨은 두 차례 대선 출마를 포함해서 평생 정치에 몸담은 동안, 토론 중 상대의 급소를 찌르는 행동이 내키지 않는다는 사실을 알게 되었다. 유엔 대사인 그는 예의를 지키고 이성적으로 토론하는 것을 자랑스럽게 여겼다. 게다가 CIA가 자신을 속여 전 세계를 기만하게 했고 그 과정에서 자신을 바보로 만든 적이 있다는 사실을 절대 잊을 수 없었다.

1961년 4월 피그스 만 침공 당시 국무부는 스티븐슨 대사를 설득해 아바나 인근 비행장을 폭격한 쿠바 공군기 사진을 유엔에서 공개하게 했다. 그 "증거"는 가짜로 드러났다. 해당 공습은 케네디 정부가 주장했듯이 쿠바 공군 망명자가 실행한 것이 아니었다. CIA의 봉급을 받는 조종사들이 쿠바 공군 마크를 칠한 구형 B-26에 타고 실행한 일이었다. 망명한 사실을 좀 더 그럴듯하게 보이도록 CIA 요원들은 항공기 중 하나에 45구경 권총으로 수십 발의 구멍을 낸 것으로 드러났다. 스

티븐슨에게는 치욕적인 사건이었다.[40]

스티븐슨은 케네디의 미사일 위기 대처에 의문을 품고 있었다. 그는 미국이 유엔 지원하에 소련과 협상해야 한다고 판단했다. 미사일 철수의 대가로 미국도 뭔가를 제시해야 하고, 여기에는 터키와 이탈리아에 있는 주피터 미사일 철수나 관타나모 해군기지 반환까지 포함되었다. 하지만 스티븐슨은 백악관으로부터 대외적으로 강경한 입장을 취하라는 압박을 받았다. 스티븐슨이 배짱이 부족할 것을 우려한 케네디는 존 매클로이를 뉴욕에 특파해서 유엔 본부에서 스티븐슨의 곁에 있게 했다. 과거 독일 총독이었던 존 매클로이는 여러모로 현명한 인물이었다.

쿠바나 봉쇄선에서 벌어지는 일을 직접 볼 수 없는 상황에서 유엔 안보리는 텔레비전 방송국이 초강대국 간 대결의 절정에 가장 가까이 접근할 수 있는 곳이었다. 안보리는 논객들의 경연 장소로 완벽한 무대를 제공했다. 회의장에는 눈에 띄는 거대한 장식용 양탄자가 벽에 걸려 있었다. 양탄자에는 잿더미에서 일어서는 불사조가 그려져 있었는데, 이 그림은 제2차 세계대전의 폐허에서 회복하는 인류의 모습을 나타낸 것이었다. 원형 테이블 주변에는 의자 20개 공간만 있어서 안보리에 비해 훨씬 더 큰 규모의 총회에서는 볼 수 없는 친밀함과 극적인 강렬함이 있었다. 외교관과 관료들은 위기의 순간에 회의장 입구 주변에 몰려와 토론이 전개되는 것을 지켜보았다.

공교롭게도 스티븐슨이 발언권을 요구했을 때 발레리안 조린 소련 대사가 회의를 주관하고 있었다. 조린 대사는 지치고 몸 상태가 좋지 않았고, 최근 몇 달간 정신적으로도 피폐한 증상을 보이고 있었다. 어떤 때에는 사석에서 어리둥절한 모습으로 "올해가 몇 년도입니까?"라고 묻곤 했다.[41] 본국에서 아무런 지침을 받지 않은 조린은 알아서 대처

해야 했다. 이런 상황에서 그는 혼란 야기와 부인denial이라는 소련 외교의 전통적인 전술에 의존했다. 흐루쇼프가 모스크바를 방문한 윌리엄 녹스 사장에게 개인적으로 미사일의 존재를 시인했음에도 불구하고, 조린은 부인으로 일관했다.

조린이 강하게 부인하자 참을성 있고 매너 좋은 스티븐슨조차 지나치다고 느꼈다. 조린과 좌석 4개를 사이에 두고 앉은 스티븐슨은 "간단한 질문 하나"를 하겠다고 요구했다.

"조린 대사님, 대사님은 소련이 쿠바에 중거리 및 준중거리미사일 기지를 건설했거나 건설 중이라는 사실을 인정하십니까?"

스티븐슨이 답을 하라고 압박하는 동안 회의장 주변에서 긴장이 뒤섞인 웃음이 터져 나왔다.

"네, 아니오로 답하세요. 통역 기다릴 필요 없이 바로 답해 주세요. 맞습니까 틀립니까?"

"저는 미국 법정에 선 것이 아닙니다. 그렇게 검사가 피고를 대하는 식의 질문에 답하고 싶지 않습니다."

조린은 카랑카랑한 목소리로 투덜대듯 답했다. 그러면서 마치 스티븐슨의 뻔뻔함에 놀랐다는 듯이 웃으며 고개를 흔들었다.

"대사님은 지금 세계 여론의 법정에 서 계십니다. '네, 아니오'로 답하실 수 있습니다. 미사일의 존재를 부인하셨는데, 제가 제대로 이해한 것인지 알고 싶습니다."

"적절한 때에 답변을 받게 될 겁니다. 걱정하지 마세요."

스티븐슨이 상대를 구석으로 몰려고 하자 불안한 웃음이 더 터져 나왔다.

"정 그러시다면 답하실 때까지 주야장천 기다릴 용의가 있습니다."

얼마 안 가 "주야장천"이란 말은 완강히 부인하던 소련 대사를 완벽하게 깔아뭉갠 표현이라는 호평을 받았다. 사실 이 표현은 스티븐슨의 속내와는 반대되는 것이었다. 스티븐슨은 조린의 답변을 "주야장천" 기다릴 용의가 없었고 당장 답변을 듣길 원했다. 조린이 답하도록 압박하기 위해 스티븐슨은 회의장 뒤쪽에 나무 받침대 몇 개를 설치해 사진 증거를 제시하게 했다.

회의장 내 모든 사람이 사진을 보려고 애를 쓰는 동안 조린은 과장된 몸짓으로 뭔가를 메모했다.

"한 번 거짓말을 한 사람의 말은 두 번째도 통하지 않는 법입니다."

조린은 자신을 괴롭히는 스티븐슨의 발언이 순차 통역이 되는 긴 시간이 끝난 뒤 이사회 참석자들에게 말했다.

"그러니, 스티븐슨 대사님, 대사님이 제시하신 사진은 보지 않겠습니다."

텔레비전을 통해 안보리 논쟁을 지켜본 수백만 명의 미국인 중에는 케네디 대통령도 있었다. 집무실 흔들의자에 앉아 있던 케네디는 노트에 메모를 하고 핵심어에 줄을 치거나 동그라미를 표시했다.

노트 맨 위에는 "미사일"이라고 쓰고 단어 주변에 박스를 그리고는 같은 단어를 반복해서 쓴 다음 동그라미를 표시했다.[42] 또한 "거부, 거부, 거부, 거부." "도발적"이란 단어를 쓰고 두꺼운 원을 그렸다. "도발적"이란 단어를 반복하더니 이번에는 더 연하게 동그라미를 그렸다. "철저한 감시"와 "소련 선박"이라는 단어에는 밑줄을 쳤다. 노트 맨 밑에는 서로 연결되다가 끝에서 차츰 희미해지는 박스를 연달아 그렸다.

스티븐슨의 발언이 끝나자 케네디는 노트를 쳐다보았다. 케네디가 보좌관에게 말했다.

"멋지군. 아들라이에게 저런 면이 있는 줄은 전혀 몰랐어. 1956년

대선 운동에서 저런 저력을 보여줬더라면 좋았을 걸."[43]

1962년 10월 26일 금요일 오전 1:03(미국 중부 표준시 오전 00:03)

야간 경계병이 근무 시간에 맞춰 근무를 서고 있었다.[44] 모두 스페츠나 츠spetsnaz로 알려진 소련군 특수부대가 전쟁 개시 전 미국에 침투하는 상황에 대비해 경계태세를 갖췄다. 전쟁 기획자들은 소련이 선제 핵공격을 하기 전, 군 지휘통신 시설에 대한 파괴 공작을 할 수 있다고 경고했다. 미네소타 주의 덜루스 공항 남쪽 끝에 있는 지역방공관제소는 확실한 공격 목표였다. 오대호 전역의 방공 정보를 종합하는 컴퓨터와 레이더 시스템을 갖췄기 때문이었다. 소련군 공작원이 요새와도 같은 이 콘크리트 건물을 파괴한다면, 미국은 북쪽에서 비행해 오는 소련 폭격기를 추적할 능력 대부분을 잃게 되었다.

경계병은 4층 건물의 뒤쪽에서 순찰을 하던 중 전력발전소 인근 울타리를 기어오르는 사람의 그림자를 발견했다. 경계병은 어둠을 향해 몇 차례 사격하고 경보음을 울리기 위해 달려갔다. 순식간에 경적이 울리기 시작했고, 이 소리에 수백 미터 떨어진 식당에 있던 조종사들은 깜짝 놀랐다. 경보음이 일반적인 비상 출격 신호와는 달랐기 때문에 왜 경보가 울리는지 아는 사람이 아무도 없었다.[45] 누군가가 비상 출격 사이렌이 아니라 사보타주 경보 사이렌이라고 알려줬을 때도 조종사들은 여전히 어떻게 해야 할지 몰랐다.

덜루스에 있던 조종사들이 상부의 지시를 기다리는 동안, 캐나다에서 사우스다코타 주에 이르기까지 이 지역 전체에 경보음이 울리기 시작했다. 소련의 파괴 공작 음모가 시작된 것일까? 사보타주 방어 계획에 따르면 요격기들은 "플러싱flushing"을 해야 했다. 공군 용어로 플러싱은 가능한 많은 항공기를 출격시키는 조치를 의미했다. 덜루스 관제소에 무슨 일이 벌어지고 있는지 알 수 없던 위스콘신 주의 볼크필드를 책임진 관제사는 만약의 상황에 대비하는 편이 낫다고 판단해서 사보타주 방어 계획을 시행하기로 마음먹었다.[46]

위스콘신 주 중부에는 이미 눈이 내리기 시작했고 기온이 영하를 오갔다. 볼크필드는 깊은 계곡과 인상적인 암반으로 잘 알려진 고립된 지역이었다. 이곳은 주로 공군 주 방위군의 훈련장으로 사용되었고 비상 대기 항공기용 격납고나 레이더 유도 착륙 시스템뿐만 아니라, 관제탑이나 활주로 이탈에 대한 대비책이 없었다. 제빙 장치도 항상 부족했다. 기술병들이 아직 더디게 경적을 고치고 있어서, 플러싱 명령을 전파하고 승인하는 용도의 서둘러 대충 설치한 전화에 의존했다.

핵무장한 F-101과 F-106의 재배치에 이용된 다른 일부 비행장의 상황은 더 나빴다. 캘리포니아 주 시스키유 카운티 공항은 활주로와 치과 진료용 차량을 개조해서 만든 관제소를 제외하면 사실상 모든 것이 부족했다. 애리조나 주 윌리엄스 공군기지에 있던 한 공군 조종사는 경험이 없던 민간인 계약직 직원이 활주로에 연료 약 75리터를 흘리는 광경을 깜짝 놀라며 지켜보았다.[47] 해당 계약직 직원이 단추를 잘못 눌렀던 것으로 드러났다. 기름을 주입하려다 뺀 것이었다.

덜루스와 디트로이트에 있는 대규모 공군기지 소속의 항공기들은 소련군 공격 시 최대 출격태세를 갖추기 위해 볼크필드에 전개해 있었다. 디트로이트 조종사들은 테리호트 외곽의 헐먼필드에서 비행해 왔다. 동료 조종사 한 명이 활주로에서 이탈하고 며칠 지나서였다. 조종사들은 항공기가 주기된 곳까지 지프로 30분밖에 걸리지 않는 의료실에 임시로 묵었다. 조종사들은 잠도 환자 침대에서 조종복 차림으로 갔다.

덜루스에서 경적이 울리고 11분이 지난 중부 시각 오전 12시 14분에 플러싱 명령이 떨어졌다.[48] 잠에서 깬 조종사들은 지퍼 달린 군화를 신고 눈보라가 치는 밖으로 달려갔다. 지프에 올라 항공기로 향하던 댄 배리 중위는 전쟁이 벌어졌다고 확신했다. 전시가 아닌 평시 상황에서 이런 날씨에 핵무기로 완전 무장한 요격기를 띄우는 것은 미친 짓이라고 생각했기 때문이었다. 배리 중위는 사다리를 타고 항공기에 올라가서 스위치를 눌러 엔진을 공회전 상태로 전환시켰다. 엔진을 워밍업하는 동안 헬멧을 쓰고 좌석에 장착된 낙하산을 멨다. F-106은 MB-1 지니 핵미사일 1기, 적외선 열추적 미사일 2기, 레이더 유도 미사일 2기로 이미 완전 무장한 상태였다.

앰뷸런스나 소방차와 마찬가지로 플러싱 임무에 투입되는 항공기는 모든 교통 상황에서 최우선시되었다. 고도 2000피트까지 올라간 항공기들은 덜루스에 있는 지역본부와 연락을 했다. 조종사들은 캐나다 상공에 벌떼처럼 몰려오는 소련 공군의 Tu-142와 M-4 폭격기를 요격하기 위해 북쪽으로 가야 할 것이라고 여겼다.

배리 중위는 활주로로 다가갈 때 지프 한 대가 정신 사납게 불빛을 번쩍거리면서 자기 쪽으로 다가오는 것을 보았다. 선두에 있던 F-106이 이륙하기 바로 직전이었다. 덜루스 관제사로부터 두 번째 메시지가 전달되었고, 사보타주 경보를 취소하는 내용이었다. 관제탑이 없었기 때문에 항공기 이륙을 중단시킬 유일한 방법은 물리적으로 활주로를 차단하는 것밖에 없었다.

항공기를 복귀시키는 데는 정확하게 4분이 걸렸다. 몇 분 더 늦었더라면 핵무장한 F-106 1번기가 이륙하고 나머지도 곧장 그 뒤를 따랐을 것이었다.

그사이 덜루스에서는 경계병들이 정체를 알 수 없는 침입자를 계속 수색하고 있었다. 잠시 뒤, 이들은 나무에 총알구멍 몇 개가 박힌 것을 발견했다. 결국 스페츠나츠로 의심한 그림자의 주인공은 곰이었던 것으로 판명되었다.[49]

제6장

정보

_____

Intelligence

1962년 10월 26일 금요일 오전 7:50

본격적인 정치 드라마가 펼쳐질 시점이 되었다. 케네디가 공식적으로는 "격리"라고 말한 해상 봉쇄를 선언하고 나흘이 지났지만, 미 해군은 아직 단 한 척의 선박에도 승선하지 않았다. 언론은 봉쇄의 효력에 대해 의문을 가졌다. 군 수뇌부는 "금지 물품"을 전혀 싣고 있지 않다는 선장의 말만 믿고 소련 유조선인 부쿠레슈티호의 아바나 항해가 허락되는 상황에 대해 불평을 했다.

대통령은 봉쇄의 선전적 측면을 누구보다 잘 알고 있었다. 케네디는 숙련되고 매우 유능한 여론 조작자였다. 홍보수석을 자임하기도 했던 그는 집무실에 신문 발행인을 초대하고, 우호적인 언론인을 구슬릴 뿐 아니라, 영향력 있는 칼럼니스트와 기자에게 전화하거나 주제넘게 나서는 고위 관료를 질책했다. 부지런히 신문을 읽고 보좌관들이 언론을 "세뇌"할 방법을 강구하도록 부추겼다.[1] 케네디의 입장에서 봉쇄는 군사적 수단이기보다 정치적 수단이었다. 국민이 어떻게 받아들이는가가 매우 중요했다.

미국의 결의를 보여주기 위해 불가피하게 선택한 선박은 마루클라호였다. 마루클라호는 소련이 용선한 7269톤 레바논 화물선으로 종이, 유황, 트럭 부품을 실었다고 공표한 채 라트비아의 리가항에서 출발해서 쿠바로 향하고 있었다. 대부분 그리스 선원들이 탑승한 이 레바논 국적의 선박에서 미국이 금지한 소련 미사일이 발견될 가능성은 사실상 없었지만, 그런 사실은 중요하지 않았다. 해군은 마루클라호 승선 조치를 통해 봉쇄 실행의 의지를 보여주려 했다. 10월 25일 엑스콤 회의에서 케네디가 말했듯이 "조만간 봉쇄가 작동하고 있다는 사실을 보여줘야" 했다.

마루클라호와 가장 가까이에 있는 구축함은 USS 존 R. 피어스함으로, 목요일 저녁에 추적을 시작했다. 하지만 해군은 대통령 형의 이름을 딴 구축함인 USS 조셉 P. 케네디함이 봉쇄를 실행하면 좋겠다고 생각했다.[2] 이때 케네디함은 마루클라호와 꽤 멀리 떨어져 있었고 거리를 좁히기 위해 보일러 4개 중 3개를 가동해서 시속 약 75킬로미터로 이동해야 했다. 승선팀은 케네디함에 타고 있던 장병 6명과 피어스호의 부함장으로 편성되었다.

마루클라호에 접근하는 동안, 케네디함의 함장은 승선 절차를 논의하기 위해 사관실에 회의를 소집했다. 승선팀은 착용할 복장에 대해 의견을 주고받은 뒤, 결국 비무장 상태에서 흰 정복을 입기로 했다. 흰색은 카키색보다 좀 더 공식적이고 좋은 인상을 줄 수 있었다. 함장은 강경하게 뱃머리 쪽에 사격하기보다 "우호적 제스처"와 "예의"를 갖출 필요가 있다고 강조했다.[3] 하루 전날인 10월 25일 목요일, 해군 본부는 봉쇄 실행을 좀 더 신중하게 하라는 지시를 내렸다. 가능하다면 승선하는 장교가 "잡지, 사탕, 담배 라이터를 나눠주는 것"을 허락받았다. 적절한 "친선용 물품"을 구입하는 데 선박당 200달러 예산 지출이 허락되었다. 지시문에는 다음 내용이 포함되어 있었다.

"위협적인 행동을 금지함. 함포가 선원 쪽으로 향하게 하지 말 것."

동이 트자마자 케네디함은 깃발과 불빛으로 검선 준비를 하라고 마루클라호에 명령했다. 당면한 문제는 승선이었다. 파도가 심하게 쳐서 케네디함에서 출발한 소형 보트가 아래위로 심하게 요동치는 바람에 마루클라호 승조원들이 설치한 밧줄 사다리에 닿을락 말락 했다. 승선팀을 지휘했던 케네스 레이놀즈 소령은 바다에 빠져 우스꽝스러운 모습을 보일 것을 우려했다. 결국 레이놀즈는 사다리에 뛰어오르는 데 성공했다. 오전 7시 50분 무렵 승선팀 전원이 안전하게 갑판에 올랐다. 마루클라호에 타고 있던 그리스 선원들은 친절했다. 승선팀에게 커피를 권했고 화물선 해치 뚜껑을 열어 미사일 부품이 있는지 수색하게 했다. 그곳에는 아무것도 없었다. "과학 기구"라는 라벨이 붙은 상자가 레이놀즈 소령의 호기심을 자극했지만, "옛날 고등학교 과학 실험실에서나 볼 수 있는 조잡한 기구"를 모아둔 것으로 드러났다.[4]

제대로 수색할 시간이 없었다. 상부에서 무전기로 상황을 보고하라고 끊임없이 채근했다. 펜타곤에서는 긴장감이 고조되었다. 백악관은 국민에게 전파할 좋은 소식을 원했다. 두 시간을 샅샅이 뒤진 뒤, 수색을 충분히 했다고 판단한 레이놀즈는 마루클라호의 아바나 항해를 허락했다.

워싱턴 D.C. 시내의 스튜어트 자동차 회사 건물 주변 거리에는 깨진 병과 버려진 차량, 쓰레기 더미가 널려 있었다.[5] 7층짜리 건물은 별 특징이 없었다. 건물 뒤 황폐한 골목에는 부랑자와 취객들이 있었다. 주차장과 대중교통이 턱없이 부족했기 때문에 CIA 분석관들은 일반적으로 카풀을 해서 출근했고, 주차하기 전에 깨진 유리를 치워야 하는 경우가 잦았다.

워싱턴 북서쪽 5번가와 K가가 만나는 길모퉁이 있는 이 건물은 사진판독 활동의 본거지였다. 저층에는 자동차 전시장과 부동산 사무실이 있었고, CIA 요원들은 맨 위 네 개 층을 사용했다. 매일 군 전령이 소련, 중국, 그리고 가장 최근에는 쿠바 같은 목표 국가를 정찰한 첩보기와 위성에서 촬영된 필름 수백 통을 들고 나타났다. 미사일 위기 동안 건물 외부에 검정 리무진이 자주 나타났고, 리무진에서 내린 장관과 장군들은 자동차 세일즈맨과 부랑자들을 피해 일급비밀 브리핑에 참석했다.

아서 런달은 위기 기간 중 매일 그러듯이 이날도 5번가가 내려다보이는 사무실에 출근하기 위해 건물 입구에 있는 보안용 회전 출입문을 통과했다. 국가사진판독센터 소장인 런달은 정치 지도자와 군 수뇌부에 최신 정보를 브리핑하느라 온종일 워싱턴 곳곳을 돌아다녔다. 하지만 그 전에 해군 RF-8 정찰기가 쿠바 중부와 서부 상공에서 촬영해서 사진판독 전문팀이 밤새 분석한 최신 사진을 일일이 확인해야 했다.

몇 주간 U-2기가 고고도에서 찍은 사진만 입수되다 마침내 저고도 정찰 사진을 확인하게 되어서 다행이었다. 모든 목표가 더 선명하고 자세히 보였다. 미사일을 보관하는 긴 천막, 콘크리트 발사대, 연료 트럭, 핵탄두용 벙커, 지선 도로망 등 굳이 전문가가 아니더라도 소련 미사일 시설물을 구분할 수 있었다. 야자수 사이를 걷거나 머리 위에 날아다니는 해군 RF-8을 피해 뛰어가는 인원도 보였다.

밤새 입수한 정보에는 쿠바에서 전혀 본 적이 없는 군부대와 무기체계에 관한 정보가 포함되었다.[6] 쿠바 중부의 레메디오스 지역을 촬영한 저고도 사진에는 T-54 전차, 전자 장비를 실은 밴, 장갑차, 연료 저장고, 최소 100개의 천막이 줄지어 있는 모습이 보였다. 기지 형태와 천막과 차량이 잘 정렬된 모습에서 쿠바군이 아닌 소련군 주둔지라는 것이 분명했다. 그전에 미국 정보기관이 말한 "기술자"가 아니라 전투 병력임이 분명했다. 게다가 예상한 것보다 규모가 훨씬 컸다.

사진판독관들은 상어 지느러미 같은 꼬리 날개가 달린 긴 물체에 주목하게 했다. 길이가 약 11미터로 곁에 레이더를 실은 트럭이 있었다. 런달은 해당 물체가 Free Rocket Over Ground의 약자인 프로그 FROG라는 사실을 알아챘다(프로그는 미국이 붙인 이름이고 소련 명칭은 루나Luna 였다). 미국 전쟁 기획자들은 쿠바에 배치된 프로그가 재래식 탄두를 장착했는지 핵탄두를 장착했는지 알 수 없지만, 최악의 상황을 가정해야 했다. 이제 미국 본토를 겨냥한 미사일 외에도 쿠바에 배치된 소련군은 침공군을 날려버릴 수 있는 단거리 핵미사일을 갖추고 있을 끔찍한 가능성이 있었다.

MRBM 기지에 대한 저고도 정찰 사진은 이보다 더 불길한 정보를 담고 있었다. 소련군이 활발하게 활동한 증거가 입수된 것이다. 생긴 지 얼마 안 된 바퀴 자국은 소련군이 밤새 미사일 발사 훈련을 했음을 보여주었다. 이제 기지 대부분이 위장을 했고, 일부는 다른 기지보다 더 효과적으로 위장되어 있었다. 미사일 다수가 비닐로 덮였지만, 분석관들은 이전 사진을 이용해 비닐 아래에 있는 물체를 알아낼 수 있었다. 칼라바사르데사구아(줄여서 "칼라바사르"라고도 부른다 - 옮긴이)에서 찍은 사진은 위장 네트용 봉을 구분할 수 있을 정도로 상세했다. 서쪽으로 약 320킬로미터 떨어진 산크리스토발에는 미사일 점검 천막을 지탱하는 밧줄이 확실히 보였다.

소련군의 위장 시도에도 불구하고 사진판독관들은 미사일 점검 천막에 두었다가 숲으로 옮겨서 숨겨놓은 발전기와 제어 장치에 연결된 케이블을 발견했다. 발사장치에 올려놓은 미사일을 정렬하는 데 사용하는 정교한 광학 장치인 세오돌라이트도 기지 대부분에서 찾아냈다. 주변에는 연료 및 산화제 트레일러가 있었다. 수직으로 세워진 미사일은 없었지만, CIA는 미사일 대부분이 6~8시간 이내에 발사가 가능하다고 평가했다.

분석관들은 이 정찰 사진을 올레그 펜콥스키가 제공한 기술 매뉴얼의 R-12 작전 준비 시간 데이터와 비교해 MRBM 기지 6개 중 4개가 작전 준비를 완전히 마쳤다고 결론 내렸다. 나머지 2개 기지도 며칠 내로 작전 준비를 할 가능성이 컸다.[7]

런달은 사진을 확인하면서 이 같은 최신 정보를 대통령에게 어떻게 보고할지 막막했다. 나쁜 소식을 자주 보고한 그는 극적인 상황 변화가 담긴 보고를 하지 않으려고 애를 썼다. 런달은 "공포나 돌발적인 대중행동"을 초래할 모든 것을 경계했다.[8] 동시에, 간결하고 분명하게 사실을 보고해야 한다는 것을 알고 있었다. "그래야 의사결정자들이 사진판독관과 마찬가지로 위기가 새로운 국면에 들어갔다고 확신할 수 있었다."

항공 정찰 기술은 나폴레옹 전쟁으로 거슬러 올라간다. 프랑스 군대는 1794년 모뵈주 전투에서 네덜란드군과 오스트리아군을 감시하기 위해 관측용 기구를 사용했다. 미국 남북 전쟁 당시 태디우스 로Thaddeus Lowe라는 이름의 과학자는 포토맥 강 상공에 밧줄로 묶어둔 기구에서 버지니아 주에 있던 남부동맹군의 위치에 관한 정보 보고를 할 방법을 고안했다. 남군을 볼 수 없는 상황에서 북군 포병들은 남군을 조준하는 데 이런 정보를 사용할 수 있었다. 제1차 세계대전 당시 독일군과 영국군은 적진을 촬영하기 위해 2인승 정찰기를 사용했다. 제2차 세계대전이 벌어지면서 사진 정찰이 대폭 확대되었다. 목표를 확인하고 대규모 폭격을 퍼부은 독일과 일본의 피해 상황을 조사하기 위해서였다.

대부분의 고위 사진판독관과 마찬가지로 런달은 제2차 세계대전 때 일본에 대한 폭격 데이터를 분석하는 사진판독관으로 일했다. 그는 항공사진이 제2차 세계대전 중 수집한 유용한 군사 정보의 80~90퍼센트를 제공했고, 냉전에서도 비슷한 기능을 할 수 있다는 점을 자랑스럽게 여겼다.[9] 아이젠하워 대통령이 획기적인 카메라를 장착한 혁신적인 항공기인 U-2기 개발을 승인하자 유용한 정보가 급증했다. U-2기는 7만 피트 상공에서 지상에 있는 30센티미터 길이의 물체를 촬영할 수 있었다. 얼마 안 가 사진 전문가 수요가 크게 증가했다. 국가사진판독센터는 1962년 10월에만 600건 이상의 사진판독 프로젝트를 진행했고, 그 대상에는 크라스노야르스크 로켓 시험 시설에서부터 중국 상하이의 발전소와 타슈켄트의 항공기 조립 공장까지 포함되었다.[10]

1960년대 초 무렵, 항공 정찰은 "천막분석법tentology", "가옥분석법shelterology", "상자분석법cratology" 같은 여러 난해한 세부 분야로 나뉘었다. 사진판독관들은 이집트와 인도네시아 같은 곳으로 향하는 소련 선박의 갑판에 놓인 상자의 크기와 상자 속의 내용물을 분석하는 데 며칠을 보냈다. 1961년 CIA는 여러 종류의 상자에 대한 세부적인 지침서를 펴냈다. 요원들에게 MIG-15 전투기와 MIG-21 전투기가 담긴 상자의 차이를 교육하는 내용이었다. 상자분석법은 9월 말 분석관들이 쿠바행 소련 선박이 IL-28 폭격기를 싣고 있다는 사실을 정확하게 밝혔을 때 가장 큰 성공을 거뒀다.[11] IL-28기는 핵무장이 가능한 것으로 알려졌기 때문에, 이런 사실은 소련의 군사력 구축을 확인하기 위해 10월 14일 U-2기의 쿠바 정찰이라는 결정적인 임무에 케네디가 동의하게 했다.

분석관들은 선박을 촬영한 사진만 봐도, 그리고 배가 물에 잠긴 정도만 확인하고도 많은 사실을 유추할 수 있었다. 쿠바행 소련 화물선 일부는 핀란드에서 건조되었고 해치가 유별나게 길었다. 이런 선박들은 목재 교역용이었지만, 사진에 따르면 배가 물에 잠긴 정도가 의심스러울 만큼 적었다. 여기에는 분명한 이유가 있었는데, 그건 바로 원목에 비해 로켓이 훨씬 무게가 덜 나간다는 사실이었다.

숙련된 사진판독관은 하찮아 보이는 세부 사항에서 소중한 정보를 얻었다. 이들은 쿠바군을 야구장, 소련군은 축구장과 연관지어 생각했다. 화단이 소련군 전투서열에 대한 중요한 단서를 제공하기도 했다. 몇몇 소련군 부대는 연대의 휘장이 돋보이도록 여러 색깔의 꽃을 사용했다. 다량의 콘크리트는 일종의 핵시설을 나타내는 경우가 많았다. 사진판독관들은 쿠바에 가보지도 않고도 쿠바의 리듬을 느끼고, 분위기를 이해하며, 쿠바인들의 삶을 쿠바인들의 입장에서 공유했다.

런달의 최측근 중 한 명이던 디노 브루지오니는 나중에 쿠바를 아주 매력적으로 느끼게 하는 요소를 이렇게 설명했다.

아침의 뜨거운 태양, 오후의 비구름, 이국적인 야자수와 침엽수와 낙엽수, 습지의 키 큰 목초, 평원의 사탕수수밭, 사람들이 모인 작은 마을, 아름다운 해변이 내려다보이는 넓은 땅, 시골 오두막의 초가지붕, 호화로운 리조트 타운, 광활한 대농원과 목축장, 어디서나 눈에 띄는 다이아몬드 형태의 야구장, 문화적 다양성을 지닌 아바나의 표정과 산티아고의 조용하고 체념한 듯한 모습, 해변 뒤로 불쑥 솟아오른 시에라마에스트라 산맥, 설탕 가공소에서 사탕수수밭으로 이어진 작은 철길, 피노스 섬에 있는 커다란 감옥의 고독함, 솔트 플랫(바닷물이 증발되어 침전된 염분이 뒤덮인 평지 - 옮긴이), 많은 배와 어장, 섬을 가로지르는 도로.[12]

이런 열대 파라다이스의 한가운데를 마치 낯선 흉물이 들어선 것처럼, 소련 미사일 기지가 차지하고 있었다.

1962년 10월 26일 금요일 오전 8:19

금요일 아침 무렵, 사르가소 해에 있던 소련 잠수함 4척 전부가 본국의 명령에 따라 뒤로 물러섰다. 잠수함의 임무는 아주 불분명했다. 더 이상 보호해야 할 대상이 없었다. 미사일을 실은 선박이 없었고, 쿠바에 도착하지 않은 선박은 뱃머리를 돌린 상태였다. 흐루쇼프는 최고회의 간부회의에서 열띤 논쟁을 벌인 뒤 폭스트로트급 잠수함을 터크스케이커스 제도의 좁은 항로로 통과시키지 않기로 했다. 그곳은 미국 대잠전력이 잠수함을 손쉽게 발견할 수 있는 지역이었다. 하지만 소련 해군은 B-36 잠수함 한 척이 그랜드터크 섬과 히스파니올라 섬 사이에 있는, 폭이 더 넓은 실버뱅크항로Silver Bank Passage를 답사하는 것을 허락했다. 결과적으로 이것은 큰 판단 착오로 드러났다.

금요일 오전 8시 19분, 미군 정찰기는 그랜드터크 섬에서 동쪽으로 13킬로미터 떨어진 지점에서 B-36을 발견했다.[13] 번들거리는 검은색 잠수함인 B-36은 길이 약 91미터, 폭 7.6미터로 독일군 U-보트보다 두 배 정도 컸다. 전망탑에 흰색으로 크게 "911"이라고 적은 글씨가 분명하게 드러났다. 5분 뒤 B-36은 수면 아래로 잠수했고, 시속 13킬로미터로 남쪽 히스파니올라 섬으로 향했다. B-36이 추적되고 위치가 발각된 사실은 음향감시체계, 즉 SOSUS로 알려진 신형 대잠수함전 장비의 획기적인 발전을 보여주었다.

잠수함 사냥은 기술 경쟁과 이로 인한 기술 발전의 전형적인 사례였다. 한쪽에서 더 조용하고 더 빠르거나 눈에 덜 띄는 잠수함을 만드는 동안, 다른 한쪽에서는 여기에 대응하기 위해 새로운 기술을 개발하곤 했다. 레이더로 스노클링 항해를 하는 잠수함을 발견하기는 어렵지만 음향으로 탐지가 가능했다. 시끄러운 디젤 엔진이 내는 소리는 물밑에서 확대되어 수백 미터, 어떤 경우에는 수천 미터까지 전달될 수 있었다. 전파와 마찬가지로 음파도 좌표에 방향을 표시해서 삼각 측량을 할 수 있었다.

1950년대 말 미국은 수중 청음 시스템, 즉 수중 마이크를 동부 해안 전체에 설치했다. SOSUS를 통해 적 잠수함의 대체적인 위치가 파악되면, 해군 초계기가 소노부이와 레이더로 정확한 위치를 찾아냈다.

SOSUS의 문제는 고래처럼 잠수함이 아닌 대상도 포착하는 것이었다. 이 시스템으로 48시간에 걸쳐 800회 이상 이동 물체를 포착했지만, 잠수함으로 밝혀진 적은 한 번도 없었다.[14]

길이가 약 10킬로미터에 불과한 작은 섬인 영국령 그랜드터크 섬에는 해군 시설이 있었다. 네브팩 그랜드터크NAVFAC Grand Turk라는 이름의 이 시설은 초기 대잠정보수집소 중 한 곳으로, 1954년에 섬 북쪽 끄트머리의 인적이 드문 반도에 구축되었다. 수집소와 해저 청음기는 수중 케이블로 연결되었다. 청음기는 음파를 전기로 바꿔 대형 감열지(특수 처리된 열 감응 용지 - 옮긴이)에 기록했다. 진하고 깨끗한 선은 엔진 소음을 나타내는 확실한 표시였다.

목요일 저녁 네브팩 그랜드터크에서 일하던 기술자들은 눈에 띄는 선을 알아보기 시작했다. 오후 10시 25분 잠수함 추적 담당자는 신뢰할만한 신호가 잡혔다고 보고하고 초계기에 연락했다.[15] 이들은 포착 대상을 "C-20" 또는 "찰리-20"이라고 이름 붙였다.

"항공기 발견, 잠수!"

B-36 잠수함의 함교에서 견시(함정 내에서 경계 근무를 서는 승조원 - 옮긴이)가 소리쳤다. 망을 보던 인원들이 눈 깜짝할 사이에 전망탑 사다리를 내렸다. 잠수함을 수면 위로 끌어올린 공기가 배출되고 부력 탱크에 물이 들어오면서 물소리가 요란하게 났다. 급하게 잠수하다 보니 조리실에서는 음식과 냄비가 사방으로 내동댕이쳐졌다.

승조원들이 서둘러 밸브를 돌려 해치를 닫았다. 대부분은 반바지 차림이었다. 당직 근무자만 근무 규정에 맞게 파란색 해군 상의를 입고 있었다. 승조원 다수는 두드러기 비슷한, 진하고 붉은 땀띠로 인한 가려움을 덜기 위해 밝은 녹색의 살균 연고를 몸에 바른 상태였다. 답답한 공기와 함 내 일부에서 57도까지 올라가는 엄청난 열기는 대부분의 건강한 인원들에게도 큰 피해를 주었다. 다들 지치고 쇠약해져 현기증 때문에 머리가 잘 돌아가지 않았다. 온몸은 땀으로 뒤범벅되었다.

아나톨리 안드레예프 대위는 결혼한 지 25개월 된 부인에게 보내는 편지글 형태로 일기를 썼다.[16] 종이에 글은 쓰는 일조차 엄청난 노력이 필요했다. 큼직한 땀방울이 종이를 적셔 잉크에 스며들었다. 휴식 시간에는 부인 소피아와 한 살배기 딸인 릴리의 사진으로 둘러싸인 침상에 누웠다. 가족은 더 온전한 세상과 연결된 생명선이었다. 그곳은 신선한 공기와 물을 마음껏 마실 수 있고, 하지도 않은 실수에 대해 큰소리로 지적하는 사람이 없는 세상이었다.

모두 목이 마르다. 다들 갈증이 난다고 한다. 내가 얼마나 목이 마른지. 글을 쓰는 것도 힘들고, 종이도 땀에 젖었다. 승조원들은 모두 마치 한증탕에서 방금 나온 것처럼 보인다. 내 손가락 끝은 완전히 하얗다. 릴리가 태어나고 1개월일 때 내가 릴리가 착용했던 기저귀를 전부 세탁했을 때처럼 (…) 가장 큰 문제는 함장의 신경이 곤두서 있다는 사실이다. 아무한테나 소리치고 자학한다. 함장은 자신을 비롯해 승조원들이 힘을 아껴둬야 한다는 점을 모르고 있다. 힘을 남겨두지 않으면 오래가지 못할 것이다. 함장은 점점 피해망상에 빠져 자기 그림자에도 깜짝깜짝 놀랐다. 상대하기 힘든 사람이다. 함장을 보면 안타까우면서도 화가 난다.

항해를 시작한 지 거의 4주째였다. B-36은 잠수함 4척 중 불빛이 전혀 없는 컴컴한 밤에 가지예보 기지에서 빠져나온 첫 번째 잠수함으로, 나머지 잠수함보다 앞서 대서양을 가로질러 항해했다. 소련 해군은 알렉세이 두빕코 함장에게 10월 넷째 주까지 카리브 해 입구에 있는 카이코스 항로에 도착하라는 명령을 내렸다. 두빕코는 평균 시속 22킬로미터를 유지했다. 수중에서 시속 13킬로미터밖에 낼 수 없는 디젤-전기 잠수함으로서는 엄청나게 빠른 속도였다. 이 때문에 항해 대부분을 배터리가 아니라 부상해서 디젤 엔진으로 이동해야 했고, 최대 4층 건물만큼이나 높은 파도와 싸웠다.

냉혹한 환경과는 별도로 이들의 여정은 꽤 평온했다. 약 650킬로미터 뒤에서 따라오는 B-130 잠수함과는 대조적으로 B-36의 디젤 엔진은 그때까지도 잘 작동했다. 승조원들이 아는 한, 사르가소 해에 도착할 때까지 미군에 발각되지도 않았다. 가장 인상적인 사건은 한 승조원이 맹장염에 걸린 일이었다. 군의관은 환자를 사관실에 있던 테이블 위에 올려놓고 수술했다. 물 위로 부상해서 항해하는 경우 요동치는 함내에서 외과용 메스를 정밀하게 쓸 수 없었기 때문에, 완전히 잠수해서 속도를 시속 5~6킬로미터로 줄인 상태에서 수술을 했다. 하루가 지체되었지만 수술은 성공적이었다.

안드레예프는 사랑하는 아내에게 보내는 편지에서 자신의 정신 상태와 잠수함 내 환경에 대해 지속적으로 이야기했다. 그는 바다의 힘과 그 아름다움에 번갈아 가며 놀랐고, 육체적 불편함 때문에 괴로워했다.

"성난 바다는 얼마나 웅장하던지. 온통 하얗게 보였어. 더 큰 폭풍을 본 적이 있지만, 이번만큼 아름다운 폭풍은 처음이었어."

잠수함이 거센 강풍을 뚫고 대서양을 건너는 동안에는 아내에게 이렇게 말했다.

"파도, 엄청난 파도야! 산등성이처럼 솟아올라 끝도 없이 펼쳐진 것 같아. 그 곁에 있는 잠수함이 조그만 벌레처럼 보여. 일몰 뒤 바다는 으스스하고 위협적으로 바뀌고 아름다움이 사라져. 남은 것은 음산한 어둠과 언제라도 무슨 일이 생길 수 있다는 느낌뿐이었어."

잠수함이 사르가소 해에 이르렀을 때, 바다는 "완전히 적막"해졌고, 바닷물 색깔은 "감청색과 자주색 사이의 어떤 색"이었다. 잠수함에서 가장 온도가 낮은 곳이 최소 38도였다.

"열기가 우릴 돌아버리게 해. 습도도 엄청 높아졌어. 숨쉬기가 점점 더 힘들어지고 있어. … 다들 오히려 서리가 끼거나 폭설이 내리는 게 낫다고 말해."

안드레예프는 답답한 공기 때문에 머리가 터져버리기 직전이라고 느꼈다. 고온으로 인해 승조원들이 기절하기도 했다. 이산화탄소 수준이 위험할 정도로 높았다. 근무 비번인 인원들은 함 내에서 가장 시원한 곳에 모여 "한 곳을 멍하니 쳐다보며 꼼짝하지 않고 앉아 있었다."

나눠 줄 식수가 충분하지 않았고, 식량도 하루에 1인당 반 파인트로 줄었다. 다행히도 시럽에 절인 과일은 넉넉해서 끼니때마다 제공되었다. 냉장고 속 온도도 8도로 올라갔다. 조리실을 책임진 간부 안드레예프는 고기 배급량을 늘렸다. 고기가 전부 상하기 때문이었다. 승조원 다수는 몸무게가 3분의 1로 줄었다. 함장은 안드레예프가 일부러 음식을 썩게 내버려 둔다고 비난했다. 안드레예프가 말했다.

"내가 인민의 적이 되었어. 아주 견디기 힘든 상황이 있었고 기분 더러웠어. 열기가 모두를 짜증 나게 만들어."

안드레예프는 계속 부인과 어린 딸아이를 생각했다.

"아침에 일어나 맨 먼저 하는 일이 둘 다에게 인사하는 거야."

당직 근무를 설 때는 아내와 함께 호화로운 여객선 갑판에 있는 자신의 모습을 상상했다.

"가벼운 여름 드레스 차림을 한 당신은 쌀쌀함을 느끼지. 우린 밤바다의 아름다움에 감탄하면서 서로를 껴안고 서 있어."

그는 소련과 대서양, 두 곳 모두에서 보이는 오리온 별자리를 통해 아내에게 안부를 전했다. 또한 딸아이 릴리가 작은 팔을 들고 모래사장에 앉아 있던 모습을 기억했다.

"여기 있구나, 우리 인어공주. 행복한 미소를 지으면서 물에서 방금 나왔네. … 당신은 심각한 표정으로 릴리한테서 공을 빼앗으려 하지."

딸의 "조그만 손, 행복한 미소, 테이블 건너편에서 끄덕거리는 고개, 웃음소리, 귀엽게 어루만지는 모습"을 떠올리는 것은 안드레예프가 이 임무의 가장 힘든 순간을 견디는 데 도움이 되었다.

B-36이 일정에 맞게 카이코스 항로의 입구에 다다른 것은 위기가 막 절정에 이른 순간이었다.[17] 두빕코 함장은 본국으로부터 항해를 중단하라는 긴급 전문을 받았다. 함장은 폭 72킬로미터인 해협의 횡단을 시도하는 대신, 터크스케이커스 제도의 동쪽 끝으로 이동하라는 지시를 받았다.[18] 쿠바까지는 멀리 둘러가는 길이었지만, 해당 해협은 폭이 배가 되었다. 해군 수뇌부는 잠수함이 좁은 항로에서 벗어나면 탐지될 위험이 훨씬 줄어들 것이라고 확신했다.

B-36이 비밀 SOSUS 수집소가 있는 그랜드터크 섬을 돌아가는 동안 머리 위에 미 해군 초계기가 나타났다. 초계기가 잠수함을 탐지하기 위해 연습용 폭뢰와 소노부이를 투하하는 동안 승조원들은 알 수 없는 폭발음을 들었다. 잠수함 내부에서는 외부보다 훨씬 더 긴장감이 감돌았다. 안드레예프는 이렇게 상황을 기록했다.

"우리는 적의 소굴에 있어. 들키지 않으려고 애를 써도 상대는 우리가 가까이 있다는 걸 알고 수색하고 있지."

두빕코 함장은 미국 라디오 방송을 통해 소련과 미국이 전쟁 직전이라는 사실을 알고 있었다. 잠수함은 24시간마다 적어도 한번 모스크바 시간으로 자정에 예정된 통신을 하기 위해 물 위로 부상해야 했다. 소련 해군 수뇌부의 누구도 모스크바 시간으로 자정이면 대서양 서부는 오후 3~4시라는 사실에 신경 쓰지 않았다. 낮에는 탐지 위험성이 더 컸다. 그렇다고 해도 두빕코는 통신 시간을 놓치는 것을 끔찍하게 여겼다. 바다 깊숙한 곳에 있는 동안 전쟁이 발발한다면, B-36은 자동적으로 머리 위에서 어슬렁거리는 미국 군함의 주요 공격 목표가 될 터였다. 그가 지휘하는 잠수함이 공격받기 전 잠수함에 장착된 핵어뢰를 발사해야만 살아남을 가능성이 있었다.

두빕코는 "한두 시간 내"에 모스크바로부터 전투 작전을 시작하라는 암호 신호가 하달될 것이라고 예상했다.

1962년 10월 26일 금요일 정오

잭 케네디는 정보를 적극적으로 요구했다. 그리고 다른 사람의 삶을 엿보는 관음증 같은 기분과 비밀 정보를 보유하는 데 따르는 힘을 즐겼다. 본인이 직접 판단할 수 있도록 가공되지 않은 데이터를 보는 것도 즐겼다. 쿠바에서 소련 미사일이 발견되고 나흘이 지난 10월 18일, 안드레이 그로미코 주미 소련 대사가 백악관을 방문했을 때였다. 케네디가 앉은 자리에서 몇 미터밖에 떨어지지 않은 책상 서랍에 U-2기 정찰 사진이 있었다. 그로미코가 미사일 기지의 존재를 계속 부인하자 케네디는 울화통이 터지는 걸 참기 어려웠다. 나중에 케네디는 보좌관에게 포커페이스를 한 그로미코의 코앞에 소련의 거짓을 밝힐 사진을 들이밀고 싶은 충동을 겨우 참았다고 털어놓았다. 이때부터 케네디는 그로미코를 "그 거짓말하는 자식"이라고 부르기 시작했다.[19]

금요일 아침 엑스콤 회의 뒤, 런달은 대통령 집무실에 삼각대를 설치했다. 가장 최근 촬영한 저공 정찰 사진 몇 장을 들고 온 그는, 소련이 미사일 기지 건설을 서두르고 있다는 증거를 대통령에게 빨리 보여주고 싶었다. 런달은 최근에 내린 폭우 때문에 땅이 흠뻑 젖어서 소련군이 미사일 기지 주변에 작은 통로를 만들고 전력선을 설치하고 있다고 보고했다.

"이제 이게 흥미롭습니다."[20]

존 매콘 CIA국장이 끼어들어 사진에서 프로그 미사일 발사장치로 의심되는 물체를 가리키며 말했다. 매콘은 아직 확신할 수 없지만, 소련이 "야전 전투 부대용 전술핵무기"를 배치했을 가능성이 있다고 설명했다.

케네디의 생각은 다른 데 있었다. 그는 브리핑하는 사람들보다 이미 몇 걸음 앞서 나갔다. 쿠바에 배치한 소련군 전력의 규모와 정교함에 대해 더 많이 알수록 외교적으로 위기를 해결하는 해법이 더 의심스러웠다. 다른 선택지를 살펴볼 필요가 있었다. 이날 아침 일찍 케네디는 미사일 기지를 파괴하기 위해 쿠바 망명자들을 잠수함에 태워 보내자는 CIA의 건의를 들었다. 케네디는 "총알 한 발"로 연료 트레일러를 파괴할 수 있는지 알고 싶어 했다. 런달이 답했다.

"연료가 적연질산일 겁니다, 각하. 누출되면 담기가 매우 어려울 수 있습니다."

케네디는 가연성 고체 연료로 작동하는 프로그는 파괴가 훨씬 더 어려울 것이라고 지적했다.

"그렇습니다. 총으로 쏴서 파괴할 수는 없습니다."

원자력에너지위원회의 위원장 출신인 매콘이 동의했다. 런달이 보고 자료를 챙기는 동안에도 대통령과 CIA 국장은 미사일 기지를 제거할 방법에 대해 논의했다. 대통령은 외교적으로 문제를 해결할 수 있다는 믿음이 거의 없었지만, 공습과 침공은 소련이 미사일을 발사하도록 자극해서 "유혈이 낭자한 싸움"으로 이어질 수 있다고 우려했다.

매콘 CIA 국장은 "침공은 대부분의 사람이 생각하는 것보다 훨씬 더 심각한 모험이 될 것"이라고 암울하게 인정했다.

"상대방이 쿠바에 배치한 것은 매우 치명적인 물건입니다. … 침공군을 심하게 괴롭힐 겁니다. 어떤 수단을 동원하더라도 침공이 만만하지는 않을 겁니다."

대통령은 마루클라호에 관한 소식을 "당장" 공개하길 원했다.[21] 자문위원들은 성공적인 승선 작전이 펜타곤의 불만을 품은 제독들과의 "신뢰를 회복"하는 데 도움이 될 것이라고 판단했다. 마루클라호 이야기를 공개할 인물로 케네디가 선택한 사람은 워싱턴에서 차츰 논쟁적인 인물이었던 아서 실베스터였다.

쿠바 미사일 위기 첫 주, 펜타곤 대변인인 실베스터는 정보 공개를 일절 하지 않고 입을 꾹 닫고 있어서 기자들의 원성을 샀다. 그는 대통령이나 백악관 보좌관이 전화로 구술한, 조심스럽게 말을 고른 언론 성명만 공개했다. 케네디나 실베스터 모두에게 정보는 행정부의 목표를 촉진하기 위해 신중하고 드물게 사용하는 "무기"였다.[22] 서반구에서 소련군의 위협을 제거하는 것이 목적이었으므로, 이런 목적은 수단을 확실히 정당화했다.

금요일 무렵, 기자들은 실베스터가 사실상 아무런 정보를 주지 않고 있다며 불평이 이만저만이 아니었다. 하루 2~3회 실시하는 뉴스 브리핑은 정보 가치가 너무 없어서 한 저널리스트는 펜타곤 프레스룸 구석에 "자동응답기"라고 쓴 깡통을 갖다 놓았다. 깡통 속에는 "꼭 그렇지는 않음", "확인도 부인도 해줄 수 없음", "노코멘트"처럼 실베스터의 대언론 태도를 보여주는 쪽지가 가득 담겨 있었다.

언론이 좌절감을 느끼는 것은 이해할 만했다. 세상이 핵전쟁의 벼랑 끝에 있었지만, 상황이 어떻게 돌아가는지 알기 어려웠다. 이번 사건은 새로운 종류의 분쟁이었다. 주로 보이지 않는 적과의 어슴푸레하고 아주 깨끗한 충돌이었다. 위험천만한 위기였지만 기자들이 보도를 할 최전선, 즉 진주만이나 오키나와 또는 노르망디 해변 같은 곳이 없었다. 가장 명확한 뉴스 현장인 관타나모 해군기지나 봉쇄를 시행 중인 함정과는 멀리 떨어져 있었다. 기자들은 제2차 세계대전 이후 국제 안보에 가장 큰 위협을 보도하는 데 정부가 던져 준 단편적인 정보에 거의 전적으로 의존했다.

이제 마침내 공개할 뉴스를 얻게 된 실베스터는 이 기회를 최대한 활용하기로 마음먹었다. 그는 기자들에게 온종일 마루클라호에 대한 최신 정보를 알려주었다. 승선 과정, 작전에 참여한 장병의 이름과 주소, 마루클라호의 정확한 규모와 적재 화물, 적재량, 미군 구축함의 화력을 분 단위로 전달한 것이다. 하지만 기자들은 만족하지 않았다. 기자들은 항상 더 많은 정보를 원했다.

1962년 10월 26일 금요일 오후 1:00(아바나 정오)

실베스터가 마루클라호 단속 상황을 설명하는 사이 언론의 시선에서 동떨어진 플로리다 해협에서는 또 다른 작은 드라마가 펼쳐지고 있었다. 쿠바 해안에서 80킬로미터 떨어진 곳에 배치된 미군 구축함 한 척이 어떤 이유에서인지 격리선을 통과한 스웨덴 화물선을 발견했다.

"정체를 밝혀라."[23]

구축함인 뉴먼 K. 페리가 불빛으로 신호를 보냈다.

"예테보리(스웨덴 남서부 항구 도시 - 옮긴이)에서 출항한 쿨란가타호다"

"목적지가 어디인가?"

"아바나."

"출항지는 어디인가?"

"레닌그라드."

"싣고 있는 화물은 무엇인가?"

"감자."

쿨란가타호의 선장은 닐스 칼손이라는 인물이었다. 칼손은 "성격이 몹시 까다롭고 완고"하다는 평판이 있었다.[24] 배에 실은 감자가 썩기 시작했다. 취급과 포장 상태가 나빴기 때문이었다. 칼손은 소련인의 무능함에 진저리를 쳤다. 항해의 자유를 방해하는 미국인들도 못마땅하기는 마찬가지였다. 나중에 스웨덴 언론에 밝혔듯이 그는 미 해군이 자신의 낡아빠진 배에 관심을 가질 줄은 몰랐다.

구축함 페리는 쿨란가타호의 우현에서 46미터 떨어진 곳에 있었다. 칼손은 일지에 미국 군함이 "단속을 해야 하니 항해를 멈출 수 있는가?"라고 물었다고 기록했다. 하지만 쿨란가타호의 통신사는 어리고 미숙해서 모스부호를 제대로 이해하지 못했다. 칼손으로서는 미군이 보낸 신호가 질문이라기보다 지시로 받아들였을 수도 있었다.

어쨌든 칼손은 구축함이 보낸 신호에 답하지 않았다. 바다에서 3주를 보낸 그는 당장 아바나로 가고 싶었고, 그래서 "전속력으로 항해하라"고 지시했다.

구축함 페리의 함장은 자신의 권한이 어디까지인지 확신하지 못해 상부 지침을 받기 위해 전보를 보냈다. 이런 답변이 돌아왔다.

1. 스웨덴 선박 곁에 머물면서 추적할 것
2. 쿠바 영해는 침범하지 말 것[25]

이날 오후 늦게 맥나마라 국방부 장관은 "통과" 명령을 내렸다.

스톡홀름 주재 미국 대사는 이 문제를 스웨덴 정부에 제기하라는 지시를 받았다. 그는 "왜 관행적인 위협사격을 하지 않았는지 이해하지 못하는" 듯 보였다. 또한 "우리측이 우유부단하게 보이는 행동"이 중립국에 잘못된 신호를 보낼까 봐 우려했다. 펜타곤 내 케네디에 반대하는 세력들은 사석에서 정부가 봉쇄 실행에 무기력한 태도를 보인다고 불평했다.

하지만 당분간은 이런 사람들도 공개적인 장소에서는 입을 다물었다. 불만이 있는 몇몇 제독과 장군, 그리고 당황스러워하는 외교관 외에 워싱턴에서 쿨란가타호에 대해 아는 사람은 없었다. 나머지 사람들에게는 벌어지지도 않은 사건인 셈이었다.

다음 날 신문 헤드라인은 마루클라호 관련 기사가 도배를 했다.

피델 카스트로는 쿠바 주재 소련 대사인 알렉산드르 알렉세예프를 아바나에 있는 지휘소로 불러들였다. 카스트로는 방금 뉴욕에 있는 쿠바 관영 뉴스 통신사인 프렌사라티나Prensa Latina가 전해준 몇 가지 놀라운 소식을 전달하려 했다.[26] 쿠바 정보기관과 긴밀한 관계를 맺은 통신사 기자들은 케네디가 쿠바에 배치한 소련 미사일의 "처리" 마감일을 유엔에 통보했다는 소문을 입수했다. 마감일을 지키지 않으면 공습이나 공수부대 투입을 통해 미사일을 공격할 것으로 판단되었다.

카스트로는 알렉세예프를 좋아하고 신뢰했다. 두 사람의 관계는 혁명 뒤 초기 몇 개월로 거슬러 올라갔다. 큰 키에 안경을 낀 알렉세예프는 타스통신 기자로 위장한 KGB 비밀 요원으로 아바나에 도착했다. 그 당시 소련은 쿠바에 대사관을 두지 않았다. 쿠바 비자를 승인받은 첫 번째 소련인이었던 알렉세예프는 새로운 쿠바 정부에 파견된 크렘린의 비공식 특사였고 카스트로에게 줄 선물로 보드카, 캐비어, 소련산 담배를 가지고 왔다. 카스트로는 모스크바와 외교 관계를 맺은 뒤 첫 번째로 소련 특사 역할을 한 관료가 갑갑하다고 느꼈고, 오히려 스파이였던 알렉세예프와 상대하는 것이 훨씬 낫다는 뜻을 분명히 했다. 결국 흐루쇼프는 초대 쿠바 대사를 본국으로 불러들이고 알렉세예프를 그 자리에 앉혔다.

KGB 출신으로 아바나 주재 소련 대사가 된 알렉세예프는 쿠바와 미국 사이의 차츰 벌어지는 틈과 카스트로 자신이 민족주의자에서 공산주의자로 변해가는 모습을 지켜볼 수 있었다. 미국의 피그스 만 침공 직후인 1961년 노동절 기념일에 카스트로가 쿠바 혁명이 "사회주의 혁명"이라고 선언할 때도 알렉세예프는 아바나 혁명광장 연단에 서 있었다.

"오늘 어떤 흥미로운 음악을 듣게 될 것이오."[27]

쿠바 재즈 밴드가 인터내셔널가를 연주하는 동안 카스트로가 알렉세예프에게 장난스럽게 말했다. 몇 개월 뒤, 카스트로는 자신이 마르크스-레닌주의자고 "숨이 끊어지는 날까지 마르크스-레닌주의자"로 남을 것이라고 공언했다.

처음에 소련 지도부는 새로 사귄 카리브 친구를 어떻게 생각해야 할지 몰랐다. 카스트로의 대담함과 충동적인 행동에 속이 타기도 했다. 흐루쇼프는 카스트로 "개인의 용기"를 높게 평가했지만, 전술적인 관점에서 카스트로의 열정적인 공산주의 수사는 "잘 이해하기 어렵다"며 걱정했다.[28] 그런 태도는 쿠바의 중산층을 등 돌리게 할 수 있었다. 그래서 불가피하게 보이는 미국의 침공에 대항해 "카스트로가 지지층의 범위를 좁히게" 할 터였다. 다른 한편으로는 일단 카스트로가 자신을 확실한 마르크로-레닌주의자라고 공언한 이상, 흐루쇼프는 카스트로를 지원해야 한다는 의무감을 느꼈다. 1962년 4월 〈프라우다〉는 카스트로를 토바리시치tovarishch, 즉 "동지"로 부르기 시작했다.[29]

카스트로는 역사상 최초로 인간을 우주에 쏘아 올리기 위해 "거대한 로켓"을 동원했던 국가의 힘에 대해 "무한한 신뢰"를 갖고 있었다.[30] 그는 흐루쇼프가 미사일을 "소시지처럼" 대량으로 찍어내고 "우주에 있는 파리"를 맞출 수 있다고 한 호언장담을 믿었다. 또한 "소련이 미사일을 얼마나 보유하고, 미국은 얼마나 보유했는지" 정확하게 몰랐지만, 흐루쇼프가 내비친 "자신감, 확신, 강인함"을 인상 깊게 받아들였다.

카스트로는 케네디의 월요일 저녁 담화문 발표에 대해 소련이 초기에 보인 반응에 만족했다. 흐루쇼프는 카스트로에게 친서를 보냈다. 미국의 "기만적이고, 공격적이며, 해적과도 같은" 행동을 비난하고 쿠바에 주둔한 소련군에 전투태세 완비를 선언하는 내용이었다. 소련이 물러설 가능성은 없어 보였다. 친서를 읽은 뒤 카스트로가 보좌관에게 말했다.

"음, 전쟁이 터질 것 같군. 후퇴는 생각도 못 하겠어."[31]

카스트로는 오래전에 이미 이렇게 결론을 내린 상태였다. 양키를 상대할 때 우유부단함과 나약함은 치명적이었다. 타협하지 않는 강인함이야말로 미국의 공격을 막는 유일한 방법이었다.

카스트로는 흐루쇼프를 여전히 신뢰하긴 했어도, 흐루쇼프의 결의가 의심되기 시작했다. 대서양에서 미사일을 실은 소련 선박을 회항시키기로 한 흐루쇼프의 결정에도 동의하지 않았다. 또한 U-2기의 쿠바 영공 비행을 중단시키기 위해 소련이 훨씬 강경한 태도를 보여야 한다고 생각했다. 유엔에 파견된 소련 대표인 발레리안 조린이 왜 여태 쿠바에 있는 소련 미사일의 존재를 부인하는지 이해할 수 없었다. 카스트로가 보기에 그런 행동은 마치 소련이 뭔가 숨길 일이 있는 것처럼 보이게 했다. 소련과 쿠바가 양국의 군사 동맹을 공개적으로 선언하는 편이 훨씬 나을 터였다.

카스트로는 자신의 우려를 알렉세예프에게 전달했고, 알렉세예프는 그런 내용을 본국에 보고했다. 소련군과 쿠바군 시설에 대한 미군의 저공 정찰 비행은 점점 더 뻔뻔스러워졌다. 정찰 임무를 가장해 기습적인 공습에 나설 가능성도 있었다. 그때까지 쿠바 대공 부대는 미군기에 대한 사격을 자제했다. 유엔에서 진행 중인 외교 협상을 망치지 않기 위해서였다. 카스트로는 자신의 인내심이 바닥난 사실을 소련 지도부가 알았으면 했다.

카스트로가 가장 우려한 점은 미국이 쿠바와 쿠바의 동맹인 소련과의 관계를 틀어지게 하려는 징후였다. 그는 미국 언론에서 미국 관리들이 쿠바에 있는 소련군 수를 크게 과소평가하고 있고 "고문단" 또는 "기술자"라는 소련측 해명을 곧이곧대로 받아들인다는 사실에 놀랐다. CIA가 미사일 기지보다 병력에 관한 정보를 더 모른다는 사실을 믿기 어려웠다. 카스트로는 미국이 소련군 전력을 깎아내리려는 것이 틀림없다고 의심했다. 미국은 소련군이 아니라 쿠바군을 언급함으로써 쿠바 침공 시 소련이 쿠바를 방어하지 않기를 기대하고 있었다.

동생 라울과 체 게바라 둘 다 아바나를 비운 상태였다. 이 시기에 카스트로의 최측근은 오스발도 도르티코스 쿠바 대통령이었다. 카스트로가 알렉세예프와 면담하는 자리에 도르티코스도 있었다. 두 쿠바 지도자는 이 문제에 대해 생각하면 할수록 시간이 촉박하다고 확신하게 되었다.

도르티코스는 이날 오후 늦게 유고슬라비아 대사에게 미군의 침공이 "불가피"하다고 말했다.[32]

"오늘 저녁에 전쟁이 벌어지지 않는 것은 기적입니다. 오늘 저녁 말입니다."

1962년 10월 26일 금요일 오후 2:30

시간이 흐르면서 바비 케네디의 호전적 태도는 누그러졌다. 미사일 위기가 처음 벌어졌을 때 바비는 쿠바를 상대로 훨씬 더 공격적인 파괴 공작 활동을 요구했다. 아바나에 있는 중국 대사관과 정유 공장, 주요 철도가 포함된 긴 공격 목표 목록을 승인해 달라며 형을 설득했다. 심지어 관타나모 만에 있는 미국 선박을 격침시켜 카스트로를 비난하고 이 사건을 쿠바 침공의 빌미로 삼자는 말까지 꺼냈다. 하지만 핵전쟁으로 인한 대파괴의 위협은 바비로 하여금 생각을 바꾸게 했다.

전 세계가 핵전쟁의 벼랑 끝에 놓인 상황에서 제 기능을 하지 못하는 몽구스 작전을 다소나마 정리할 필요가 있었다. 가끔은 카스트로 전복 활동의 책임이 누구에게 있는지 분명하지 않았다. 명목상의 "작전 대장"은 에드워드 랜스데일이었다. 하지만 그는 현실성이 떨어지는 몽상가였다. CIA와 펜타곤에 있는 몇몇 동료들은 랜스데일을 불신하고 비웃기까지 했다. 몽구스 작전 중 CIA가 맡은 부분을 이끈 인물은 하비였다. 하비는 1950년대 초 베를린의 소련 구역에 있는 통신 케이블을 도청하기 위한 터널 건설을 감독하면서 명성을 쌓았다. "하비의 동굴 Harvery's hole"은 소련의 이중 첩자에 의해 초기에 들통났지만, 그럼에도 불구하고 하비는 스파이 세계에서 승승장구했다.

"당신이 우리의 제임스 본드군요."[33]

케네디 대통령은 대머리에 올챙이배처럼 배가 나온 하비와의 첫 만남에서 역설적인 웃음을 지으면서 말했다. 쿠바 미사일 위기가 발생한 무렵, 하비는 더블마티니를 지나치게 즐긴 덕분에 명성이 예전 같지 않았다. 하비는 랜스데일과 거의 말을 섞지 않았고, 케네디 형제에 대한 경멸을 굳이 숨기지 않았으며, 심지어 카스트로를 직접 손볼 배짱이 부족하다는 이유로 케네디 형제를 "동성애자"라며 무시하기도 했다. 바비를 간섭만 하는 아마추어로 여기고 바비가 없는 자리에서 "저 병신that fucker"이라고 불렀다.[34] 바비가 있는 자리에서도 크게 다르지 않았다. 바비가 반카스트로 쿠바인들을 "훈련시키기" 위해 히코리힐로 데려가는 문제에 대해 말할 때, 하비가 물었다.

"장관님, 뭘 가르치시렵니까? 애 돌보는 법요?"

한편 바비는 하비 뒤에서 마이애미에 있는 쿠바 망명자들과 직접 연락을 취하는 일에 거리낌이 없었다. 그래서 쿠바 망명자 지도자인 로베르토 산 로만으로부터 쿠바 망명자 60명을 잠수함으로 쿠바에 보내는 CIA 계획에 대해서도 알게 되었다.

산 로만이 바비에게 말했다.

"가는 건 상관없습니다만, 장관님께서 그럴 만한 가치가 있다고 생각하기 때문에 간다는 것만 분명히 해주시길 원합니다."[35]

바비는 랜스데일을 통해 6명으로 편성된 3개 팀이 이미 투입되었고, 곧 7개 팀을 추가로 보낼 예정이라는 사실을 알게 되었다. 예비로 10개 팀이 더 있었다. 바비는 하비가 자신의 허락 없이 "현실성이 없는 작전을 추진"한다며 분노했다.

이 문제를 처리하기 위해 로버트 케네디는 "몽구스 작전을 담당하는 고위 요원들의 회의를 탱크the Tank"에서 소집했다. 탱크는 펜타곤 내 창문이 없는 전쟁상황실이었다. 회의는 곧 관료 조직에서 볼 수 있는 비난의 장으로 변질되었고, 하비가 주요 비난 대상이었다. 하비는 누가 공작원 침투를 허락했는지 설명할 수 없었다. 바비는 "상황이 몹시 위급한 시기에 그렇게 중요한 쿠바 망명자 자산을 동원해 쿠바 침투 팀을 구성하는" 전략에 의문을 제기했다.[36] "작전의 결과가 불확실하고 잃는 게" 많다는 이유에서였다. 그래서 이미 투입한 3개 팀에 대한 귀환 명령을 내렸다.

바비는 이전에 했던 결정을 뒤집어 긴장이 최고조에 달한 상태에서는 쿠바를 상대로 한 "대규모 파괴 공작" 활동을 배제했다. 그러면서도 미국이 배후에 있다는 사실을 밝혀내기 어려운 소규모 작전은 반대하지 않았다. 바비는 쿠바 선박에 대한 공격에 동의했다. 랜스데일의 메모에는 이런 내용이 적혀 있었다.

"쿠바나 공산권 국가의 항구 또는 공해상 격침. 화물 파괴. 승조원 무력화."[37]

공격은 쿠바 선박에 탑승한 "CIA 자산"이 실행할 예정이었다. 하비 문제는 맥스웰 테일러 장군 때문에 더 크게 불거졌다. 테일러는 다들 까맣게 잊고 있던 마타암브레 구리 광산에 대한 파괴 공작에 대해 질문했다. 하비는 만족할 만한 답을 내놓지 못했다. CIA는 두 공작원이 10월 19일 밤에 쿠바에 침투한 이후 아무런 소식을 듣지 못했다. 하비는 "실종된 것으로 판단"되는 공작원들에 대해 뭔가를 중얼거렸다.[38]

습관적으로 더블마티니를 한잔했던 점심시간 뒤였기 때문에 하비의 발음은 불분명했다. 스페셜그룹 내 대부분의 사람은 하비의 상태를 눈치채지 못했지만, 오랜 동료 한 명은 하비가 "확실히 술에 취했다"는 느낌을 받았다.[39] 하비는 만취 상태일 때 같은 방에 있는 다른 사람에 신경 쓰지 않고 턱을 가슴 위에 얹고 굵은 목소리로 중얼거리곤 했다. 바비가 설명을 들을 시간이 정확히 2분 있다고 했을 때, 하비는 그 말에 담긴 위험 신호를 이해하지 못했다.

2분 뒤에도 하비가 계속 혼자서 웅얼거리자 바비는 서류를 들고 방에서 나가버렸다. 매콘 CIA 국장은 랭글리에 있는 CIA 본부에 돌아가자마자 보좌관에게 말했다.

"오늘 하비가 자폭했군. 더 이상 쓸모없는 존재가 돼버렸어."[40]

매콘의 예상은 틀리지 않았다. 하지만 그가 전혀 인지하지 못한, 그리고 마무리되지 않은 일이 하나 있었다. 그것은 하비와 케네디 형제, 피델 카스트로, 그리고 마피아가 관련된 일이었다.

FBI는 존 로셀리를 찾고 있었다.[41] 로셀리는 공갈 혐의로 수사를 받던 암흑가의 두목이었다. "말쑥한 두목"이라고 불린 그는 라스베이거스의 마피아 대리인으로 여겨졌다. 엄청난 돈벌이가 되는 카지노 수입에서 한몫 챙기는 것이 로셀리의 역할이었다. FBI는 로셀리의 LA 아파트를 도청하고 사람을 써서 미행하게 했지만, 로셀리는 10월 19일에 FBI를 따돌릴 수 있었다. FBI가 로셀리를 다시 찾은 것은 10월 26일 금요일 아침이었다. 이날 로셀리는 가명으로 마이애미에서 내셔널항공 여객기를 타고 LA로 갔다. 이 당시 FBI 일반 요원들은 전과가 있는 57세의 조직폭력배 출신의 로셀리가 CIA를 위해 일한다는 사실을 모르고 있었다. CIA는 로셀리에게 항공권을 제공하고, 은신처를 마련해주었으며, 가명으로 미국 전역을 돌아다닐 수 있게 조치해 주었다. FBI 일반 요원들은 로셀리가 여러 차례 실패로 돌아간 CIA의 카스트로 암살 작전의 핵심 인물이라는 사실도 몰랐다. 카스트로 암살에는 저격수와 폭탄뿐 아니라 독이 든 캡슐까지 동원되었다. (에드거 후버 FBI 국장은 로셀리와 CIA의 관계를 알았지만, 그런 정보를 개인적으로 이용하기 위해 숨기고 있었다.)

CIA가 로셀리를 채용한 것은 1960년 9월이었다. 당시 아이젠하워 정권은 카스트로를 제거할 생각을 하고 있었다. 쿠바 혁명 전에는 마피아가 아바나에서 카지노를 통제했지만, 카스트로 정권은 이들의 자산을 몰수했다. CIA의 고위 간부들은 마피아가 카스트로에게 보복하는 동시에 미국 외교정책상 이익을 촉진하는 일에 동기 부여가 되어 있을 뿐 아니라, 아바나에 연줄도 있다고 판단했다. 1962년 4월 하비는 로셀리의 작전담당관 겸 주요 연락책이 되었다. 몇 주 뒤, 하비는 로셀리에게 독약 네 알이 든 봉지를 건네면서 "언제 어디서든 누구에게나 효과가 있을 것"이라고 장담했다.[42] 로셀리는 독약을 카스트로 형제와 체게바라에게 사용할 계획이었다. 하비는 마이애미에 있는 주차장에 무기와 폭약이 잔뜩 실린 유홀트럭을 갖다 놓고는 자동차 열쇠를 로셀리에게 건네기도 했다. 두 사람은 워싱턴, 마이애미, 플로리다 키스에서 만나곤 했고, 함께 거나하게 술을 마시고 아무도 엿듣지 못하는 곳에서 대화를 나눴다.

10월 18일 바비 케네디가 주관한 몽구스 작전 회의에서 하비는 쿠바에 대한 군사 행동이 임박할 수 있다는 사실을 알았다. 흔히 그랬듯 바비가 내린 지침은 모호했다. 하비는 앞으로 있을 침공을 지원하기 위해 "끌어모을 수 있는 모든 인원과 자산"을 동원하는 것이 자신의 의무라고 여겼다.[43] 잠수함으로 쿠바에 상륙할 요원들 외에도, 아바나 항구에 정박한 선박을 파괴할 잠수 공작원과 미사일 기지에 침투할 공수대원을 조직했다. 하비가 말한 "자산"에는 존 로셀리도 포함되었다.

로셀리의 설명에 따르면, 하비는 로셀리를 "곧장" 불러서 워싱턴에 있는 은신처로 보내고는 지시가 있을 때까지 기다리게 했다. 며칠 뒤 하비는 로셀리가 마이애미에서 "정보 수집"을 하게 하는 편이 더 유용할 것이라고 판단했다.[44] 로셀리는 마이애미에서 반카스트로 망명자들과 함께 침공 가능성에 대한 소문을 주고받으면서 시간을 보냈다. 완곡하게 "약"이라고 표현한 독약은 아바나의 "안전한" 장소에 보관했다. 마피아는 카스트로가 먹는 음식에 "약"을 넣을 방법을 아직 찾지 못한 상태였다.

케네디 형제가 카스트로 암살 음모에 가담했다는 결정적인 증거는 없지만, 몇몇 정황 증거는 있다.[45] 1961년 11월 케네디 대통령은 저널리스트 태드 슐츠와 카스트로 암살 가능성에 대해 이야기를 나눴으나, 그런 행동이 "비도덕적"이고 "비현실적"이라고만 했다. 다음 달인 12월에 랜스데일이 "쿠바에서 도박을 비롯한 다른 사업을 벌였던 내부 범죄자 일부"를 동원하자고 건의하는 문서를 보고했을 때, 바비는 이의를 제기하지 않았다. 1962년 5월 CIA 간부들이 암살 음모의 초기 단계에 대해 브리핑했을 때에도 짜증을 내긴 했어도, 막상 그런 계획을 막으려는 조치는 하지 않은 것으로 보인다. 바비 케네디는 찰스 포드라는 이름의 CIA 요원으로 일한 마피아와 개인적으로 연락을 주고받았다. "라키 피스칼리니"라는 가명을 쓴 이 인물은 법무부 장관인 바비의 직속 부하로 일했다. 바비는 속마음을 구체적이고 정확하게 내비치지는 않았지만 카스토로 "제거"에 대해 자주 언급했다.[46]

하비는 CIA 비밀 작전의 수장인 리처드 헬름스에게 업무 보고를 했다. 신중하고 직업 정신이 투철한 헬름스는 나중에 CIA 국장 자리까지 오르는 인물이었다. 헬름스와 하비는 매콘 CIA 국장 몰래 비밀 작전을 추진했다. 1962년 8월 스페셜그룹에서 "지도부 처리"가 언급되었을 때, 매콘은 질색했다.[47] 독실한 가톨릭 신도였던 매콘은 살해 행위를 방치하는 경우 자신이 "파문"당할 수도 있다고 했다. 암살 음모를 꾸미던 하비는 문서에서 암살이 언급된 문장을 전부 지우게 했다.

왜 헬름스와 하비가 상부의 지침도 없이 마피아에 카스트로 암살을 요청했는지 설명하기는 어렵다. 한편, 케네디 형제는 "그럴듯한 부인권(plausible deniability : 1960년대 초 CIA가 만든 용어로 CIA가 불법 작전이나 비난을 살 행동을 할 때 고위 관료들이 휘말리지 않도록 관련 정보를 관료들에게 알리지 않는 것을 의미함 - 옮긴이)" 원칙을 유지하기 위해 명확한 지시를 하달하지 않았을 가능성이 있다. 헬름스는 정치적 암살에 대해 케네디 형제 모두에게 말하지 않았다. 하지만 하비는 이런 작전에 "아무런 제약"이 없고, "백악관의 전권"을 위임받아 추진한다고 이해했다.[48]

하비는 카스트로 암살에 마피아를 동원하는 것을 "터무니없이 명청한 아이디어"로 여기게 된다. 그는 미군의 직접적인 개입 없이 "쿠바인들이 자기 손으로 할 수 있게 지원한다"라는 랜스데일의 전략에 깊은 의구심을 갖고 있었다. 하비는 미사일 위기가 한창일 때 백악관 상황실에서 진행된 극적인 회의에 관한 이야기를 친구들에게 들려주곤 했다. 이 자리에서 그는 대통령과 대통령의 동생에게 이렇게 말했을 수도 있다.

"등신같이 피그스 만 침공을 망치지 않았다면, 이렇게 엉망진창이 되진 않았겠죠."[49]

하비의 주장을 뒷받침할 문서나 개인적인 증언은 없다. 설령 그런 일이 없었다고 해도, 이 발언은 하비의 속셈을 잘 보여주었다. 하비는 자신이 몽구스 작전의 "바보짓"이라고 이름 붙인 행동을 했던 케네디 형제를 용서할 마음이 없었다.[50]

피델 카스트로를 상대로 한 CIA의 비밀작전 본부는 마이애미 끄트머리에 있는 6제곱킬로미터 넓이의 캠퍼스였다. 이 땅은 제2차 세계대전 중 해군 비행선 기지로 사용되었다가 허리케인이 휩쓸고 지나간 뒤 마이애미 대학에 팔렸다. 마이애미 대학은 이 땅을 제니스 테크니컬 엔터프라이즈에 임대해 주었는데, 이 회사는 CIA의 자산이었다. CIA 내부에서는 마이애미 작전 본부를 JM/WAVE라는 암호명으로 불렀다.

JM/WAVE는 1962년 내내 급성장해서 워싱턴 외부에서 가장 큰 CIA 지국이 되었다.[51] 300명이 넘는 CIA 요원과 계약직 직원이 수천 명의 첩보원과 정보제공자 네트워크를 관리했고, 이들 대다수는 피그스 만 침공 작전에 투입된 인원이었다. JM/WAVE의 자산에는 100대가 넘는 작전담당관용 차량과 쿠바에 요원을 침투시키기 위한 소규모 해군

뿐 아니라, 기관총에서부터 쿠바군 군복과 시체를 담는 관에 이르기까지 모든 물품이 채워진 창고를 비롯한 주유소, 소형 항공기, 마이애미 지역 내 은신처 수백 곳, 플로리다 남부의 에버글레이드 습지에 있는 준 군사 훈련소, 그리고 여러 해양 기지와 보트 창고가 포함되었다. 여기에 투입된 예산은 5000만 달러가 넘었다.

일반인들이 눈치채지 못하게 하려고 CIA 간부가 회사 사장 역할을 하고 방문객을 맞이하는 사무실도 갖췄다. 벽에 걸린 상황판에는 가짜 판매 수치와 직원들의 기부 현황이 기록되어 있었다. 마이애미 주변에 이보다 작은 지사 수십 곳이 흩어져 있었다. 이 도시에서 CIA의 대규모 작전은 공공연한 비밀이나 다름없었다. 〈마이애미헤럴드〉 기자들을 포함해 많은 시민은 제니스 사가 CIA의 지국이라는 사실을 알고 있었지만, 그 문제에 대해 입을 다무는 것이 애국하는 일이라고 생각했다. CIA 요원이 경찰이나 해양경비대와 문제를 일으키면 대개 전화 한 통이면 해결되었다.

JM/WAVE의 지국장은 키 크고 건장한 테드 새클리였다. 35세에 불과했던 새클리는 동료들에게 "금발의 유령"으로 알려진 다소 차가운 인물이었지만, CIA에서 떠오르는 별 중 한 명이었다. 그는 냉혹할 정도의 효율적인 일 처리와 놀랄 만한 기억력으로 유명했다. 1950년대 초에는 베를린에서 하비 밑에서 일했는데, 마이애미 임무를 직접 맡긴 사람도 하비였다. 새클리는 CIA 본부가 JM/WAVE에 간섭하지 못하도록 최선을 다했지만, 기억에 남을 만한 하비의 유별난 방문을 견뎌야 했다. 어느 날 저녁 JM/WAVE 건물 안으로 들어가려 했던 하비는 널빤지를 못으로 박아서 폐쇄된 출입구와 마주쳤다. 30미터쯤 떨어진 곳에 또 다른 출입구가 있었지만, 하비는 자신을 가로막은 장애물을 가만두지 않았다. 문을 박차고 들어간 하비는 "이런 형편없는 문에 낭비할 시

간 없어"라며 화를 냈다.[52]

새클리가 운영하는 비밀 부대의 간부 대부분은 미국인이었다. 병사는 사실상 전부 쿠바인이었는데, 카스트로가 집권한 4년 동안 쿠바를 떠난 망명자 25만 명 중에서 뽑은 인원이었다. 다들 카스트로에 격렬하게 반대했지만, 대체할 만한 지도자를 중심으로 힘을 모으는 일은 쉽지 않았다. CIA가 작성한 「반혁명 편람」에는 카스트로 축출을 목표로 하는 415개 쿠바 망명자 그룹과 운동 단체가 나열되어 있었다.[53] 여기에는 이전 정권의 지지자에서부터 현 정권에 환멸을 느낀 혁명가들까지 포함되었다. 편람은 쿠바 정보기관이 반정부 세력들 사이에 도발을 일으키고 반목의 씨앗을 뿌리기 위해 반혁명단체 일부를 후원한다고도 지적했다. 다수 단체가 서류상으로만 존재했고, 일부는 "회원 자격과 미국의 재정 지원"을 얻기 위해 서로 경쟁하는 데 힘을 쏟았다. 편람 작성자는 유능한 망명자 지도자가 부족한 현실을 안타깝게 여겼다.

망명한 지도자 한 명은 〈워싱턴포스트〉 기자에게 이런 말을 했다.

"우리 쿠바인들의 문제는 저마다 쿠바 대통령이 되려고 하는 것입니다. 국익보다 개인의 야망을 우선시합니다."[54]

쿠바인 파벌 다수는 독립적으로 운영되었지만, 수백 개 단체가 CIA와 협조해서 CIA의 후원을 받았다. 이런 단체에 소속된 반정부 투사들은 CIA의 수당을 받았다. 미사일 위기가 발생했을 때 하비와 새클리는 이런 자산을 어떻게 잘 운용할 것인가 하는 문제에 직면했다. 파괴 공작은 거의 실패했다. 하지만 쿠바 망명자들이 쿠바에 배치된 소련군에 관해 사진 정찰을 보완할 유용한 정보를 입수할 수 있다고 판단했다. 미군이 쿠바를 침공하는 경우에 이런 정보 수집 인원들이 가이드 역할을 할 수도 있었다.

금요일 무렵, JM/WAVE는 마이애미 지역에 은신한 20개 침투팀을 보유하고 있었다. 일반적으로 한 개 팀은 무선 통신사를 포함해서 5~6명으로 편성되었다. 수개월간 임무 투입 준비를 했지만 여러 번 잘못된 정보를 받고 실망했던 쿠바인들은 몸이 근질근질했다. 피그스 만 침공 때와 달리, 이번에는 케네디 행정부가 카스트로를 반드시 내쫓으려 한다는 점을 의심하는 사람은 없었다. 새클리는 요원들의 "동기 부여 정도와 정신무장 상태가 최상"이라고 CIA 본부에 보고했다.[55] 마이애미의 리틀아바나 구역에서 피그스 만 침공에 참여했던 베테랑들은 자신들만의 군가를 불렀다.

그 무엇도 막지 못하게 하자
우리들의 전쟁
정말 신성한 전쟁
십자가와 함께 행군하네

쿠바 침투를 기다리는 공작팀원 중에는 카를로스 오브레곤이라는 21세의 학생이 있었다.[56] 오브레곤은 자칭 DRE, 즉 학생혁명그룹Directorio Revolucionario Estudiantil 소속이었다. DRE는 이데올로기와 종교적인 이유로 카스트로에 반대하는 아바나 대학교 학생들이 만든 단체였다. DRE에 소속된 다른 동지들처럼 오브레곤은 유복한 중상류층 출신이었다. 아버지는 변호사였고 자신은 예수회 고등학교에 다녔다. 오브레곤의 부모는 바티스타를 싫어했지만, 자신들이 악의 화신으로 여긴 공산주의자에 더 크게 반대했다. 이 때문에 피그스 만 침공 직후 가족들은 쿠바를 떠났다.

1961년 10월, 오브레곤은 12명의 DRE 회원과 함께 CIA 교관으로부터 군사 훈련을 받기 시작했다. 플로리다 주 동남부에 있는 키라고 섬에서 방 네 개짜리 집을 배정받고 침투와 탈출의 기본, 하급자 관리, 독도법, 무기 및 폭탄 취급법을 교육받았다. 몇 달 뒤 CIA는 오브레곤을 무선 통신사로 키우기 위해 더 강도 높은 훈련의 훈련생으로 선발했다. 오브레곤은 6주짜리 게릴라전 훈련을 받기 위해 버지니아 주의 "농장"으로 보내졌다. 거짓말 탐지기 테스트에 통과한 뒤에는 월 200달러 봉급을 받았고, "제리"라고만 알려진 작전담당관에게 소개되었다.

10월 22일 월요일, 작전담당관 제리는 오브레곤에게 팀의 나머지 동료들과 함께 마이애미 남부 시골 지역에 있는 2층짜리 목조 농가에서 대기하라고 지시했다. 이날 저녁 쿠바 공작원들은 라디오를 통해 케네디가 소련에 미사일을 철수시키라고 한, 최후통첩처럼 들리는 연설을 들었다. 공작원들은 뛸 듯이 기뻤다. 비밀 전쟁은 더 이상 비밀이 아니었다. 미국이 공개적으로 자신들의 투쟁을 지지한 셈이었다.

이후 나흘간 공작원들에게 작전에 필요한 옷가지, 배낭, 무선 통신 장비가 지급되었다. 오브레곤은 최종적인 통신 브리핑을 받았다. 제리는 공작팀에 어떤 쿠바인을 소개했다. 그는 최근 쿠바에서 건너온 사람으로 공작팀의 가이드 역할을 할 인물이었다. 이제 무기만 받으면 되었다. 주말에 쿠바로 향할 예정이었다.

하지만 금요일 오후, 공작팀이 있는 은신처에 방문한 제리는 침투 작전이 예상치 못하게 "보류"되었다고 통보했다.

제7장

핵무기

———

Nukes

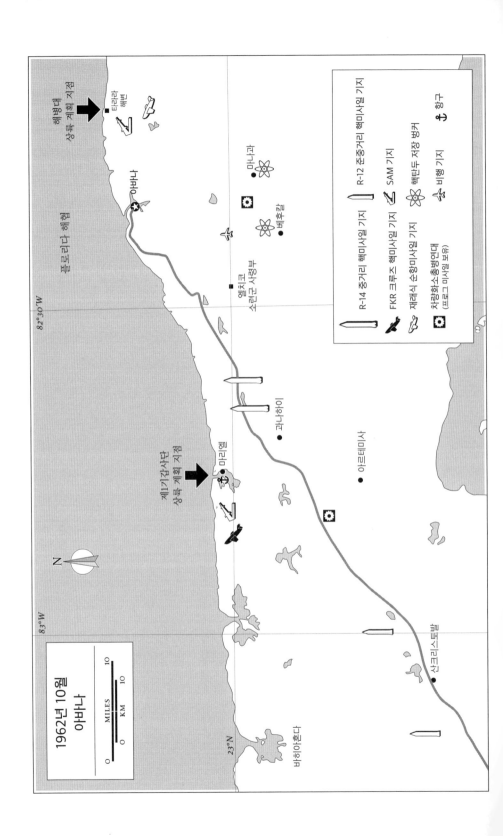

1962년 10월
아바나

MILES
0   10
KM
0   10

83°W

82°30'W

플로리다 해협

N

23°N

해병대
상륙 계획 지점

티라라
해변

아바나

마나과

베후칼

엘치코
소련군 사령부

마나하이

마리엘

제1기갑사단
상륙 계획 지점

아르테미사

과나하이

바히아혼다

산크리스토발

R-14 중거리 핵미사일 기지   R-12 준중거리 핵미사일 기지

FKR 크루즈 핵미사일 기지   SAM 기지

제레식 순항미사일 기지   해안두 지점 방어

차량화종병연대   비행 기지
(프로그 미사일 보유)

항구

1962년 10월 26일 금요일 오후 6:00(아바나 오후 5:00)

정권을 잡은 지 거의 4년이 되어가지만 피델 카스트로는 아직도 과거 혁명가 시절의 습관을 많이 유지하고 있었다. 카스트로는 일정을 미리 계획하지 않았다. 군부대를 방문하고 학생들과 어울리며 노동자와 수 다를 떨면서 쉴 새 없이 돌아다녔다. 먹고 자는 시간도 불규칙했다. 카 스트로를 가장 잘 아는 소련 지도자인 아나스타스 미코얀은 카스트로 의 "종교적"일 만큼 강한 신념에 감탄했지만, "손님을 초대한 주인으 로서 자신의 역할"을 자주 잊어버린다고 불평했다.[1] 다른 대부분의 소 련 정치인들과 마찬가지로 미코얀은 하루 세 끼 기름진 음식에 익숙했 다. 하지만 쿠바인들에게 엘 카발로(el caballo : 말)로 알려진 카스트로는 자주 점심을 거르고 술을 싫어했다. 또한 면담 장소를 서둘러 옮겨가면 서 이동 중인 차에서도 숙면을 취하는 듯 보였다.

금요일 오후 무렵, 카스트로는 미국의 쿠바 영공 정찰 활동에 더 이 상 잠자코 있지 않기로 마음먹었다. 아바나 외곽에서 미군 정찰기가 요 란한 소리를 내면서 날아가는 모습을 본 카스트로는 장병들과 분노와 무력감을 함께 느꼈다. 군 수뇌부와 회의를 한 뒤에는 유엔 사무총장에 게 보내는 성명서를 작성했다.

"쿠바는 모든 군용기에 쿠바 영공을 침범할 파괴적이고 해적과도 같은 권한을 허락하지 않습니다. 그런 합법적인 자위권은 포기할 수 없 습니다. 따라서 쿠바 영공을 침범하는 모든 군용기는 우리의 방어적인 사격에 노출될 위험이 있습니다."[2]

카스트로는 자신의 결정을 동맹국에 알리기 위해 아바나에서 남서 쪽으로 19킬로미터 떨어진 엘치코 소련군 지휘소를 방문했다. 소련군 사령관인 플리예프 장군은 전투태세를 보고받는 중이었다. 카스트로 는 소련군 장교들이 차렷 자세로 보고하는 모습을 지켜보았다.

"차량화소총병 부대 전투준비 완료."

"공군연대 전투준비 완료."

"방공 부대 준비 완료."

마지막은 미사일 부대 지휘관인 이고르 스타첸코의 차례였다. R-12 6개 포대 중 5개는 전투태세를 완전히 갖춰서 미국 본토에 있는 도시와 군 기지를 상대로 20개 탄두를 일제 사격할 수 있었다. 나머지 1개 포대는 "긴급 작전 능력"을 갖추고 있었다.[3] 미사일 일부를 발사할 수 있지만 정확성은 그다지 높지 않을 수 있다는 의미였다.

"미사일 부대 전투준비 완료."[4]

카스트로는 저공 정찰기가 쿠바군과 소련군의 사기를 떨어트리고 있다고 불평했다. 미군이 매일 쿠바군 방어 전력에 대한 공격 연습을 하고 있는 것이나 다름없었다. 카스트로가 플리예프에게 말했다.

"이런 상황에서 미군의 저공 정찰을 보고 뒷짐만 쥐고 있을 수는 없소. 당장 내일 새벽이라도 미군이 쿠바군을 괴멸시킬 수 있단 말이오."

카스트로는 소련군이 방공 레이더를 작동시켜 쿠바 쪽으로 비행해 오는 미군기를 탐지했으면 했다. 소련군은 대부분 시간에 레이더를 가동하지 않고 있었다. 세부적인 방공망을 노출하지 않기 위해서였다. 이제 미군 공습이 임박했다고 확신한 카스트로는 이렇게 주장했다.

"레이더를 가동하시오. 장님처럼 있을 순 없소."[5]

카스트로는 소련군 지휘관들에게 두 가지를 더 권고했다. 미군이 한 차례 공습으로 전부 파괴할 수 없도록 적어도 일부만이라도 미사일을 옮길 것을 촉구했다. 또한 쿠바에 주둔한 소련군 4만 3000명이 체크무늬 남방을 벗고 군복을 입기를 원했다.[6]

양키들이 감히 쿠바를 공격하면 거기에 걸맞은 대접을 해줘야 했다.

온종일 사람들이 올드아바나에 있는 해안가로 몰려들었다. 미국의 봉쇄를 뚫고 온 첫 번째 소련 선박을 환영하기 위해서였다. 빈니차호의 선장인 로마노프는 미국 군함과 헬리콥터, 항공기로 편성된 함대가 자신이 탄 소형 선박을 막지 못한 이야기로 사람들을 즐겁게 했다. 쿠바 국기와 카스트로의 초상화를 쥔 채 "자유를 사랑하는 쿠바"에 석유를 전달하기 위해 자신이 강풍과 제국주의자들과 맞서 얼마나 용감하게 싸웠는지도 설명했다.[7] 시위대는 웅성거리면서 이렇게 소리쳤다.

"피델, 흐루쇼프, 우리는 두 사람과 함께 있습니다!"

군중들은 또 다른 대중 구호로 쿠바와 소련의 사상적 동맹과 여기에 대한 미국의 무력함을 축하했다.

우리는 사회주의자 앞으로 앞으로
맘에 들지 않으면 설사약이나 삼키라.[8]

이 순간이 쿠바가 소련과 나눈 정사의 절정이었다. 쿠바 부모들은 자녀의 이름을 유리 가가린이라고 짓고 소련 영화를 감상했을 뿐 아니라, 소련 시인인 옙투셴코의 시를 읽고 모스크바 서커스의 표를 사려고 줄을 섰다. 하지만 멀리 떨어진 초강대국에 대한 쿠바인들의 존경에는 손아랫사람에 대한 겸손도 묻어 있었다. 소련 선박의 도착에 환호하고 소련군을 껴안으면서도 소련인들이 풍기는 냄새를 맡지 않을 수 없었다. 해로운 기름과 싸구려 담배, 두꺼운 가죽 부츠, 체취가 뒤섞인 이상한 냄새는 "곰 기름"이라는 이름까지 있었다.

소련군은 술도 엄청 마셨다. 카스트로마저 술 취한 소련군의 난폭성에 대해 항의했고 "군기 강화"가 필요하다고 했다.[9] 소련군의 술사랑은 거대한 물물 교환 시장을 만들어냈다. 병사들은 봉급이 적었기 때문에 맥주와 럼주를 얻기 위해 음식과 옷가지뿐 아니라 군용 트럭까지 시장에 내놓았다. 헌병들은 술 취한 군인들을 체포해서 흠씬 두들겨 패는 등 질서 유지에 주력했다.

많은 쿠바인은 소련 무기의 정교함과 평범한 소련인의 후진성 사이의 기이한 모순점을 알아챘다. 작가 에드문도 데스노에스가 쿠바 지식인 대표단과 함께 아바나 외곽에 있는 소련 공군기지를 방문했을 때였다. 데스노에스는 소련군의 생활 환경에서 나타나는 "낙후성"에 충격을 받았다.[10] 최신형 MIG-21 전투기 조종사들이 긴급 출격 명령을 기다리는 동안, 조종사의 아내는 나무로 만든 양동이에서 손빨래를 했다. 방문객들에게는 밤에 의무실 침대가 제공되었는데, 그 옆에는 곧 죽을 것처럼 보이는 환자의 작은 이름표가 붙은 들것이 있었다.

〈레볼루시온〉의 편집장인 카를로스 프랑키도 소련인들의 초라한 옷차림에 놀랐다.

> 유행이 한참 지난 옷이었다. 볼썽사납고 형편없이 재단되어 있으며 신발도 마찬가지였다! 쿠바 일반인들은 사회주의가 실제로 자본주의보다 우월하다면 소련인들이 가진 것들이 왜 모두 조악한지 궁금해하기 시작했다. 여성들은 하이힐을 신고 걸을 줄 몰랐다. 다양한 그룹의 소련인들 사이에는 큰 차이가 있는 듯 보였다. 지도자, 기술자, 장교들의 스타일이 있는가 하면, 병사들과 일반 노동자들은 훨씬 질이 떨어졌다. 사람들은 사회주의하에서의 삶의 질에 대해 의문을 갖기 시작했다.[11]

프랑키는 소련인이 미국인보다는 덜 "거만"하고, 술에 취했을 때도 "유쾌"했지만 "아주 빈곤"하다는 인상을 준다고 생각했다.

소련과의 동맹은 쿠바 사회의 공산주의화와 함께 이루어졌다. 혁명이 축제 분위기를 잃고 있었고 관료들이 주도하기 시작했다. 대부분의 쿠바인들은 여전히 혁명의 목표에 지지를 보냈지만 열기가 이전 같지 않았다. 공산당 출신이 정부 요직을 차지했다. 쿠바는 경찰국가로 변모해 갔다. 밀고자와 이웃을 감시하는 위원회가 갑자기 등장했다. 전년도에는 〈루네스데레볼루시온-Lunes de Revolucion〉이라는 문학주간지가 폐간되었다. 〈루네스데레볼루시온〉은 지적 자유의 마지막 요새 중 하나였다. 한때 활력이 넘치던 신문은 정부의 확성기가 되었다. 쿠바 혁명에 관한 말조차 마르크스-레닌주의 구호에 밀려나 설 자리를 잃었다.

사회주의의 경직성을 보여주는 강압적인 정부 운영이 경제에서 감지되었다. 많은 경제 정책이 카스트로의 변덕에 따라 좌우되었다. 총사령관인 카스트로가 아바나 주변의 시골 지역이 커피 농장에 이상적이라고 했을 때, 해당 지역이 그런 용도에 전혀 적합하지 않았음에도 불구하고 누구도 감히 반대하지 않았다. 개인 사업을 금지한 조치는 만성적인 물품 부족과 지하 시장 활성화의 원인이 되었다. 한 영국 외교관은 "신발 상점은 중국산 핸드백만 팔고 대부분의 '슈퍼마켓'에는 불가리아산 토마토 수프 한 칸밖에 없는 비정상적이고 이상한 나라"로 묘사했다.[12] KGB 비밀 보고서는 쿠바 농부들이 생산물을 국가에 헌납하기를 거부하고 다수의 폭력배가 인위적으로 물품 부족을 악화시키고 있다고 불평했다.[13]

하지만 외세의 침략 위협은 정권에 대한 대중의 불만을 억눌렀다. 이미 실패하고 있던 경제 시스템을 위해 희생할 쿠바인은 없었지만 조국을 위해 기꺼이 목숨을 바칠 사람은 많았다. 당분간 이념적인 분열과 실망은 애국주의에 묻혔다. 쿠바인들은 무기력한 관료주의와 상점의 식품 부족에 불만을 터트릴지라도, "양키 제국주의"를 상대로 한 카스트로의 투쟁을 지지했다.

결국 카스트로의 보좌관 한 명이 모리스 핼퍼린에게 말했듯이 평범한 쿠바인들에게 안정과 물질적 풍요는 그다지 중요하지 않았다.[14] 가장 소중한 것은 "명예, 존엄, 신뢰, 독립"이라는 쿠바의 전통적인 가치였다. 이런 가치가 지켜지지 않는다면 "경제 성장이나 사회주의는 아무런 의미가 없었다." 쿠바 정부는 존엄에 대한 국가적인 집착을 활용하기 위해 최선을 다했다. 개인의 존엄성이든 국가의 존엄성이든 상관이 없었다. 아바나 주재 영국 대사였던 허버트 마찬트는 연례 보고서에서 "파스 콘 디그니닫(paz con dignidad : 존엄성 있는 평화를)"이라고 외치는 거리의 현수막을 지적했다. 성탄절 카드 인사에도 "콘 디그니닫(con dignidad : 존엄성과 더불어)"이라는 말이 쓰였다.

마찬트는 비록 쿠바인들에게서 "스페인 혈통이 옅어지고 있을지라도 아직 돈키호테 기질이 많다"고도 지적했다.[15]

"쿠바를 관찰하는 사람들은 여기서 벌어지는 사건을 이해할 때 쿠바 혁명가들의 이런 비현실적인 유형의 국가적 자존심을 무시할 수 없다."

대중의 지지를 얻는 데 자신 있던 카스트로와 추종자들은 게릴라전 준비에 바빴다. 민병대가 말레콘에 있는 나시오날 호텔 주변에 참호를 팠다. 무기를 아바나 공장과 아파트 단지, 정부 사무실 곳곳에 숨겨두어서 명령이 떨어지자마자 지급할 수 있었다. 양키가 쳐들어오는 경우 무장한 인민들이 양키들을 맞이할 예정이었다. 수도인 아바나가 함락되더라도 시골과 산악 지역에서 싸움은 계속될 것이었다.

아이러니한 것은 미국이 침체 기미를 띤 쿠바 혁명의 가장 강력한 부분, 즉 주권 문제를 건드렸다는 사실이었다.

오후 6시를 막 지난 시각, 워싱턴 D.C.의 국무부에 있는 텔레타이프 장치가 모스크바에 있는 미국 대사관에서 보낸 장문의 메시지를 출력하기 시작했다. 니키타 흐루쇼프가 가장 최근에 보낸 친서였다. 흐루쇼프는 핵전쟁의 공포를 언급하고 케네디가 국내 정치적 압박을 지나치게 우려한다고 잔소리를 하면서도 거의 간청하는 듯한 편지를 두서없이 쓰기 시작했다.

대통령님은 전쟁을 하겠다고 위협하십니다. 하지만 적어도 미국이 우리에게 준 만큼 얻게 되리라는 점을 잘 알고 계십니다. (…) 경솔하게 행동하거나 사소한 열정에 휩쓸리지 말아야 합니다. 다가올 미국 선거가 이번 일에 영향을 미쳐서는 안 됩니다. 이 모든 것이 일시적입니다. 하지만 전쟁이 불가피하다면 그런 것이 전쟁의 논리이므로 우리 힘으로 막을 수 없습니다. 두 차례 참전 경험이 있는 저는 전쟁이 도시와 마을을 휩쓸고 모든 곳에 죽음과 파괴의 씨앗을 뿌리고 끝난다는 사실을 알고 있습니다.

친서는 모스크바 현지 시각으로 10월 26일 금요일 오후 4시 42분에 미국 대사관에 전달되었다. 워싱턴 시각으로는 오전 9시 42분이었다. 시간을 단축하기 위해 미국 외교관들은 친서를 네 부분으로 나눠 부지런히 번역한 다음 암호화해서 타이핑했다. 첫 번째 분량이 국무부에 도착하는 데 8시간 이상 걸렸다. 마지막 분량은 워싱턴 시각으로 오후 9시 이후에 도착했다. 세계 평화가 위태위태한 상황이었지만 초강대국 지도자 간 메시지를 전달하는 데 약 12시간이 걸렸다.

이 당시 세계는 절반 정도 성공한 정보 혁명의 산고를 겪고 있었다. 인공위성이 케네디의 연설을 전 세계에 거의 즉시 내보낼 수 있었지만, 케네디는 흐루쇼프와 실시간으로 대화할 수 없었다. 수화기를 들고 아무 때나 영국 총리에게 전화를 걸 수 있었지만, 브리질 지도자에게 연락할 때는 시간이 오래 걸렸다. 해군 통신 선박들은 달에 메시지를 보낼 수 있었지만, 펜타곤과 봉쇄를 시행하는 군함 사이의 긴급 전문은 항상 6~8시간이 지연되었다. 10월 24일 수요일 미사일을 실은 쿠바행 소련 선박을 둘러싸고 흐루쇼프와 "눈싸움"을 한창 벌이던 대통령은 라틴아메리카와 카리브 지역과의 통신 개선 방법을 논의하는 데 귀중한 시간을 썼다.

대통령 유고 시 또는 네브래스카 주 오마하에 있는 전략공군사령부가 폭격을 당한 경우 핵전쟁에 돌입할 책임이 있는 비상 지휘소도 통신이 지연되기는 마찬가지였다. 보잉 EC-135기는 24시간 체공해서 모스크바나 키예프에 대한 공격 명령을 내릴 준비를 했다. 미사일 위기가 발생했을 때 전쟁 기획자들은 "룩킹 글래스Looking Glass" 항공기가 지상에서 보고된 긴급 메시지를 승인할 방법이 없다는 사실을 알고는 경악했다(룩킹 글래스는 항공지휘센터의 암호명이다. 미 전략공군사령부는 전시 지상 지휘센터가 파괴되는 경우 EC-135기를 이용해 핵전력을 지휘하도록 했다 - 옮긴이). 목요일에 승인 장치를 설치하는 방법이 설명된 장문의 일급비밀 전문이 공중 지휘소에 전송되었다.

해군 참모총장은 "작전 긴급 전문 4~9시간 지연"이라는 내용을 가리키면서 자신이 받은 계획안 사본에 이렇게 적었다. "이건 농담이겠지."[16] 실행 명령이 승인될 무렵, 워싱턴은 이미 쑥대밭이 되어 있을 가능성이 컸다.

통신 문제는 소련측이 훨씬 더 심했다.[17] 소련군의 통신 절차 일부는 19세기에 만들어진 것이었다. 워싱턴 주재 소련 대사가 모스크바에 메시지를 보내는 경우, 다섯 부분으로 나눠 암호화해야 했다. 그런 다음 미국 전보 회사인 웨스턴유니언의 지역 사무실에 전화를 해서 자전거를 탄 전령에게 전보를 전달했다. 흑인 전령이 천천히 자전거를 타고 가는 모습을 본 소련 외교관들은 가는 길에 혹시 여자 친구와 잡담을 하지나 않을까 하고 의심했다. 전보를 아무런 문제 없이 배달하는 경우 100년 전 대서양에 깐 전신 케이블을 통해 크렘린으로 전송되었다.

국무부 관리들은 텔레타이프에서 출력된 흐루쇼프의 친서를 뜯어내 문단별로 분석했다. 모스크바 주재 미국 대사로 근무했던 국무부 내 최고의 소련 전문가인 루엘린 톰슨은 친서 내용이 일반적인 외교 문서의 세련됨이나 정교함이 없다는 이유로 흐루쇼프가 직접 구술했다고 확신했다. 흐루쇼프가 "상당한 부담"을 느끼고 있을지도 몰랐다.[18] 국무부 차관인 조지 볼은 침울해하는 땅딸막한 서기장이 "꽉 막힌 벽에 부딪친 채 문장 하나하나에 분노"를 쏟아내는 모습을 떠올렸다.

핵심적인 내용은 마지막 부분에 나왔다. 흐루쇼프는 미사일이 쿠바를 방어하기 위한 것일 뿐이라면서 위기를 해소할 방법을 제안했다. 미국이 해군을 철수시키고 쿠바를 침공하지 않겠다고 약속하면 "우리측 군 전문가들이 있을 필요성이 사라질 것입니다." 흐루쇼프는 양측의 대치 상황을 정치적 라이벌이 양쪽 끝에서 당기면 당길수록 더 팽팽해지는 매듭에 비유했다.

너무 단단하게 묶여서 묶은 사람조차 풀 힘이 모자라 매듭을 잘라야만 할 순간이 올지도 모릅니다. 양국이 보유한 끔찍한 군사력을 대통령님께서 누구보다 잘 아실 테니 이런 상황이 무엇을 뜻하는지는 굳이 설명하지 않아도 될 것입니다. 그러니, 매듭을 팽팽하게 당겨 세계를 핵전쟁의 재앙으로 몰고 갈 의향이 없으시다면, 매듭 끝을 당기고 있는 힘을 약하게 할 뿐 아니라 매듭을 풀 대책을 마련합시다.

조지 볼이 보기에, 흐루쇼프의 친서는 "진심 어린 호소"였다. 펜타곤에 있던 커티스 르메이는 조지 볼보다는 덜 감상적이었다. 르메이는 동료들에게 흐루쇼프의 친서가 "개소리로 가득"하다고 말했다.[19] "우리가 그런 사탕발림에 넘어가면" 흐루쇼프는 "우리를 전부 등신"이라고 생각할 것이 틀림없었다.

1962년 10월 26일 금요일 오후 7:35

금요일 저녁 흐루쇼프의 친서가 텔레타이프에서 출력되는 동안, 딘 러스크 국무부 장관은 국무부 7층에 있는 집무실에서 존 스칼리라는 이름의 텔레비전 기자의 말을 듣고 있었다. ABC 뉴스의 기자인 스칼리는 이상한 이야기를 했다. 이날 일찍 스칼리는 알렉산드르 페클리소프의 점심 초대를 받았다. 페클리소프는 소련 대사관의 참사관으로 위장한 KGB의 워싱턴 지부장이었다. 페클리소프는 펜실베이니아 애비뉴에 있는 옥시덴탈 레스토랑에서 스칼리와 함께 폭찹과 크랩 케이크를 먹으면서 위기를 해결할 방안을 내놓았다. 그가 제시한 방안은 흐루쇼프가 가장 최근에 보낸 친서의 회유적인 논조와 같은 맥락으로 보였다.

나중에 스칼리가 러스크에게 전달한 페클리소프의 제안은 다음의 세 항목이었다.[20]

- 소련은 유엔의 감독 아래 쿠바에 있는 미사일 기지를 해체한다.
- 쿠바는 어떤 공격용 무기도 다시는 받아들이지 않는다고 약속한다.
- 미국은 쿠바 불침공을 공식적으로 약속한다.

러스크 국무부 장관은 페클리소프의 제안을 흥미롭게 받아들였다. 사실이라면 돌파구가 될 수 있었다. 미국이 받아들일 수 있는 조건으로 위기를 끝내겠다고 제안한 셈이었다. 메시지를 전달하는 방식은 약간 특이했다. 그전에 페클리소프나 스칼리가 양국 사이에서 막후 협상 채널 역할을 한 적이 없었다. 하지만 추정컨대 소련은 스칼리가 국무부 고위층에 연줄이 닿아 있고, 특히 국무부 장관의 측근인 로저 힐스먼 정보조사국장과 친하다는 사실을 알고 있었을 것이다. 흐루쇼프는 KGB 요원과 언론인을 통해 제안을 함으로써 케네디가 협상을 거부하는 경우 자신이 양보했다는 사실을 부인할 수도 있었다.

가능한 한 빨리 답변을 받길 원했던 페클리소프는 스칼리에게 집 전화번호를 알려주어서 필요하다면 밤에도 전화할 수 있게 했다. 러스크 국무부 장관은 답변 내용을 노란색 리갈패드에 작성해서 백악관의 승인을 받은 뒤 스칼리 기자에게 전달했다. 스칼리는 두 문장으로 구성된 이 메시지를 페클리소프에게 최대한 신속하게 전달해도 된다는 허락을 받았다.

> 미국 정부는 실제로 협상이 성사될 가능성이 있다고 판단할 근거가 있고, 뉴욕에서 양국 정부의 대표가 우 탄트를 비롯한 다른 사람들과 함께 이 문제를 풀 수 있다고 생각합니다. 하지만 확실히 시간이 매우 촉박해 보입니다.[21]

스칼리가 연락했을 때 페클리소프는 아직 소련 대사관에 있었다. 두 사람은 16번가에 있는 스타틀러-힐튼 호텔의 커피숍에서 만나기로 했다. 약속 장소는 백악관에서는 세 블록, 소련 대사관에서는 한 블록 떨어진 곳에 있었다. 호텔에 도착했을 때는 오후 7시 35분이었다. 두 사람은 안쪽 테이블에 앉아서 커피를 주문했다. 스칼리가 머릿속에 담긴 러스크의 메시지를 정확한 출처를 밝히지 않고 전달했다. 페클리소프는 대화의 요점을 기록하면서 질문했다.

"윗선에서 나온 말입니까?"

"미국 정부 내 최고위급에서 나온 말입니다."[22]

페클리소프는 스칼리의 말을 잠시 생각해 보더니 새로운 문제를 꺼냈다. 그는 쿠바 불침공 약속을 확실히 이행하기 위해 플로리다에 있는 미군 기지와 카리브 주변 국가에 대한 유엔 사찰을 허용해야 한다고 했다. 스칼리는 "공식적인 정보"는 없지만 그런 요구는 대통령을 정치적으로 난처하게 만들 것이라는 "인상"이 든다고 답했다.[23] 의회 내 우파와 군이 침공을 주장하는 상황이었다. 스칼리가 강조했다.

"시간이 촉박합니다."

페클리소프는 모스크바에 있는 최고위급에 메시지를 전달하겠다고 약속했다. 나중에 스칼리의 말에 따르면 페클리소프는 너무 급하게 대사관으로 돌아가느라 커피값으로 10달러를 내고 거스름돈을 받지 않았다. 이 당시 소련 외교관의 행동으로는 아주 이례적이었다.

KGB 요원과 방송국 기자의 만남은 한 차례 실수가 핵전쟁으로 이어질 수 있는 시기에 모스크바와 워싱턴 사이에 이루어진 전형적인 의사소통 왜곡 사례였다. 스칼리는 자신이 위기를 해소할 중재자 역할을 할 수 있을지도 모른다고 생각했고, 실제로 국무부와 백악관을 설득했다. 하지만 소련측 입장은 완전히 달랐다.

페클리소프는 위기 발발 초기부터 미국 정부의 의사결정에 관한 정보를 알아내려고 이곳저곳을 뒤졌다. 한때 로젠버그 간첩단의 통제관이었던 그는, 미국 내 외교 정보의 한심한 상태를 깨닫고 괴로워했다. 모스크바는 케네디의 측근으로부터 "비밀 정보"를 캐내라고 페클리소프를 엄청나게 압박했다. 정부 내 소식통이 부족했기 때문에 핵심 권력의 바깥에서 떨어지는 부스러기라도 주워야 했다. 스칼리처럼 인맥이 넓은 기자는 페클리소프가 카멜롯 궁전에 가장 가까이 접근할 수 있는 인물이었다(카멜롯은 영국 전설에 나오는 아서 왕의 궁전으로 행복이 넘치는 목가적 장소로 알려져 있다. 케네디 대통령 사후에 영부인 재클린이 언론과의 인터뷰에서 "앞으로도 위대한 대통령은 나오겠지만, 또 다른 카멜롯은 없을 겁니다"라고 말한 뒤 미국 언론에서 케네디 시절을 종종 카멜롯에 빗대어 말했다 - 옮긴이).

페클리소프는 1년이 넘도록 스칼리 기자와 만나서 커피를 마시거나 점심을 먹었다. 특별한 일이 없는 경우 둘의 만남은 페클리소프에게는 영어를 숙달하는 기회였다. 이탈리아계 미국인인 스칼리는 능변가였고 상대적으로 정보를 캐내기 쉬운 "외향적인 유형"이었다.[24] 보통 페클리소프는 자신이 관심을 가진 주제를 꺼내고는 특정한 시점에 "그럴 리가 없습니다"라고 주장했다. 스칼리는 내부자 정보를 과시하고 싶은 마음에 이렇게 반박하곤 했다.

"그럴 리가 없다니, 무슨 뜻입니까? 회의가 지난 화요일 오후 4시에 있었고 저는 회의 장소가 11층이었다는 사실까지 알고 있습니다."

페클리소프는 소련측 정보는 별로 내놓지 않고 스칼리에게 끊임없이 정보를 캤고, 상대방의 반응을 보기 위해 아무런 생각이라도 불쑥 내놓곤 했다.

스칼리를 커피숍에 남겨두고 자리에서 일어선 페클리소프는 소련 대사관으로 되돌아갔다. 마침내 페클리소프는 모스크바에 보고할 어떤 제대로 된 정보를 입수했다. 세 항목으로 구성된 위기 해결책을 전보로 작성했고, 스칼리 기자가 "최고위급"을 대변한다는 사실을 강조했다. 하지만 양측이 인식하고 있는 해결책은 한 가지 결정적인 측면에서 달랐다. 스칼리는 먼저 제안한 쪽이 소련이라고 했고, 페클리소프는 미국이 이런 해법을 꺼냈다고 설명했다. 스칼리와 미국측이 소련의 타진이라고 생각한 것은 결국 KGB가 위기를 끝내기 위한 미국의 요구

조건을 확인하기 위한 접촉 시도였던 것이다.

페클리소프는 전보를 직속 상관에게만 보고할 권한이 있었다. 흐루쇼프나 소련 최고회의 간부회의에 전달하기 위해서는 아나톨리 도브리닌 주미 대사의 동의가 필요했다. 도브리닌은 몇 시간 동안 보고서를 곰곰이 검토한 뒤 승인해 주지 않았다.[25] 그는 외교부가 "대사관에서 이런 형식의 협상을 하도록 허락하지 않았다"라고 해명했다. 자체적으로 바비 케네디와의 비공식 채널을 갖고 있던 도브리닌은 KGB 계획에 회의적이었다.

페클리소프가 할 수 있는 일이라고는 기껏해야 KGB 외국정보 분야의 수장에게 보고하는 일밖에 없었다.[26] 전보가 모스크바에 도착할 무렵, 현지 시각으로 이미 토요일 오후였다. 이 전보가 위기 상황에서 크렘린의 의사결정에 어떤 역할을 했거나 흐루쇼프가 전보를 확인했다는 증거는 없다. 하지만 스칼리와 페클리소프의 만남은 쿠바 미사일 위기에 관한 신화의 일부가 되었다.

페클리소프가 스타틀러-힐튼 호텔에서 스칼리 기자와 만나던 시각, 그곳에서 멀지 않은 백악관에서 대통령은 정부 관리가 "추가적인 행동"을 암시했다는 언론 보도에 대해 화를 내고 있었다. 대통령은 링컨 화이트 국무부 대변인의 신중하지 못한 논평 때문에 위기에 대한 국민의 기대치를 관리하려는 자신의 조심스러운 시도가 위태롭게 되었다고 생각했다. 그래서 전화를 걸어 중간급 관리인 국무부 대변인을 직접 꾸짖었다.

물론, 대변인이 고의로 정부에 피해를 주려는 것은 아니라는 걸 알고 있었다. 작은 정보라도 달라는 기자들의 압박을 받은 화이트는 월요일에 발표된 대통령 연설의 한 문장에 주목하게 했다. 이 연설에서 케네디는 쿠바에 대한 해상 봉쇄는 흐루쇼프가 미사일을 철수하도록 하기 위한 일련의 조치 중 첫 단계라고 했다. 화이트는 소련이 "공세적인 군사력 준비"를 갖춘다면 "추가적인 조치가 정당화될 수 있다"라는 문장을 꼬집어서 언급함으로써 기자들에게 뉴스 기사에 대한 새로운 관점을 준 셈이었다.

문제를 더 복잡하게 만든 것은 엑스콤이 백안관 대변인인 피어 샐린저에게 쿠바에서 입수된 최신 정보 데이터를 요약한 성명을 발표하도록 지시한 사실이었다. 소련측은 미사일 기지 건설 작업을 중단하기는커녕, "미사일 지원 및 발사 시설의 건설을 계속 서두르고" 있었다. 언론에 대한 예민한 본능을 지닌 케네디는 기자들이 백악관 성명과 국무부 성명을 종합적으로 판단해서 전쟁이 임박했다고 결론 내리는 상황을 우려했다. 군사 행동이 임박했다는 언론의 대서특필 때문에 정부의 입장을 밝혀야 할 수도 있었다. 이 경우 평화적인 해결방법을 찾기가 더 어렵게 되었다. 모든 전쟁 준비는 신중하게 이루어져야 했다. 케네디의 목소리는 분노가 들끓었다.

"언론 보도를 통제해야 하네, 화이트. 문제는 자네가 추가적인 행동을 취할 것이라고 말할 때 기자들 모두가 '무슨 조치?'라고 질문할 것이란 점이네. 그러면 며칠 만에 사태가 악화돼. 우리가 준비되지 않았을 시점에 말이야."

"죄송합니다, 각하."

사과만으로 충분하지 않았다.

"정말 조심해야 하네! 무턱대고 이전 연설을 언급하면 안 돼. 새로운 특종거리를 주니까 말이야. 기자들이 지금 눈치챘단 말이야."

"정말 죄송합니다, 각하."

1962년 10월 26일 금요일 오후 10:50(아바나 오후 9:50)

"추가적인 조치"에 관한 국무부의 암시에 주목한 사람은 케네디만이 아니었다. 미국 국무부 대변인의 발언은 약 1600킬로미터 떨어진 아바나에 있던 쿠바군과 소련군 수뇌부를 불안하게 만들었다. 카스트로의 입장에서 이런 상황은 미국이 미사일 철수를 요구하는 일종의 최후통첩을 준비한다는 또 다른 신호였다. 소련이 거부하는 경우, 카스트로의 예상대로 미군의 침공이 "48시간 이내"에 벌어질 수 있었다.[27]

이날 뉴욕에서 전달된 쿠바 관영 통신사인 프렌사라티나 기사 외에도 앞으로 벌어질 일에 대한 작은 징후가 또 있었다. 가장 구체적인 것은 브라질 대통령이 아바나 주재 브라질 대사인 루이스 바스치앙 핀투를 통해 카스트로에게 보낸 메시지였다. 브라질은 소련이 기지 건설 작업을 "향후 48시간 이내에 중단"하지 않으면 미국 정부가 미사일을 파괴할 예정이라는 정보를 갖고 있었다.[28] 카스트로는 이 메시지를 매우 심각하게 받아들였다. 바스치앙 핀토 대사는 카스트로와 친하면서도 미국에 대해서도 좋게 평가하는 인물이었다. 그사이 쿠바에 주둔한 소련군 지휘관들은 미국 전략공군사령부가 "전면적인 전투태세"에 돌입한다는 소식을 들었다.[29]

쿠바군과 소련군 장교들은 모든 정보를 분석해서 미군이 공습 뒤침공할 가능성이 크다고 판단했다. 당장에라도 전쟁이 벌어질 수 있었다. 이 문제에 대해 깊이 생각하면 할수록 밤사이 공격의 첫 단계인 공습이 이루어질 가능성이 크다고 확신했다.

쿠바 주둔 소련군 사령관인 이사 플리예프는 신중하기로 명성이 자자했다. 깔끔하게 가르마를 탄 회색 머리와 콧수염을 다듬은 기병인 플리예프는 상황을 조심스럽게 따져보았다. 대조국전쟁 중 전투를 충분히 경험한 플리예프는 미군의 쿠바 침공으로 벌어질 결과에 대해 환상을 품지 않았다. 또한 아직 담석증에서 회복 중이었고 필요 이상으로 불안감을 조성하는 보고는 받지 않아서 흥분하는 일을 피하려고 노력했다. 며칠 전 플리예프의 부관은 반카스트로 게릴라의 상륙 가능성에 관한 보고서를 갖고 왔다. 다른 소련 장군들은 서둘러 사령관에게 보고하기를 원했다. 플리예프가 부관에게 말했다.

"당황하지 말게. 쿠바 동지들이 조사하게 해. 어부 몇 명일 뿐일 수도 있으니까. 철저하게 조사를 한 뒤에 보고하도록 해."[30]

결국 이 정보는 오보였던 것으로 드러났다. 이제 플리예프도 차츰 걱정되기 시작했다.[31] 카스트로를 만난 뒤, 플리예프도 전쟁이 불가피하다고 판단했다. 플리예프는 참모들에게 지휘소를 엘치코 사령부 근처의 지하로 옮기라고 명령했다. 아바나에 있는 카스트로의 벙커와 마찬가지로 소련군 지하 지휘소도 정교한 통신 장비와 다량의 식량, 참모들을 위한 벙커를 갖추고 있었다. 미군이 금요일 저녁에 공격한다는 소문이 퍼지면서, 플리예프는 부대에 전면적인 전투준비태세를 갖추라고 명령했다. 필요하다면 수개월간의 게릴라전을 할 준비가 되었다. 플리예프가 지휘관들에게 말했다.

"물러설 곳이 없다. 본국에서 멀리 떨어져 있지만 5~6주는 버틸 만한 군수품이 있다. 상대가 우리 군을 와해시키면 사단 수준에서 싸울 것이다. 사단이 와해되면 연대로 싸울 것이다. 연대가 와해되면 산에 올라갈 것이다."[32]

이사 플리예프 사령관은 소련군에 군복을 입히라는 피델 카스트로의 요청을 받아들이지 않았다.[33] 하지만 방공 레이더를 가동해 달라는 요청에는 동의해 방공 부대 지휘관들에게 미군의 공습에 대한 대응 사격을 허락했다. 관타나모 해군기지로 가는 육로에는 지뢰를 설치하라는 명령을 내렸다. 소련 공군의 핵무장 크루즈 미사일 포대 두 곳에는 쿠바 동부와 서부에 있는 전방 사격 진지로 이동하라고 명령했다. 미국 본토 목표를 겨냥한 R-12 미사일 부대에는 핵탄두 지급을 지시했다.

처음에는 미군 침공 시 전술핵무기를 사용할 권한이 플리예프에게 있는지에 대해 약간의 혼동이 있었다.[34] 소련군 교리에 따르면 전시 야전군 사령관은 전술핵무기를 책임지게 되어 있었다. 소련 국방부 장관은 플리예프에게 그런 권한을 승인하는 명령을 작성했지만, 실제로 서명하지는 않았다. 10월 23일 하달된 최신 명령은 모스크바가 모든 핵무기 사용에 대한 전면적인 통제권을 유지한다는 것을 분명히 했다. 어쨌든 플리예프는 전쟁 발발에 대비해 미사일 발사 준비를 확실히 하길 원했다. 아바나 시각 오후 9시 50분, 플리예프는 소련 국방부 장관에게 전투태세를 정리한 보고서를 보냈다.

감독관(말리놉스키 국방부 장관의 위장 명칭)께,

우리가 입수한 정보에 따르면 미국은 스타첸코(쿠바 주둔 소련군 미사일 부대장) 동지의 전개 기지 중 다수를 발견했습니다. 미국 전략공군사령부는 항공 타격 부대에 전면적인 전투태세 명령을 하달했습니다.

쿠바 동지들의 의견에 따라, 10월 26일 야간 또는 10월 27일 새벽 사이에 쿠바에 있는 아군 기지를 상대로 미군이 공습해 올 것으로 예상해야 합니다.

피델 카스트로는 쿠바가 공격받는 경우 쿠바군 방공포로 미군 항공기를 격추하기로 결정했습니다.

저는 작전 구역 내 테흐니카(tekhniki : 핵탄두를 완곡하게 이른 말) 지급 및 위장 활동을 강화하는 조치를 했습니다.

미군이 우리 기지를 공습하는 경우, 저는 가용한 모든 방공 수단을 동원

하기로 결정했습니다.[35]

플리예프는 이 전보에 자신의 공식적인 가칭인 "파블로프"라고 서명했다.

세르게이 로마노프 대령은 다른 사람들한테 만큼이나 자기 자신에게 엄격하기로 이름났다.[36] 군에서 핵무기를 수송하고 저장하는 분야에서 경력을 쌓은 로마노프 대령은 이때 위험한 상황에 처했다. 휘하에 있던 호송대가 쿠바에 도착하자마자 큰 사고를 당했다. 트럭 한 대가 구불구불한 도로에서 천천히 가던 차를 추월하려다가 쿠바 민간인이 몰던 차와 충돌한 것이다. 차에 타고 있던 운전자는 사망했다. 로마노프는 당의 엄중한 문책을 받았다. 나중에 모스크바로 돌아갔을 때, 로마노프 대령은 두려워했던 결과를 받아들여야 했다.

자신에게 드리운 그림자에도 불구하고 로마노프는 가장 중요한 핵저장 시설을 책임졌다. R-12 미사일용 탄두가 내진성을 갖춘 벙커에 보관된 핵저장 시설은 베후칼 정북쪽의 나무가 무성한 산허리에 감춰져 있었다. 아바나에서 약 32킬로미터 떨어진 베후칼은 벼룩이 득실거리는 마을로 질퍽거리는 길에 낡아빠진 단층 주택이 줄지어 있었다. 차를 타고 갈 수 있는 벙커는 산허리 쪽으로 들어가 있었고, 콘크리트로 보강되고 흙으로 메워져 있었다.[37] 15~18미터 길이의 L자 형태 부속 건물 두 개가 지하 주차장과 연결되어 있었다. 진입로는 원형으로 되어 있고, 핵탄두를 실은 밴은 북쪽 출입구를 통해 벙커에 들어와 남쪽 출입구로 나갈 수 있었다. 전체가 울타리로 둘러싸인 이 시설은 넓이가 약 12만 제곱미터에 달해서 공중에서도 쉽게 눈에 띄었다.

원래 쿠바 육군이 재래식 탄약 보관용으로 만든 이 벙커는 핵탄두

보관 시설로 개조되었다. 소련군 총참모부는 탄두의 안전과 관리를 위해 엄격한 기준을 마련했다.[38] 탄두는 최소 3미터 높이의 시설 안에 각각 50센티미터 떨어진 곳에 보관해야 했다. 탄두를 조립하고 점검하기 위해 적어도 93제곱미터의 공간이 필요했다. 보관실의 온도는 20도 이하로, 습도는 45~70퍼센트로 유지해야 했다. 적절한 온도와 습도를 유지하기 위해서는 지속적으로 신경을 써야 했다. 벙커 내부 온도는 27도 아래로 크게 떨어진 적이 없었다. 로마노프 대령은 허용 가능한 최대 온도 이하로 낮추기 위해 현지에서 에어컨과 아이스박스를 구해야 했다.

소속 장병 전체가 히로시마에 투하된 원자폭탄 2000개와 맞먹는 탄두를 취급하는 데 따른 엄청난 스트레스를 감수했다.[39] 밤에도 서너 시간밖에 자지 않았던 로마노프는 귀국하자마자 심각한 심장마비를 겪게 된다. 로마노프 부대의 차선임이었던 보리스 볼텐코 소령은 몇 개월 뒤 뇌암으로 사망했다.[40] 동료 장교들은 볼텐코가 한 해 전에도 R-12 미사일 실무장 시험을 위한 핵탄두 조립 작업에 투입되었기 때문에 암에 걸렸다고 생각했다. 쿠바에 도착했을 무렵에는 진단이 확정되지는 않았지만 방사능증에 시달렸을 수도 있었다. 실제로 소련에서 "기기(소련군이 핵탄두를 칭할 때 쓴 용어)"를 다룬 여러 전문가와 엔지니어가 나중에 암에 걸렸다.[41]

소련 내에서 핵저장 시설은 철저한 보안 조치가 되어 있었다. 그와는 대조적으로 베후칼 벙커는 울타리 하나와 대공포 몇 문으로만 보호되었다. 본부는 1킬로미터 정도 떨어진 언덕에 있었는데, 원래 라시우다드데로스니뇨스로 알려진 도시 외곽의 가톨릭 고아원을 정부가 수용한 시설이었다. 주간에는 미군기가 정보 수집을 위해 이곳 상공을 날아다녔다. 밤에 이곳 경계병들은 근처 산에서 나오는 총소리를 자주 들었다. 쿠바 민병대가 반란군을 추격할 때 나는 소리였다. 아침에 수색을 하기 위해 현장에 가면 덤불 속에서 죽은 돼지를 발견하기도 했다. 다음 날 밤에 장병들은 바비큐 파티를 열었다.[42]

베후칼은 쿠바 서부 산크리스토발 인근에 있는 미사일 기지에서 차로 4~5시간 걸리는 거리에 있지만, 쿠바 중부의 시도로프 대령이 지휘하는 제79연대까지는 도로 사정이 나빠 14시간이나 걸렸다. 플리예프는 미군 공습 시 탄두를 사과라그란데로 옮길 시간이 없다는 사실을 알았다. 시도로프의 제79연대는 미사일 연대 세 곳 가운데 가장 멀리 떨어져 있었지만 준비를 가장 잘 마친 상태였다. 제79연대는 미국 본토에 대한 핵공격에 성공할 가능성이 가장 높아 탄두를 가장 먼저 수령할 예정이었다.

R-12 미사일의 4미터짜리 노즈콘(미사일의 원뿔형으로 된 앞부분 - 옮긴이)은 레일이 땅으로 이어진 특수 설계된 핵무기 보관 밴에 실렸다. 박스형 밴이 지하 시설에서 나와 트럭과 지프차 대열에 합류할 때는 이미 해가 진 상태였다. 호송대는 차량 총 44대로 편성되었지만, 탄두를 실은 차량은 6대뿐이었다. 위장을 하기 위해 탄두를 실은 밴 사이사이에 산업용 장비를 실은 트럭이 배치되었다. 일반 차량을 막고 호송대의 안전을 보장하려는 목적으로 사과라그란데로 가는 약 400킬로미터 도로를 따라 병력도 배치되었다. 다들 사고가 재발할까 봐 노심초사했다.

호송대가 항공 정찰에 발각되지 않도록 각종 예방 조치가 취해졌다.[43] 작전은 야음을 틈타 실행될 예정이었다. 운전사들은 헤드라이트 사용이 금지되었다. 불빛은 사이드라이트만 허용되었고, 그마저도 4대당 1대만 사용할 수 있었다. 최대 주행 속도는 시속 32킬로미터였다.

로마노프와 동료들은 적어도 보유하고 있던 핵탄두의 일부라도 내보내게 된 사실이 반가웠다. 소련군은 미군 공수부대의 공격을 계속 우려하고 있었다. 보안에 매우 취약하다는 것을 알았기 때문에 미군이 자신들의 비밀을 발견하지 못한 사실을 믿기 어려웠다.

CIA는 미사일을 발견한 이후 줄곧 핵탄두를 찾기 위해 쿠바를 샅샅이 뒤졌다. 사실 핵탄두는 애초부터 쉽게 발견할 수 있는 장소에 있었다. 미국 정보 분석관들은 베후칼에 있는 갱도를 U-2 영상을 통해 1년 넘게 지켜보고 있었고, 벙커와 고리 형태의 도로와 울타리의 건설 현황을 상세하게 기록했다. 1962년 가을 무렵에는 베후칼에 있는 벙커 두 곳을 "핵무기 저장 시설"로 추정된다고 표시하기도 했다. CIA는 대통령에게 10월 16일 베후칼 기지가 "자동 방공 무기로 보호"되는 "특이 시설"이라고 보고했다.[44] 또한 소련에 있는 이미 알려진 핵저장 시설과는 "일부 유사점이 있지만 차이점도 많다"고 보고했다. CIA 부국장인 마셜 카터 장군이 엑스콤에서 말했다.

"가장 유력한 시설입니다. 추가 감시를 위해 표시해 두었습니다."

사흘 뒤에 나온 좀 더 상세한 CIA 분석에 따르면 베후칼 벙커는 1960년에서 1961년 사이에 "재래식 탄약 저장"용으로 구축되었다.[45] 1962년 5월에 촬영한 사진에는 "방폭 벙커와 보안 울타리 1개"가 포착되었다. 차량 수십 대가 오가는 모습도 포착되었지만, 5월에서 10월 사이에는 거의 작업이 진행되지 않은 듯 보였다. 분석관들은 추가적인 보안 조치가 없는 것으로 볼 때 이 시설이 "핵무기 저장고로 전환"될 가능성이 작다고 결론 내렸다.

10월 중순 이후 정찰기가 여러 번 베후칼 벙커 상공을 비행했다.[46] 정찰을 할 때마다 분석관들이 이 시설의 중요성에 주목해야 했을 증거를 약간 더 입수되었다. 10월 23일 화요일, 미 해군 RF-8 저공 정찰기는 "흙으로 덮이고 차량이 들어갈 수 있는 건물" 외부에서 핵탄두를 운송하는 데 동원된 박스형 밴 12대를 촬영했다. 10월 25일 목요일에는 또 다른 정찰기가 밴에서 탄두를 들어 올리도록 특수 설계된 소형 크레인 다수를 발견했다. 밴은 모두 동일했다. 화물칸에 커다란 반회전문이 달렸고, 운전석 바로 뒤에 있는 밴의 전면부에는 눈에 띄는 통풍구가 있었다. 콘크리트 벙커의 잘 보이는 입구에서부터 180미터에 이르는 공간에 크레인과 밴이 깔끔하게 주차되어 있었다. 콘크리트로 만든 흰색 초소에서부터 가시철사로 된 울타리가 시설을 에워쌌다.

이제 와서 보면, 크레인과 박스형 밴은 소련 핵탄두의 미스터리를 푸는 열쇠였다.[47] 하지만 이 당시 미국 정보기관이 그런 결론을 도출하는 데는 몇 주가 걸렸다. 1963년 1월이 되어서야 알렉산드롭스크호가 콜라 반도에 있는 잠수함 기지에서 출항해 쿠바로 항해를 시작했다는 사실을 보여주는 여러 장의 사진을 확인했다. 이미 핵탄두 중계지점이자 공급소라는 의혹이 있었던 해당 잠수함 기지에서 다른 민간 선박이 발견된 적은 없었다. 분석관들은 아주 민감한 군사 시설에서 상선이 식별된 이상한 상황에 주목해 알렉산드롭스크호 사진 전체를 재검토했다. 11월 초 이 선박이 쿠바에서 콜라 반도로 회항했을 때 노즈콘을 실은 밴이 촬영되었다.

분석관들은 늦게나마 알렉산드롭스크호와 핵탄두를 실은 밴과의 상관관계를 파악했음에도 베후칼과의 관련성을 알아내지는 못했다. 아서 런달의 최측근 중 한 명인 디노 브루지오니는 1990년에 이와 관련된 책을 썼다. 이 책에서 브루지오니는 마리엘 항이 쿠바의 주요 핵탄두 취급 시설이라고 밝혔다.[48] 사실 마리엘 항은 10월 4일 인디기르카호에 실린 탄두의 중계지점일 뿐이었다. 핵무기고를 책임진 벨로보로도프 대령을 포함해 소련 장교들은 베후칼 시설의 중요성을 1991년 소련 붕괴 이후에야 공개적으로 말하기 시작했다.[49]

베후칼 핵저장 벙커에서 북동쪽으로 8킬로미터 떨어진, 마나과가 내려다보이는 언덕에 자리 잡은 유사 벙커 한 곳의 위치는 기밀 해제된 미군의 정찰 사진 연구를 바탕으로 이 책에서 최초로 공개하는 것이다(정확한 좌표는 49번 주석에 제시했다). 10월 25일과 26일 미 해군과 공군이 촬영한 베후칼 및 마나과 벙커 사진도 이 책에서 처음 공개한다. 베후칼 벙커는 R-12 미사일용 1메가톤 탄두 36개를 숨겨둔 곳이고, 마나과 벙커는 1킬로톤 프로그 탄두 12개를 보관한 장소였다.

CIA가 베후칼을 핵저장 벙커로 "가장 유력한 후보지"로 판단했다가 제외한 것은 고정관념 때문이었다. 브루지오니는 이렇게 회고했다.

"전문가들은 핵탄두가 KGB의 철저한 감독 아래 있을 것이라고 계속 말했다. 우리는 이중삼중으로 구축된 보안 울타리와 바리케이드, 추가적인 보안 조치가 구축된 시설을 찾아보라는 지시를 받았지만 그런 곳을 발견하지 못했다."[50]

분석관들은 폐쇄된 문으로 보호되지도 않은 베후칼 시설 주변의 낡은 울타리를 지적하면서 그 안에 핵탄두를 보관할 리가 없다고 판단했다. 사진판독 보고서는 베후칼을 미확인 "탄약 저장 시설"이라고만 언급했다.

사진판독관들은 푼타헤라르도에 있는 당밀 공장에 더 큰 관심을 보였다. 푼타헤라르도는 아바나 서쪽 해안가를 80킬로미터 따라 내려가면 나오는 설탕 선적항이었다. 해당 당밀 공장은 방어가 쉬운 만에 자리 잡았고 잘 닦인 고속도로망과 인접했다. 근처에는 새로운 건물도 들어서고 있었다. 가장 중요하게도 공장 주변에는 소련군에 전형적으로 나타나는 "이중 보안 울타리"가 구축되었고 사방에 초소가 있었다.[51] CIA는 10월 22일 텔레비전 연설 직전 이 모든 사실이 당밀 공장이 핵저장 시설이라는 강력한 증거라고 대통령에게 보고했다.

결과적으로 당밀 공장은 핵탄두와는 전혀 관련이 없었다.[52] 그곳은 미사일 연료를 위한 수송 및 저장 장소로 사용되었다. 알렉산드롭스크호와 타티아나 원자폭탄의 사례와 마찬가지로 베후칼 벙커 주변에 눈에 띄는 보안 조치를 하지 않은 것이 최상의 보안 조치가 된 셈이었다.

해밀턴 하우즈 중장은 소련군에서 자신과 비슷한 임무를 수행하는 플리예프와 마찬가지로 기병 출신이었다. 군 복무를 말과 함께 시작한 하우즈는 헬기로 갈아탔다가 이제는 공수부대 지휘관이 되었다. 하우즈 중장의 가족은 쿠바와 관련이 있었다. 아버지인 로버트 리 하우즈는 테디 루스벨트와 함께 산후안 언덕을 올라간 인물이었다. 테디 루스벨트는 로버트 리 하우즈를 "기병 사단 전체와 맞먹을 정도로 늠름하고 용감하다"고 평했다. 미국이 쿠바를 두 번째로 침공하는 경우 옛 기병의 아들인 해밀턴 하우즈가 지상 작전의 지휘관이 될 터였다.

부하들은 쿠바 공격을 고대했다. 침공 계획상 주요 국제공항을 포함해서 아바나 지역에 있는 공항 네 곳을 점령하기 위해 제82공수사단 및 제101공수사단 병력 2만 3000명이 필요했다. 공수부대가 적 후방을 장악하는 동안 해병대와 제1기갑사단이 아바나 주변에서 양면 공격을 해서 쿠바 수도를 미사일 기지와 차단할 예정이었다. 금요일에 하우즈는 2개 공수사단을 "계속 대기 상태로 두기" 힘들다고 펜타곤에 보고했다.[53] 의욕이 넘치는 병력을 작전에 투입하지 않고 대기시키기가 쉽지 않았다. 상륙 작전의 전체 규모는 1944년 6월에 실시된 노르망디 상륙 작전과 비교할 만했다. 총 8개 사단 약 12만 명이 마리엘 항구에서부터 아바나 동쪽 타라라 해변까지 64킬로미터에 이르는 전선에서 작전을 벌일 예정이었다. 디데이 당시 노르망디에는 약 15만 명이 80킬로미터에 이르는 전선에 상륙했다.

침공 계획은 칼집 작전Operation Scabbards이라는 암호명이 붙었다.[54]

상륙에는 미사일 기지, 방공 부대, 공군기지가 제거될 때까지 하루 세 차례 대규모 폭격이 포함된 집중적인 공습이 계획되어 있었다. 저공 정찰을 통해서 쿠바 내에 1397개의 개별 목표를 확인한 상태였다. 첫날에만 플로리다에 있는 공군기지, 카리브 해에 있는 항공모함, 관타나모 해군기지에서 총 1190회에 걸쳐 공습할 예정이었다.

이런 대규모 작전에는 각종 문제가 발생하기 마련이었다.[55] 해병대는 너무 급하게 투입되는 바람에 통신 장비를 제대로 갖추지도 않고 배에 올랐다. 지상군 부대 다수는 정원 대비 병력이 모자랐다. 헌병도 병력이 부족하기는 마찬가지였다. 일부 부대가 인종 차별 폐지에 관한 연방법원 명령을 시행하느라 디프사우스(Deep South : 앨라배마, 조지아, 루이지애나, 미시시피, 사우스캐롤라이나 등 미국 남부의 여러 주를 통틀어 이르는 말 - 옮긴이)에 배치되었기 때문이다. 전쟁 기획자들은 상륙 작전에 필요한 선박 수를 적게 잡았고 일부 해변의 경사도도 잘못 판단했다. 육군이 마리엘 해변이 생각만큼 물이 깊지 않다는 사실을 알게 되었을 때는 미군 내부에서 심수도섭장치deep-water fording kits를 차지하기 위한 쟁탈전이 벌어지기도 했다. 해군은 타라라 해변의 모래톱과 산호초에 관한 정보가 "심각할 정도로 부족"하다고 불평했다. 이런 상황은 "쿠바 서부에 대한 공격 전체의 성공"을 위태롭게 할 수 있었다.

쿠바 주변을 맴돌던 선견부대(주력 부대 상륙 이전에 상륙 목표에 투입되는 부대 - 옮긴이)들은 상륙 명령이 떨어지는 경우 직면하게 될 상황에 대해 충격적일 만큼 잘못된 정보를 갖고 있었다. 미군은 자신들의 상대가 주로 쿠바군이고 쿠바군은 정확한 인원수가 알려지지 않은 "공산권 군 기술자"의 지원을 받는다고 생각했다.[56] 중소 관계가 단절된 지 2년이 지난 시점인데도 미국 정보판단서에는 예스럽게 "중소Sino-Soviet"라는 용어가 나왔다. 10월 25일 레메디오스 인근을 촬영한 사진을 통해 식별된 부대가 프로그 미사일을 갖추고 있다는 정보는 10월 26일 금요일 오후에 쿠바 침공을 준비 중인 해병대와 공수부대까지 전파되지 않은 상태였다.

쿠바 주둔 소련군이 전술핵무기를 보유한 것이 발견되었다는 소문이 미국 관료 상층부에 퍼지자 미군 지휘관들은 자신들도 전술핵무기를 사용하게 해달라고 아우성치기 시작했다.[57]

금요일 저녁 늦게 관타나모 해군기지 쪽으로 이동하라는 명령이 떨어졌다. 날이 이미 어두웠다. 수백 명이 관타나모 기지에서 내륙 방면으로 24킬로미터 떨어진 빌로리오Vilorio 마을에 있는 "발사 전 지점"에서 기다리고 있었다. 그곳은 과거 미군 훈련소가 있던 장소였다. 부대는 히로시마에 투하된 원자폭탄과 동일한 위력의 핵폭탄과 더불어 크루즈 미사일 발사장치 3개를 보유하고 있었다. 이들은 이틀 전 시에라델크리스탈 산맥에 있는 마야리아리바 보급 센터에서 빌로리오로 이동한 상태였다. 보안을 최대한 유지하기 위해서 전쟁이 임박한 경우에만 발사진지로 이동할 예정이었다.

배치 명령은 전령이 밀봉한 통에 담아 전달했다. 무선 통신은 도청될 위험이 있었다. 새로운 위치는 관타나모에서 24킬로미터 떨어져 있기는 마찬가지였으나, 바다와 더 가까이에 있는 필리피나스 마을의 버려진 커피 농장 인근이었다. 발사 전 지점에서 발사지점까지의 거리는 약 16킬로미터였다.[58] 모스크바에 있는 총참모부의 명령이 떨어지자마자 발사지점에서 "목표물을 파괴할" 준비를 할 예정이었다.

관타나모 해군기지에 대한 소련군의 공격 계획은 약 50년간 비밀로 남게 된다. 피나르델리오 주와 오리엔테 주에 배치된 FKR 연대들이 쿠바에 배치된 소련군 핵탄두의 절반 이상을 통제했지만 역사학자들은 이들의 활동에 거의 주목하지 않았다. 히로시마에 투하된 원자폭탄의 파괴력과 비슷한 14킬로톤짜리 FKR 크루즈 미사일은 쿠바 중부 지역에서 발견된 단거리 프로그 미사일에 비해 몇 배 더 강력했다. 게다가 탄두 수도 더 많았다. 소련은 쿠바에 FKR 탄두 80개를 가져온 반면, 프로그 탄두는 12개를 가져왔다.

이 책에서는 위기가 절정에 치닫기 직전인 10월 26일 금요일 밤에 진행된 크루즈 미사일 호송대의 이동을 처음으로 공개한다. 이 이야기는 러시아 문서와 관계자들의 회고를 종합한 것으로, 기밀 해제된 미국 정보 보고서에 포함된 세부 내용과 면밀히 대조했다. 소련군의 철저한 보안에도 불구하고 미국 분석관들은 무선 통신 수집과 항공 정찰을 통해 크루즈 미사일 호송대를 추적할 수 있었다. 하지만 베후칼 핵저장 시설 사진과 마찬가지로 가공되지 않은 정보의 중요성을 결코 이해하지 못했다.

필리피나스에 배치된 소련군 중에는 빅토르 미혜예프라는 징집병이 있었다.[59] 21세의 미혜예프는 공병단에서 1년 이상 복무했고, 목공 기술을 이용해서 크루즈 미사일 발사진지를 구축하는 일을 했다. 군 복무 중 미혜예프가 어머니에게 보낸 사진으로 보면 그는 날카로운 눈빛에 머리를 뒤로 넘긴 다부진 젊은이였다. 또한 군복 차림에 가죽 장화를 신고 크고 붉은 별이 박힌 폭이 넓은 벨트를 차고 있었다.

미혜예프의 출신 배경은 아나디리 작전에 참가한 징집병의 전형을 보여주었다. 그는 모스크바 인근에 있는 시골의 작은 마을 출신이었다. 부모님은 집단 농장에서 일했다. 미혜예프가 쿠바에 배치된 것은 1962년 9월 중순이었지만, 10월 중순까지 집에 편지 쓰는 것이 허락되지 않았다. 나중에 가족에게 보낸 편지는 길지 않았다. 군 감찰관은 너무 많은 말을 하거나, 심지어 미혜예프가 있는 곳을 밝히지도 못하게 했다.

"머나먼 땅에서 인사드립니다"라고 시작한 편지는 비문과 오탈자로 가득했다.

"전 아직 살아 있고 건강합니다."

좀 더 일찍 편지를 쓰는 것이 "허락되지" 않았다고 설명한 미혜예프는 수취 주소로 모스크바에 있는 우편 사서함을 알려 주었다.

KrAZ로 알려진 힘 좋고 정면이 네모난 트럭이 빌로리오에서 빠져나와 남쪽 바닷가로 향했다. 미혜예프는 트럭 짐칸에 탄 야전 공병 부대원 20명 중 한 명이었다. 바로 뒤에서 또 다른 트럭 한 대가 FKR 크루즈 미사일을 끌고 갔다. 후퇴익에 동체 중앙에 14킬로톤 핵탄두가 장착된 FKR은 MIG-15 전투기의 원형이었다. 미사일은 캔버스 천으로 덮여 있었다. 미사일을 유도하는 데 이용되는 무선 밴 차량을 포함해서 여러 지원 차량이 뒤따라갔다. 호송대는 등화관제를 철저히 지키면서 칠흑 같은 어둠 속에서 천천히 이동했다. 부대장인 데니셴코 소령은 정치위원과 함께 호송대 맨 앞에 있던 지프에 타고 있었다.

갑자기 어둠 속에서 엄청나게 큰 충돌음이 나더니 겁에 질린 비명이 들렸다. 트럭에 타고 있던 병력은 반란군이나 미군이 공격하는 줄만 알았다. 이들은 트럭에서 뛰쳐나와 바위와 선인장 뒤에서 방어 자세를 취했다. 아비규환이 따로 없었다.

상황을 확인하는 데 몇 분이 걸렸다. 기술자들이 탄 KrAZ 트럭이 계곡에 처박힌 것이었다. 조사에 나선 병력은 계곡 바닥에서 트럭을 발견했다. 미혜예프와 동료 부대원인 알렉산드르 소콜로프가 쿠바군 한 명과 함께 사망했다. 트럭의 우측 벤치에 앉아 있던 병사 6명은 심한 부상을 입었다. 부대원들은 시체와 부상자를 끄집어내서 길가에 나란히 눕혔다.

데니셴코 소령은 미군에 위치가 발각되는 위험을 무릅쓰더라도 무전기로 지원 요청을 해야 했다. 사고 소식은 관타나모 해군기지에서 북쪽으로 16킬로미터 떨어진 관타나모 교외의 야전 사령부에 있던 연대장에게 보고되었다. 사망자는 소련군 2명, 쿠바군 1명으로 총 3명이었고, 부상자는 최소 15명으로 일부는 상태가 매우 심각했다. 연대장인 말체프 대령은 사고 현장에 트럭과 응급차를 보냈다.[60]

이런 사고가 발생하면 늘 그렇듯, 최우선 순위는 사상자를 돌보는 것이 아니라 임무를 성공적으로 마무리하는 데 있었다. 구조 차량이 도착하자마자, FKR 크루즈 미사일과 핵탄두를 실은 트럭 행렬이 어둠 속으로 전진했다.

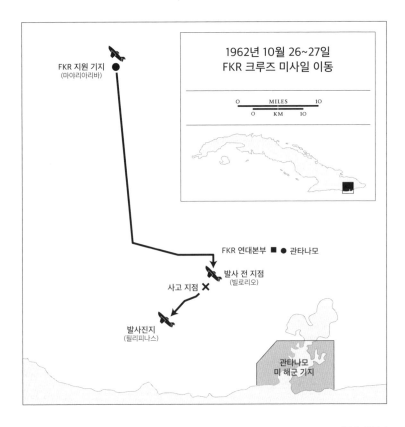

아바나에서 외국 기자가 자유롭게 보도를 하는 것은 불가능했다. 언론 통제에 대해 불평하는 사람들은 체포되어 "미국의 첩자"라는 혐의를 받았다. 목요일 저녁 비오른 알란데르라는 한 스웨덴 방송 기자는 쿠바 민병대가 자신의 호텔방에 갑자기 쳐들어왔을 때 "외식 차림을 할지 감옥에 갈 차림"을 할지 물었다.[61] 아무런 대답을 듣지 못한 알란데르는 외식 차림으로 경찰서 유치장에 감금된 채 밤을 보냈다. 결국 스웨덴군의 예비역 장교 출신으로서, 탈출 시도를 하지 않겠다는 "맹세"를 하고 난 뒤에야 금요일에 호텔로 돌아가는 것이 허락되었다.

물론 미국을 상대로 한 심리전에 동참하고자 했던 외국인들은 환영을 받았다. 쿠바 정부는 케네디를 "나폴레옹 중의 나폴레옹"이라고 비난한 로버트 윌리엄스라는 미국 민권 활동가 출신의 흑인 망명자에게 라디오 방송 시설을 제공했다. 로버트 윌리엄스는 라디오프리딕시Radio Free Dixie를 통한 "억압받는 북아메리카 형제"에 대한 연설에서, 쿠바 침공을 준비 중인 미군 소속의 흑인 병사들에게 장교를 상대로 반란을 일으킬 것을 요구했다.

"여러분이 무장을 하는 동안 이번이 자유를 얻을 유일한 기회라는 점을 기억하십시오."[62]

로버트 윌리엄스는 매주 금요일 밤 디프사우스로 송출하는 방송에서 말했다.

"이번이 흑인들이 개보다 못한 취급을 받는 것을 중단시킬 유일한 기회입니다. 전선은 우리가 맡겠습니다. 하지만 등 뒤에서 어떤 공격을 받을지 절대 모를 겁니다. 이해되나요?"

카를로스 알수가라이는 다른 쿠바 외교관들과 함께 온종일 아바나 외곽에서 참호를 팠다. 외교부로 되돌아 왔을 때, 화제는 온통 밤사이에 있을 것으로 예상되는 미군의 쿠바 공격이었다. 쿠바 정부는 아바나와 그 인근 지역이 핵공격을 받을 때 예상되는 결과에 관한 긴급 보고서가 필요했다.

미국 전문가인 젊은 알수가라이에게는 다행히도, 쿠바는 아직 국제도서관협회의 회원국이었고 미 의회도서관으로부터 미국 정부 간행물을 계속 받았다. 국방부는 핵 파괴에 관한 여러 시나리오를 대략 마련해서 핵전쟁의 결과에 관해 포괄적인 연구를 이미 마친 상태였다. 보고서에는 무기의 크기, 폭파 고도, 우세풍의 정도 따라 아바나처럼 인구약 200만 명인 중간 규모의 도시가 공격받으면 어떻게 되는지에 관한 생생한 묘사가 담겨 있었다. 자료를 읽는 동안 알수가라이는 점점 더 숙명론에 빠졌다.

R-12 미사일에 탑재된 탄두 규모인 1메가톤 폭탄은 지표면 가까이에서 터지는 경우 폭 305미터 깊이 60미터 정도의 폭탄 구멍을 만들게 된다. 폭파 반경 2.7킬로미터 내에 있는 사무용 건물, 아파트 단지, 공장, 다리, 심지어 고속도로까지 사실상 모든 것이 파괴된다. 다음 8킬로미터는 폭발력으로 인해 건물의 벽과 창문을 파괴해서 건물 뼈대가 일부 남더라도 거리에는 잔해더미가 쌓이게 된다. 아바나 중심에 사는 수십만 명의 시민은 폭발로 인한 상해와 공중에서 떨어지는 잔해로 인해 대부분 즉사하게 된다. 교외를 비롯해서 도심에서부터 19킬로미터 떨어진 엘치코에 있는 소련군 사령부까지 도시 전 지역에 불길이 치솟게 된다.

알수가라이는 동료들에게 핵공격 이후의 상황을 설명했다. 눈부신 섬광. 버섯구름. 강렬한 열기. 뻔한 죽음. 그런 다음 자신이 외교관으로 재직하면서 썼던 보고서 중 가장 짧은 보고서를 작성했다.

"핵무기가 아바나나 그 인근에 사용되는 경우, 도시와 시민 전체가 파괴되고 죽을 것임."[63]

알수가라이는 할 일을 마무리했다. 더 추가할 내용이 없었다.

외교부 주변 거리에서 민방위 준비를 하는 징후는 없었다. 외국인들은 쿠바인들이 조용히 일상생활을 유지하는 상황을 이해하기 어려웠다. 미국인 망명자인 모리스 핼퍼린은 일주일 내내 플로리다에서 송출되는 라디오 방송을 들었다. 미국인들의 식량 비축과 도시에서 벌어지는 피난 준비에 관한 보도였다. 모리스 핼퍼린은 아바나 주민들이 "뭐가 잘못된 것"인지 궁금했다. 주민들은 말레콘에 있는 방공 포대, 모래주머니로 방어 준비를 한 거리의 기관총 진지, 해안을 따라 설치한 가시철사에 신경 쓰지 않았다. 다들 "폭격 시 숨을 곳이 없고, 의료 물품을 쌓아둔 대피소도 없으며, 부상자를 돌보거나 화재를 진압하며 시체를 묻을 훈련된 인원도 없는 상황을 알아채지 못하거나 신경 쓰지 않는 듯했다."[64]

외무부 청사 5층에서 알수가라이를 비롯한 외교관들은 각자 사무실에서 밤을 보낼 준비를 했다. 참호 사역에 지친 외교관들은 "죽을 것이 확실하다는 예상에도 전혀 신경 쓰지 않고" 책상 위에서 곯아떨어졌다.

나중에 시어도어 소렌슨이 쿠바 미사일 위기 중 "단언컨대 최악의 날"이라고 일컬은 시기를 위한 무대가 마련되었다.[65] 백악관 주위에서 "검은 토요일"로 알려지게 되는 날이었다. 대통령의 담화문 발표에 이어 급박하게 사건이 진행된 뒤, 또 한 번 극적으로 상황이 빠르게 진행된다. 미사일 위기가 자체적인 논리와 관성을 얻고 있었다. 병력이 동원되고, 항공기와 미사일은 비상대기에 돌입했으며, 장군들은 행동을 촉구하고 나섰다. 시시각각 상황이 바뀌었다. 전쟁기계가 작동했다. 온세상이 핵전쟁을 향해 돌진하고 있었다.

제8장

선제공격

Strike First

USS 옥스퍼드함에 승선한 전자전 장교들은 희미한 불빛이 비치는 서늘한 방에서 녹음 장치와 나란히 있는 계기판 앞에 구부정하게 앉아 있었다. 동풍이 약간 부는 흐리고 별이 보이지 않는 밤이었다. 이제 막 야간 근무자들이 투입되었다. 갑판 두 개 위에 설치된 긴 안테나가 주변 수백 킬로미터에서 방출되는 레이더 신호를 포착했다. 헤드폰을 낀 정보 요원들은 소련군 방공 레이더의 활동 신호음을 들으려고 애를 썼다. 아직은 짧은 테스트 신호를 제외하면 레이더 신호가 거의 잡히지 않았다. 레이더가 일정 시간 작동하는 경우 쿠바 상공에서 비행하는 미군기가 격추될 위험성이 높았다.

옥스퍼드함에 승선한 수집 요원들은 거대한 정보 처리 기계의 부품과도 같았다. 레이더 신호, 무선 통화, 정찰 사진 등 이들이 수집한 각종 데이터는 CIA, DIA, NSA, NPIC 같은 이름의 비밀 정보기관으로 전송되었다. 수집된 데이터는 조사, 판독, 분석되어서 PSALM, ELITE, IRONBARK, FUNNEL 같은 암호명의 민감한 비밀로 가공되었다.

냉전은 정보전이었다. 한국과 베트남에서 실제로 전쟁이 벌어지긴 했어도, 대부분의 싸움은 막후에서 벌어졌다. 핵공격 위험을 감수하지 않고 상대를 물리치는 것이 불가능했기 때문에 냉전 전략가들은 상대의 능력과 약점을 캐려고 했다. 군사적 우위는 정치적이고 외교적인 이점이 될 수 있었다. 정보가 힘이었다.

1960년 5월 소련군이 시베리아 상공에서 프랜시스 개리 파워스가 탄 U-2기를 격추시켰을 때처럼, 때로는 정보전의 이면을 들여다 볼 수 있는 사건이 벌어지기도 했다. U-2기 격추 사건과, 뒤이은 U-2기 조종사를 대상으로 한 소련측의 심문 때문에 PHOTINT라는 미국의 사진정보 능력이 잘 알려지게 되었다. 하지만 ELINT, COMINT, SIGINT

같은 단어는 철저하게 국가 기밀로 유지되었다. ELINT는 Electronic Intelligence(전자정보)의 약칭으로 주로 레이더 신호 분야이다. COMINT는 Communication Intelligence(통신정보)의 약칭이다. SIGINT 는 Signal Intelligence(신호정보)의 폭넓은 분야를 의미한다. 옥스퍼드함 외에도 COMINT와 ELINT 수집소로는 레이더 신호와 모스 통신, 조종사 무선 통화, 마이크로파를 수집하는 관타나모 및 키웨스트 해군기지와 쿠바 주변을 초계 비행한 공군 RB-47기가 있었다.

옥스퍼드함은 제2차 세계대전 때 건조된 리버티Liberty선을 개조한 함정이었다. 지난 몇 주 동안 옥스퍼드함에 승선한 100여 명의 수집요원들은 희비가 엇갈렸다. 이들은 아바나와 인근의 통상적인 작전 지역에서 해안가를 따라 한 줄로 펼쳐진 SAM 미사일 기지의 배치 정보를 파악하는 임무를 지원했다. 강한 러시아 억양을 가진 소련 전투기 조종사들이 기초적인 스페인어로 교신하는 것도 엿들었다. 하지만 지난주 쿠바에서 최소 64킬로미터 떨어진 플로리다 해협 중앙으로 이동하라는 명령이 하달되는 바람에 감청 능력이 많이 떨어졌다. 함정의 안전을 위해 취해진 조치였다.[1] 톰슨 기관총과 M-1 소총 6정 외에 옥스퍼드함은 사실상 무방비 상태였다. 미국으로서는 옥스퍼드함이 나포될 위험을 감수할 수 없었다. 위기가 절정에 다다르면서 쿠바측 의사결정의 내막을 엿볼 수 있는 창문이 닫힌 셈이었다.

특히 옥스퍼드함의 함수 부근에서 고주파 마이크로파와 모스부호 신호를 전문적으로 수집하던 R부서의 작전에 문제가 많았다. 쿠바의 마이크로파 네트워크는 바티스타 정권 시절에 RCA라는 미국 회사가 설치했다. 옥스퍼드함에 탑승한 수집 요원들은 쿠바 전체의 네트워크 상황도와 전송 시설의 세부 내역을 갖고 있어서 감질나게 하는 몇몇 통신 내용을 녹음하고 분석할 수 있었다. 적어도 부분적으로 수집에 성공한 조직에는 쿠바 비밀경찰과 해군, 경찰, 방공 부대, 민간 항공사가 있었다. 원활하게 수집을 하려면 아바나에 있는 마이크로파 송전탑 사이에 함정이 위치해야 했다. 쿠바 해안에서 약 20킬로미터 이상 멀어질 때마다 수집 내용의 질이 급격히 떨어졌다.

10월 22일 이전, 옥스퍼드함은 해안선을 따라 천천히 8자를 그리면서 이동했다. 대개 활동 구역은 바다에서 가장 눈에 띄고 아바나시의 랜드마크인 엘모로 요새가 보이는 범위 안이었다. 시속 약 9킬로미터로 이동하면서 동쪽으로 약 100킬로미터를 이동했다가 되돌아오는 식으로 동일한 패턴의 이동을 반복했다. 대외적으로 옥스퍼드함은 "해양 데이터" 수집과 "전파 전달"에 관한 연구를 수행하는 "기술연구선"으로 알려졌다. 쿠바인들은 여기에 속아 넘어가지 않았다. 함수와 함미 갑판에 있는 타워형 안테나를 보고 옥스퍼드함이 통신 활동 수집을 주목적으로 하는 "첩보함"이라고 결론 내렸다. 쿠바군은 전화상으로 "조심성 없이 말"하는 것이 위험하다는 지시를 하달했다.

쿠바 해군은 계속 옥스퍼드함과 술래잡기 게임을 벌였다.[2] 한번은 옥스퍼드함을 촬영하기 위해 경비정을 보냈고, 또 한 번은 수백 미터 내로 포함gunboat이 접근했다. 전자정보 수집요원들은 포함에 장착된 화력통제레이더가 목표를 탐색할 때 내는 일련의 발신음을 들을 수 있었다. 레이더가 목표물, 즉 옥스퍼드함을 락온(lock on : 목표물을 레이더가 자동 추적하는 기능 - 옮긴이)하자 발신음이 계속 들리는 것이었다. 옥스퍼드함 승조원들은 갑판 위에서 쿠바 해군이 자신들 쪽으로 중포를 겨냥하고 있는 것을 보았다. 결국 쿠바 포함은 가상 사격을 실시한 뒤 방향을 돌려 사라졌다.

옥스퍼드함은 거대한 전자 귀 기능을 했다. 통신 안테나로 포착한 신호는 분리되어 함 내로 전송되었고, 그곳에서 전자정보 요원과 스페인어 요원으로 편성된 팀이 신호를 분석했다. 특기별로 전통과 그들만의 용어가 있었다. 예컨대 모스부호 전문가들은 "디디 체이서diddy chaser"로 알려졌다.[3] 임무 시간 내내 점과 선으로 된 모스부호를 기록했기 때문이었다. 소련군이 쿠바군 방공 부대를 통제하고 있다는 사실을 입증한 것도 다름 아닌 "디디 체이서"였다.

옥스퍼드함은 뒤로 물러선 뒤에도 아바나 지역에서 방출되는 소련군 레이더 신호는 수집이 가능했다. 이런 신호를 분석하는 일은 T부서의 책임이었다. 함미에 위치한 T부서는 18명으로 편성된 소규모 조직이었다. 보통 4명이 수신실이라는 곳에서 근무하면서 파악된 레이더 주파수를 스캔하고 관심 신호음이 들릴 때마다 녹음했다. 가장 중요한 정보는 쿠바 주변에 방어선을 형성한 SAM 기지에서 나왔다. 한때 개리 파워스의 U-2기를 격추한 V-75 지대공 미사일은 미군 조종사들이 가장 두려워하는 무기였다. V-75는 레이더 시스템 2개와 연동해서 작동했다. 나토명 스푼레스트Spoon Rest로 알려진 추적 및 목표획득레이더와 프룻셋Fruit Set으로 알려진 화력통제레이더였다. 보통 스푼레스트 레이더가 먼저 작동했다. 프룻셋 레이더는 목표가 사거리 내에 있거나 시스템 점검을 하는 경우에만 작동하곤 했다.

옥스퍼드함이 쿠바에서 스푼레스트 레이더 신호를 처음 포착한 시점은 9월 15일이었다. 그때는 시스템 점검이 확실했다. 마리엘 서쪽에 있던 레이더가 얼마 안 가 작동을 중단했기 때문이었다. 10월 20일에도 T부서 요원이 프룻셋 레이더 신호를 포착했다.[4] 해당 지대공 미사일이 점검을 완전히 마쳤고 당장이라도 발사 준비를 갖췄다는 의미였다. 이런 상황 전개는 매우 중요해서 해군 신호정보 조직의 수장은 증거를 직접 확인하려 했다. 이날 밤, 옥스퍼드함은 토머스 커츠 제독에게 녹음테이프를 전달하기 위해 30분간 키웨스트에 정박했다.

다음으로 큰 돌파구는 검은 토요일 0시가 막 지난 시점에 마련되었다. 옥스퍼드함이 동쪽으로 천천히 항해를 시작했고, 쿠바 해안에서 113킬로미터 떨어졌을 때는 마이크로파를 수집하기에는 너무 멀고 레이더 신호를 탐지하기에는 충분히 가까웠다. 오전 12시 38분, T부서 요원들은 마리엘 외곽에 있는 SAM 기지에서 방공 레이더 신호음을 포착했다. 녹음기를 켠 요원들은 스톱워치를 꺼내 윙윙거리는 소리의 간격을 측정했고 주파수, 펄스폭, 펄스 반복률 등 이미 파악된 모든 소련 레이더 시스템의 제원이 담긴 두툼한 매뉴얼을 참조했다. 매뉴얼은 요원들이 의심한 사실을 확인해 주었다. 해당 레이더는 스푼레스트였다.

레이더는 그전에 시스템 점검만 할 때처럼 작동을 곧바로 멈추지 않았다. 얼마 안 가 옥스퍼드함은 마리엘뿐 아니라 아바나 동부에 있는 SAM 기지(10월 24일 카스트로가 이 기지를 방문했다)와 마탄사스에서 방출되는 스푼레스트 신호를 수집했다. 대략 두 시간 뒤 NSA가 첫 번째 긴급 보고를 전파했을 때까지도 3개 기지 전체가 레이더를 가동했다.[5] 옥스퍼드함은 해안선을 따라 천천히 이동하고 있었기 때문에 T부서 요원들은 여러 지점에서 레이더 신호가 방출되는 방향을 수집할 수 있어서 정확한 위치를 알아냈다.

레이더 가동 시점은 쿠바 방공 부대 조직에 큰 변화가 있다는 사실을 파악한 시점과 일치했다.[6] 토요일 이른 아침 NSA 분석관들은 쿠바 군의 호출 부호, 암호, 통신 절차가 소련식으로 바뀐 사실을 알아챘다. 명령도 스페인어가 아닌 러시아어로 하달되었다. 소련군이 전체 방공망에 대한 통제권을 넘겨받아 시스템을 운용하는 것처럼 보였다. 쿠바 군은 저고도용 방공포만 통제를 유지했다.

결론은 한 가지뿐이었다. 교전규칙이 갑자기 바뀌었다. 이때부터 쿠바 상공을 비행하는 미군기는 추적당하고 방공 부대의 목표가 될 터였다.

1962년 10월 27일 검은 토요일 오전 2:00(카자흐스탄 바이코누르 오전 11:00)

9시간 빠른 카자흐스탄 남부의 황폐한 평야인 바이코누르 소련 미사일 시험장은 이미 오전의 중반이었다. 보리스 체르토크는 늦잠을 잤다. 로켓 설계자인 그는 지난 몇 주간 소련의 새로운 우주 쇼를 위한 무인 화성 탐사선 준비를 위해 일했고, 이 프로젝트를 걱정하면서 밤 대부분을 뜬눈으로 지새웠다. 로켓 엔진 불발로 이미 1차 발사 시도가 실패했고, 10월 29일 2차 발사 시도를 할 예정이었다.

로켓 조립 시설에 도착했을 때, 체르토크는 눈앞에 벌어진 상황을 좀처럼 믿을 수가 없었다. 중무장한 군인들이 건물을 점거해 출입 인원의 신원을 조심스럽게 확인하고 있었다. 화성 로켓에 신경 쓰는 사람은 아무도 없었다. 그 대신 엔지니어들은 방수천으로 덮여 있던, 거추장스럽게도 엔진이 다섯 개 달린 괴물 주변에 몰려들었다.

세묘르카Semyorka, 즉 "작은 7"이라는 별명의 R-7은 스푸트니크와 유리 가가린을 궤도에 쏘아 올린 로켓으로 전 세계적인 명성을 얻었지만 금방 구닥다리가 되었다. 이제는 뉴욕, 시카고, 워싱턴을 쑥대밭으로 만들 2.8메가톤 핵탄두를 실어 나르는 용도로만 쓸 수 있었다. 소련은 운용 가능한 대륙간탄도미사일 보유 수가 턱없이 적었기 때문에 구형 로켓이라도 총동원해야 했다.

체르토크가 마침내 바이코누르 발사기지의 소장인 아나톨리 키릴로프를 만났을 때, 키릴로프는 화성 탐사가 취소되었다고 해명했다.[7] R-7의 발사 준비 명령이 떨어진 것이다. 미사일 1기는 이미 점검과 연료 주입, 탄두 장착이 마무리된 상태로 발사기지의 반대편 끝에 있는 발사대에 세워져 있었다. 두 번째 R-7은 특수 저장고에 있던 탄두가 도착하는 대로 발사 준비를 마칠 예정이었다. 그때가 되면 모든 민간인들을 "내보내야" 했다. 로켓이 발사하다가 폭발하는 사태에 대비하기 위

제8장 선제공격

한 조치로, 실제로 과거에 그런 일이 있었다.

체르토크는 머릿속으로 신속히 따져보았다. 2.8메가톤 위력의 폭탄은 폭발 반경 11킬로미터 이내의 모든 것을 파괴하고, 그보다 훨씬 더 넓은 지역을 방사능으로 오염시킨다. 바이코누르 근처에는 안전한 장소가 없었다. 체르토크는 키릴로프 소장과 오랫동안 알고 지내 친했지만, 앞으로 벌어질 수 있는 일을 생각하니 불안했다. 모스크바에 전화를 걸어 고위층, 심지어 흐루쇼프에게라도 직접 말하고 싶었다. 키릴로프 소장은 체르토크를 무시했다. 일반 전화로 모스크바에 연락할 수 없었다. 전쟁 개시 명령이 떨어질 때를 대비해 모든 통신 라인이 군용으로 전환되었다.

체르토크는 친구이기도 한 키릴로프가 모스크바의 명령이 떨어지는 경우 주저 없이 버튼을 누를 것인지 궁금했다. 핵전쟁은 과거 두 사람이 참전한 적이 있는 제2차 세계대전과는 전혀 다를 터였다.

"특정한 핵탄두 하나에 수십만 명이 죽는 문제가 아니야. 전 인류의 종말의 시작이 될 수 있어. 한 개 중대 지휘관이 '사격'이라고 외치는 전쟁 상황과는 다르단 말이야."

키릴로프는 체르토크의 말을 잠시 생각하고는 마침내 이렇게 말했다.

"난 군인이고 내가 전방에서 그랬던 것처럼 명령에 따를 거야. 어디엔가 또 다른 미사일 장교가 있어. 키릴로프 말고 스미스 같은 이름의 이 장교는 모스크바나 바로 이곳 우주선 발사기지를 공격하라는 명령을 기다리고 있어. 그러니 내가 죄책감을 느낄 필요는 없지."

바이코누르 우주 기지는 소련 전역에 뻗어 있는 광대한 핵무기 열도 중 한 곳에 불과했다. 소련은 미국이 세계 최초로 핵폭탄을 터트린 뒤 17년간 미국을 따라잡기 위해 엄청난 노력을 했다. 핵무기에는 핵무기로, 미사일에는 미사일로 필적하는 것이 국가적인 최우선 과제였다. 핵폭탄를 비롯해서 핵무기 투발 능력은 소련에 있어서 초강대국 지위의 상징이자 보증 수표였다. 다른 모든 것, 이를테면 경제적 번영과 정치적 자유, 심지어 약속된 공산주의의 미래는 라이벌 초강대국과의 핵무기 경쟁에서 순위가 밀려났다.

미국의 핵능력을 따라잡는 과정에서, 스탈린과 그의 후임자들은 소련의 넓은 지역을 군산 복합 단지로 탈바꿈시켰다. 시베리아의 우라늄 광산에서부터 옛 러시아 영토와 카자흐스탄 핵실험장, 우크라이나와 우랄 로켓 공장에 이르기까지 일급기밀 핵 시설이 소련 전역에 흩어져 있었다. 부분적으로는 놀랄 만한 성공을 거두었지만, 투발 가능한 핵무기의 양과 질에 있어서 미국에 한참 뒤졌다.

1962년 10월 펜타곤은 미국이 장거리탄도미사일 240기를 보유한 반면 소련은 86~110기를 보유하고 있다고 판단했다.[8] 실제로 소련이 보유한 장거리탄도미사일은 42기였다. 그중 6기는 구형 R-7으로, 너무 크고 거추장스러워서 군사적으로 거의 쓸모가 없었다. 34미터 길이의 거대한 R-7 미사일은 변하기 쉬운 액체 추진제를 썼다. 발사 준비에 20시간이 걸렸고 하루 이상 발사 대기 상태를 유지할 수 없었다. 덩치가 너무 커 지하 격납 시설에 보관하기 어려웠기 때문에 손쉬운 공격 목표이기도 했다.

소련이 보유한 가장 효율적인 장거리 미사일은 R-16으로, 저장 가능한 추진제를 사용했다. 슬림한 2단계 미사일인 R-16을 설계한 사람은 미하일 양겔이었다. 양겔은 쿠바에 배치된 R-12 중거리 미사일의 개발자이기도 했다. 미사일 개발 초기 단계에는 운이 따르지 않았다. 1960년 10월 바이코누르에서 실시한 첫 번째 시험 발사 때 R-16이 발사대에서 폭발했다. 이 때문에 양겔이 라이벌인 세르게이 코롤레프를 꺾는 순간을 지켜보기 위해 현장에 있던 엔지니어, 과학자, 군 지휘관 126명이 사망했다. 희생자 중에는 전략로켓군 사령관인 미트로판 네델린 원수도 있었다. 사고는 은폐되었고 문제점은 개선되었다. 2년 뒤 소련은 R-16을 대량으로 생산하기 시작했다. 미사일 위기가 발발할 무렵 총 30기가 배치되었고 15분 비상대기를 했다. R-16 약 10기가 사일로(지하 격납고)에 있었다.

케네디가 1960년 대선 후보 시절에 말한 "미사일 격차"는 실제로 존재했다. 하지만 케네디 측 주장과 달리 소련이 아니라 미국이 앞서 있었고, 미국 전문가들이 판단한 것보다 격차가 훨씬 크게 벌어져 있었다.

1962년 10월 27일 검은 토요일 오전 3:00(아바나 오전 2:00)

아바나는 아직 한밤중이었다.[9] 지휘소에 있던 소련군 장군들과 쿠바군 지휘관들은 시시각각 예상되는 미국 공수부대의 강하 소식을 기다리고 있었다. 엘치코 소련군 사령부에서는 장교들이 둘러앉아 담배를 피면서 이따금 신랄한 농담을 주고받았다. 자정이 지난 뒤 아바나 동쪽에서 미군 군함이 발견되었다는 보고가 들어와서 기관총을 지급했지만 오보로 드러났다. 초병이 가을철 짙은 안개 속에서 쿠바 어선을 침공군으로 잘못 본 것이었다.

평소 이 시간대와 마찬가지로 피델 카스트로는 정신이 말똥말똥했다. 시간이 흐르면서, 그는 미군이 침공하지 않을 가능성이 훨씬 더 희박하다고 판단했다. 카스트로를 가장 심란하게 만든 유사한 역사적 사례는 1941년 6월 22일 히틀러의 소련 침공이었다. 스탈린은 나치의 침공에 관한 여러 정보를 입수했지만 전부 무시했다. 게다가 원치 않는 전쟁에 휘말리게 할 도발을 일으킬까 봐 너무 늦은 시점까지 병력 동원을 거부했다. 그런 근시안적 판단 때문에 "소련인 수백만 명과 병력 대부분, 기계화부대를 희생시키고 엄청난 후퇴를 해야" 했다.[10] 독일군은 모스크바와 레닌그라드 문턱까지 쫓아왔다. 전 세계 사회주의의 본거지가 함락되기 일보 직전이었다. 토요일 아침 상황을 분석한 카스트로는 "역사가 반복될 것"을 우려했다. 카스트로는 흐루쇼프가 스탈린과 똑같은 실수를 반복하지 않게 하겠다고 마음먹었다. 흐루쇼프에게 위험을 경고하고 단호하게 버틸 것을 권하는 친서를 보낼 예정이었다. 새벽 2시 카스트로는 도르티코스 대통령을 통해 알렉세예프 대사에게 "중대 회의" 때문에 대사관을 방문하겠다고 통보했다.[11]

소련 대사관은 아바나의 베다도 지구에 있었다. 그곳은 20세기 초에 지어진 저택과 아르누보 양식의 별장, 쿠바 엘리트에게서 몰수한 아르데코 양식의 아파트 건물이 있는 나무가 많고 고립된 지역이었다. 대사관은 B가와 13번가의 모퉁이에 있는 신고전주의 양식의 2층 대저택이었다. 이곳은 원래 혁명 직후 쿠바를 떠난 설탕 사업가 가문의 자산이었다. 시설 내에는 사무실 외에도 대사를 비롯해 대사관의 고위직 직원 다수가 거주하는 아파트가 있었다. 베다도는 덩굴로 뒤덮인 포르티코(기둥으로 받쳐진 지붕이 있는 현관 - 옮긴이)에 희미한 가로등이 긴 그림자를 드리우고, 공기 중에 아몬드 나무 향이 떠다니는 밤에 특히나 매력적인 곳이었다.

카스트로가 탄 지프가 등나무로 덮인 철문을 뒤로 한 채 본청으로 이어진 넓은 진입로에 들어섰다. 카스트로는 조만간 미군의 공습이나 침공이 벌어질 것이 우려된다며 알렉세예프 대사에게 대사관 지하에 있는 방공호로 이동하자고 했다. 카스트로는 길고 뼈가 앙상한 손을 허공에 흔들면서 서성거렸고 양키들의 공격이 "불가피"하다고 주장했다. 카스트로도 케네디와 마찬가지로 전쟁 가능성을 내다보았다.

"전쟁이 벌어지지 않을 가능성은 5퍼센트입니다."

카스트로는 플리예프 장군을 비롯해 소련군 수뇌부에 불만이 많았다.[12] 소련군 지휘관들은 미군의 군사력 동원 상황에 관한 기본적인 정보가 적었다. 해상 봉쇄도 시행되고 하루가 지나고 나서야 세부 내용을 파악했다. 소련군은 제2차 세계대전에서 경험했던 것과 같은 전통적인 전쟁 규칙에 익숙했고, 이번 전쟁이 전혀 다른 종류의 충돌이 될 것이라는 사실을 이해하지 못했다. 쿠바는 미국과 매우 가까워 미군 항공기는 핵무기를 사용하지 않고도 매우 짧은 경고만으로도 소련 미사일 기지를 파괴할 수 있었다. 소련군과 쿠바군 방공 부대가 미군의 치명적인 공격을 막기 위해 할 수 있는 일은 거의 없었다.

카스트로가 판단하기에 재래식 전쟁이 매우 빠르게 핵전쟁으로 확전될 가능성이 컸다. 나중에 밝혔듯이, 카스트로는 "어쨌든 핵전쟁이 벌어지고 우리가 제거될 것이 뻔하다"고 여겼다.[13] 카스트로와 쿠바 지도부는 미군의 점령에 굴복하기보다 "조국 수호에 기꺼이 목숨을 바칠 준비가 되어 있었다." 카스트로는 침공군을 상대로 전술핵무기 사용을 승인하는 데 주저함이 없었다. 설령 그것이 앞으로 태어날 세대들에게 오염된 쿠바를 물려준다는 의미라고 할지라도 마찬가지였다. 카스트로를 비롯한 쿠바 지도부는 핵전쟁이 벌어질 경우 쿠바군이 "전멸"되리라는 사실을 잘 이해했고, "최고의 디그니닫(dignidad : 존엄성)과 더불어" 죽을 터였다.[14]

평소의 카스트로답게 모든 것이 디그니닫으로 귀결되었다. 하지만 죽음과 희생을 말하면서도 정치적인 계산도 했다. 카스트로의 총체적이고 지정학적인 전략은 미국이 쿠바 침공 비용을 받아들일 수 없는 수준까지 끌어올리는 것에 기초했다. 받아들일 수 없는 것을 받아들이고,

생각할 수 없는 것을 생각하는 것이 생존 전략의 핵심이었다. 핵전쟁은 최악의 치킨 게임이었다. 만약 자신이 신념을 위해 기꺼이 죽을 수 있다는 점을 카스트로가 케네디와 흐루쇼프에게 납득시킬 수 있다면, 그런 상황은 카스트로에게 어느 정도 이점을 제공했다. 완고함과 반항, 그리고 디그니닷은 세 사람 중 가장 힘없는 지도자였던 카스트로가 지닌 유일하고 실질적인 무기였다.

디그니닷을 뺀 정치적 계산만으로 카스트로와 대화하는 것은 불가능했다. 카스트로의 가장 중요한 목표는 정권의 생존 보장이었다. 애초에 소련 미사일을 받아들인 이유도 거기에 있었다. 카스트로는 이미 오래전에 미국이 쿠바에 대한 자신의 비전에 강하게 반대했다고 결론 내렸다. 피그스 만 침공은 자신을 제거하기 위한 좀 더 진지한 시도의 전조일 뿐이었다. 미국의 침공을 막기 위해 카스트로가 가장 간절하게 원했던 일은 소련의 핵우산 아래 들어가는 것이었다. 일단 핵미사일이 쿠바에 배치되어 작전 준비를 하는 경우 양키들이 감히 침공하지 않으리라고 생각했다.

한편으로는 소련에 지나치게 큰 빚을 지거나, 외세의 침공을 스스로 방어할 수 없다는 인상을 주고 싶지는 않았다. 그래서 핵미사일 배치 제안을 받아들이기로 한 결정을 거창한 변명으로 포장했다. 카스트로는 제안을 받아들이는 이유가 쿠바 방어에 혈안이 되어서가 아니라, "사회주의 진영을 강화"하기 위한 것이라고 소련 특사에게 말했다.[15] 다시 말해, 호의를 베푼 쪽은 모스크바라기보다 자신이었다.

알렉세예프 대사는 소련 관리들 중 카스트로를 가장 잘 아는 인물이었다. 쿠바인들이 "돈 알레한드로Don Alejandro"라는 별명을 붙여 준 알렉세예프는, 처음에는 KGB 요원으로서, 나중에는 소련 대사로서 이례적으로 카스트로에게 접근할 기회를 얻었다. 그런데도 카스트로는 알렉세예프에게 수수께끼 같은 인물로 남았다.

알렉세예프는 개인적으로 카스트로에게 푹 빠져 있었다. 그는 카스트로를 러시아 혁명을 성공시킨 어린 시절의 정치적 영웅이 부활한 인물로 여겼다. 카스트로의 대쪽 같은 성격을 존경했고, 카스트로의 느긋하면서도 격식을 차리지 않는 태도는 얼렉세예프를 즐겁게 했다. 개인적인 경험을 통해 카스트로에게 욱하는 성격이 있다는 것도 알고 있었다. 카스트로는 사소한 일에 문제를 크게 제기하곤 했다. 알렉세예프 같은 정치국원에게 매우 중요한 공산당 당규는 카스트로 같은 독재자에게는 중요하지 않았다. 본국에 보내는 보고서에서 알렉세예프는 카스트로의 "매우 복잡하고 극도로 예민한" 성격을 "충분하지 못한 사상적 준비" 탓으로 돌렸다.[16] 카스트로는 괴팍한 아이와도 같아서 감정기복이 심했다. 알렉세예프는 벽에 십자가를 걸어두고 성모 마리아의 힘을 들먹이는 카스트로가 생소하게 느껴졌다.

모스크바에 있던 소련 지도부와 마찬가지로 알렉세예프는 카스트로의 이념적 특성에 기꺼이 눈감아줄 의향이 있었다. 카스트로에게 소련이 필요한 만큼이나 소련도 카스트로가 필요했다. 그해 초 카스트로가 아니발 에스칼란테가 이끄는 정통 친소 공산주의자 그룹을 숙청했을 때도 소련 지도부는 일절 항의하지 않았다. 이념적 순수성은 정치권력의 현실보다 덜 중요했다. 알렉세예프가 보기에, 카스트로는 쿠바의 "주요 정치 세력"이고 혁명의 화신이었다. 카스트로가 없었다면 쿠바 혁명도 없었을 것이다. "따라서, 그를 위해 싸워야 하고, 가르치고, 때로는 실수를 용서해 줘야 했다."

스페인어를 곧잘 했지만 완벽하지는 않았던 알렉세예프는 토요일 동트기 전 카스트로가 마구 내뱉은 말을 전부 이해하는 데 애를 먹었다. 카스트로의 보좌관 중 한 명이 스페인어로 몇 문장을 적어 러시아어로 번역하기 위해 또 다른 보좌관에게 건넸다. 하지만 카스트로가 작성 내용에 불만을 표시하자 재작성해야 했다.

카스트로는 흐루쇼프에게 하고 싶은 말을 정확하게 표현하기가 쉽지 않았다. 때로는 미국을 상대로 선제 핵공격을 하길 원하는 것처럼 들렸다. 때로는 쿠바가 공격당하는 경우에 자위 차원에서 핵무기를 동원하라고 제안하는 듯 보였다. 작성된 초안이 계속 소각용 쓰레기통에 들어가자 알렉세예프는 암호실에 들어가 전보 내용을 구술했다.

긴급 일급비밀.
카스트로가 우리와 함께 대사관에 있고,
흐루쇼프 서기장께 즉시 보낼 친서를 작성하고 있음.
카스트로의 판단에 따르면 침공은 거의 불가피하고
약 24~72시간 이내에 벌어질 것임.
알렉세예프.[17]

1962년 10월 27일 검은 토요일 오전 3:35(모스크바 오전 10:35)

소련은 10월 27일 아침에 핵실험 계획이 잡혀 있었다. 실험에 사용되는 폭탄은 히로시마에 투하된 원자폭탄보다 20배 정도 강한 폭발력을 지녔다. 소련의 기준으로는 상대적으로 소형 핵폭탄이었다. 소련에서 실시한 대부분의 공중투하 실험과 마찬가지로, 이번도 북극권의 노바야젬랴 상공에서 진행될 예정이었다. 미국 메인 주 크기의 맹장 모양의 군도인 노바야젬랴는 대기권 내 핵실험을 하기에는 완벽한 장소였다. 1955년 이후 에스키모 원주민 536명을 본토에 재정착시켜 그 자리를 군인, 과학자, 건설 노동자들이 차지했다.

1945년 7월 16일 최초의 핵실험이 실시된 이후, 소련과 미국은 수백 번에 걸쳐 핵실험을 했다. 핵시대의 여명을 알린 것은 뉴멕시코 사막 전역을 비춘 눈부신 섬광에 이은 거대한 버섯구름이었다. 목격자들은 말했다.

"지금껏 내가 본 또는 다른 누군가가 본 가장 눈부신 빛이었다. 폭발하자 굉음이 들렸으며 몸을 뚫고 지나갔다."[18]

핵폭탄의 아버지인 로버트 오펜하이머는 힌두교 경전에 나오는 비슈누 신의 말을 환기시켰다. "이제 나는 죽음, 세계의 파괴자가 되었다." 모두 "새로운 것이 방금 탄생했다"는 사실을 깨달았다.

오펜하이머가 트리니티trinity라고 이름 붙인 첫 번째 핵실험이 실시된 뒤 17년 동안, 미국에서 시작된 아마겟돈의 비밀은 소련, 영국, 프랑스로 퍼졌다. 점점 더 많은 국가가 핵클럽에 가입하겠다고 요란하게 요구했다. 1960년 10월 대통령 선거 당시 리처드 닉슨과의 토론에서 케네디는 "중공을 포함해 … 10개, 15개, 또는 20개 국가"가 1964년 말까지 핵폭탄을 보유할 것이라고 우려했다. 하지만 이런 우려와는 별개로 케네디는 훨씬 더 파괴적인 형태의 핵무기를 개발하기 위해 소련과 필사적으로 경쟁했다.

1958년 두 초강대국은 핵실험을 잠정적으로 중단하기로 합의했다. 하지만 1961년 9월 흐루쇼프는 대기권 핵실험을 "인류에 대한 범죄"로 여기게 되는 안드레이 사하로프 같은 과학자들의 반대를 무시하고 핵실험 재개를 지시했다. 소련이나 미국이 대기권 핵실험을 할 때마다 미래 세대가 마실 공기가 오염되었다.

사하로프는 약 10메가톤에 달하는 핵폭탄의 폭발로 인해 방출되는 방사능이 수십만 명의 사망을 초래할 수 있다고 지적했다. 그런 우려는 소련이 핵무기 경쟁에서 미국에 뒤처졌으므로 이를 만회하기 위해 실험을 해야 한다고 주장하는 흐루쇼프에게 아무 의미가 없었다. 흐루쇼프는 발끈하며 말했다.

"사하로프 같은 사람의 말을 듣는다면 각료회의 의장이 아니라 해파리가 되지."[19]

핵실험 소식을 들은 케네디는 분통을 터트렸다.

"또 엿 먹었군.[20]"

그러고는 1962년 4월 핵실험 재개로 맞대응했다. 같은 해 10월 무렵, 양국은 쿠바를 둘러싼 핵전쟁을 준비하면서 주 2회, 심지어 주 3회까지 실제 폭탄을 터트리면서 서로 경쟁하듯 미친 듯이 핵실험을 했다. 단순한 무력시위 수준을 넘었다. 매주, 때로는 매일같이 각자가 지닌 파괴력을 과시함으로써 핵무기 사용 위협이 빈말이 아님을 보여주었다.

10월 초 이후, 미국은 남태평양에서 다섯 번 실험했다. 같은 시기 소련은 대기권 핵실험을 아홉 번 했고, 대부분 노바야젬랴에서 실시했다. 10월 초 노바야젬랴의 날씨가 급격히 나빠졌다.[21] 거의 매일 눈보라가 치고 폭설이 내렸으며 희미하게나마 일광이 비치는 시간이 2~3시간에 불과했다. 그나마 폭탄을 투하하기에는 이때가 최적이었다. 폭탄 투하 전 기술자들은 높이 쌓인 눈 더미를 헤치고 카메라와 녹음 장치를 설치해야 했다. 이들은 장비를 미튜시하 만 근처 폭심지에서 몇 킬로미터 떨어진 콘크리트 구조물 안의 두꺼운 금속 용기에 두었다. 핵실험 뒤에 "사모바르(samovar : 물을 끓이는데 사용하는 러시아 주전자. 이 책에서는 앞서 언급한 금속 용기를 의미함 - 옮긴이)"를 수거하기 위해 되돌아갔을 때, 얼어붙은 툰드라가 시커멓게 변한 바위와 더불어 연기가 피어오르는 재떨이가 되었다.

검은 토요일 아침, Tu-95 베어 중폭격기가 소련의 최신 실험용 폭탄을 싣고 콜라 반도에 있는 비행장에서 이륙했다. Tu-95는 바렌츠 해를 가로질러 북동쪽으로 이미 해가 떨어지고 어스름해진 고위도 지대로 향했다. 관측기도 실험 광경을 기록하기 위해 뒤쫓아 갔다. 미국 정보 수집 부대를 혼란스럽게 하기 위해 두 항공기는 투하 지점까지 약 970킬로미터를 비행하는 동안 가짜 무선 신호를 보냈다.[22] 노바야젬라 주변 상공에서는 미국 정찰기를 쫓아내기 위해 전투요격기가 체공해 있었다. 투하 지점을 지나 급선회하면서 Tu-95 조종사가 보고했다.

"화물 투하."[23]

260킬로톤 폭탄이 낙하산에 매달린 채 바람을 타고 멋지게 떨어졌다. 폭격기 승무원들은 착색한 고글을 쓰고 섬광이 나타나길 기다렸다.

1962년 10월 27일 검은 토요일 오전 4:00(알래스카 자정)

찰스 몰츠비 대위는 다른 곳에서 근무하기를 원했다. 많은 동료 U-2기 조종사처럼 몰츠비도 쿠바에서 작전 경험을 쌓을 수도 있었다. 쿠바가 아니더라도 U-2기 비행단이 있는 호주나 하와이 같은 따뜻한 곳에서 근무할 수도 있었다. 하지만 몰츠비는 아내와 어린 두 아들을 텍사스에 있는 공군기지에 둔 채 알래스카에서 겨울을 보내고 있었다.

몰츠비는 북극행 장거리 비행 전 휴식을 취하려고 애를 썼지만, 몇 시간 동안 자다 깨기를 반복했다. 동료 조종사들은 겨울용 두꺼운 장화를 신은 채 웃고 시끄럽게 문을 닫으면서 저녁 내내 장교 숙소를 들락거렸다. 잠을 청하려고 할수록 정신은 더 말짱했다. 결국 숙소에서 자는 것을 포기하고 출근을 했다. 사무실에는 간이침대가 있었다. 몰츠비는 이륙 4시간 전인 오후 8시로 알람을 설정했다.

몰츠비가 맡은 임무는 노바야젬랴에서 핵실험을 할 때 방출되는 공기 시료를 채집하는 것이었다. 적대 국가의 영공을 침범해서 미사일 기지를 정찰하는 일에 비하면 크게 매력적인 임무는 아니었다. "스타더스트 프로젝트Project Star Dust"에 투입된 조종사들은 대개 소련 영토의 근처에도 가지 않았다. 그 대신 바람에 날려 온 구름을 조사하기 위해, 북극처럼 실험장에서 1600킬로미터 이상 떨어진 지정된 지점으로 비행했다. 특수 필터 종이에 공기 시료를 채집한 뒤 분석을 위해 실험실로 보냈다. 대개는 아무것도 없었지만, 가끔 소련이 대규모 실험을 했을 때는 가이거 계수기(독일 물리학자 가이거가 발명한 방사선 검출기 - 옮긴이)에서 요란한 소리가 났다. 10월에 알래스카 중부 페어뱅크스 외곽에 있는 아일슨 공군기지에서 실시된 42회 임무 중 방사능 물질을 채집해서 돌아온 것은 6회였다.

몰츠비는 이런 임무 과정에 익숙했다. U-2기는 1인승 정찰기이기 때문에 조종사는 대략 여덟 시간을 혼자 있었다. 임무 전에는 항법사와 임무 경로를 확인했다. 임무 중 시간 대부분을 과거 뱃사람처럼 나침반과 육분의를 이용해 별을 보고 비행했다. "오리궁둥이Duck Butt"로 알려진 수색구조팀이 일부 구간을 따라갔지만, 문제가 발생했을 때 구조팀이 할 수 있는 일은 거의 없었다. 만년설에 착륙하는 것은 불가능했다. 북극 인근에서 비상 탈출을 하는 경우 주변에 북극곰 외에는 아무도 없을 것이다. 수색구조팀이 몰츠비에게 해줄 수 있는 최고의 충고는 이런 말이었다.

"저 같으면 낙하산을 펼치지 않겠습니다."[24]

임무 전 절차는 항상 같았다. 낮잠에서 깨어난 뒤 장교 식당에 가서 고단백질 저잔류식인 스테이크와 계란을 먹었다. 이런 음식은 소화 시간이 길어 임무 중 화장실에 가는 상황을 피할 수 있다는 생각에서 만들어진 식단이었다. 식후에는 긴 속옷으로 갈아입고 헬멧을 착용하고

제8장 선제공격

는 한 시간 반 동안 순수 산소를 들이마시면서 "예비 호흡 연습"을 했다. 체내에서 질소를 가능하면 많이 배출하는 것이 중요했다. 그렇게 하지 않으면 7만 피트 상공에서 조종석 내 기압이 떨어지는 경우, 혈액에 질소 방울이 형성되어 잠수사가 깊은 바다에 잠수했다가 급하게 물 위로 부상할 때처럼 잠수병에 걸릴 수 있었다.

다음으로는 부분 압력 조종복을 착용했다. 68킬로그램인 몰츠비의 체격에 맞게 특별히 제작된 옷이었다. U-2기 조종복은 기내 압력이 급감하는 경우 자동적으로 팽창하도록 설계되었다. 몸통 주변에 코르셋을 형성해서 공기가 희박한 상황에서 혈관이 터지는 것을 막았다.

이륙 30분 전, 몰츠비는 휴대용 산소통을 달고 밴에 올라타서 항공기로 이동했다. 비좁은 조종석에 앉으면 사출좌석에 달린 벨트로 몸을 고정했다. 정비사가 기내 산소 공급 장치 및 각종 끈과 케이블을 연결하고 캐노피를 닫았다. 좌석 쿠션에는 서바이벌 키트가 깔끔하게 재봉되어 있었다. 여기에는 조명탄, 마체테, 낚시 용구, 캠핑용 버너, 공기 주입식 구명 뗏목, 모기 퇴치약, 12개 언어로 "나는 미국인입니다"라는 문장이 적힌 플래카드와 조종사를 돕는 사람에게 보상해 준다는 내용의 소책자 등이 포함되어 있었다.

170센티미터 키는 U-2기 조종사로서 플러스 요인이었다. 조종석이 매우 비좁았다. U-2기를 설계한 켈리 존슨은 약 23킬로미터 상공까지 날아오를 수 있는 항공기를 만들기 위해 동체 무게와 크기를 과감하게 줄였다. 켈리 존슨은 U-2기에 엄청 긴 카메라 렌즈를 설치하는 데 필요한 15센티미터의 귀중한 공간을 확보하기 위해서라면 "우리 할머니라도 팔겠다"고 말하기도 했다. 켈리 존슨은 재래식 랜딩 기어, 유압 장치, 기체 지지대 같은 현대 항공기의 많은 특성을 제거했다. 주날개와 꼬리날개는 금속판이 아닌 볼트로 동체와 연결되었다. 비행 중 버피

팅(난기류에 의한 큰 진동 - 옮긴이) 현상이 아주 심한 경우 날개가 그냥 떨어져 나갈 수도 있었다.

약한 구조 외에도 U-2기는 설계상 특징이 많았다. 고고도에서 양력을 얻기 위해 길고 좁은 날개가 필요했다. 한쪽 날개 끝에서 다른 쪽 날개 끝까지 길이가 24미터로 기수에서 꼬리까지 거리의 약 두 배였다. 날개가 얇고 기체가 가벼워서 하나밖에 없는 엔진이 꺼지더라도 최대 400킬로미터 정도를 활공할 수 있었다.

유인 우주 비행이 아직 초기 단계에 불과한 시절이었다. 이런 때에 U-2기처럼 특수한 항공기를 운용하기 위해서는 대기권 상층부에서 견딜 수 있는 신체 능력과 정신력을 갖춘 엘리트 조종사들이 필요했다. U-2기 조종사는 반은 항공기 조종사고 반은 우주인이었다. U-2기 조종사가 되기 위해서는 운동 능력, 지성, 그리고 자기 능력에 대한 철저한 확신을 보여줄 필요가 있었다. 훈련은 "목장the ranch"이라는 네바다 사막의 외딴 활주로에 실시되었다. "에어리어 51"로도 알려진 이 "목장"은 여러 차례 UFO가 목격된 곳으로도 이미 유명했다. 대부분은 U-2기를 UFO로 착각했을 가능성이 컸다. 날개가 태양 빛에 반짝반짝 빛나는 고고도 정찰기를 지상에서 보면 화성인이 탄 우주선으로 오해할 수 있었다.

알래스카 시각으로 자정, 미국 동부 일광절약시간(EDT : Eastern Daylight Time)으로는 오전 4시에 이동통제장교로부터 이륙해도 좋다는 신호를 받았다. 몰츠비는 요란한 소리를 내며 활주로를 따라가다 조종간을 당겨 이륙했다. U-2기의 양 날개에서 포고pogo가 떨어져 나갔다. 포고는 긴 날개가 땅에 끌리지 않도록 하기 위해 날개 밑에 장착한 보조바퀴다. U-2기는 진귀한 검은색 새처럼 밤하늘 속으로 가파르게 급상승했다.

U-2기 조종사는 두 가지 상반된 자질이 필요하다. 최대 10시간을 불편한 사출좌석에 앉아 있으려면 신체의 일반적인 기능을 중단시키고 "식물인간"이 되어야 했다. 그와 동시에 뇌는 최대한 빠르게 돌아가야 했다. 쿠바에 배치된 소련 미사일을 발견한 리처드 하이저는 이런 말을 즐겼다.

"절대 긴장을 풀어서는 안 된다. 그랬다간 죽은 목숨이다."[25]

북극으로 가는 길에 최종적으로 무선표지(radio beacon : 항행 중인 선박이나 항공기에 대하여 방향탐지 등의 목적으로 특정 전파를 방출해 주는 장치 - 옮긴이) 신호를 받았을 때는 에일슨 비행장에서 이륙한 지 약 한 시간이 된 시점이었다. 그곳은 알래스카 북부 해안에 있는 바터 섬이었다. 이때부터는 천문 항법에 의존해야 했다. "오리궁둥이" 항법사들은 몰츠비에게 행운을 빌고 여섯 시간 뒤에 귀환 안내를 하기 위해 "창가에 불을 켜 두겠다"고 했다.

1962년 10월 27일 검은 토요일 오전 5:00(모스크바 정오)

알래스카보다 일곱 시간 빠른 모스크바에서, 니키타 흐루쇼프는 방금 최고회의 간부회의를 재소집했다. 흐루쇼프가 말했다.

"미국이 지금 침공하지는 않을 것이오."

물론 "장담"은 할 수 없었다. 하지만 미국이 위기를 해결할 방법을 유엔과 함께 모색하는 와중에 쿠바를 공격할 가능성은 "낮은 듯" 보였다. 케네디가 우 탄트 유엔사무총장의 제안에 응답했다는 사실은 아직 쿠바 침공 의향이 없다는 것을 의미했다. 흐루쇼프는 케네디 대통령의 "용기"를 의심하기 시작했다.

"미국은 쿠바 문제를 해결하기로 마음먹었고 우리한테 죄를 뒤집어

씌우기를 원했소. 하지만 지금은 그런 결정을 재고하는 듯 보이오."[26]

주중에 흐루쇼프의 기분은 여러 번 바뀌었다. 집무실에서 복도로 따라 내려가면 나오는 회의실에서 최고회의 간부회의를 열 때마다 미군의 쿠바 침공 가능성에 대한 생각이 바뀐 듯했다. 미사일의 존재가 발각되었다는 소식은 흐루쇼프를 노심초사하게 했다. 공습 대신 봉쇄 조치를 한다는 케네디의 결정은 최악의 우려에서 벗어나게 해주었다. 전략공군사령부가 핵전쟁 직전 단계인 데프콘 2를 선포했다는 소식은 또다시 극심한 우려를 자아냈다. 하지만 아무 일도 벌어지지 않았고, 다소 안정을 되찾았다. 직접적인 압박감에서 벗어나고 있었다.

위기에 대한 흐루쇼프의 반응은 공식 비공식 채널을 통해 워싱턴이 전달한 신호에 따라 좌우되는 변덕을 반영했다. 금요일 아침 정보 보고서 중에는 케네디가 카스트로를 완전히 끝장내기로 했다는 걱정스러운 소식이 포함되었다.[27] 해당 보고서는 근거가 불충분했다. 워싱턴에 있는 내셔널프레스클럽과 미국 기자와 소련 외교관의 점심 자리에서 나온 단편적인 대화를 바탕으로 한 것이었다. 하지만 이런 정보는 흐루쇼프가 "전쟁의 매듭"을 푸는 문제에 대해 회유적으로 들리는 편지를 케네디에게 보내게 했다.

흐루쇼프는 하룻밤 더 대응 방안에 대해 곰곰이 생각한 뒤 아직 협상할 시간이 약간 남았다고 믿었다. 모호한 내용의 금요일 친서에서는 미국이 불침공을 보장하기만 하면 "소련 전문가들이 쿠바에 있을 필요성이 없어질 것이라고 했다. 결국 미사일을 철수해야 할 가능성이 크다는 사실을 알았지만, 후퇴를 통해 얻을 수 있는 것을 얻길 원했다. 미국의 가장 확실한 양보는 터키에 있는 주피터 미사일의 철수였다.

케네디가 그런 타협안을 고려할지도 모른다고 믿을 만한 이유가 있었다. 위기 발발 초기에 소련군 정보 조직은 "로버트 케네디 및 관련

계파"가 쿠바에 있는 소련군 기지를 철수하는 대가로 터키와 이탈리아에 있는 미군 기지를 교환할 의향이 있다고 보고했다.[28] 해당 정보는 사실로 받아들여졌는데, 출처가 바비 케네디에 대한 크렘린의 비공식 채널 역할을 했던 게오르기 볼샤코프라는 이름의 첩보원이었기 때문이었다. 좀 더 가까운 시기에 흐루쇼프는 쿠바-터키 간 미사일 교환을 요구하는 월터 리프먼의 칼럼에 관심을 보였다. 소련측은 월터 리프먼이 정부 내 확실한 소식통이 있다는 사실을 알았다.[29] 리프먼이 아무런 교감도 없이 그런 주장을 할 것 같지는 않았다. 흐루쇼프는 리프먼의 칼럼을 미국측의 출처가 모호한 타진으로 이해했다. 흐루쇼프는 최고회의 간부회의에서 말했다.

"미국을 만족시키지 못하거나, R-12 미사일이 쿠바에 있다는 사실을 말하지 않는다면 충돌을 멈출 수 없을 것이오. 그 대신 터키와 파키스탄에 있는 미군 기지를 철수시키게 할 수 있다면, 우리가 이기는 것이오."

흐루쇼프가 케네디에게 보내는 또 다른 친서를 구술하는 동안 회의 참석자들은 동의를 표했다. 늘 그렇듯 흐루쇼프는 카리스마 넘치는 성격으로 회의를 장악했고, 위기에 대한 자신의 처방에 대해 걱정하는 사람이 있더라도 속으로만 삼키게 했다. 전날 두서없이 작성한 친서와는 달리 이번에는 협상 조건을 분명하게 제시했다.

대통령님은 쿠바를 걱정하십니다. 쿠바가 미국 해안에서 바다 건너 145 킬로미터 거리에 있기 때문에 걱정스럽다고 말씀하십니다. 하지만 터키는 우리와 이웃해 있습니다. 양국의 경계병들이 서로 마주 보며 근무를 서고 있습니다. 대통령님은 미국에 대한 안전 보장과 대통령님이 공격용이라고 부른 무기를 철수하라고 요구할 권리가 있다고 생각하면서 우리의 권리는 왜 인정하지 않습니까? (…)

이런 이유로 다음과 같이 제안합니다. 우리는 대통령님께서 공격용이라고 생각하시는 무기를 쿠바에서 철수시킬 용의가 있습니다. 이를 실행에 옮길 것이고 유엔에서 기꺼이 약속할 것입니다. 그대신 소련의 불안과 걱정을 감안해서 미국 대표도 터키에 배치한 이와 유사한 무기를 철수하겠다는 취지의 선언을 유엔에서 하시기 바랍니다.[30]

흐루쇼프의 제안에 따라 유엔은 현지 사찰을 통해 합의 이행을 보장하는 책임을 지게 되었다. 미국은 쿠바를 침공하지 않겠다는 약속을 하고, 소련은 터키에 대해 동일한 약속을 하는 것이었다.

이번에는 시간이 오래 걸리는 외교 채널을 통해 친서를 전달할 생각이 없었다. 최대한 빨리 전하기를 원했다. 합리적으로 들리는 제안을 공개적으로 하면 다소나마 시간을 벌 수 있다는 판단도 했다. 국제 여론전에서 케네디를 수세에 몰 것이기 때문이었다. 메시지는 모스크바 현지 시각으로 오후 5시, 워싱턴 시각으로 토요일 아침 10시에 〈라디오 모스크바〉로 방송될 예정이었다.

흐루쇼프는 그사이 실수로 인해 전쟁이 벌어지지 않도록 하고 싶었다. 방공 부대의 편성을 포함해서 전날 저녁 플리예프 장군이 조치를 한 다음 밤사이에 모스크바에 보고한 사항을 승인해 줄 수밖에 없었지만, 핵탄두에 대한 크렘린의 통제는 강화했다. R-14 탄두를 실은 알렉산드롭스크호에는 회항 명령을 내렸다. 또한 국방부 장관에게 핵무기 지휘 체계에 대한 모든 불명확성을 제거하도록 플리예프에게 긴급 명령을 하달하게 했다.

모스크바의 승인 없는 미사일, FKR, 루나(프로그)용 핵탄두 사용은 금지한다는 점을 확실하게 공식화함. 수신 여부 보고 할 것.[31]

한 가지 큰 문제가 남았다. 카스트로에게 쿠바-터키 협상안을 납득시키는 일이었다. 자존심 강하고 지나칠 정도로 예민한 카스트로가 자신의 등 뒤에서 쿠바에 배치된 소련 미사일 철수와 관련된 협상이 진행되는 걸 알면 화를 낼 가능성이 컸다. 특히 이런 협상안을 라디오를 통해 듣는 경우에는 더 그랬다. 흐루쇼프는 카스트로를 달래는 일을 알렉세예프 대사에게 맡겼다. 알렉세예프 대사는 케네디에게 보내는 흐루쇼프의 메시지를 쿠바에 대한 미국의 침공 위협을 사전에 방지하기 위한 현명한 시도라고 설명하도록 지시받았다. 미국은 "지금과 같은 상황에서 침공하는 경우 침략자로 여겨질 것이라는 사실을 매우 잘 알고 있다. 전 세계가 보는 앞에서 나치와 같은 잔혹성의 가장 나쁜 사례를 서슴없이 모방하는 평화의 적이라는 불명예를 떠안게 될 것이다."[32]

흐루쇼프가 케네디에게 보낼 메시지를 구술하는 동안, 모스크바 주재 미국 대사관 거리에는 수천 명의 시민이 항의성 야유를 퍼붓고 있었다. "양키 침략자들은 부끄러운 줄 알아라!", "봉쇄 조치를 끝내라!", "쿠바 예스, 양키 노!"처럼 정부가 승인한 표어가 적힌 현수막을 흔들었다. 일부 시위대는 사도보예 원형도로를 따라 멈춰선 트롤리버스의 지붕에 올라가 대사관을 향해 주먹을 흔들고 돌과 잉크병을 던져 창문을 깨트리기도 했다.

한 시위자가 군중 속에서 돌아다니는 미국 기자에게 물었다.

"누가 당신들에게 공해에서 배를 봉쇄할 권리를 주었소? 왜 쿠바를 그냥 놔두지 않소?"[33]

어떤 제2차 세계대전 참전 용사는 양측이 그냥 각자의 군 기지를 포기하면 "제2차 세계대전 때처럼 우리는 친구가 될 것이오"라고 말했다. 찡그린 표정의 한 여성은 미국은 침공당한 경험이 없기 때문에 전쟁을 이해 못 한다고 불평했다.

"당신네가 우리처럼 전쟁을 겪었다면, 우릴 맨날 전쟁으로 위협하지는 않을 거요."

모스크바에서 벌어지는 이런 모든 "자발적" 시위와 마찬가지로, 이번 시위도 잘 기획된 것이었다. 한 미국 외교관은 여러 트럭 분의 학생들이 인근 거리에 내려 식민지주의와 제국주의를 비난하는 표지판을 받는 모습을 보았다. 시위대가 통제 불능 상태에 빠지지 않도록 하기 위해 수백 명의 병력이 대사관 근처 골목에 투입되었다. 시위대는 정확히 네 시간 뒤 경찰의 지시에 따라 즉각 해산했고 살수차가 곧바로 대사관 앞길을 청소했다.

카스트로가 정권을 잡기 전만 해도 소련인 대부분은 지도에서 쿠바를 제대로 찾지도 못했다. 5년도 지나지 않아 소련인들의 머릿속에서 쿠바는 멀고 먼 카리브 섬에서 냉전의 최전선으로 바뀌었다. 소련의 선전원들은 쿠바를 "자유의 섬"이라고 했다. 신문은 쿠바에서 진행 중인 사회 개혁과 부패한 바티스타 정권을 되살리려고 애쓰는 사악한 제국주의자들에 관한 기사를 차츰 더 비중 있게 실었다. 수백만 가구에는 카스트로와 체 게바라의 초상화가 걸렸다. 스페인어를 전혀 모르는 소련인들도 "파트리아 오 무에르테"의 뜻을 알았다. 부모 세대가 스페인 내전 당시 "노 파사란(No pasaran : 통과하지 못한다)"이라는 말에 전율한 것과 일맥상통했다.

소련인 다수가 카스트로의 혁명에 깊은 인상을 받았다. 러시아 혁명이 경직되기 전의 상황을 떠올리게 했기 때문이었다. 소련의 지식인들은 쿠바가 "과거를 재현할 수 있는 훈련장"이라고 했다.[34] 카스트로와 "수염을 기른 카스트로의 동지들"은 붉은광장의 초상화가 걸린 곳에서 소련 군중들을 내려다보는 늙은 관료들보다 더 매력적인 지도자였다. 소련 관리들이 머리를 기른 젊은이를 탐탁지 않은 눈으로 쳐다 보던 시절에 체 게바라같이 긴 머리의 혁명가들을 공식적으로 미화하는 상황에는 매우 유쾌한 아이러니가 있었다. 쿠바에서는 모든 것이 소련과 반대였다. 고위 관리일수록 머리가 더 길었다. 평범한 소련인들은 연설문도 없이 여섯 시간 동안 연설하는 카스트로의 습관에도 감탄했다. 소련의 고위 관리들은 대개 신중하게 작성한 연설문을 들고 대중앞에 나타났다.

소련 선전원들은 쿠바 혁명의 이상주의적 경향을 건설적인 방향으로 이용하려 했다. 관영 매체들은 카스트로의 업적과 양키에 대한 대담한 저항을 높게 평가했다. 소련인 대부분이 〈쿠바, 내 사랑〉의 가사를 알고 있었다. 〈쿠바 내 사랑〉은 군악과 카리브 북소리에 곡을 붙인 바르브도스를 찬양하는 노래였다.

쿠바 내 사랑
보랏빛 새벽의 섬
그 노래가 둥근 지구에 울려 퍼지네
쿠바 내 사랑
힘찬 걸음이 들리는가?
바르브도스가 행군하고 있네
하늘은 불타는 현수막
힘찬 걸음이 들리는가?

쿠바에 대한 소련인들의 찬양은 신중하면서도 회의주의적인 기미가 있었다. 선전 활동이 수십 년간 지속되면서 평범한 소련인들은 신문기사를 의심하게 되었다. 모스크바 국립대학에 다니던 미국 교환학생들은 핵전쟁 위협에 대해 소련 학우들이 보인 무관심에 "재미있어하고 불안해하고 당황스러워했다."[35] 제국주의자들의 죄에 대한 정부의 호언장담을 무시하는 데 익숙했던 소련 학생들은 위기가 전혀 심각하지 않은 것처럼 반응했다. 대학의 한 모임에서 러시아어로 감동적인 연설을 한 쿠바 학생 지도자에게 소련 학생들은 따뜻한 박수를 보냈다. 하지만 교수들의 녹음기를 튼 듯한 발언에는 관심을 보이지 않았다.

규모는 작았지만 점점 더 많은 소련인이 사석에서 머나먼 땅에 대한 "형제애적 지원"의 대가에 대해 질문했다. 토요일 아침 소련 국방부 장관은 흐루쇼프에게 군 내부에서 작게나마 불평이 나온다고 보고했다. 북극해에서 어뢰정에 타고 있던 한 승조원은 쿠바에서의 모험이 소련의 "국익" 증진에 무슨 도움이 될지 의심스럽다는 생각을 밝혔다.[36] 한 공군 병사는 이런 질문을 했다.

"우리가 쿠바와 공통점이 뭐가 있나? 왜 이 싸움에 휘말려야 하나?"

방공포 부대 소속의 어떤 병사는 쿠바 위기 때문에 일시적으로 제대 조치가 중단된 사실에 불만을 터트렸다.

더 불길하게도, 플리예프가 지휘한 부대가 노보체르카스크에서 일어난 식량 폭동을 잔인하게 진압한 지 불과 4개월 뒤, 몇몇 사람들은 왜 "조국 러시아"가 "다른 모든 이들을 먹여 살릴" 필요가 있냐고 물었다. 창고에는 쿠바산 설탕이 넘쳐났지만 러시아 빵은 부족했다. 시무룩한 소련인들은 먹을 것이 별로 없는 식탁에 둘러앉아 〈쿠바 내 사랑〉의 활기찬 가사를 완전히 부정하는 새로운 가사로 고쳐 불렀다.

쿠바여, 우리 빵을 돌려줘!
쿠바여, 너희 설탕은 가져가!

털북숭이 피델은 지겨워.

쿠바여, 지옥에나 가버려![37]

1962년 10월 27일 검은 토요일 오전 6:00(아바나 오전 5:00)

카스트로는 아바나 주재 소련 대사관에 거의 세 시간 동안 있었지만 아직도 흐루쇼프에게 보낼 편지를 쓰는 게 어려웠다. 돈 알레한드로도 피델의 "매우 복잡한 문장"을 이해하기가 쉽지 않았다.[38] 결국 더 이상 참지 못한 알레한드로가 불쑥 질문을 했다.

"적을 상대로 선제 핵공격을 해야 한다고 말하고 싶은 겁니까?"

그런 말은 예수회 수사 교육을 받은 카스트로에게는 너무 노골적이었다.

"아니오. 그렇게 직접적으로 말하고 싶지는 않소. 하지만 특정 상황에서 제국주의자들이 우릴 기만해 선제공격할 때까지 기다리기보다 침략 시 선수를 쳐서 상대방을 지구에서 지워버려야 하오."

카스트로는 다시 편지를 작성하기 시작했다. 아바나에 아침 해가 떠오르면서 마침내 만족스러운 내용을 구술했다.

친애하는 흐루쇼프 동지,

현 상황과 우리가 입수한 정보를 분석한 바에 따르면, 향후 24~72시간 이내에 미국이 공격할 것으로 판단됩니다.

두 가지 형태의 공격 가능성이 있습니다.

1. 가능성이 가장 큰 상황은 제한적인 파괴 목적을 달성하기 위해 특정한 목표를 공격하는 것입니다.

2. 가능성이 작지만 아예 없지는 않은 상황은 침공입니다. 이 경우 대규모 전력을 동원해야 하고, 이 때문에 상대가 포기할 수도 있습니다. 게다

가 세계 여론이 그런 침략에 분노할 것입니다.

동지는 우리가 어떤 형태의 공격도 단호하고 결연하게 저지할 것이라고 믿으셔도 됩니다.

이제 이런 상황에 대해 순전히 저의 개인적인 의견을 말씀드리고 싶습니다.

만약 두 번째 형태의 공격이 벌어져 제국주의자들이 쿠바를 점령할 목적으로 침공하면, 인류 전체에 닥칠 위험이 (…) 지나치게 크다는 이유로 소련은 제국주의자들이 소련을 상대로 선제 핵공격을 하는 상황을 허용하는 일은 없어야 합니다.

이런 말씀을 드리는 이유는 제국주의자들의 공격성이 극도로 위험한 수준에 이르렀기 때문입니다.

만약 그들이 야만적이고 불법적이며 비도덕적 행위인 쿠바 공격을 실행에 옮긴다면, 합법적인 자위권을 통해 그러한 위험을 영원히 제거할 기회가 될 것입니다. 그런 결정이 아무리 강경하고 끔찍할지라도 제 생각에는 다른 방법이 없습니다.[39]

편지는 장황하게 세 단락 더 이어졌다. 마지막에는 "형제애를 담아, 피델 카스트로"라고 서명되어 있었다.

관타나모 서쪽 발사진지로 이동하라는 명령을 하달받은 FKR 크루즈 미사일 호송대에게는 어지럽고 피해가 막심한 밤이었다. 미사일 발사장치와 지원 차량을 19킬로미터만 옮기면 되었지만, 울퉁불퉁한 비포장도로가 깊은 골짜기를 따라 이어졌다. 동료 두 명을 잃은 사실에 충격을 받은 운전병들은 사고가 재발되는 것을 피하기 위해 극도로 조심해야 했다. 필리피나스에 도착하기까지는 한 시간이 더 걸렸다.

발사진지는 마을을 건너자마자 나타나는 숲속 공터였고 그 옆에 작은 개울이 있었다. 야전 공병들이 대형 차량이 이동하기 쉽도록 나무 그루터기를 제거하고 자갈을 까는 등 정지 작업을 해둔 상태였다. 접근로는 대공포가 보호했다. 가시철사로 차단했고 소련군이 감시 활동을 했다. 외곽 경계는 쿠바군이 책임졌다.

트럭이 발사진지에서 몇백 미터 떨어진 쿠바 초소에 접근하자 어둠을 뚫고 긴장한 목소리가 크게 들렸다.

"암호는?"

호송대 전방에 있던 소련군이 암구호를 외쳤다. 하지만 분명히 뭔가 잘못되었다. 쿠바군 초병들은 차량을 통과시키기는커녕 소총 집중사격으로 대응했다.

또 한 시간이 흘렸고, 크루즈 미사일 부대가 암구호를 둘러싼 혼란을 해결하는 동안 러시아어와 스페인어로 온갖 욕이 쏟아져 나왔다. 결국 어설픈 스페인어를 구사하는 소련군 장교 한 명이 싸우기 좋아하는 쿠바군과 간신히 대화를 나누었다. 트럭, 지프, 전자 장비를 실은 밴으로 편성된 호송대는 개울 옆에 있는 정리된 들판으로 시끄러운 소리를 내며 진입했다. 데니첸코 소령이 명령을 내렸다.

"배치!"[40]

트럭이 발사진지 주변에 자리 잡았다. 크루즈 핵미사일은 금속으로 된 긴 레일에 얹힌 채 트레일러에 있었다. 동체 7.6미터, 날개 6미터의 크루즈 핵미사일은 큼직한 모형 비행기처럼 보였다. 근처에는 전자 장비를 실은 밴 차량이 주차되어 있었다. 발사 명령이 떨어지면 고체 연료 로켓으로 레일에 얹혀진 들창코 형태의 미사일이 발사된다. 25초 뒤에는 제트 엔진으로 추진하고, 전자 장비 밴에 탑승한 무선 운용사가 미사일을 목표까지 유도한다. 미사일은 고도 약 2000피트에서 암석이 많은 땅 위를 요란한 소리를 내면서 관타나모 해군기지까지 24킬로미터 거리를 2분 이내에 이동한다. 미사일이 목표 상공에 도달하면 무선 운용사는 엔진을 차단하고 급강하시킨다. 파괴력을 극대화하기 위해 핵탄두는 지상 수십 미터 상공에서 폭발하도록 프로그램되었다.

장교 1명과 병사 5명(선임 항공 정비사 1명, 전기 담당 2명, 무선 운용사 1명, 운전사 1명)이 발사팀을 이뤘다. 일단 미사일이 발사진지에 전개된 상태에서는 발사 준비에 한 시간이 걸렸다. 이론상 미사일은 연대장인 말체프 대령의 명령이 떨어질 때만 발사할 수 있었고, 말체프 대령은 모스크바의 명령에 따라서만 그런 명령을 내리게 되어 있었다. 하지만 실제로는 탄두에 암호가 걸리거나 잠금장치가 되어 있지 않았기 때문에 중위 한 명이 병사 몇 명과 함께 발사가 가능했다. 소령이 명령을 내렸다.

"참호 구축!"

이 명령은 큰 의미가 없었다. 땅이 너무 단단하고 돌이 많아 파내는 것이 불가능했다. 결국 장교들은 참호 구축을 포기하고 천막을 치고 몇 시간 쉬게 했다. 관타나모 해군기지를 핵공격하기 위한 모든 준비를 마쳤다.

관타나모 기지에 있던 미군 감청 요원들은 필리피나스로 이동 중 치명적인 사고가 난 소련군 호송대를 추적했다.[41] 비상 무선 통신 활동 덕분에 군 주둔지 두 곳뿐 아니라 말체프가 있는 연대본부까지 식별할 수 있었다. 세 개 지점은 칼집 작전의 공습 목표로 지정되었다. 정보장교들은 다수의 "소련/중국/쿠바 병력"이 "포병용 불상 장비"를 필리피나스로 옮기고 있다고 보고했다. 이들은 해당 시설이 "이동 가능해서 지속적인 감시가 필요"하다고도 지적했다.

미군 정보 분석관들에게 소련군이 정확하게 어떤 종류의 "장비"

를 필리피나스에 배치했는지는 미스터리로 남았다. 전술핵무기로 관타나모 해군기지를 겨냥하리라고는 꿈에도 생각지 못했다. 산티아고 데쿠바에 있는 영국 영사가 필리피나스에 있는 소련 로켓 발사대에 관한 소문을 상부에 보고하자, 정보는 고맙지만 걱정할 것 없다는 말이 돌아왔다.

"관타나모에 있는 미군 당국은 (필리피나스에 있는) 기지에 대해 알고 있고 신경 쓰지 않고 있음. 이들이 보유한 로켓은 핵탄두를 장착하지 않은 소형 유도 미사일이기 때문임."[42]

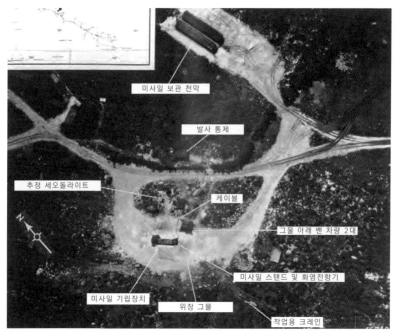

위 : 사과라그란데 미사일 기지[NARA]

아래 : 아바나 말레콘 나시오날 호텔 외부에서 작전 중인 쿠바군 포대원. 우측 상단에 삽입된 사진 속 인물은 쿠바 주둔 소련군 미사일 부대의 사령관인 이고르 스타첸코 장군이다. [MAVI/2002년 아바나 콘퍼런스에서 쿠바 정부 제공]

체 게바라와 알렉산드르 알렉세예프 쿠바 주재 소련 대사. KGB 출신인 알렉세예프는 쿠바 혁명 지도부와 가장 먼저 공식적으로 접촉한 인물이다. [MAVI]

쿠바 미사일 위기 중 체 게바라가 사령부로 사용했던 산악 동굴. 왼쪽 콘크리트 구조물은 체 게바라가 사용한 공간으로 현재 유적지로 보존되고 있다. [저자 촬영]

2006년 탐파에 있는 집에서 촬영한 페드로 베라. 베라가 들고 있는 문서는 1962년 10월 자신이 투입 되었던 마타암브레 케이블카 파괴 공작 계획이다. [저자 촬영]

11월 2일 미해군이 블루문 5035 임무 중 촬영한 마타암브레 정찰 사진. 구리 광산과 케이블카가 아무런 피해가 없어 CIA의 파괴 공작이 실패했음을 알 수 있다. [NARA/최초 공개]

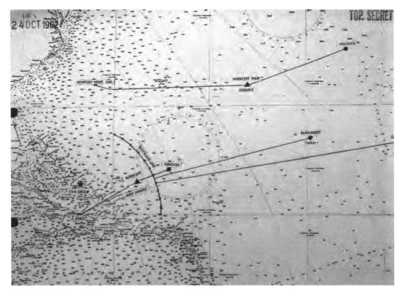

10월 24일 수요일 미 해군의 키몹스크호와 폴타바호에 대한 봉쇄 상황도. 미사일을 실은 두 선박은 이미 회항중이었다. 해군은 유조선인 부쿠레슈티호의 아바나행은 허락했다. [USNHC]

1962년 9월 R-12 미사일 8기를 싣고 산크리스토발 미사일 기지로 이동 중에 포착된 폴타바호. 10월 R-14 미사일 7기를 싣고 2차 수송을 시도했으나 케네디 대통령의 해상 봉쇄 선언이 있자 10월 23일 소련으로 방향을 틀었다. [NARA]

발렌틴 사비치 함장이 지휘한 소련군 B-59 잠수함. 10월 27일 "검은 토요일"에 미 해군에 의해 강제 부상 조치된 이 잠수함은 붉은 깃발을 달고 있다. 전망탑에 있는 승조원들은 이곳 상공에서 비행 중인 정찰기를 관측하고 있다. [NARA]

미사일 위기 중 아바나 근해에 배치된 USS 옥스퍼드함. 함수와 함미에 긴 수집 안테나가 설치되어 소련군과 쿠바군의 레이더 및 마이크로파 신호를 포함한 통신 활동을 수집했다. [USNHC]

마이크를 든 토머스 파워 전략공군사령관. 10월 24일 수요일 네브래스카 주 오펏 공군기지에 있는 지휘소에서 참모들에게 둘러싸여 데프콘 2를 발령하고 있다. [USAF]

몬태나 대평원 지하 15미터 아래에서 비상대기 중인 두 명의 미니트맨 미사일 작전 요원. 미 공군은 안전 규정에 따른 2개 지휘소 발사 체계가 아닌, 1개 지휘소가 발사할 수 있는 체계를 급하게 마련했다. [USAF]

쿠바 주둔 소련군 4만 3000명을 통솔한 플리예프 장군(오른쪽)과 쿠바 국방부 장관인 라울 카스트로(왼쪽). 기병장교 출신인 플리예프는 미사일 체계에 대한 지식이 없었지만, 1962년 6월 러시아 남부에서 벌어진 식량 폭동의 진압을 지시한 흐루쇼프의 신임을 받았다. [MAVI]

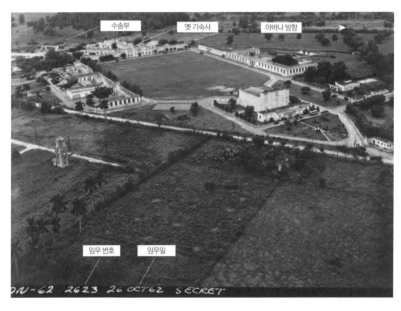

아바나 남서부 엘치코에 있는 소련군 사령부 정찰 사진. 10월 26일 블루문 2623 임무에서 공군 RF-101이 촬영했다. 미국은 인근 토렌스와 루르데스 마을을 통해 이 시설을 알고 있었다. 혁명 전에는 소년원으로 사용된 곳이다. [NARA/최초 공개]

임무 수행 뒤 함대 항공 사령관인 조셉 M. 카슨 소장(중앙)에게 결과를 브리핑하는 제럴드 커피 중위(왼쪽)와 아서 데이 중위 (오른쪽). 두 조종사는 10월 27일에 쿠바 군의 대공포 공격을 받았다. 커피 중위는 10월 25일에 핵무장 가능한 프로그 미사일을 촬영한 조종사다. [USNHC]

10월 25일 목요일 블루문 5012 임무에서 커피 중위가 촬영한 레메디오스 인근의 프로그 핵미사일 기지. 이 사전 덕분에 쿠바 주둔 소련군 전력에 대한 미국의 평가가 급격히 상향되었다. 사진은 10월 26일 금요일 대통령에게 보고되었다. [NARA]

제9장

그로즈니호 사냥

Hunt for the Grozny

1962년 10월 27일 검은 토요일 오전 6:00

백악관 상황실에 깜짝 놀랄만한 소식이 도착했다. CIA에 따르면 쿠바에 있는 MRBM 기지 6개 중 5개가 작전 준비를 "확실히 갖췄다."[1] 나머지 한 곳도 일요일까지 작전 준비를 마칠 가능성이 컸다. 미국 남부의 다수 지역이 이미 1메가톤 핵탄두 20기의 사거리 안에 있다는 의미였다. 워싱턴, 그리고 뉴욕까지도 쿠바에서 발사된 미사일에 10분 내로 쑥대밭이 될 수 있었다. 소련이 기습 공격을 하는 경우 대통령이 백악관에서 대피할 시간이 거의 없었다.

웨스트윙 지하에 있는 상황실은 케네디가 구상한 것이었다. 피그스만 침공 당시 케네디는 보고되는 정보가 적다는 사실에 불만이 많았다. 해변에서 전개되는 재앙에 관한 정보를 대통령보다 동부 해안가에서 쿠바군 무선 통신을 엿들은 아마추어 무선 통신사들이 오히려 더 빨리 입수했다.[2] 케네디는 일반 전화로 CIA와 펜타곤에서 벌어지는 상황을 확인해야 했다. 이런 일이 재발해서는 안 되었다. 백악관에 "냉전의 전쟁상황실" 기능을 하는 정보의 "중추부"가 필요했다.[3]

상황실로 사용된 공간은 원래 볼링장이었다. 대통령의 해군 보좌관은 해군건설대Seabee를 동원해 회의실, 자료실, 상황 근무자가 배치된 비좁은 감시센터를 포함한 방 4개짜리 시설로 바꿔놓았다. 웨스트윙에는 통신망을 구축해 전문을 직접 전달할 필요가 없게 했다. 창문이 없는 회의실 외부에서 텔레타이프 인쇄 소리가 계속 들렸다.[4] 쿠바와 쿠바 해상 접근로가 표시된 거대한 지도가 벽을 뒤덮었고, 문밖에는 무장한 초병이 근무를 섰다.

지도를 제외하면 회의실은 워싱턴 교외의 가족 별장과 유사했다. 조잡하게 보이는 탁자와 등받이가 낮아 불편한 의자, 매립형 조명, 스포트라이트 조명 등 기능성 스칸디나비아 가구를 갖추고 있었다. 케네디는 이런 지하 사무 공간을 "돼지우리"라고 했다.[5] 그런데도 백악관 상황실은 절반은 독립적으로 행동하는 정부 관료들이 전통적으로 보호하기 급급했던 정보를 지속적으로 대통령에게 보고하게 함으로써 설립 목적을 충족시켰다. 24시간 근무를 서고 48시간 휴식을 했던 상황 근무자들은 전부 CIA 요원이었다.

미사일 위기 기간에는 엄청나게 많은 정보가 상황실로 흘러들어 왔다. 대통령은 해군지휘통제실과 격리선에서 순찰 중인 함정이 단측파대 무선통신으로 대화하는 내용을 들을 수 있었다. 백악관은 국무부와 펜타곤으로부터 중요한 전보도 보고받았다. 뉴스 통신사의 텔레타이프뿐 아니라 외국방송정보처Foreign Broadcast Information Service의 속보도 있었는데, 이를 통해 〈라디오 모스크바〉가 발표한 소련 정부의 성명을 속기한 내용을 보고받았다.

대통령과 국방부 장관이 소련 선박의 회항에 관한 보고가 지연된 사실을 지적한 이후, NSA는 통신 수집 정보를 백악관 상황실로 직접 보고하기 시작했다.[6]

나중에 알려진 신화와는 달리, 케네디 대통령은 봉쇄를 실행하는 군함에 직접 명령을 내리는 것을 자제했다.[7] 그 대신 국방부 장관과 해군 참모총장을 통한 지휘 체계를 이용했다. 그럼에도 백악관이 군 통신을 분 단위로 확인할 수 있었다는 점은 펜타곤에 큰 의미가 있었다. 군 수뇌부는 상황실이 있다는 사실 자체가 행동의 자유를 제약할 것이라고 우려했고, 그것은 사실이었다. 제2차 세계대전 이후 20년이 지나는 동안 민군 관계는 큰 변화를 겪었다. 핵시대에 정치 지도자는 엄격한 감독을 하지 않은 상태에서 군 수뇌부가 더 이상 자체적으로 올바른 결정을 내린다고 믿을 수 없었다.

상황실 근무 요원들은 봉쇄선에서 최신 정보를 입수했다. 대략 일주일 뒤 대규모 공습에 이은 침공을 할 계획이 수립되었다. 공군기지 다섯 곳에서 576대로 편성된 전술타격대가 최고통수권자의 명령을 기다렸다.[8] 전투기 5대가 플로리다 상공에 체공해 쿠바에서 이륙하는 소련 공군기를 요격할 준비를 했고, 추가로 183대가 지상에서 비상 대기를 했다. 관타나모는 해병 5869명이 수비하는 무장 요새였다. 또 다른 해병 사단이 서해안에서 파나마 운하를 통해 이동 중이었다. 미군 병력 15만 명이 침공 작전에 동원되었다. 해군은 항공모함 3척, 중순양함 2척, 구축함 26척과 군수 지원 선박이 쿠바 섬을 에워쌌다.

미국은 상대방도 전투태세를 갖췄다는 사실을 알고 있었다. CIA는 쿠바군이 "빠른 속도로" 동원되고 있다고 보고했다.[9] 소련군 SAM 기지 24개 전체가 이제 U-2기를 격추할 능력을 갖췄다고 판단되었다.[10] 저고도 정찰 사진은 처음으로 쿠바 내에 핵탑재 프로그 발사장치가 배치된 확실한 증거를 제시했다. 흐루쇼프가 유엔에 당분간 격리 지역은 피하겠다고 장담했음에도 불구하고, 소련 선박 6척이 아직 쿠바로 항해 중이었다.[11] 격리선에 가장 가까이에 있던 선박은 그로즈니호였다.

엑스콤은 빈니차호와 부쿠레슈티호가 격리선을 통과하도록 허락한 뒤, 소련 선박에 대한 단속 의지를 보여주길 원했다. 가장 적절한 대상은 8000톤짜리 그로즈니호처럼 보였다. 그로즈니호는 갑판에 적재한 화물이 의심되었고 봉쇄 시행 뒤 대서양 한가운데에서 서성거리다가 항해를 재개했다. 이런 "특이한" 행동은 크렘린이 해당 선박을 어떻게 조치할지 결정하지 못한 것을 보여주었다.

그로즈니호의 거대한 원통형 갑판 탱크에 정확하게 어떤 화물이 실렸는지는 케네디 행정부 내에서 열띤 논쟁거리였다. 목요일에 맥나마라는 대통령에게 탱크가 "아마" 쿠바에 배치된 소련 미사일용 연료가 실려 있을 것이라고 말했다. 사실, CIA는 해당 선박이 미사일과는 아무런 관련이 없고 쿠바 동부에 있는 니켈 공장용 암모니아를 싣고 있다고 판단했다.[12] CIA 분석관들은 니카로에 있는 니켈 공장에 대해 신중하게 분석을 한 상태였다. 몽구스 작전 시 파괴 공작을 벌일 여러 시설 중 하나였기 때문이었다. CIA 요원들은 과거에도 쿠바에 여러 번 와서 니카로로 암모니아를 운송한 그로즈니호에 대해 철저한 감시를 유지했다.

엑스콤은 갑판 탱크에 실린 화물에 대해 논쟁을 벌이기보다 그로즈니호를 나포했을 때의 선전 효과에 더 관심이 많았다. 주초 키몹스크호 같은 미사일 운반선이 회항했기 때문에 단속할 소련 선박이 별로 없었다. 바비 케네디가 농담 반 진담 반으로 불평했듯이 "롱아일랜드 철도에 기차가 거의 안" 보였다(롱아일랜드 철도는 북미 지역에서 가장 붐비는 상업 철도망이다 - 옮긴이).[13] 토요일 무렵, 맥나마라는 생각을 바꿔 그로즈니호에 "금지 물품"이 실려 있지 않을 것으로 판단한다고 했다. 그럼에도 그로즈니호를 막아야 한다고 생각했다. 그로즈니호를 단속하지 않고 쿠바 항해를 허락하는 것은 미국이 나약하다는 신호가 될 수 있었다.

미 공군은 목요일에 봉쇄선에서 약 1600킬로미터 떨어진 곳에서 그로즈니호를 발견했다. 하지만 해군은 선박을 추적할 수 없어서 다시 공군에 지원을 요청했다. 금요일에 전략공군사령부 소속의 RB-47 정찰기 5대가 교대로 3시간 간격으로 바다를 샅샅이 뒤졌다. 이날 수색 작전에서 선박을 찾지 못하자 다음날인 토요일에 항공기 5대가 추가로 "아기모자Baby Bonnet"라는 이름의 임무에 할당되었다. 해당 항공기는 부대 모토가 "우리는 모든 것을 본다Videmus Omnia"인 제55전략정찰비행단 소속이었다.

조셉 카니 대위가 새벽에 버뮤다에 있는 킨들리필드 공군기지에서 이륙해서 수색 지역이 있는 남쪽으로 향했다.

제9장 그로즈니호 사냥

정찰기 3대가 수색 작전에 추가로 투입되기 위해 버뮤다에서 이륙 준비를 했다.[14] 활주로로 나온 첫 번째 RB-47의 조종사는 목요일에 그로즈니호 수색 활동에 참여한 윌리엄 브리턴 소령이었다. 기내에는 브리턴 소령 외에도 부조종사, 항법사, 관측 요원 각 1명이 타고 있었다. 짧은 활주로를 따라 내려가는 동안 항공기 엔진에서 짙은 검은색 연기가 뿜어져 나왔다. 가속을 하는데 문제가 있어 보였고 활주로 끝에 있는 울타리에 도달할 때까지도 이륙하지 못했다. 갑자기 왼쪽 날개가 아래로 처졌다. 브리턴 소령은 기를 써서 수평 자세를 유지하는 데 성공했다. 항공기는 낮은 울타리와 반짝거리는 청록색의 석호(만의 입구가 막혀 바다와 분리되면서 생긴 호수 - 옮긴이) 상공을 지나갔고, 반대편 해안가 쪽에서 오른쪽 날개가 처지더니 낭떠러지를 긁고 지나갔다. 항공기는 추락했고 충격으로 산산조각이 나면서 큰 폭발음을 냈다.

사후 조사 결과 킨들리필드 기지 정비사들이 물-알코올 분사액을 항공기에 잘못 주입한 사실이 밝혀졌다.[15] 이들은 평상시 캔자스 주 포브스 공군기지에서 작전했던 정찰기의 특성에 익숙하지 않았다. 분사액은 이륙 시 엔진에 추가적인 추력을 주었지만, 이날 주입된 액체는 오히려 추력을 감소시켰다. 사고 항공기는 이륙할 충분한 추력을 얻지 못한 것이었다.

브리턴 소령과 승무원 3명은 모두 죽었다. 석호 반대편에서 불덩이를 확인하고 두 항공기의 조종사는 임무를 취소했다. 나중에 이 임무가 불필요했음이 밝혀졌다. 남쪽으로 약 1000킬로미터 떨어진 대서양에서 조셉 카니 대위가 그로즈니호로 보이는 선박을 먼저 발견했다.

1962년 10월 27일 토요일 오전 6:45

카니는 가로 세로 각각 80킬로미터와 322킬로미터 지역에 대한 수색 임무를 할당받았다. 레이더로 배의 위치를 파악한 다음, 감시 및 확인을 하기 위해 고도를 낮춰야 했다. 항법사가 목표로 의심되는 물체를 가리키면 RB-47기가 구름을 뚫고 급강하했다. 카니 대위가 발견한 선박 중에는 그로즈니호를 수색하는 구축함인 맥도우함도 있었다.

맥도우함이라는 사실을 확인한 카니는 1500피트로 다시 상승했다. 수평선에 또 다른 선박이 보이자 500피트로 내려왔다. 배의 선수와 선미 갑판에 은색의 원형 탱크가 있었다. 선박 굴뚝의 측면에는 소련 국기를 상징하는 낫과 망치가 그려져 있었다. 키릴 문자로 적힌 그로즈니라는 선박 이름이 또렷이 보였다. 카니 대위는 선박을 향해 여러 차례 급강하 해서 손에 든 카메라로 여러 각도에서 촬영을 했다.

오전 6시 45분에 그로즈니호를 발견한 카니는 배의 위치를 맥도우함에 알려주었다.[16] 두 시간 뒤 맥도우함의 함장은 해군지휘통제실에 선박을 찾아낸 사실을 전문으로 보고했다.

1. 29킬로미터 거리에서 추적 중임.
2. 필요시 확인 및 승선할 준비를 확실히 함.

이때 그로즈니호는 격리선에서 약 560킬로미터 떨어져 있었다. 같은 속도로 항해를 지속하는 경우 일요일 새벽에 격리선에 도착할 예정이었다.

토요일 새벽이 되자 앤드류 세인트 조지는 "피곤과 무기력"을 느꼈다.[17] 〈라이프〉지 기자인 그는 강경한 반카스트로 그룹인 알파 66이 조

제9장 그로즈니호 사냥

직한 쿠바 북부에 대한 기습 작전을 취재하기 위해 엿새 전 마이애미에서 출발했다. 알파 66의 모험은 결국 재앙이 되었다.

작전 목표는 쿠바 설탕 바지선을 폭파하는 것이었다. 하지만 어둡고 기상이 나빴을 뿐 아니라 수심 측정기가 부족해 공작원들이 탄 두 척의 고속 모터보트 중 하나가 암초와 부딪쳤다. 나머지 보트도 첫 번째 보트를 구조하려다가 난파되었다. 맹그로브 습지를 크래커를 먹으며 사흘간 헤맨 세인트 조지와 동료들은 쿠바 어부에게서 낡은 요트와 약간의 음식을 훔쳤다. 결국 4.6미터 높이의 파도와 싸우고 물이 새는 보트가 가라앉지 않게 하려고 계속해서 물을 퍼내면서 나침반도 없이 플로리다로 향했다. 대원들은 차례차례로 체념하기 시작했다. 세인트 조지는 바다 한가운데에서 황량한 바람을 맞으며 "점점 더 커지는 죽음의 휘파람 소리"를 느낄 수 있었다.

기자라기보다 선전원이었던 세인트 조지는 거대 신문사 경영자인 윌리엄 허스트를 위해 미국-스페인 전쟁을 취재한 언론인 모험가의 현대판이었다. 1897년 허스트는 자사의 스타 풍자 만화가에게 말했다.

"당신이 그림을 공급해 주시면, 내가 전쟁을 공급하리다."

1년 이내에 만화가들은 각자가 합의한 사항을 이행했다. 화가 프레드릭 레밍턴은 무자비한 스페인 경찰관들이 조신한 쿠바 여성들을 알몸 수색하는 충격적인 그림을 그렸고, 허스트는 주저하는 맥킨리 대통령이 스페인을 상대로 선전 포고를 하도록 설득하는 것을 도왔다.

허스트를 위해 일하는 기자들은 쿠바에서 벌어지는 전쟁에 대해 보도만 한 것이 아니었다. 싸움을 적극적으로 부추기고 심지어 싸움에 끼어들었다. 벨트에 권총을 차고 손에는 노트와 연필을 든 채 전쟁터를 방문한 허스트는 "멋진 싸움"이라면서 열변을 토했다. 나중에 국무부 장관이 되는 존 헤이도 친구인 시어도어 루스벨트에게 보내는 편지에서 "작지만 멋진 전쟁"이라고 했다.

60년이 더 지난 이때, 미국 언론은 강경한 대외 정책을 주도하는 "황색 저널리즘"의 성격을 많이 떨쳐냈다. 하지만 아직도 적극적으로 대결을 조장하는 허스트의 전통을 따르는 발행인과 기자들이 있었고, 이번 상대는 소련이었다. 한때 허스트가 했던 역할을 맡은 것은 타임-라이프 제국의 헨리 루스와 클레어 부스 루스 부부였다. 이들은 공산주의자가 쿠바를 장악하는 것을 막기 위해 "아무것도 하지 않는다"며 케네디 행정부를 비난했다. 클레어 루스는 10월 초 미사일 위기가 벌어지기 며칠 전 〈라이프〉지에 대통령의 쿠바에 대한 대응을 비난하는 사설을 쓴 뒤 허스트의 아들로부터 찬사의 편지를 받았다. 허스트 2세가 "지독하게 멋진 작품이군요. 내가 그런 글을 써야 했는데"라며 열광한 것이다.[18]

허스트 1세와 마찬가지로, 클레어 루스는 소련이 쿠바에 군사력을 구축하는 문제에 대해 정부가 넋 놓고 있다고 공격하는 사설을 쓰는 것에 그치지 않았다. 그녀 자신의 말에 따르면, 개인 돈을 털어 소련 미사일 기지에 관한 망명자 정보를 툭하면 케네디를 난처하게 만든 케네스 키팅 공화당 뉴욕 상원의원에게 전달했다.[19] 또한 카스트로를 끌어내리려고 했던 쿠바 망명자 그룹을 후원했고 이들의 기습 작전에 기자를 보냈다. 〈라이프〉는 쿠바 설탕 바지선 공격에 관한 사진과 기사 한 건에 2500달러를 지불하기로 합의했다.

자칭 헝가리 왕족의 후손인 세인트 조지는 자신의 매력과 연줄을 이용해서 이념 진영을 오갔던 어두운 과거가 있었다. CIA는 세인트 조지가 전쟁 뒤 오스트리아에서 소련 정보 당국에 정보를 제공했다고 의심하면서도 정보원으로 활용했다.[20] 세인트 조지는 사건이 벌어지는 곳에 나타나는 재능이 있었다. 반바티스타 반란 기간에는 카스트로와 체 게바라와 인터뷰하기 위해 시에라마에스트라 산맥에 찾아갔지만, 이들과 사이가 틀어져서 이제는 자신을 "명예 회원"으로 뽑은 알파 66과 같은 반카스트로 그룹을 지원했다.[21]

세인트 조지는 훔친 고기잡이배의 젖은 바닥에 엎드려 있는 동안 자신이 하는 일이 그럴만한 가치가 있는지 의문을 가졌다. 평생 신나는 삶을 산 그는 앙드레 말로가 환멸을 느낀 혁명가의 사례를 들면서 쓴 책의 한 문장을 떠올렸다.

"한 번밖에 없는 인생, 세상을 바꾸기 위해 너무 애쓰지는 말라."

절망적인 순간은 오래가지 않았다. 몇 분 뒤, 지친 반란군들은 수면 위로 바위가 나타나는 것을 발견했다. "삐걱삐걱 소리가 나고 물에 젖은 구닥다리 배"가 해안가로 접근하자 하나밖에 없는 건물에서 바람에 펄럭이는 영국 국기가 보였다. 도착한 곳은 플로리다 주와 쿠바 사이에 있는 영국령 케이살 섬이었다. 불행한 원정대의 대장은 지쳤지만 마음이 들떠 있는 세인트 조지에게 말했다.

"당신도 대원 중 한 명이잖소. 새 보트를 구하는 일을 도와주시오. 쿠바로 돌아가야 하니까요."

CIA가 마타암브레 구리 광산을 파괴하기 위해 투입한 쿠바 망명자 두 명은 사흘 밤 동안 산악 지역을 이동했다.[22] 두 공작원은 발각되지 않기 위해서 낮에는 잠을 잤다. 이제는 뗏목 배를 숨겨둔 말라스아구아스의 맹그로브 습지가 보이는 곳에 있었다. 팀장인 미구엘 오로스코는 한 걸음 한걸음이 점점 더 힘들어졌다. 걸을수록 칼로 찌르는 듯이 복통이 심해졌다.

두 사람은 다음 날인 일요일 일찍 쿠바에서 벗어날 수 있을 것으로 예상했다. 숨겨 놓은 뗏목 배를 되찾아 앞바다에서 대기 중인 CIA 배에 무선으로 연락한 다음 거의 소음이 없는 전기 엔진을 이용해서 접선 지점으로 이동하기로 되어 있었다. 어느 한쪽에 문제가 있는 경우 월요일과 화요일에 재접선 시도를 할 계획이었다. 마타암브레는 어떻게 되었는지는 전혀 알지 못했다. 해당 지역에서 폭발음이 들리자 임무가 성공했다고 생각했다.

페드로 베라는 오로스코를 돕기 위해 최선을 다했다. 장비 대부분을 들고 바위나 나무 같은 장애물이 있는 곳에서는 부축을 했다. 베라는 임무 중에 섭취한 물과 음식 때문에 오로스코가 장염이나 장질환이 걸렸을지도 모른다고 생각했다. 하지만 먹는 물의 대부분은 미국에서 갖고 왔고, 이동 중 흐르는 개울에서 구한 물은 약품을 타서 정화시켰다. 오로스코가 무겁게 발걸음을 옮기는 동안 점점 더 큰 통증을 호소하자 베라는 충수염이 걸린 것이라고 의심했다.

이 당시 두 사람 모두 바비 케네디의 지시에 따라 CIA가 쿠바에 대한 침투 및 탈출 작전을 중단한 사실을 모르고 있었다.

1962년 10월 27일 토요일 오전 7:00(런던 11:00, 베를린 정오)

대서양 건너편에 있는 런던은 거의 정오가 다 되었다. 사람들이 대규모 반미 시위를 하기 위해 트래펄가 광장에 몰려들고 있었다. 몇백 미터 떨어진 곳에서 해롤드 맥밀런 총리가 다우닝 10번지가 리모델링 공사를 하는 동안 임시로 머무는 해군장관관저Admiralty House에서 군 수뇌부와 회의를 하고 있었다. 영국 관리들이 동맹국인 미국을 도울 방법에 대해 논의하는 동안 "쿠바에서 손을 떼라"와 "피델은 천국으로, 케네디는 지옥으로"라는 구호가 화이트홀(Whitehall : 런던 중심가에 있는 거리와 그 중심 지구 - 옮긴이)에 퍼져 나왔다.[23]

제9장 그로즈니호 사냥

지난주 벌어진 일들은 맥밀런 총리를 크게 당황하게 했다. 맥밀런은 위기 상황에서도 침착함을 자랑했던 인물이었다. 이튼 칼리지(영국에서 가장 규모가 크고 유명한 사립 중등학교로 20여 명의 총리를 배출했다 - 옮긴이) 출신인 맥밀런은 감정을 절대로 크게 드러내지 않도록 교육받았다. 그는 뻣뻣한 윗입술, 아치 모양의 눈썹, 상류층의 맥없고 느릿느릿한 화법의 대가였다. 1960년 9월 흐루쇼프가 맥밀런의 유엔 총회 연설을 방해했을 때에도 귀족들이 보일 만한 경멸로 대응했다. 이 당시 소련 외교정책에 대한 비난에 분노한 흐루쇼프는 주먹을 책상을 내리치고 허공에 팔을 흔들면서 러시아어로 뭔가를 말하면서 고함치기 시작했다. 이때 맥밀런이 했던 유일한 말은 "괜찮으시다면 통역 부탁드립니다"였다.

쿠바 위기가 진행되면서 맥밀런 총리는 예전 같지 않게 긴장하기 시작했다. 케네디를 지원하고 싶은 마음과, 쿠바가 주는 "위협"에 대해 여러 영국 정치인과 정보 전문가들이 느끼는 회의적인 태도 사이에서 조심스럽게 줄타기를 해야 했다. 유럽인은 자신들의 뒷마당에 소련 핵무기를 두고 살아가는 법을 배웠다. 따라서 미국인들이 그렇게 하지 못할 이유를 이해하기 어려웠다. 영국인의 관점에서 서베를린이 쿠바보다 훨씬 더 중요한 전략적 자산이었다. 몇몇 영국 분석관들은 쿠바에 배치된 소련 미사일의 존재를 "입증"하는 사진 증거에도 의문을 가졌다. 이런 회의주의에 반박하기 위해 런던 주재 미국 대사관은 본국으로부터 전달받은 사진 몇 장을 영국 언론에 먼저 공개했다. 미국 기자들은 특종을 빼앗긴 사실에 분노했다.[24]

맥밀런은 공석에서 자신의 트레이드마크인 냉정함을 계속 유지했지만 막후에서는 속마음을 드러냈다. 데이비드 브루스 영국 주재 미국 대사는 차분하기로 유명한 맥밀런 총리의 "한쪽 날개의 미동"을 감지했다고 워싱턴에 보고했다.[25] 브루스 대사는 케네디에게 미국의 "가장 중요한 국익"이 걸린 시기에 동맹국인 영국의 "떠들썩한 언쟁"을 무시하고 영국이 내비치는 불안감에 너무 신경 쓰지 말라고 건의하면서 이렇게 덧붙였다.

"어리석은 거인만이 난쟁이들에게 속박됩니다."

케네디는 미국이 영국의 의견을 중요하게 여긴다는 것을 보여주려고 애를 썼고, 거의 매일 맥밀런 총리에게 전화를 걸었다. 워싱턴 주재 영국 대사인 데이비드 옴스비고어는 케네디 행정부에서 특별한 자리를 차지했다. 옴스비고어 대사는 케네디 대통령의 아버지인 조셉 케네디가 런던 주재 대사로 일하던 시절부터 케네디와 친분이 있었다. 대통령은 옴스비고어를 비공식적인 고문으로 대우했고 이런 점은 다른 동맹, 특히 프랑스를 난처하게 했다. 워싱턴에서는 프랑스 대사 일행 중에 자주 눈에 띄는 두 명의 젊고 아름다운 여성이 "스파이"고 이들의 진짜 임무는 "잭에게 접근"해서 불신의 알비온(perfide Albion : 유럽 대륙에서 영국을 경멸적으로 지칭할 때 쓰는 표현 - 옮긴이)의 음모를 무력화하는 것이라는 소문이 있었다.[26]

전날 저녁 해군장관관저에 있을 때 케네디와 대화를 나눈 맥밀런은 흐루쇼프와 타협할 것을 촉구했다. 모스크바와의 대타협 가능성을 위한 토대를 마련하기 위해 영국에 배치한 소어Thor 미사일 60기를 "불능화immobilize"시키자고 제안했다. 소어 IRBM은 미국과 영국이 공동으로 통제하고 있었다. 공식적으로는 영국 소유였지만 미국이 1.4메가톤의 핵탄두를 책임졌다. 케네디 대통령은 맥밀런 총리의 생각을 정부 관료들과 상의하기로 약속했다. 나중에 케네디는 맥밀런의 제안이 성급하다는 내용의 메시지를 보냈다. 다른 모든 방법이 실패했을 때를 대비해서 맥밀런의 제안을 보류할 생각이었다.

그사이 맥밀런 총리는 조용히 영국군의 대비태세를 격상시켰다. 군

수뇌부에 소어 미사일 부대와 영국 공군이 자체적으로 보유한 벌컨 핵
폭격기에 15분대기 명령을 내린 것이다.[27]

    니키타 흐루쇼프는 이런 말을 자주 했다.

    "베를린은 서방의 고환이지. 고함치게 하고 싶을 때마다 베를린을
쥐어짜면 돼."

    쥐어짤 적당한 지점을 찾는 것은 그리 어렵지 않았다. 인구 200만
명의 서베를린은 공산주의 동독 내부로 160킬로미터 이상 안에 있는
사실상 무방비 상태의 자본주의 요새였다. 서독과는 13개의 합의된 접
근로로 연결되어 있었고, 압도적으로 우세한 소련군은 이런 접근로를
언제라도 차단할 수 있었다. 접근로에는 아우토반 4개, 철도 노선 4개,
엘베 강, 운하 1개, 그리고 폭 32킬로미터의 공중 회랑 3개가 포함되어
있었다. 이 공중 회랑은 1948년 스탈린이 육로를 차단했을 때 생명선
역할을 했다. 서방 연합군은 462일을 매일 항공기로 물품을 실어 날랐
다. 서베를린 봉쇄가 절정에 달했을 때, 베를린에 있는 템펠호프 공항에
는 연합군 수송기가 매분 착륙하기도 했다.

    케네디와 흐루쇼프 둘 다 베를린을 "세계에서 가장 위험한 지역"으
로 여겼다.[28] 케네디가 대통령에 당선된 이후 두 사람은 베를린을 둘러
싸고 티격태격해왔다. 소련으로서는 현상status quo을 받아들일 수 없었
다. 매일 동독 시민 수백 명이 국경을 넘어갔다. 1961년 6월에 열린 빈
정상회담에서 흐루쇼프는 동독과 평화 조약을 맺고 서베를린에 대한
연합국의 권리를 포기하라고 위협했다. 2개월 뒤에는 다른 방법을 썼
다. 서방에는 베를린 장벽으로 널리 알려진 167킬로미터 길이의 "반파
시스트 방호벽"을 구축한 것이다. 1961년 10월 26일에는 미군과 소련
군 전차가 찰리 검문소에서 이틀간 대치하는 상황이 벌어졌다. 핵시대

에 처음으로 미국과 소련의 "병력과 무기가 서로를 노려보면서" 직접 충돌한 사건이었다.[29]

쿠바에서 소련 미사일이 배치된 사실을 처음 알게 된 순간부터 베를린의 운명은 대통령과 자문위원들의 머릿속에 있었다. 10월 16일에 열린 첫 번째 엑스콤 회의에서 딘 러스크가 말했다.

"저는 흐루쇼프 서기장이 베를린 문제에 대해 전적으로 이성적으로 판단하는지 의문이 들기 시작합니다. 소련은 베를린과 쿠바 중 어느 쪽이든 다른 쪽을 대상으로 협상하는 것이 가능하다고 생각할 수 있습니다. 아니면 베를린에서 벌일 행동의 핑계를 얻기 위해 우리가 쿠바에서 어떤 종류의 행동을 하게 도발하는 것이 가능하다고 여길 수도 있습니다."

소련이 베를린에 보복할지도 모른다는 두려움은 케네디가 애초에 선호했던 미사일 기지 공습보다 해상 봉쇄를 선택한 주요 이유 중 하나였다. 케네디가 군 수뇌부에 설명했듯이, 1956년 흐루쇼프가 영국-프랑스의 이집트 공격에 대응해 헝가리를 침공한 사례처럼, 미국의 미사일 기지 공격은 소련에 "베를린을 장악할" 빌미를 주었다. 유럽인들이 보기에 "베를린을 잃게 한 호전적인 미국인으로 여겨질" 터였다. 소련이 베를린을 공격하는 경우 대통령에게는 "한 가지 대안만 남게 되고, 그것은 핵무기 발사였다." 케네디의 말처럼, 그런 조치는 "지독한 방안"이었다.

쿠바 미사일 위기의 서곡이 된 기간 중, 케네디는 소련의 서베를린 공격을 어떻게 억제할지에 골몰했다. 서방이 베를린에서 재래식 전쟁으로 이길 방법은 없었지만, 적어도 소련이 공격했을 때 큰 희생을 치르게 할 수는 있었다. 케네디는 보좌관들에게 비상 상황에서 대대급 부대를 아우토반을 통해 베를린에 투입하는 데 얼마나 걸리는지 물었다.

　　　　　　　　　　　제9장 그로즈니호 사냥

돌아온 답은 36시간이었다.[30] 대통령 지시에 따라 군은 전력 재배치를 통해 대응 시간을 17시간으로 단축할 방법을 모색했다. 10월 23일 CIA는 서베를린이 6개월간의 봉쇄를 견딜 수 있는 음식과 연료, 약품을 갖고 있다고 보고했다.[31]

미국의 예상과 달리 소련은 미국의 쿠바에 대한 해상 봉쇄에 대응해서 베를린에 대한 압박을 높이지는 않았다. 국경에서 통상적인 사고와 연합국 호송대의 이동에 대한 논쟁이 있기는 했다. 동독에 주둔한 소련군에는 비상대기태세 강화 명령이 떨어졌다. 미국과 소련군 장교들은 상대에 의한 "도발적 행동"에 대해 서로를 비난했다. 하지만 이런 모든 상황은 평소와 크게 다르지 않았다.

숫자가 많이 줄기는 했어도 여전히 서독으로 망명하는 동독인들이 있었다.[32] 10월 27일 토요일 아침 이른 시각, 다섯 명의 남녀가 프랑스 구역으로 가기 위해 겹겹이 쌓인 가시철조망 사이를 기어서 통과했다. 동독 국경을 감시하던 경계병들이 조명탄을 쐈고 자동화기로 사격을 퍼부었다. 탈출을 시도하던 23세 여성의 코트가 가시철조망에 걸렸다. 억수같이 쏟아지는 빗속에서 남자 일행이 여성의 걸린 옷을 풀고 총알을 피하도록 도와주었다.

오후에는 소련군 전투요격기가 중부 공중 회랑을 통해 서베를린에서 빠져나오는 미군 수송기 주변에서 요란한 소리를 냈다.[33] 소련군 전투요격기는 속도가 느린 T-29 프롭 항공기를 세 차례 지나갔지만, 비행을 방해하지는 않았다. 미군 정보 장교들은 이 사건이 공중 회랑을 방해하는 새로운 작전의 초기 신호인지 의심했다.

흐루쇼프는 쿠바에 미사일을 배치한 것과 베를린을 둘러싼 대결의 종반전과의 연관성을 알고 있었을 것이다. 흐루쇼프의 머릿속에서 모든 것이 연결되었다. 쿠바에서의 도박이 성공했다면 흐루쇼프의 전반적인 지정학적 협상력이 훨씬 커졌을 것이다. 흐루쇼프는 11월 6일 미국 총선 뒤 동독과의 평화 협정 서명을 포함해서 서베를린에 관한 크고 새로운 계획에 대해 강력한 암시를 했었다.

"(케네디 대통령에게) 선택권을 줄 겁니다. 전쟁을 하거나 평화 협정에 서명을 하는 겁니다."[34]

9월 스튜어트 우달 미국 내무부 장관을 만난 자리에서는 이런 말을 했다.

"베를린이 필요하시오? 퍽도 그러시겠지."

소련이 쿠바에 미사일을 배치한 최초의 동기가 무엇이든 상관없이, 흐루쇼프는 이제 미국과의 충돌 확대가 내키지 않았다. 그래서 쿠바에서 핵전쟁이 벌어지기 직전까지 간 시점에 서베를린에서 강수를 두고 싶은 유혹을 떨쳐냈다. 실제로 바실리 쿠츠네초프 소련외무부 부장관이 쿠바에 대한 미국의 압박에 대응하는 방법으로 서베를린에 대한 압박을 높이자고 건의했을 때, 니키타 흐루쇼프는 날카롭게 반응했다.

"한 가지 모험에서 방금 벗어나기 시작했는데, 또 다른 모험에 뛰어들라고 제안하시는구려."[35]

흐루쇼프는 거머쥐고 있던 서방의 "고환"을 놓아주기로 마음먹었다.

1962년 10월 27일 토요일 오전 9:09

플로리다 주 올랜도 외곽의 맥코이 공군기지에서 U-2기 조종사 루돌프 앤더슨 소령은 여섯 번째 쿠바 정찰 임무의 최종 준비를 마쳤다. 항법사의 최종 브리핑을 받고 호흡 연습을 한 다음 부분 압력 조종복을 착용했다. 앤더슨 소령은 쿠바 섬의 동쪽 절반에 해당하는 지역을 한 시간 반 동안 정찰할 예정이었다.

체격이 호리호리하고 탄탄하며 검은색 머리칼에 매력적인 짙은 갈색 눈을 가진 35세의 앤더슨 소령은 전형적인 A형 성격이었다. 비행은 앤더슨의 삶이자 열정이었다. 어릴 적에는 모형 비행기를 만들면서 조종사가 되는 것을 꿈꿨다. 앤더슨의 비행 평가 결과는 한결같이 훌륭해서 장래가 촉망되는 군인임을 보여주었다. 평상시 앤더슨은 활기가 넘쳤다. 한번은 새장에서 탈출한 새를 쫓다가 대학 기숙사 2층 창문에서 뛰어내린 적도 있었다. 일할 때는 아주 진지했다. 앤더슨의 친구인 밥 파월은 앤더슨이 "가능한 모든 임무를 도맡아 하는" 조종사로 생각했다.[36] "주 임무가 취소되면 예비 임무를 자청했다. 어떻게든 임무를 하려고 했다. 막을 수가 없었다."

앤더슨 소령은 또 다른 U-2기 조종사인 리처드 하이저와 쿠바에서의 전투 임무 회수를 두고 선의의 경쟁을 했다.[37] 하이저가 앤더슨보다 선배였지만, 앤더슨은 다른 조종사들을 감독하는 직책인 대대 표준화 장교였다. 하이저는 소련 미사일을 최초로 발견한 10월 14일 쿠바 서부 산크리스토발을 정찰했다. 다음 날 임무에 투입된 앤더슨은 쿠바 중부 사과라그란데 인근에서 미사일 기지를 더 많이 발견했다. 10월 27일 토요일 무렵 두 사람은 각각 5회에 걸쳐 쿠바 정찰 임무를 수행한 상태였다.

애초에 앤더슨 소령은 토요일 아침 임무 명단에 포함되지 않았다.[38] 원래 계획은 경험이 더 적은 조종사들이 3회 임무를 수행하기로 되어 있었다. 첫 번째는 쿠바 중부 미사일 기지를 짧게 20분만 정찰하는 임무였다. 두 번째는 미사일 기지 전체에 대한 한 시간 비행 임무였다. 세 번째는 쿠바 영공에 침범하지 않고 섬 주변 공역에서 네 시간 비행하는 임무였다. 금요일 저녁, 전략공군사령부 기획자들은 네 번째 임무를 추가했다. 소련군 방공 시스템을 조사하고 관타나모 해군기지 인근에 있는 소련군 및 쿠바군 전개 상황을 확인하는 임무였다. 앤더슨은 전투 비행시간을 더 많이 확보하고 싶은 마음에 로비를 벌였다.[39]

처음 세 차례 임무는 토요일 아침 일찍 차례차례 취소되었다. 해군에서 미사일 기지에 대한 저공 정찰을 했기 때문에 소련군이 방공 시스템을 가동한 상황에서 동일 지역에 U-2 정찰기를 보내는 것은 큰 의미가 없었다. 비행 취소 명령이 떨어졌을 때, 찰스 컨 대위는 이미 항공기 조종석에 앉아 있었다.[40] 남은 3128 임무는 앤더슨에게 돌아갔다.

비행 계획에 따르면 앤더슨 소령은 7만 2000피트 상공에서 SAM 기지 8개의 사거리 안에서 비행해야 했다.[41] 앤더슨은 소련 V-75 미사일의 위협을 잘 알고 있었다. 그가 탄 U-2기에는 V-75 미사일 시스템과 관련된 레이더를 탐지하는 장치가 장착되어 있었다. 소련군 레이더가 U-2기를 탐지하는 경우 조종석에 있는 노란색 등이 켜지고, 미사일이 항공기를 락온하면 빨간색 등이 켜졌다. 그러면 조종사는 황소를 피하는 투우사처럼 좌우로 움직이며 회피 기동을 시도하면서 미사일이 항공기를 지나치고 아무런 피해 없이 공중에서 폭발하기를 기대했다.

밴 차량 한 대가 앤더슨을 비행 대기선으로 데려갔다. 그곳에는 앤더슨이 쿠바 정찰 임무를 5회 할 때 탔던 항공기가 기다리고 있었다. 56-6676번기는 원래 CIA 소유였지만 이때는 공군 마크가 칠해져 있었다.[42] 케네디 대통령은 CIA 조종사보다 공군 조종사가 쿠바 정찰 비행을 했으면 했다. 정찰기가 격추되는 경우 질문이 덜 나오게 하기 위해서였다. CIA가 보유한 U-2기는 공군이 보유한 기종보다 약간 더 성능이 우수했다. 엔진이 더 강력해서 5000피트 더 높이 비행할 수 있었고, 이 때문에 소련 지대공 미사일이 격추하기가 더 까다로웠다. CIA는 내키지 않았지만 자신들이 사진판독 과정을 계속 통제하는 조건으로 공군에 U-2기 몇 대를 빌려주었다.

CIA는 공군에 밀리는 상황이 달갑지 않았다. CIA 요원들은 맥코이 공군기지에서 U-2기 정비와 수집된 정보를 계속 책임졌다. 공군 조종사들은 CIA 요원을 자신들이 하는 "온갖 잘못을 파헤치는" 침입자로 여겼다.[43] CIA 관리들은 공군이 SAM 기지 위협에 제대로 신경 쓰지 않는다고 불평했다. 소련군 방공 레이더에 대해 재밍 공격을 하거나 U-2기가 쿠바 상공을 비행하는 동안 추적할 시스템이 없었다. 정보 장교들은 U-2기가 쿠바에서 격추될 가능성이 약 6분의 1이라고 평가했다.

앤더슨은 이동통제장교를 따라 U-2기에 올라타서 조종석 좌석 벨트에 몸을 고정했다. 지갑에는 아내와 어린 두 자녀의 모습이 담긴 사진이 들어 있었다.[44] 알래스카에서 임시로 근무하는 동안 얼음에 미끄러져서 다친 오른쪽 어깨에 다소 통증이 있었지만, 그 정도 상처로 비행을 중단할 생각은 없었다.[45] 대대장이 하루 쉬게 하려고 비행 일정에서 뺐을 때 앤더슨은 요란하게 불평을 했다.

"제가 수행하는 임무가 못마땅하십니까?"[46]

이동통제장교인 로저 허먼 대위가 최종 체크리스트를 빠르게 점검했다. 산소 공급 장치가 잘 연결되었는지 사출좌석 측면에 지도와 "일급비밀" 목표 폴더가 전부 잘 정돈되어 있는지 확인했다. 두 조종사는 비상 시스템이 정상적으로 작동하는지 확인하기 위해 테스트를 했다. 산소가 앤더슨의 부분여압복에 달린 캡스턴(조종복 바깥쪽에 달린 고무 튜브 - 옮긴이)을 부풀어 오르게 했다. 모든 준비가 완벽하다고 확신한 허먼은 앤더슨의 어깨를 두드리며 말했다.

"좋아, 루디, 됐으니까 잘 다녀오게. 임무 끝나고 보세."[47]

허먼이 캐노피를 닫는 동안 앤더슨이 엄지손가락을 치켜들었다. 잠시 뒤 U-2기가 쿠바를 향해 이륙했다. 이때가 오전 9시 9분이었다.

앤더슨 소령이 이륙한 시각, 미군 전자정찰기가 이미 네 시간째 비행 중이었다. B-47 폭격기를 개조해 만든 RB-47은 소련군 레이더 신호를 찾아 헤매고 있었다. 이날 새벽 5시에 캔자스 주 포브스 공군기지에서 이륙한 스탠 윌슨 대위는 맥시코 만에서 연료를 보충하고 조심스럽게 국제 공역에서 비행을 유지하는 가운데 쿠바 주변 상공을 돌고 있었다. 모든 레이더 신호가 관심 대상이기는 해도 주목적은 소련군 방공 시스템의 작동 여부를 확인하는 것이었다.

조종사 2명과 항법사 1명 외에도 RB-47 승무원에는 3명의 전자전 장교가 포함되었다. 전자전 요원을 부르는 공식적인 공군 용어는 "레이븐raven"이었다. 하지만 전자전 요원들은 자신들을 좀 더 유머러스하고 자기 비하하는 듯한 용어인 "까마귀crow"를 선호했다. 항공기가 이륙해서 순항 고도에 이르기 전 레이븐들은 폭탄탑재 칸을 개조해서 전자감청장치를 설치한 곳으로 이동했다. 항공기 동체 하부에 마치 임신부의 자궁처럼 돌출된 이 "까마귀 둥지"는 조종사 구획과는 구분되어서 여압도 독립적으로 이루어졌다. 레이븐들은 10시간 동안 전파를 통해 전달되는 연속적인 발신음을 들었다.

대개는 지루한 업무였고 간간이 집중력을 요하는 활동이 있었다. 승무원 다수는 공습에 대비해 방공 시스템의 약점을 파악하기 위해 소련 주변을 비행했던 경험이 있었다. 마치 폭격이라도 하듯 소련 국경 쪽으로 곧장 날아가서 마지막 순간에 항로를 바꿨는데, 이런 기동은 소련군이 레이더를 작동시키도록 도발하는 것이었다. 수집된 데이터는 나중에 소련군 방공 체계에 관한 상황도를 만드는 데 사용할 수 있었다. 이 임무는 실수로 소련 영공을 침범해서 격추될 위험이 늘 있었다. 윌슨 대위가 소속된 제55전략정찰비행단 대원 다수가 결국 소련 감옥에 수감되거나, 자신들이 탐지하려 했던 무기 체계에 의해 격추되었다.

쿠바 주변 상공을 비행하는 임무의 명칭은 "공동의 대의Common Cause"로 알려졌지만, 일부 스릴을 추구하는 레이븐들은 이 임무를 "잃어버린 대의Lost Cause"로 부르기 시작했다.[48] 온종일 아무 일 없이 보낼 수도 있었다. 어떤 RB-47 조종사에게는 쿠바 미사일 위기를 규정하는 소리는 "침묵의 소리"였다.[49] 양측 모두 상대에게 가능하면 정보를 주지 않기 위해서 최대한 오랫동안 무선 침묵을 유지했다. 평상시에는 "많은 말"이 오갔지만 이때는 모두가 "숨죽이고" 있는 듯 보였다.

토요일 아침, 소련군이 방공 추적 체계를 가동하면서 전파가 되살아났다. 레이더 신호를 포착한 레이븐은 곧장 테이프 녹음기와 스캐너를 켰다. 레이더 신호를 분석하는 일은 심전도 그래프를 보면서 새소리를 조사하는 일과 같았다. 경험 많은 조류 전문가가 수백여 종에 달하는 새의 차이를 구분할 수 있듯, 레이븐은 각종 레이더 시스템을 구분하고 심지어 모방할 수도 있었다. 조기경보레이더는 펄스 간 상당한 거리를 유지하면서 저음을 냈다. 화력통제레이더는 날카롭고 새의 지저귐 같은 삑삑거리는 소리를 계속 냈다. 이런 소리가 나면 해당 항공기가 공격 위험에 놓였다는 의미였다. 공격을 받는다고 판단되는 경우 반격이 허락되었다.[50]

윌슨 대위의 RB-47이 쿠바 해안 주변을 비행하는 동안 레이븐들은 각종 소련 미사일과 관련된 레이더 신호를 포착하기 시작했다. 부르르-부르르 들리는 경고음은 목표획득레이더인 스푼레스트의 활동으로 식별했다. 밤사이 플로리다 해협 한가운데에서 정보수집함인 옥스퍼드함도 비슷한 신호를 포착했다. 소련이 마침내 방공 체계를 가동하기 시작했다는 초기 징후였다.

모니터에 얼굴을 갖다 댄 레이븐들은 갑자기 고음의 찍-찍-찍 하는 화력통제레이더 소리를 들었다.[51] 항공기 동체 하부에 회전 안테나로 된 방향탐지 장비를 이용해서 신호가 방출되는 위치를 추적할 수 있었다. 해당 신호는 쿠바 동부에 있는 바네스 마을 외곽에서 몇 킬로미터 떨어진 곳의 이미 식별된 SAM 기지에서 나오는 것이었다. 상황이 심상치 않았다. 소련 방공 부대는 쿠바 영공을 비행하는 미군기를 추적만하는 것이 아니라 겨냥하고 있었다.

레이븐 중 선임자가 조종석과 연결된 인터컴 스위치를 켰다.

"기장님, 빅시가Big Cigar가 잡혔습니다."[52]

"빅시가"는 프룻셋 화력통제레이더에 대한 공식 암호명이었다. 부조종사가 이 정보를 전략공군사령부에 전달했지만 앤더슨 소령에게 위험 상황을 전파하기 위해 직접 연락할 방법은 없었다. U-2기에 탑승한 앤더슨은 무선 침묵을 철저하게 유지하고 있었다.

공군에서 11년 근무한 몰츠비는 뛰어난 조종사라는 명성을 얻었다. 2년간 공군 에어쇼팀인 선더버드에 있으면서 F-100 슈퍼세이버로 루프, 롤, 코르크마개 같은 일련의 멋진 기동을 선보였다. 네 대로 편성된 편대에서 몰츠비는 우측 날개를 맡았다. 그 이전에는 북한 상공에서 격추되어 600일간 중국 전쟁 포로로 생활한 적도 있었다. 잘 다듬은 콧수염, 거무스름하지만 잘생긴 얼굴, 유쾌한 눈매의 소유자인 몰츠비는 영국 배우인 데이비드 니븐에 비해 키만 작을 뿐 똑 닮았었다. 몰츠비는 자신감이 넘쳐 보였다. 대부분의 공군 탑건과 마찬가지로 "공중전에서 누구든 해치울 수" 있다고 확신했다.[53]

하지만 이때는 확신과는 거리가 먼 기분이 들었다. 비행 계획에 따라 알래스카로 되돌아오는 길이어야 했지만, 예상치 못한 곳에서 별이 계속해서 불쑥 나타났다. 몰츠비는 뭔가 "끔찍하게 잘못된" 것이 아닌가 하고 의심했다.[54]

방향을 유지하기 위해 의존한 것은 마젤란과 콜럼버스가 썼고 옛날부터 전해 내려온 천문 항법이었다. 항법사가 항로상 여러 지점에 대한 천문 차트 다수를 준비해 주었다. 몰츠비는 해당 차트를 좌석 옆에 포개두었다. 바터 섬과 북극 중간에 이르렀을 때는 항공기의 예상 위치와 특정 야간 시간의 별자리 위치를 상세하게 보여주는 빳빳한 녹색 카드를 꺼냈다. 만약 정상 항로에 있다면 북반구에서 가장 밝은 별인 아르크투루스Arcturus의 연한 오렌지빛이 항공기 기수 오른쪽에 보여야 했다. 또 다른 밝은 별인 베가Vega는 북서쪽으로 약간 높은 하늘에 위치해야 했다. 항공기가 북극에 가까이 가는 경우 북극성이 거의 직상공에 있고 오리온자리를 항공기 뒤인 남쪽에 두어야 했다.

몰츠비는 육분의로 밝은 별 몇 개를 관측하려고 애를 썼지만, "하늘에서 여러 별빛이 춤을 추는" 바람에 구분하기가 어려웠다. 게다가 북쪽으로 갈수록 빛이 "더 강렬"했다. 북극광 현상과 마주친 것이다.

다른 상황이었다면 평생 본 적이 없는 광경을 즐겼을지도 몰랐다. 조종석 바깥의 껌껌한 밤하늘은 찬란하고 활발하게 움직이는 빛으로 생기가 넘쳤다. 오렌지색, 보라색, 심홍색 빛이 마치 바람에 실려서 빙빙 돌고 휘날리는 리본처럼 하늘을 가로질러 줄무늬를 만들었다. 가끔은 하늘이 반짝이는 검과 투창으로 불타는 듯한 천상의 전쟁터처럼 보였다. 어떤 곳은 껌껌한 하늘을 배경으로 섬세한 패턴으로 춤추는, 빛의 형태를 한 발레 공연 무대였다.

소용돌이치는 불빛에 눈이 부셔 별을 구분하기가 어려웠다. 나침반도 쓸모가 없었다. 북극 근처에서는 나침반 바늘이 지구의 자기장이 있는 아래쪽으로 향했기 때문에 남북 방향을 전혀 알 수 없었다. 별의 정확한 지점을 확인할 수 없어 현재 위치와 진행 방향이 모호하기만 했다. 몰츠비는 자신이 북극이라고 생각한 곳에 도달하기 전 몇몇 지점들

을 "크게 의심"했지만, 제대로 별을 봤을 것이라고 기대하면서 항로를 고집스럽게 유지했다.[55]

U-2기처럼 까다로운 특성을 가진 항공기는 좋은 조건에서도 비행이 쉽지 않았다. 고려하고 계산해야 할 변수가 너무 많았다. 몰츠비는 U-2 조종사들에게 "관 모서리coffin corner"로 알려진 고도에서 비행하고 있었다. 해당 고도는 공기가 매우 옅어서 항공기 무게를 겨우 떠받쳤고, 운항 가능한 최대 속도와 최소 속도의 차이가 6노트도 되지 않았다. 고고도 비행용으로 설계된 U-2기는 개발된 항공기 중 강도가 가장 약한 항공기 중 하나였다. 너무 빨리 비행하면 꼬리 날개를 시작으로 약한 동체가 분해되어 버렸다. 너무 천천히 비행하면 실속에 걸려 급강하했다. 몰츠비는 원형 속도계에서 오랫동안 눈을 뗄 수가 없었다.

몰츠비는 U-2기를 조종하는 일이 초창기 비행으로 돌아가는 것과 같다는 사실을 알았다. 유압 장치가 없어서 날개 플랩을 움직이려면 E 형태의 조종간을 팔심으로 밀거나 당겨야 했다. 조종간 위에는 둥근 뷰파인더가 있어서 아래 방향으로 놓고 지상을 확인하거나 위로 놓고 육분의로 사용할 수 있었다.

북쪽으로 날아가는 동안 몰츠비는 방사능 먼지를 채집하기 위해 거대한 필터 종이 장치를 가동했다. 필터 종이는 평상시 카메라를 장착하는 동체 하부에 있었다. 알래스카로 귀환한 뒤 연구실로 보낼 공기 시료도 병에 채집했다. 미국 과학자들은 공기와 먼지 시료를 정밀 분석해서 약 1600킬로미터 떨어진 노바야젬랴에서 소련이 핵실험을 했는지에 관한 여러 정보를 얻을 수 있었다. 고고도에서 채집한 공기 시료는 특히 중요했다. 대기 중에 섞인 먼지보다 오염이 덜 되었을 가능성이 높았기 때문이었다.

북극에 도달했다고 생각한 몰츠비는 항로 전환을 위한 표준 절차에 따라 90~270도 방향으로 선회를 했다. "90도로 튼 다음 곧바로 왔던 항로를 반대 방향으로 향할 때까지 270도 틀었다." 어둠 속에서 빙하와 눈으로 가득한 바다가 펼쳐져 있었다. 하늘이 춤추는 불빛으로 환하고, 땅은 수평선 끝에서 끝까지 칠흑같이 어두운 곳을 비행하는 일은 이상하고 혼란스럽기만 했다.

1962년 10월 27일 토요일 오전 9:25

대통령은 평소처럼 아침 운동을 마치고 9시 25분에 집무실에 도착했다. 늘 그렇듯 첫 방문객은 대통령 특별보좌관인 케니 오도넬과 국가안보보좌관인 맥조지 번디였다. 대통령은 트리니다드토바고 대사의 신임장을 받는 것을 포함해서 일상적으로 처리해야 할 업무가 있었다. 사립 초등학교 동창생인 렘 빌링스를 비롯한 몇몇 사람에게 전화도 걸었다. 10시가 조금 지난 시각에는 복도를 따라 각료회의실로 걸어갔고, 그곳에는 엑스콤 자문위원 12명이 모여 있었다.

특별히 피곤할 때를 제외하면 정형외과 의사인 한스 크라우스가 처방한 수영과 스트레칭에 적어도 하루 한 시간을 할애했다. 케네디는 월요일 연설 뒤 한스 크라우스가 온 사실을 거의 눈치채지 못했다. 웨스트윙 지하 수영장 옆에는 케네디를 위해 마련한 작은 체육관이 있었다. 상황실이 체육관에서 아주 가까이에 있어서 케네디는 약한 복근을 단련하는 중간에도 소련 잠수함의 이동 현황을 확인할 수 있었다. 크라우스는 "스트레스를 받고 긴장할 때" 자신이 처방한 운동 프로그램을 유지하는 것이 "특히 중요"하다고 주의를 주었다.[56]

케네디는 아주 어릴 적부터 질병에 시달렸다. 유년기 내내 희귀병이 잇달아 발병해서 병원을 들락거렸다. 의사들은 원인을 정확하게 알

수 없었고 처방 방법에 대해 계속 논쟁을 벌였다. 대통령직을 맡을 무렵에는 큰 수술을 여섯 번 했다. 매일 열두 가지 약물을 주입받았다. 약물에는 허리 통증 완화를 위한 프로카인, 체중 증가를 위한 테스토스테론, 대장염을 관리하기 위한 스테로이드, 성병의 갑작스러운 재발을 막기 위한 항생제가 포함되었다.

크라우스는 케네디 대통령의 건강 문제 대부분이 약물 과다 복용이 원인이라고 확신했다. 크라우스와 라이벌 관계에 있는 다른 의사들은 케네디가 하루를 버틸 수 있도록 노보카인을 비롯한 진통제 주사를 놓았다. 지난 몇 개월간 하루에 먹는 약의 양을 줄이는 데 성공했지만, 약을 입에 달고 다니기는 마찬가지였다. 적어도 10종의 약을 먹었고 어떤 약은 하루 두 번 먹기도 했다. 대통령이 백악관을 비우는 경우에 대한 우려가 증가하자, 해군 의사는 대통령이 외부 활동 시 항상 보관해야 하는 약품으로 가득한 가방에 대한 지침서를 마련했다. 갈색 가죽 가방에 "대통령 소지품"이라고 표시해서 "대통령 일행이 항상 휴대할 수" 있게 했다.[57]

케네디의 건강 문제는 철저하게 비밀에 부쳐졌지만, 대통령 자신과 대통령의 생활에 큰 영향을 미쳤다. 허약한 건강 상태는 내성적이고 회의적인 성격을 갖게 했다. 케네디는 어릴 적부터 죽음에 대해 농담을 했다. 동시에 "지구 상에서 마지막 날처럼 하루하루를 사는" 방법을 일찍부터 배웠다.[58] 케네디 전기 작가 중 한 명이 말했듯이 숙적인 피델 카스트로처럼 케네디는 "흥분에 중독"되었다.[59] 케네디의 삶은 "권태와의 싸움"이었다.

케네디가 카스트로나 흐루쇼프와 다른 점은 삶을 초연하고 역설적으로 바라보는 태도였고, 이것은 케네디가 오랫동안 앓은 질병과 관련이 많았다. 케네디는 통념에 항상 의문을 가졌다. 자아도취적인 카스트로에게는 오직 자신의 행동과 의지만 중요했다. 흐루쇼프는 국제적인 사건을 정치적인 힘의 단순한 계산으로 바꿔놓았다. 케네디는 상대방의 눈으로 문제를 바라보는 습관이 있었다. "자신을 다른 사람의 입장에 투영하는 능력"은 저주인 동시에 케네디의 장점이었다.[60]

평생 질병에 시달린 사실은 케네디를 전형적인 특권층이나 부유층 자제와 구분해 주는 성격 형성에 큰 영향을 미친 두 가지 요소 중 하나였다. 또 다른 하나는 제2차 세계대전 경험이었다. 해군 중위로 태평양에서 어뢰정을 지휘했기 때문에 백악관과 펜타곤에서 보는 시각과는 아주 다른, 최전방에서 현대전을 바라보는 관점을 갖고 있었다.

케네디는 1943년 덴마크 여자 친구인 잉가에게 편지를 썼다.

"여기서 벌어지는 전쟁은 더러운 일이야."[61] "비누를 만드는 영국 회사인 레버 컴퍼니 소유의 몇몇 섬"이자, "우리가 이 회사의 주주라면 더 잘 싸울 수도 있을 만한 곳"을 두고 대의를 위해 싸운 부하들을 설득하기가 어려웠다. 일본 제국을 위해 기꺼이 희생하려 했던 일본군과 달리, 평범한 미군 병사들은 양면적인 충성심을 느꼈다. "목숨 걸고 싸우려고 하면서도, 한편으로는 살아남으려고 기를 썼어." 잭이 얻은 교훈은 젊은이들을 전쟁터에 내보내기 전에 정치인들이 아주 신중하게 생각하는 것이 좋다는 사실이었다. 그는 "세계대전"과 "총력" 같은 추상적인 표현을 경멸했다.

전쟁에 대해 지껄이고, 몇 년에 걸쳐 백만 명의 사람들이 희생되더라도 일본놈들을 때려눕혀야 한다고 떠벌리기는 매우 쉽지. 하지만 그런 말은 신중하게 해야 해. 수십억 달러나 병력 수백만 명이란 말에 너무 익숙해져서 수천 명의 사상자를 쉽게 생각하니까. 하지만 이런 수천 명이 내가 본 열 명처럼 살기를 원했다면, 결정권을 쥔 사람은 우리가 하는 모든 활동에 어떤 분명한 목표가 있다고 확실히 밝히는 것이 좋고, 또 목표를 이뤘을 때 그 일이 가치 있다고 말할 수 있어야 해. 안 그러면 모든 일이 잿더미가 되고, 전쟁 뒤에 아주 난처한 상황에 처하고 말 거야.

군 최고통수권자가 된 뒤에는 의도하지 않은 전쟁의 결과를 훨씬 더 크게 걱정했다. 1962년 초, 역사가 바바라 터크먼은 『8월의 포성』이라는 제목의 제1차 세계대전의 발발에 관한 책을 펴냈다. 〈뉴욕타임스〉 베스트셀러 목록에 42주간 오른 이 책의 요지는 실수와 오해, 잘못된 소통으로 인해 예상치 못한 일련의 사건이 벌어지고 각국이 결과를 제대로 내다보지 못한 채 전쟁에 뛰어든다는 것이었다. 『8월의 포성』을 아주 인상 깊게 읽은 케네디 대통령은 책 내용을 자주 인용하고 보좌관들에게 읽으라고 권했다. 또한 "모든 군 장교들"도 읽기를 원했다. 육군 장관은 전 세계 모든 미군 기지에 책을 보냈다.[62]

케네디가 이 책에서 가장 좋아하는 문장 중 하나는 독일의 전임 및 후임 총리가 그때껏 가장 파괴적인 군사적 충돌의 이유를 따지는 부분이었다. 전 총리가 "어떻게 이런 일이 벌어졌소?"라고 묻자 이런 답이 돌아왔다.

"아, 이럴 줄 알았더라면."[63]

쿠바에 있는 미사일을 둘러싼 소련과의 전쟁을 생각하는 동안 한 가지 생각이 계속 케네디를 괴롭혔다. "화재, 독극물, 혼돈, 그리고 재앙"으로 파괴된 지구를 떠올린 것이다. 미국 대통령으로서 다른 무슨 일을 하든, 그는 핵전쟁의 생존자 중 한 명이 다른 한 명에게 "어떻게 이 모든 일이 벌어졌소?"라고 묻고는 "아, 이럴 줄 알았더라면"이라는 놀라운 답변을 듣는 일은 피하기로 마음먹었다.

핵공격 암호는 "풋볼the Football"이라고 알려진 검은색 비닐 서류 가

방에 보관했다. 대통령은 풋볼로 소련, 중국, 동유럽에 있는 수천 개의 목표를 제거하라는 명령을 내릴 수 있었다. 대통령 승인이 떨어지고 수초 내로 몬태나와 다코타 북부의 평원에 있는 사일로에서 미사일이 발사되고, 소련으로 향하는 B-52 폭격기는 안전 지점을 지나 목표로 향하게 되며, 북극해에 있는 폴라리스 잠수함도 핵미사일을 쏘게 되었다.

처음에 케네디는 풋볼을 대통령의 여러 비품 중 하나일 뿐이라고 생각했다. 하지만 백악관에 들어오고 1년 뒤에는 풋볼 사용에 대해 좀 더 날카로운 질문을 하기 시작했다. 질문 중 일부는 그 무렵 플레처 네벌과 찰스 베일리가 펴낸 소설인 『5월의 7일간*Seven Days in May*』을 읽고 떠올린 것이었다. 『5월의 7일간』은 가상의 미국 대통령을 상대로 벌이는 군사 쿠데타에 관한 내용을 담고 있었다. 케네디는 군사 보좌관인 체스터 클리프턴 장군에게 세부 내용에 관해 물었다. 케네디는 특히 암호를 관리하는 장교에 관심을 가졌다.

"책에서 내 침실 문 밖에서 밤새 근무서는 사람에 관한 이야기가 나옵니다. 그죠?"[64]

또 다른 때에는 필요한 경우 "공산주의 진영에 대한 즉각적인 핵공격" 명령을 정확하게 어떻게 내리는지 알고 싶어 했다. 케네디는 합참에 물을 질문 목록을 작성했다. 펜타곤에 있는 합동전쟁상황실을 연결하기 위해 "집무실 책상 전화기에 있는 적색 버튼"을 누르면 어떻게 되는지에 관한 질문이었다.[65]

· 예고 없이 합동전쟁상황실에 연락하는 경우 누구와 통화하게 되나?
· 즉각 핵공격을 하려면 합동전쟁상황실에 어떤 명령을 내려야 하나?
· 대통령 지시를 받는 사람은 지시가 정확하다는 사실을 어떻게 확인하나?

질문은 아주 구체적이었다.[66] 대통령과 백악관 보좌관들은 흔히 소련의 베를린 공격이라는 맥락에서 소련을 상대로 한 선제 핵공격의 장단점을 검토했다. 르메이와 파워 같은 일부 군 지휘관들은 선제공격 방안을 적극 지지했다. 케네디는 그런 생각에 혐오감과 오싹함을 느꼈다. 케네디는 소련 핵무기를 100퍼센트 파괴한다고 장담할 수 없다는 점에서 맥나마라와 생각이 같았다. 그런데도 선제공격 계획이 수립되었다. 핵전쟁에 관한 논쟁은 "상호확증파괴"를 통한 억제에 대한 추상적인 믿음에서부터 제한적 핵전쟁에서 어떻게 싸워서 이길 것인가에 관한 실질적인 검토로 옮겨졌다.

미국의 핵전쟁 계획은 단일통합작전계획Single Integrated Operational Plan, 줄여서 SIOP으로 알려졌다. 케네디는 첫 번째 핵전쟁 계획인 SIOP-62에서 "소련-중국 진영" 전역에 걸쳐 "군사 및 도시 산업 목표" 1077개를 대상으로 핵무기 3423기가 탑재된 미사일 및 폭격기 2258대를 동원한다는 사실을 끔찍하게 여겼다. 한 보좌관은 이 계획을 "흥청망청하는, 지나치게 과도한"이란 표현을 써서 특성을 설명했다.[67] 또 다른 사람은 "빨갱이라면 뭐든 … 대규모의 완전하고 포괄적이며 흔적을 지워버리는 전략 공격"이라고 묘사했다. SIOP에는 발칸의 작은 국가인 알바니아를 사실상 초토화하는 계획이 포함되어 있었다. 중국(그리고 알바니아)은 소련의 후원을 거부한 상태였지만, 공산주의 국가들을 구분하지 않았다. 전부 공격 목표였다. 이 계획에 대한 브리핑을 받았을 때 케네디는 냉소적인 반응을 보였다.

"그러고도 우리 자신을 인간이라고 부르는군요."

SIOP-62 계획의 모 아니면 도식의 선택에 오싹함을 느낀 케네디 정부는 SIOP-63으로 알려진 새로운 계획을 마련했다. 63이라는 이름이 붙었지만 시행 시기는 1962년 여름이었다. 이 계획은 대통령이 중국과 동유럽을 포함한 여러 "보류" 선택지를 택할 수 있게 했고 도시와 군사 목표를 구별하기 위한 일부 시도를 했다. 그런데도 SIOP-63은 소련의 전쟁 능력을 완전히 제거할 한 차례 파괴적인 공격이라는 개념을 중심으로 작성되었다.

케네디는 이런 선택지 어느 것도, 실제로 결정해야 하는 순간에는 마음에 들지 않았다. 케네디는 소련 미사일 1기가 미국 도시 인근에 도달하는 경우 얼마나 많은 사람이 죽는지 펜타곤에 물었다. 펜타곤의 답은 60만 명이었다. 케네디는 폭발했다.

"그 정도면 남북전쟁 때 죽은 전체 사상자수와 맞먹는군. 100년이 지났는데도 우린 아직도 그 피해에서 회복되지 않았군."

나중에 그는 쿠바에 배치된 24기의 소련 MRBM이 "상당한 억지력"이 되었다는 사실을 인정했다.[68] 케네디는 개인적으로 핵무기가 "억지력으로만 유용"하다고 결론 내렸다. "반대편 세계에 앉은 두 사람이 인류 문명을 종식시킬 결정을 내릴 수 있다는 사실은 정상이 아니"라고 생각했다.[69]

제10장

격추

___

Shootdown

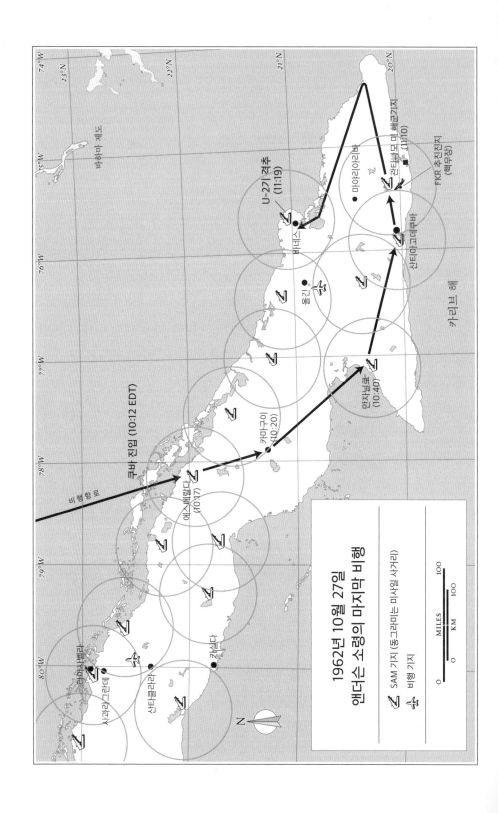

1962년 10월 27일
앤더슨 소령의 마지막 비행

비행항로

쿠바 진입 (10:12 EDT)

에스페란사 (10:17)

카마구이 (10:20)

만자닐로 (10:40)

올긴

마야리아리바

산티아고데쿠바

관타나모 만 해군기지 (11:10)

U-2기 격추 (11:19)

베이슨

FKR 추진진지 (해무장)

산타클라라

캄실다

산타마그란데

카마라그란데

라마사넬라

카리브 해

바하마 제도

바차마 제도

SAM 기지 (동그라미는 미사일 사거리)

비행 기지

N

MILES

KM

맥코이 공군기지에서 이륙한 루돌프 앤더슨은 플로리다 동부 해안가를 따라 비행했다. 민항기 고도보다 두 배 높은 순항 고도 7만 2000피트에 도달하자 발아래 곡선을 이룬 지구가 보였다. 아직 아침나절인데도 성층권 상층부에 진입하자 하늘이 컴컴해지기 시작했다. 미군 방공부대들은 U-2기 비행에 대해 사전 통보를 받았지만, 항공기에 연락하는 것은 허락되지 않다. 앤더슨은 이륙 후 47분이 지나 미국 영공에서 빠져나가면서 암호 신호를 보냈다. 정오가 조금 지난 시각에 미국 영공으로 진입할 때까지는 무선 침묵을 유지하라는 지침을 받은 상태였다.

조종석에 앉은 앤더슨은 헤밍웨이가 낚시를 즐겼던 카요코코와 카요길레르모 해변의 백사장을 볼 수 있었다. 항로는 쿠바 섬을 사선으로 가로질러 카마구이 상공으로 이어졌다. 쿠바 남부 해안의 만자닐로에 있는 SAM 기지 상공에서 좌선회하고, 시에라마에스트라 산맥을 따라서 섬 동쪽 끝단에 있는 관타나모를 지난 다음, 좌측으로 또다시 급선회해서 플로리다 방향으로 돌아올 예정이었다.

앤더슨 소령이 쿠바 영공인 카요코코 상공에 진입하자 소련 방공부대가 U-2기를 포착해서 추적했다.[1] 소련군 장교는 U-2기가 현지 시각으로 9시 12분에 진입했다고 기록한 뒤 다른 방공 부대에 전파했다.

앤더슨 소령은 에스메랄다라는 작은 도시의 외곽에 있는 첫 번째 SAM 기지로 향하면서 카메라 스위치를 켰다. 발아래 카메라칸에서 카메라가 빠르게 찰칵 소리를 내며 지평선 끝에서 끝까지 앞뒤로 움직이는 동안 익숙한 진동음이 연이어 느껴졌다. 폭격 항정(폭격 개시부터 마지막으로 폭탄을 투하할 때까지의 비행 - 옮긴이)은 사진 항정과 비슷했다. 목표 상공을 비행하는 동안 가능하면 "플랫폼"을 안정되게 유지하는 것이 관건이었다. U-2기에 장착된 카메라는 초점거리가 36인치에 달하는 엄청난 장비였다. 최대로 장착하는 경우 약 1.6킬로미터 필름을 실을 수 있었다. 항공기의 균형을 유지하기 위해, 필름은 반대 방향으로 감아 나중에 합쳐지는 폭 23센티미터짜리 2개로 나뉘어 있었다.

쿠바 시각으로 9시 17분에 에스메랄다 상공을 지나던 U-2기는 카메라 작동음을 내면서 촬영을 했다. 워싱턴 시각 10시 17분이었다.

1962년 10월 27일 토요일 오전 10:18

루돌프 앤더슨이 쿠바 영공에 진입했을 때 백악관 각료회의실에서 엑스콤 아침 회의가 시작된 지 7분밖에 지나지 않았다. 평상시처럼 회의는 매콘 CIA 국장의 정보 브리핑으로 시작했다. 잠시 그로즈니호 단속에 관한 토론이 진행된 뒤, 맥나마라가 소련 미사일 기지를 24시간 감시하는 문제에 대해 대략적으로 설명했다. 곧 키웨스트에서 해군 RF-8 8대가 이륙하고, 오후에 추가로 8대가 투입될 예정이었다. 주간 정찰에 이어서 야간에는 공군 정찰기가 미사일 기지를 예광탄으로 환하게 비추면서 임무를 할 예정이었다.

보좌관 한 명이 AP 통신에서 입수한 속보를 대통령에게 보고했다. 보고 내용을 빨리 훑어본 대통령은 내용을 큰소리로 읽었다.

속보

10월 27일 모스크바(AP). 금일 흐루쇼프 서기장은 케네디 대통령에게 보내는 메시지를 통해 미국이 터키에 있는 미사일을 철수하면 쿠바에서 공격용 무기를 철수하겠다고 밝혔다. 10월27일 오전 10시 18분.

"음, 흐루쇼프가 그렇게 말하지는 않았습니다."

놀란 번디 국가안보보좌관이 속보가 잘못되었다고 주장했다.

"통신사 두 곳에서 지금 보도한 내용입니다."

소렌슨이 말했다. AP 통신보다 3분 빠른 10시 15분에 로이터 통신도 속보를 전했다. 내용이 거의 같았다.

"그렇게 말하지 않 ….'"

"진짜 그렇게 말하지 않았습니다, 그렇지 않나요?"

"네, 맞습니다."

흔히 그렇듯, 케네디는 보좌관들보다 한발 앞서갔다. 흐루쇼프는 전날 모스크바 주재 미국 대사관을 통해 전달한 친서에서 쿠바-터키 미사일 교환을 언급하지 않았다. 하지만 완전히 새로운 제안을 했을 가능성이 컸다. 요구 사항을 추가했을 가능성이 있었다. 이 경우 상황이 완전히 바뀌게 되었다.

"또 다른 친서를 보낼지도 모릅니다."

케네디는 이렇게 예측하고는 언론 보좌관을 불렀다.

"피어? 피어?"

피어 샐린저가 회의실 문에 머리를 쑥 내밀었다.

"어제 받은 친서에 그런 내용은 없었지. 그렇지 않나?"

"네. 꼼꼼하게 읽었습니다만 그런 내용은 없어 보였습니다."

"음, 일단 그냥 기다려 봅시다."

통신사의 추가 소식을 기다리는 동안 케네디는 정찰 비행 문제로 화제를 돌렸다. 케네디는 쿠바를 상대로 처음 시행하는 야간 정찰 임무에 약간 의구심을 품고 있었다. 공군의 예광탄 사용에 소련군과 쿠바군이 어떻게 나올지 예측하기가 어려웠다. 번디와 맥나마라는 "압박을 유지"하는 것이 중요하다고 생각했다. 미사일 기지에서 작업이 밤낮으로 계속되는 상황이었다. 자문위원들의 주장에 마음이 흔들린 케네디는 야간 임무를 잠정적으로 승인했다.

"그렇게 합시다." 케네디가 마침내 말했다.

하지만 곧바로 조건을 달았다.

"이 문제에 대해 한 번 더 이야기했으면 합니다. 오늘 중에 어떤 중요한 정보를 입수할 경우를 대비해서 말입니다."

"그렇게 하시죠, 각하."

맥나마라가 동의했다.

1962년 10월 27일 토요일 오전 10:22(아바나 오전 9:22)

쿠바 동부를 책임진 소련군 방공 부대의 사단본부는 카마구이에 있었다. 카마구이는 복잡한 도로 형태 때문에 "미로"로 알려진 과거 식민 도시였다. 사단 참모들은 도심의 강제 수용된 교회 건물에 자리 잡았다. 전투 지휘소는 약 1.6킬로미터 떨어진 교외 2층 저택에 있었다. 이곳은 혁명 전 지역에서 잘 나가던 사업가들이 스포츠와 사냥을 즐기기 위해 만든 장소였다.

지휘소 1층에는 폭 9미터, 높이 4.6미터의 거대한 스크린이 있었다.[2] 몇 주 동안 이 스크린에는 아무것도 표시되지 않았다. 소련군 방공 부대는 부대 위치와 전력이 노출되는 것을 피하기 위해 레이더를 꺼두라는 지시를 받았다. 금요일 밤늦게 마침내 레이더를 켰을 때 지휘소에 있는 스크린에 잠재적인 목표물이 표시되었다. 방공 부대 장교들은 관타나모 만에서 미 해군기가 이착륙하고 미 공군기가 섬 주변에서 초계 비행하는 상황을 볼 수 있었다.

밤이 깊어지면서 차츰 긴장감이 고조되었다. 미군이 밤사이, 아마 새벽이 오기 전 공격할 가능성이 크다는 말이 엘치코에 있는 소련군 사

　　　　　　　　　　　　　제10장 격추

령부에서 들려왔다. 모든 SAM 기지는 6분대기 상태여서, 명령이 떨어지고 6분 내로 미사일을 발사할 수 있었다. 근무 장교들에게는 개인 화기, 철모, 탄약, 수류탄, 전투식량이 지급되었다. 사단 고위급 장교들은 즉각 조치를 할 수 있도록 지휘소에서 밤을 보냈다. 전원 사복 차림이었다. 장교들 대부분은 흰 티셔츠와 검정 바지에 군화를 신고 있었고, 사병들은 체크무늬 셔츠를 입고 있었다.

사단장인 게오르기 보론코프 대령은 아침 8시경 지휘소에서 나와 사단본부로 갔다. 아직 미군의 공격 징후가 없었고 아침을 먹고 잠깐 휴식을 취할 필요가 있었다. 보론코프는 무전기와 비화 전화기로 부하들과 통신축선을 유지했다.

현지 시각으로 9시가 막 지났을 때, 방공 레이더가 쿠바 카요코코 영공에 침범한 U-2기를 포착했다. U-2기는 남동쪽으로 비행하고 있었다. 오전 9시 22분에 카마구이 상공을 지나갔지만 고도가 너무 높아 지상에서 관측하기 어려웠다.

커다란 스크린에 U-2기가 흔들리는 점으로 표시되었다. 항공기는 피아식별장치에 아무런 반응이 없었다. 방공관제사는 해당 해공기를 "33번 목표물"로 표시했다.[3]

1962년 10월 27일 토요일 오전 10:30

케네디의 예상이 옳았다. 흐루쇼프 서기장은 미사일 철수에 필요한 새로운 조건을 담은 두 번째 편지를 보내왔다. 첫 번째 편지와 달리 이번에는 〈라디오 모스크바〉를 통해 전 세계에 방송했다.

터키에 있는 주피터 미사일을 언급하는 것만으로도 케네디는 속이 탔다. 두 초강대국이 위기의 해결책을 모색하려는 시점에, 비웃기라도 하듯 요구 조건을 추가한 사실에 화가 났다. 주피터 미사일을 철수할 수 있도록 터키와 사전에 조율해 놓지도 않고, 나토의 연대에 관해 케케묵은 생각을 내놓는 보좌관과 장관들에게도 화가 났다. 애초에 이미 노후화된 무기의 배치를 승인한 자신에게도 화가 났다.

다들 주피터 미사일이 "폐물 더미"라는 맥나마라의 표현에 동의했다.[4] 주피터 미사일의 동체는 땅딸막했다. 터키 서해안의 시글리 공군 기지에 배치된 이 미사일은 히로시마에 투하된 원자폭탄의 100배 위력인 1.44 메가톤 핵탄두를 7분 이내로 모스크바에 투하할 수 있었다. 주피터 미사일의 문제는 지상에, 그것도 보호되지도 않은 시설에 배치되었다는 점이었다. 발사 전에 액체 산소를 주입해야 했는데, 최소 15분이 걸렸다. 쿠바에 있는 소련 미사일과 달리 옮기기도 쉽지 않았다. 이 때문에 미국이 전쟁에 나설 것으로 크렘린 측이 의심하는 경우 손쉬운 선제공격 목표가 되었다.

주피터 미사일의 배치 장소를 구하는 데에는 4년이라는 시간과 다양한 외교적 압박이 필요했다. 최대 사거리가 약 2700킬로미터였기 때문에 미국에 배치할 이유가 없었다. 아이젠하워 대통령은 "동맹국에 떠넘기기보다 바다에 버리는 게 더 나았을 것"이라고 회고하기도 했다. 결국 터키와 이탈리아가 미사일 배치에 합의했고 1962년 3월에 작전 준비를 완전히 마쳤다.

미국에 대한 호의로 미사일을 받아들인 이탈리아와 달리, 터키는 구형 주피터 미사일을 국가적 위상의 상징으로 여겼다. 탄두에 대한 통제는 미 공군이 유지했지만, 미사일 자체의 관할권은 케네디 대통령이 텔레비전에 나와 쿠바에 대한 해상 봉쇄를 선언한 10월 22일에 터키로 넘어갔다. 터키군은 미사일 발사 훈련을 받았다. 주피터 미사일의 하얗게 반짝거리는 동체 표면에는 터키 국기와 버섯구름에 화살 하나가 관통하는, 그다지 정교하지 않은 그림이 그려져 있었다. 커다란 금속 덮개로 덮어둔 미사일은 거대한 첨탑처럼 보였다.

케네디는 주피터 미사일이 너무 걱정된 나머지 자신의 허락 없이 사용되는 위험을 감수하느니, 차라리 미사일을 파괴하거나 물리적으로 무력화시키라는 비밀 명령을 내렸다.[5] 주피터 미사일은 미국의 안보를 터키를 비롯한 나토 동맹국의 안보와 분리할 수 없도록 연결하는 핵 인계철선 역할을 했다. 케네디는 소련군이 주피터 미사일을 공격하는 경우 자신의 명령 없이도 자동적으로 핵전쟁이 촉발될 수 있다는 점을 우려했다. 펜타곤의 고위 관리인 폴 니체는 그렇지 않다고 장담했지만, 니체의 말에 회의적이었던 케네디는 이렇게 말했다. "이 문제에 대한 합참 수뇌부의 의견은 무시하는 것이 좋겠습니다. 폴."

엑스콤은 처음부터 터키-쿠바 미사일의 교환 가능성을 고려했다. 케네디는 쿠바에서 소련 미사일을 철수하는 "대가"로 흐루쇼프가 터키와 이탈리아에 배치한 미국 무기의 철수를 요구할 가능성이 크다는 맥나마라의 의견에 동의했다. 케네디는 심지어 소렌슨에게 그런 제안이 담긴 편지의 초안을 마련하도록 지시했지만 보내지는 않았다. 상대의 협박에 따른 거래로 보이는 것을 원하지 않았고, 자문위원들도 정치적인 반대 의견을 제기하기 시작했다. 존 스칼리를 통한 비공식적인 타진과 함께 전달된 흐루쇼프의 금요일 편지는 여러 사람에게 미사일 교환이 불필요할 것이라는 희망을 품게 했다.

예리한 정치적 직관을 가진 케네디는 유럽 여론이 흐루쇼프의 공개적인 터키-쿠바 미사일 교환 제안을 긍정적으로 받아들일 것이란 사실을 금방 감지했다. 자문위원들은 그런 거래가 터키를 내팽개치는 정치적 재앙이 된다고 판단했다. 케네디는 동생 바비의 미온적인 지지 외에는 엑스콤 내에서 자신이 소수 입장에 있다는 사실을 알게 되었다. 케네디가 말했다.

"만약 그게 흐루쇼프의 제안이 되면, 이 문제 대해 우리가 지지를 받기 어려운 상황이 될 겁니다. 상대가 우리를 아주 불리한 입장에 몰아넣었습니다. 대부분의 사람이 흐루쇼프의 제안이 타당하다고 여길 것이기 때문입니다."

번디가 물었다.

"하지만 어떤 '대부분의 사람'을 말씀하시는 겁니까, 각하? 우리가 쿠바에서 왜 적대적인 군사적 행동을 하려는지 설명하기가 매우 어렵게 됩니다. … 상대가 '귀측의 터키 미사일을 철수하면 우리도 쿠바 미사일을 철수하겠소'라고 말하는 경우에 말입니다. 대응하기가 아주 난처한 상황입니다."

케네디가 짜증스럽다는 듯 번디의 말에 끼어들었다.

"왜 그런 시나리오를 상정해야 하는지 모르겠습니다. 흐루쇼프가 하루가 지나기도 전에 다른 방안을 제시한 상황에서 말입니다. 흐루쇼프가 지금 새로운 제안을 했단 말입니다!"

테일러 합참의장이 번디를 거들었다.

"비공개 편지가 온 상황에서 공개 편지가 중요하다는 말씀입니까?"

"네! 이 편지를 가장 최근의 새롭고, 그리고 공식적인 입장으로 받아들여야 합니다."

니체는 흐루쇼프가 한꺼번에 공식 비공식 채널을 모두 이용하는 것일 수 있다고 추정했다. 비공식 채널은 "쿠바만 관련된" 것이고, 공식 채널은 여론에 혼란을 가져오고 "추가적인 압박으로 우리를 분열"시키기 위한 것일 수 있었다.

케네디는 "가능한 시나리오"라고 인정했다.

매파의 대변인으로 떠오른 번디는 "지금 단계에서 미사일 거래 개념을 받아들이면" 미국의 입장이 "아주 빨리 와해"될 것이라고 경고했다. 미사일 철수 문제를 두고 터키와 대화하는 것은 "우리 이익을 위해 동맹을 파는 것"과 같다는 주장이었다. 번디가 설교를 이어갔다.

"나토 동맹국 전체가 그렇게 생각할 겁니다. 불합리하고 비정상적이지만 끔찍할 정도로 명백한 사실입니다. 문제는 쿠바입니다. 터키는 평화를 위협하지 않습니다."

케네디가 갑자기 회의를 중단시켰다. 백악관은 흐루쇼프에게 어떻게 답할지 결정하기 전에 소련의 모순된 입장에 주목하게 하는 성명을 발표해야 했다. 케네디는 여전히 "많은 사람이 새로운 제안을 다소 합리적인 입장으로 여길 것이란 점을 알게 될 겁니다"라고 말하며 우려를 표했다. 번디도 인정했다.

"맞습니다."

"착각에 빠지지 맙시다."

모스크바에서는 관영 신문 〈이즈베스티야Izvestia〉가 인쇄되고 있었다. 신문사 편집자들은 쿠바에 배치한 소련 미사일의 존재를 인정하고 터키 미사일이 철수되는 경우 쿠바 미사일도 철수한다는 흐루쇼프의 최근 메시지를 포함시키기 위해 마지막 순간에 1면을 다시 작성했다. "평화를 지키는 것이 소련 정부의 주된 목표다"라고 신문은 공언했다.

〈이즈베스티야〉에는 불행하게도, 몇 시간 전에 작성된 2면의 논평은 손댈 수가 없었다. 기사 작성자는 미국이 쿠바에 있는 소련 미사일 기지에 대해 거짓말을 했다고 비난했다. 게다가 터키-쿠바 미사일 교환을 "펜타곤의 심리전 조직"이 만든 여론 호도용 조치라고 비난했다.

1962년 10월 27일 토요일 오전 11:16(아바나 오전 10:16)

엘치코 지하 지휘소에 근무 중이던 소련군 장군들은 "33번 목표물"에 대한 항적 보고를 초조하게 확인했다. 카마구이 상공을 지나간 U-2기는 쿠바 남동쪽 만자닐로 상공에서 130도 좌선회했다. 거기서부터 시에라마에스트라 산맥의 북쪽 산등성이를 따라 관타나모 만 쪽으로 비행했다. 쿠바에서 가장 큰 산맥인 시에라마에스트라는 카스트로가 바티스타를 상대로 전쟁을 벌일 때 혁명 세력의 도피처였고 그때까지도 비밀 요새, 포병 진지, 군 병영이 가득 들어서 있었다.

앤더슨 소령이 탄 U-2기는 관타나모 인근에서 전술핵탄두를 장착한 채 해군기지를 겨냥하고 있는 크루즈 미사일 진지를 촬영한 것이 거의 확실했다. 마지막 항적 자료에 따르면 U-2기는 섬 동쪽 끝에서 좌측으로 급선회해서 쿠바 북쪽 해안을 따라 플로리다로 돌아오고 있었다. 앤더슨 소령이 쿠바 영공에서 벗어나 안전하게 귀환하는 경우, 미군은 곧 소련군의 관타나모 공격 계획을 포함해서 쿠바 동부에 주둔했던 소련군에 대한 최신 정보를 확보할 수 있었다.

플리예프 장군은 휴식을 취하기 위해 지휘소를 비운 상태였다. 사령관 부재 시에는 차선임자 두 명이 결정을 내렸다. 스테판 그레치코 중장이 소련 방공 체계 전반을 책임졌다. 레오니트 가르부스는 작전 부사령관이었다. 두 사람 모두 플리예프 사령관이 공격이 임박하다고 판단되는 경우 미군기를 격추시킨다는 보고를 상부에 한 사실을 알고 있었다. 또한 카스트로가 쿠바 방공 부대에 저공 정찰기에 대해 사격을 지시한 사실도 알고 있었다. 정찰 비행과 공습 개시에 따른 비행을 구분하기가 점점 더 어려워졌다. 당장에라도 미국이 맹공을 퍼부을 것으로 예상되었다. 잠정적인 교전규칙에 따르면, 쿠바 주둔 소련군을 방어하기 위해 핵미사일을 제외하면 모든 무기를 사용할 수 있는 것처럼 보

제10장 격추

였다. 그레치코 장군이 불평했다.

"손님이 머리 위에서 한 시간 동안 돌아다니는군요. 우리 위치를 샅샅이 들여다보고 있으니 격추 명령을 내려야겠습니다."[6]

가르부스 장군도 동의했다.

"펜타곤이 아군 비밀을 손에 넣도록 두고 볼 수 없습니다."

사령관에게 전화를 걸었지만 연락이 닿지 않았다. 그사이 항적 정보에 따르면 U-2기가 북쪽으로 향했고, 얼마 안 가 쿠바 영공에서 빠져나갈 것으로 보였다. 지체할 시간이 없었다. 그레치코가 말했다.

"좋습니다. 우리가 책임집시다."

두 사람은 동쪽으로 약 500킬로미터 떨어진 카마구이에 배치된 방공사단에 암호화된 명령을 하달했다. 아바나 시각 오전 10시 16분, 워싱턴 시각 11시 16분이었다.

"33번 목표물을 격추하라."

케네디 대통령은 전화를 걸기 위해 각료회의실에서 나왔다. 대통령이 자리를 비운 사이 엑스콤 자문위원들은 모스크바가 갑작스럽게 태도를 바꾼 이유를 따져보고 있었다. 흐루쇼프가 금요일에 "전쟁의 매듭"에 대해 조바심을 낸 감정적인 친서를 보낸 뒤 이제 와서 왜 주피터 미사일 철수를 요구하는지 설명하기 어려웠다. 맥나마라가 불평했다.

"한 가지 제안을 이미 받은 상태에서 또 다른 제안을 받았습니다. 답변하기도 전에 협상 내용을 바꾸는 사람과 어떻게 협상할 수 있습니까?"

번디는 이렇게 추측했다.

"모스크바에서 의견이 뒤집힌 것이 틀림없습니다."

다른 참석자들은 충동적인 흐루쇼프가 소련 지도부의 "승인 없이" 첫 번째 친서를 직접 써서 보냈을 것이라고 추정했다. 크렘린에서 쿠데타가 벌어져서 상대적으로 온건한 흐루쇼프가 강경파로 교체되었거나, 쿠데타 세력의 요구를 받아들여야 했을 수도 있었다. CIA에 따르면 흐루쇼프는 이틀 동안 공식 석상에 나타나지 않았다. 미국의 입장이 갈팡질팡한다는 사실을 알아챈 흐루쇼프가 이를 이용하기로 마음먹었다는 사실을 꿰뚫어 본 사람은 아무도 없었다.

엑스콤 내 소련 전문가인 루엘린 톰슨이 한 가지는 확실하다고 말했다. 가장 최근에 전달받은 친서가 소련 지도부의 공식 입장이란 것이었다.

"소련 공산당 정치국의 진의는 이 편지에 담겨 있습니다."

1962년 10월 27일 토요일 오전 11:17(아바나 오전 10:17)

소련군 장군들이 33번 목표물을 격추하기로 결정한 시점에 미 해군 RF-8기가 엘치코에 있는 소련군 지휘소 상공을 비행했다. 잠시 뒤 약간 남쪽 항로에서 마리엘 항구와 과나자이 IRBM 기지 상공을 비행한 또 다른 정찰기가 합류했다. 정찰기 두 대가 야자수 꼭대기를 훑고 아바나 시내의 고층 빌딩을 둘러서 북쪽으로 휙 날아가는 사이에 방공포가 사격을 개시했다.

저공 정찰 비행은 두 가지 목적이 있었다. 주목적은 정보 수집이었지만, 공습용 항로를 마련하는 목적도 있었다. 맥나마라 국방부 장관이 엑스콤에서 설명했듯이, 항공기가 실제로 폭격을 퍼붓기 전에는 정찰기인지 폭격기인지 구분할 수 없었다. 저고도 정찰의 목적은 "공격과 구분할 수 없는 … 작전 패턴을 마련하는 것"이었다. 실제 공격 시 사전 경고 시간을 사실상 주지 않는 효과가 있었다.[7]

RF-8기가 아바나에 접근하는 사이 또 다른 항공기 편대가 마리엘 상공에 진입해서 미사일 기지가 몰려 있는 산크리스토발 서쪽으로 향했다. 정찰기 조종사들은 지상에서 병력이 허둥지둥 움직이는 모습을 분명하게 보았고 광경 대부분을 필름에 담았다. 미사일 발사장치 다수를 덮은 캔버스 천이 제거되어 있었다.[8] 미사일이 발사장치에 장착된 경우도 있지만, 아직 수평 자세였다. 소련군은 아치형 지붕의 핵탄두 보관용 벙커의 공사를 서두르고 있었다. 체크무늬 셔츠를 입은 사람들이 참호를 파고, 불도저와 덤프트럭이 발사진지로 이어진 길을 닦고 있었다.

조종사들은 마지막 미사일 기지에 접근하는 동안 쿠바군 수비대가 진흙탕을 가로질러 방공포가 있는 곳으로 뛰어가는 모습을 볼 수 있었다. 진흙탕에는 이동로로 사용하기 위해 포장용 돌이 깔려 있었다. 쿠바군은 레이더로 이동 목표를 포착하는 데 실패했다. 방공포를 회전시켜 RF-8기 쪽으로 겨냥했을 때는 항공기가 이미 배기 구름 속으로 사라진 뒤였다.

사과라그란데 인근에 있는 R-12 미사일 기지에서 소련군은 RF-8기를 향해 권총 사격을 했다. 경험이 더 많은 장교는 믿기지 않는다는 듯 고개를 흔들었다. 화생방 부대장이었던 트로이츠키 소령이 신참들에게 설교를 했다.

"첫째, 선 자세에서는 항공기에 사격하지 마. 둘째, 권총으로 항공기를 쏘지 말란 말이야."[9]

평상시에도 카스트로가 이끄는 쿠바에서의 생활은 망상에 가까운 특성이 있었다. 공상 속 세상에서 산다는 느낌은 700만 쿠바인이 핵공격 위협에 놓인 쿠바 미사일 위기 동안 심화되었다. 쿠바 섬은 국제적인 관심의 중심에 있었다. 그와 동시에 나머지 세계와 단절되었고, 쿠바 고유의 리듬에 따라 돌아갔다.

아바나에 남은 소수의 외국인은 태풍의 눈 속 고요함에 놀랐다. 허버트 마찬트 영국 대사는 이렇게 말했다.

"대부분의 사람이 흥분하거나 당황하는 기색을 보이지 않았다. 파라핀, 석유, 커피 같은 물품을 사긴 했어도 무작정 상점으로 달려가는 일은 없었다. 식량 공급도 괜찮아 보였다. 거리에는 평소보다 사람이 훨씬 적었지만, 비가 엄청나게 내렸다."[10]

해안선에 있는 방공포를 제외하면 겉으로 드러나는 심각한 전쟁 준비 징후는 많지 않았다. 이탈리아 저널리스트인 사베리오 투티노에게 아바나는 "아이들이 권총을 갖고 노는 도시였다."[11] 나중에 미국으로 이주한 쿠바 작가 에드문도 데스노에스는 이렇게 회고했다.

"물론 겁이 났다. 하지만 그보다는 더 복잡했다. 엄청난 위험에 처하더라도 자신이 옳다고 느낄 때는 어떻게든 균형을 잡게 된다. 게다가 우리는 파괴된다는 것이 어떤 일인지 제대로 알지 못했다. 쿠바인들은 제2차 세계대전을 경험하지 않았다. 대규모 파괴에 대한 이미지는 영화에서만 본 상태였다."[12]

아르헨티나 저널리스트인 아돌포 길리는 토요일 아침 아바나 거리를 배회하는 동안 공황에 휩싸인 징후를 전혀 발견하지 못했다. 그는 체 게바라를 만날 생각에 산업부를 방문했지만, 체 게바라는 피나르델리오에 있었다. 체 게바라의 보좌관 한 명이 길리에게 최신 정보를 알려주었다. 보좌관은 마치 날씨나 외국 사절의 도착에 관해 이야기하듯 말했다.

"오늘 오후 3~4시에 공격이 예상되네요."[13]

길리는 엘리베이터를 타고 내려오다가 민병대원 한 명이 동료에게 이날 아침 면도를 못 했다고 말하는 것을 우연히 들었다. 이 말을 들은 동료가 답했다.

제10장 격추

"조만간 미군이 올 것 같아. 면도는 전쟁 뒤에나 하라고."

베다도에 있는 자기 방으로 돌아오는 동안 길리는 거리에 있던 공작새나무에 꽃이 흐드러지게 핀 모습을 보았다. 찬란하게 타오르는 듯한 붉은 꽃 아래 인도를 따라 아름다운 소녀가 걸어가고 있었다. 소멸되기 직전에 놓인 듯한 세계에 대해 갑작스러운 향수를 느낀 길리는 이런 생각을 하게 되었다.

"오늘 오후 3~4시에 이 모든 아름다운 것들이 사라진다니!"

아바나는 그 어느 때보다 더 시간을 초월하고 더 위태로우며 더 매혹적으로 보였다. 아바나는 마치 서서히 석호에 가라앉는 베니스나 나치 점령을 앞둔 파리처럼, 파괴될 위협에 처한 비통하면서도 아름다운 도시 같았다. 남은 것이라고는 그 순간의 운치뿐이었다.

쿠바 정부는 마침내 지역 응급처치팀 편성을 알림으로써 다소 내키지 않는 민방위 활동을 시도하기 시작했다. 지역방어위원회는 삼베 포대로 임시로 들것을 만들라는 지시를 받았다. 응급처치 매뉴얼이 많지 않아서 개인이 소유한 매뉴얼을 전부 당국에 제출하라는 지침도 떨어졌다. 자격이 있는 의료 전문가들은 "혁명 조직의 일원인지 아닌지와 상관없이" 응급처치팀의 팀장이 되었다. 병원은 침공 시 사상자 발생에 대비해서 응급환자를 제외하면 환자를 받지 않았다. 쿠바 당국은 미군의 공습에 대비한 일련의 지침을 제시했다.

· 화재 진압을 위해 모래 두세 양동이를 집에 보관할 것. 유리창은 풀을 바른 종이로 가릴 것.
· 폭격이 시작되는 경우 입에 물 작은 나무 조각을 가까이에 둘 것.
· 모여 있지 말 것. 한 차례 폭격으로 많은 희생자가 발생할 수 있음.

· 음식을 비축하지 말 것. 2~3일분 이상으로 음식을 비축하는 것은 식량 부족을 초래해 적을 돕는 행위임.[14]

사람들은 미군의 해상 봉쇄를 뚫고 아바나 항구로 들어오는 선박을 응원하기 위해 말레콘에 모였다. 가끔 바람과 제방에 부딪친 파도가 뒤섞인 바닷물의 거대한 거품으로 사람들이 흠뻑 젖기도 했다. 라디오 프리딕시의 창립자인 로버트 윌리엄스는 배를 타고 아바나에 도착한 수백 명의 동독 관광객을 맞이하기 위해 해안 거리를 따라 이동하는 행진의 선두에 섰다. 로버트 윌리엄스는 "네 이웃을 사랑하라, 잭?"이라고 적힌 플래카드를 들고 있었다.[15]

미군이 쿠바를 침공할 가능성이 있다는 소문은 베다도의 언덕에 자리 잡은 카스틸로델프린시페Castillo del Principe의 두꺼운 돌담을 뚫고 스며들었다.[16] 카스틸로델프린시페는 스페인 식민지 시절부터 감옥으로 사용된 요새였다. 1년 전 벌어진 피그스 만 침공 당시 붙잡힌 망명자들이 살인범이나 상습범과 뒤섞여 수감되어 있었다. 보안을 이유로 수감자의 가족 면회가 더 이상 허락되지 않았다. 경계 근무자들은 요새 저층에 다이너마이트를 설치했다는 소문을 퍼뜨렸다. 해병대가 상륙해서 포로를 해방시키려고 하는 경우, 요새 전체가 완전히 파괴될 것이라는 내용이었다.

1962년 10월 27일 토요일 오전 11:19(아바나 오전 10:19)

이반 게르체노프 소령이 지휘하는 SAM 기지에는 밤새 비가 많이 왔다. 병사들은 물에 흠뻑 젖은 참호에서 요령껏 휴식을 취했다. 모두 신경이 곤두서 있었다. 레이더 가동 지시를 받은 전날 늦은 저녁 이후부터 전면적인 전투태세를 유지하고 있었고, 미군 공수부대가 가까운 바네스 인근에 침투할 예정이라는 소문도 돌았다. 삐 소리를 내며 레이더 화면에서 점들이 움직였다.

"33번 목표물 추적"

게르체노프는 1호 전투태세를 하달했다. 수차례 훈련을 했던 미사일 요원들이 대형 트럭에 실린 미사일을 케이블에 연결하면서 발사장치로 옮겼다. 스푼레스트 목표획득레이더가 이미 목표물을 추적하고 있었다.

장교 한 명이 고도, 속도, 거리, 방위 데이터를 크게 외쳤다. 사수는 미사일이 목표물 방향을 가리킬 때까지 발사장치를 세웠다. SAM 기지는 육각형 다윗의 별 형태로 배치되어 있었고, 방어를 견고히 한 여섯 개의 미사일 발사장치 중앙에 지휘소가 있었다.

게르체노프는 스푼레스트 레이더에서 최신 목표 정보를 지속적으로 받고 있는 프룻셋 화력통제레이더에서 눈을 떼지 않았다. 버튼을 누르기 전에 서쪽으로 121킬로미터 떨어진 빅토리아데라스투나스에 있는 연대본부로부터 최종 승인을 받아야 했다. SAM 부대 지휘체계는 쿠바 섬의 지리에 따라 편성되어 있었다. 연대는 또다시 서쪽으로 121킬로미터 떨어진 카마구이에 있는 사단본부에서 지시를 받았고, 사단본부는 엘치코 사령부의 결정을 기다리고 있었다. 갑자기 무전기에서 새로운 명령이 떨어졌다. 폭우가 쏟아지고 있었지만 감도는 좋았다.

"33번 목표물을 격추하라. 미사일 2기를 동원하라."[17]

첫 번째 미사일이 음속의 3배 속도로 멀리 떨어진 비행운을 향해 발사되면서 획 하는 소리를 냈다. 몇 초 뒤 두 번째 미사일이 발사되었다. 발사된 미사일은 레이더를 통해 목표물을 쫓아갔고 멋진 호를 그리면서 가속했다. 게르체노프는 레이더 화면에서 작은 점 두 개가 큰 점을 향해 이동하는 모습을 볼 수 있었다. 작은 점이 화면을 가로질러 이동하면서 속도를 냈다. 몇 초 뒤 화면상의 점들이 한 지점에 모이더니 흩어졌다. 어두운 하늘에 갑자기 빛이 획 하고 나타났다. 게르체노프 소령은 잔해가 떨어지는 모습을 볼 수 있었다.

"33번 목표물 격추."

게르체노프가 보고한 시각은 쿠바 현지 시각으로 오전 10시 19분이었다. 잔해 대부분은 바네스 SAM 기지에서 13킬로미터 떨어진 곳에 추락했다. 날개 하나는 베기타스라는 작은 마을 한가운데에서 발견되었다. 동체는 앤더슨 소령의 시신과 함께 산산 조각나고 검게 탄 채 몇백 미터 떨어진 사탕수수밭에 떨어졌다. 꼬리 날개는 바다 쪽으로 활공했다.

나중에 격추 사건을 조사한 미국 조사관들은 미사일이 U-2기에 접근하면서 근접 신관이 터져 사방으로 유산탄이 퍼졌다고 결론 내렸다. 다수의 유산탄이 조종석을 뚫고 들어가 조종사가 착용한 부분여압복과 헬멧을 관통했다. 조종사 루돌프 앤더슨은 즉사했을 가능성이 컸다. 첫 폭발에서 어떻게든 살아남았더라도 산소 부족과 감압의 충격으로 몇 초 뒤 사망했을 것이 확실했다.

1962년 10월 27일 토요일 오전 11:30(아바나 오전 10:30)

핵탄두를 베후칼에서 사과라그란데로 옮기던 트럭 행렬은 야간에 두번 멈춰 섰다. 운전사들의 휴식을 위해서였다. 모든 상황이 순조로웠다. 쿠바 주민들은 천천히 이동하는 군 호송대를 낮에 마주치면 "소련군은 영원하라!", "피델-흐루쇼프!", "파트리아 오 무에르테!"라고 소리쳤다.[18] 하지만 구경꾼 누구도 박스형 저장 밴에 무슨 물건이 실려 있는지 전혀 몰랐다.

미 해군 정찰기들이 중앙 고속도로 위를 저공으로 비행할 때, 호송대는 목적지에서 100킬로미터 이내에 있었다. 미군은 수색 활동을 활발히 벌였지만 아직 핵탄두의 위치를 찾지 못했다. 아침 정찰 임무 중에 정찰기 한 대가 베후칼 외곽에 있는 핵탄두 주 저장 시설 바로 위로 지나갔지만, CIA 분석관들은 그곳을 "탄약 저장 시설"로만 판단했다.[19] 사진판독관은 "벙커 미발견", "눈에 띄는 변화는 없음"이라고 보고했다. 전날 공군 정찰기가 베후칼 동쪽 10킬로미터 지점에서 프로그용 탄두 저장 시설을 촬영했지만, 새로운 것은 없었다. 마나과 벙커에 대한 사진판독 보고서에는 이렇게 적혀 있었다.

"식별할 수 있는 변화가 없음. Y형 초소가 한 개 울타리로 둘러싸인 시설을 감시하고 있음. 울타리 일부 구역에는 덩굴이 자라 있음."

사과라그란데로 핵탄두를 옮긴다는 것은 미사일이 거의 발사 준비를 갖췄다는 의미였다. 미사일 부대 지휘관인 스타첸코 소장은 지난 며칠간 일이 신속하게 진행된 사실에 만족했다.[20] 군수품을 최대한 효율적으로 배분하고 연료 장치 일부를 전용함으로써, 24개 IRBM 전체를 계획보다 3일 일찍 전개시킬 수 있었다. 마지막으로 남은 산크리스토발 인근 포대는 토요일 아침에 "전투준비"를 갖췄다.

한편 적어도 미사일 일부를 예비 진지로 옮겨서 미군 감시를 피하려는 계획에는 차질이 생겼다.[21] 소련군은 예비 진지를 사전에 조사했고 이미 미국에 있는 목표물을 겨누도록 조정해 두었다. R-12 미사일은 몇 시간이면 예비 진지로 옮길 수 있었지만 조립식 발사대가 부족했다. 단단한 콘크리트 발사대가 없으면 미사일이 발사 시 쓰러질 수 있었다. 스타첸코는 수요일 저녁에 재배치 지시를 하면서 부하들이 임시 발사대를 만들어서 이 문제를 해결하기를 기대했다. 하지만 토요일 아침까지 발사대가 준비되지 않았다. 위기의 결정적 순간에 예비 진지가 마련되지 않은 것이다.

그사이 스타첸코는 크렘린에서 긴장이 고조되고 있다는 신호를 포착했다. 소련군 사령부는 "모스크바의 승인 없이는" 핵무기 발사를 금지하는 내용을 재강조하는 메시지를 받았다. 뒤이어 미사일 기지에서 주간 작업을 전면 중단하라는 지시도 떨어졌다. 명령서에는 이런 내용이 담겨 있었다.

"유엔을 자극하고 있음. 철저하게 위장하고, 야간작업만 할 것."[22]

체 게바라가 시에라델로사리오 산맥에 머무는 5일간, 경비원들은 체 게바라에게 약간의 프라이버시를 보장해 주려고 최선을 다했다. 이들은 쿠에바데로스포르탈레스로 알려진 거대한 동굴의 한쪽 구석에 체 게바라가 쓸 임시 오두막을 만들었다. 콘크리트 블록으로 만든 이 오두막에는 서재와 측근들을 위한 방이 한 칸 있었다. 체 게바라는 돌로 만든 경사진 천장 아래에서 자주 발병하는 급성 천식 발작을 막기 위해 흡입기를 곁에 두고 간소한 철제 침대에서 잤다. 탈출로로 사용될 비밀 터널이 있어서 미군 공수부대가 공격해 오는 경우 은밀하게 산에서 내려올 수 있었다. 동굴 바로 바깥에는 돌로 만든 테이블과 의자가 있었고, 그곳에서 체 게바라는 측근들과 체스 게임을 했다.

전설적인 혁명가인 체 게바라는 월요일 저녁 늦게 동굴에 도착한 이후에 동굴에서 그다지 많은 시간을 보내지 않았다. 미군의 침입에 대비해 매복 작전을 짜고, 민병대를 점검하며, 소련군 장교들을 만나면서 쿠바 서부 전역을 돌아다녔다. 한번은 피나르델리오에 있는 소련군 방공 부대를 방문했다. "검정 베레모를 쓴 점프 수트 차림의 수염을 기른 활기 넘치는 인물"의 모습은 미사일 사격 준비 상태를 "멋지게 시연"

해 준 소련 장병들에게 거의 흥분을 안겨주었다.[23] 한 소련군 장군은 "우리 장병들이 체 게바라에 느낀 공감대, 다시 말해 쿠바군의 명분에 대한 친밀감의 정도"에 깊은 인상을 받았다.

인간성과는 상관없이 체 게바라는 가장 열광적인 카스트로의 측근 이었다. 앞으로 있을 미국과의 전쟁에서 얼마나 많은 사람이 죽는지보 다 대립하고 있는 이념 체계와의 투쟁이 더 중요했다. 체 게바라는 미 사일 위기 기간에 쓴 신문 사설에서 인류에 단 두 개의 미래가 있음을 명확하게 밝혔다. 그것은 바로 "사회주의의 결정적인 승리, 또는 제국 주의자가 핵공격으로 승리하는 퇴보"였다.[24] 체 게바라는 "수백만 명이 핵무기의 희생자가 되는 한이 있어도 해방의 길"을 걷기로 이미 마음 먹은 상태였다.

미 해군 정찰기 편대가 요란한 소리를 내며 야자수 나무 위를 스치 듯 지나가면서 체 게바라가 머문 산악 은신처의 정적을 깼다. 항공기는 쿠에바데로스포르탈레스와 피나르델리오 미사일 기지를 연결하는 산 디에고 강을 따라 남쪽에서 날아왔다. 비행 고도가 매우 낮아서 쿠바군 수비대는 조종석에 앉은 조종사도 볼 수 있었다. 정찰기에 발각된 것이 틀림없었다.

나중에 밝혀졌듯이 그것은 우연이었다. 해당 편대는 산크리스토발 미사일 기지를 정찰한 뒤 그냥 플로리다로 귀환하던 중이었다. 체 게바 라의 비밀 동굴이 들어선 곳에 이르기 훨씬 전 필름을 아끼기 위해 카 메라도 꺼둔 상태였다. 미군은 체 게바라가 아바나에 없다는 사실을 알 고 있었지만, 실제 은신하고 있는 장소는 발견하지 못했다. 하루 전 CIA 는 체 게바라가 "코랄데라팔마에 군 지휘소를 구축"했다고 보고했다. 그 곳은 은신처에서 동쪽으로 약 24킬로미터 떨어진 곳이었다.[25]

비슷한 시각 또 다른 정찰기가 쿠바 서쪽 끄트머리에 있는 산훌리안 공군기지 상공에서 비행했다. IL-28 경폭격기 한 대가 엔진 두 개를 모두 장착한 조립 "최종 단계"에 있었다.[26] 또 다른 다섯 대도 여러 조립 단계에 있었고 두 대는 동체만 보였다. 에이프런(비행장에서 승객 탑승, 화물 하역, 항공기 정비 등을 하는 장소 - 옮긴이)에 상자가 깔끔하게 정렬되어 있었고 상자 속에 적어도 21대가 담겨 있었다.

미국 정보기관은 IL-28기에 크게 주목했다. 핵무기를 탑재할 수 있었기 때문이었다. IL-28기의 엔진은 제2차 세계대전이 끝난 뒤 영국이 소련에 면허 생산을 허락한 롤스로이스 터보제트엔진을 모방한 것이었다. 3인승으로 조종사, 폭격수, 후방 사수가 탑승했다. 다수의 소형 폭탄, 어뢰, 기뢰나 미국이 나가사키에 투하한 "팻맨"의 소련형인 "타티아나" 같은 핵폭탄 한 발을 장착할 수 있었다. 항속거리는 약 1100 킬로미터로 플로리다 남부까지 충분히 도달할 수 있었다.

1960년대 초 무렵 IL-28기는 노후화되어서 미군 방공 체계에 확실히 취약했다. 그런데도 미군 수뇌부는 IL-28기의 핵무장 능력을 우려했다. 1950년대 폴란드와 동독에 IL-28기 수백 대가 배치되었다. 전쟁 발발 시 나토군을 상대로 전술 핵공격의 주력으로 쓰기 위한 것이었다. 오랫동안 전술핵무기 사용은 소련군 전쟁 계획에서 불가결한 부분이었다. 소련은 심지어 시베리아에서 미국과의 가상 핵전쟁을 상정한 군사 훈련에서 타티아나를 실무장해서 자국군에 투하하기도 했다.[27] 이때 폭발로 약 4만 5000명의 장병이 낙진에 노출되고 다수가 방사능 노출과 관련된 질병으로 죽었다.

미국 정보 분석관들은 소련 화물선에 실린 상자의 형태를 분석해서 대서양을 통한 IL-28기 수송을 추적했다. 몇 년 전 이집트로 IL-28 기를 수송할 때도 같은 상자가 사용되었다. 상자가 산훌리안에 나타났을 때 정보 분석관들은 조립 과정을 추적하기 위해 저공 정찰을 집중적으로 해달라고 요청했다. 이 당시 미국은 산훌리안에 배치된 IL-28기가 전술 핵공격용이 아니라는 사실을 까맣게 모르고 있었다. 산훌리안에 배치된 IL-28기는 소련 해군이 통제했고 침공 함대를 상대하기 위해 어뢰와 기뢰를 장착했다.

핵무장이 가능한 IL-28기가 쿠바에 배치된 것은 사실이었지만, 섬 반대편 끝에 있는 오리엔테 주 올긴 외곽에 있는 공군기지에 있었다.[28] 상자에서 부품을 꺼내는 작업은 이루어지지 않았다. 미국은 올긴 비행장에 대한 저공 정찰을 실시한 11월 초가 되어서야 상자의 존재를 알게 되었다. 올긴 비행대대는 소련군 지휘 아래 폭격기 9대로 편성되었다. 이 중 6대는 타티아나 폭탄을 장착하도록 설계되었고, 나머지 3대는 공격 편대 선두에서 적 레이더 체계를 교란하는 임무를 맡았다.

소련 지휘관들은 IL-28기와 타티아나를 불필요하게 거치적거리는 무기로 여겼다. 흐루쇼프는 침공군을 상대로 방어 전력을 보강하기 위해 핵무장이 가능한 IL-28기를 쿠바에 배치했다. 이론적으로는 미군 집결지 공습에 사용할 수 있었다. 하지만 소련군은 FKR 크루즈 미사일과 프로그 미사일이라는 좀 더 효과적인 전술핵무기를 쿠바에 배치한 상태였다. 타티아나 6발을 사용하는 것은 과잉 살상이었다. 타티아나 관리 장교들은 소련에서 무기를 싣고 쿠바에 도착한 인디기르카호에서 내리자마자 그런 사실을 깨달았다. 아나스타시예프 중령은 자신이 책임진 타티아나 폭탄을 어떻게 해야 하는지 상부에 물어보았지만, 명확한 답변을 받지 못했다. 현지에서 인디기르카호를 맞이한 소련군 장교들은 타티아나를 "아무도 필요로 하지 않는 물건"이라고 언급했다.[29]

아나스타시예프는 애초에 타티아나를 해변에 있는 바티스타의 사유지로 옮긴 뒤, 좀 더 안전한 위치로 옮기자고 상부에 건의했다. 새로운 보관 장소는 가시철조망과 울타리가 둘러싸인 근처 산의 터널이었다. 기본적인 보안 조치만 되어 있었지만 맹꽁이자물쇠를 채운 바닷가 창고보다는 나았다. 터널 안에서는 온도와 습도를 조절하기가 더 쉬웠다는 점도 중요했다. 아나스타시예프와 부하들은 12킬로톤 폭탄이 담긴 상자를 터널 안으로 굴리기 위해 원형 철근을 이용했다.

폭탄 보관 장소를 찾은 뒤에는 IL-28기를 운용할 비행장을 모색했다. 원래 소련 국방부 계획상으로는 섬 중앙에 있는 산타클라라에 배치할 예정이었다.[30] 하지만 산타클라라 비행장은 핵무기를 보관하기에 전혀 적합하지 않은 것으로 밝혀졌다. 며칠간 쿠바 주변을 항공기로 둘러본 뒤 마침내 올긴 비행장이 선택되었다. 비행장 인근에는 위장과 밀폐가 가능한 흙으로 만든 벙커가 있었다. 조립한 IL-28기를 타티아나와 함께 벙커에 넣을 수도 있었다.

또 다른 문제는 타티아나를 쿠바 서부 저장소에서 약 800킬로미터 떨어진 올긴까지 옮기는 일이었다. 아나스타시예프는 10월 27일 검은 토요일에 이 문제와 씨름했다.

미군 장군들도 전술핵무기를 원했다. 핵무장이 가능한 IL-28기와 프로그 미사일이 발견되자 새로운 무기 경쟁이 촉발되었다. 쿠바에 핵탄두가 있다는 확실한 증거는 없지만, 미군 지휘관들은 일어날 수 있는 모든 우발 상황에 대비해야 한다고 판단했다. 나머지 국민이 R-12 MRBM에 집중하는 동안 장군들은 쿠바와 그 주변에서 벌어질 전술 핵 전쟁을 준비했다.

토요일 아침, 합참 수뇌부는 북미방어사령부 사령관으로부터 IL-28기의 위협에 관한 일급비밀을 보고받았다. 쿠바에 배치된 소련 폭격기의 플로리다 공격을 막는 책임은 존 게하트 장군에게 있었다. 호크 미사일 포대를 플로리다키스 제도에 배치했지만 핵탄두가 장착된 미사일 사용은 금지된 상태였다. 게하트 장군은 이런 방침을 수정했으면 했다. 게하트는 펜타곤에 이런 건의를 올렸다.

"쿠바에서 출격한 IL-28기가 미국 영공을 침범해 공습하는 경우, 반드시 최대 살상력을 갖춘 무기를 사용해야 한다고 판단됩니다."[31]

그는 "쿠바 및 소련/중공 전술기를 적기로 선포"할 자신의 권한을 명확하게 해줄 것과 접근하는 소련 폭격기를 상대로 "핵무기를 사용할 수 있도록" 사전 승인을 해달라고 요구했다. 합참은 방공 체계상 다른 곳에서의 "행동 패턴"이 전면적인 "쿠바 및 소련/중공군 공격"으로 판단되는 경우 핵무기로 적기를 격추하는 것을 승인했다. 쿠바군이 단독으로 공격하는 경우에는 재래식 무기를 사용해야 했다.

대서양함대 사령관인 로버트 데니슨 제독은 10월 25일 저공 정찰 비행에서 처음 발견한 프로그 단거리미사일을 우려했다. 핵탄두가 장착되는 경우 침공군을 태운 함대가 괴멸될 수 있었다. 데니슨 제독도 "쿠바 작전에 투입된 미 공군 및 지상군"에 "핵공격 능력"을 갖추게 해달라고 건의했다.[32]

프로그 미사일이 발견되자 관타나모 해군기지의 기지장인 에드워드 J. 오도넬 소장도 경각심을 갖게 되었다. 오도넬 소장은 기지를 위협하는 장소로의 "모든 프로그 미사일 이동"을 "미국이 받아들일 수 없는 공격적 행위"로 선포할 권한을 갖길 원했다.[33] 오도넬은 관타나모 기지 24킬로미터 반경 내에 배치된 FKR 크루즈 핵미사일이 훨씬 더 직접적인 위협이 된다는 사실을 모르고 있었다.

초기에 전술핵무기 위협을 고려하지 않았던 합참 수뇌부는 전쟁 계획을 수정해야 했다.[34] "적의 전술핵무기 사용 가능성"을 고려해 사상자 수를 파악했고, 침공군은 프로그와 비슷한 수준으로 핵탑재가 가능한 어네스트존으로 무장하려 했다. 맥나마라는 전술핵탄두가 장착된 어네스트존의 배치를 승인하지 않았지만, 플로리다에 무기고가 있어 허락만 떨어진다면 신속하게 옮길 수 있었다.

확전에 대비해 해·공군 공격기 12대가 이미 전술핵무기로 무장한 채 쿠바에 있는 목표물을 공격하기 위해 "대기" 상태에 있었다. 항공모함인 인디펜던스호와 엔터프라이즈호는 관타나모 만에서 240킬로미터 내에 있는 자메이카 근해에 배치되었다. 각 항공모함에는 A4D 스카이호크 공격기에 장착할 수 있는 핵폭탄 약 40발이 실려 있었다. 폭탄의 중핵부는 헬기로 단시간에 도달할 수 있는 인근 순양함에 별도로 보관했다.[35] 전술항공사령부 소속의 핵무장 폭격기가 플로리다 남부에 있는 공군기지에서 15분 대기를 하고 있었다. 전략공군사령부는 다른 모든 작전이 실패할 때를 대비해 B-47 스트래토제트에 장착한 20메가톤 위력의 핵폭탄으로 쿠바를 쑥대밭으로 만들 준비를 했다.

펜타곤이 판단하기에 소련군의 전술핵무기 사용에 대응하기 위해서는 이런 계획이 필요했다. 맥스웰 테일러 장군은 합참의장이 되기 전 소련군 교리를 상세하게 연구했다. 그는 소련군의 표준 공격 계획에 한 개 집단군이 "핵무기 250~300개"를 보유하도록 한 사실을 알고 깜짝 놀랐다. 또한 1961년 7월 동유럽 카르파티아 산맥에서 실시한 군사 훈련에서 소련군이 나토를 상대로 "기습 선제공격"으로 최대 75개 전술핵무기를 사용할 계획이라는 보고도 받았다.[36] 테일러는 전술핵무기에 대한 "일부의 감정적 거부감"에 대해 경고했다. 그가 보기에 중요한 것은 그런 무기의 개발 여부가 아니라, "대량살상무기 사용 전의 개별 확전 단계에서" 어떻게 충분히 작고 유연한 무기로 만들 것인가였다.

다른 대통령 자문위원들은 제한적 핵전쟁이란 표현이 모순된 용어라고 믿었다. 이들은 쿠바에서 미사일을 발견한 직후 딘 애치슨 전 국무부 장관이 한 말을 떠올렸다. 애치슨은 강경하다는 평판에 걸맞게 미사일 기지에 대한 즉각적인 공습을 옹호했다. 공습에 대해 소련이 어떻게 반응할 것으로 예상하냐는 질문에는 특유의 확신으로 이렇게 답했다.

"제가 소련을 아주 잘 압니다. 터키에 있는 우리 미사일을 공격할 겁니다."[37]

다른 누군가가 물었다.

"그땐 어떻게 하죠?"

"우리가 가입한 나토 협약에 따라 소련 내 미사일 기지를 공격할 필요가 있을 겁니다."

"그러면 상대가 어떻게 나올까요?"

이때쯤 애치슨은 다소 자신 없고 약간은 격앙된 상태에서 답했다.

"상대가 이성을 되찾길 바랄 순간입니다. 싸움을 멈추고 대화에 나설 겁니다."

이 자리에 있던 엑스콤 참석자들은 트루먼 시절의 전설적인 "현인"인 애치슨의 발언을 듣는 동안 "진짜 오싹한" 분위기가 회의실을 엄습했다고 느꼈다. 애치슨은 무심코 냉전의 암담한 현실을 까발렸다. "제한적"이라는 핵전쟁이 결과적으로 어떻게 끝날지 알 수 없었다.

미국 장군들은 쿠바에 있는 IL-28의 위협에 대해 초조해하는 동시에 유럽에 있는 신속대응용 항공기에 수소폭탄 장착을 제한하는 규제를 풀기 위해 백악관을 상대로 로비를 벌였고, 토요일 아침에 마침내 허락이 떨어졌다.[38]

어떤 면에서 F-100 슈퍼세이버 전투폭격기는 IL-28기와 유사했다. 터키처럼 나토 동맹 중 최전방 국가에 배치되었고, 단시간 내에 소련 영토에 있는 목표를 공습할 수 있었다. 게다가 IL-28보다 훨씬 더 위력적인 폭탄을 실을 수 있었고 속도도 훨씬 빨랐다. F-100에 장착한 2단계 수소폭탄은 IL-28기에 장착하는 상대적으로 조잡한 핵폭탄에 비해 수백 배의 파괴력을 갖고 있었다. IL-28은 3인승인 데 비해 F-100은 단좌형이었다. 조종사 한 명이 핵무기를 통제했기 때문에 전통적인 "버디 시스템"에 위반되었다.

1962년 4월 케네디 대통령은 핵무기 안전에 대한 우려 때문에 수소폭탄을 F-100에 장착하는 것을 허락하지 않았다. 전자 잠금 체계가 없어서 미승인 사용을 막는 것이 불가능했다. 대통령은 유럽 공군기지 몇 곳의 보안 조치 미흡과 핵무기와 관련된 비밀의 도난 가능성도 우려했다.

케네디의 결정에 커티스 르메이를 비롯한 공군 장군들은 실망했다. 장군들은 그런 결정으로 전쟁 계획의 효율성이 떨어진다고 불평했다. F-100은 주로 동독에 있는 공군기지를 포함해서 "최우선" 공산권 목표 37개에 대한 공격을 책임졌다. 공군 연구에 따르면 이런 목표에 대해 저출력 핵무기를 사용하는 경우 "평균 피해 가능성"이 90퍼센트에서 50퍼센트로 떨어졌다. 공군은 이런 상황을 받아들일 수 없었다.

미사일 위기가 고조되면서 장군들은 "현 세계 정세의 심각성"을 들먹이면서 대통령의 결정을 번복시키려는 활동을 강화했다. 이런 노력은 성공했다. 대통령은 전자 잠금장치가 설치되지 않았음에도 공군에 자율권을 주었다. 합참은 유럽 주둔 공군 사령관에게 수소폭탄 배치를 승인하는 명령을 하달했다.

F-100이 배치된 곳 중 하나는 터키에 있는 인지를리크 공군기지였다. 제613전술전투기대대장은 인지를리크의 핵무기 안전 관리가 "상상을 초월할 만큼 아주 느슨했다"고 회고했다.[39]

"모든 무기를 꺼내서 2주간 담요 위에 얹어 두었다. 항공기는 고장

나고 조종사들은 녹초가 되었다."

이 당시 미군 조종사가 승인 없이 핵무기를 발사하는 것은 생각조차 할 수 없는 듯했다. 돌이켜보면 "수소폭탄은 고사하고 22구경 소총도 믿고 맡기기 어려운 친구들이 몇 명 있었다."

1962년 10월 27일 토요일 오전 11:46(하와이 오전 5:46)

동트기 세 시간 전 로버트 그라프 소령이 탄 보잉 B-52 스트래토포트레스가 하와이에서 이륙했다. B-52는 남태평양의 고립된 환초인 존스턴 섬이 있는 서쪽으로 비행했다. 한때 철새 보호구역이었던 이곳은 이제 핵실험장으로 사용되었다. 지구 반대편에서는 유사 기종의 항공기 수십 대가 "크롬돔Chrome Dome"으로 알려진 대규모 공중대기의 일부로서 핵폭탄을 가득 실은 채 소련으로 향하고 있었다. 그라프 소령의 임무는 달랐다. 그가 조종한 B-52 승무원들은 800킬로톤 폭탄을 실제로 투하할 것이라는 사실을 확실히 알았다.

태평양에서의 핵폭탄 공중투하는 도미니크 작전Operation Dominic의 일부였다. 소련의 핵실험 재개에 분개한 케네디는 미사일 발사 실험과 잠수함 발사 폴라리스 미사일 발사를 포함해 30회가 넘는 잇따른 대기권 핵실험을 허락했다. 10월 26일 금요일 미국은 존스턴 섬에서 실시한 고고도 미사일 테스트에 성공함으로써 지난 7월 고장 난 소어 미사일이 발사대에서 폭발한 사건을 비롯한 연이은 실패를 다소나마 보충했다. 소어 미사일 폭발은 대규모 재난이었다. 로켓 시설과 인근 활주로가 파괴되고 섬 전체가 플루토늄에 오염되었다. 시험장을 정리하는 데 거의 3개월이 걸렸다. 도미니크 작전의 결과로 판단하자면, 미사일보다는 항공기가 더 신뢰성이 높은 핵무기 투발 수단으로 남았다.

B-52가 존스턴 섬에서 동남쪽으로 약 160킬로미터 떨어진 태평양 한가운데 투하 지점에 도달했을 때에는 아직 어두웠다. 한 줄기 달빛이 수평선 가까이에 비쳤다. 실험은 발레 안무를 짜듯이 계획되었다. 조심스럽게 시점을 정해서 행동 하나하나를 연습했다. 그라프는 고도 4만 5000피트 상공의 조종석에서 함정 12척에서 나오는 불빛을 볼 수 있었다. 핵폭발 관측 임무를 맡은 함정이었다. 정교한 카메라와 방사선 선량계를 갖춘 항공기 6대가 목표물 주변에 배치되었다. 목표물은 비콘과 레이더 반사기를 갖추고 바다 밑바닥에 닻을 내린 미 해군 바지선이었다.

B-52가 목표물 주변에서 트랙을 돌 듯 선회하기 시작하면서 조종사는 다들 짧게 "키티Kitty"라고 부르는 하와이에 있는 탄도학자에게 바람 상태를 무전기로 알렸다.[40] 이들은 캘리포니아에 있는 로렌스 리버모어 연구소의 새로운 폭탄 설계를 시험하고 있었다. 폭탄 외피 안의 가용한 공간을 더 효율적으로 사용하도록 한 설계였다. 정확하게 측정하기 위해서는 정확한 시간, 고도, 위치에서 폭탄을 터트리는 것이 중요했다. 항로 차트와 담배꽁초로 넘쳐나는 재떨이에 둘러싸인 키티가 계산자로 계산해서 폭탄 투하에 필요한 지거(지형지물에서 기준선까지의 수직거리 - 옮긴이)를 조종사에게 알려주었다.

B-52의 핵심 승무원은 폭격수인 존 노이한 소령이었다. 말수가 적고 내향적인 노이한은 임무의 세세한 내용에 철저하게 몰두했고 제8공군 최고의 폭격수로 평가받았다. 노이한이 받은 근무 평점은 거의 완벽했다. 동료들은 그 이유가 부분적으로는 운이 따랐고, 부분적으로는 노이한이 수동 장비에 매우 익숙했기 때문이라고 여겼다. 항공기에 장착된 초기 단계의 컴퓨터는 기계적으로 작동했고, 전자 기기가 진공관으로 이루어졌다. 노이한은 필라멘트를 교환할 필요가 있는지 확인하기

위해 일일이 점검하곤 했다.

그라프 소령은 투하 지점을 세 번 선회했고, 한 번 선회에 정확하게 16분이 걸렸다. 승무원들은 투하 준비를 해서 투하하기 위해 스위치와 발사장치를 연달아 조작했다. 네 번째로 선회를 하자 노이한은 임무와 관련된 인원이 전부 들을 수 있도록 비상 주파수를 통해 카운트다운을 했다.

"3분 전."

"2분 전."

"1분 전."

"30초 전."

"20초."

"10초."[41]

고압의 유압장치가 소리를 내며 동체 뒤에 있는 폭탄탑재 칸 문을 열자 승무원들은 진동을 느꼈다. 계기판에 노란색 경고등이 "폭탄탑재 칸 개방"을 알렸다.

"투하."

폭격수는 손에 든, 비디오 게임 조종기의 버튼을 닮은 투하 스위치를 엄지손가락으로 눌렀다. 윤이 나는 계란형의 4톤짜리 금속통이 항공기 후류에 투하되었다. 몇 초 뒤 투하 속도를 늦추기 위해 달아 둔 낙하산 3개가 펼쳐졌고, B-52는 여유 있게 투하 지점을 통과할 수 있었다. 항법사가 투하 후 카운트다운을 하기 시작했다. 승무원들은 중간에 좁은 틈만 남겨두고 단열 커튼을 치고 고개를 돌렸다. 87.3초가 지난 뒤, 항공기 뒤로 하얀 섬광이 비치자 모두 눈을 깜빡거렸다. 몇 분 뒤, 약한 난기류를 만난 것처럼 부드러운 충격파가 잇따라 느껴졌다.

6만 피트까지 솟아오른 버섯구름이 임무를 마치고 귀환하는 B-52

기를 작고 초라하게 보이게 했다. 섬광 때문에 실험용 항공기 여러 대에 태운 토끼들은 눈이 멀었다. B-52가 현장에서 벗어나고 섬광이 약해지자, 노이한은 목표물을 확인하기 위해 포격 조준기를 들여다보았다.

하늘에 녹색, 자주색, 보라색 빛살이 흘러넘치면서 거대한 달처럼 보이는 영역이 나타났다. "참사CALAMITY"라는 암호명이 붙은 이번 실험(미국은 도미니크 작전이라는 이름으로 1962년에만 30회 이상 핵실험을 했다 - 옮긴이)에서는 멋진 오로라가 잠시 나타났다가 따뜻한 열대의 새벽 속으로 사라졌다. 핵폭탄이 초래한 대파괴는 이상하면서도 눈을 뗄 수 없을 정도의 아름다움을 자아냈다. 이때가 하와이 시각으로 오전 5시 46분, 워싱턴은 오전 11시 46분, 모스크바는 오후 6시 46분이었다.

백악관에서는 엑스콤 아침 회의가 끝나기 직전이었다. 고도 1만 3000피트의 추코트카 반도 상공에서 척 몰츠비가 소련 영공을 침범하기 직전이기도 했다.

제11장

"몇몇 개자식"

Some Sonofabitch

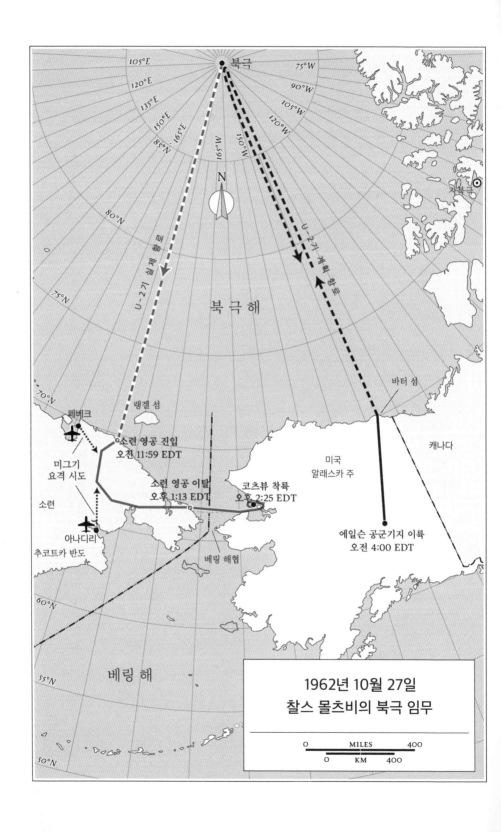

1962년 10월 27일
찰스 몰츠비의 북극 임무

1962년 10월 27일 토요일 오전 11:59(알래스카 오전 7:59)

임무 항로를 유지했다면 척 몰츠비는 북극에 갔다가 7시간 50분 뒤에 에일슨 공군기지로 귀환해야 했다. 하지만 마치 어둠 속을 비틀거리면서 걷는 맹인처럼 부서지기 쉬운 항공기를 탄 채 칠흑같이 어두운 성층권에서 홀로 헤맸다.[1] 북극광이 사라졌지만 별의 위치가 바뀌었다. 몰츠비는 자신이 있는 곳이 어디인지 전혀 몰랐다. 설명하기 어려운 이상한 일들이 끊임없이 벌어졌다.

원래 착륙 한 시간 전 알래스카 북쪽 해안에 있는 바터 섬 상공을 선회하는 오리궁둥이 구조 항공기와 만나기로 되어 있었다. 오리궁둥이 항공기는 귀환할 때 볼 수 있도록 "창가에 불을 켜"두기로 했지만 약속된 시간에도 아무런 신호가 보이지 않았다. 몰츠비는 가까이에 있어야 할 오리궁둥이를 만날 수도, 바터 섬에서 방출되는 라디오 비콘을 포착할 수도 없었다. 누군가 자신에게 올바른 방향을 알려주길 기대하면서 메시지를 방송하기 시작했다. 어쩌면 북극에 도달하지 못했을 수도 있었다. 북극광에 매혹된 나머지 확실한 별자리가 아니라 "희망적인 기대"를 근거로 위치를 파악한 것이다.

갑자기 단측파대에서 오리궁둥이와 연결되었다. 오리궁둥이는 이때부터 당장 5분 간격으로 예광탄을 쏘겠다고 했다. 척 몰츠비는 눈을 크게 뜨고 살펴봤지만 아무것도 보이지 않았다. 또다시 예광탄을 쐈다는 연락을 받았지만, 여전히 아무것도 없었다. 광활한 어둠 속에 홀로 있는 몰츠비는 "공황발작"과 힘들게 씨름했다. 오리궁둥이가 "바터 섬 동쪽이나 서쪽으로 수 마일 떨어진 곳에 있다지만 어디인지" 알지 못했다.

몇 분 전, 오리궁둥이 구조 항공기에 탑승한 항법사가 몰츠비에게 별이 보이는지 물었다. 눈앞에 놓인 지평선에서 낯익은 오리온자리가 보였다. 오리온자리는 벨트를 구성하는 중간의 밝은 별 3개로 쉽게 식별이 가능했다. 약간 더 높은, 오리온자리의 우측 어깨에 해당하는 곳에는 크고 붉은 별인 베텔게우스가 있었다. 더 아래쪽에, 왼쪽 무릎에 해당하는 곳에는 가장 밝은 별 중 하나인 리겔이 있었다. 몰츠비가 응답했다.

"기수 왼쪽 약 15도에 오리온이 보입니다."

오리궁둥이와 아일슨 기지의 항법사들이 실종된 U-2기의 위치를 파악하기 위해 천체력과 별자리 차트를 확인하느라 잠시 대화가 중단되었다. 서둘러 계산을 한 오리궁둥이 항법사는 좌측 10도로 선회하라고 지시했다.

오리궁둥이의 연락을 받은 직후 몰츠비는 측파대side band를 통해 또 다른 연락을 받았다. 이번에는 목소리가 낯설었다. 누군지 모르지만 정확한 호출 신호를 사용했고, 우측으로 30도로 선회하라고 말했다. 몇 분 안에 두 곳에서 서로 다른 방향으로 선회하라는 연락을 받은 셈이었다.

"도대체 무슨 일이지?"

당혹한 몰츠비는 아직 몰랐지만, 그가 탄 U-2기는 알래스카 시각으로 오전 7시 59분(워싱턴 시각 11시 59분)에 소련 영공을 침범했다.[2] 몰츠비는 지구상에서 가장 외진 곳 중 하나인 추코트카 반도의 북쪽 해안에서 육지와 마주쳤다. 항로에서 1600킬로미터 이상 떨어진 곳이었다.

몰츠비가 국경을 침범하는 사이 추코트카에 있는 두 개 공군기지에서 소련군 요격기 최소 6대가 출격했다. 요격기의 임무는 침공한 항공기를 격추하는 것이었다.

6400킬로미터 이상 떨어진 워싱턴 백악관에서 케네디 대통령은 각료회의실에서 나와 복도를 걷고 있었다. 민방위 문제를 논의하기 위해 주지사 대표단과 면담할 예정이었다. 아직 흐루쇼프가 토요일에 보낸 편지에 어떻게 답할지에 대해 골몰하던 케네디는 추코트카 상공에서 전개 중인 드라마에 대해 까맣게 모르고 있었다. 케네디는 "평소와 달리 근심이 가득하고 정신도 다른 데 팔린 듯한" 모습으로 주지사 대표단을 만났다.[3] 그런데도 주지사들은 케네디가 흐루쇼프를 상대로 "충분히 강하게" 나갈 것인지 궁금하다면서 목소리를 높였다. 캘리포니아 주지사인 에드먼드 브라운이 특히 쌀쌀맞게 물었다.

"각하, 여러 사람이 각하께서 피그스 만 침공 당시 왜 생각을 바꿔 공격을 취소했는지 궁금해합니다. 또 생각을 바꾸실 겁니까?"

케네디는 지나간 일에 대한 비판이 불쾌하다는 뜻을 분명하고 차분하게 밝혔다.

"격리를 택한 이유는 우리 국민이 폭격을 받아들일 준비가 되어 있는지 의심스러워서입니다."

주지사 다수는 정부가 국민을 공격의 위협에서 보호하기 충분한 조치를 하지 않았다고 느꼈다. 참석자 중 한 명이 민방위 프로그램을 언급하며 불평했다.

"전부 다 별 의미가 없습니다."

수년간 "웅크리고 가리기Duck and Cover"라는 이름의 훈련을 하고 모든집이 공습 대피호를 갖춰야 한다는 선전을 들은 미국인들은 자신들에게 닥친 위험에 거의 무감각해졌다. 주초에 열었던 기자 회견에서 맥나마라가 "민방위"라는 말을 언급하기만 했는데도 모여 있던 기자들은 웃음을 터트렸다.[4] 트루먼 정부가 아이들 스스로 핵공격에 대한 보호 조치를 하기 위해 만든 계몽 만화의 캐릭터인 거북이 버트Burt the turtle는 전 국민의 농담거리가 되었다.

버트라는 거북이가 있었지

거북이 버트는 아주 조심하며 다녔어

위험이 닥쳐도

다친 적이 없지

어떻게 해야 하는지 알고 있었거든

버트는 웅크리고!

가렸지!

학생 기숙사 벽에는 이런 포스터가 붙어 있었다.

"핵폭발로 눈부신 섬광이 보이는 즉시 허리를 굽혀서 머리를 다리 사이에 꾹 집어넣으세요. 그런 다음 엉덩이에 작별 키스를 하세요."

대피호 구축을 장려하는 대규모 홍보 캠페인을 했지만 1962년 가을 무렵까지 이루어진 일이 거의 없었다. 민방위 관계자들은 미국 전역에 최소 800개의 공공건물에 대피호 표시를 붙여서 총 64만 개 공간을 마련했다고 주지사들에게 보고했다. 긴급 식량을 비축한 건물은 112개에 불과했다. 주말에 소련이 공격하는 경우 대피호에 대피해 식량을 제공받을 수 있는 인원은 17만 명뿐이었다.[5]

케네디 대통령은 쿠바 침공 계획을 검토하면서도 소련군의 미국 민간인에 대한 보복 공격 가능성에 대해 우려했다. 소련군은 미사일을 빼앗기도록 멍하니 있기보다 미사일을 쏠 위험이 있었다. 백악관이 판단하기에 쿠바에 이미 배치된 미사일의 사거리 안에 살고 있는 미국인은 9200만 명에 달했다. 주초에 케네디는 민방위를 담당한 최고위 관리에게 "미사일 기지 공격 전"에 마이애미 주민들을 대비시킬 수 있는 가능성에 대해 질문했다.[6] 스튜어트 피트먼 국방부 차관보는 대피가 비현실적이고 "엄청난 혼란"만 일으킬 뿐이라고 판단했다. 결국 사전 대피 구상을 포기했다.

정부의 조치가 충분하지 않은 상태에서, 평범한 미국인들은 생존할 방법을 스스로 마련해야 했다.[7] 사재기 열풍이 몇몇 도시를 휩쓸었지만 그렇지 않은 곳도 있었다. LA 주민들은 전쟁이 발발하면 가게 문을 닫는다는 소문이 돌자 동네 슈퍼마켓으로 달려갔다. 마이애미에서는 지역 관리가 모든 주민이 2주 분량의 식량을 비축해야 한다고 말한 뒤 식료품 가게의 매출이 20퍼센트 증가했다. 워싱턴에서는 생수가 불티나게 팔렸다. 국립대성당의 주임사제는 지하실을 긴급 구호물로 가득 채울 것을 주문했다. 텍사스 주와 버지니아 주 총포상은 소총과 권총의 매출이 늘어났다. 버지니아 주의 리치먼드에 있던 어떤 총기 딜러는 주민들이 소련군을 상대하기 위해 무장하는 것이 아니라 "시골로 대피하려는 도시 거주민들"을 상대하기 위한 것이라고 설명했다.

1962년 10월 27일 토요일 오후 12:15

대통령이 주지사들과 면담하는 사이 백악관 대변인은 언론인 12명을 웨스트윙 사무실에 불러들였다. 케네디는 국제 여론이 흐루쇼프의 쿠바-터키 미사일 교환 제안을 긍정적으로 받아들여 미국의 협상 입지를 약화시키는 상황을 우려했다. 백악관은 빨리 뭔가를 내놓을 필요가 있었다.

샐린저는 급하게 마련한 문서를 읽으면서 소련의 가장 최근 메시지는 "지난 24시간" 내 모스크바가 작성한 "여러 일관성 없고 서로 상충되는 제안" 중 하나일 뿐이라고 기자들에게 말했다. 위기가 벌어진 원인은 소련이 쿠바에서 한 행동 때문이지 미국이 터키에서 했던 조치 때문이 아니었다. "가장 긴요한 일"은 소련이 미사일 기지 건설을 중단하

고 "불능화"하는 것이었다. 그런 조치가 이루어진 뒤에야 다른 논의를
할 수 있었다.

엑스콤 회의 참석자들만큼이나 기자들도 혼란스러웠다.

"그렇다면 친서가 두 번 온 겁니까?"

"맞습니다."

"마지막 친서는 어떤 내용입니까?"

"공개할 수 없습니다."

"오늘 오후에 친서 두 건에 대한 답장을 모스크바로 보낼 것 같나요?"

"말씀드릴 수 없습니다."

백악관 인근의 인도에서는 시위대가 봉쇄에 찬성하거나 반대하는
구호를 외쳤다. 쿠바 망명자와 대학생들이 상쾌한 가을 공기 속에서 거
리를 오가면서 구호를 외쳤다.

"쿠바에 침공하라. 빨갱이를 공격하라."[8]

스와스티카 완장을 찬 미국 나치 여섯 명은 즉각적인 침공을 요구
하는 표지판을 들고 있었다. 평화 운동가들은 "전쟁 중단"을 선언하는
표지판을 흔들었다.

1962년 10월 27일 토요일 오후 12:30

공기 시료 채집을 위해 북극에 투입된 U-2기가 실종되었다는 사실을
보고 받았을 때, 전략공군사령관인 파워 장군은 네브래스카 주 오펏 공
군기지 내에 있는 골프 코스에 있었다.[9] 소련 방공 부대에서 수집한 항
적 자료에 따르면 U-2기가 소련 영공을 침범했고, 미그기 최소 6대가
U-2기를 격추하기 위해 긴급 출격을 한 상태였다. 파워 장군이 급하게
집무실로 돌아가는 동안 커다란 게시판을 지나쳤는데, 거기에는 조지

오웰의 소설에 나올 법한 구호가 적혀 있었다.

"평화는 우리의 일Peace is our Profession"[10]

전략공군사령부에서 공기 시료 채집 임무에 크게 신경을 쓴 사람은 아무도 없었다. 참모 중 한 명은 몰츠비가 소속된 제4080전략비행단에 전화를 걸어 "U-2기가 소련 상공에서 도대체 뭘 하냐"고 물었다.[11]

이미 귀환시간을 넘긴 앤더슨 소령을 더 걱정하던 존 데스 포테스 대령이 답했다.

"다른 사람한테 물어보는 게 좋을 겁니다. 전 그일 말고도 바쁩니다. 소련 상공에 있는 U-2기에 대해서는 아는 바가 없습니다."

지휘소로 간 파워 장군은 거대한 화면에 전략공군사령부 정보 장교들이 몰츠비의 이동 경로를 표시하는 것을 보았다. 그 곁에는 미그기 항적도 표시되어 있었다. 추코트카 상공에서 실종된 U-2기를 소련군 관제사들이 추적하는 상황을 미군이 어깨너머로 엿보고 있는 것이나 다름없었다. 평소 보안에 크게 신경 쓰던 소련군은 방공 부대에 상황을 전파하기 위해 고난도 암호 통신을 사용할 수 없었다. 항적 정보가 소련 전역에 있는 레이더 관측소에 실시간으로 전파되어야 했기 때문이었다. 고주파 무선 신호는 전리층까지 전달되고, 수천 킬로미터 떨어진 미국 감청부대도 이런 신호를 수집했다.

파워 장군은 진퇴양난에 빠졌다. 소련 방공 부대의 통신 활동을 수집할 수 있는 능력은 극비였다.[12] 전략공군사령부 소속 지휘관들이 몰츠비에게 항법 오류의 정도를 알려주는 경우, 미군의 고가치 정보 수집 기술이 소련군에 노출될 위험이 있었다. 따라서 정확한 위치를 어떻게 알게 되었는지 공개하지 않고 몰츠비를 알래스카 방향으로 유도할 방법을 생각해 내야 했다. 문제를 복잡하게 만든 또 다른 사실은 소련측이 미국의 영공 침범을 매우 도발적인 행위로 받아들일 가능성이 크다는 데 있었다. 소련군 수뇌부가 U-2기의 자국 영공 침범을 전면적인 침공 직전에 실시하는 정찰 활동으로 여길 수 있었다.

정보 장교들이 몰츠비와 관련된 수집 정보를 알래스카에 있는 작전 지휘관과 공유하려면 NSA의 특별 승인을 받아야 했다. 오래잖아서 정보 출처를 노출시키지 않는다는 조건하에 승인이 떨어졌다. 아일슨 기지와 오리궁둥이 구조 항공기에 탑승한 항법사들은 천문 관측을 바탕으로 몰츠비를 알래스카로 유도하려는 시도를 이미 하고 있었다.

프레드 오키모토 중위는 몰츠비의 북극 항로를 작성한 항법사였다. 알래스카 시각으로 자정에 몰츠비를 임무 지역으로 보낸 뒤, 오키모토는 아일슨 기지의 장교 숙소로 돌아가 잠자리에 들었다. 몇 시간이 지난 뒤 작전 지휘관인 포레스트 윌슨 중령이 U-2기가 실종되었다는 소식과 함께 오키모토를 깨웠다. 윌슨 중령은 평소처럼 차분하게 말했다.

"문제가 생겼어."[13]

두 사람은 동트기 전 어둠을 뚫고 U-2기 격납고로 가서 임무 계획을 수립한 위층의 작은 사무실로 올라갔다. 오키모토는 임무 계획 수립에 실수가 있는지 확인하기 위해 전체 데이터를 다시 계산했다. 아무런 문제가 없는 것처럼 보였다. 가끔 오리궁둥이가 몰츠비와 연락하기 위해 사용한 고주파 측파대 무선 채널에서 전자음이 들렸고 사무실 곳곳에는 항법 차트와 천체력이 흩어져 있었다. 몰츠비가 항공기 기수 근처에서 오리온자리의 벨트를 봤다는 사실에서 U-2기가 남쪽으로 비행한다는 것을 알 수 있었다. 기수를 동쪽으로 돌리게 하는 조치가 최우선적으로 필요했다.

창밖을 내다본 오리궁둥이의 항법사는 동쪽 지평선에서 희미하고 붉은빛을 보았다. 알래스카 중부에서 해가 떠오르기 시작했다. 한 가지 좋은 생각이 난 항법사는 무전기를 통해 몰츠비에게 태양이 떠오르는 광경이 보이냐고 물었다. "아뇨"라는 짧은 답이 돌아왔다.

몰츠비가 알래스카 서쪽으로 수백 킬로미터 떨어진 곳에 있는 것이 분명했다. 우측 날개 끝에 오리온자리가 나올 때까지 좌선회해야 했다. 그렇게 하면 소속 기지로 향하게 되었다.

겁먹고 지친 몰츠비에게 측파대 무전기를 통해 아직도 이상한 호출이 오고 있었다. 이번에는 낯선 목소리가 몰츠비에게 30도 우선회하라고 말했다. 그렇게 하는 경우 소련 쪽으로 더 깊이 들어갈 터였다. 몰츠비는 "정상적인 관제사만 알고 있는" 암호로 상대방을 확인했다. 그러자 아무런 응답이 없었다.

알래스카에서 송출된 신호는 시시각각 약해지고 있었다. 몰츠비가 들은 마지막 지시는 "15도 우선회"였다. 몰츠비는 연료가 많지 않다는 사실을 알았다. 알래스카로 귀환하기에는 모자란 것이 확실했다. 비상 착륙을 시도해야 할 가능성이 컸다. 출처가 불분명한 신호음은 아직도 또렷하게 들렸지만 무시했다. 그 대신 비상 채널로 전환해서 소리쳤다.

"메이데이! 메이데이! 메이데이!"

미친 듯이 구조 요청을 외치고 난 뒤였다. 항공기 기수 근처에서 라디오 방송국이 나타나고 라디오에서 러시아 민속 음악이 들렸다. 발랄라이카(기타와 유사한 러시아 악기 - 옮긴이)와 아코디언, 그리고 러시아어 계통 말투의 목소리가 "크고 똑똑하게" 들렸다.

몰츠비는 마침내 자신이 어디에 있는지 알게 되었다.

라디오에서 러시아 음악을 들은 몰츠비는 자신이 "제2의 개리 파워스"가 될지도 모른다는 사실에 경악했다. 개리 파워스가 탄 U-2기는 1960년 시베리아 상공에서 소련 핵시설을 정찰하다 격추당했다. 파워스는 비상 낙하산으로 안전하게 착륙했지만 무슨 상황인지 모르던 농부에게 곧바로 붙잡혔고, 모스크바에서 스파이 혐의에 대한 공개 재판을 한 뒤 감옥에서 21개월을 보냈다. 이 사건은 미국, 특히 아이젠하워 대통령을 크게 당황하게 했다. 파워스가 죽었다고 잘못 판단한 아이젠하워는 해당 U-2기가 터키 동부에서 "고고도 기상 조사 임무"를 하던 중이었다고 주장하는 성명서를 승인했다.[14] 이 사건에 관한 미국 정부의 잇따른 발언은 이런 상황을 즐기던 흐루쇼프에 의해 뻔뻔한 거짓임이 드러났다.

몰츠비는 공산주의 국가에서의 수감 생활이 어떤 것인지 알고 있었다. 몰츠비는 10년 전 1월 북한 상공에서의 17번째 전투 임무에 투입되었을 때를 떠올려보았다.[15] 당시 몰츠비는 주요 철도 중심지를 폭격하기 위해 F-80 슈팅스타의 각 날개에 약 450킬로그램의 폭탄을 싣고 있었다. 그곳에는 중공군 증원 병력이 있었다. 철도를 향해 급강하 폭격을 시도하는 사이 적 포탄이 항공기 동체를 맞췄다. 몰츠비는 조종 불능 상태에서 땅에 처박히는 와중에도 아슬아슬하게 폭탄 두 발을 투하하고 사출좌석용 손잡이를 잡아당겼다. 조종사 낙하산이 자동으로 펼쳐졌고 몰츠비는 지상에 안전하게 내렸다. 머리 위에는 전투기들이 굉음을 내고 날아다니고 주변에서 폭탄 터지는 소리가 들렸다. 눈 위에 착지한 몰츠비는 낙하산 하네스를 벗고 도주하려 했지만 멀리 가지 못했다. 얼마 안 가 "소총 12정의 총구"가 자신을 겨누는 상황에 처했다.[16] 총의 주인은 전부 중공군이었다.

이것이 600일간 계속된 전쟁 포로 생활의 시작이었다. 미 공군은 몰츠비를 "임무 중 실종자" 명단에 올렸다.[17] 몰츠비는 여러 주 동안 미군과 연합군 포로와 격리되었다. 산허리를 파서 만든 악취가 나는 동굴에서 거의 모든 시간을 보냈다. 똑바로 설 수조차 없는 공간이었다. 결국은 생포된 다른 미군 조종사와 합류했지만, 쥐와 벌레가 득실거리는 지저분한 지푸라기에서 잠을 잤다. 엄청 추웠고 쌀과 물이 제공되었다.

"고통스러웠다. 아주 고통스러웠다. 시간이 갈수록 허기와 추위가 더 심해졌고 끝도 없이 심문을 당했다. … (중공군은) 몰츠비와 연합군 포로들을 어딘지도 모를 곳에 끌고 가 처넣기를 반복했다."

몰츠비는 1953년 8월 말 마침내 포로 교환으로 풀려났다. 몰츠비는 포로 경험을 떠올리면 떠올릴수록 러시아 음악이 들리는 곳에서 "최대한 멀리 가기로" 마음먹게 되었다. 신호가 항공기 바로 뒤에서 잡히고, 오른쪽 날개 끝에 오리온자리가 보일 때까지 계속 좌측으로 선회했다. 그러고는 비상 채널로 "메이데이! 메이데이!"를 목이 쉴 때까지 외쳤다. 몰츠비는 소련 영공을 약 500킬로미터 침범한 상태였다.

1962년 10월 27일 토요일 오후 12:38(호주 시드니 오전 2:38)

앤더슨 제독은 버지니아 주 노포크에서 해군사관학교가 피츠버그 대학을 상대로 벌이는 미식축구를 관람할 예정이었다. 오래전에 잡아 둔 일정이었다. 위기가 한창인 상황에서 참모총장이 자리를 비우고도 해군이 제대로 굴러간다는 사실은 자존심 문제였다. 민간인 상관이 어떻게 생각하던지 상관없이 존 폴 존스의 전통을 철저하게 신봉하는 부하들을 전적으로 믿었던 앤더슨은 "세부 사항은 참모들에게 맡겨라. … 불평을 늘어놓지 말고 걱정하지도 말라"라는 개인 신조를 고수할 작정이었다.

앤더슨은 진짜 긴급한 상황이 발생할 때를 대비해 관람실에 특수 전화를 설치하게 한 뒤, 아침 일찍 비행기를 타고 버지니아 주 남부로 내려갔다. 화요일 밤에 봉쇄 조치를 둘러싸고 맥나마라와 설전을 벌인 뒤에는 민간인 상관의 간섭에 대한 불만을 굳이 감추지 않았다. 백악관은 전반적인 지침을 내리고 해군에 일을 맡기기보다 사사건건 최종 결정을 직접 하려 했다. 부쿠레슈티호와 빈니차호 등 최소 2척이 단속을 받지 않고 격리선을 바로 통과했다. 국방부 장관 보좌관으로부터 통과 지시가 내려진 사실을 알게 되었을 때, 앤더슨 제독은 해군식의 저속한 욕설을 계속 내뱉었다.[18]

앤더슨은 미식축구 관람 때문에 쿠바와 소련을 상대로 한 전면적인 군사 행동을 조율하는 합참 일일 회의에 참석하지 못했다. 하지만 참모들은 앤더슨에게 해군이 준비를 철저히 하고 있다고 장담했다. 토요일 오후 일찍, 앤더슨과 함께 있던 부하가 앤더슨에게 온 메시지를 확인하기 위해 해군 참모총장 작전실에 연락했다. 참모총장 보좌관이 걱정하지 말라는 듯 말했다.

"제독께 편히 쉬시라고 말씀드리십시오. 해군은 별일 없습니다. 좋은 시간 보내시고 경기나 관람하시면 됩니다."[19]

"멋진 조지"의 응원과 함께 해군사관학교는 32대 9로 피츠버그 대학을 상대로 압승했다.

지구 반대편에 있는 호주에서는 어빈 도레스라는 이름의 대학교수가 아마겟돈이 벌어질 것이라는 생각에 사로잡혀 있었다. 32세의 사회학자였던 도레스는 "차가운 밤하늘에 날아다니는 미사일"을 멍하니 기다리기보다 미국을 떠나기로 마음먹은 소수의 미국인 중 한 명이었다.[20] 케네디가 봉쇄를 발표하는 연설을 한 직후 도레스는 가방을 싸서 콴타스 항공의 뉴욕발 시드니행 첫 비행기에 몸을 실었다. 여행 가방에는 "좋아하는 책 몇 권, 미완성된 원고 2건, 옷 몇 벌, 아끼는 타자기"가 들어 있었다.

도레스는 킹스크로스 호텔의 칙칙한 방에 앉아 자신의 갑작스러운 결정을 되짚어 보고 있었다. 시드니 시각으로 한밤중이었다. 그는 서먹서먹해진 아내와 함께 미국에 남겨둔 두 명의 어린 자식과 뉴욕 주 북부에 있는 유니언 칼리지의 학생들을 떠올려보았다. 사회학과 학장에게 급하게 메시지를 남기긴 했지만, 퇴직 의사를 확실히 밝히지는 않았다. 도레스는 일기장에 "사랑하는 사람들을 버렸다는 사실에 수치심"을 느끼기 시작했다고 고백했다. 그는 이렇게 자신에게 질문을 던졌다.

"다른 사람, 특히 나보다 더 젊은 사람들이 죽는 마당에 내가 살아야 하는 이유가 뭘까? 살아야 할 때가 있고 죽어야 할 때가 있다. 핵전쟁 이후의 세상은 아주 살기 싫은 곳이 될 것이다. 설령 방사능 노출에 살아남는다고 해도."

1962년 10월 27일 토요일 오후 12:44(알래스카 오전 8:44)

북극권에서 320킬로미터 위에 있는 페베크는 소련에서 가장 북쪽에 위치한, 가장 고립된 도시 중 하나였다. 이 지역의 추크치족은 순록을 기르고 바다코끼리 사냥을 중심으로 생활했다. 인구밀도는 1제곱킬미터당 약 5명이었다. 겨울에는 기온이 영하 50도 이하로 떨어졌다. 소련 정부는 이 지역에 관심이 많았다. 주석과 금이 풍부하게 매장되어 있고 북극해를 순찰하는 함정의 겨울 대피소이자 원거리 전초기지 역할을 했기 때문이었다. 소련은 북극을 가로질러 오는 미국 폭격기를 요격하기 위해 바닷가 끄트머리에 미그 전투기 한 개 대대를 배치했다.

소련군 레이더 기지가 추코트카 반도로 향하는 침범 항공기를 발견했을 때, 페베크 기지에서 미그기가 이륙했다.[21] 출격한 미그기는 순식간에 급가속을 해서 상승했지만 애가 타게도 목표물은 도달할 수 없는 곳에 있었다. 초음속 엔진으로 몇 분 만에 6만 피트까지 단숨에 올라갈 수 있었지만, 침공기가 비행하는 고도와는 여전히 1만 5000피트가 차이 났다. 결국 침공기를 약 500킬로미터 쫓아간 미그기는 연료를 보충하기 위해 서쪽으로 방향을 틀었다.

추코트카 반도에서 페베크 기지의 반대편에 있는 아나디리 기지에서도 또 다른 미그기 편대가 이륙했다. 해당 미그기 편대는 페베크에서 출격한 미그기로부터 추적 임무를 넘겨받기 위해 북쪽으로 날아갔고, 반도 중앙 상공에서 몰츠비가 탄 항공기를 따라잡아 알래스카 방향으로 방향을 트는 동안 쫓아갔다.

5600킬로미터 떨어진 네브래스카 주 오펏에 있는 전략공군사령부 작전센터는 요격 시도 중인 미그기 항적을 추적하고 있었다. 정보 장교들은 소련군 방공 레이더망을 감시함으로써 소련 영공에 들어간 U-2기에 대해 소련군이 추적하는 것과 같은 방법으로 미그기를 추적할 수 있었다. 미그기 이동은 작은 체크 부호로 화면에 표시되었다. 미그기가 동쪽으로 선회하자 전략공군사령부는 몰츠비를 보호하기 위해 알래스카 방공사령부에 F-102기 편대를 비상 출격시킬 것을 요구했다.

주초에 정비병들은 알래스카 서부에 있는 갈레나 공군기지에 배치된 F-102기에서 재래식 무장을 제거하고 핵미사일을 장착했다.[22] 데프콘 3 격상에 따른 표준 절차였다. 핵탄두가 탑재된 팰컨 공대공 미사일을 장착한 F-102기 한 대는 접근하는 소련 폭격기 편대 전체를 완전히 격퇴할 수 있었다. 실제로 F-102 조종사는 계기판에 달린 단추 몇 개만 누르면 핵미사일 발사가 가능했다. F-102는 1인승이었기 때문에 조종사가 미사일을 발사하기로 마음먹으면 아무도 제지할 수 없었다.

F-102 조종사 중에는 비행 학교를 수료한 지 얼마 되지 않은 21세의 레온 슈무츠 중위도 있었다. 슈무츠는 실종된 U-2기를 찾으려고 베링 해협 상공에서 고도를 높이는 동안 미그기와 마주치는 경우 어떻게

해야 할지 의문이었다. 자신을 방어할 수단이라고는 반경 800미터 내에 있는 모든 물체를 파괴할 수 있는 핵미사일밖에 없었다. 그런 무기를, 특히 미국 영공에서 사용하는 것은 사실상 상상조차 할 수 없었다. 소형 탄두라고 해도 일단 사용하는 경우 전면전으로 이어질 수 있었다. 하지만 소련 전투기의 공격에 아무런 대응을 하지 않는 것은 조종사의 기본적인 생존 본능을 거스르는 것이었다.

1962년 10월 27일 토요일 오후 1:28(알래스카 오전 9:28)

몰츠비는 머릿속으로 상황을 서둘러 정리했다. 가장 긍정적인 사실은 더 이상 소련 라디오 방송이 들리지 않는다는 점이었다. 비관적인 사실은 U-2기에 9시간 40분간 비행할 수 있는 연료만 실려 있다는 점이었다. 알래스카 현지 시각으로 자정에 이륙했기 때문에 이미 9시간 28분이 지난 상태였다. 남은 연료로는 12분만 더 비행할 수 있었다.

살아서 알래스카로 귀환할 가능성을 높이기 위해서는 U-2기의 독특한 활공 능력을 최대한 활용해야 했다. 긴 날개와 가벼운 기체를 가진 U-2기는 동력 없이도 대기권에서 천천히 하강하면서 최대 320킬로미터를 비행할 수 있었다. U-2기는 무동력 항공기이기도 했다.

몰츠비는 비상 상황에 대비해 연료를 좀 남겨둘 필요가 있었고 배터리도 아끼려고 했다. 그래서 방송을 중단해야 한다는 사실을 알리는 마지막 호출을 했다. 눈앞에 놓인 계기판에 손을 뻗어서 하나뿐인 프랫 앤휘트니 J-57 엔진을 끌 때는 "절망감"에 사로잡혔다. U-2기가 부드럽게 활공을 시작했다. 엔진 작동이 중단되면서 조종석 여압과 난방 시스템도 작동을 멈췄다. 조종석 압력이 낮아지는 것을 보완하기 위해 비상 산소가 공급되어서 쉭 소리와 함께 조종복의 캡스턴이 부풀었다. 옆은 공기로 인해 피가 터지는 것을 방지하는 조치였다. 몰츠비는 미쉐린 타이어 광고에 나오는 캐릭터처럼 보였다. 7만 피트 성층권 상공에서 자신의 위치도 모르고 통신도 두절된 상황에서 활공하는 동안 지치고 잠도 자지 못한 몰츠비의 머릿속에 이런 말이 계속 맴돌았다.

"이 정도면 괜찮은 난관이야, 찰리."

1962년 10월 27일 토요일 오후 1:41(알래스카 오전 9:41)

흐루쇼프가 가장 최근에 보내온 친서는 합참이 의심하는 최악의 시나리오를 더욱 확신하게 만들 뿐이었다. 장군들은 흐루쇼프가 미사일을 철수할 마음이 없다고 확신했다. 의미 없는 협상에 미국을 끝도 없이 끌어들여 시간을 벌 뿐이었다. 케네디가 상황 파악을 할 무렵에는 이미 늦을 터였다. 소련군은 미사일에 핵탄두를 장착해서 미국을 겨냥해 발사할 준비를 할 수 있었다.

합참이 보기에 소련의 유화적인 언행은 기만일 뿐이었다. 해병대 고위 장군 중 한 명은 합참에 "이전에 교조주의적인 공산주의자들이 전부 그랬듯이, 흐루쇼프도 손자병법의 철저한 신봉자입니다."[23] 자신의 주장을 입증하기 위해 기원전 512년 중국 제국과 1962년 소련 제국을 비교하면서 저명한 중국 군사 전략가들의 여러 격언을 언급했다.

· 말은 겸손하게 하되, 전쟁 준비와 공격은 계속하라.
· 나약한 것처럼 보여서 적의 거만함을 부추겨라.
· 군사 작전에서 가장 중요한 점은 적의 계략에 넘어가는 척하는 데 있다.

제11장 "몇몇 개자식"

합참 수뇌부는 거대한 지도로 뒤덮인 펜타곤 상황실인 탱크Tank에서 회의를 했다. 반들거리는 목제 테이블에 둘러앉은 장군들은 핵무장이 가능한 프로그 미사일과 기존 평가보다 훨씬 많은 소련군 병력이 있다는 최신 정보에 대해 의견을 주고받았다. 늘 그렇듯 커티스 르메이는 짧게 말하고 대화에 끼어들지 않으면서도 회의를 주도했다. 르메이는 합참 동료들이 쿠바에 있는 수천 개의 군사 목표를 상대로 전면적인 공습을 하고 나서 7일 뒤 지상군 침공을 하는 방안을 건의했으면 했다. 르메이의 주장에 따라 장군들은 백악관에 보고할 흐루쇼프의 "외교적 협박"을 비난하는 내용의 문서를 작성하기 시작했다.[24]

이들은 "쿠바 문제를 해결하기 위해 직접적인 군사 행동을 더 이상 미루는 것은 소련에 이롭"다고 경고했다. 그러면서 "쿠바를 제압하기가 더 어려워질 것으로 예상됨. 미군 사상자가 배로 늘어날 것임. 쿠바에 배치된 핵미사일과 핵무장 능력을 갖춘 항공기에 의한 미국 본토에 대한 직접적인 공격 위협이 엄청나게 증가될 것"이라고 덧붙였다.

맥나마라가 탱크로 걸어 들어올 때, 장군들은 쿠바 공격 시점에 대해 이야기하고 있었다. 엑스콤 회의를 하고 곧장 탱크로 온 맥나마라는 미국이 쿠바를 공격하는 경우 소련의 손쉬운 목표가 될 터키의 주피터 미사일 문제에 골몰하고 있었다. 흐루쇼프가 주피터 미사일을 "타격" 할 생각을 하지 못하게 할 한 가지 방법은 터키 연안에 폴라리스 핵잠수함을 배치하고, 모스크바에 그런 사실을 알리는 것이었다. 폴라리스 탄도미사일 16기를 장착할 수 있는 핵잠수함은 공격에 취약한 주피터 미사일에 비해 소련의 터키 공격에 관해 훨씬 더 효과적인 억지력을 제공했다. 핵잠수함을 터키로 보내는 조치는 구형 주피터 미사일 철수를 용이하게도 했다.

맥나마라는 지중해 동부에 핵잠수함 최소 한 척을 배치하는 계획을 마련하라고 합참에 지시했다. 또한 장군들이 말한 쿠바를 상대로 한 공습 작전의 "초기 및 적기 실행"을 하기 위해 정확하게 어떤 계획을 염두에 두고 있는지 알고 싶어 했다. 르메이가 퉁명스럽게 답했다.

"일요일이나 월요일에 공격하는 겁니다."[25]

장군들은 맥나마라에 대한 거부감을 감추지 않았다. 새 무기 체계 구입을 둘러싸고 계속 충돌했고, 맥나마라가 "평화주의자 시각"을 갖고 있다고 의심했다. 맥나마라가 신형 B-70 폭격기 도입을 거부하고 미니트맨 미사일 도입을 1000기로 제한할 것을 주장하자, 르메이는 동료들에게 "흐루쇼프가 미국 국방부 장관이라고 해도 이보다 더 나쁠 수 있겠냐"고 물었다.[26] 르메이는 맥나마라의 까다로운 태도에 견디기가 어려웠다. 맥나마라가 소련인 다수를 죽이지 않고도 소련 미사일 기지를 폭격할 수 있는지 묻자, 르메이는 놀랍다는 태도로 맥나마라를 보면서 말했다.

"미치신 게 틀림없군요."[27]

르메이에 대한 맥나마라의 감정은 좀 더 양면적이었다. 두 사람의 관계는 제2차 세계대전으로 거슬러 올라갔다. 버클리 출신의 머리 좋은 통계학자였던 맥나마라는 극동에서 르메이의 휘하에 있었다. 일본 도시 공습의 파괴 효과를 극대화할 방법을 마련하는 일이었다. 맥나마라는 과거 자신의 상관이었던 르메이를 자신이 아는 사람 중 "가장 능력 있는 전투 장교"로 여겼다.[28] 르메이는 무자비하기는 해도 맡은 임무를 완수했다. 르메이는 전투를 아주 단순하게 생각했다. 이를테면 파괴된 목표물의 개수 당 조종사 손실 수를 따졌다. 맥나마라는 하룻밤 사이에 아이들이 포함된 도쿄 시민 10만 명을 태워 죽이는 르메이의 피해 평가 계산을 도왔다. 하지만 르메이에 대한 맥나마라의 존경심은 혐오감과 뒤섞여 있었다. 도쿄에 대한 소이탄 폭격을 기꺼이 받아들일 수 있었지만 미국인 수백만 명의 사상자를 낼 수 있는 소련과의 핵전쟁은 또 다른 문제였다. 이 문제에 대해 논쟁이 벌어졌을 때, 맥나마라가 르메이에게 물었다.

"그런 전쟁에서 누가 이기게 됩니까?"

여기에 르메이는 이렇게 답하곤 했다.

"당연히 우리죠. 결국 핵무기 수가 훨씬 많은 쪽이 이기기 마련입니다."

"하지만 미국인 1000만 명이 죽고 나면 그게 무슨 의미가 있습니까?"

맥나마라는 지쳐 있었다. 지난 며칠간 정신없이 회의가 이어졌고 수백 건의 결정을 내렸다. 잠도 포토맥 강이 내려다보이는 펜타곤 3층 집무실의 탈의실에 있는 간이침대에서 잤다.[29] 집에는 금요일 저녁에 식사를 하기 위해 겨우 들른 것이 전부였다. 식사도 대부분 집무실에 있는 작은 탁자에서 했다. 오전 6시 30분에 일어나 밤 11시나 자정까지 일했다. 대통령이나 고위 관료에게서 걸려온 전화 때문에 자다가 깨기 일수였다. 가끔 펜타곤 지하에 있는 장교 클럽에서 스쿼시를 치는 것이 유일한 휴식이었다. 머리는 여전히 컴퓨터처럼 돌아갔지만 특유의 날카로움을 잃어갔고, 더 이상 이전처럼 사무적인 분석과 여러 개의 선택지로 엑스콤 회의를 장악하지 못했다. 이런 긴장된 대화를 나누던 도중에, 맥나마라는 르메이를 통해 긴급 메시지를 보고받았다. 맥나마라는 서둘러 메시지를 확인했다.

"U-2기 한 대 알래스카에서 실종."[30]

몰츠비가 항로를 벗어나 소련 영공을 침범했다는 확실한 증거가 있었음에도, 전략공군사령부가 맥나마라에게 그런 사실을 보고하는 데 한 시간 반이 걸렸다.[31] 최초 보고는 단편적이었다. 펜타곤은 "자이로 문제"가 발생한 뒤 조종사가 "항로를 벗어"났고 랭겔 섬 인근에 있는 "고주파 방향탐지기"에 의해 포착되었다고 백악관에 보고했다.

"그 뒤 소련 영토 가까이 갔거나 침범했음. 현재 정확한 원인은 미상임. 소련 전투기가 긴급 출격을 했고, 아군 전투기도 출격했음."

최초 보고만으로도 매우 놀라웠다. 양국 간 핵전쟁이 임박한 상황에서 미국 첩보기 한 대가 소련 영공을 침범했을 가능성이 컸다. 맥나마라는 대통령에게 전화하기 위해 서둘러 방에서 나왔다. 회의 일지에 따르면 이때가 오후 1시 41분이었다.

몰츠비는 엔진을 끄는데 신경 쓰다 보니 여압복이 부풀어 오른 뒤 헬멧이 올라가지 않도록 고정하는 끈을 잡아당기는 것을 잊고 있었다. 이 때문에 헬멧 아랫부분이 시야를 가렸고, 코앞에 있는 "계기판을 보기가 무지" 어려웠다. 마침내 헬멧을 제자리에 돌려놓을 때까지 애를 먹었다.

잠시 뒤, 조종석 유리창에 김이 서렸고 헬멧의 안면보호판에 응고체가 나타났다. 몰츠비는 입을 안면보호판에 최대한 가까이 밀어 넣었고, 혀로 안면보호판을 닦아내서야 계기판을 볼 수 있었다.

고도계는 계속 7만 피트를 가리켰다. 몰츠비는 계기판 바늘이 고정되었다고 생각했지만, 동력이 없는 상황에서도 동일한 고도로 비행하고 있다는 사실을 금방 깨달았다. U-2기는 적어도 10분을 활공한 뒤에야 천천히 하강하기 시작했다. 몰츠비는 자신이 할 수 있는 일이라고는 "수평 자세를 유지하고, 최대한 멀리갈 수 있도록 하강 속도를 유지하며, 수호천사가 졸고 있지 않기를 바라는 것뿐"이라고 생각했다.

시끄러운 엔진 소음이 사라지자 딴 세상에 온 듯한 적막감이 흘렀다. 들리는 소리라고는 거친 숨소리밖에 없었다. 약 10시간 비행을 한 뒤 가장 급한 신체적 욕구는 소변을 보는 일이었다. 평소 같으면 힘들게 부분여압복의 지프를 열고 여러 겹의 내의를 벗은 다음 병에다 일을 봤다. 최적의 조건이라고 해도 움직이기가 쉽지 않았는데, 여압복이 부풀러 올라 조종석을 거의 가득 채운 상황에서는 움직이는 게 사실상 불가능했다.

1962년 10월 27일 토요일 오후 1:45(알래스카 오전 9:45)

정신없이 아침이 지나갔지만 케네디는 매일 하는 수영을 빠트리지 않기로 했다. 보통 점심 전과 저녁 전 보좌관인 데이브 파워스와 함께 하루 두 번 수영을 했다. 요통 치료를 위해 주치의가 처방한 운동이었지만, 스트레스를 해소하는 방법이기도 했다. 웨스트윙 지하에 있는 실내 수영장은 원래 프랭클린 루스벨트 대통령의 소아마비 치료용으로 만든 장소였다. 이 당시에는 케네디의 아버지인 조 케네디가 기증한 버진제도에서의 멋진 항해 모습이 담긴 벽화로 다시 꾸며졌다. 두 사람은 15미터 수영장에서 평형을 하면서 가벼운 농담을 주고받았다.

수영장에서 나온 케네디는 집무실을 지나 가벼운 점심을 하기 위해 관저로 향했다.[32] 오후 1시 45분에 전화가 왔다. 맥나마라였다. 맥나마라 국방부 장관은 알래스카에서 실종된 U-2기에 관한 정보를 보고했다.

몇 분 뒤, 국무부 정보조사국장인 로저 힐스먼이 번디의 지하 집무실에서 계단으로 뛰어올라 왔다. 힐스먼은 방금 소련군 전투기와 미군 전투기의 긴급 출격에 관한 소식을 들은 상태였다. 이틀 동안 한숨도 자지 않은 힐스먼은 지쳐 있었지만, 상황의 심각성을 곧장 알아챘다.

"터무니없는 만큼이나 이 사건의 의미는 분명했다. 소련은 U-2기 비행을 핵전쟁 준비를 위한 최종 정보 정찰 활동으로 여길 가능성이 컸다."

힐스먼은 대통령이 노발대발하거나, 적어도 힐스먼 자신도 느끼기 시작한 어떤 공황 징후를 보일 것이라고 예상했다. 하지만 케네디는 짧고 냉소적인 웃음과, 해군 복무 시절에서 우러나온 상투적인 욕설로 긴장된 분위기를 깨트렸다.

"꼭 말귀를 못 알아먹는 개자식이 있다니까."[33]

겉으로 보인 차분함은 깊은 좌절감과 모순되었다. 가족의 다른 일원들과는 달리, 특히 동생 바비와 달리 케네디는 화가 났을 때 오히려 조용해졌다. 최측근들은 케네디가 가끔 표출하는 분노보다는 이를 악무는 상황을 더 두려워했다. 진짜 이성을 잃었을 때, 케네디는 손톱으로 앞니를 두드리거나, 손가락 관절이 하얗게 변할 때까지 의자 팔걸이를 아주 세게 쥐곤 했다.

케네디는 대통령 권한의 한계를 깨닫게 되었다. 최고통수권자가 자신의 이름으로 이루어지는 모든 일을 알 수 없었다. "몇몇 개자식"이 일을 망치기 전에는 모를 일이 너무 많았다. 군 조직은 내부의 논리와 관성에 따라 움직였다. 펜타곤은 북극에서의 공기 시료 채집 임무가 수개월 전에 미리 계획되고 승인된 것이라고 했다. 냉전의 가장 위험한 순간에 U-2기가 소련 영공을 침범할 가능성을 예상한 사람은 없었다.

케네디가 걱정한 일은 자신도 모르게 일어나는 일의 범위만이 아니었다. 어떤 경우에는 지시한 일도 진행되지 않았다. 그런 사례 중 적어도 케네디가 기억하는 한 가지는 터키에 있는 주피터 미사일과 관련된 지시였다. 몇 달 전부터 철수했으면 했지만, 관료들은 항상 대통령의 바람보다 우선하는 그럴듯한 이유를 찾아냈다. 이날 아침 케네디는 케니 오도넬과 로즈가든을 산책하는 동안 분통을 터트렸다. 케네디는 "이 빌어먹을 미사일을 터키에서 철수시키라고 마지막으로 지시한 시점"

을 확인하라고 했다.[34]

"앞서 다섯 번 지시한 것 말고, 마지막으로 지시한 시점만 말이야."

대통령이 펜타곤에 주피터 미사일 철수 검토를 마지막으로 지시한 시점은 8월이었던 것으로 밝혀졌다. 하지만 터키인들이 반발할 것을 우려해 이 계획은 흐지부지되었다. 나중에 번디는 미사일을 철수하라는 정식 "대통령 명령"을 받은 적이 없다고 주장했다. 기록상으로도 번디의 기억이 맞는 것처럼 보였다.

흐루쇼프가 주피터 미사일 철수를 공개적인 협상 카드로 이용하려고 시도하면서 이 문제는 훨씬 복잡해졌다. 하지만 케네디는 한 가지 사실을 분명히 했다. 구닥다리 미사일 몇 기 때문에 전쟁을 벌일 생각은 없었다. 젊은 해군 장교로 태평양 전쟁에 참전했던 케네디는, "이유와 원인을 판단하는 사람"은 전쟁에 뛰어들 설득력 있는 동기를 갖는 것이 좋다는 결론을 내렸다.[35] 그렇지 않은 경우 "모든 것이 잿더미가 되기" 때문이었다. 20년이 지난 이때, 이런 생각이 케네디가 느낀 기분을 압축적으로 보여주었다. 이제 케네디 자신이 이유와 원인을 판단하는 사람이 되었기 때문이었다.

하지만 토요일 오후에 펼쳐진 드라마는 케네디나 흐루쇼프 둘 다의 희망과는 관계가 없었다. 상황은 정치 지도자가 통제할 수 있는 범위보다 더 급박하게 진행되었다.

미군 첩보기 한 대가 쿠바 상공에서 격추되었다. 또 다른 첩보기는 소련 영공을 침범했다. 소련군 크루즈 핵미사일 부대는 관타나모 외곽에 자리 잡고 미국 해군기지를 "제거"하겠다는 흐루쇼프의 위협을 실행에 옮길 준비를 마쳤다. 핵탄두 호송대가 R-12 미사일 기지 중 한 곳으로 향하고 있었다. 카스트로는 미군 저공 정찰기를 상대로 사격하라는 명령을 내렸고 소련측에 선제 핵공격을 고려하라고 다그쳤다.

케네디 대통령은 미군을 완전히 통제하지 못하고 있었다. 그는 카리브 해에서 차츰 커지는 충돌에 대한 모호한 정보만 알고 있었다. 미국 군함은 소련 잠수함을 강제로 부상시키려 했고, 지친 잠수함 승조원들은 제3차 세계대전이 일어났는지 궁금해했다.

핵시대의 역설은 미국의 힘이 이전보다 훨씬 강해졌지만 단 한 번의 치명적인 오판으로 모든 상황이 위태로워질 수 있다는 사실이었다. 실수는 전쟁의 불가피한 결과였지만, 과거 전쟁에서는 실수를 수정하기가 더 수월했다. 이제 위험 부담이 훨씬 커졌고, 실수할 여지는 훨씬 적어졌다. 바비에 따르면 케네디의 머릿속에는 "인류 멸망의 가능성"이 계속 맴돌았다.[36] 그는 전쟁이 의도적으로 벌어지는 경우가 드물다는 사실을 알았다. 케네디가 가장 우려한 점은 "우리가 잘못하면, 우리 자신과 우리의 미래와 희망, 그리고 조국에 대해서만 잘못을 저지르는 것"이 아니라 "아무런 역할도 하지 않았고, 아무 말도 하지 않았으며, 심지어 이번 사태에 대해 알지도 못하는데, 단지 이 시대에 살고 있다는 이유만으로 다른 사람들처럼 목숨을 잃게 될" 전 세계 젊은이들에게 잘못을 저지른다는 사실이었다.

U-2기의 기수에서 약간 떨어진 지평선에서 희미한 불빛이 나타났다. 몰츠비는 몇 시간 만에 처음으로 정신이 말짱해졌다. 이제는 알래스카가 있는 동쪽으로 향하고 있다는 것을 확실히 알았다. 추코트카 상공이 여전히 칠흑같이 어두웠던 1시간 30분 전, 아일슨 기지에 있던 항법사는 몰츠비가 본 것과 똑같은 황금빛을 보았다. 몰츠비는 2만 피트까지 내려올 때까지 방향을 유지하기로 마음먹었다. 2만 피트에 구름이 없는 경우 1만 5000피트로 내려가서 주변을 살펴보고, 거기서 구름을 만나는 경우 최대한 오랫동안 고도를 유지할 생각이었다. 더 이상

고도를 낮추면 산에 부딪칠 수 있었다.

2만 피트로 하강하자 여압복이 수축하기 시작했다. 구름이나 산은 보이지 않았다. 이때쯤 지상이 보일 정도로만 날이 밝았다. 땅은 눈으로 뒤덮여 있었다.

U-2기의 날개 양쪽 끝에서 꼬리 날개와 동체를 눈에 띄는 빨간색으로 칠한 F-102 2대가 나타났다. 두 항공기는 기수를 크게 들어 올려서 "실속 속도에 가깝게" 아슬아슬하게 비행하는 듯 보였다. U-2기에는 비상 주파수로 겨우 전투기와 연락할 수 있을 만큼의 배터리만 남았다. 창공을 뚫고 미국인 목소리가 들렸다.

"귀환을 환영합니다."

F-102 요격기 두 대는 마치 윙윙거리는 모기처럼 구름 속으로 들어갔다 왔다 하면서 U-2기 주변을 맴돌았다. F-102가 U-2기의 활공 속도에 맞춰 비행하면 엔진이 갑자기 멈춰버려 추락할 수도 있었다. 적어도 주변에 미그기가 나타난 징후는 없었다. 미그기들은 몰츠비가 미국 영해에 도착하기 훨씬 전 아나디리 기지로 귀환한 상태였다.

가장 가까이에 있는 비행장은 코츠뷰사운드Kotzebue Sound라는 곳에 있는 간이 빙상 활주로였다. 코츠뷰사운드는 북극권 바로 위의 군 레이더 기지가 있는 곳이었다. 현재 위치에서 약 32킬로미터를 더 가야 했다. F-102 조종사들은 몰츠비에게 코츠뷰사운드에 착륙하라고 제안했다. 몰츠비는 왼쪽 날개 끝에 있던 F-102 조종사에게 말했다.

"좌선회할 테니 비켜주시면 좋겠습니다."

"문제없습니다. 그렇게 하시죠."

몰츠비가 좌측으로 기울이자 F-102기가 U-2기의 날개 아래로 사라졌다. F-102 조종사는 몰츠비에게 활주로를 찾아보겠다고 말했다.

로저 허먼은 플로리다 주 올랜도 외곽에 있는 맥코이 공군기지 활주로 끝에서 남쪽 하늘을 샅샅이 살펴보고 있었다. 허먼은 루돌프 앤더슨이 탄 U-2기를 찾고 있었다. 이동통제장교였던 그는 U-2기의 착륙을 지원하는 아주 중요한 역할을 했다. U-2기 비행은 매우 까다롭지만, 착륙은 그보다 더 까다로웠다. 조종사는 U-2기의 긴 날개가 활주로에서 정확하게 약 60센티미터 위에 있을 때 양력 발생이 중단되게 해야 했다. 이동통제장교는 통제 차량을 타고 활주로에서 U-2기를 뒤쫓아가면서 2피트마다 고도를 조종사에게 불러주었다. 조종사와 이동통제장교 둘 다 각자가 맡은 일을 제대로 하는 경우 U-2기가 착륙하고, 이 과정에 문제가 발생하는 경우 활공을 계속하게 된다.

허먼은 한 시간 넘도록 앤더슨을 기다리고 있었다. 앤더슨이 살아돌아올 가능성이 급격히 줄어들었다. 앤더슨이 미국 영공으로 되돌아올 때 보내는 무선 암호 메시지도 발신되지 않았다. 항법 오류로 항로를 벗어났을 가능성이 있었다. 앤더슨이 탄 U-2기는 4시간 35분 동안 비행할 수 있는 연료를 싣고 있었다. 오전 9시 9분에 이륙했기 때문에 비행 가능한 시간이 거의 끝나갔다.

활주로 끝에 서 있던 허먼은 동료의 귀환 시각을 세는, 제2차 세계대전 영화에 나오는 인물이 된 듯한 기분이 들었다. 그는 비행단장인 데스 포테스 대령의 다음과 같은 연락을 받을 때까지 기다렸다.

"들어오는 게 좋겠어."[37]

1962년 10월 27일 토요일 오후 2:03

정보가 부족한 맥나마라는 점점 더 당혹스러웠다. 시시각각 사태가 극적으로 전개되고 있지만, 기껏해야 몇 시간이 지난 뒤에 그런 사실을 보고 받았다. 맥나마라의 철학은 앤더슨 제독과는 정반대였다. 사사건 건 걱정하고 모든 세부 사항을 당장 알기를 원했다. 최신 정보를 계속 얻기 위해서 맥나마라는 관료 조직 깊숙한 곳까지 파고들었다. 펜타곤에 있는 자신의 집무실에서는 합참 통신 체계와 연결할 수 있었다. 쿠바와 그 주변에서 벌어지는 상황을 파악하기 위해 플로리다키스에 있는 레이더 운용 요원을 포함한 하급 관리에게도 직접 전화를 걸었다.[38]

군 수뇌부가 의도적으로 정보를 감췄는지, 아니면 군 수뇌부도 상황을 파악하지 못했는지 장담할 수 없었다. 맥나마라와 국방부 부장관인 로스웰 길패트릭은 해군지휘통제실에서 보고받은 내용과 국방정보국에서 보고받은 내용이 다르다는 사실을 눈치챘다. 해군이 "가장 최신 정보를 바탕으로 작전"하고 있는지 불확실했다.[39] 공군 지휘관들도 문제가 발생하기 전에는 몰츠비가 북극 비행을 한 사실을 모르고 있었다.

맥나마라는 또 다른 U-2기가 몰츠비에 이어서 동일 항로로 공기시료 채집 임무에 나섰다는 사실을 알게 되자 즉각 임무를 취소하라고 명령했다.[40] 나중에 맥나마라는 공군에서 몰츠비의 소련 영공 침범에 대한 상세 보고를 받을 때까지 미국 영토 바깥에서 모든 U-2기 임무를 취소시켰다. 맥나마라가 탱크에서 열린 합참 수뇌부 회의에 참석하자마자 더 놀랄만한 소식이 전해졌다. 오후 2시 3분 굳은 표정을 한 공군 대령이 갑자기 들어오더니 "쿠바 영공을 정찰하던 U-2기가 귀환 시각을 30~40분" 초과했다고 보고했다.[41]

1962년 10월 27일 토요일 오후 2:25(알래스카 오전 10:25)

U-2기가 5000피트 이하로 내려오자, F-102 조종사들은 긴장하기

시작했다. U-2기를 탄 적이 없던 F-102 조종사들은 어떻게 항공기가 동력도 없이 그 고도로 날 수 있는지 이해할 수가 없었다.

찰스 몰츠비 대위는 코츠뷰 활주로 상공을 1000피트 고도로 한 번 지나쳤다. 그곳은 바다 쪽으로 돌출되고 눈 덮인 반도였다. 트럭 한 대가 활주로 시작점을 표시했다. 활주로 바깥쪽에는 이글루 몇 개와 언덕 위에 군 레이더 시설이 있었다. 옆바람이 거의 불지 않아 다행이었다. 돌풍이 조금이라도 부는 경우 U-2기가 항로에서 벗어날 수 있었다. 바다 쪽으로 낮게 좌선회를 시작했을 때 F-102 조종사 중 한 명은 U-2기가 추락할 것이라고 확신했다. F-102기 편대장인 딘 랜즈 중위가 소리 쳤다.

"비상 탈출! 비상 탈출!"[42]

몰츠비는 당황하지 않고 날개 플랩을 내리고 공회전하던 J-57 엔진을 껐다. 추력이 너무 많이 발생하기 때문이었다. 생각보다 빠르게 활주로에 접근하는 것 외에는 모든 상황이 좋아 보였다. 트럭 위 4.6미터 상공을 지나면서 항공기 꼬리 부분에 있는 낙하산을 펼치고는 속도를 늦추기 위해 러더를 앞뒤로 찼다. 착륙을 지원하는 이동통제장교가 없었기 때문에 고도를 정확하게 판단하기 어려웠다. U-2기는 "엔진이 돌아가지 않는데도 계속 비행하는 듯 보였다."[43] 마침내 활주로에 제대로 착륙해서 얼음 위로 미끄러졌고 깊이 쌓인 눈에 멈춰 섰다.

몰츠비는 넋 나간 사람처럼 사출좌석에 앉아 있었다. 아무런 생각을 할 수 없고 움직일 수도 없었다. 육체적으로나 정신적으로 녹초가 되었다. 몇 분을 멍하니 앉아 있다가 누군가가 캐노피를 두드리는 소리에 정신이 들었다. 캐노피 밖에는 관용 파카를 입은 "수염을 기른 거인"이 있었다. 거인이 방긋 웃으며 말했다.

"코츠뷰에 온 걸 환영합니다."

몰츠비는 간신히 이런 말밖에 할 수 없었다.

"여기 온 걸 얼마나 기쁘게 생각하는지 모를 겁니다."

몰츠비는 조종석에서 빠져나오려고 했지만 다리가 움직이지 않았다. 힘들어하는 몰츠비의 모습을 본 거인은 "자기 손을 겨드랑이에 넣고는 나를 가볍게 들어 올려 눈 위에 얹혔다. 마치 봉제 인형이 된 기분이었다." 레이더 기지 근무자와 에스키모인 여섯 명이 예상치 못한 방문객을 맞이하기 위해 모였다. F-102기 두 대는 비행장 상공을 시끄럽게 지나갔고 날개를 흔들며 작별 인사를 했다.

수염을 기른 거인은 몰츠비가 헬멧을 벗는 것을 도와주었다. 매서운 바람이 얼굴을 때렸고, 곧 정신이 든 몰츠비는 다른 일을 모두 제쳐놓고 가장 먼저 처리해야 할 일이 생각났다. 자신을 맞아준 사람들에게 양해를 구한 몰츠비는 U-2기의 반대편으로 힘들게 이동한 뒤 아무도 밟지 않는 눈 위에다 터지기 직전까지 간 오줌보를 비웠다.

"죽기 살기로 도망치기"

Run Like Hell

소련 영공에서 U-2기가 실종된 사건은 전략공군사령부에서 벌어진 여러 안전사고의 시작일 뿐이었다. 핵폭격기가 항로를 이탈하고, 정찰기가 격추당했으며, 조기경보체계는 소련군 공격을 잘못 경보했다. 우발적인 핵전쟁은 대중 소설에만 나오는 이야기가 아니었다. 현실에서도 그런 일이 벌어질 수 있었다.

전략공군사령부의 모든 항공기, 미사일, 탄두는 이미 창설 이래 가장 높은 단계의 대비태세를 유지하고 있었다.[1] B-52 전략폭격기는 총 60대 가운데 8분의 1이 항시 체공한 상태에서 공산권 전역에 있는 목표를 타격할 준비를 마쳤다. B-47 폭격기 183대는 미국 33개 민간 및 군 비행장에 흩어져서 15분 대기를 하고 있었다. 장거리미사일은 총 136기가 발사 준비를 하고 있었다. 백악관 군 보좌관이 대통령에게 보고한 "쿠바 현황"에 따르면, 파워 장군은 "금일 아침 10시 부로 항공기 804대, 미사일 44기 등 남은 전력"의 동원령을 내렸다. 일요일 정오까지 미사일 162기와 핵탄두 2858발을 실은 항공기 1200대 등의 핵전력이 "발사 준비"를 할 예정이었다.

더 많은 항공기와 미사일이 전투태세를 갖출수록 시스템에 더 많은 부담이 가해졌다. U-2기가 소련 영공을 침범하는 극적 사태가 진행되는 와중에, 전략공군사령부의 고위 장성들은 몬태나에 있는 사일로에서 신형 미니트맨 미사일이 승인도 없이 발사될 가능성에 대해 우려했다. 발사 준비에 최소 15분이 걸리는 이전의 액체 연료 미사일과 달리, 고체 연료를 쓰는 미니트맨은 단 32초면 발사할 수 있었다. 위기로 인해 미사일 체계의 전개 시간이 줄었으나, 핵무기 안전장교들은 이제 지나치게 많은 절차가 생략된 사실을 우려했다.

미니트맨 미사일 10기의 발사 준비를 하기로 한 결정은 케네디 대통령이 텔레비전에 출연해서 쿠바에서 소련 미사일을 발견했다고 발표한 직후에 이루어졌다. 파워 장군은 가용한 모든 미사일이 소련을 겨냥하기를 원했다. 그래서 제341전략미사일단의 단장인 버튼 앤드러스 대령에게 연락해 승인된 안전 절차를 우회해 미니트맨이 즉각 발사 준비를 할 수 있는지 확인하라고 지시했다.

평시 미니트맨 운용을 위해서는 32킬로미터 떨어진 발사통제센터 두 곳에 있는 2개 장교팀이 전자 "투표"를 네 번 해야 했다. 문제는 통제소가 한 곳밖에 완성되지 않았다는 사실이었다. 두 번째 통제소는 아직 공사가 진행 중이어서 작전 준비를 갖추려면 몇 주가 더 걸렸다. 하지만 앤드러스 대령은 성질 급한 상관에게 "불가능"하다고 답할 수 없었다.[2] 그는 파워가 "전략공군사령관으로서 르메이가 이룬 엄청난 성과를 앞지르기 위해 미친듯이 노력"하고 있다는 사실을 알고 있었다. 그래서 어떻게든 실행할 방법을 찾으려 했다.

제2차 세계대전 참전 용사 출신인 앤드러스 단장은 뉘른베르크 군사 교도소의 소장이자 헤르만 괴링이나 루돌프 헤스 같은 전쟁 범죄자들의 교도관이었던 아버지의 과장된 태도를 다소 물려받았다. 아버지인 버튼 앤드러스 1세는 니스 칠을 한 초록색 헬멧을 쓰고 승마용 채찍을 들고는 친구들에게 "나는 독일놈들이 싫어"라고 말하곤 했다.[3] 앤드러스 2세는 파란색 비행복을 입고 맘스트롬 공군기지의 미사일 정비용 격납고에 있는 책상에 올라가서는 잔뜩 겁먹은 병사들에게 화난 목소리로 말하는 것을 즐겼다.

"흐루쇼프는 우리가 자기 꽁무니를 쫓고 있다는 사실을 알고 있지."[4]

앤드러스는 무선 전화기 세 대를 들고 다니면서 대통령이 찾을 때를 대비해서 전화가 여섯 번 울리기 전에 받는다고 기자들에게 말했다. 또한 미사일 기지 지휘관으로는 유일하게 미사일을 격납고로 옮기는

20미터 길이의 견인 트레일러 운전 자격을 갖고 있는 것으로 알려지기도 했다.

창설 초기부터 전략공군사령부에서 근무한 앤드러스 단장은 "전문성을 가진 공군 요원이 우회할 수 없는 무기 체계는 아직 개발되지 않았다고 확신"했다. 두 번째 발사센터에 설치될 구두 상자 크기의 전자 계기판의 "핵심 부분"을 임시로 만들어 첫 번째 발사센터의 회로에 직접 연결하면 문제가 해결되었다. 드라이버와 신속한 선 감기 작업, 그리고 미국인 특유의 창의성만 약간 있으면 되었다.

다음 사흘간 앤드러스는 부하들이 미사일 발사 준비를 마치도록 압박하고 자신은 파란색 스테이션왜건을 타고 몬태나의 시골길을 돌아다녔다. 그레이트폴스의 가장자리에 있는 맘스트롬 공군기지를 떠나 87번 국도로 숲이 울창하게 우거진 리틀벨트 산맥으로 차를 몰고 간 것이다. 87번 국도는 10킬로미터 더 떨어진 남동쪽의 알파원 발사 통제센터로 이어졌다. 89번 국도를 타고 남쪽으로 산악 도로를 건너 32킬로미터를 더 가면 한때 은 채굴 도시로 붐을 이룬 마너크라는 마을이 나왔다. 그곳을 지나 몇 킬로미터를 더 가다 보면 도로 오른쪽으로 황무지와 칙칙한 색의 콘크리트 슬래브를 둘러싼 울타리가 나왔다. 이곳이 알파식스 사일로였다. 콘크리트 아래에 80톤짜리 철문으로 보호된 이 격납고에는 미국의 첫 전자동 버튼 발사식 미사일이 보관되어 있었다.

미니트맨 미사일은 매우 비인간적인 면이 있었다. 이보다 앞선 세대에 개발된 액체 연료 미사일은 지속적인 유지와 관리가 필요했다. 미사일 요원들은 연료를 주입하고 미사일을 사일로에서 꺼내 발사하는 동안 현장에 있었다. 반면 미니트맨은 15~50킬로미터 떨어진 곳에 있는 요원들이 원격으로 운용했다. 공격에 취약하지 않도록 각 미사일은 최소 8킬로미터 떨어진, 방어가 강화된 사일로에 보관했다. 핵무기 한 발로 미니트맨 미사일 1기 이상을 파괴하는 것은 불가능했다. 소련이 선제공격을 시도하는 경우 미사일이 날아오는 동안 미국도 미사일을 발사할 수 있었다. 미국은 몬태나, 와이오밍, 다코타 전역에 걸쳐 미니트맨 미사일 약 800기를 배치할 계획을 하고 있었다. 케네디는 미니트맨 미사일을 "비장의 무기"라고 불렀다.

미사일 발사를 담당한 중령에 따르면, 미니트맨을 운용하는 일은 어떤 면에서 자동차키가 없는 새 차를 얻은 것과 같았다.

"운전을 할 수 없었다. 소유하고 있다는 느낌이 없었다. 액체 연료 미사일의 경우 엘리베이터로 미사일을 사일로에서 꺼내 연료를 주입하고 카운트다운을 한다. 하지만 미니트맨은 건드리지도 않는다."[5]

지하 30미터 아래의 벙커에 있는 발사장교는 미니트맨 미사일이 사일로에서 발사되는 광경조차 볼 수 없었다.

금요일 오후 무렵, 앤드러스와 수석 기술담당관은 첫 번째 미니트맨 미사일을 가동할 준비를 했다. 외부에서 보면 알파원 통제센터는 초원에 있는 평범한 축산 가옥처럼 보였다. 미사일 요원들은 일단 시설 내부에서 엘리베이터로 "캡슐the capsule"로 알려진 작은 지휘소로 내려갔다. 미사일 요원들이 최종 체크리스트를 점검하는 동안 앤드러스는 기술담당관에게 발사 중지 스위치에 엄지손가락을 올려 두겠다고 말했다. 그러면서 "내가 불빛이 안 보이면, 또는 자네가 무슨 소리를 듣거나 뭐가 보이거나 심지어 무슨 이상한 냄새가 나는 경우 소리를 질러. 그럼 내가 차단하겠네"라며 지시를 내렸다.[6] 나중에 앤드러스는 이렇게 인정했다.

"우리가 긴장한 것처럼 보였다면, 그건 실제로 그랬기 때문이었다. 제3차 세계대전 발발 가능성이 있다면 우발적으로 발사될 가능성이 1

제12장 "죽기 살기로 도망치기"

퍼센트라고 해도 쉽게 마음을 놓을 수가 없다."

테스트는 첫 번째 미니트맨 미사일이 작전 준비를 마쳤고 선언할 만큼 충분히 성공적이었다. 몇 시간 뒤 공군 장관인 유진 주커트는 대통령에게 미니트맨 미사일 3기가 "탄두를 장착한 채 소련을 겨누고" 있다고 보고했다.[7]

사실 이 시스템은 몇 가지 문제로 홍역을 치렀다. 발사 통제센터와 말스트롬 공군기지에 있는 지원 시설을 연결하는 전화가 두 개 라인밖에 없고, 통신 장애가 계속 일어났다. 막판에 보잉에서 온 기술자들이 투입되어 수리를 했다. 장비 부족으로 "여러 예비 수단이 필요했다."[8] 기술자들이 합선이나 배선 실수 등의 문제를 처리하려고 애를 쓰면서 개별 미사일이 작전 준비를 하기도 하고 운용 불가 상태가 되기도 했다.

앤드러스에게 최대한 빨리 미사일을 전개하라고 촉구한 전략공군사령부 수뇌부는 재고하기 시작했다.[9] 안전 조치를 얼렁뚱땅 만들게 한 만큼 발사 절차의 안전성에 대해 우려를 한 것이다. 그래서 우발적 발사를 막기 위해 사일로 위에 있는 두꺼운 강철 뚜껑을 직접 제거하도록 지시했다. 미사일이 승인 없이 발사되는 경우, 사일로 안에서 폭발하게 되었다. 발사 전 정비 인원은 뚜껑 제거용 폭약을 다시 연결해야 했다. 새로운 절차를 담은 전략공군사령부 지침은 워싱턴 시각으로 토요일 오후 2시 27분에 하달되었다. 알파식스가 처음으로 "작전화"되고 24시간이 지난 시점이었다.

사일로 뚜껑을 재연결하는 일을 맡은 기술자들은 농담 반 진담 반으로 자칭 "결사대"라고 불렀다. 발사장교로부터 미사일 발사 지시를 받는 경우, 결사대는 케이블을 연결한 뒤 대기 중인 픽업트럭에 올라타 "죽기 살기로 도망쳤다".[10] 미니트맨 미사일은 지상에서 폭발하는 데 대략 3분이 걸린다고 판단되었다. 설령 미사일을 무사히 발사하더라도 미사일 기지는 소련군이 발사한 R-16 미사일의 목표물이 될 가능성이 높았다.

프랫앤휘트니 제트 엔진 8개로 추진되는 B-52 스트래토포트레스 2대가 카스웰 공군기지에서 이륙했다.[11] "크고 못생기고 뚱뚱한 멍청이Big Ugly Fat Fucker"라는 뜻에서 버프BUFF라는 별명을 지닌 B-52에는 승무원 6명과 24시간 비행을 하기 위해 교대 조종사 한 명이 추가로 탑승했다. 폭탄탑재 칸에는 냉전 당시 전략공군사령부의 주요 무기였던 Mark-28 수소폭탄 4발을 싣고 있었다. 길이 약 4.3미터, 폭 60센티미터인 Mark-28은 거대한 시가처럼 생겼고 파괴력은 히로시마에 투하된 원자폭탄의 7배에 달했다.

B-52 승무원들은 소련 내 목표물, 폭격 기술, 탈출 기동에 대해 장시간 연구했고, "전쟁에 뛰어들 준비"를 갖췄다.[12] 하지만 "전체 임무를 완수할 가능성이 작다"는 사실을 인정했다. 핵전쟁은 "우리가 알던 세상이 종말을 고하게 된다"는 의미일 가능성이 컸다. 승무원들은 미국에 있는 소속 기지가 소련 핵공격의 주요 목표라는 사실을 알고 있었다. 임무에 나서기 전, 승무원들 다수는 가족들에게 위기 상황이 악화되는 경우 차에 짐을 싣고 기름을 가득 채운 다음 가능한 가장 멀리 떨어진 곳으로 떠나라고 말했다.

B-52는 크롬돔 공중대기의 남쪽 항로에 있는 대서양을 가로질러 비행했다. 또 다른 버프는 북극해 주변을 선회하면서 캐나다 인근에서 북쪽으로 날아갔다. B-52 한 개 편대는 소련군이 그린란드 툴레에 있는 탄도미사일 조기경보기지를 폭격하는 상황에 대비해 그곳을 지속적으로 감시했다. 데프콘 3와 2 선포와 함께 공중대기 폭격기 수가 다

섯 배 증가했다. 이런 식으로 전략공군사령부는 월요일 저녁에 대통령이 TV 연설에서 말한 "전면적인 보복 대응" 준비를 마치고 실행할 수 있다는 신호를 모스크바에 보냈다.[13]

폭격기들은 지중해로 돌아오는 길에 지브롤터와 스페인 남부 상공에서 재급유를 받고 귀환 항로로 되돌아갔다. 항공기가 붐벼서 B-52 6대가 동시에 재급유하는 경우도 흔했다. B-52가 급유기의 붐boom이라는 급유 장치에 달라붙어 마지막 한 방울까지 빨아들이는 데 30분이 걸렸다. 크롬돔 작전기는 전방 순찰 지역으로 비행하는 동안 종종 소련군 전자전 요원들에 의해 "기만"당했다. 자신을 "오션 스테이션 브라보"라고 밝힌 정체불명의 무선 기지국이 그린란드 인근에 있는 공군기에 비행 정보를 요구하곤 했다.[14] B-52 조종사들은 미승인 호출은 무시하도록 훈련받았지만, 이런 재밍 활동은 골칫거리가 될 수 있었다. 토요일 오후 급유기 조종사들은 B-52 2대와 함께 비행하는 동안, 스페인 남부 해안가에 있던 트롤선(그물을 바다 밑바닥으로 끌고 다니면서 물고기를 잡는 배 - 옮긴이)으로부터 전파 간섭을 받는다고 보고했다.

B-52 폭격기 편대는 스페인과 이탈리아 남부 해안을 빙 돌아 비행한 뒤, 크레타 섬에 접근하면서 좌선회하고 그리스와 유고슬라비아와 인접한 아드리아 해로 향했다. 그곳이 선회 지점이었다. 아직 소련 국경까지는 한 시간, 모스크바까지는 두 시간이 걸리는 곳이었다. 조종사들은 오마하로부터 "긴급 조치 메시지"가 왔는지 고주파 무선 수신기를 확인했다. 대통령이 소련 폭격을 결정하는 경우, 전략공군사령부는 알파벳과 숫자 6개가 뒤섞인 형태의 암호 명령을 방송으로 내보내게된다. 최소 두 명의 승무원이 조종사 곁에 보관된 큰 검은색 암호책에서 메시지가 맞는지 확인해야 했다.

제2차 세계대전 당시 르메이가 지휘한 폭격기들이 일본을 공습할 때와 마찬가지로 B-52는 적 레이더를 피하기 위해 저고도로 목표 지점에 접근해야 했다. 좀 더 구형인 일부 B-47은 승무원이 직접 폭탄 투하칸으로 기어가서 핵폭탄의 중핵부에 봉을 삽입하는 물리적인 "무장"이 필요했다. 하지만 B-52에서는 무장 과정이 자동으로 이루어졌다.

조종사들은 탑재된 무기의 탄도학적 특성을 연구했고 언제 투하해야 목표물 위에 "투척"되는지 알고 있었다. 폭탄에는 지연 신관이 설치되어 시속 740킬로미터로 비행하는 B-52는 폭발과 불덩이를 피할 수 있었다. 실전에서는 거의 완벽한 조건에서 실행된 태평양에서의 시험 투하에 비해 정확성이 훨씬 떨어졌다. B-52에는 폭탄을 목표물에 유도하는 정밀 레이더 시스템이 없었다. 전략공군사령부에는 임무 중 복잡한 탄도 계산을 할 "키티"도 없었다. 조종사들은 자체적으로 임무를 수행해야 했다. 정확성이 떨어지는 것을 보완하고 목표를 확실하게 파괴하기 위해 전략공군사령부는 동일 목표에 여러 번 공격해야 한다고 주장했다.

단일통합작전계획 목록상의 목표에는 미사일 기지, 비행장, 군수공장뿐만 아니라 모스크바 중심에 있는 크렘린 같은 지휘통제센터와 인구 600만 명이 넘는 도시가 포함되었다. 모스크바에는 여섯 개 "목표 그룹target complexes"이 있었고 목표당 대략 4개 폭탄이 할당되어 23개 핵무기로 공격할 예정이었다.[15] TNT 약 2500만 톤으로 제2차 세계대전에서 사용된 전체 폭탄의 최소 5배가 되는 파괴력이었다.

이론상 모든 목표는 일종의 "전략적" 중요성을 지녔다. 하지만 한 가지 주목할 만한 예외가 있었다. 목표에 도달하지 못하고 승무원이 죽거나 소련군이 쏜 미사일에 무력화되는 때를 대비해 B-52에는 적국 영토에 "준비된 무기를 자동으로 투하"하는 장치를 갖추고 있었다. 전략공군사령부의 기획자들은 핵무기를 한꺼번에 "낭비"하기보다, 폭격기가 급격히 추락하는 일이 벌어지는 경우 자동 폭발 장치가 가동되도록 하는 것을 선호했다. B-52 승무원들에게 이런 소름 끼치는 장치는 "데 드맨의 스위치dead man's switch"로 알려졌다.[16]

1962년 10월 27일 토요일 오후 3:02(아바나 오후 2:02)

쿠바 국영 라디오 방송인 〈라디오 렐로Radio Reloj〉는 워싱턴 시각으로 오후 3시 2분에 갑자기 정규 방송을 중단했다. 이날 아침 "불상 군용 기"가 "쿠바 영토 깊숙이 침투"했지만 대공포로 쫓아냈다는 사실을 알리기 위해서였다.

"쿠바 공군은 가장 높은 단계의 전투태세를 갖추고 조국의 신성한 권리를 지킬 준비가 되어 있다."

정부 성명이 방송되는 시각, 베후칼에서 핵탄두를 실은 차량 호송 대가 아바나에서 동쪽으로 약 260킬로미터 떨어진 칼라바사르에 도착했다. 이곳에서 건설 중인 탄두 특수 저장 시설은 아직 완공되지 않은 상태였다.[17] 한 곳은 기초 콘크리트 공사가 완료되었지만, 소련에서 가져온 아치형 알루미늄 구조물의 조립 작업이 아직 시작되지 않았다. 두 번째 저장 시설에서 방금 벽에 굴뚝처럼 생긴 통풍구 설치를 끝낸 공병 부대는 지붕에 방수 설비를 하고 있었다. 하지만 벙커 내부 공사가 끝나지 않았고, 온도 조절 장치도 설치하지 않은 상태였다. 제대로 보관할 장소가 없었기 때문에 탄두는 발사지점에서 약 1.6킬로미터 떨어진 연대본부 근처에 세워 둔 박스형 밴에 보관했다. 기술자들은 밴 안에서 탄두를 점검했다.

칼라바사르데사구아에 있는 미사일 기지는 낮은 언덕 사이에 있는 야자수와 사탕수수밭 중앙에 있었다. 주변에 있던 언덕은 46미터가 넘지 않았지만 북쪽과 동쪽으로 약간의 보호막 역할을 했다. 발사진지는 네 곳이 있었고 각 진지는 수백 미터 떨어져 있었다. 발사 스탠드는 미사일을 올려놓는 두꺼운 강철 테이블로 되어 있었다. 중간에 큰 구멍이 있고 하부에는 원뿔형의 화염전향기가 있었다. 각 발사대 인근에는 미사일을 수직 자세로 끌어올리기 위해 견인 트레일러 한 대가 대기하고 있었다. 미사일 자체는 인근 천막에 보관되었다.

칼라바사르데사과 기지는 제79미사일연대장인 이반 시도로프 대령 휘하의 2개 미사일 포대 중 하나였다. 발사진지 4개를 갖추고 있는 두 번째 포대는 19킬로미터 떨어진 사과라그란데 인근에 있었다. 울창한 산의 보호를 받는 쿠바 서부 피나르델리오 주의 미사일 기지에 비해 이곳 2개 미사일 포대는 미군의 공격에 더 취약했다. 하지만 한 가지 큰 이점이 있었고, 이 때문에 가장 핵심적인 기지로 여겨졌다. 즉, 산크리스토발 주변 기지보다 인구가 밀집된 미국 동부 해안까지 약 80킬로미터 더 가까이에 있었다. 산크리스토발에 배치한 미사일로는 미국인 800만 명이 거주하는 뉴욕을 타격할 수는 없었지만, 사과라그란데에 배치한 미사일로는 타격할 수가 있었다.[18] R-12의 최대 사거리는 약 2000킬로미터였고, 칼라바사르 미사일 기지에서 맨해튼까지도 약 2000킬로미터였다.

시도로프 대령은 이제 미국을 상대로 R-12 핵미사일 8기를 발사할 수 있었다. 총 최소 8메가톤으로 역사상 전쟁에서 사용된 모든 폭탄의 위력과 맞먹는 폭발력이었다. 핵탄두 1메가톤의 위력이면 미사일의 부정확성이 상쇄될 수 있었다. 시하로프는 2차 공격용으로 미사일 4기를 추가로 확보했지만 미군의 대규모 보복 공격이 확실시되는 상황에서 예비 미사일을 사용할 가능성은 적었다.

다른 미사일 기지와 마찬가지로 칼라바사르 기지도 여러 겹의 방어선으로 둘러싸였다. 첫 번째 방어선은 쿠바군 방공포대로 편성되었고, 발사대 서쪽으로 1.6킬로미터 떨어진 곳에 배치되었다. 2차 방어선은 남쪽으로 11킬로미터 떨어진 산타클라라 비행장에 배치된 MIG-21 초음속 전투요격기 40대로 편성되었다. 튼튼하고 경량에다 기동성이 뛰어난 MIG-21은 이보다 무겁고 좀 더 정교한 미국 전투기에 만만찮은 상대였다. 최종 방어선은 쿠바 북부 해안을 따라 배치된 SAM 기지와 동쪽으로 32킬로미터 떨어진 곳에서 전술핵무기를 갖추고 있는 차량화소총병연대였다.

이런 방어체계의 약한 고리는 다름 아닌 중심에 있었다. 시도로프 부대는 미사일로 미국 도시 여러 곳을 파괴할 힘을 갖고 있었지만 공수부대 공격에는 방어가 취약했다. 방어용 무기라고는 기관총과 장교용 권총 몇 정뿐이었다. 지반이 딱딱하고 돌이 많아 폭탄을 사용하더라도 제대로 된 참호를 구축할 수 없었다. 병사들은 발사진지 근처에 개인호 몇 개를 파서 그곳에서 밤을 보내고 낮에는 휴식을 취했다.

전투 경험이 많은 베테랑들은 방어진지를 둘러보고는 불안에 떠는 신참들에게 조언을 했다. 적 공격 시 어디로 도망칠지, 뭘 가지고 갈 것인지 같은 내용이었다. 트로이츠키 소령은 대조국전쟁의 경험을 말해주었다.

"걱정하지 마. 운 좋은 사람은 살아남을 테니까."[19]

제79미사일연대는 공식적으로 준비태세 3으로 경계를 강화한 상태였다.[20] 시도로프의 부하들은 다음과 같은 발사 최종 절차를 여러 번 연습했다. 탄두를 도킹용 수레로 옮겨 미사일에 장착한다. 미사일을 발사대로 가져간다. 미사일을 수직 자세로 끌어올린다. 연료를 주입한다. 발사한다. 시도로프는 몇 가지 절차를 생략함으로써 이제 명령이 떨어지면 미사일을 2시간 30분 내로 미국에 투하할 수 있었다.

자의적인 판단에 따라 미사일을 발사할 권한은 없었지만 본국의 명령 없이도 미사일을 발사하는 상황이 벌어질 수 있었다. 미사일에는 미승인 발사를 막는 전자 잠금장치가 없었다. 발사 메커니즘은 개별 발사대를 지휘한 소령이 통제하고 있었다. 베후칼 외곽에 있는 사단본부와의 통신 접속도 아직 불안했다.[21] 모스크바에서 베후칼, 칼라바사르, 사과라그란데로 암호화된 명령을 직접 하달할 정교한 초단파망의 구축이 아직 마무리되지 않은 상황이었다. 기상에 따라 무선 통신의 상태가 들쭉날쭉했다. 어떤 때는 감도가 좋지만 메시지를 파악할 수 없을 때도 있었다.

최종 카운트다운 타이밍을 맞추는 책임은 아직 젊은 빅토르 예신 중위가 맡았다. 예신은 나중에 전략로켓군의 참모장까지 올라가는 인물이었다. 수십 년이 지난 뒤 쿠바에서의 경험을 떠올린 예신은 미국의 공습으로 인해 벌어질 가능성이 큰 결과에 대해 우려했다고 한다.

"군인의 심리를 이해해야 합니다. 공격받는 상황에서 보복하지 않을 이유가 있겠습니까?"[22]

1962년 10월 27일 토요일 오후 3:30

CIA는 카스트로가 어떻게든 미국을 몰아세워 미국의 쿠바 공격에 대응할 것이라고 오랫동안 의심했다.[23] CIA는 "쿠바가 공격받는 순간에 시작될 이미 협조 된 테러와 혁명 공세"를 준비할 것을 알리는 암호 메시지를 입수했다. 중앙아메리카에 있는 쿠바 첩보원들에게 전달된 이 메시지에 따르면 1962년 라틴아메리카 국가에서 "최소 1000명"이 "사상 교육이나 게릴라전 훈련을 받기 위해" 쿠바를 방문했다. 훈련 받는 인원들은 대개 프라하 같은 동유럽 도시를 경유하는 등 우회 경로를 이용해서 쿠바에 왔다. 이런 프로그램의 존재는 카스트로가 베네수엘라, 페루, 볼리비아 같은 국가에 쿠바 혁명을 수호할 준비를 한 충성심 높은 인적 네트워크를 갖고 있다는 의미였다.

토요일 오후, CIA가 "아바나 인근 어딘가에서 입수한 통신" 메시지는 라틴아메리카에 있는 카스트로 지지자들에게 "모든 종류의 양키 자산"을 파괴하라고 지시하는 내용이었다.[24] 모든 미국 기업과 정부 소유의 자산이 공격 목표였다. 여기에는 광산, 유정, 통신사, 외교 공관이 포함되었다. 전 세계 곳곳에 있는 미국 대사관과 CIA 지국은 곧바로 경계태세에 들어갔다. 메시지에는 이런 내용도 있었다.

"양키 대사관을 공격해서 가능한 많은 서류를 탈취할 것. 주목표는 반혁명적인 찌꺼기를 제거하고 그 중심을 파괴하는 것임. (…) 추가 지시를 받을 때까지 양키 대사관에서 탈취한 자료는 안전한 곳에 보관할 것. (…) 그결과는 언론을 통해 알게 될 것임. 라틴아메리카 해방 만세! 파트리아 오무에르테!"

카스트로는 1961년 1월 워싱턴과의 관계를 최종적으로 정리한 이후, 대륙 전역에 걸쳐 혁명에 불을 붙이려는 욕망을 숨기지 않았다. 1962년 2월에는 라틴아메리카에서 미국의 후원을 받는 정부들을 상대로 한 게릴라전 선포에 가까운 발언을 했다.

"혁명을 일으키는 것은 모든 혁명가의 의무다. 문 앞에 앉아서 제국주의의 시체가 지나가기를 기다리는 것은 제대로 된 혁명가의 행동이 아니다."[25]

부메랑 작전Operation Boomerang으로 알려진 비밀 계획에 따르면, 미군이 쿠바를 침공하는 경우 쿠바 스파이들은 군 시설, 정부기관, 터널 뿐 아니라 심지어 뉴욕에 있는 영화관까지 파괴하도록 되어 있었다.[26]

혁명의 확대는 카스트로에게 이데올로기 문제만이 아니었다. 정치적 생존이 걸린 문제였다. 미국은 카스트로 정권을 끌어내리기 위해 침공에서부터 통상 금지, 그리고 셀 수 없을 정도로 많은 파괴 공작에 이르기까지 하지 않은 일이 없었다. 카스트로는 젊어서 혁명가가 된 이후 최고의 방어는 공격이라고 확신해 왔다. 자신을 후원해 준 소련측에 설명했듯이 "라틴아메리카 전체가 화염에 휩싸이면 미국이 우리를 해칠 수 없다"고 생각했다.[27]

케네디 행정부는 쿠바 라디오에서 입수한 메시지를 언론에 흘렸다. 이런 조치는 카스트로를 라틴아메리카의 안정을 해치는 최대 위험 요소로 몰아가기 위한 더 큰 활동의 일부였다. 물론 미국도 순수하지만은 않았다. 지난주 케네디 대통령은 쿠바 본토에 대한 일련의 테러 공격을 승인했다. 여기에는 아바나 주재 중국 대사관에 대한 수류탄 공격, 피나르델리오 철도 폭파, 정유 및 니켈 공장 공격이 포함되었다. 당분간 이런 계획의 실행은 실용적이지 않은 것으로 드러났지만, 그렇다고 케네디 형제가 파괴 공작 정책을 포기했음을 의미하지는 않았다. 금요일에 열린 몽구스 작전 회의에서 바비 케네디는 외국 항구에 정박한 쿠바 선박 22척을 폭파시키는 CIA 계획을 이미 승인한 상태였다.[28]

라틴아메리카에 있는 카스트로 동조자들이 아바나의 요구에 응답하는 데에는 시간이 오래 걸리지 않았다.[29] 몇 시간 내, 이 지역에서 가장 친미 성향을 지닌 베네수엘라 곳곳에서 미국 기업을 상대로 소규모 폭탄 테러가 벌어졌다. 일련의 폭발 사건이 베네수엘라의 카리브 해안가에 있는 마라카이보 호수의 적막을 깨트렸다. 모터보트를 탄 공작원 3명이 호수 동쪽 기슭을 따라 자리 잡은 전력분배소에 다이너마이트를 투척해서 뉴저지에 있는 스탠다드오일이 소유한 유전에 대한 전기 공급을 차단했다. 공작원들은 네 번째 변전소를 공격하던 중 타고 있던 보트를 실수로 폭파해 버렸다. 이 사고로 정장이 즉사했고, 보트에 탄 나머지 두 공작원은 심각한 부상을 입었다. 결국 변전소 경비원들이 물에 있던 데릭 기중기에 매달린 공작원들을 발견했다.

베네수엘라 정부는 이 같은 테러 공격이 아바나의 지령을 받은 "공산주의 파괴 공작단"의 소행이라고 주장하면서 쿠바를 즉각 비난했다.[30] 쿠바 정부는 여기에 대해 분노를 표하면서 부인했지만, "꼭두각시 로물로 베탕쿠르(1962년 당시 베네수엘라 대통령 - 옮긴이)의 군 동원령에 대한 베네수엘라 해방군의 첫 번째 응답"이라며 사건을 크게 즐기듯 발표했다.

버글콜 작전Operation Bugle Call의 실행 준비가 되었다.[31] 올랜도 외곽에 있는 맥코이 공군기지에서 F-105 전투기 16대가 쿠바에 라베르달(LAVERDAD : 진실)이라는 제목의 전단지를 뿌리기 위해 비상 대기를 했다. 전단지 한쪽 면은 미국 정찰기가 촬영한 소련 미사일 기지 한 곳의 사진이 있었다. 이 사진에는 미사일 준비 천막, 발사대, 연료 주입 장비 등이 표기되어 있었다. 다른 한 면에는 소련 미사일 기지 지도와 더불어 미국의 해상 봉쇄를 스페인어로 설명한 내용이 있었다.

"소련이 쿠바에 공격용 핵미사일 기지를 은밀하게 구축했다. 이런 기지들은 쿠바인들의 생명과 세계 평화를 위험에 빠트렸다. 현재 쿠바가 소련의 침략을 위한 전초기지가 되었기 때문이다."

포트브래그에 있는 미 육군 심리전 부대가 인쇄한 전단지는 총 600만 장이었다. 쿠바에 거주하는 거의 모든 성인에게 한 장씩 돌아가는 분량이었다. 미 육군은 전단지를 "전단지 폭탄"이라는 이름의 섬유 유리에 넣어 도폭선으로 묶었다. "전단지 폭탄"은 아바나를 비롯한 쿠바 도시 상공에서 터져 그 아래에 있는 쿠바 국민에게 비처럼 뿌려질 예정이었다. 버글콜 작전은 대통령의 최종 승인을 기다렸지만, 막판에 장애가 발생했다. 갑자기 쿠바 하늘에 더 큰 전운이 감돌았다.

1962년 10월 27일 토요일 오후 3:41

오후 3시 41분 해군 RF-8 6대가 키웨스트에서 이륙해서 소련군 레이더를 피해 저공으로 플로리다 해협이 있는 남쪽으로 비행했다.[32] 정찰기들은 쿠바 해안선에 접근하자 여러 방향으로 찢어졌다. 서쪽으로는 산훌리안 비행장과 피나르델리오에 있는 미사일 기지를 촬영하고, 동쪽으로는 산타클라라 비행장에 있는 신형 MIG-21기와 레메디오스에 있는 R-14 미사일 기지를 확인하는 임무였다.

미국 해병대에서 8년간 근무한 에드거 러브 대위는 쿠바 중부 지역 정찰 임무의 선임 조종사였다. 그는 바라데로의 해변 리조트 인근에서 쿠바 영공에 진입해 철도가 있는 해안선을 따라 남동쪽으로 향했다. 8분쯤 비행하자 왼편 사탕수수밭 위에 곱사등처럼 낮은 언덕이 솟아 있는 것을 볼 수 있었다. 그곳에는 칼라바사르 R-12 미사일 기지가 있었다. 에드거 러브 대위는 미사일 기지를 비스듬한 위치에서 몇 장 촬영한 뒤 산타클라라로 향했다. 비행장 상공을 통과하는 동안, 미그기 편대가 막 착륙하려는 모습이 보였다. 에드거 러브는 미그기와 마주치지 않으려고 왼쪽으로 급선회했다. 잠시 미그기의 추격을 받을 수 있다는 생각이 스치자 레메디오스가 있는 북쪽으로 방향을 틀었다.

사진 촬영을 위해 급상승을 하던 에드거 러브는 방공포 사격으로 인한 포연을 봤다. 오른쪽 어디였는데, 정확한 위치는 분간하기 어려웠다. 윙맨이 너무 가까이에 있어서 기동이 쉽지 않았고, 급하게 좌선회

제12장 "죽기 살기로 도망치기"

하는 바람에 충돌할 뻔했다. 에드거 러브는 애프터버너를 켜면서 무전기로 윙맨에게 소리쳤다.

"저리 비켜! 너무 가깝단 말이야."[33]

산크리스토발 상공을 비행하는 RF-8 정찰기에도 방공포 사격이 시작되었다. 쿠바 방공포 부대는 이날 미군 항공기의 갑작스러운 영공 침범에 깜짝 놀란 뒤로 전투태세를 갖추고 있었다. 이번에 미군 정찰기들은 산디에고데로스바뇨스 방향인 서쪽에서 접근했다. 10월 23일 비행대장인 에커가 촬영해서 미국에 산크리스토발 MRBM 1번 기지로 알려진 곳을 지나 시에라델로사리오 산맥의 융기선을 따라가고 있었다. 그때 미사일 기지 초입 외곽에 배치된 쿠바군 방공포 부대가 동쪽으로 5킬로미터 떨어진 MRBM 2번 기지로 향하던 RF-8 2대를 향해 발포했다.

블루문 5025 임무에 투입된 조종사들은 조종석 백미러로 포연을 확실히 볼 수 있었다. 폭탄탑재 칸에 장착된 카메라는 아직도 지상의 광경을 하나하나 촬영하고 있었다. 첫 포연을 본 선임 조종사는 조종간을 왼쪽으로 홱 잡아당기고는 곧 수평을 유지하면서 전방 카메라로 MRBM 2번 기지의 전경을 촬영했다. 나중에 펜타곤은 이 사진을 쿠바에서 진행 중인 소련군의 미사일 관련 활동의 증거로 제시했다. 사진 왼편에서 발사 스탠드와 기립장치가 선명하게 보였다. 나무가 울창하게 우거진 산맥의 기슭에 있는, 구축한 지 얼마 되지 않은 개인 참호는 수십 미터 떨어져 있었다. 1초도 지나지 않아서 조종사는 또 다른 포연을 봤다. (이 책에서는 해당 RF-8이 대공포 공격을 받는 순간에 촬영한 미공개 사진 몇 장을 공개했다.) 이번에 조종사는 망설이지 않았다. 급하게 좌선회한 다음, 귀환하기 위해 시에라델로사리오 산맥으로 향했다.

1962년 10월 27일 토요일 오후 4:00

오후 엑스콤 회의가 시작된 직후 해군 정찰기에 문제가 발생했다는 소식이 전달되기 시작했다. 맥나마라는 "기계적" 문제 때문에 RF-8 2대가 임무를 "취소"하고 "기지로 귀환"하고 있다고 보고했다. 27분 뒤, 또 다른 정찰기 2대가 "37밀리로 판단되는 대공포의 포격"을 받았다는 정보가 보고되었다.

소련군이 저공 정찰기를 상대로 공격한 사실은 전투태세를 상당 부분 격상시켰음을 보여주는 듯했다. 이날 아침 앤더슨 소령이 탄 U-2기가 쿠바 상공에서 격추된 사실과 함께 감안하면 더 그랬다. 케네디 대통령은 이런 상황에서 예정된 야간 정찰 임무를 강행하는 것이 괜찮을지 의문이 들었다. 공보처장 직무대리인 도널드 윌슨은 예광탄 투하의 "무해성"을 쿠바인들에게 알리기 위한 방송 준비를 해 둔 상태였다. 케네디가 윌슨에게 말했다.

"기다리는 게 좋겠습니다. 오늘 밤에 야간 정찰을 해야 할지 확신이 서지 않습니다."

테일러 합참의장도 동의했다.

"정찰 임무를 보내기 전에 평가를 확실히 해야 합니다."

도널드 윌슨은 "누군가 이 문제에 대해 실수하지 않도록 하기 위해" 급하게 방을 나섰다. 대통령은 흐루쇼프의 금요일 친서와 이날 일찍 공개한 쿠바-터키 미사일 교환에 관한 제안에 대해 국무부가 마련 중인 답장으로 화제를 돌렸다.[34] 케네디는 국무부가 작성한 초안이 흐루쇼프의 제안과 국제 여론에 대한 그럴듯한 호소를 적절하게 다루지 않고 있다고 생각했다. 그래서 좀 더 부드러운 표현을 제안했다. 소련이 일단 쿠바에 있는 미사일 기지 건설을 중단하면 다른 문제를 "기꺼이 논의"하겠다고 한 것이다. 케네디가 말했다.

제12장 "죽기 살기로 도망치기"

"그렇게 답하지 않으면, 우리가 흐루쇼프의 제안을 거부했다고 발표할 겁니다. 그 경우 어떻게 되죠?"

딘 러스크 국무부 장관은 U-2기의 소련 영공 침범에 대해 소련이 "맹공"을 퍼부을 것이라고 내다보았다. 러스크는 U-2기가 "일상적인 공기 시료 채집 임무"에 투입되었다가 "계기 고장"으로 인해 "항로를 벗어"났다는 내용의 편지 초안을 소리 내어 읽었다.

케네디는 "언급하지 않고 넘어갈 수 있다면" 말하지 않는 쪽을 선호했다. 케네디는 U-2기가 1960년 5월 시베리아 상공에서 격추된 뒤 아이젠하워 대통령이 궁지에 몰린 상황을 기억했다. U-2기의 소련 영공 침범을 둘러싸고 흐루쇼프에게 "신뢰"를 잃을, 앞뒤가 맞지 않는 일련의 해명에 매몰되기 싫었다.

"흐루쇼프에게 내일 공격의 빌미를 줘서 우리가 가해자라는 인상을 줄 수 있습니다."

펜타곤이 오후 정찰 비행에 대해 좀 더 상세한 내용을 보고했다. 맥나마라는 RF-8 한 대가 37밀리미터 포탄에 맞았다고 잘못 보고했다.[35] 조종사는 무사히 기지로 귀환했지만 "쿠바 수비대에 하달된 명령의 성격에 큰 변화"가 분명히 있었다. 맥나마라는 미군의 소련 영공 침공을 공개적으로 인정함으로써 "사안에 혼란을 가져"오는 것은 현명하지 않다고 판단했다. 케네디도 확신을 갖고 말했다.

"동의합니다. 놔둡시다."

1962년 10월 27일 토요일 오후 5:40

딘 러스크 국무부 장관은 모스크바가 앞뒤가 맞지 않는 신호를 보낸 사실을 이해하기가 어려웠다. 금요일에는 ABC 방송국 기자인 존 스칼리를 통해, 흐루쇼프의 비공식 채널로 보이는 인물에게서 쿠바 불침공을 약속하는 대가로 쿠바에서 소련 미사일을 철수하겠다는 제안을 받았다. 이날, 흐루쇼프는 터키에 있는 미국 미사일의 철수를 요구함으로써 판돈을 올렸다. 러스크는 스칼리 기자에게 무슨 일인지 확인해 달라고 요구했다.

토요일 오후 늦게 스칼리는 알렉산드르 페클리소프에게 스타틀러-힐튼 호텔로 와 달라고 부탁했다. 이번에 두 사람은 메자닌층(1층과 2층 사이에 있는 중간층 - 옮긴이)에 있는 텅 빈 무도회장으로 올라갔다. 페클리소프에게 크게 화가 난 스칼리는 대화가 주변 사람들에게 들리지 않는 곳을 원했다. 둘만 있게 되자 스칼리가 항의했다.

"이건 지독한 기만행위입니다. 〈라디오 모스크바〉가 언급한 방식은 어젯밤 우리가 논의한 내용과는 무관하단 말입니다."[36]

페클리소프는 스칼리의 흥분을 가라앉히려고 애를 썼고, 자신은 "기만"한 적이 없다고 주장했다. 그러면서 전보 통신량이 지나치게 많다 보니 모스크바에 보낸 메시지가 늦게 도착했을 가능성이 있다는 점을 인정했다. 또한 미사일 교환은 완전히 새로운 이야기는 아니라고 지적했다. 월터 리프먼도 칼럼에서 이 내용을 언급한 상태였다.

"월터 리프먼 아니라 클레오파트라가 말했더라도 내 알 바 아니오."

스칼리는 분을 삭이지 못했다.

"그런 주장은 철저하게, 전혀, 완전히 받아들일 수 없습니다. 오늘도 그렇고 내일도 그렇습니다. 앞으로도 영영 그럴 겁니다. 미국 정부는 그 내용을 고려하지 않을 겁니다."

페클리소프는 자신과 도브리닌 대사는 "별 볼 일 없는 인물"일 뿐이라고 설명했다. 흐루쇼프 주변에는 자문해 주는 사람이 많았다. 페클리소프와 도브리닌은 전날 저녁에 보낸 보고에 대한 모스크바의 응답을 기다리고 있었다.

페클리소프와 헤어진 스칼리는 16번가에서 세 블록 걸어서 백악관으로 걸어갔다. 국무부 정보조사국 차장이 기다리고 있었다.[37] 이때가 오후 5시 40분이었다. 정보조사국 차장인 토머스 휴즈는 오페라 〈미카도The Mikado〉의 주간 공연을 관람하고 있었다. 갑자기 배우 중 한 명이 일본 제국 예복 차림으로 무대에 나타나더니 휴즈에게 집무실로 전화하라고 말했다. 휴즈의 상관인 로저 힐스먼은 지쳐서 곯아떨어진 상태였다. 스칼리를 러스크와 면담할 수 있도록 대통령 집무실로 데려가는 일은 휴즈의 몫이었다.

러스크는 최근에 벌어진 상황에 어리둥절해 했다. 미국 정부가 흐루쇼프의 금요일 친서를 철석같이 믿은 이유 중 하나는 페클리소프를 통해서 명확하게 제안을 했기 때문이었다. 금요일 친서의 내용은 아주 모호했다. 워싱턴이 불침공 약속을 하는 경우 쿠바에 "소련 전문가가 있을 필요성"이 사라진다고만 언급되어 있었다. 페클리소프가 제시한 추가 정보가 없었다면 애초에 흐루쇼프가 보낸 친서는 맥나마라의 말처럼 "12쪽짜리 헛소리"였다.[38]

"미사일을 빼내겠다고 제안하는 말이 한 자도 없습니다. … 그건 계약이 아닙니다. 서명하고 나서도 무슨 내용에 서명했는지 말할 수도 없습니다."

엑스콤 자문위원들 전체가 몰랐던 사실은 스칼리와 페클리소프가 자신들의 중요성을 지나치게 과장했다는 점이었다. 사실 스칼리-페클리소프 "비공식 채널" 그 자체가 대부분 헛소리였다.

쿠바-터키 맞교환 카드를 고려하려 한 케네디 대통령은 점점 더 큰 반대에 부딪혔다. 반란의 주동자는 맥조지 번디였다. 번디는 맞교환 하려는 암시만으로도 미국에 "진짜 문제"를 일으킬 것을 우려했다. 관련 전문가들이 동의하자, 번디는 "만약 우리가 쿠바에 대한 위협을 터키의 안보와 맞바꾸는 것처럼 보이면" 나토의 효율성이 "급격하게 위축되는 상황에 직면"하게 된다고 주장했다.

케네디는 번디의 주장에 화가 났다. 동맹국들이 미사일 교환에 대해 불평을 터트릴 수 있지만, 미국의 쿠바 침공에 대해 소련이 베를린이나 터키를 공격하는 경우 훨씬 더 큰 불평을 터트릴 터였다.

"피를 보기 시작할 때 사람들의 용기가 얼마나 빨리 사라지는지 모두가 잘 알고 있습니다. 나토에서도 그런 일이 벌어질 겁니다. (소련이) 베를린을 거머쥐면, 모두 '흐루쇼프의 제안이 꽤 괜찮았는데'라고 말할 겁니다. 그러니 착각에 빠지지 맙시다."

대통령은 흐루쇼프가 미사일을 철수하게 하려면 어떤 유인책을 제시해야 한다고 생각했다. 터키-쿠바 미사일 맞교환을 공개적으로 제안한 상황에서 아무것도 얻지 못하고 물러설 리가 없었다. 케네디가 판단하기에 미사일을 쿠바에서 철수시키려면 두 가지 방법밖에 없었다. 무력을 사용하거나 협상을 하는 것이었다. 케네디는 협상을 선호했다. 루엘린 톰슨이 반대하고 나섰다.

"전 그렇게 생각하지 않습니다, 각하. 아직 원래 방안을 밀어붙일 여지가 있다고 생각합니다."

"흐루쇼프가 물러설 것으로 보입니까?"

톰슨 전 대사는 흐루쇼프가 하루 전만 해도 쿠바 불침공 보장으로 문제를 해결할 의향이 있었다는 점을 지적했다. 미국측이 얼마나 양보하는지 두고 보려고 압박하는 것일 수도 있었다. 흐루쇼프가 금요일에 보내온 친서의 입장으로 물러서도록 해야 했다. 톰슨은 쿠바-터키 맞교환 방안의 조건에 대해 우려를 표했다. 친서의 표현에 따르면 흐루쇼프는 미사일은 미사일끼리, 항공기는 항공기끼리, 군 기지는 군 기지끼리 맞교환하기를 원했다. 소련군을 쿠바에서 내보내려면 주피터 미사일뿐 아니라 나토의 동쪽 허리에 해당하는 터키 주둔 미군 전체를 철수해야 할 수도 있었다.

그때까지 각기 다른 내용을 담은 답장 초안 여러 개가 검토되고 있었다. 뉴욕에 있던 아들라이 스티븐슨 대사는 전화로 국무부가 작성한 초안이 "지나치게 최후통첩에 가깝게" 들린다며 반대했다. 스티븐슨은 좀 더 타협적인 내용을 제안했다.[39] 케네디는 두 초안의 내용을 종합해서 수정 내용을 딘 러스크에게 구술하기 시작했다. 얼마 안 가 모두 한 마디씩 거들었다. 케네디가 지시했다.

"약간 바꿔서 다시 시작합시다, 장관."

번디가 끼어들었다.

"다음 문장은 지워도 됩니다."

러스크가 메모 내용을 읽으며 말했다.

"'귀하의 바람이 담긴 말씀을 환영하는 바입니다.' 그냥 '내 생각도 같습니다'라고 말하면 안 될까요?'"

케네디가 반대했다.

"제 생각은 흐루쇼프의 생각과는 다릅니다. 이 문제에 대한 만족할 만한 해법을 찾는 데 미국인들이 큰 관심을 갖고 있다고 장담할 수 있습니다. …"

국무부 장관이 중얼거렸다.

"긴장 완화에 관심을 갖고…"

대통령이 말했다.

"그 문제는 어느 정도 얼버무려야 합니다. 우리는 물론 귀하와 바르샤바 조약에 속한 소련의 파트너들이 염두에 두고 있을 제안을 우리쪽 동맹국들과 함께 기꺼이 검토할 준비가 되어 있습니다.”

러스크가 계속 읽어나갔다. 소련이 장악한 바르샤바 조약이 자유국가의 동맹이라는 개념은 매파인 번디가 받아들이기에는 거부감이 크게 들었다. 번디가 그냥 넘어가지 않고 끼어들었다.

“‘바르샤바 조약에 속한 파트너’라는 표현을 꼭 넣어야 합니까?”

그러면서 “귀하(흐루쇼프)가 염두에 둔”이라고 하자고 제안했다.

대통령도 번디의 말에 동의했다.

“맞습니다. 그냥 ….”

테이블을 사이에 두고 케네디 대통령과 마주 앉은 바비는 이런 상황을 더 이상 두고 보지 못했다. 대충 꿰맞춘 답장에는 그럴듯한 말만 가득하고 구체적인 알맹이가 없었다. 루엘린 톰슨과 마찬가지로, 바비는 소련의 입장을 금요일 밤에 보내온 원래 제안으로 되돌려 놓고 싶었다. 그래서 흐루쇼프에게 “서기장님께서 한 가지 제안을 하셨고, 우리는 이를 받아들입니다. 그리고 나토와 관련된 두 번째 제안을 하셨는데, 이 문제에 대해서는 나중에 기꺼이 논의하겠습니다”라고 하자며 대통령에게 건의했다.[40]

엑스콤 자문위원 중에서 가장 젊고 경험이 적은 바비는 호전적인 태도와 유보적인 입장 사이를 오갔다. 가끔 문제의 핵심을 파고드는 재능도 있었다. 바비는 엑스콤 회의가 다람쥐 쳇바퀴 돌 듯하고, 다들 사소한 문장 하나하나에 매몰되었다고 느꼈다. 그래서 자신과 소렌슨이 방을 옮겨 흐루쇼프에게 보낼 답장을 작성하게 해달라고 대통령에게 요구했다.

“각하께서 꼬치꼬치 따지지 못하도록 안 계신 자리에서 우리끼리 작성하게 해주시는 것이 어떻겠습니까?”

바비의 말에 회의 참석자들은 웃음을 터트렸다. 다른 사람이라면 대통령에게 이렇게 솔직하고 대담하게 말할 수 없었다. 몇 분 뒤 테일러 합참의장이 합참 수뇌부가 "그사이 공격용 무기가 해체되었다는 확실한 증거가 없다면" 늦어도 월요일 아침 쿠바에 대한 대규모 공습을 하길 원한다고 보고했을 때, 바비는 이런 말로 다시 한번 긴장된 분위기를 깨트렸다.

"와, 놀랄 노 자네요."

자문위원들은 다시 현실로 돌아와 주피터 미사일 문제를 어떻게 처리할지에 대해 계속 논쟁을 벌였다. 앤더슨 소령의 운명에 관한 소식은 4시간이 넘도록 보고되지 않았다. 죽은 것이 거의 확실했지만 쿠바 상공에서 U-2기가 사라진 이유가 사고 때문인지 적대 행위 때문인지 불분명했다. 결국 통신 감청 정보가 해답을 주었다. 맥나마라 국방부 장관이 보좌관에게서 건네받은 메모를 읽으면서 말했다.

"U-2기는 격추되었습니다."

바비가 물었다.

"조종사가 죽었나요?"

테일러 합참의장이 좀 더 세부적인 내용을 보고했다.

"시신은 기체 안에 있습니다."

U-2기는 바네스 상공에서 소련군 SAM 미사일에 의해 격추되었을 가능성이 컸다. 앤더슨 소령의 U-2기가 쿠바 영공 정찰을 하던 시각, 미군 정찰기 한 대가 바네스 인근에 있던 SAM 기지에서 방출된 미사일 유도 레이더 신호를 포착했다.

"모든 상황이 딱 맞게 들어맞는군요."

케네디는 소련군이 전투태세를 확실하게 격상한 사실에 놀랐다. 모스크바에서 중요한 "명령 변경"을 한 것이 틀림없었다. 케네디는 전체적인 상황을 이해하기 시작했다. 금요일에 다소 타협적인 신호를 보낸 뒤 이날 일찍 흐루쇼프가 강경한 새 메시지를 보냈다. 저공 정찰을 하던 미 해군 정찰기를 상대로 대공포 사격을 했다. 그리고 이제 U-2기가 격추되었다. 갑자기 전망이 매우 비관적으로 보였다. 나중에 바비 케네디는 "회의 참석자들과 미국인, 그리고 전 세계를 에워싸고 있는 올가미가 조여 오고, 이 위기에서 벗어나는 데 필요한 다리가 무너져 내리는" 기분이었다고 회의실 분위기를 설명했다.[41] 강경파 국방부 차관보인 폴 니체가 말했다.

"상대가 첫 발을 쐈습니다."

가장 먼저 떠오르는 질문은 어떻게 대응할지였다. 대통령이 말했다.

"U-2기를 쿠바에 제대로 보낼 수 없습니다. 내일 또 조종사를 사지로 내몰 수는 없습니다."

테일러 합참의장도 동의했다.

"보복 공격 전에는 정찰을 확실히 중단하고, 상대가 우리 항공기에 재사격하는 경우 대규모 전력으로 공격하겠다고 말해야 합니다."

맥나마라가 말했다.

"새벽에 들어가서 해당 SAM 기지를 제거해야 합니다."

국방부 부장관인 길패트릭은 U-2기 격추가 저공 정찰기를 상대로 한 대공포 사격보다 더 안 좋은 상황이라고 주장했다. 대공포는 쿠바군이 운용할 가능성이 큰 반면, SAM 미사일은 소련군이 통제하고 있는 것이 거의 확실했다. 맥나마라가 결론 내리며 말했다.

"대응 양상이 바뀌었습니다. 왜 그랬는지는 알 수 없습니다."

1962년 10월 27일 토요일 오후 5:50(모스크바 토요일 오전 12:50)

U-2기 조종사의 가족들은 텍사스 델리오 교외에 있는 로플린 공군기

지의 선인장과 산쑥으로 둘러싸인 멕시코 국경의 작은 마을에 모여 살았다. 조종사 약 25명의 U-2 대대 1개로 편성된 제4080전략비행단은 다루기 힘든 하나의 대가족이었다. 공군은 조종사들을 위해 큰 규모의 부지에 새로운 관사를 지어주었다. 일과 후 조종사들의 생활은 브리지 게임과 교회 뒷마당에서 벌이는 바비큐 파티를 중심으로 이루어졌다. 앤더슨 소령과 아내인 제인은 같은 또래의 자녀가 있는 로버트와 매를린 파월 부부와 함께 브릿지 게임의 주요 멤버였다.

조종사의 아내들은 쿠바 상공에서 벌어지는 일에 대해 거의 아는 바가 없었다. 위기 발생 초기 남편들은 임무에 대해 별다른 언급 없이 모두 사라졌다. 집에 남은 아내들은 각자 캔 음식을 비축하고 소련군 공격에 대비해 창문을 밀봉했다. 아내들이 같은 일상을 유지하려고 애쓰는 동안 모두의 두려움을 응축시킨 상황이 벌어졌다. 군 목사와 대령 한 명이 심각한 표정으로 관사 진입로로 걸어온 것이다.

제인 앤더슨은 전에도 이런 끔찍한 상황을 겪은 적이 있었다. 몇 달 전 공군은 앤더슨 소령이 재급유 훈련 중 사망 통보가 갔었다. 나중에 통보 내용은 오보로 드러났다. 사망자 명단에 오류가 있었고 죽은 사람은 다른 조종사였다. 앤더슨 소령은 이 소식을 전하는 공군 장교들이 관사 현관에 나타나기 직전에 아내에게 전화를 걸어 자신이 멀쩡하다는 사실을 알렸다. 혼란스러운 상황을 정리하는 데는 시간이 다소 필요했다.

토요일 오후 관용차가 장교 관사 지역에 나타났을 때 아내들은 차가 향하는 곳을 확인하기 위해 창밖을 내다보았다. 군목과 대령을 태운 차가 자택을 지나가자 모두 안도의 한숨을 쉬었다. 마침내 차에서 내린 두 사람은 매를린 파월을 찾아 나섰다.[42] 매를린은 남편에게 무슨 일이 벌어진 줄만 알았다. 하지만 군목과 대령은 매를린에게 길 건너편에 있는 앤더슨 소령의 관사로 동행해 달라고 부탁했다. 아직 앤더슨 소령에게 어떤 일이 벌어졌는지에 대한 확실한 소식이 관사에 전달되지 않았고, 쿠바 상공에서 실종되었다는 사실만 알려진 상황이었다. 노크 소리를 들은 제인은 욕실로 뛰어들어가서 나오지 않았다. 매를린은 잠긴 문을 통해서 제인을 위로하려 했다. 겨우 울음을 참고 있는 친구에게 매를린이 말했다.

"걱정하지 마, 아직 희망이 있어."

마침내 제인이 거실에 나타났을 때 군의관은 제인에게 안정제를 주려고 했다. 매를린이 군의관을 만류했다. 제인과 절친한 사이인 그녀는 아무도 모르는 사실을 알고 있었다. 매를린이 속삭이듯 말했다.

"아무것도 주지 마세요. 임신 중이에요."

7개월하고 보름이 지난 뒤 앤더슨 소령의 미망인은 여자아이를 출산했다.

7시간 시차 때문에 모스크바는 이미 자정을 훨씬 넘긴 시각이었다. 니키타 흐루쇼프는 레닌 언덕에 있는 저택에서 쉬고 있었다. 크렘린과 구불구불한 모스크바 강의 전망이 파노라마처럼 펼쳐진 곳이었다. 집무실에서 늦게 귀가한 흐루쇼프는 아내에게 평상시 밤에 즐겨 마시던 레몬티를 부탁했다. 그러고는 아내와 아들에게 아침에 모스크바 외곽에 있는 주말 별장에 가 있으라고 했다. 최고회의 간부회의 참석자들도 그 근처에 있는 정부 소유의 별장으로 소집했다. 일이 끝나는 대로 다차에 있는 가족들과 함께할 예정이었다.

오전 1시경 흐루쇼프는 보좌관으로부터 여러 번 연락을 받았다.[43] 아바나 주재 소련 대사관에서 피델 카스트로의 편지를 담은 전보를 보내왔다. 편지에서 카스트로는 앞으로 24시간 내로 미군이 쿠바를 침공할 것이라고 예상했다. 편지에는 극적인 요청도 있었다. 전화로 편지 내용을 보고받은 흐루쇼프는 옳건 그르건 카스트로가 미국을 상대로 한 선제 핵공격을 지지한다고 결론 내렸다. 흐루쇼프는 편지의 특정 문장을 확인하기 위해 여러 번 보좌관의 말에 끼어들었다.

흐루쇼프는 카스트로의 편지를 "극도로 심각한 경고 신호"로 받아들였다.[44] 그는 이날 일찍, 체면을 살릴 수 있는 협상 시간이 있다고 판단했다. 미국측은 주저하는 듯 보였다. 미국 정부가 유엔을 통해 소련의 외교적 타진에 대해 답하는 시점에 미군이 쿠바를 침공할 가능성은 적었다. 하지만 카스트로의 말이 맞으면 어떡하지? 흐루쇼프는 미군이 침공하는 경우 쿠바군 동지들을 도우라는 지시를 소련군에 내린 상태였다. 다수의 소련군 사상자가 발생하는 상황은 불가피했다. 싸움을 쿠바로 한정하는 것도 몹시 어렵거나 불가능할 수 있었다.

또 다른 고려 요소는 카스트로의 불같은 성격이었다. 흐루쇼프는 쿠바 동지들의 용맹성을 의심하지 않았다. 자신들의 신념을 위해 목숨을 아끼지 않을 것이 분명했다. 카스트로를 아주 좋아했고 존중했지만 고집이 세다는 사실도 알고 있었다. 카스트로는 한때 우크라이나 농부였던 그에게 "길들지 않는 새끼 말"을 떠올리게 했다.[45] 그런 존재는 아주 조심스레 깔아뭉갤 필요가 있었다. 쿠바인들이 야생마라고 부르는 인물은 "기백이 넘쳐났다." 카스트로를 신뢰할 만한 마르크스-레닌주의자로 바꾸기 위해서는 "약간의 훈련"이 필요했다.

아무리 거세게 다그치거나 위협을 하더라도 소련이 앞장서서 핵무기를 사용할 수는 없었다. 카스트로와 달리 흐루쇼프는 핵전쟁에서 승리하기 위한 소련의 능력에 대해 아무런 환상을 갖고 있지 않았다. 미국은 선제공격을 감당하고도 소련을 잿더미로 만들기 충분한 핵무기를 보유하고 있었다. 죽음과 자기희생에 대한 쿠바인들의 집착은 전쟁의 파괴와 고통을 경험했던 흐루쇼프를 깜짝 놀라게 했다. 아마 처음으로, 흐루쇼프는 세상을 바라보고 생명을 중요시하는 태도에 있어서 자신과 카스트로가 다르다는 사실을 깨달았다. 흐루쇼프가 보기에 "제국주의를 상대로 투쟁하는 이유가 죽기 위한 것"이 아니라, 오랫동안 지속될 "공산주의의 승리"를 달성하기 위한 것이었다.[46] 공산주의를 위해 희생하는 것은 핵심에서 벗어났다.

이런 상황에서 카스트로는 미국을 상대로 한 핵공격 개시에 대해 태평스럽게 이야기하고 있었다. 제1차 세계대전, 러시아 내전, 대조국 전쟁을 모두 경험한 흐루쇼프는 자신이 카스트로의 충고를 받아들이는 경우 어떤 일이 벌어질지 생각하면서 몸서리쳤다. 미국에 "엄청난 손실"을 입힐 수 있는 것은 확실하지만, 그건 "사회주의 진영"도 마찬가지였다. 쿠바인들이 싸워서 "영웅적으로 죽는" 경우 쿠바는 집중적인 핵공격으로 파괴되고, 이런 상황이 "전 세계적인 열핵전쟁"의 시작이 될 수 있었다.

카스트로가 보낸 편지의 충격은 얼마 안 가 또 다른 충격으로 이어졌다. 워싱턴 시각으로 오후 6시 40분, 모스크바 시각으로 일요일 오전 1시 40분 펜타곤은 미군 정찰기가 쿠바 상공에서 실종되었고 "손실된 것으로 판단"된다고 발표했다. 펜타곤은 해당 항공기가 격추되었는지 분명히 밝히지 않았지만, 이런 상황은 크렘린을 크게 우려하게 했다. 현지 소련 지휘관들에게 자위 차원의 반격을 허락하긴 했어도, 비무장한 정찰기를 공격하라는 지시를 내린 적은 없었다. 흐루쇼프는 케네디가 정찰기 한 대를 잃은 "굴욕을 감내"할 것인지 궁금했다.[47]

제13장

고양이와 쥐

Cat and Mouse

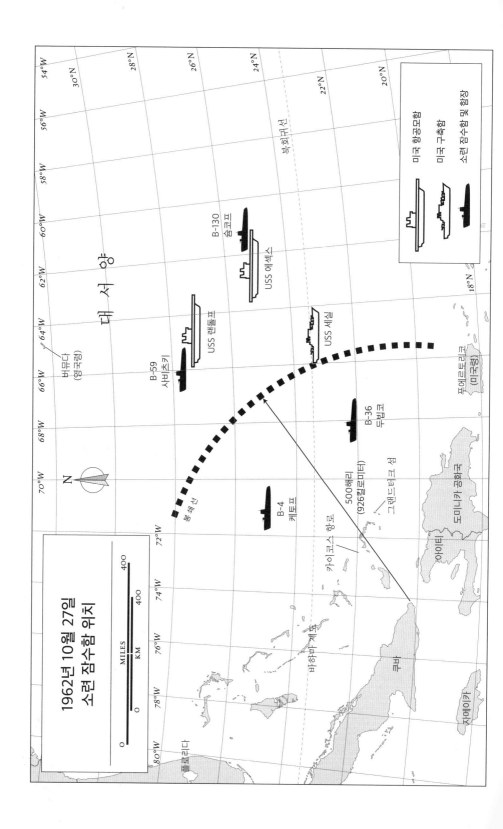

1962년 10월 27일
소련 잠수함 위치

대 서 양

버뮤다
(영국령)

B-130
숨고프
USS 에섹스

B-59
사비츠키
USS 랜돌프

USS 세실

B-36
두보프

북회귀선

B-4
케토프

500해리
(926킬로미터)

카이코스 항로

바하마 제도

그랜드터크 섬

플로리다

쿠바

자메이카

아이티

도미니카 공화국

푸에르토리코
(미국령)

미국 항공모함
미국 구축함
소련 잠수함 및 함정

시시각각 "검은 토요일"이 되어가던 오후 무렵, 미 해군은 소련 잠수함 4척 전체의 위치를 이미 파악한 상태였다.[1] 잠수함들은 바하마 제도와 터크스케이커스 제도 북동쪽에서 가로 약 320킬로미터 세로 약 640킬로미터 크기의 거대한 직사각형 형태로 전개해 있었다. 두 척은 대서양을 가로질러 쿠바로 가는 북쪽 항로에 있는 소련 선박을 보호하는 임무를 맡은 반면, 나머지 두 척은 좀 더 남쪽 항로에 배치된 것처럼 보였다.

소련 잠수함을 사냥하는 일은 일반 국민에게 알리지 않은 가운데 은밀하게 실행되었다. 케네디는 대개 결과를 심각하게 생각하지 않고 해군에 대잠 작전 실행을 허락했다. 맥나마라는 "현장 지휘관의 결정에 간섭하거나 심각한 위협이 되는 소련 잠수함에 대한 공격을 미루는 것이 극도로 위험"하다며 우려를 표했다.

"그렇게 했다가는 미국 함정을 쉽게 잃을 수 있습니다."

엑스콤은 미국 함정이 소련 잠수함에 부상 신호를 보내는 절차를 승인했다. 여기에는 연습용 폭뢰 4~5개를 잠수함 머리 위에 투하하는 조치가 포함되었다. 해군 수뇌부는 국방부 장관에게 잠수함에 피해를 주지 않는다고 장담했다. 연습용 폭뢰는 수중에서 큰 폭발을 일으키지만 물리적인 피해는 입히지 않도록 설계되었다.

소련 잠수함을 추적해서 강제로 수면 위로 부상하게 하는 것은 본질적으로 고양이와 쥐의 쫓고 쫓기는 게임이었다. 각 잠수함에 대잠탐색공격항모전단hunter-killer carrier groups 4개가 배정되었고, 각 항모전단은 항공모함 1척, 항공기와 헬기 수십 대, 구축함 7~8척이 포함되었다. 여기에 더해 버뮤다와 푸에르토리코에 기지를 둔 해군의 P2V 장거리 대잠기가 지속적으로 초계 비행을 했다. 폭스트로트급 잠수함은 드넓은 바다 곳곳에 숨을 수 있었다. 하지만 적어도 하루 한 번 본국과 통신하고 배터리를 충전하기 위해 부상해야 했다.

오후 일찍 미군은 격리선 240킬로미터 안에서 이전에 발견하지 못한 새로운 잠수함을 식별했다. 소련이 B-4라고 이름 붙인 이 잠수함은 발각되자마자 곧바로 잠수했다. 두빕코 함장이 지휘한 B-36은 미군이 수중 소나 기술로 그랜드터크 섬 인근에서 포착한 뒤 동쪽으로 천천히 이동하고 있었다. 에섹스 항공모함이 이끈 대잠탐색공격전단은 니콜라이 슘코프가 지휘하는 B-130 잠수함을 추적했다. B-130은 디젤 엔진 1개의 추진력으로 동쪽으로 천천히 이동하고 있었다.

미군이 토요일 오후 가장 활발하게 추격을 벌인 대상은 미국에 C-19로 알려진 B-59 잠수함이었다. B-59 추격전을 주도한 것은 USS 랜돌프호였다. 랜돌프호는 제2차 세계대전 당시 일본군을 상대로 처음 작전을 벌였던 구형 항공모함이었다. 랜돌프호에서 이함한 헬기와 엔진 두 개를 장착한 그루먼사의 S2F 트래커는 소노부이를 투하하고 음향을 삼각 측량하는 방식으로 온종일 소련 잠수함을 추격했다. 수색 활동은 버뮤다 남쪽으로 480킬로미터 지점에 집중되었다. 날씨가 흐렸고 가끔 강한 비바람이 불기도 했다. S2F 트래커에 탑승한 정찰담당이 소리쳤다.

"우현 쪽에 잠수함 발견."[2]

잠수함은 스콜선(한랭 전선으로 인해 형성된 좁고 긴 기층 - 옮긴이) 뒤에서 숨으려고 북쪽으로 가고 있었다. 전망탑에 여러 사람이 있는 것이 보였다. S2F가 잠수함을 발견한 지점을 두 번째로 통과하기 위해 되돌아 왔을 때는 전망탑에 있던 소련군 승조원들은 사라졌고 잠수함 갑판도 물에 잠겼다. 세 번째로 통과할 때는 잠수함 전체가 잠수를 했다. 미군은 소련 잠수함이 부상해서 정체를 밝히도록 연습용 폭뢰를 투하했다. 헬기 조종사들은 소나를 이용해 잠수함을 계속 추적했고 잠수함 프로펠러가 일으키는 육중한 기계음과 바닷물을 빨아들이는 소리를 들을 수 있었다. 어떤 조종사는 수중 폭파 지점에서 해치를 세게 닫는 소리까지 들었기 때문에 "잠수함을 추적하고 있다는 사실을 의심하지 않았다." 이런 상황에서도 B-59는 수면 아래 남아 있었다.

미군 구축함 세 척이 현장에 도착해서 잠수함이 숨어 있는 지점 주변을 돌았다. USS 빌Beale함의 일지에 따르면, 오후 5시 59분 잠수함이 정체를 밝히도록 수류탄 5개를 투척했다.[3]

"아무런 반응이 없음. 레이더에는 해당 잠수함이 식별됨. 아무런 반응이 없음."

30분 뒤 USS 코니함이 연습용 폭뢰 5개를 추가로 투하했다.

미국측이 신호를 보내는 목적은 펜타곤이 수요일에 모스크바 주재 미국 대사관을 통해 소련측에 전달한 메시지에 설명되어 있었다.

"잠수 중인 잠수함은 이런 신호를 듣는 즉시 동쪽 항로에서 수면 위로 부상해야 함."[4]

케네디와 맥나마라 둘 다 소련 잠수함 함장이 새로운 절차를 전달받아 신호의 뜻을 이해하고 있다고 생각했다. 하지만 그것은 오해였다. 소련 정부는 관련 메시지를 전달받은 사실을 절대 인정하지 않았고, 메시지 내용을 잠수함 함장들에게 전달한 적도 없었다.

1962년 10월 27일 토요일 오후 6:30

미군 구축함이 사르가소 해에서 수류탄을 투척하는 동안, 그곳에서 1600킬로미터 떨어진 워싱턴에서 테일러 합참의장은 오후에 개최된 엑스콤 회의의 결과를 합참 수뇌부에 알려주었다.

"대통령께서는 쿠바 미사일과 터키 미사일을 교환할 생각에 골몰하고 계십니다. 그런 방안을 선호하는 사람은 대통령뿐인 듯합니다. 시간이 촉박하다고 느끼고 계십니다."[5]

다른 장군들은 합참의장을 의심했다. 이들은 테일러가 너무 "정치적"이고, 행정부와 너무 가깝다고 느꼈다. 바비 케네디는 자녀의 이름을 디-데이 공수작전의 영웅인 테일러와 같은 이름을 붙이기도 했다. 대통령은 군인인 동시에 학자이기도 한 테일러 장군을 존경했다. 테일러는 커티스 르메이가 상징하는 단선적인 군인 타입과는 매우 달랐다. 폭발 사고로 한쪽 귀에 약간 장애가 있었지만 일본어, 독일어, 스페인어, 프랑스어를 구사했다. 백악관에 떠도는 말에 따르면, 맥스웰 테일러에게 중동에서 벌어지는 문제를 꺼내면 "그는 크세르크세스가 이 문제를 어떻게 다뤘을지 궁금해할 것"이었다.[6]

역사에 대한 날카로운 감각을 가진 테일러 장군은 쿠바에서 "수렁에 빠질" 위험이 있지 않을까 하는 의문을 품었다.[7] 그는 "보어 전쟁에서의 영국, 핀란드와의 마지막 전쟁에서의 러시아, 한국 전쟁에서 미국"이 겪은 경험을 명심할 필요가 있다고 느꼈다. 최신 정보에 따르면 이전에 판단했던 것보다 훨씬 더 큰 규모의 소련군이 주둔하고 있었고, 그런 사실에 대해 우려했다. 미국의 쿠바 침공 계획인 작전계획 316은 테일러가 판단하기에 "엉성"해 보였다.

합참의장은 대통령에 대한 충성심과 동료이기도 한 군 수뇌부에 대한 의리 사이에서 줄타기를 해야 했다. 그는 백악관과 펜타곤을 오가면서 양측의 시각을 전달했고, 엑스콤에서는 일관되게 소련에 대한 강경 조치를 옹호하는 발언을 했으며, 애초에 봉쇄보다는 공습을 선호했다. 하지만 일단 대통령이 결정을 내리자, 거기에 충실하게 따랐고 케네디가 그런 판단을 내린 이유를 합참 수뇌부에 설명하려고 애썼다.

테일러는 늦어도 월요일까지 미사일 기지를 공습하자는 합참이 합의한 건의 사항을 대통령에게 전달했다고 합참 수뇌부에 말했다. "그 뒤로 U-2기 격추 소식을 전해 들었습니다." 이때 앤더슨 소령이 SAM 미사일에 격추된 사실을 의심하는 사람은 없었다. USS 옥스퍼드함에 탑승한 감청 요원들은 쿠바군이 U-2기 잔해와 함께 앤더슨의 시신을 수습했다는 텔레타이프 내용을 입수했다.[8] NSA는 소련군이 몇 분간 항적을 추적한 내용도 확보했다. U-2기가 쿠바 동부 바네스 인근에서 격추되었음을 알게 해주는 정보였다. 합참의장이 물었다.

"해당 SAM 기지를 공격해야 할까요?"

맥스웰 테일러 합참의장을 포함해서 엑스콤의 일부 자문위원들은 U-2기 격추에 대한 보복으로 SAM 기지 한 곳 이상을 즉각 공격해야 한다고 주장했다. 펜타곤은 암호명 파이어호스FIRE HOSE라는 작전을 마련한 상태였다.[9] 하지만 군 수뇌부 일부는 개별 SAM 기지에 대한 타격과 선전용 전단을 뿌리는 것과 같은 "단편적" 조치에 반대했다. 전단 투하 작전으로 쓸데없이 임무 항공기만 잃을 수 있기 때문에 "군사적으로 불합리"하다고 일축한 것이다. 그래서 하루를 더 기다린 뒤 방공체계를 시작으로 쿠바에 있는 모든 소련군 시설을 파괴하는 쪽을 선호했다. 합참 수뇌부가 받아들일 수 있는 최소한의 대응은 SAM 기지 1~2개가 아니라 전체를 제거하는 것이었다. 커티스 르메이가 말했다.

"미군을 보복 공격에 노출시킬 뿐입니다. 얻는 것 없이 잃는 게 많습니다."

얼 휠러 육군참모총장도 르메이의 말에 동의했다.

"저도 같은 생각입니다. 흐루쇼프가 아군에 미사일을 쏠 수도 있습니다."

다른 잠수함의 함장과 마찬가지로 발렌틴 사비츠키의 참을성도 한

계에 이르렀다. 미 해군은 지난 48시간 동안 사비츠키의 B-59 잠수함을 뒤쫓았다. 잠수함 배터리가 위험할 정도로 적었다. 모스크바와의 통신도 24시간 이상 할 수 없었다. 머리 위에 미군기가 나타나서 급하게 잠수해야 했기 때문에 이날 오후 예정된 통신 활동도 생략해야 했다. 사비츠키는 자신이 물밑에 있는 동안 제3차 세계대전이 발발했을 수도 있다고 생각했다.

지난 4주간의 여정은 사비츠키에게 육체적으로나 정신적으로나 진이 빠지는 시간이었다. B-59는 사비츠키의 동료인 니콜라이 슘코프가 지휘한 B-130만큼이나 상태가 좋지 않았다. 디젤 엔진 3개 중 2개가 고장 났고 나머지 하나도 기계적인 문제 때문에 애를 먹였다. 통풍시스템도 망가졌다. 소금기 때문에 디젤 냉각기가 막혔고 밀폐용 고무도 상했으며 전기 압축기 다수도 고장 났다. 함 내 온도는 43~60도에 달했다. 공기 중 이산화탄소가 위험한 수준에 이르렀고 열기와 피로로 근무자들이 기절하기도 했다. 승조원들이 마치 "도미노처럼" 쓰러졌다.[10]

잠수함에서 가장 더운 곳은 함미 어뢰실 옆에 있는 엔진룸이었다. 시끄러운 디젤 엔진 3개가 뿜어내는 독성 가스는 견디기 어려울 정도의 숨 막히는 공기를 만들어냈다. 그 옆 칸에는 전기 배터리와 더불어 충전 장치가 있었다. 그 앞칸에는 승조원 대부분이 사용하는 침대가 있었다. 잠수함의 중앙에 지휘소가 있었고, 지휘소에는 잠망경과 함장실, 통신실이 있었다. 그 앞칸은 장교 숙소와 함수 어뢰실이 있었다. 근무를 마친 인원들은 답답한 엔진룸에서 최대한 멀리 떨어진 어뢰관 옆에 눕곤 했는데, 그곳은 핵어뢰를 보관한 장소이기도 했다.

상시적으로 어뢰를 관리하고 10킬로톤 탄두를 점검하는 일은 소령 한 명이 했다. 이 일을 맡은 소령은 잠도 반들거리는 회색 컨테이너 옆에서 잤다. 규정에 따르면 핵어뢰는 함대 사령관의 명령에 따라 발사할 수 있는 재래식 어뢰와 달리, 모스크바로부터 암호화된 명령을 받아야만 발사할 수 있었다.[11] 하지만 실제로는 미승인 발사를 막을 특수 잠금 장치가 없었다. 어뢰 담당 장교와 잠수함 함장이 동의하면 물리적으로 발사가 가능했다.

B-59에는 78명의 규정된 승조원 외에도 추가 탑승객이 다수 있었다. 여기에는 잠수함 함대의 참모장인 바실리 아르히포프가 포함되었다. 아르히포프는 사비츠키와 계급이 같았지만 사비츠키가 함장이었고, 따라서 궁극적으로 잠수함 운용에 대한 책임은 사비츠키에게 있었다.[12] 잠수함에는 신호정보팀도 타고 있었다. 신호정보팀은 미 해군 통신을 수집하고 분석하는 일을 했다. 미군 통신을 감청하기 위해서는 안테나가 수면 위에 나오도록 충분히 부상해야 했다. 깊은 물 속으로 잠수할 때마다 감청 작전은 방해를 받았다.

잠수함은 주변에서 시끄러운 폭발이 시작될 때 수백 피트 아래로 내려갔다. 깊은 물 속으로 잠수하는 경우 함 내 모든 칸이 어두워졌다. 함장은 배터리 소모를 줄이기 위해 비상 조명을 켰다. 승조원들은 어둑어둑한 곳에 모여 있었다. 폭발음에 가까이 갈수록 승조원들은 더 안절부절못했다. "누군가 큰 해머로 끝도 없이 내리치는 금속 통 안"에 있는 기분이었다. 누구도 어떤 일이 벌어지는지 알지 못했다.

사비츠키는 아르히포프와 바딤 오르로프 신호정보팀 팀장과 함께 통제실에 있었다. 사비츠키는 미 해군이 도입한 신호 절차에 대해 전혀 모르고 있었다. 본국뿐 아니라 나머지 소련 잠수함 3척과의 통신도 두절된 상태였다. 사비츠키가 아는 것이라고는 미국 군함에 포위되었고, 잠수함의 배터리 충전이 절실하다는 사실뿐이었다. 자신과 부하들이 맞이할 운명에 대해 추측밖에 할 수 없었다. 귀청이 터질 듯한 폭발음으로 추측건대, 미군은 사비츠키를 고문하는 데 힘을 쏟고 있었다. 강제 부상만큼 잠수함 함장에게 치욕적인 일은 없었다. 40년이 지난 뒤, 오르로프는 이후에 벌어진 일을 이렇게 회고했다.

> 미군은 수류탄보다 더 강력한 뭔가로 공격했고, 일종의 연습용 폭뢰처럼 보였다. 우리는 "됐어, 끝났어"라고 생각했다. 미군의 공격 뒤, 녹초가 된 사비츠키는 격노했다. 이런 모든 상황 외에도, 사비츠키는 총참모부와 통신을 할 수 없었다. 사비츠키는 핵어뢰 담당 장교를 불러 전투준비를 명령했다. "우리가 물밑에서 난리를 치는 동안 물 위에서 이미 전쟁이 터졌는지도 몰라." 사비츠키가 자신이 내린 명령을 정당화하면서 감정적으로 소리쳤다. "이제 상대를 날려버릴 테야! 우리도 끝장나겠지만 상대도 모조리 격침할 거야! 우리 해군의 명예를 더럽히지 않을 테니!"[13]

1962년 10월 27일 토요일 오후 7:30

케네디 대통령은 2시간이 넘도록 때로는 긴장되고 때로는 격렬한 논쟁을 벌인 뒤 각료회의실에서 빠져나왔다. 하루 두 번 복용하는 약을 먹기 위해서였다. 주치의는 평소에 놓는 스테로이드와 항생제 혼합물 외에도 부신기능부전을 완화하기 위해 히드로코르티손 주사를 추가적으로 놓았다. 15분 뒤, 대통령은 영부인의 전화를 받았다. 영부인 재클린은 워싱턴 주변의 핵 낙진 지대를 벗어나 아이들을 데리고 버지니아 주 전원 지대인 글렌 오라에 있는 주말 별장에 있었다.

엑스콤에서 합의를 끌어내는 일은 점점 더 어려워졌다. 각자가 소련을 상대할 자신만의 생각을 가지고 있는 듯 보였다. 바비와 소렌슨은 서로 라이벌 관계에 있는 국무부와 아들라이 스티븐슨 대사가 작성한 답장 초안을 종합하기 위해 대통령 개인 집무실에 있었다. 밥 맥나마라는 터키에 있는 주피터 미사일을 미국이 일방적으로 철수할 방안을 마련하는 중이었다. 쿠바를 상대로 공습하는 경우 주피터 미사일이 소련군의 손쉬운 목표가 되는 일을 막기 위해서였다. 존 매콘 CIA 국장은 흐루쇼프에게 최후통첩을 내리는 편지를 작성하고 있었다. 미군 정찰기에 또다시 공격하는 경우 쿠바에 있는 군 시설을 모조리 파괴하겠다는 내용이었다. 폴 니체 국방부 차관보는 워싱턴 시각으로 월요일 오후 5시까지 쿠바 미사일 기지를 해체하기로 합의하지 않는 경우 합당한 대가를 치를 것이라는 내용의 메시지를 작성하고 있었다.

엑스콤 자문위원들이 흐루쇼프에게 보낼 여러 가지 답장에 대해 몇 시간을 고민하는 동안 자문위원 간에는 동맹이 맺어졌다가 깨지기를 반복했다. 바비는 나중에 이렇게 회고했다.

"격렬한 반대 의견이 있었다. 팽팽한 긴장감이 감돌았다. 몇몇은 이미 거의 녹초가 되었고 근심 걱정이 모두를 짓눌렀다."[14]

매콘 CIA 국장은 주피터 미사일을 일방적으로 철수하려는 맥나마라의 계획에 반박하기 위해 경험이 많은 외교관인 조지 볼 국무부 차관과 힘을 합쳤다. 조지 볼은 "어쨌든 터키에서 빌어먹을 미사일을 빼낼 거면" 소련 미사일과 맞바꿔서 "엄청난 사상자가 발생하고 어마어마한 규모로 확전될 위험이 있는 군사적 행동"을 피하자고 주장했다. 깜짝 놀란 번디가 질문을 던졌다.

"그러면 나토에는 뭐가 남습니까?""

볼이 답했다.

"나토가 와해되지는 않을 겁니다. 나토가 지금보다 나아지지 않는다면, 우리한테도 그만큼 좋지 않습니다."

불과 몇 시간 전만 해도 조지 볼은 터키에 주피터 미사일을 언급하기만 해도 "극도의 동요를 일으키는 일"이 될 것이라고 주장했었다.

한 보좌관이 번디의 귀에 뭔가 속삭이듯 말했다. 번디는 좀 더 긴급한 문제를 다루기 위해 전쟁과 평화를 둘러싼 논쟁을 중단시켰다.

"저녁은 아래층에서 드실 건가요? 아니면 갖고 와서 드시거나, 이따가 드실 건가요?"

맥나마라가 쏘듯 답했다.

"밥맛이 전혀 없군요."

사람들은 각료회의실을 들락날락거렸다. 대통령이 자리를 비운 사이 논의가 제자리걸음을 했고, 때로는 서서히 적의를 드러내기도 했다. 린든 존슨 부통령은 대통령이 자리에 있는 동안에는 의견을 내지 않았다. 하지만 대통령이 자리를 비웠을 때는 훨씬 더 활발하게 대화에 끼어들어 정책적 차이를 넌지시 내비쳤다. 존슨은 정부가 대통령의 연설에서 말했던 강경한 입장에서 "뒷걸음"치는 상황을 우려했다. 미국인들이 백악관이 우물쭈물하고 있다고 생각하고 "불안"해할 수 있다는 것이었다.

"사람들이 느끼고 있습니다. 왜 그렇게 느끼는지 어떻게 느끼는지는 모릅니다. 그냥 …."

이때 바비도 회의실에 돌아와 있었다. 바비는 자기 형이 "뒷걸음"친다는 말에 화가 났다. 존슨 부통령은 굴하지 않고 소련 선박이 봉쇄선을 "뚫고 지나가고" 있다고 주장했다.

"아닙니다! 선박이 통과하지 않고 있습니다. 전부 방향을 틀었습니다. … 선박의 90퍼센트가 방향을 틀었단 말입니다."

린든 존슨은 자기 입장을 고수했다. 그는 "대통령이 담화문 발표를 했던 날만큼 우리가 강하다"고 주장하기 어렵다고 조용하게 거듭 말했다. 몇 분 뒤, 자신의 숙적인 바비가 다시 자리를 비우자 존슨은 불쑥 예기치 못한 발언을 해서 다른 엑스콤 자문위원들을 놀라게 했다.

"정부가 낡고 지치고 병든 것 같습니다. 그렇지 않습니까?"

존슨은 소련군 SAM 기지에 대한 즉각적인 공격 같은 행동에 나서기를 원했다. U-2기 격추는 "자문위원 각자가 마련한 이런 모든 신호"보다 더 큰 관심을 끌었다. 대화는 차츰 의미가 없어져 갔다. 흐루쇼프는 "헛소리의 달인"이었다.

장시간 자리를 비운 대통령이 7시 30분쯤에 마라톤 회의를 마무리짓기 위해 각료회의실로 돌아왔다. 대통령은 밖에서 뭘 했는지, 또는 누구와 상의했는지 밝히지 않았지만, 엑스콤을 의사결정기구로 여기지 않기 시작한 것이 분명했다. 합의를 이루기에는 의견이 제각각이었다. 번디를 비롯한 몇몇 자문위원의 반대에도 불구하고 케네디는 아직 주피터 미사일과 관련된 일종의 협상을 고려하고 있었다. 대량 학살을 벌이지 않고 협상을 통해서 미사일을 철수시킬 수 있는 상황에서 쿠바를 침공해서 미사일을 파괴할 수는 없었다. 대통령이 말했다.

"그런 기록이 남는다면 제대로 된 전쟁을 치를 수가 없습니다."

애초에 미사일 교환 방안을 지지한 린든 존슨 부통령은 흐루쇼프가 끝도 없이 양보를 얻어 내기 위해 터키를 둘러싼 협상을 이용만 해먹는 상황을 우려했다.

"미사일만 걸려 있는 문제가 아닙니다. 흐루쇼프가 쿠바에서 미사일, 병력, 항공기 할 것 없이 모조리 철수시킬 겁니다. 그렇게 하면 미국의 모든 외교정책이 날아가기 때문입니다. 터키에서 미군이 전부 철수해야 할 테니까요. 병력 2만 명과 모든 기술 인력, 항공기, 미사일까지 … 다 날아가는 겁니다."

대통령이 질문했다.

"그렇다면 미사일을 철수시킬 다른 방법이 있습니까?"

위기의 순간 케네디가 가장 신뢰한 사람은 바비였다. 케네디는 바비를 "원칙주의자이자 절대적으로 강직한" 인물로 보았다. 하지만 케네디가 보기에 바비의 가장 중요한 특성은 "무서울 정도의 실행력"과 직관이었다.[15] 바비는 "거의 텔레파시가 통한다고 할 정도"로 대통령의 심중을 잘 이해했다.[16] 백악관에는 뛰어난 생각으로 넘쳐나고 머리가 비상한 인재들이 많았다. 문제는 실행이었다. 바비는 일을 조직하는데 뛰어났다. 케네디는 자신의 의지를 관철시킬 인물로 동생을 신뢰했다.

지난 12일을 함께 하면서 두 사람은 다른 방식으로 크게 바뀌었다. 소련이 쿠바에 미사일을 배치한 사실을 처음 알게 되었을 때, 두 사람의 즉각적인 반응은 흐루쇼프에게 기만당한 데 따른 분노와 짜증이었다. 그때는 미사일 기지를 공습하는 방안에 의견이 거의 모아졌다. 하지만 이제 두 사람은 핵전쟁의 벼랑 끝에서 물러설 방법을 간절하게 찾고 있었다.

대통령 개인 집무실에서 바비와 소렌슨은 두 가지 서로 상충하는 메시지를 종합해서 흐루쇼프에게 보낼 답장을 마련했다. 최종안에는 여러 사람의 의견이 담겨 있었다.[17]

보내주신 10월 26일 자 서신을 신중하게 읽었고, 조속한 문제 해결 의지가 담긴 말씀을 기쁘게 받아들였습니다(국무부 조지 볼과 알렉시스 존슨이 주로 작성한 초안).

하지만 쿠바에 있는 공격용 미사일 기지 건설 작업을 중단하고 모든 공격용 무기 체계가 작동되지 않도록 하는 일이 선결되어야 합니다(스티븐슨/케네디). (…) 이런 조치가 신속하게 이루어진다는 가정하에, 본인은 뉴욕에 있는 미국 대표에게 유엔사무총장 대리 및 소련 측 대표와 함께 서기장님께서 10월 26일에 보내주신 서신에서 말씀하신 제안에 따라 이

제13장 고양이와 쥐

번 주에 쿠바 문제의 항구적인 해결책을 협의하도록 지시했습니다(스티븐슨). 지난번 서신에서 제안하신 핵심 내용은 다음과 같으며, 대체로 제가 받아들일 만하다고 생각합니다(바비).

1. 소련은 유엔의 적절한 감시 감독하에 쿠바에 배치한 무기 체계를 철수시키는 데 합의합니다. 또한 적절한 예방 조치를 통해 쿠바에 이런 무기 체계가 추가로 배치되지 않도록 합니다(국무부).

2. 미국은 유엔을 통해 ⓐ현재 시행 중인 격리 조치의 신속한 중단과 ⓑ 쿠바 불가침 보장이라는 의무의 이행과 속행을 확실하게 할 적절한 협정을 맺는 데 합의합니다. 서반구의 다른 나라들도 여기에 기꺼이 동참할 것으로 확신합니다(엑스콤 논의).

세계적인 긴장 상태를 완화할 이러한 합의의 결과로써 우리는 서기장님께서 두 번째 서신에서 제안하신 "다른 무기들"에 관한 좀 더 포괄적인 합의를 추진할 수 있습니다(스티븐슨).

미국은 긴장을 완화하고 무기 경쟁을 중단하는 데 관심이 많다는 사실을 재차 강조 드리고 싶습니다(케네디). 서기장님의 서신이 나토와 바르샤바 조약에 영향을 미치는 데탕트를 논의할 준비가 되었다는 의미라면 우리는 동맹국과 함께 실질적인 제안을 적극적으로 검토할 준비가 되어 있습니다(스티븐슨).

하지만 제가 강조하고 싶은 것은 국제적으로 효력이 있는 약속하에 쿠바 미사일 기지 건설 작업을 중단하고 해당 무기가 작동하지 않도록 하는 조치가 선행되어야 한다는 점입니다(케네디).

대통령은 동생이 편지를 도브리닌 소련 대사에게 직접 전해주면서 상황의 엄중함을 구두로 강조하길 원했다. 바비는 엑스콤의 다른 자문위원들 몰래 이미 도브리닌에게 전화를 걸어 백악관에서 펜실베이니아 애비뉴로 여섯 블록 떨어진 법무부에서 만나자고 요청을 해두었다.

엑스콤 회의가 마무리되자 케네디는 선택된 몇 명을 대통령 집무실로 따로 불렀다. 여기에는 바비, 맥나마라, 러스크, 번디가 포함되었다. 대화 주제는 바비가 도브리닌에게 전할 구두 메시지 내용이었다. 린든 존슨 부통령과 매콘 CIA 국장은 회의에서 빠졌다. 회의 참석자들은 바비가 소련 대사에게 시간이 촉박하고, 흐루쇼프가 케네디 대통령이 제시한 조건을 거부하는 경우 "추가적인 미국의 행동을 피할 수 없다"고 경고하기로 합의했다.[18] 남은 문제는 흐루쇼프의 쿠바-터키 미사일 맞교환 요구, 즉 편지에 담은 약속 이외에 주피터 미사일을 가리키는 외교적 수사인 "다른 무기들"에 관한 요구에 어떻게 대응하는가였다.

터키 주재 미국 대사가 보낸 전보를 바탕으로, 딘 러스크 국무부 장관은 엑스콤 회의에서 의견이 분분한 문제에 대한 타협안을 생각해 냈다.[19] 도브리닌 주미 소련 대사에게 어쨌든 머지않아 주피터 미사일을 철수시킬 것이라고 통보하자고 제안한 것이다. 그렇게 하면 낡은 주피터 미사일은 협상의 장애가 되지 않을 터였다. 또한 추가적인 흥정의 구실도 되지 않을 수 있었다. 미국-소련 협상에서 터키를 희생시킨다는 인상을 주지 않기 위해 주피터 미사일 철수 문제는 비밀로 하는 것이 중요했다. 까다로운 문제를 풀기 위한 딘 러스크 국무부 장관의 독창적인 아이디어에 회의 참석자들은 한목소리로 지지했다.

협상 내용은 철저하게 보안을 유지하기로 했고 모두가 여기에 동의했다. 번디의 말에 따르면, "방에 없던 사람에게 이런 추가적인 메시지가 알려져서는 안 되었다."[20] 소련측도 비밀을 지켜야 했다. 누설되는 경우 약속은 "무효"가 되었다.

제13장 고양이와 쥐

아나톨리 도브리닌이 바비 케네디에 대해 느끼는 감정은 복잡했다. 성격 좋은 외교관인 도브리닌에게, 바비는 "툭하면 화를 내는 복잡하고 다루기 힘든 인물"이었다.[21] 바비는 "무례하게 행동했다." 바비는 소련이 실제로 잘못된 행동을 했거나 그랬다고 생각하는 경우 흥분했다. 두 사람의 대화는 매끄럽게 연결되지 않고 끊어지곤 했다. 바비는 외교정책 전문가로 자임하는 듯했지만 다른 나라의 사정에 대해 아는 것이 거의 없었다. 1955년 소련을 한 차례 방문했을 때에는 소련의 "전화 대화 도청" 기술에 대해 질문하고는 자유가 적다고 비판하면서 굳이 초청국의 심기를 건드렸다.[22] 그런데도 바비는 대통령의 동생이었고, 크렘린과 백악관 사이의 직접적이고 비공식적인 대화를 위한 최고의 채널이었다.

도브리닌이 워싱턴에 도착한 이후 7개월 동안 두 사람은 수시로 만났다. 어색함을 깨트리기 위해 바비는 새로 부임한 도브리닌을 매클레인에 있는 자택에 초대해서 "다소 소란스러운 가족들"을 소개해 주기도 했다. 쿠바 문제에 관한 한 도브리닌은 바비가 "충동적이고 쉽게 흥분한다"고 생각했다. 그는 바비를 엑스콤 내의 매파 중 한 명으로 보았고 쿠바 침공을 포함한 "강경한 태도"를 취하도록 자기 형을 몰아붙인다고 생각했다. 이전 면담에서 바비는 소련의 속임수와 "기만"에 대해 맹비난했다. 토요일 저녁 법무부에 초대받은 도브리닌은 바비가 또다시 분통을 터트릴 것으로 예상했다.

아이들이 그린 그림이 걸려 있고 희미한 불빛이 있는 널찍한 집무실에서 도브리닌이 만난 인물은 기분이 가라앉고 심란한 상태였다. 면담 직후 소련 외교부에 보낸 전보에서 도브리닌은 바비가 평상시에 보인 싸움꾼 기질은 전혀 없이 "몹시 동요한" 상태였다고 설명했다.

"평소처럼 여러 문제에 대해 시비를 걸지 않았음. 고집스럽게 한 가지 주제를 반복했음. 즉, 시간이 중요하고 기회를 놓쳐서는 안 된다는 주장이었음."[23]

바비는 통상적인 외교적 자세가 아니라 핵전쟁으로 인한 파괴로부터 인류를 구하기 위한 같은 인간으로서 도브리닌을 대했다. 바비는 U-2기 격추와 미 해군의 저공 정찰기에 대한 발포가 "극도로 위험한 사태 전환"이라고 설명했다. 최후통첩이 아니었다. 사실을 말했을 뿐이었다.

"앞으로 12시간이나 24시간 내로 확실히 결정을 내려야 합니다. 시간이 매우 촉박합니다. 쿠바군이 아군기를 맞추면 우리도 반격할 겁니다."

도브리닌은 미군기가 쿠바 영공을 침범할 권한이 전혀 없다고 주장했다. 바비는 반박하기보다 도브리닌 대사가 미국의 정치적 현실을 이해해 주기를 원했다. 미군은 대통령에게 "무력에는 무력으로 대응"하자고 요구하고 있었다. 장군 중에는 성질 급한 사람이 많다는 사실을 흐루쇼프가 이해해야 했다. "싸우고 싶어서 안달이 난" 사람들은 "장군들만이 아니었다." 바비가 설명했다.

"정찰 활동을 중단할 수는 없습니다. 정찰은 미국의 안보에 매우 심각한 위험이 되는 귀측의 쿠바 미사일 기지 구축 상황에 대해 신속하게 정보를 얻을 유일한 방법입니다. 하지만 우리 쪽이 대응 공격을 개시하면 중단시키기 매우 어려운 연쇄 반응이 시작될 겁니다."

바비는 소련 미사일 기지에도 비슷한 논리가 적용된다고 말했다. 미국은 해당 기지를 "제거"하기로 마음먹었고 필요하다면 공습을 하기로 했다. 이런 일이 벌어지면 소련인이 죽는 것이 거의 확실하고, 모스크바도 유럽에서 미국을 상대로 행동에 나설 것이었다.

"수백만 명의 미국인과 소련인이 죽는 진짜 전쟁이 벌어질 겁니다. 무슨 수를 써서라도 그런 일은 막았으면 합니다."

바비는 케네디 대통령이 흐루쇼프 서기장에게 보내는 가장 최근 친서의 내용을 설명했다. 소련 정부가 쿠바에서 미사일 기지를 해체하면 미국 정부는 격리를 중단하고 쿠바를 침공하지 않겠다는 약속을 기꺼이 하겠다는 내용이었다. 도브리닌 대사가 물었다.

"터키는 어떻게 됩니까?"

이날 오랫동안 케네디 대통령과 엑스콤 자문위원들이 고민했던 가장 애매하고 민감한 문제였다. 다시 한번 바비는 솔직하게 자신의 형이 처한 딜레마를 설명했다. 케네디 대통령은 주피터 미사일을 "4~5개월 이내" 철수할 마음이 있었다. 하지만 어떠한 약속도 공개적으로는 할 수 없었다. 주피터 미사일 배치는 나토가 집단적으로 결정한 것이었다. 미국이 일방적으로 미사일 기지를 해체하는 것처럼 보이는 경우, 그것도 소련의 압박에 따라 그렇게 하는 경우 동맹이 와해될 수 있었다. 바비는 흐루쇼프에게 가능하면 일요일까지 빨리 답변을 해주기를 요청했다.

"시간이 매우 촉박합니다. 상황이 아주 긴박하게 진행되고 있습니다."

1962년 10월 27일 토요일 오후 8:25

오후 8시 25분 바비는 백악관으로 돌아왔다. 도브리닌과의 면담 시간은 15분을 넘지 않았다. 바비는 곧장 대통령 관저에 올라가 그곳에서 전화로 네 살배기 딸과 대화하는 대통령을 발견했다. 지난 며칠간 대통령은 시간을 내서 아이들을 재우고 잠들기 전 책을 읽어주는 등 캐롤라인과 존 주니어에게 평소보다 더 큰 관심을 보였다. 케네디 대통령은 데이브 파워스에게 핵전쟁 발발 시 자기 아이들만이 아니라 "목숨을 잃게 될 전 세계 곳곳의 아이들"이 걱정된다고 말했다.[24]

바쁜 회의 일정 때문에 평소에 하던 저녁 수영을 생략한 대통령은 데이브 파워스를 가벼운 저녁 식사에 초대했다. 주방 담당자들이 조리용 열판에 구운 치킨을 준비해 주었다. 대통령은 화이트 와인 한 병을 개봉했다. 배가 고팠던 바비는 소련 대사와의 면담을 보고하면서 자신도 "남는 닭다리" 하나 먹어도 되냐고 물었다.[25] 세 사람이 급하게 먹고 마시는 동안 갑자기 케네디가 짐짓 믿을 수 없다는 듯 데이브 파워스를 보며 말했다.

"나 참, 데이브. 치킨을 다 해치우고 내 와인까지 모조리 마시고 있는데, 누가 보면 최후의 만찬이라도 하는 줄 알겠군."

데이브 파워스가 답했다.

"바비가 말하는 걸 봐서, 이게 최후의 만찬인 줄 알았습니다."

태평스러운 농담은 점점 더 커지는 불안을 숨기고 있었다. 백악관은 미사일 공격의 주요 목표였다. 지난 며칠간 백악관 근무자들에게는 비상 상황에서의 행동 절차와 대피처를 알려 주는 지침서가 전달되었다. 파워스, 소렌슨, 케니 오도넬 같은 고위급 보좌관들에게는 핑크색 식별 카드가 지급되었는데, 그것은 이들이 대통령과 함께 웨스트버지니아주 블루리지 산맥 내에 있는 지하 벙커로 이동한다는 의미였다. 정예 헬기 부대인 제2857테스트대대Test Squadron가 핵전쟁이 임박한 경우 백악관 잔디밭에 착륙해 서둘러 대통령과 고위급 보좌관들을 안전한 곳으로 옮기는 임무를 맡았다. 헬기 승무원들은 심지어 핵공격 뒤에도 구조 시도를 할 준비를 마친 상태였다. 머리부터 발끝까지 방호복을 입은 채 쇠지렛대와 산소절단기를 들고 백악관 공습 대피소로 달려가 대통령에게 방호복을 입힌 뒤 잔해 더미에서 데리고 나오는 임무였다.

대통령을 대피시키는 조치는 핵전쟁 시 미국 정부의 생존을 보장하기 위한 비밀 계획의 일부였다.[26] 대통령은 정부 각료와 대법관을 비롯한 수천 명의 연방 고위 관료와 함께 워싱턴에서 80킬로미터 떨어진 마운트웨더로 대피하도록 되어 있었다. 마운트웨더 시설에는 긴급 방송망, 오염 제거실, 병원, 비상 발전소, 화장터와 케네디의 요통에 좋은 특수 치료 매트리스를 갖춘 대통령 전용 공간 등이 있었다. 의회는 최근 앨러게이니 산맥에 있는 그린브리어라는 고급 호텔 지하에 "안전한 비밀 장소"의 건설 작업을 마무리했다. 우발 계획에 따르면 연준 자산과 독립선언서 및 국립미술관의 명작과 같은 문화재도 보존해야 했다. 핑크색 카드를 받은 데이브 파워스는 이렇게 질문했다.

"아내와 아이들은 어떻게 하죠?"[27]

어찌 된 일인지 가족은 계획에 빠져 있었다. 백악관 해군 보좌관인 테이즈웰 셰퍼드 대위에게 필요한 계획을 수립하라는 지시가 떨어졌다. 셰퍼드는 가족들에게 개인 물건을 소지하지 말고 워싱턴 북서쪽의 울타리가 쳐진 창고 안으로 집결하라고 했다. "워싱턴 교외의 재배치 지역"으로 가는 차량 행렬에는 "최소한의 음식과 물"이 제공될 예정이었다. 케니 오도넬은 아내와 다섯 명의 자녀들이 생존할 가능성이 기껏해야 "희박"하다고 느꼈다.

정부 계획이 못 미더운 고위 관리의 가족들은 별도의 대피 계획을 마련했다. 소련의 미사일 기지 건설을 감시하던 CIA 팀의 핵심 멤버였던 디노 브루지오니는 토요일 저녁 "총체적인 종말론적 분위기에 굴복했다."[28] 위기가 "전쟁과 철저한 파괴"로 이어질 수밖에 없다고 판단한 그는, 아내에게 국토의 절반을 가로질러 미주리 주에 있는 부모님 집으로 두 아이를 데리고 가라고 말했다. 대통령 일일 정보 보고를 담당한 딕 리먼도 아내에게 비슷한 말을 했다.

고위 관료일수록 위기가 평화적으로 끝날 가능성에 대해 더 비관적이었다. 밥 맥나마라는 저녁 일찍 엑스콤 회의가 끝나고 휴식을 취하는 동안 대통령 집무실 베란다로 가서 일몰을 바라보았다. 멋진 가을 저녁이었지만 그런 광경을 즐길 여유가 없었다. 맥나마라는 속으로 "살아서 또다시 토요일 밤을 맞이하지 못할 수"도 있다고 생각했다.[29]

1962년 10월 27일 토요일 오후 9:00(아바나 오후 8:00)

국방부 장관은 해군 저공 정찰기를 투입할 때 전투기가 호위를 했으면 했다. 마지막 저녁 회의를 위해 엑스콤 자문위원들이 각료회의실에 다시 모인 자리에서 맥나마라는 이렇게 주장했다.

"내일 아군기가 공격받는 경우 반격해야 합니다."

대통령은 개별 방공포를 공격하는 일은 의미가 없다고 생각했다.

"아군기가 피해를 입을 뿐이고 지상에 있는 적군에 유리합니다."

케네디는 군 수뇌부의 생각에 동의했다. 미군기가 다시 공격받는 경우, 쿠바 섬을 "개방된 영토"로 보고 SAM 기지 전체를 공격한다고 발표할 예정이었다. 그사이 병력 수송기 약 300대를 포함한 24개 공군 예비대대를 동원했다. "비행 박스카flying boxcar"로 알려진 C-119기는 침공 작전 시 공수부대와 물자를 쿠바로 수송하는 임무를 맡았다. 예비군 동원은 미국의 결의를 보여주는 조치이기도 했다.

케네디 대통령은 전쟁을 준비하면서도, 일련의 예비 대책으로 평화로운 해결을 모색했다. 터키에서 주피터 미사일을 철수하겠다는 비공식 약속 외에도, 유엔사무총장에게 조심스럽게 접근하자는 딘 러스크의 제안도 수용했다. 미국이나 동맹국 입장에서 흐루쇼프의 제안보다는, 쿠바-터키 교환에 관한 우 탄트 사무총장의 막판 요청을 극적으로 수용하는 편이 더 수월했다. 케네디가 동의하자 러스크는 우 탄트와 가까운 사이로 알려진 앤드류 코디어라는 전직 유엔 관리에게 전화를 걸었다.[30] 저녁 일찍 바비가 도브리닌에게 제시한 은밀한 제안을 흐루쇼프가 거부하는 경우, 코디어를 통해 유엔 사무총장이 쿠바와 터키 모두에서 미사일 철수를 공개적으로 요구하도록 하는 것이었다.

하지만 우선은 동맹국이 그런 제안을 받아들일 준비가 되어 있어야 했다. 특히 터키 정부는 주피터 미사일을 국력의 상징으로 여겨 포기하려고 하지 않았다. 케네디는 미사일을 일방적으로 철수시키기보다 나토 동맹국들이 "쿠바-터키의 관련성"을 거부했을 때 벌어질 가능성이 있는 군사적 결과를 제대로 이해하기를 원했다. 협상의 대안은 미국의 쿠바 공격이었고, 이 경우 소련의 터키 또는 베를린 공격이 벌어질 수 있었다. 케네디는 그런 상황이 벌어졌을 때 동맹국으로부터 이런 말을 듣고 싶지는 않았다.

"당신이 하자는 대로 했는데, 일을 망쳤잖소."

외교적 협상 시간이 매우 촉박했다. 펜타곤은 소련이 미사일 기지를 해체한다는 확실한 증거가 없는 경우, 10월 29일 월요일에 공습을 시작할 것을 요구했다. 일요일 아침 파리에서 나토 위원회 회의가 열릴 예정이었다. 나토 대사들은 사실상 자국 정부로부터 지시를 받을 시간이 없었다. 케네디는 모두에게 뭔가 생각해 낼 "마지막 기회"를 주기 위해 군 작전 시간을 몇 시간 늦추자고 제안했다. 대통령이 수정한 일정에 따르면 쿠바 공습은 10월 30일 화요일에, 침공은 일주일 뒤에 시작될 예정이었다.

케네디가 각료회의실에서 나간 뒤, 일부 엑스콤 자문위원들은 회의실에 계속 남아 산만하게 대화를 주고받았다. 바비가 맥나마라에게 장난치듯 물었다.

"어때요, 밥?"

맥나마라는 자신이 지쳤다는 사실을 인정하고 싶지 않았다.

"법무부 장관님은 어떠신가요?"

"좋습니다."

"무슨 문제라도 있나요?"

"아뇨, 우리가 할 수 있는 유일한 일을 하고 있다고 생각합니다."

아직 쌩쌩하게 돌아가던 맥나마라의 머리는 앞날을 미리 생각했다. 맥나마라가 말했다.

"두 가지를 준비할 필요가 있습니다. 쿠바 정부입니다. 우리가 항공기 500대로 공습한 뒤 새로운 정부가 필요하기 때문입니다. 두 번째는 유럽에서 소련에 대응할 몇 가지 계획입니다. 소련이 가만히 있지 않을 것이 불 보듯 뻔하니까요."

바비는 복수를 꿈꿨다.

"쿠바를 되찾으면 좋겠어요. 그러면 좋을 텐데요."

존 매콘이 거들었다.

"예, 카스트로한테서 쿠바를 빼앗고 싶군요."

누군가 몽구스 작전을 책임진 바비에 대해 농담을 했다.

"바비를 아바나 시장 자리에 앉히죠."

웃음 때문에 긴장된 분위기가 깨졌다.

국무부 쿠바 전문가들도 누가 쿠바에서 차기 정부를 구성해야 하느냐는 문제를 염두에 두고 있었다. 이날 일찍 국무부 쿠바문제담당관은 "독립 민주주의 쿠바를 위한 의회" 창설을 제안하는 세 쪽짜리 문서에 서명을 했다.[31] 이 조직은 카스트로에 반대하는 모든 쿠바인의 "구심점"이 되어 "작전의 전투 단계"에서 군사 정부에 대한 자문 기구 역할을 할 예정이었다.

전문가들은 국민의 신뢰를 잃은 바티스타 시절로 쿠바를 되돌려놓을 시도를 해서는 안 된다고 경고했다. 신설되는 의회는 카스트로가 혁명을 배신했고, 이제 쿠바 민중은 "원래의 혁명 프로그램을 실행할 진짜 기회"를 갖게 되었다는 점을 강조해야 했다. 국무부의 "쿠바 요인" 목록은 바티스타나 카스트로와 관련이 없었고, 이들을 이끈 인물은 호세 미로 카르도나였다.

커다란 안경을 쓰고 가느다란 머리카락에 잘 다듬은 콧수염을 기른 미로는 정치에 뛰어들기 전 자신의 직업이기도 했던 변호사나 대학교수처럼 보였다. 쿠바 변호사 협회 대표 출신인 그는 1959년 초 혁명이 성공한 뒤 명목상의 총리 역할을 했지만, 59일 뒤 카스트로에게 자리를 내주었다. 미로는 한 친구에게 이렇게 설명했다.

"마이크 뒤에서 다른 사람의 조종을 받는 상황에서 정부를 운영할수는 없었어."[32]

온건 보수적 시각과 반바티스타 반카스트로 경력 덕분에 미국 정부는 미로를 새로운 쿠바 정부를 이끌 적임자로 여겼다. 차세대 쿠바 지도자가 될 미로의 역할은 실망스럽고 보람도 없었다. 미국 후원자들이 카스트로 제거 방법을 두고 언쟁하고, 획책하며, 얼버무리는 데 따라 미로가 갖고 있던 기대는 기복이 있었다. 가장 크게 실망한 때는 CIA가 미로와 미로의 동료들이 피그스 만 침공을 지지하도록 설득한 1961년 4월이었다. 게릴라 부대가 쿠바에 상륙하는 동안, CIA 담당자들은 미로와 혁명평의회의 일원들을 마이애미에 있는 은신처로 데려갔다. "자유 쿠바"의 첫 거점으로 이동할 준비를 한 것이었다. 하지만 아무 연락이 없었다. 금의환향은커녕 쿠바 해변에서 어떤 재앙이 벌어졌는지도 모른 채 사흘간 은신처에 갇혀 있었다. 모든 상황이 종료되었을 때 이들 중 다수는 감정을 주체하지 못하고 눈물을 보였다. 피그스 만에서 카스트로군이 생포한 1180명 중에는 미로의 아들도 있었다. 망명자 지도부는 대통령을 만나기 위해 워싱턴으로 날아갔다. 케네디가 말했다.

"여러분이 느끼는 기분을 저도 이해합니다. 저도 전쟁에서 형과 처남을 잃었습니다."[33]

대통령은 망명자들에게 자유 쿠바에 대해 "전적"으로 헌신하겠다고 장담했다. 양측이 만날 기회는 또 있었다. 미로는 다음 1년 반 동안에도 대통령을 수차례 만났고, 집무실에서 나올 때마다 다른 인상을 받았다. 쿠바에서 소련 미사일이 발견되자 미로는 마침내 해방의 날이 다가왔다고 기대했다.

미로는 토요일 내내 마이애미에서 미국 정부 관리들과 면담하면서 시간을 보냈다. 관리들은 군에 복무하는 쿠바 망명자들이 쿠바 상륙 명령을 기다리면서 "최고의 전투태세"를 유지하고 있다고 미로에게 말했다.[34] 불과 몇 시간 뒤에 있을 수 있는 침공을 앞두고, 양측은 "해방된 땅에서 전시 정부 구축에 관한 최종적인 세부 사항"에 대해 논의했다. 집으로 돌아온 미로는 보좌관에게 쿠바의 "새롭고 자유로운 새벽"을 기념하는 선언문을 작성하라고 지시했다.

우리는 복수를 하려는 충동에 사로잡힌 것이 아니라 정의로운 정신을 갖고 있다. 우리는 어떤 영역의 이익을 수호하거나 어떤 지배자의 의지를 관철하려는 것이 아니다. 우리는 쿠바 민중이 자체적으로 법을 만들고 정부를 선출하는 권리를 회복하고자 한다. 우리는 침략자가 아니다. 쿠바인들은 조국 땅을 침략할 수 없다. (⋯)

쿠바인들이여! 공산주의의 탄압을 상징하는 망치와 낫을 버려라. 독립을 위한 새로운 싸움에 동참하라. 나라를 되찾기 위해 무기를 들고 승리

제13장 고양이와 쥐

를 향해 결연히 행진하라. 우리의 주권을 상징하는 국기가 멋진 색의 물결을 자랑스럽게 펄럭이고, 쿠바 섬은 자유를 갈구하는 가슴 뛰는 외침과 함께 일어서리라!

마이애미 주변의 CIA 은신처에는 게릴라 용사 75명이 조바심을 내며 쿠바 침투 명령이 떨어지기를 기다리고 있었다. 병력은 2~5명으로 편성된 20개 팀으로 나뉘었고, 한 개 그룹은 20명이었다. 침투 작전은 금요일 오후 펜타곤에서 열린 몽구스 작전 회의에서 바비가 하비와 충돌한 이후 알 수 없는 이유로 보류되었다. 무슨 일이 벌어지고 있는지는 아무도 모르는 듯했지만, 몇몇 인원들은 케네디 형제가 이번에도 겁을 먹은 게 아닌가 하고 의심하기 시작했다.

망명자 집단 내부의 불만은 CIA 마이애미 지국장인 테드 새클리를 통해 워싱턴에 보고되었다. 플로리다에서 8개월을 보낸 테드 새클리는 쿠바인을 "변덕스럽고, 감정적이며, 감정을 잘 드러내는 사람들"이라고 생각하게 되었다.[35] 그는 작전이 한꺼번에 취소되고 공작팀이 해체되면 무슨 일이 벌어지지 않을까 하고 우려했다. 쿠바인은 쿠바인인지라 환멸을 느낀 반카스트로 투사들이 "입을 열면 이들의 경험이 망명자 커뮤니티에 순식간에 퍼지게 될" 위험이 컸다. 이 경우 관련 내용이 불가피하게 언론에 노출될 수 있었다. 새클리는 자신의 우려를 "우리의 상황에 대한 분석적이고 객관적인 평가를 기반으로 하는 정보 현실에 대한 기초적인 사실"이라면서 철저하게 관료적 용어를 사용해서 말했다. 보고서는 투사들이 "장비 점검, 통신 브리핑, 침투 경로 토론"을 마치고 "동기 부여와 준비 상태가 정점"에 이르렀다고 강조하면서 차츰 더 비관적인 태도로 보고를 이어갔다.

인간은 심리 상태와 체력을 최상의 상태로 계속 유지할 수 없음. 권투 선수를 비롯하여 전투준비가 요구되는 다른 모든 경쟁 분야의 문헌에 잘 기록되어 있듯이 모든 유형의 전사fighter는 컨디션이 나빠지기 때문임. (…)

이런 사실을 잘 알고 있을 테지만, 지난 일주일간 본부의 작전 개시 명령이 오락가락함에 따라, 신중하게 판단하면 다음 48시간 이내로 언제든 일이 물거품이 될 수 있는 폭발 직전의 상황에 놓여 있음. 불만이 폭발하는 상황을 막기 위해 리더십 심리와 규율의 전 영역을 동원할 예정이지만 그런 사태가 벌어지지 않는다고 장담할 수는 없음.

플로리다 해협 건너 아바나에서는 알렉산드르 알렉세예프 소련 대사가 화난 피델 카스트로를 달래기 위해 애를 썼다. 카스트로는 이날 아침 니키타 흐루쇼프가 라디오로 쿠바-터키 미사일 교환을 제안한 사실을 알고 격분한 상태였다. 의심하는 것이 몸에 밴 카스트로는 이런 상황을 초강대국 사이의 일종의 대타협에서 쿠바가 저당물이 될 수 있다는 신호로 해석했다.

토요일 저녁 알렉세예프 대사가 소련 정부의 가장 최근 입장에 대한 공식적인 해명을 하기 위해 방문했을 때, 카스트로는 격렬하게 화를 냈다.

"친구라면 이런 식으로 행동하지 않소. 부도덕한 행동입니다."[36]

3년간 카스트로를 상대했던 알렉세예프는 카스트로를 진정시키는 데 익숙했다. 그는 자국 정부의 지시를 이행하면서도 카스트로를 자극하지 않을 방법을 계속 모색했다. 그것은 교묘한 줄타기였다. 때로는 격정적인 쿠바인들이 받아들이기 쉽도록 표현을 바꾸기도 했다. 이번에 동원한 방법은 워싱턴, 아바나, 앙카라(터키 수도)에 경고음이 울리도록 한 메시지에 관해 카스트로를 안심시키는 말을 하는 것이었다. 알렉세예프가 달래듯 말했다.

"제가 보기에는 흐루쇼프 서기장이 협상하려는 것은 아닙니다."

알렉세예프는 흐루쇼프의 메시지가 미국 입장의 위선을 노출시키기 위한 협상 전략이라고 해명했다. 미국은 소련 국경 주변에 미사일을 배치할 권리를 주장하면서도 소련이 비슷한 권리를 갖는 것은 거부한 셈이었다. 케네디가 흐루쇼프의 제안을 받아들일 가능성은 작았다. 흐루쇼프의 행동은 국제 사회에서 쿠바에 배치한 소련 미사일의 존재를 정당화하기가 더 수월하게 할 터였다.

아직 만족하지는 않았지만 카스트로는 누그러지기 시작했다. 카스트로는 이 편지에 관한 첫 번째 뉴스 보도가 쿠바군을 포함해서 쿠바 여론의 특정 부분을 "혼란"스럽게 했다고 말했다. 몇몇 쿠바군 장교들은 모스크바가 쿠바에 대한 약속을 저버리는 것인지 물었다. 알렉세예프는 흐루쇼프가 제시한 제안의 배경이 되는 논리를 해명하기 위해 최선을 다했다.

이날 카스트로는 전날 베다도에 있는 소련 대사관에 나타나서 미국의 공격이 임박했다고 말했을 때처럼 긴장하지는 않았다. 나중에 알렉산드르 알레세예프는 모스크바에 이렇게 보고했다.

"카스트로는 상황을 좀 더 차분하고 현실적으로 평가하기 시작했음. … 그런데도 기습 공격의 위험이 아직 이전과 마찬가지로 존재한다고 믿고 있음."[37]

카스트로는 흐루쇼프에게 실망하긴 했어도 소련군이 미군 첩보기를 격추시킨 사실에 만족했고, 알렉세예프에게 쿠바 당국이 "조종사 시신과 더불어" 항공기의 잔해를 수집하고 있다고 말했다. 군사적인 사항을 일일이 알지 못한 알렉세예프는 U-2기가 소련군이 아니라 쿠바군에 의해 격추된 것으로 알고 있었다. 뒤이어 모스크바에 보낸 보고서에서 알렉세예프는 책임 문제를 따로 언급하지는 않았고, 카스트로가 쿠바군에 미군의 모든 영공 정찰에 대응하라고 지시한 사실을 매우 정당하게 여긴다는 점을 강조했다.[38]

그러면서 이렇게 덧붙였다.

"카스트로는 (미군) 공격 시, 침략자를 상대로 전면적으로 반격할 것이고 승리를 확신한다고 말했음."

1962년 10월 27일 토요일 오후 9:52

발렌틴 사비츠키는 결국 자신이 할 수 있는 적절한 선택은 물 위로 부상하는 것밖에 없다고 결론 내렸다. B-59 잠수함의 함장인 그는 자신을 괴롭히는 자들을 날려버리기 위해 핵어뢰를 사용하고 싶은 마음이 굴뚝같았지만, 다른 장교들은 함장이 진정하도록 설득했다. 사비츠키는 함대 참모장인 바실리 아르히포프와 함께 잠수함 부상 결정을 내렸다. 무선 안테나를 올릴 수 있게 되자마자 해군 본부에 현재 위치와 상황을 보고했다.

B-59가 요란한 소리를 내며 수면 위로 떠오르는 동안, 소련 승조원들은 주변에 온통 불빛이 비치는 것을 보고 깜짝 놀랐다. 미군 구축함 4척이 잠수함을 에워싸고 있었다. 머리 위에는 헬기가 탐조등으로 바다를 환하게 비추고 있었다. 파도 위로 불쑥 나타났다 사라지는 물체는 잠수함의 위치를 표시하기 위해 투하된 수십 개의 소노부이로, 불빛이 깜박거려 쉽게 식별이 되었다. 마치 어두운 바다가 불타오르는 것처럼 보였다. 미 해군 일지에 따르면 이때가 오후 9시 52분이었다.

사비츠키는 아르히포프를 비롯한 장교 몇 명과 함께 선교로 올라갔다. 실외는 잠수함 내부보다 15도 더 낮았다. 이들은 물에 빠진 사람이 허둥지둥 숨 쉬려는 것처럼 밤공기를 들이켰다. 한 장교는 "신선한 공기를 너무 많이 들이켜려다 그만 물에 빠질 뻔했다."[39] 소련군 장교들은 미군 군함에서 깔끔하게 다린 군복 차림의 병사들을 처음 보았을 때 더 불쾌하고 굴욕감을 느꼈다. 자신들의 모습은 지저분했고 기운이 없어서 지쳐 있었다. 이들이 탄 잠수함도 마찬가지였다. 하지만 반항적인 자부심도 느꼈다. 잠수함 승조원들은 약 8000킬로미터에 달하는 긴 거리를 항해했다. 소련군 잠수함 요원 그 누구도 이렇게 긴 거리를 이동한 적이 없었다. 말쑥하게 차려입은 적군 장병들은 상상도 못 할 육체적 고통을 견뎌냈다. 실패한 것은 기계였지 승조원들이 아니었다.

사비츠키는 부하들에게 소련기를 올리라고 명령했다. 파란색과 흰색으로 된 소련 해군기가 아니라 왼쪽 구석이 망치와 낫으로 장식된 붉은 색의 소련 국기를 말하는 것이었다. 사비츠키가 전달하려는 메시지는 자신이 탄 낡은 잠수함이 막강한 초강대국의 보호 아래에 있다는 사실이었다. 미국 구축함 중 한 척이 섬광등으로 도움이 필요한지 묻는 신호를 보냈다. 사비츠키가 답했다.

"이 함정은 소비에트 사회주의 공화국 연방 소속이다. 도발 행위를 중단하라."[40]

미군 S2F 트래커가 B-59 주변을 저공으로 계속 지나가면서 사진을 촬영했고 소노부이와 녹음 장치, 조명탄을 추가로 투하했다. 조명탄은 수백 피트 앞에 투하되어 아주 밝은 불빛을 비추었다. 각 조명탄은 양초 5000만 개와 동일한 빛을 발산했다. B-59의 선교에서 보기에 조명탄 투하 광경이 마치 항공기가 폭격 연습을 하는 것처럼 보였다. 경계병은 미군이 기관총으로 바다에 예광탄 사격을 하고 있다고 보고했다.[41]

1시간쯤 지난 뒤, B-59는 모스크바로부터 지시를 하달받았다. 추적을 따돌리고 버뮤다에서 가까운 예비 지점으로 이동하라는 내용이었다.[42] 하지만 이동은 말처럼 쉽지 않았다. 주변에 온통 미군 군함과 항공기가 보였다. 바다는 강렬한 불빛으로 가득한 가마솥이었다.

1962년 10월 27일 토요일 오후 11:00(아바나 10:00)

토요일 밤 미국인들은 다음 날 무슨 일이 벌어질지 모른 채 아주 불안한 마음을 안고 잠자리에 들었다. 백악관은 거의 비어 있었다. 케네디 대통령은 대부분의 보좌관이 쉴 수 있도록 집으로 보내주었다.[43] 곁에 둔 유일한 사람은 카멜롯 궁궐의 궁중광대인 데이브 파워스였다. 아일랜드 출신의 작고 냉소적인 인물인 파워스는 케네디가 우울할 때 기운을 북돋아 주는 역할을 했다. 평소에 파워스는 대통령에게 맨 먼저 아침 인사를 건네고 잠들기 전 맨 마지막에 인사를 건네는 보좌관이었다. 파워스가 맡은 일에는 깨끗한 셔츠와 시원한 음료를 충분히 제공하는 것도 포함되었다. 대통령이 출장을 가거나 영부인이 자리를 비울 때는 대통령의 연예 생활을 담당하기도 했다.

못 말리는 플레이보이인 케네디는 "매일 섹스 상대"가 없으면 편두통이 잘 발생한다고 친구에게 말한 적이 있었다.[44] 핵전쟁의 위험이 고조되었다고 해서 케네디의 성욕이 감퇴되는 일은 확실히 없었다. 케네디는 오래 사귄 매리 메이어를 여전히 만나고 있었다. CIA 고위 관리인 코드 메이어의 부인이기도 한 매리 메이어는 예술적인 감각이 뛰어나고 섬세할 뿐 아니라 지적이어서 흔히 "피들Fiddle"이나 "패들Faddle"이라고 부른 대통령의 여느 여자 친구와는 달랐다. 소년 시절부터 메이어와 알고 지내던 케네디는 긴장되고 스트레스가 심할 때 메이어에게 자주 의지했다. 케네디는 10월 22일 월요일 백악관에서 열린 가족 저녁 식사가 끝날 무렵 메이어를 초청했다. 재클린의 여동생인 리 라지월과 그녀의 드레스 디자이너인 올레까시니도 자리에 있었다. 메이어는 토요일 오후에 대통령 집무실로 전화를 걸었다.[45] 회의에 참석한 케네디가 전화를 받지 못하자 매리 메이어는 그녀가 사는 조지타운의 연락처를 남겼다.

데이브 파워스는 케네디에 관한 칭송 일색인 회고록에서 매리 메이어를 비롯한 대통령의 여자 친구를 일절 언급하지 않았다. 파워스의 설명에 따르면, 대통령은 앤더슨 소령의 미망인에게 위로의 편지를 쓰면서 토요일 저녁 시간 일부를 보냈다. 그런 다음 좋아하는 여배우인 오드리 햅번이 나오는 〈로마의 휴일〉을 보기 위해 백악관 극장에 갔다. 잠자리에서 불을 끄기 전 케네디는 파워스에게 다음 날 아침 일정을 언급했다.

"10시에 세인트 스티븐 성당의 미사에 참석할 거야, 데이브. 기도할 일이 많으니 늦지 말게."[46]

다른 관리들도 짬을 내서 휴식을 취했다. 펜타곤에서는 전속력으로 쿠바로 향하던 그로즈니호에 관한 늦은 밤의 동요와 흥분이 있었다. 새벽 무렵 유조선인 그로즈니호가 미국 군함 두 척의 추격을 받으면서 격리선에 도착한 것처럼 보였다. 대통령은 그로즈니호를 차단할지 보낼지를 결정해야 했다. 준비를 제대로 하기 전에 흐루쇼프와의 충돌을 감수할지, 아니면 전 세계에 나약하고 우유부단하게 비춰질지 둘 중 하나를 선택해야 했다.

조지 앤더슨은 감기가 든 채 오후 11시 전 잠자리에 들었다.[47] 커티스 르메이로부터 경기 관람을 하는 동안 워싱턴에서 벌어진 모든 상황에 대해 설명을 듣고 나서였다. 쿠바 침공에 대비해 공군 예비군

1만 4000명 이상이 소집되었다. 합참 수뇌부는 수정된 쿠바 공격 일정을 전파했다.

SAM 기지 공습 : 2시간

전면적 공습 : 12시간

침공 : 결정일+7일

전 병력 상륙 : 결정일+18일

더 불안하게도 엑스콤은 봉쇄 지역 800킬로미터 내에 있는 모든 소련 잠수함을 "적대적"으로 간주한다고 발표할 계획이었다.[48] 미군 잠수함들은 이 지역 내에서 소련 잠수함 두 척을 식별한 상태였다. 또 다른 두 척은 봉쇄 지역 바로 바깥에 있었다. 선포문 문구는 모호했다. 특정 상황에서 상대방이 "위협"되는 경우, 미국 군함에 봉쇄 지역 내에 있는 잠수함에 대한 발포 권한을 허락한다는 내용이었다.

아바나에서 세르지오 피네다는 또 다른 긴 밤을 준비하고 있었다. 뉴스 통신사인 프렌사라티나의 기자인 그는 아바나에서 라틴아메리카 신문사로 특전을 보내고 있었다. 토요일 저녁, 그는 젊은 여성 수백 명이 의무대에 소집되고, 철모를 쓴 군인들이 큰 건물 바깥에서 "약품과 수술용품이 담긴 커다란 상자를 차량에서 내리는" 모습을 설명했다.

"이제 어떤 일이든 벌어질 수 있다. 이 시각 아바나는 차분하다. 모든 것이 정지된 것처럼 보인다."[49]

기사를 타이핑하는 동안 근처 초소의 라디오에서 나오는 플루트 소리밖에 들리지 않았다. 가끔 음악이 중단되고, 아나운서가 스페인과 벌인 독립 전쟁의 영웅인 안토니오 마세오 그라할레스의 말을 반복했다.

"누구든 쿠바를 침략하는 자는, 싸움에서 죽지 않더라도, 피로 뒤범벅된 땅의 먼지만 얻게 될 것이다."

제14장

철수

———————

Crate and Return

1962년 10월 28일 일요일 오전 2:00(모스크바 오전 10:00)

상황은 니키타 흐루쇼프가 바다 건너 소련 영토 바깥으로 병력을 보낼 때 예상했던 것과 전혀 다르게 전개되었다. 지난 5월 흐루쇼프가 과거 소련군이 전혀 가본 적이 없는 곳에 파병하기로 했을 때는 상황이 고무적인 듯 보였다. 흐루쇼프는 가장 최근 사회주의 진영에 들어온 국가를 미국의 침략으로부터 보호하는 동시에, 소련의 전반적인 군사력을 강화하려 했고, 순진하게도 자신이 기정사실로 제시하기 전까지는 핵무기 배치 사실을 감출 수 있다고 생각했다. 이제는 생각지도 못한 선택에 직면했다. 미국의 쿠바 침공과 핵전쟁의 가능성, 혹은 개인적 굴욕중 하나였다.

상황은 매시간 또는 매분 단위로 위험천만하고 예상치 못하게 바뀌고 있었다. 흐루쇼프는 토요일 아침 최고회의 간부회의에서 가까운 시기에 미국이 쿠바를 침공할 가능성은 작다고 말했다. 이미 미사일을 철수해야 한다고 결정을 내렸더라도, 전쟁에 뛰어들기를 망설이는 케네디의 태도를 이용해 가장 유리한 협상을 끌어내는 것이 아직 가능했다. 하지만 일련의 예기치 않은 사건, 이를테면 U-2기 격추와 또 다른 U-2기의 소련 영공 침공, 그리고 양키들의 공격이 임박했다고 예상한 카스트로의 놀랄 만한 편지는 시간이 촉박하다는 사실을 자각하게 했다.

흐루쇼프는 모스크바 교외 전원에 있는 관저에서 소련 지도부 회의를 하기로 했다. 다차가 있는 노보오가료보는 나부끼는 자작나무가 동화 속 장편처럼 펼쳐지고 모스크바 강이 굽이굽이 흐르는 마을로, 오랫동안 러시아 지배층의 휴양지였다. 전제 군주제에서 모스크바를 통치한 관리들은 울창한 숲이 있는 이곳에 장식용 정원을 만들었다. 스탈린은 크렘린에서 받은 스트레스를 해소하기 위해 이곳을 들렀다. 근처에 주말 별장이 있던 흐루쇼프는 이곳에서 가족들과 함께 쉬는 것을 즐겼다.

정면을 신고전주의 양식으로 꾸민 2층 저택인 노보오가료보 다차는 워싱턴에 있는 백악관과 많이 닮았다. 이곳은 원래 스탈린의 뒤를 이어 소련 총리에 오른다고 알려졌다가 얼마 안 가 더 막강한 흐루쇼프에 의해 밀려난 게오르기 말렌코프을 위해 지어진 건물이었다. 말렌코프가 치욕적으로 물러난 뒤, 정부는 이곳을 몰수해서 영빈관으로 바꿔놓았다. 수십 년 뒤 노보오가료보는 미하일 고르바초프 대통령의 휴양지이자 1991년 소련 해체로 이어진 협상 장소로 더 유명해졌다.

최고회의 간부회의 참석자들은 길고 반들반들한 오크 원목 테이블에 앉아 있었다. 참석자 18명에는 안드레이 그로미코 외무부 장관과 로디온 말리놉스키 국방부 장관이 포함되었다. 그 뒤에 서 있던 보좌관들은 필요할 때마다 장관들의 지시를 받곤 했다. 평소처럼 최고회의 간부회의는 흐루쇼프의 원맨쇼였다. 나머지 참석자들은 흐루쇼프의 밑도 끝도 없는 말을 기꺼이 들어주었다. "당신이 우릴 이런 엉망진창인 상황으로 끌고 왔소. 이제 여기서 빠져나오는 것도 당신한테 달렸소"라고 말하는 듯한 분위기가 회의실에 감돌았다.[1] 흐루쇼프를 제외하고 논의에 적극적으로 참여한 사람은 그로미코 외무부 장관과 아나스타스 미코얀 부총리뿐이었다.

최고회의 간부회의 참석자들의 앞에 놓인 것은 케네디와 카스트로가 가장 최근에 보내온 편지가 담긴 폴더였다. 백악관은 모스크바와 워싱턴 사이에 장시간 소요되는 통신 시간을 줄이기 위해 친서를 언론에 공개했다. 회의가 시작되었을 때 도브리닌 대사의 바비 케네디와의 면담 결과 보고서는 아직 모스크바에 도착하지 않은 상태였다. 흐루쇼프는 쿠바 위기가 일단 해결된 뒤 "다른 무기들"에 관해 기꺼이 논의하겠다고 밝힌 케네디의 편지 내용에 고무되어 있었다. 흐루쇼프는 이 말이 터키에 있는 주피터 미사일의 철수를 "암시"하는 것으로 이해했다.

흐루쇼프는 최고회의 참석자들에게 미국의 쿠바 불침공 약속을 소련의 외교적 승리로 표현함으로써 전술적 후퇴의 불가피성을 이해시키려고 했다. 흐루쇼프는 "소련의 힘을 아끼기 위해" 1918년 가혹한 브레스트-리톱스크 조약을 맺어 거대한 영토를 독일에 양보했던 위대한 레닌의 전통에 따라 행동한다며 자신을 변호했다. 그때보다 이때 상황이 훨씬 더 위험했다. 흐루쇼프는 참석자들에게 "인류 멸망을 초래할 가능성이 있는 전쟁과 핵재앙의 위험을" 제거해야 하며 "세상을 구하기 위해 우리가 후퇴해야" 한다고 말했다.[2] 한 보좌관이 제1서기가 말한 두 가지 요점을 기록했다.

1. (쿠바를 상대로) 공격하는 경우, 보복 대응을 하라는 명령을 내렸음.
2. 미사일 기지 해체에 동의함.

흐루쇼프가 직면한 진짜 문제는 후퇴 여부가 아니라 철수 결정을 실행하는 데 필요한 군수와 철수 대가로 미국으로부터 얻을 양보였다. 대개 이 문제는 회의가 진행되는 동안 도착한 일련의 놀랄 만한 보고를 통해 해결되었다.

KGB 아바나 지국에서 보내온 전보는 "우리의 쿠바 동지들은 미군의 침공과 군 시설에 대한 폭격을 피할 수 없다고 판단"한다고 보고했다. 또한 카스트로가 이전에 했던 경고를 재차 강조했다. 모스크바 시각으로 오전 10시 45분, 전날 U-2기 격추 사건에 관한 소련의 공식 보고서가 나왔다. 말리놉스키 국방부 장관이 서명한 이 보고서는 U-2기가 쿠바군이 아니라 소련군 방공 부대에 의해 격추되었음을 분명히 했다. 격추 명령을 내린 사람을 밝히지는 않았지만, 이런 민감한 문제에 있어서 쿠바 현지 소련 지휘관이 카스트로의 명령에 따랐을 가능성이 있다는 사실은 흐루쇼프를 깜짝 놀라게 했다.[3]

최고회의 간부회의 참석자들이 이런 정보를 확인하는 동안 흐루쇼프의 외교정책 보좌관인 올레그 트로야놉스키가 외교부에서 온 전화를 받기 위해 회의실에서 나왔다. 외교부가 도브리닌 주미 대사가 보낸 바비 케네디와의 면담 결과를 암호화된 전보로 방금 받은 것이었다. 트로야놉스키는 핵심 내용을 적어서 회의실로 되돌아갔다.

회의 참석자들이 도브리닌 대사의 보고 내용을 듣는 동안 "긴장감 넘치는" 회의 분위기가 훨씬 더 가라앉았다. 바비 케네디가 미국 장군들이 조바심을 내고 있다고 언급한 사실은, 워싱턴 권력의 진짜 중심에 펜타곤이 있다고 오랫동안 의심한 흐루쇼프를 비롯한 소련 지도부에 반향을 일으켰다. 도브리닌 대사가 보고한 내용은 마침내 "결정의 시간"이 다가왔음을 확실히 했다.[4]

회의 참석자들은 트로야놉스키에게 전보를 또 한 번 읽어달라고 요청했다. 전보가 담고 있는 의미를 완전하게 이해하기 위해서였다. 도브리닌이 보고했듯이 바비 케네디가 비록 "극비"로 해야 한다고 주장했더라도 주피터 미사일 철수는 확실히 반가운 제안이었다. 협상 조건에 대해 더 이상 왈가왈부하고 싶은 생각이 사라졌다. 트로야놉스키의 회고에 따르면, 회의 참석자들은 가장 최근에 워싱턴에서 전송한 메시지를 듣고 난 뒤 "케네디 대통령이 제시한 조건을 받아들여야 한다는 데 서둘러 동의"했다. "결국 우리와 쿠바는 쿠바 불침공이라는 원하는 바를 얻게 되었다"는 것이었다.

이때 국방위원회 사무국장인 세묜 이바노프 상장에게 전화가 걸려왔다. 몇 분 뒤에 돌아온 이바노프는 미국 대통령이 워싱턴 시각으로 오전 9시에 텔레비전에 출연한다고 보고했다. 케네디가 어떤 극적인 발표, 이를테면 미군의 쿠바 공격이나 미사일 기지를 공습한다고 발표할 것처럼 보였다.

다행히도 흐루쇼프는 케네디의 편지에 답변할 여유가 있었다. 미국에서 서머 타임이 끝나면서 모스크바와 워싱턴 사이의 시차가 7시간에서 8시간으로 벌어졌다. 소련의 답변 마감 시간은 모스크바 시각으로 오후 5시였다. 시간을 절약하기 위해 답변은 암호화된 외교 전문이 아닌 라디오 방송으로 내보낼 예정이었다. 우물쭈물할 시간이 없었다. 흐루쇼프는 속기사를 불러 케네디에게 보낼 친서를 받아적게 하기 시작했다.

성격과 사상이 전혀 달랐음에도 불구하고, 두 사람은 핵전쟁의 본질에 대해 비슷한 결론에 도달했다. 니키타 흐루쇼프와 존 케네디 둘다 핵전쟁이 인류가 과거에 알고 있던 그 무엇보다 훨씬 더 끔찍할 것이라는 사실을 이해했다. 두 사람은 전쟁을 직접 목격한 경험이 있었고, 최고통수권자가 군대를 항상 통제할 수는 없다는 사실도 이해했다. 두 사람은 자신들에게 인류를 멸망시킬 힘이 있다는 사실에 놀라고 두려워했으며 냉정함을 유지했다. 또한 전쟁 위험이 받아들일 수 없을 만큼 높았고, 흐루쇼프가 "전쟁의 매듭"이라고 부른 것을 단호하게 끊을 필요가 있었다. 요컨대, 두 사람은 모두 결점이 있고 이상주의적일 뿐 아니라, 서툴면서도 때로는 명석하며 가끔은 실수도 하는 인간이지만 궁극적으로 자신들이 지닌 인간애를 잘 알고 있었다.

케네디는, 측근들의 반대에도 불구하고, 터키에 있는 낡은 미사일 몇 기 때문에 핵전쟁의 위험을 감수하지는 않기로 이미 마음먹었다. "왜, 그리고 무엇을 위해"라는 물음에 대한 설득력 있는 설명을 미국인들에게할 수 없으면 "제대로 된 전쟁을 치를 수" 없다고 결론 내린 것이다.

크렘린의 지도자는 백악관에 있는 지도자처럼 적어도 단기적으로는 여론에 크게 신경 쓰지 않아도 되었다. 하지만 흐루쇼프도 "절멸 전쟁"을 막기 위한 필요한 모든 조치를 하지 않은 채 그런 상황으로 몰고 가는 경우 소련 인민들이 자신을 절대 용서하지 않을 것이라는 사실을 알고 있었다.[5] 또한 미국을 상대로 선제 핵공격할 것을 고려하라는 카스트로의 제안에도 불길한 예감이 들었다. 흐루쇼프는 타고난 도박사이긴 했어도(나중에 최고회의 간부회의 위원들은 흐루쇼프가 "터무니없는 계략"을 꾸몄다고 비난했다), 목숨을 건 모험을 할 마음은 없었다. 언제 밀어붙이고 언제 빠져야 할지에 관한 한 흐루쇼프는 약삭빠른 본능이 있었다. 소련군 장군들을 쿠바로 보내기 전에 흐루쇼프가 말했듯이 "다들 일이 절대 꼬일 리가 없다며 허세를 부려서는" 안 됐다.[6]

흐루쇼프는 1961년 6월 오스트리아 빈에서 케네디를 만났을 때 베를린을 두고 케네디를 협박한 사실을 개인적으로 "다소 미안"하게 느꼈다. 회담이 결렬되었을 때 흐루쇼프는 케네디의 크게 낙담한 표정을 생생하게 기억했다. 그러면서도 흐루쇼프는 "정치는 무자비한 일"이라는 사실을 떠올리고 라이벌을 돕고 싶은 마음을 억눌렀다. 흐루쇼프는 엄청난 결과를 초래하지 않는 한 거리낌 없이 상대를 몰아붙이고 위협했다. 하지만 이제는 상황이 전혀 달랐다. 세상이 핵무기로 파괴되기 직전이었다. 소련은 미국을 "깊이 존중"하게 되었다.[7] 케네디는 자신이 "분별" 있다는 사실을 보여주었다. 겁을 먹지 않은 동시에 무분별하게 행동하지도 않았다. 케네디는 "미국의 힘을 과대평가"하지 않았다. 그는 "위기에서 벗어날 방법"을 갖고 있었다. 자신이 "겁을 먹도록" 놔두지 않았지만, "무모하지도" 않았다. 또한 "미국의 힘을 과대평가"하지도 않았다. "스스로 위기에서 벗어"났다.

흐루쇼프가 케네디에게 보낼 편지에는 평소처럼 충동적인 생각과 신랄한 수사적 표현으로 넘쳐났다. 나중에 외교부 관리들은 내용을 검토해서 관료적 용어의 "기준에 부합"하게 다듬었다. 시간이 얼마 남지 않았다는 사실을 알고 있던 흐루쇼프는 서둘러 핵심으로 들어갔다. 소련은 쿠바에서 미사일을 철수할 예정이다. 장황한 자기 정당화가 뒤를 이었다. 쿠바는 "침공 의도를 감추지 않은 침략 세력의 지속적인 위협 아래" 놓여 있었다. "해적선"이 자유롭게 돌아다녔다. 소련 무기는 방어용일 뿐이었다. 소련인들은 "단지 평화"를 원했다.[8]

전쟁을 피하는 데 자기 몫을 한 흐루쇼프는 미국의 행위에 대한 불만을 구체적으로 늘어놓았다. 목록의 맨 위에는 미군 정찰기의 도발적인 소련 영공 침공이 있었다. 그러면서 아주 작은 불씨가 전면적인 전쟁을 촉발시킬 있다는 사실을 케네디에게 상기시켜 주었다. 소련 방공부대가 추코트카 반도 상공을 침공한 미국 U-2기에 대해 흐루쇼프에게 이미 보고한 상태였다.

문제는, 대통령님, 이런 상황을 어떻게 받아들여야 합니까? 이게 뭡니까? 도발입니까? 양측이 긴장된 시간을 보내고, 전군이 전투준비를 한 시점에 미국 항공기 한 대가 소련 국경을 침범했습니다. 소련으로서는 침범한 미국 항공기가 우리를 파멸적인 단계로 몰고 갈지도 모르는 핵폭격기로 판단하기 쉬웠습니다. 오래전 미국 정부와 펜타곤이 핵폭격기로 초계비행을 지속할 것이라고 선언했기 때문에 그런 판단을 할 가능성이 더 컸습니다.

케네디에게 보낼 편지를 작성한 뒤에는 피델 카스트로에게 보낼 편지 내용을 구술했다. 호락호락하지 않은 쿠바 지도자를 다루는 일은 가장 좋은 시기에도 쉽지 않았다. 미국과의 합의를 서둘러 발표하는 것은 문제를 훨씬 더 복잡하게 만들었다. 암호화된 전보가 아바나에 전달될 무렵, 전 세계는 이미 〈라디오 모스크바〉의 "철수" 명령에 대해 이미 알게 되었다. 카스트로가 노발대발할 것이라고 예상한 흐루쇼프는 "감정에 휩쓸리지" 말 것을 부탁했다. 흐루쇼프는 미국이 무분별하게 쿠바 영토에 정찰기를 보낸 사실을 인정했다. 그러면서도 "어제 동지는 정찰기 한 대를 격추시켰소"라며 마치 카스트로가 그런 결정에 직접 책임이 있는 듯이 불만을 표시했다.

"그전에 침범했을 때는 공격하지 않지 않았소."

흐루쇼프는 카스트로에게 "참고 자제하고, 훨씬 더 자제"하라고 충고했다.[9] 미군이 침공하면, 쿠바군은 "모든 수단을 동원"해서 자신들을 지킬 권한이 있었다. 하지만 카스트로가 어떻게든 쿠바 침공 구실을 찾으려는 "펜타곤 군국주의자"들의 "도발에 휩쓸려서는" 안 되었다.

편지를 보내야 할 사람이 또 한 명 있었다. 쿠바에 있는 소련군 사령관인 플리예프 장군이었다. 편지 내용은 간단명료했다.

우리는 장군이 너무 성급하게 미군 U-2 첩보기를 격추시켰다고 판단하오. 평화적인 방법으로 쿠바 공격을 막을 합의가 이미 진행 중인 상황이었소. R-12 미사일을 해체해서 쿠바에서 철수하기로 결정했소. 당장 관련 조치를 실행에 옮기시오.
수신 여부 통보 바람.[10]

1962년 10월 28일 일요일 오전 4:30

미국 구축함들은 밤새 그로즈니호를 추적했다. 미 해군 장교들은 로

렌스호와 맥도나우호의 선교에 서서 격리선으로 향하는 그로즈니호의 불빛을 볼 수 있었다. 이들은 봉쇄 명령이 떨어지는 경우 어떻게 선박에 승선해서 화물을 확인할지에 대해 대화를 주고받았다.

해군은 단속에 응하지 않는 소련 선박의 항해를 중단하게 할 방법에 대해 다시 생각했다. 노포크에 있는 대서양함대 사령부가 가장 최근에 하달한 명령문은 "가능하면 선수 쪽으로 경고 사격하는 조치"를 피하도록 했다.

"상황이 벌어지는 경우에 대비해 선박을 세우기 위한 계획이 마련되었음."

새로운 절차는 목표 선박을 "긴 선" 또는 밧줄로 감는 것이었다.[11] 정확한 조치 방법이 제시되지는 않았다. 추가적인 세부 내용은 나중에 알려주기로 했다. 새벽까지 기다리는 동안 미군은 소련 선박이 격리 지역 바로 바깥에서 멈춰 선 것을 알아챘다. 노포크에 긴급 전문이 도착했다.

"04시 30분 이후 목표물 운항 중단."

그로즈니호는 봉쇄를 무시하지 말라는 지시를 받은 상태였다.

1962년 10월 28일 일요일 오전 6:30

480킬로미터 북쪽에서 미군 구축함들은 아직도 B-59 잠수함을 에워싸고 있었다. 잠수함 승조원들이 전망탑에 표기된 숫자를 지운 상태였지만, 잠수함은 붉은 기를 휘날리고 있었다. 섬광등으로 잠수함과 통신을 하려는 미국 군함의 시도는 언어 장벽과 러시아 모스부호 알파벳의 특성 때문에 이루어지지 않았다. 미군 통신병은 소련 잠수함을 "코라블 X", "선박 X" 또는 "프리나블레트", "프로스나블랍스트"처럼 아무

의미 없는 이름으로 불렀다.[12]

동이 트자 미군 지휘관들은 잠수함에 또다시 연락을 시도하기로 했다. 랜돌프호와 로리호에서 헬기로 러시아어 통역 요원 두 명이 특파되었다. 미군 구축함은 확성기로 부르면 들릴 만큼 가까운 위치로 접근했다. 오스카 맥밀런 함장이 로리호의 선교에서 확성기로 소리쳤다.

"브니마니예, 브니마니예(주목)! 카크 바스 조부트(이름이 뭔가)?"[13]

소련 승조원 두 명이 B-59의 선교에 있었다. 이들은 미군이 큰 소리로 인사하는 것을 무시했다. 화난 내색을 하거나 알아챘다는 표시도 하지 않았다. 두 번째 미군 통역관 조지 버드 소령이 더 크게 소리쳤다.

"주목! 제발 주목하라. 배 이름이 무엇인가? 목적지는 어디인가?"

그래도 아무런 답이 없었다. 로리호의 오스카 맥밀런 함장은 새로운 방법을 시도했다. 그는 구축함에 탑승한 재즈 밴드를 갑판 위에 집합시켜서 곡을 연주하게 했다. 〈양키두들Yankee Doodle〉의 선율이 바다에 떠다녔고, 뒤이어 부기우기(블루스에서 파생된 재즈 음악의 한 형식 - 옮긴이)가 연주되었다. 미군은 소련 승조원들이 미소를 지을 것으로 생각했다. 그래서 특별히 듣고 싶은 곡이 있는지 물었다. 소련 승조원들은 아무런 답을 하지 않았다.

로리호에 탄 미군들은 음악에 맞춰 춤을 추며 보란 듯이 즐겼다. 담배와 코카콜라 캔이 든 꾸러미를 잠수함 쪽으로 던졌지만 물에 빠트렸다. B-59의 함장인 사비츠키는 부하들에게 "위엄 있게" 행동할 것을 주문했다.[14] 소련군과 미군은 상대방의 모습을 촬영했다. 부하 중 한 명이 선교에서 재즈 음악에 맞춰 살그머니 발을 구르는 것을 본 사비츠키는 해당 인원을 갑판 아래로 내려보냈다. 제3차 세계대전이 벌어지지 않았다는 사실을 알게 되어서 다행이었지만, 그렇다고 해서 미군과 친하게 지낼 마음은 없었다.

B-59는 이틀간 미군의 지속적인 감시를 받은 뒤 추격자를 따돌릴 수 있었다. 사비츠키는 배터리가 충전될 때까지 기다렸다가 150미터 아래로 잠수한 다음, 방향을 180도 틀어 그곳에서 벗어났다. 얼마 안 가 USS 찰스 P. 세실호가 또 다른 소련 잠수함인 B-36을 부상시켰다. 세 번째 소련 잠수함인 B-130은 고장 난 디젤 엔진 수리에 실패하고 나서 견인선에 의해 콜라 반도로 견인되어야 했다. 류리크 케토프 함장이 지휘한 B-4 잠수함만 미국 군함에 의해 수면 위로 부상하는 굴욕을 당하지 않고 임무를 완수했다.

12월 말 무르만스크로 귀환한 잠수함 지휘관들은 상관의 냉대를 받았다. 소련 선박의 기술적인 결점이나 미 해군의 우세는 참작되지 않았다. 늘 그렇듯 임무 실패에 대한 비난은 계획을 엉망으로 짠 제독이나 정치국원이 아니라 목숨을 걸고 실행한 사람들에게 돌아갔다. 국방부 부장관인 안드레이 그레치코 원수는 자신들이 처했던 난관을 설명하려던 잠수함 함장들의 말을 들으려 하지 않았다. 한번은 너무 화난 나머지 안경을 벗어서 회의 테이블에 내리쳐서 산산조각이 나기도 했다.

그레치코는 잠수함이 배터리 충전을 하기 위해 수면 위로 부상해야만 한다는 사실을 이해할 수가 없었다. B-36의 지휘관인 알렉세이 두빕코는 이렇게 회고했다.

"그레치코가 이해한 유일한 점은 우리가 보안을 위반해서 미군에 발각되었고, 어떤 때는 미군과 긴밀히 연락을 유지했다는 사실이었다."[15]

그레치코는 화를 내며 말했다.

"치욕적이야. 귀관들은 조국의 명예에 먹칠을 했어."[16]

알래스카로 안전하게 돌아온 이후 척 몰츠비에게도 두려운 순간이

왔다. 전략공군사령관인 파워 장군이 그를 보고 싶어 했다. 파워는 가혹하게 일을 시키고 약간의 실수도 용납하지 않는 인물이라는 명성이 자자했다. 게다가 부하를 공개적으로 망신 주는 심술궂은 행동을 즐긴다고 알려졌다. 한 측근은 나중에 이렇게 파워를 기억했다.

"조롱하고 야유하는 것을 즐기고, 그런 일에 도가 텄었다. 집무실에서 브리핑한다면서 사람들을 모아놓고 브리핑 장교를 웃음거리로 만드는 것을 즐겼다."[17]

비행단장이 사고 상황을 보고하기 위해 호출되는 경우 "십중팔구는 군복을 벗고 집으로 갔다." 몰츠비의 상황이 그런 사례들보다 더 나을 수는 없었다. 그는 코츠뷰 공군기지에서 소련 미그기 6대가 자신을 요격하려 했다는 말을 들었을 때 기절할 뻔했다. "제기랄, 이럴 수가!"가 그의 첫 반응이었다.[18] "그때 몰라서 다행이군. … 후유!" 그런 다음에는 "다리에 힘이 빠질까 봐서 의자로 터벅터벅 걸어가서 주저앉았다." C-47 수송기가 몰츠비를 에일슨 공군기지로 데려오기 위해 코츠뷰에 특파되었고, 그사이 몰츠비의 부대장이 U-2기를 복귀시켰다. 에일슨에서 또 다른 항공기인 KC-135가 몰츠비를 네브래스카 주 오마하에 있는 전략공군사령부로 데려갔다. 탑승객이라고는 몰츠비뿐이었다.

공군 대령 한 명이 빌딩 500동 아래에 있는 파워 장군의 지하 지휘소로 그를 데려갔다. 지하 지휘소는 아주 분주했다. 사람들은 "마치 자기 목숨이 걸려 있는 것처럼 여기저기로 뛰어"다녔다. 대령은 몰츠비를 지휘소 옆에 있는 브리핑실로 데려가더니 전략공군사령관이 곧 온다고 알려주었다. 브리핑 테이블에는 몰츠비의 북극 항로를 표시한 항공 차트가 있었다. 소련 영공 침범을 나타내는 부분 위로 종이 한 장이 붙어 있었다.

마침내 파워 장군이 방으로 들어왔고, 그 뒤로 "며칠 동안 군복을

벗은 적이 없는 것처럼 보이는 장군 여덟 명"이 뒤따라 들어왔다. 파워
장군과 전략공군사령부 수뇌부에게는 골치 아픈 하루였다. U-2기 조
종사 한 명은 소련 영공에서 길을 잃었고, 또 한 명은 쿠바 상공에서 격
추되었다. 고고도 공기 시료 채집 임무 전체가 추가 지시가 있을 때까
지 취소되었고, 전략공군사령부는 창설 16년 만에 최대 병력을 동원
한 상태였다. 장군들이 회의 테이블 주변에 앉는 동안 몰츠비는 긴장
한 채 차렷 자세로 있었다. 파워 장군은 몰츠비의 바로 맞은편에 앉았
다. 다른 장군들과는 달리 깨끗한 군복 차림에 깔끔하게 면도를 했지만
"엄청 피곤한" 듯 보였다. 전부 자리에 앉자 파워가 말했다.

"몰츠비 대위, 어제 비행에 대해 브리핑해보게."

항법 차트 옆에 서 있던 몰츠비는 계획된 북극 항로를 가리키면서
공기 시료를 채집하는 임무에 관해 설명했다. 그러면서 북극광 효과와
그로 인해 지점 확인에 어려움을 겪은 사실을 언급했다. 마침내 파워
장군이 끼어들었다.

"몰츠비 대위, 북극에서 벗어난 뒤에 어디로 갔는지 알고 있나?"

몰츠비가 "네"라고 답하는 동안 다른 장군들은 마치 "바늘방석에
앉은 것"처럼 좌불안석이었다.

"좀 보여주게나."

몰츠비는 지도의 비밀 부분을 덮어둔 종이를 제거해서 지시봉으로
항로를 보여주었다. 코츠뷰에 있는 군 레이더 기지에서 비슷한 지도를
본 적이 있던 몰츠비는 이탈 항로를 알고 있었다. 하지만 공군이 자신
의 항로를 어떻게 추적할 수 있었는지 몰라서 소련 영공에 잘못 들어서
기 전에 왜 "방향을 알려"주지 않았는지 이해할 수 없었다.

몰츠비가 설명을 마치자, "추가로 질문할 사람 있습니까?"라고 파
워 장군이 물었다. 다들 입을 다물고 있었다. 파워가 미소를 지었다.

"안타깝게도 귀관은 전자기 방사선 수집 시스템을 설정하지 않았군. 모든 소련군 레이더와 ICBM 기지가 최고 경계태세를 갖추었을 걸세."

파워 장군은 몰츠비에게 소련 영공을 침공한 사실에 대해 보안을 유지하라고 지시했다. 전력공군사령부 항공기가 추코트카 인근에서 항로를 크게 벗어난 것은 이번이 처음이 아니었다. 같은 해 8월에는 핵미사일을 가득 실은 B-52 폭격기가 그린란드에서 알래스카로 귀환하던 중 길을 잃었다. 해당 B-52는 소련으로 곧장 향하고 있었고 지상관제소가 마침내 방향을 전환하라고 지시했을 때 추코트카 반도 480킬로미터 이내에 있었다. 몰츠비도 B-52와 비슷한 항로를 따라갔던 것처럼 보였다. 전략공군사령부의 공식 부대사에 따르면 B-52 항로 이탈 사건은 "극지방에서의 천체 계산 오류가 얼마나 심각한지 보여주었다."[19] 해 질 무렵이었기 때문에 몰츠비가 북극광 때문에 헛갈린 것과 마찬가지로 항법사도 별자리를 정확하게 파악하지 못했다.

장군들은 계급순으로 브리핑실에서 나갔다. 마지막에 나간 사람은 준장이었다. 방을 나서면서 준장은 긴장한 몰츠비에게 말했다.

"말썽을 일으킨 것 치곤 운 좋은 줄 알게. 파워 장군이 이보다 더 사소한 일로도 완전히 개박살낸 걸 본 적이 있지."[20]

미구엘 오로스코와 페드로 베라는 쿠바 북서 해안가에 있는 말라스아과스 맹그로브 습지에서 뗏목을 회수했다. 몇 시간 동안 자신들을 플로리다로 데리고 가기로 했던 CIA 모선에 연락을 시도했지만 헛수고였다. 지난 3일간 미구엘을 괴롭힌 복통은 여전히 그를 힘들게 하고 있었다. 두 사람은 10월 29일과 30일에도 무전기로 CIA 구조대에 계속 연락을 취했다. 점점 더 미친 듯이 연락을 시도해도 응답이 없었다. 두 사람은 차츰 현실을 이해하게 되었다.[21] 둘은 버려진 것이었다.

나중에 CIA는 두 공작원이 10월 19일 밤과 20일 새벽 사이에 성공적으로 침투하고 나서 "아무런 연락이 없었다"고 했다.[22] 하비는 문서에서 작전 시점, 지형, 이동 거리를 고려했을 때 오로스코와 베라에게 통신 장비를 제공하는 것이 "작전상 실행 불가능"했다고 주장했다.[23] 주로 자신을 변호하려던 것으로 보인 하비의 해명과, 마타암브레 작전의 결과는 하비의 명성에 먹칠을 했다. 45년 뒤, 하비가 했던 설명을 들은 베라는 깜짝 놀라면서 "헛소리"라고 일축했다. 오로스코가 충수염에 걸린 뒤 베라가 직접 무전기를 이고 산악 지역에서 이동했다. 무전기는 두 사람의 생명선이었다. 베라는 "CIA는 우리가 연락하려고 한 사실을 알고 있었다"고 주장했다. 베라의 기억은 하비가 작성한 공식적인 사건 기록보다 더 설득력이 있었다. CIA 기록에 따르면 두 사람 이전에 마타암브레에 투입된 공작팀들도 무전기를 휴대했었다.

하비는 자신에게 유리한 행정적인 알리바이를 만들기 위해 10월 28일 이후 "모든 활동, 해상 및 비밀 침투 작전"을 공식적으로 중단시켰다. 이틀 전인 10월 26일 펜타곤에서 몽구스 작전 회의를 한 뒤 임시로 작전이 중단된 상태였다. 승인 없이 공작팀을 쿠바에 투입했기 때문에 바비 케네디와 이미 문제가 불거진 상태에서 작전을 중단하라는 명령에 도전을 할 배짱이 없었다. 오로스코와 베라는 희생시켜도 그만이었다. 10월 30일 화요일 아침, 베라는 결국 더 기다릴 수 없다고 결론 내렸다.[24]

"보트는 오지 않고, 미구엘은 죽어가고 있었으며 연락을 해도 아무런 답이 없었다."

베라는 작지만 엘코조el cojo, 즉 "절름발이(임무에 투입되기 4년 전 트럭에 발이 치인 베라는 평생을 절름발이로 살았다)"라는 별명을 가진 억세고 강단 있는 인물이었다. 원래 모선까지만 타고 갈 예정이던 뗏목에 미구엘을 태운 베라는 바다로 향했다. 별을 길잡이 삼아서 플로리다키스가 있는 북쪽으로 향했다. 얼마 안 가 타고 있던 작은 뗏목을 사방에서 파도가 두들겼다. 뗏목이 계속 요동치자 오로스코는 고통에 신음했다. 육지가 수평선 아래로 사라지면서 거대한 파도에 뗏목이 뒤집혔고 배낭이 물에 잠겼다. 그럭저럭 뗏목을 원래대로 뒤집었지만 모터가 고장 났다. 쓸 수 있는 도구라고는 어렵사리 구한 노밖에 없었다. 플로리다에 도달할 방법이 없었다. 그래서 다시 쿠바 쪽으로 노를 젓기 시작했다.

두 사람은 11월 2일 한 농부에게 도움을 청하다 쿠바 민병대에 붙잡혔다. 같은 날 미 해군 정찰기가 마타암브레 상공을 비행했다. 광산과 케이블카를 촬영한 사진에 따르면 두 곳 모두 아무런 피해 없이 정상적으로 운용되고 있었다. 쿠바를 상대로 한 CIA의 파괴 공작 임무는 실패로 끝난 것이 확실했다.[25]

1962년 10월 28일 일요일 오전 9:00(모스크바 오후 5:00, 아바나 오전 8:00)

소련 외무부 관리들은 마지막 순간까지 흐루쇼프가 케네디에게 편지를 보내는 데 필요한 작업을 했다. 모스크바 시각으로 오후 3시, 대략적으로 초안을 다듬고 최종안을 영어로 번역한 다음 미국 대사관에 연락해서 "1시간 30분에서 2시간 내"로 중요한 메시지를 전달할 것이라고 통보했다.[26] 소련측은 케네디 대통령의 담화문 발표가 예정된 5시가 마감이라는 사실을 확실하게 인식하고 있었다.

시간이 임박해지면서 레오니트 일리체프 공산당 이데올로기담당 서기에게 편지 사본 여러 장이 전달되었다.[27] 일리체프는 운전사에게 차가 막히지 않는 경우 40분 정도 걸리는 〈라디오 모스크바〉 사옥으로 최대한 빨리 가자고 지시했다.

두 사람을 태운 검은색 차이카는 노보오가료보와 모스크바 중심까지 연결된 구불구불한 숲길을 따라 속도를 냈다. 이 길은 1812년 나폴레옹의 패배를 기념한 개선문과 모스크바 강을 지나 쿠투조프 대로까지 이어졌다. 커튼이 쳐진 크렘린 리무진이 다가오는 것을 본 예비군들은 길고 하얀 경찰봉을 흔들면서 다른 차량에 길을 비켜주도록 지시했다. 차이카는 모든 교통 신호를 무시하고 기록에 남을 만큼 빨리 방송국에 도착했다.

방송국 아나운서들은 원고 검토 시간을 더 달라고 요구했다. 보통 몇 시간, 때로는 며칠 전 원고를 받아서 공감대 형성과 사상적 확신의 적절한 균형을 맞추면서 완벽하게 내용을 전달할 수 있게 했다. 러시아어로 딕토르diktor라고 알려진 뉴스 아나운서는 소련 정부의 목소리였다. 딕토르 다수는 유명한 스나티슬라브스키 학교에서 메소드Method로 알려진 방식으로 연기 훈련을 받은 숙련된 배우였다. 배우들은 진정성 있게 보이기 위해 배역과 똑같은 삶을 살아야 했다. 배우 스스로 완전히 사랑에 빠졌다고 확신할 수 있는 경우라야 관객을 설득할 수 있었다. 딕토르의 목소리는 5개년 계획을 발표할 때는 자부심으로, 제국주의자들의 범죄 행위를 열거할 때는 싸늘한 분노로 넘쳐났다.

역사상 가장 유명한 딕토르는 유리 레비탄이었다. 레비탄의 감미롭고 권위 있는 목소리를 듣는 것은 빅브러더 자체의 목소리를 듣는 것 같았다. 그는 소련 민중들에게 성공과 비극, 승리와 패배의 소식을 전했다. 어떤 상황에서든 공산당을 신뢰하도록 설득했다. 1941년 6월에는 나치 독일과의 전쟁 발발을 알렸고, 몇 년 뒤에는 나치의 패배 소식을 알렸다. 1953년 스탈린 사망과 1961년 유리 가가린의 우주 비행 소식을 처음으로 전하기도 했다. 이제 흐루쇼프가 쿠바에서 벌인 엄청난 도박의 종식을 선언하는 것도 레비탄에게 달렸다.

마감 시각이 임박했기 때문에 일리체는 딕토르들에게 연습 없이 생방송으로 하자고 주장했다. 흐루쇼프의 메시지는 러시아어와 영어로 동시에 방송될 예정이었다.

"모스크바에서 알립니다."

레비탄이 시작했다. 모스크바 시각으로 오후 5시, 워싱턴 시각으로 오전 9시였다. 레비탄은 청취자들에게 자신이 공산당 최고회의 간부회의 제1서기이자 각료회의 의장인 니키타 세르게예비치 흐루쇼프가 존 피츠제럴드 케네디 미국 대통령에게 보내는 편지를 읽는다고 했다.

소련 정부는, 미사일 기지 건설에 대한 추가 작업을 중단하라는 이전 지시에 덧붙여, 귀하가 공격용이라고 표현한 무기를 해체해서 상자에 담아 소련으로 반송하라는 새로운 명령을 내렸습니다.

레비탄은 편지 내용 발표가 전쟁광인 제국주의자에 대한 평화를 사랑하는 모스크바 외교정책의 승리처럼 들리게 했다. 비할 데 없이 현명하고 늘 이성적인 소련 지도부가 핵파괴의 위협으로부터 인류를 구했다는 것이었다.

흐루쇼프의 아들인 세르게이는 가족 다차에서 아버지 흐루쇼프를 기다리는 동안 라디오 발표를 들었다. 180도 바뀐 상황에 세르게이는 깜짝 놀란 동시에 안도했다. 나중에 아버지 흐루쇼프의 결정을 훨씬 더 긍정적으로 평가하지만, 이 당시에는 이런 상황이 "수치스러운 후퇴"처럼 들렸다.[28] 세르게이는 생각했다.

"끝났어. 우리가 항복했군."

다른 소련 시민들은 악몽이 끝났다는 사실을 반겼다. 올레그 트로야놉스키 외교정책보좌관은 크렘린 위기상황실에서 일주일 근무를 마치고 아파트에 귀가했을 때 체중이 2킬로그램 준 사실을 알고는 충격을 받았다. 아내에게 자신이 겪은 일을 말하자 아내는 부드럽게 나무랐다.

"다음에 살을 빼려거든 가능하면 좀 더 안전한 방법을 찾아보세요."[29]

5시 마감은 잘못된 정보로 드러났다. 새로운 대통령 연설이 예정된 것이 아니었다. 미국 텔레비전 방송국 중 한 곳에서 10월 22일에 내보낸 담화문 발표를 재방송하기로 했을 뿐이었다. 소련 정보기관이 흐루쇼프에게 잘못된 정보를 보고했다.

10월 28일 일요일 아침 9시가 지나자마자 워싱턴 D.C.에 있는 통신사의 텔레타이프에서 벨소리가 나기 시작했다. 맥조지 번디 국가안보보좌관은 백악관 상황실 복도와 연결된 식당에서 아침 식사를 하고 있었다. 그때 보좌관 한 명이 프린터에서 찢은 긴급 정보를 들고 뛰어왔다. 번디는 내선으로 케네디 대통령에게 전화를 걸었다. 침실에 있던 케네디 대통령은 성당에 가려고 옷을 입으면서 맥조지 번디가 외국방송정보처로부터 입수한 내용을 읽어주는 것을 들었다.

그리니치 표준시로 10월 28일 14시 04분 모스크바 국영 방송은 흐루쇼프가 케네디 대통령에게 보내는 메시지를 방송했다. 여기에는 소련이 쿠바에 있는 소련 미사일을 해체해서 회수하기로 했다는 내용이 담겨 있다. 10월 28일 09시 08분.

뉴스를 이해한 케네디 대통령이 데이브 파워스에게 말했다.

"새사람이 된 듯한 기분이군. 자네 우리가 화요일 공습 계획을 전부 수립해둔 사실을 알고 있나? 위기가 해소되어서 정말 다행이야."[30]

기뻐하기는 엑스콤 자문위원들도 마찬가지였다. 존 매콘은 9시 미사에서 돌아오는 길에 차 안에서 라디오 방송으로 소식을 들었다. 나중

에 매콘은 "귀를 의심했다"고 한다.[31]

소련의 태도 변화는 갑작스럽고 예상치 못한 것이었다. 도널드 윌슨은 "웃거나 소리 지르거나 춤을 추고 싶은 마음이었다."[32] 가족을 다시는 못 볼지도 모른다고 생각하면서 여러 날 밤을 지새우다시피 한 윌슨은 갑자기 근심이 사라졌을 뿐 아니라 거의 들떠 있었다.

워싱턴은 화창한 가을 아침이었다. 나뭇잎이 멋지게 물들고 금빛 태양이 도시를 비췄다. 백악관에 도착한 조지 볼 차관은 화가 조지아 오키프의 〈황소 머리뼈에서 자라는 장미a rose growing out of an ox skull〉라는 그림을 떠올렸다.[33] 죽음의 그림자에서 삶이 마술처럼 나타났다.

백악관에서 여덟 블록 떨어진 세인트 스티븐 성당에서는 케네디 대통령이 검은색 리무진에서 내렸다. 이 모습을 본 사람들은 대통령의 걸음이 더 경쾌해진 사실을 눈치챘다. 한 시간 전만 해도 케네디는 핵전쟁 가능성을 "3분의 1에서 절반" 사이로 점쳤었다.[34]

포토맥 강 건너 펜타곤의 분위기는 아주 딴판이었다. 합참 수뇌부는 대규모 공습에 이은 쿠바 침공 계획을 다듬기 바빴다. 커티스 르메이는 계획된 공격을 케네디가 토요일까지 미룬 사실에 분통을 터트렸고, 미사일 기지가 "작전태세를 완전히" 갖추기 전인 늦어도 월요일에 공격할 것을 요구하기 위해 동료 장군들에게 백악관으로 가자고 했다.

일요일 오전 9시 30분에 〈라디오 모스크바〉의 티커테이프(tickertape : 텔레타이프 수신기에서 찍혀 나오는 종이테이프 - 옮긴이)가 여기저기에 뿌려졌다. 합참 수뇌부는 실망감을 드러냈다. 르메이는 흐루쇼프의 발언을 "기만"이라고 비난했다.[35] 무기의 일부를 쿠바에 보관하려는 위장 행위라는 것이었다. 앤더슨 제독은 케네디가 쿠바 불침공을 약속한 사실 때문에 "카스트로가 라틴아메리카에서 제멋대로 문제를 일으킬" 것이라고 내다보았다. 장군들은 흐루쇼프의 양보로 미국이 "훨씬 더 강한 입장"

에 설 것이라는 맥나마라의 주장에 공감하지 않았다. 장군들은 소련의 행동이 "시간을 얻기 위한 거짓 제안"으로 일축하는 백악관 긴급 보고서를 준비했다.[36] 마침내 합참 수뇌부가 대통령을 만난 자리에서 앤더슨 제독이 말했다.

"참을 만큼 참았습니다."

르메이가 주장했다.

"역사상 최악의 패배입니다. 오늘 침공해야 합니다."[37]

피델 카스트로는 베다도에 있는 자택에 있었다. 그는 미사일 해체 소식을 〈레볼루시온〉 편집장인 카를로스 프랑키와의 전화 통화에서 들었다. AP통신의 텔레타이프는 〈라디오 모스크바〉에서 방금 방송한 흐루쇼프의 편지 내용을 보도하고 있었다. 프랑키는 "새로운 소식에 어떻게 대응할지" 알고 싶어 했다.

"무슨 소식?"

전화로 뉴스 속보를 전한 프랑키는 카스트로가 화를 내리라고 예상했다. 피델은 치밀어 오르는 화를 계속 분출했다.

"이런 씨팔, 개자식!"[38]

자신의 과거 욕설 기록마저 경신할 정도였다. 벽을 차고 거울을 깨기도 했다. 소련이 "쿠바에 알려주지도 않고" 미국과 협상했다는 사실이 카스트로의 화를 돋웠고, 심한 "굴욕을 당했다"고 느끼게 했다. 카스트로는 소련 대사가 상황을 확인하도록 도르티코스 대통령에 연락해 보라고 지시했다. 알렉세예프 소련 대사는 전날 밤늦게 잠들었다.[39] 그래서 전화가 왔을 때도 아직 침대에 있었다.

"라디오에서 소련 정부가 미사일을 철수하기로 했다고 발표했습니다."

도르티코스의 말을 알렉세예프는 이해하지 못했다. 분명히 무슨 실수가 있는 것이 분명했다.

"미국 라디오를 믿어선 안 되오."

"미국 라디오가 아닙니다. 〈라디오 모스크바〉에서 발표했습니다."

1962년 10월 28일 일요일 오전 11:10

콜로라도스프링스에 있는 NORAD에 보고된 내용은 놀라웠다.[40] 방공 레이더가 멕시코 만에서 알 수 없는 미사일이 발사된 정황을 포착했다. 탄도 궤적에 따르면 목표는 플로리다 탬파 만 어딘가에 있었다.

NORAD 근무 장교들이 미사일의 방향을 파악했을 무렵에는 조치를 취하기에 이미 늦은 상태였다. 첫 보고를 받은 때가 미사일이 목표에 도달하기로 된 시간의 6분 뒤인 오전 11시 8분이었다. 도시와 군기지의 전신주에 설치된 핵폭발 감지 장치의 전국망인 폭탄경보체계 Bomb Alarm System에 따르면, 탬파는 아직 아무런 피해를 보지 않았다. 전략공군사령부도 발사 보고에 대해 아는 바가 없었다.

실제로 무슨 일이 벌어졌는지 파악하기까지 초조하게 몇 분이 흘렀다. 소련이 쿠바에 미사일을 배치한 사실이 드러나자 미국은 방공체계의 방향을 북쪽에서 남쪽으로 바꾸는 긴급 계획을 시행한 상태였다. 뉴저지 주 턴파이크 인근의 무어스타운에 있는 레이더 기지는 쿠바에서 발사되는 미사일을 포착하기 위해 장비를 재설정했다. 거대한 골프공처럼 생긴 이 시설은 아직 설정 초기 문제가 해소되지 않았다. 인공위성이 지평선에 나타는 순간 기술자들이 테스트용 테이프를 시스템에 넣는 바람에 레이더 요원들이 위성을 발사된 미사일로 오인한 것이었다. 결국 오보였다.

오전 11시 10분에 엑스콤 회의가 시작되었다. 케네디 대통령이 성당에서 돌아오고, 북미방어사령부가 유령 미사일의 탬파 공격에 따른 혼란에서 벗어나던 순간이었다. 불과 몇 시간 전 케네디의 위기 대처에 대해 의구심을 표시한 자문위원들은 이제 앞다퉈 대통령을 칭송했다. 번디는 토요일 오후에 극적으로 나타난 자문위원들 사이의 구분을 설명하는 새로운 용어를 만들어냈다.

"다들 누가 매파고 누가 비둘기파인지 알고 계시죠? 오늘은 비둘기파의 날입니다."[41]

자칭 매파의 대변인인 번디가 말했다.

지난 13일간 각료회의실에서 소련 미사일의 위협을 두고 고뇌한 사람들의 눈에는 갑자기 케네디 대통령이 해결사로 비쳤다. 한 보좌관은 대통령에게 초강대국의 충돌에 가려진 중국과 인도 사이의 국경 전쟁에 개입해 보라고 건의했다. 케네디는 그런 제안을 일축했다.

"양국 모두, 혹은 제3국 누구도 내가 그 문제를 해결하는 걸 원하지 않을 걸세."[42]

"하지만 각하, 오늘 각하께서 3미터는 더 커 보이십니다."

케네디가 웃으며 말했다.

"그게 일주일 정도는 가겠지."

케네디는 흐루쇼프에게 보내는 편지를 작성했다. 흐루쇼프의 "정치인다운 결정"을 환영하는 내용이었다. 그러고 나서 피어 샐린저에게 방송국이 지금 상황을 "우리의 승리"로 과장하지 말게 하라고 지시했다.[43] 변덕스러운 소련 지도자가 "너무 수치스럽게 느끼고 화가 난 나머지 결정을 뒤집는 상황"을 우려한 것이다.

언론이 자제심을 발휘하기는 쉽지 않았다. 이날 "더 강해졌다고 느끼게 해주는 효과 좋은 비타민, 철분이 풍부한 강장제인 게리톨 제조사가 후원"하는 저녁 뉴스에서 이번 사건에 대한 특별 보도를 내보냈다. 쿠바 지도를 앞에 두고 앉은 찰스 콜링우드 기자는 최근 벌어진 사태를 전체적인 시각에서 다루려고 했다.

"오늘은 세계가 제2차 세계대전 이후 핵전쟁으로 인한 학살의 끔찍한 위협에서 벗어났다고 믿을 만한 충분한 이유가 있는 날입니다."

그는 케네디에게 보낸 흐루쇼프의 편지를 "소련 정책의 굴욕적인 패배"라고 설명했다. 바비 케네디는 서둘러 소련 대사와 면담을 했다. 도브리닌 대사는 흐루쇼프의 쿠바 미사일 철수 결정을 공식적으로 전달하고, 케네디에 대한 흐루쇼프의 "안부"도 건넸다. 대통령의 동생인 바비는 안도감을 숨기지 않았다.

"드디어 아이들을 볼 수 있게 되었군요. 집에 가는 길을 거의 잊어버렸다니까요."[44]

도브리닌은 오랜만에 바비 케네디의 미소를 봤다. 나중에 도브리닌은 모스크바의 지시에 따라 양 정상의 서신 교환을 통해 터키에 배치된 미국 미사일 기지 철수 합의를 공식화하려고 했다. 바비는 케네디 대통령이 약속을 지킬 것이고, 이 문제에 대해 서신을 주고받을 생각이 없다면서 소련측 서신을 받지 않았다. 바비는 자신이 대통령 선거에 출마할 수 있고, 모스크바와의 비밀 합의가 드러나면 선거에 악영향을 줄 수 있다고 털어놓았다. 케네디 형제는 증거 문서를 남기지 않겠다고 고집했고, 5개월 뒤인 1963년 4월 1일 약속대로 주피터 미사일의 철수가 시작되었다.

1962년 10월 28일 일요일 오후

〈라디오 모스크바〉 방송이 나오고 몇 시간 뒤 흐루쇼프가 카스트로에게 미사일 철수 결정에 대해 해명하는 편지가 아바나 주재 소련 대사관에 도착했다. 알렉세예프 대사가 편지를 전달하려 했을 때, 카스트로가 부재중이어서 만날 수 없다는 통보를 받았다. 카스트로는 알렉세예프 대사를 만나고 싶은 생각이 없었다. 카스트로는 흐루쇼프가 미국과의 대결에서 결정적인 순간에 쿠바를 "내팽개"쳤다는 이유로 분노했다.

카스트로는 추가 정보를 얻기 위해 엘치코에 있는 소련군 사령부에 잠깐 들렀다. 플리예프 장군이 모스크바로부터 미사일 해체 지시를 받은 사실을 확인해 주었다.

"전부 말이오?"

"전부입니다."

"잘됐구려."[45]

카스트로는 화를 억누르면서 답하고 일어섰다.

"좋소. 이만 가보겠소."

카스트로는 소련의 미사일 철수 결정에 대한 불만을 표시하기 위해 미국과의 합의를 위한 전제 조건으로 다섯 개 "요구 사항"을 마련했다. 여기에는 경제 봉쇄 해제, 일체의 전복 활동 중단, 미군의 관타나모 해군기지 철수가 포함되어 있었다. 또한 쿠바는 자국 영토에 대해 어떠한 국제적인 "사찰"도 수용하지 않을 것이라는 점을 분명하게 밝혔다.

소련의 양보 소식을 들은 쿠바인들은 분노를 표출하기 위해 거리로 뛰쳐나왔다. 한때 곳곳에 붙은 "쿠바는 혼자가 아니다"라는 표어가 적힌 포스터는 사라졌다. 사람들은 "소련군은 돌아가라", "흐루쇼프는 호모다"라고 외쳤다. 얼마 안 가 군중들은 새로운 구호를 만들어냈다.

니키타, 니키타,

이 속 좁은 허풍쟁이야.

니키타, 니키타,

한번 준 걸 뺏어갈 순 없지.[46]

쿠바 주둔 소련군은 쿠바인들만큼이나 혼란스러웠다. 이들 다수는 밖에서 술을 마셨다. 피나르델리오에 있던 한 CIA 요원은 소련 군인들이 "술값을 마련하기 위해 시계, 부츠, 심지어 안경까지" 파는 여러 사례에 대해 설명했다.[47] 아바나 주재 체코 대사관이 작성한 문서에 따르면, 소련군 다수는 마침내 집에 가게 된 게 기뻤지만 몇몇은 좌절해서 울기도 했다. 일부 전문가와 기술자들은 추가 작업을 거부했고 올드아바나에서 술에 취해 있는 경우가 많았다.[48]

가장 당혹스러워 한 사람은 소련군 지휘관들이었다. 지난 3개월 동안 세상에서 가장 강력하다고 알려진 무기 몇 기를 지구 반대편에 옮겨와서 워싱턴이나 뉴욕 같은 도시를 겨누고 있었다. 미사일 부대 지휘관인 스타첸코 소장은 모스크바가 자신에게 원하는 게 뭔지 이해하기 어려웠다. 부하들이 미사일을 해체하라는 흐루쇼프의 명령을 힘들게 이행하는 동안, 스타첸코는 소련군 총참모부 대표에게 좌절감을 드러냈다.

"처음에는 발사기지를 최대한 빨리 완공하라고 재촉하더니, 이제는 해체 작업이 너무 느리다고 비난하는군요."[49]

다음 며칠 밤낮으로 카스트로는 쿠바인들이 앞으로 있을 장기간의 투쟁을 준비하게 했다. 언덕 꼭대기에 있는 아바나 대학 캠퍼스이자 바티스타를 상대로 한 초기 투쟁의 현장이었던 라콜리나la colina로 올라가서는 학생들에게 조국 수호를 위해 "허리띠를 졸라매고 목숨까지 바칠 것"을 촉구했다.[50] 그러면서 쿠바는 "석유와 전기가 없는 버려진 섬"이 될 위험이 있다고 경고했다. "주권을 내주기보다 원시적인 농경

사회로 되돌아가는 편"이 낫다고 주장했다.

카스트로는 소련을 맹비난하면서도 실용을 중시하는 정치인의 태도를 유지했다. 카스트로는 젊은 추종자들에게 말했다.

"같은 실수를 두 번 하지는 않을 겁니다."

쿠바는 "미국과 단절"하자마자 "소련과 단절"하지는 않을 생각이었다. 어쨌든 엉클 샘의 품으로 되돌아가는 것보다는 나았다. 혁명을 위해 카스트로는 기꺼이 엄청난 희생, 즉 자신의 자존심을 접을 생각이었다.

백악관에서 엑스콤 자문위원들이 떠난 뒤 케네디 대통령은 동생 바비와 둘만 남게 되었다. 두 사람은 함께 보낸 13일간 벌어진 일들, 특히 인류가 핵전쟁 일촉즉발까지 간 듯한 검은 토요일을 되돌아보았다. 지난 24시간 동안 전임자인 아브라함 링컨처럼 케네디 대통령은 자신이 사건을 통제했는지 사건이 자신을 통제했는지 자문해야 할 순간이 많았다.

케네디 대통령은 역사가 항상 예측 가능한 방향으로 흘러가지 않는다는 사실을 이해했다. 때로는 온갖 종류의 광신자들이나 긴 턱수염을 가진 사람들에 의해, 또는 동굴에서 생활하는 사상가나 총을 든 암살자에 의해 좌우될 수 있다. 항공기가 항로를 이탈하고, 미사일을 잘못 식별하며, 군인이 이성을 잃는 등의 사건이 결합되어 예정된 경로를 벗어날 수 있다. 정치인은 역사의 혼란스러운 힘을 자신의 의지대로 틀려고 애를 쓰지만, 매번 성공하는 것은 아니다. 역사의 물줄기를 바꿀 수 있는 예측하지 못한 사건의 발생 가능성은 모든 상황이 유동적인 전쟁 시기나 위기 시에 항상 더 크다.

쿠바 미사일 위기라고 알려진 사건 기간에 세계가 직면한 문제는 누가 역사를 통제하는가였다. 백악관의 고위 관료일까? 턱수염을 기른 사람? 군복을 입은 사람? 아니면 아무도 아닐까? 이 드라마에서 케네디는 결국 자신과 사상이 전혀 다른 상대인 니키타 흐루쇼프와 같은 편이 되었다. 두 사람 모두 전쟁을 원하지 않았다. 두 사람 모두 자신들이 풀어주는 것을 도운, 어둡고 파괴적인 악마를 미래 세대가 통제하도록 할 의무가 있다고 느꼈다.

10월 28일 일요일 오후 케네디가 느낀 안도감 대부분은 자신과 흐루쇼프가 역사적 사건에 대한 통제력을 되찾는 데 성공했기 때문이었다. 핵전쟁 발발 위협 뒤 냉전은 익숙한 리듬으로 되돌아갔다. 상식과 이성을 가진 사람들이 파괴와 혼동의 힘을 물리친 것이었다. 이제 문제는 질서와 예측 가능성의 승리가 지속될지, 혹은 순간적일지 여부였다.

적절한 역사적 전례를 찾으려고 애쓴 케네디는 전임자 한 명을 떠올렸다. 1865년 4월 14일 남북전쟁에서 남부의 항복을 수락하고 5일 뒤 링컨은 〈우리 미국인 사촌Our American Cousin〉이라는 연극을 보기 위해 포드 극장을 방문하는 것으로 승리의 순간을 기념하기로 마음먹었다. 케네디 대통령이 말했다.

"오늘 밤이야말로 극장가기 딱이지."[51]

즐거워해야 할지 심각하게 받아들여야 할지 확신하지 못한 바비는 형의 으스스한 농담(링컨 대통령은 연극을 관람하던 중 암살되었다 - 옮긴이)에 장단을 맞췄다.

"형이 가면 나도 갈래."

레메디오스 인근에 주둔한 소련 차량화소총병연대 장병들이 사복 차림으로 퍼레이드를 하고 있다. 소련군은 위장을 위해 비슷한 디자인의 사복을 지급했기 때문에 아나디리 작전을 체크무늬 셔츠 작전이라고 부르기도 했다. [MAVI]

미 해병대가 촬영한 타라라 해변 사진. 타라라 해변은 침공 계획상 레드 비치Red Beach로 이름 붙여졌다. 미 해병대는 침공 첫날 약 500명이 희생될 것으로 예상했지만, 이런 수치는 전술핵무기 사용을 감안하지 않은 것이었다. [USNHC]

타라라 해변의 지금 모습. 사진에 담긴 콘크리트 벙커는 미군의 쿠바 침공에 대비해 구축된 것으로 지금은 인명 구조원이 사용하고 있다. [저자 촬영]

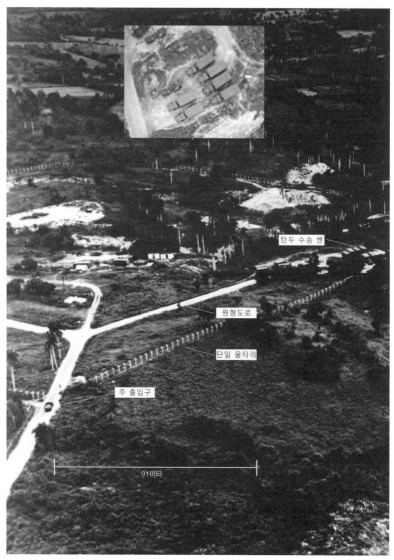

탄두 수송 밴

원형도로

단일 울타리

주 출입구

91미터

10월 25일 목요일 블루문 5008 임무에 투입된 미 해군 RF-8이 촬영한 베후칼 핵저장 시설 사진. 원형도로, 핵탄두 수송 밴, 단일 보안 울타리, 그리고 주 출입구의 느슨한 보안 상태에 주목하라. 상단 중앙 사진은 같은 임무에서 핵탄두 수송 밴을 수직 방향에서 촬영한 것이다. [NARA]

인디기르카호의 조타 장치를 붙잡고 있는 니콜라이 벨로보로도프 대령. 벨로보로도프 대령은 쿠바에 배치된 소련군 핵무기를 책임진 인물이고 인디기르카호는 핵탄두를 싣고 쿠바에 맨 처음 도착한 선박이다. [MAVI]

10월 26일 금요일 미 공군 RF-101이 블루문 2623 임무에서 촬영한 아바나 남쪽 마나과 핵저장 시설. 이곳은 프로그 전술 미사일용 탄두를 보관하는 데 사용되었다. 단일 보안 울타리, 벙커 출입구, 언덕 꼭대기의 대공포 기지가 보인다. [NARA/최초 공개]

미사일

미사일

울타리 및 참호

임무 번호

프레임 번호

울타리

10월 27일 조종사가 적 대공포 사격을 발견하기 전후를 보여주는 블루문 5025 임무 사진. 촬영된 곳은 산크리스토발 MRBM 2번 기지다. 47번 프레임은 수평 비행을 할 때 촬영했고, 우측 상단의 48번 프레임 사진은 사격을 발견한 직후 회피를 위해 왼쪽으로 급선회할 때 찍은 사진이다. 워싱턴 시각으로 오후 4시 27분 34초, 쿠바 현지 시각으로 오후 3시 27분 34초에 촬영되었다. [NARA]

쿠바 미사일 위기 당시 관타나모 해군기지를 겨누었던 FKR 크루즈 미사일. FKR은 MIG-15 전투기의 무인기 버전으로 14킬로톤의 핵탄두를 투발할 수 있었다. [2002년 아바나 콘퍼런스에서 쿠바 정부 제공]

관타나모 해군기지에서 경계 근무 중인 초병. 이들은 24킬로미터 떨어진 언덕에 크루즈 핵미사일이 배치된 사실을 까맣게 모르고 있었다. [펜타곤]

10월 26일 금요일 바네스에 있는 소련군 SAM 기지 상공을 비행하는 미 공군 RF-101. 다음 날인 10월 27일 루돌프 앤더슨이 탄 U-2기를 격추한 미사일도 사진에 나오는 기지에서 발사된 것이다. 저자가 국가문서보관소에서 발견한 이 사진은 두 장의 프레임이 스카치테이프로 연결되어 있었다. [NARA/최초 공개]

미사일 탑재
수송 트럭

미사일 수송 트럭

발사대

레이더 밴

천막

미사일 탑재
수송 트럭

10월 26일 금요일 RF-101이 촬영한 바네스 SAM 기지. [NARA]

블루문 2626 임무에 투입된 미 공군 RF-101. 수직 꼬리 날개에 41511라고 표기되어 있다. 앞쪽 10월 26일 RF-101 사진은 이 항공기가 측면 카메라로 촬영한 것이다. [NARA]

쿠바 동부 SAM 연대의 연대장인 게오르기 보론코프 대령(맨 왼쪽)이 앤더슨 소령의 U-2기를 격추시킨 장교들을 치하하고 있다. 맨 오른쪽에 권총을 찬 이반 게르체노프 소령이 바네스 SAM 기지의 지휘관이다. [MAVI]

저자가 국무부 자료실에서 발견한 찰스 몰츠비 대위의 이동 경로가 표시된 상황도. [NARA/최초 공개]

소련 영공을 침범한 찰스 몰츠비. [가족 제공]

몰츠비가 소련 영공을 침범하는 동안 쿠바에서 격추된 U-2기의 조종사 루돌프 앤더슨 소령. [가족 제공]

이 이야기에 나오는 몇몇 등장인물은 금방 잊힌 반면, 몇몇은 유명해지거나 악명을 떨치기도 했다. 몇몇은 자리에서 쫓겨나고 몇몇은 영향력 있는 자리에 올랐다. 오랫동안 행복하게 산 사람도 있고 비극적인 운명을 맞이한 사람도 있었다. 하지만 이 모든 이들은 역사상 "가장 위험했던 순간"에 영원한 발자취를 남겼다.

CIA 공작원인 미구엘 오로스코와 페드로 베라는 쿠바 감옥에서 17년을 보낸 뒤 미국으로 돌아왔다. 두 사람을 쿠바로 잠입시킨 유제니오 롤란도 마르티네스는 1972년 워터게이트 호텔에서 민주당 전국위원회 본부에 침입하던 중 체포되었다.

미 공군은 찰스 몰츠비가 북극이나 추코트카 반도 근처에서 얼씬도 못 하게 했다. 몰츠비는 1998년 폐암으로 사망했다.

관타나모 해군기지에 대한 핵미사일 공격 준비에 투입되었다가 사망한 빅토르 미헤예프는 쿠바 군복 차림으로 산티아고에 묻혔다. 나중에 시신은 엘치코에 있는 소련군 공동묘지로 이장되었다. 가족들은 미헤예프가 "국제주의자 임무를 수행하던 중" 죽었다는 말만 전해 들었다.

조지 앤더슨 제독은 1963년 8월 해군 참모총장 자리에서 해임되어 포르투갈 주재 미국 대사로 자리를 옮겼다.

윌리엄 하비는 미사일 위기 이후 몽구스 작전 팀장에서 물러나고 CIA 로마 지국장으로 자리를 옮겼다. 하비는 그곳에서도 술독에 빠져 살았다.

드미트리 야조프는 1987년 소련 국방부 장관이 되어 1991년 8월 미하일 고르바초프 정부에서 쿠데타를 주도했다가 실패했다.

존 스칼리는 닉슨 정부에서 유엔 대사로 활동했다.

커티스 르메이는 영화 〈닥터스트레인지러브〉에 등장하는 정신 나간 공군 장군인 벅 터지슨의 실존 모델이 되었고, 1968년에는 인종차별주의자였던 조지 월

러스의 대통령 선거에서 부통령으로 출마했다.

에르네스토 체 게바라는 1965년 전 세계적인 혁명을 꿈꾸며 쿠바를 떠났다. 그는 볼리비아 산악 지역에서 CIA를 등에 업은 정부군에 의해 살해되었다.

로버트 맥나마라는 1968년까지 국방부 장관직을 유지했다. 나중에 베트남 전쟁 확전에서 자신이 한 역할에 후회하고, 쿠바에서 핵전쟁이 벌어지지 않은 이유가 단지 "운"이 좋아서였다고 믿게 되었다.

니키타 흐루쇼프는 1964년 10월 자리에서 물러났다. 최고회의 간부회의는 흐루쇼프의 "과대망상증"과 "모험주의"뿐 아니라, "소련 정부의 국제적 명성에 해를" 끼치고 전 세계를 "핵전쟁의 벼랑"으로 몰고 간 사실에 대해 비난했다.

로버트 케네디는 1968년 6월 대통령 선거에 출마했다가 선거 운동 중 캘리포니아에서 암살되었다.

존 F. 케네디는 1963년 11월에 암살되었다. 암살범은 자칭 "쿠바를 위한 페어플레이Fair Play for Cuba"라는 좌익 저항 단체에서 활동한 인물이었다.

피델 카스트로는 이후 45년간 권좌에 머물렀다가 2008년 2월 동생 라울 카스트로에게 쿠바 대통령 자리를 물려주었다.

후기

쿠바 미사일 위기가 끝나자마자 신화가 생겨났다. 케네디 대통령을 지지하는 사람들은 쿠바에서 미사일을 철수시킨 사실을 평화의 사도이자 실행 능력을 갖춘 인물로서 케네디의 이미지를 드높이는 데 이용했다. 이런 일이 있을 때 흔히 그렇듯 이들은 케네디의 결의와, 니키타 흐루쇼프와의 기 싸움을 조정하는 능력을 부각하면서 긍정적인 부분을 강조하고 부정적인 부분은 넘어갔다. 찬양 일색의 분위기를 만든 사람은 카멜롯 궁전의 역사가인 아서 슐레진저 2세였다. 슐레진저는 케네디가 "의지와 용기와 지혜와 더불어 단호함과 자제력으로 세상을 매혹했고, 매우 훌륭하게 통제했으며, 비할 데 없을 정도로 세세하게 조정했다"고 기록했다.[1] 슐레진저만큼은 아니더라도 바비 케네디와 소렌슨을 비롯해 케네디를 신봉한 이들은 객관성을 잃은 결론을 내렸다.

케네디 자신도 신화 만들기에 한몫했다. 위기가 끝나고 얼마 안 가 케네디 대통령은 아주 가까운 언론인 중 한 명인 찰스 바틀렛과 장시간 비공개 인터뷰를 했다. 이후에 바틀렛과 스튜어트 앨솝이 주간지 〈새터데이이브닝포스트〉에 실은 기사는 소련이 쿠바 미사일을 철수시키는 대가로 터키, 이탈리아, 영국의 미사일 기지를 교환하자는 아들라이 스티븐슨의 압박에 대통령이 어떻게 저항했는지 설명했다. 기사는 "스티븐슨은 뮌헨에서처럼 유화정책을 원했다"는 대통령 측근의 말을 인용했다.[2] 반면 케네디는 흐루쇼프와의 "눈싸움"에도 "절대 기가 죽지 않은" 강인한 정신력을 지닌 지도자로 묘사했다. 바비 케네디는 쿠바에 대한 기습적인 공습이 "미국에 의한 진주만 공습"과도 같고 "미국의 모든 전통"을 거스르는 행동이라고 적극적으로 주장한 엑스콤의 "대표적인 비둘기파"였다.

공식적인 역사는 몇 가지 불편한 진실을 누락시켰다. 엑스콤 회의를 담은 녹음테이프는 바비 케네디의 입장이 좀 더 애매하며 이전 설명과 반대된다는 사실을 확실히 보여준다. 바비 케네디는 슐레진저가 1978년에 펴낸 『로버트 케네디와 그의 시절*Robert Kennedy and His Time*』에서 주장했듯이 "애초부터 비둘기파"인 것과는 거리가 멀었다.[3] 위기 첫날, 바비는 쿠바 침공을 가장 적극적으로 옹호한 인물 중 하나였고 심지어 "메인함 침몰", 즉 카스트로를 제거하는 데 필요한 핑계가 될 사건을 꾸미는 것도 고려했다. 바비는 자신의 형과 모스크바가 제시한 신호에 따라 매파와 비둘기파 진영을 오갔다. 케네디 대통령의 경우 역사적 기록에 따르면 흐루쇼프와의 대결을 피하기 위해 검은 토요일에 어떤 조치든 할 의향이 있었다. 케네디와 스티븐슨의 가장 큰 차이는 케네디 대통령은 미사일 맞교환을 다른 해결방법이 없는 경우에 채택할 예비 방안으로 두려고 한 반면, 스티븐슨 대사는 처음부터 협상 테이블 위에 올리려 했다는 점이었다.

케네디에게 영향을 받은 쿠바 미사일 위기에 관한 설명은 흐루쇼프가 애초에 왜 엄청난 미사일 도박을 벌이기로 했는지 설명하는 역사적 배경 대부분을 도외시했다. 마치 미국은 아무런 도발을 하지 않았는데도 소련 미사일이 쿠바에서 발견된 것처럼 보였다. 몽구스 작전은 워터게이트 스캔들의 여파로 미국 상원이 1970년대 CIA의 비리 조사에 착수하기 전에는 거의 알려지지 않았다. 뒤이어 공개된 기록물에 따르면, 카스트로와 쿠바를 후원한 소련은 미국이 최후의 수단으로 쿠바 침공을 포함한 정권 교체를 시도하는 상황을 두려워할 만한 정당한 이유가 있었다. 쿠바 미사일 위기 기간에도 미국의 파괴 공작 활동은 중단되지 않았다. 소련 미사일을 쿠바에 배치하기로 한 흐루쇼프의 동기는 복잡하고 다층적이었다. 미국의 핵 우위를 상쇄하는 한 가지 방법으로 본 것이 확실하지만, 한편으로는 북쪽에 있는 강력한 이웃으로부터 쿠바 혁명을 진심으로 지켜주고자 한 것도 사실이었다. 미국의 개입에 관한 쿠바와 소련의 우려는 공산주의자의 편집증 때문만은 아니었다.

케네디 측이 선전하려고 했듯이 일상적인 외교 활동이 "훌륭하게 통제"된 것도 아니었다. 케네디의 보좌관들은 10월 28일 일요일 아침에 있었던 흐루쇼프의 갑작스러운 태도 변화에 대한 정부의 공적을 주장하기 위해 검은 토요일의 외교 전략을 설명할 때 "트롤로프의 수Trollope ploy"라는 개념을 생각해 냈다. 트롤로프의 수는 앤서니 트롤로프가 쓴 소설 속에서 되풀이되는 장면에서 나온 말이었다. 빅토리아 여왕 시대에 사랑을 갈구하는 한 처녀가 어떤 남성이 아무런 의도 없이 자신의 손을 잡는 행동을 프러포즈로 해석하는 장면이었다. 미사일 위기를 연구하는 학자들이 여러 해 동안 받아들인 이런 설명에 따르면, 트롤로프의 수를 생각해 낸 사람은 다름 아닌 바비였다. 바비는 토요일 아침에 흐루쇼프가 요구했던 터키-쿠바 미사일 교환을 그냥 무시하는 대신, 쿠바를 침공하지 않겠다고 약속하는 대가로 미사일 기지를 해체하겠다는, 금요일 밤에 도착한 모호한 내용의 제안을 받아들이자고 형에게 제안했다. 슐레진저가 말했듯이 이것은 "깜짝 놀랄 만큼 창의적이고 간단한 생각"이었다.[4]

트롤로프의 수는 사실의 일면을 담고 있다. 소렌슨의 도움을 받은 바비는 실제로 흐루쇼프가 금요일에 보낸 편지에서 타협적으로 들리는 부분에 좀 더 집중해서 답장을 재작성했다. 다른 한편으로, 답장 작성에는 여러 사람이 기여했다. 케네디 대통령은 흐루쇼프의 두 번째 편지를 무시하기는커녕, "4~5개월 이내" 터키에서 미사일을 철수할 것이라고 도브리닌 대사에게 말하라고 지시했다. 또한 필요 시 터키-쿠바 미사일을 공개적으로 교환하는 데 필요한 외교적 기반을 마련하기 시작했다. 대체로 트롤로프의 수에 따른 역사는 토요일 오후 엑스콤에서의 팽팽한 논쟁에 더 큰 일관성과 논리를 제공한다. 엑스콤 회의는 피곤에 찌든 정부에 관한 역사적 사례였다. 녹초가 된 정책 입안자들이 엄청난 책임감에 짓눌려 논쟁을 벌였고 우여곡절 끝에 수용 가능한 타협안을 이끌어냈다.

수십 년이 지난 뒤 사건을 되돌아볼 때, 참석자들은 인류가 핵전쟁의 벼랑 끝에 간 것처럼 보인 두 번의 특정한 순간을 지목하곤 했다. 첫 번째 순간은 10월 24일 수요일 아침이었다. 케네디와 자문위원들은 격리선에서 소련 선박과의 충돌에 대비했다. 바틀렛과 앨솝은 이때를 미사일 위기의 "눈싸움" 순간, 즉 케네디가 단호하게 나가고 흐루쇼프가 "눈을 깜박거린" 결정적인 "전환점"으로 묘사했다. 백악관에서 여섯 블록 떨어진 16번가에 있는 소련 대사관에서는 초조한 분위기가 감지되었다. 도브리닌 대사는 나중에 이렇게 말했다.

"소련 유조선 한 척이 격리선으로 차츰 가까이 가는 모습을 보여주는 미국 텔레비전을 보면서 대사관에 있던 사람들은 엄청난 긴장감에 사로잡혔다. … 4, 3, 2, 마침내 1마일이 남았고, 배가 멈출 것인가?"[5]

두 번째로 긴박한 상황은 검은 토요일에 벌어졌다. 이상한 사건들이 빠르게 연이어 발생했고, 각각의 사건은 모두 핵전쟁으로 이어질 수 있었다. 진짜 위험은 더 이상 케네디와 흐루쇼프의 의지가 충돌하는 데서 비롯되지 않았다. 두 사람이 함께 자신들이 작동시킨 전쟁기계를 통제할 수 있는지에 달렸었다. 랄프 왈도 에머슨의 말을 빌자면 사건이 안장 아래에 있는 사람에 올라탄 격이었다. 위기가 자체적인 관성을 갖게 된 것이다. 흐루쇼프의 승인도 받지 않은 소련 방공 부대가 쿠바 상공에서 미국 U-2기를 격추시켰고, 얼마 안 가 또 다른 U-2기가 케네디가 전혀 모르는 상황에서 소련 영공을 헤매고 다녔다. 바로 이 순간이 케네디가 이렇게 화를 낸 순간이었다.

"꼭 말귀를 못 알아먹는 개자식이 있다니까."

미국과 소련의 기록물은 "눈싸움"을 한 순간이 실제로는 존재하지 않았다는 사실을 보여준다. 적어도 케네디와 엑스콤 자문위원, 그리고 여러 책과 영화가 묘사한 방식은 아니었다. 흐루쇼프는 24시간 이전에 공해에서 미 해군과 충돌할 위험을 감수하지 않기로 이미 결정한 상태였다. 하지만 "눈싸움"이라는 이미지는 저널리스트, 역사가, 정치학자가 이해하기 쉬웠고, 그 자체가 자연스럽게 극적으로 재현하기 적합했다. 그래서 미사일 위기에 대한 대중적인 이해의 주요 부분이 되었다. 반면 이보다 훨씬 더 위험했던 이른바 "개자식 순간"은 상대적으로 학자들의 주목을 덜 받았다. 미사일 위기와 관련된 책 대부분은 척 몰츠비라는 이름을 거론조차 하지 않았고, 어떤 경우에는 몰츠비의 추코트카 반도 비행을 한두 문장으로 요약했다.[6]

이처럼 관심이 적었던 이유는 부분적으로는 역사적 자료가 부족했기 때문이었다. 내가 정보자유법에 따라 2년이 넘도록 자료 요청을 했음에도 불구하고, 미 공군은 전략공군사령부 역사에서 가장 당혹스러운 사건 중 하나에 관한 진실을 밝혀줄 단 한 건의 문서도 공개하지 않았다. 1962년 10월에 대한 몰츠비가 소속된 제4080전략비행단의 공식 부대사는 거의 코믹할 정도로 이 문제를 회피했다. 자료에 따르면 몰츠비의 비행은 해당 달의 "100퍼센트 성공"한 42회의 U-2기 공기 시료 채집 임무 중 하나였다.[7] 기밀이라는 망토로 가릴 수 있는 정부 기록 담당자만이 모스크바와 워싱턴을 깜짝 놀라게 하고 제3차 세계대전을 촉발시킬 수도 있었던 약 1500킬로미터에 달하는 항법 오류를 설명하기 위해 그런 관료적 허튼소리를 무턱대고 할 터였다.

무질서한 역사의 변덕을 훼손시키면서까지 케네디와 흐루쇼프 사이에 나타난 기 싸움에 집중하는 것은 불행한 일이었다. 미사일 위기는 국제적인 위기관리의 대표적인 사례로 여겨지게 되었다. 바틀렛과 앨솝에 따르면 쿠바 미사일 위기의 평화적인 해결은 "엄청난 책임을 진 몇 안 되는 사람의 내적 자신감"을 고취시켰다.[8] 대통령의 사람들은 자신들만의 역사를 믿기 시작했다. 자신감은 오만으로 바뀌었다. 케네디는 군 전문가들의 충고를 무시했지만, 라이벌 초강대국 지도자에게 신중하게 조정된 신호를 보냄으로써 위대한 승리를 거두었다. 이런 메시지 다수가 모스크바에서 잘못 해석되거나 케네디가 머지않아 텔레비전에서 쿠바 공격을 선언할 것이라는 오해한 것처럼, 흐루쇼프가 있지도 않은 신호에 반응을 보였으리라고 생각한 사람은 없었다. 이 때문에 전략의 성공이 정당화되기 충분했다.

외교정책에 대해 새롭게 갖게 된 태도는 "단호함과 자제력"을 정교하게 조합함으로써 나머지 국가들이 미국의 명령에 따르게 할 수 있다는 것이었다. 이런 개념의 가장 치명적인 결과가 베트남에서 나타났다. 맥나마라 주변의 "신동"들은 북베트남 공산주의자들이 정신을 차리게 하려고 "점진적인 압박과 대화" 정책을 마련했다.[9] 이 정책의 목적은 북베트남 격퇴가 아니라 미국의 의도를 하노이에 전달하기 위해 공군력을 사용하는 것으로, 케네디가 흐루쇼프에게 자신의 결의를 전하기 위해 쿠바 격리를 시행한 것과 비슷했다. 펜타곤의 국방 기획자들은 엄청나게 우세한 미국의 힘에 대한 하노이의 지속적인 도전이 헛수고라는 것을 보여줄 일련의 조치와 대응 조치를 했다. 롤링선더Rolling Thunder라고 알려진 폭격 작전이 1965년 3월에 실행되었다. 하지만 북베트남 지도부는 하버드 대학에서 가르치고 랜드 연구소가 홍보하는 게임이론에 익숙하지 않았다. 그들은 "논리적인" 방식으로 행동하지 않았고 워싱턴의 신호를 무시했다. 물러서기는커녕 미국의 확전에 대해 확전으로 응했다.

맥나마라에 이어 국방부 장관에 오른 클라크 클리퍼드에 따르면, 베트남 전쟁 기획자들은 "쿠바 미사일 위기의 교훈에 크게 영향"을 받았다.[10] 그들은 "유연 대응"과 "통제된 확전" 같은 개념이 케네디가 흐루쇼프를 이기게 했다고 생각했다. 클리퍼드는 이렇게 설명했다. "모스크바와의 핵대결을 성공적으로 해결한 사실은 북베트남처럼 작고 뒤떨어진 국가는 미국의 힘에 맞설 수 없다는 분위기를 조성했다. 어떤 환경이나 세계 어느 곳이든 미국의 힘에 제대로 도전할 수 없다는 잘못된 믿음을 갖고 있었다."

전직 사이공 주재 미국 대사였던 프리츠 놀팅은 맥나마라와 맥나마라의 동료들이 지닌 지나친 확신에 대해 비슷한 말을 했다. 1978년에 출간된 책에 관한 인터뷰에서 놀팅은 이렇게 말했다.

"지나치게 열광적인 사람들이었습니다. 성급하게 일을 처리하면서도 엉망인 상황을 바로잡기를 원했습니다. 힘이 있고 노하우가 있으니 할 수 있다는 식이었습니다. 한번은 밥 맥나마라에게 베트남 달구지에 포드 엔진을 달기가 불가능하지는 않더라도 어렵다고 말한 것이 기억납니다."[11]

인터뷰어가 놀팅에게 물었다.

"뭐라고 답하던가요?"

"동의하면서도 '우린 할 수' 있다고 말했습니다."

지금의 네오콘들도 쿠바 미사일 위기에서 약간 다르지만 잘못되기는 마찬가지인 교훈을 얻었다. 이라크 전쟁을 기획하면서 이들은 미국 대통령의 정치적 의지가 다른 모든 고려 사항보다 앞선다는 자만심을 공유했다. 그들은 "눈싸움" 버전의 역사를 열렬하게 신봉했다. 하지만 이들의 주장은 한 단계 더 나아갔다. 2002년 10월 이라크 전쟁 직전에 신시내티에서 실시한 연설에서 조지 W. 부시 대통령은 케네디 대통령이 미국 본토에서 새로운 형태의 위기(이른바 "버섯구름")를 막기 위해 기꺼이 무력에 의지한 사실에 대해 칭송했다. 부시는 케네디가 1962년 10월 22일 대국민 연설에서 한 "오늘날 우리는 무기가 실제로 발사되어야만 국가안보에 극심한 타격을 입는 세상에 더 이상 살고 있지 않습니다"라는 발언에 동의를 표하면서 언급했다. 부시는 케네디를 반세기 이상 효과적이었던 냉전의 "봉쇄" 전략을 폐기 처분한 인물로 여겼다. 하지만 자신의 전임자가 몇몇 가장 가까운 자문위원의 군사적 행동 요구에 완강히 저항했다는 사실은 언급하지 않았다. 억제에서 선제적 조치로 바뀐 외교정책 변화의 결과는 머지않아 이라크에서 드러났다.

부시 정부의 관리들이 이라크에서 보여준 교만은 미사일 위기 뒤 "최고의 인재들"을 연상시킨다. 럼즈펠드 국방부 장관은 전통적인 전쟁의 규칙이 기술적 발전과 "충격과 공포"로 대체되었다고 생각했다. 그는 바그다드 거리의 무질서를 보여주는 초기 신호를 무시하기 위해 "온갖 일이 벌어지기 마련이다"라는 거들먹거리는 표현을 썼다. 압도적인 미국의 군사적 우세를 확신한 럼즈펠드는 "몇몇 개자식"이 일을 망칠 수 있다는 개념을 받아들일 수 없었다. 베트남 시절의 전임자와 마찬가지로, 그는 "할 수 있다"고 생각하는 "지나치게 열광적인 사람"이었다.

아서 슐레진저는 과거를 기록하는 것이 현재를 기록하는 한 가지 방법이라고 말했다. 우리는 오늘날의 사건과 논쟁의 프리즘을 통해 역사를 재해석한다. 1962년 10월의 13일간의 요란한 나날들을 되돌아볼 때, 우리는 그 이후에 벌어진 모든 사건, 즉 베트남 전쟁과 냉전의 종식, 소련의 붕괴, 9·11 테러, 아프간 전쟁과 이라크 전쟁에 관한 지식을 바탕으로 판단한다. 미래의 역사가들은 미사일 위기를 또 다른 시각에서 바라볼 것이다.

승자와 패자 문제를 생각해 보자. 미사일 위기가 끝난 직후, 대부분의 사람, 특히 대부분의 미국인은 최대 승자로 케네디를 지목하는 것이 확실했다. 케네디 대통령은 재앙적인 전쟁을 일으키지 않고 쿠바에서 소련 미사일을 철수시킨다는 기본 목표를 달성했다. 적어도 케네디가 생각하기에 최악의 패자는 피델 카스트로였다. 카스트로의 생각은 거의 중요하지 않았다. 미사일을 철수하기로 한 흐루쇼프의 결정을 라디오에서 들은 카스트로는 격분한 나머지 거울을 깨트렸다. 쿠바는 초강대국 대결에서 인질에 불과했다. 하지만 예상과 달리 미사일 위기는 카스트로가 40년 넘도록 쿠바에서 집권하는 것을 보장했다. 엄청난 외교적 승리를 달성한 지 1년이 조금 지나, 케네디는 "쿠바를 위한 페어플레이" 소속의 활동가에 의해 암살당했다. 1년 뒤 흐루쇼프도 실각했고, 그 이유는 부분적으로 쿠바를 둘러싼 모험 때문이었다. 결국은 카스트로가 위대한 생존자였다.

시간이 가면서 케네디의 미사일 위기 승리가 의도하지 않은 많은 결과를 초래한 것이 분명해졌다. 그중 하나는 소련 지도부가 쿠바에서 경험한 치욕적인 기억을 지우려고 하면서 냉전의 무기 경쟁이 확대된 것이었다. 소련 외무부 부장관인 바실리 쿠즈네초프는 미사일을 철수한 직후 미국의 한 고위급 관리에게 이렇게 말했다. "이번에는 그럭저력 목적을 달성했지만, 다음에 또 그럴 순 없을 겁니다."[12] 소련은 또다시 전략적 열세에 놓이는 일을 절대 허용하지 않을 작정이었다. 흐루쇼프의 후임자는 미국과 비슷한 군사력을 구축하기 위해 방대한 대륙간탄도미사일 개발 프로그램에 착수했다.

또 다른 역사적 반전은, 이런 군사력 확장이 궁극적으로 소련을 붕괴시킨 주요 이유 중 하나라는 사실이었다. 엄청난 자연 자원을 보유한, 어마어마하게 부유한 나라도 끊임없이 증가하는 군 예산의 부담을 지탱할 수 없었다. 결국 미국이 주도한 자유 세계는 소련이 주도한 공산주의 세계를 상대로 승리했지만, 그런 일은 사람들이 기대한 방식과는 다르게 이루어졌다.

미사일 위기는 핵전쟁이 이길 수 있는 전쟁인지를 둘러싼 논쟁의 전환점이었다. 1962년 10월 이전, 커티스 르메이가 주축이 된 군 수뇌부 그룹은 소련에 대한 선제공격을 선호했다. 미사일 위기가 끝난 뒤 그런 장군들조차 냉전 승리의 개념을 다시 생각해야 했다. 수백만 명의 미국인이 죽지 않고 공산주의자를 모조리 죽이는 것은 확실히 불가능했다. 미국과 소련은 다시는 쿠바 미사일 위기의 규모와 강도로 직접적인 군사적 대결을 벌이지 않았다. 베트남과 중동, 아프리카 등지에서 여러 차례 대리전이 벌어졌지만, 미군이 소련군과 직접 싸우는 전쟁 혹은 그 비슷한 일도 없었다.

군사적 승리가 불가능한 상황은 초강대국 간 경쟁을 대부분 미국이 비교 우위를 누린, 다른 분야로 전환하게 하는 긍정적인 효과가 있었다. 결국 미국의 군사력에 성공적으로 저항한 나라들도 자유 시장 경제 체제를 받아들여 외부 세계에 개방을 했고, 그 대표적인 사례가 베트남이다. 쿠바는 이런 추세에 눈에 띄게 제외된 국가다. 카스트로는 아주 오랫동안 권력을 유지하는 것만으로도 숙적인 양키를 상대로 한 싸움에서 위대한 승리를 했다고 생각했다. 사실 카스트로는 카리브 지역에서 가장 풍요로운 섬을 1950년대에 고착된 실패하고 가난에 찌든 나라로 바꿔놓았다. 누가 승자고 누가 패자인지 이해하려면 아바나를 방문해 봐야 한다.

쿠바 미사일 위기에 관한 가장 지속적인 교훈은, 핵무기가 있는 세상에서, 전통적인 군사적 승리가 환상에 불과하다는 사실이다. 공산주의는 군사적으로 패배한 것이 아니라 경제적으로, 문화적으로, 이념적으로 패배했다. 흐루쇼프의 후임자는 자국민에게 기본적인 수준의 물질적 풍요와 정신적 성취를 제공할 수 없었다. 소련은 이념전에서 졌다. 결국, 공산주의는 자멸했다.

오늘날의 관점에서 보면, 미사일 위기의 주요 순간은 대개 신화에 불과한 10월 24일의 "눈싸움"이 아니다. 두 명의 호적수였던 케네디와 흐루쇼프는 위기에서 벗어날 방법을 모색하고 있었다. 각자가 인류의 종말을 가져올 힘을 갖고 있었지만 둘 다 핵 아마겟돈이 벌어진다는 생각에 충격을 받았다. 오해와 두려움과 사상적 의심이라는 바다로 갈라져 있었지만, 두 사람은 합리적이고 지적이며 좋은 사람들이었다. 모든 상황이 두 사람을 갈라놓았음에도 둘은 은밀하게 공감대가 형성되어 있었다. 케네디가 암살된 뒤 재클린 케네디가 흐루쇼프에게 직접 쓴 개인적인 편지에 그런 내용이 아주 통렬하게 표현되었다.

서기장님과 남편은 앙숙이었지만, 온 세상이 잿더미가 되는 일은 없어야 한다는 결의에 따라 한목소리를 냈습니다. 남편을 힘들게 한 것은 전쟁이 대인big men에 의해서라기보다 소인little one에 의해서 시작될 수 있다는 사실이었습니다. 대인은 자제력과 억제력을 발휘할 필요성을 알고 있는 반면, 소인은 가끔 두려움과 자만에 따라 행동합니다.

1962년 10월의 진짜 전쟁 위험은 "대인"이 아니라 "소인"에게서 비롯되었다. 대표적인 사례가 상황이 통제 불능 상태로 빠지는 듯 보였던 검은 토요일의 "개자식 순간"이었다. 도널드 럼즈펠드의 표현을 빌자면 "온갖 일"이 도처에서 벌어지고 있었다. 다음 사건이 어디에서 벌어지고 어디로 이어질 것인지 예상할 수 있는 사람은 없었다. 케네디의 훌륭한 장점이자, 부시와의 근본적인 차이점은 그가 역사의 무질서한 힘에 대한 직관적인 이해력을 갖고 있었다는 점이었다. 제2차 세계대전에서 해군 초급 장교로 참전한 경험을 통해 상황이 엉망이 될 수 있다는 사실을 깨달았다. 케네디는 아무리 많은 정보가 백악관에 보고되더라도 최고통수권자가 전장에서 벌어지는 모든 것을 통제할 수 없다는 사실을 알았다.

적대적인 두 세력 모두 핵무기를 보유하고 있다는 사실은 케네디에게 추가적인 압박이 되었다. 케네디의 머릿속에 맴돌던 악몽은 미국 군함과 소련 잠수함 사이에 벌어진 교전 같은 작은 사건이 수천만 명의 죽음으로 이어질 수 있다는 사실이었다. 소련군 핵탄두 단 한 발이 미국 도시에 떨어지는 경우, 남북전쟁 당시 사상자 수의 두 배인 50만 명 이상의 사상자가 발생할 수 있다고 생각하면 정신이 번쩍 들었다.

비스마르크는 정치적 통찰을 다른 무엇보다 "역사의 먼 발굽 소리"를 듣는 능력이라고 규정했다. 검은 토요일에 각료회의실에서는 터키에 있는 주피터 미사일을 포기함으로써 나토에 끼칠 수 있는 피해를 둘러싸고 논쟁이 격화되었다. 그 순간 케네디는 역사의 먼 발굽 소리를 예민하게 듣고 있던 것이 확실했다. 자문위원들은 정치적이고 군사적인 측면을 생각한 반면, 케네디는 역사적 측면을 생각했다. 케네디는 자신이 흐루쇼프가 엄포를 놓고 있음을 밝히지 않으면, 워싱턴과 모스크바 사이의 세력 균형이 영원히 바뀐다는 사실을 알았다. 그러면서도 회의실에 있던 다른 누구보다도 핵전쟁을 막기 위해 할 수 있는 모든 조치를 하지 않으면 미래 세대가 자신을 절대로 용서하지 않을 것이라는 사실을 더 잘 이해했다.

쿠바 미사일 위기는 때로는 정치에서 품성이 결정적인 역할을 한다는 사실을 보여준다. 인물의 품성은 중요하다. 1962년 10월에 다른 인물이 대통령이었다면 결과가 매우 달랐을 수 있었다. 바비 케네디는 나중에 엑스콤 회의에 참석한 자문위원 12명은 모두 "똑똑하고 정력적인 사람들이었다. … 미국에서 가장 뛰어난 인재들이었을 것이다"라고 말했다.[13] 그런 바비 케네디가 보기에 "이들 가운데 절반 중 한 명이 대통령이었다면 전 세계가 파멸적인 전쟁에 휘말렸을 가능성이 컸다." 바비의 주장은 엑스콤 자문위원의 거의 절반이 미군의 쿠바 침공으로 이어질 가능성이 큰 조치인 미사일 기지 공습을 선호했다는 사실에 근거한 것이었다.

지금 돌이켜보더라도 케네디 대통령이 매파의 건의를 받아들였다면 무슨 일이 벌어졌을지 알 수 없다. 흐루쇼프가 굴욕을 감내했을 가능성이 있다. 베를린을 비롯한 다른 지역을 공격했을 가능성도 있다. 쿠바 현지 주둔 소련군이 모스크바의 지시와 상관없이 자체적인 방어를 위해 전술핵무기를 사용했을 수도 있다. 군 통신 두절로 인해 개별 포대를 지휘한 대위와 소령이 핵무기에 대한 통제권을 사실상 넘겨받았을 것이다. 관타나모 해군기지는 불과 몇 분 만에 크루즈 핵미사일의 공격을 받았을 것이다. 이 경우 케네디는 핵무기로 대응하라는 압박을 엄청나게 받았을 것이다. 핵전쟁을 쿠바로 한정하기는 어려웠을 터였다.

케네디와 엑스콤 자문위원들은 쿠바에 주둔한 소련군의 능력에 대해 몰랐던 사실이 많았다. 그래서 위협을 과장하기도 하고 과소평가하기도 했다. 정보기관은 몇몇 주목할 만한 성과를 냈지만 잘못된 정보도 많았다. 애초에 위협을 과소평가했던 CIA는 미사일 기지 건설 사실을 너무 늦기 직전에 발견했고, 각 기지의 작전 준비 시점을 꽤 정확하게 예측했다. 하지만 소련은 쿠바에 배치한 전술 핵미사일의 존재를 30년 넘도록 철저하게 비밀에 부쳤다. CIA는 쿠바에 6000~8000명의 "고문 adviser"이 있다고 판단했다. 사실 쿠바에 배치된 소련군은 고도로 훈련된 전투병 최소 1만 명을 포함해서 4만 명이 넘었다.

이런 기록을 검토하면, 무엇보다, 고정관념의 부정적 효과와 마주치게 된다. 이 문제는 정보의 수집보다는 오히려 정보의 해석과 분석과 관련이 있었다. 소련 미사일의 쿠바 배치가 "지금까지 소련의 관행과 다르다"는 CIA의 공식적인 평가와 차이가 있다는 이유로 소련 선박에서 거대한 튜브가 하역되고 있다는 목격자 보고가 무시되었다.[14] 사후 평가는 "거의 완전한 정보의 기습 사태"를 "분석 절차의 오작동"이라고 비난했다. 베후칼에 있던 주요 핵탄두 저장소도 사정은 비슷했다. 근처에 주차된 핵탄두용 밴과 크레인과 함께 벙커를 촬영한 사진이 많았다. 분석관들은 소련 내 유사 시설에서 볼 수 있는 다중 울타리와 초소와는 다르게 이 지역이 울타리 한 개로만 보호된다는 이유로 중요하게 여기지 않았다.

지금 우리가 알고 있는 사실을 아는 상태에서 침공으로 이어질 수 있는 공습이 아니라 봉쇄를 선택한 케네디의 결정을 두고 왈가불가하기는 어렵다. 맥나마라가 "경련 반응"이라고 부른 것을 일으키도록 소련을 자극하는 위험을 감수하지 않았다는 점에서 케네디의 결정은 확실히 정당화되었다. 우리는 케네디가 자제심을 발휘한 사실을 고맙게 생각해야 한다. 모든 개인적 약점과 정치적 실수에도 불구하고, 아마 부분적으로는 그런 것들 덕분에 잭 케네디는 아주 인간적으로 보인다. 정치인들이 일상적으로 상대를 악당으로 취급하는 시기에 케네디는 소련인과 공유하는 것을 미국인들에게 상기시켰다. "우리 모두 같은 행성에 살고 있습니다. 우리 모두 같은 공기를 들이쉽니다. 우리 모두 아이들의 미래를 소중하게 여깁니다. 그리고 우리 모두 죽습니다."[15] 케네디의 인간애는 케네디 자신의, 그리고 우리의 한 가지 미덕이었다.

물론 케네디를 비판하는 사람도 있다. 그런 사람 중 가장 달변인 인물 중 한 명은 전직 국무부 장관으로 엑스콤 초기 회의에 몇 차례 참석했던 딘 애치슨이었다. 트루먼 행정부 시절의 원로였던 애치슨은 엑스콤 회의가 체계적으로 조직되지 않은 사실에 경악했다. 엑스콤은 대통령이 주관하는 전쟁위원회라기보다는 자유분방하고 학문적인 세미나를 연상시켰다. 애치슨은 위협을 제거하기 위해 미사일 기지 공습을 선호했고, 소련 기술자 수천 명이 죽을 것이라는 우려를 "감정적 논리"라며 무시했다. 그리고 위기의 평화로운 해결을 "순전히 뜻밖의 행운"으로 치부했다.[16]

딘 애치슨의 평가는 부당하다. 쿠바 미사일 위기에 관한 이야기는 오해와 판단 착오로 넘쳐난다. 하지만 핵전쟁에 의한 종말을 비껴간 이유는 "뜻밖의 행운" 때문만은 아니었다. 진짜 운이 좋았던 것은 1962년 10월 존 피츠제럴드 케네디와 니키타 세르게예비치 흐루쇼프처럼 이성적이고 신중한 인물이 백악관과 크렘린을 차지하고 있었다는 점이다.

자료 출처 및 감사의 말

처음 쿠바 미사일 위기에 관한 책을 쓰기로 마음먹었을 때 가장 자주 받은 질문은 "그렇게 속속들이 연구된 주제에 새롭게 할 말이 뭐가 있냐?"는 것이었다. 이 질문에 대한 답은, 알고 보니 할 이야기가 엄청 많았다는 것이다. 미국, 소련, 쿠바를 포함해서 2년간 6개국을 조사한 결과 인류가 핵무기에 의한 파멸에 가장 가까이 간 1962년 10월의 13일에 대해 놀랄 만큼 새로운 정보가 많이 밝혀졌다. 몇몇 "과거" 정보, 이를테면 많은 사람이 사실로 받아들이는 "눈싸움"이라는 10월 24일의 해상 대치 상황은 사실이 아닌 것으로 드러났다. 소련군의 관타나모 기지 공격과 U-2기의 소련 영공 침범을 비롯해 이 책에서 다룬 중요한 사건 다수는 기존에는 사용되지 않은 출처와 문서를 바탕으로 했다. 일부 자료는 오랫동안 쉽게 접근할 수 있었어도 사람들이 크게 관심을 갖지 않았다. 앞으로도 더 많은 자료 공개가 이루어 질 것이다.

　지난 20년 동안, 특히 1991년 소련 붕괴 이후 쿠바 미사일 위기에 관해 엄청나게 많은 자료가 공개되었다. 그런데도 전략공군사령부, 합동참모본부, 국방정보본부를 포함해 이 사건에 관한 미국 정부의 기록물 다수가 연구자들에게 공개되지 않은 사실을 알고 깜짝 놀랐다. 앨라배마 주 맥스웰 공군기지에 있는 공군역사연구소가 소장하고 있는 자료를 비롯해 다른 기록물도 엄격하게 접근이 제한되어 있다. 대부분의 소련 정부 자료, 특히 소련 국방부 자료도 여전히 공개되지 않고 있다. 쿠바 자료에 대한 접근은 아바나 정권이 교체되기를 기다려야 할지도 모른다.

나는 영어, 러시아, 스페인어로 된 각기 전혀 다른 출처의 정보를 교차 검토해서 이런 장애의 일부를 극복할 수 있었다. 예컨대 검은 토요일의 이른 아침에 소련군이 크루즈 핵미사일을 전개한 사실을 발견하는 데 이런 기법이 중요했다. 원래 1962년 10월 27일 관타나모 인근에서 소련군 2명이 사망한 사실을 보여주는, 쿠바 주둔 소련군의 사상자 명단에 호기심이 발동했다. 또한 탐사 전문 기자인 세이무어 허시가 1987년에 쓴 기사를 관심 있게 보았다. 그 기사는 소련군과 쿠바군이 관여한 쿠바 동부에서의 "포격전"에 관한 이야기였다(미국 정보기관이 소련군과 쿠바군이 주고받은 통신 내용을 감청한 것으로 보인다). 허쉬는 말체프라는 이름의 소련군 지휘관이 현장에 앰뷸런스 출동을 지시한 사실을 언급했다. 퍼즐의 또 다른 조각은 아나디리 작전에 참여한 사람이 러시아어로 쓴 회고록에서 FKR 크루즈 미사일을 관타나모 인근에 있는 "추진진지(advanced position : 전투진지보다 적에게 더 접근된 지역에 있으며 공격 또는 방어의 목적으로 사용되는 진지 - 옮긴이)"로 이동하는 것을 한 문장으로 언급한 내용이었다.

혼란스러운 이 이야기는 나와 연구를 함께한 러시아 출신의 스베틀라나 체르보나야가 죽은 소련군 병사 중 한 명인 빅토르 미헤예프의 가족을 찾아냈을 때 좀 더 이해하기 쉬웠다. 미헤예프는 한밤중에 크루즈 미사일을 수송했던 호송대에서 근무했는데, 그가 탄 트럭은 계곡으로 추락했다. 우리는 호송대에 참여해서 이 사건과 크루즈 미사일 전개를 기억하는 또 다른 군인들을 찾아냈다. 나는 워싱턴 D.C.에 있는 해군

568

역사센터에서 자료를 샅샅이 검토하는 동안 관타나모 부대장이 작성한 일급비밀 문서를 발견했다. 10월 26일과 27일 사이의 밤에 "정체불명의 포병 장비를 갖춘 러시아/중국/쿠바 병력 약 3000명"의 이동을 보고하는 내용이었다. 이 문서는 약 180미터 이내에 있던 전개 시작 및 끝 지점을 정확한 군사 좌표로 알려주었는데, 감청을 통해서만 확보할 수 있는 정보였다. 나는 호송대가 관타나모 24킬로미터 내에서 이동한 경로를 표시할 수 있었고, 이 자료는 우리가 찾아낸 소련군의 설명과 정확하게 일치했다. 퍼즐의 마지막 조각은 크루즈 미사일 연대의 연대장이 말체프 대령이라는 사실을 알았을 때 맞아떨어졌다. 허쉬가 쓴 기사는 감청 내용을 기반으로 한 것은 맞지만, 그가 소련군과 쿠바군 사이의 충돌로 해석한 "포격전"의 성격은 잘못된 것이었다.

나중에 보스턴에 있는 케네디 대통령 도서관에서 10월 24일 흐루쇼프와 만난 미국 사업가인 윌리엄 녹스가 작성한 문서를 우연히 발견했다. 해당 문서는 기존에 공개되지 않은 흐루쇼프의 위협이 포함되어 있었다. 이 당시 흐루쇼프는 "첫날 관타나모 해군기지가 파괴될 것"이라며 케네디가 쿠바에 어떤 종류의 무기가 있는지 알고 싶다면 쿠바를 침공하라고 했다. 나는 2006년 3월 쿠바 오리엔테 주를 방문했을 때 관타나모 주변의 거친 지형을 보고 생생한 인상을 받았다.

또 다른 예는 소련의 핵탄두 저장 시설을 찾는 것이었다. 이 문제는 미사일 위기의 커다란 미스터리로 완전히 해결되지 못한 것이기도 했다. CIA는 쿠바에 핵탄두가 있다고 판단했다. 탄두 없는 미사일은 쓸모가 없기 때문이었다. 하지만 미국 정보 분석관들은 탄두의 위치를 전혀 찾지 못했고 결국은 포기했다. 나는 각기 다른 조각의 정보를 비교함으로써 미스터리를 해결했다고 생각한다. 탄두 취급을 책임진 소련군 장교들은 회고록과 나와의 인터뷰에서 벙커의 위치에 대한 전반적인 설명을 했다. 이들은 주요 핵저장 벙커가 아바나 남쪽 도시인 베후칼 근처 어딘가에 있었다고 말했다. 나는 2006년 3월 베후칼을 방문했지만 정확한 위치를 찾을 수 없었다. 하지만 메릴랜드 주 칼리지파크의 국가문서보관소에서 CIA 기록물을 조사하던 중, 베후칼 근처의 "무기 저장 벙커"가 언급된 내용을 발견했다. 결국 CIA는 해당 벙커가 핵탄두 저장 시설로 사용되었을지도 모른다고 의심했지만, 시설 주변에 다중 보안 울타리가 없다는 이유로 그런 의심을 거두었다.

핵탄두의 위치를 찾는 일은 2007년 여름에 속도가 붙었다. 당시 나는 미사일 위기 기간에 해군과 공군이 촬영해서 국가문서보관소로 이전한 정보 필름 원본을 발견했다. 더 구체적으로 말하면, 국방정보국 필름 통 수십만 개가 캔자스에 있는 기록물 보관소에 보관되어 있었다. 하지만 한 가지 문제가 있었는데, 대부분의 검색 도구(finding aids : 소장 기록을 검색할 수 있도록 해주는 도구로 소장 목록, 색인, 등록부 등이 있다 - 옮긴이)가 비밀로 분류되어 있었다. 필름 통에 매겨진 번호는 일관성이 없었고, 이 때문에 조사 과정은 건초더미에서 바늘 찾기나 다름없었다. 한 번에 필름 20통을 요청할 수 있었으며 캔자스에서 워싱턴까지 항공편으로 받는 데 하루가 걸렸다. 나는 100통이 넘는 필름과 수만 장의 사진을 검토했고, 미군 정찰기가 1962년에 촬영한, 기존에 공개된 적이 없던 베후칼 시설 사진 일부를 찾고는 아주 운이 좋았다고 생각했다. 여러 프레임에 쿠바 주변에서 핵탄두를 옮기는 데 사용된 특수 밴이 포착되었고, 그것은 내가 장소를 제대로 찾았다는 증거였다. 나는 핵저장 시설의 정확한 위치를 찾기 위해 해당 사진들을 구글 어스의 최근 사진과 비교할 수 있었다.

마지막 사례는 검은 토요일에 벌어진 U-2기의 소련 영공 침공 비행의 세부 내용을 밝히는 것이었다. 미사일 위기에 대한 학계의 일반적인 설명은 대개 이 사건을 가볍게 언급한다. 찰스 F. 몰츠비 대위의 임무가 "100퍼센트 성공"이라는 기이한 주장이 담긴 공군의 역사 기록을 제외하면, 미 공군은 해당 비행에 대해 단 한 건의 정보도 공개하지 않았다. 나는 2005년부터 미 공군에 몰츠비의 비행에 관한 정보를 요구하기 시작했지만, 전략공군사령부의 관련 기록물이 어디에 보관되어 있는지조차 알 수 없었다. 사건의 조각을 맞추기 위해, 몰츠비가 1998년 폐암으로 사망하기 전에 써서 몰츠비의 미망인이 내게 제공해준 상세한 회고록을 비롯한 각종 출처에 의존했다. 여기에 몰츠비의 임무를 지원한 항법사인 프레드 오키모토와 동료 U-2기 조종사와의 인터뷰로 보완했다. 나는 국무부 행정사무국 파일에서 몰츠비의 정확한 항로를 보여주는 지도와 더불어 U-2기를 요격하기 위해 출격한 미그기의 항적 데이터가 담긴 주요 문서를 발견했고, 국가문서보관소는 나의 요청에 따라 해당 자료를 공개했다. 국무부 기밀 해제 담당자는 자료의 중요성을 인식하지 못한 채 실수로 지도를 공개했을지도 모른다. 이 책에서 세 번째로 삽입된 사진 중 마지막에 제시된 이동 경로 상황도에서 확인할 수 있듯이, 지도에는 비밀 분류 표기가 되어 있지 않다. 몰츠비의 비행을 왜 아직 중요한 정부 비밀로 취급하는지 이해하기 어렵다. 가장 그럴듯한 설명은 미국 정부가 소련군 방공 항적을 실시간으로 수집해서 이런 정보로 실종된 U-2기 조종사에게 무슨 일이 벌어졌는지 파악하고, 조종사가 안전하게 귀환하게 유도하는 데 이용했다는 잘 알려진 사실을 공인하기를 원치 않는다는 것이다.

2년간의 연구 기간에 나는 미국, 러시아, 우크라이나, 쿠바에 있는 과거 쿠바 미사일 위기에 관여했던 100명 이상의 사람과 인터뷰했다. 이들 대부분은 주석에 이름이 언급되어 있으므로, 여기서 일일이 거론하지 않겠지만 특별히 감사의 말을 전하고 싶은 몇몇 사람들이 있다. 러시아에서는 스베틀라나 체르보나야의 조사 지원을 받았다. 그녀는 중요한 역사적 이야기를 처음으로 밝혀내는 역할을 한 기록물 보관소의 유능한 탐정이었다. 스베틀라나 덕분에 알렉산드르 페클리소프와 여러 번 만났다. 페클리소프는 줄리어스 로젠버그를 관리했고, 쿠바 미사일 위기 기간에는 워싱턴에서 KGB 작전을 수행한 소련 스파이였다. 스베틀라나는 또한 아나톨리 그립코프 장군(쿠바 미사일 위기 당시 소련군 총참모부 대표)이 이끈 소련 재향군인단체와 레오니트 사니코프(사과라그란데 인근에 있던 미사일 연대 중 한 곳에서 초급 장교로 복무)를 연결해 주는 역할도 했다. 사니코프는 관대하게도 자신이 속한 조직인 국제주의자투사지역간협회Inter-regional Associaion of Internationalist Fighters가 지난 10년간 미사일 위기에 관여한 사람들로부터 수집한 편지와 회고록을 검토할 수 있게 해주었다. 또한 단체의 회원 다수를 만나게 해주었을 뿐 아니라 세르게이 카를로프 중령을 소개해 주었다. 소련 전략로켓군 역사가인 카를로프는 서방 연구자들에게 아직 공개되지 않은 원본 문헌의 연구를 바탕으로 아나디르 작전에 관한 백과사전적인 지식을 갖고 있었다.

쿠바에 주둔한 소련군 출신 중에는 특히 빅토르 예신 중장에게 감사의 뜻을 전하고 싶다. 전략로켓군의 참모장이자 1962년 10월 당시 쿠바에서 중위로 근무했던 예신은 현재 모스크바에 있는 미국-캐나다연구소의 교수로 있으며 R-12 미사일의 작동 방식과 발사 절차를 끈기 있게 설명해 주었다. 소련 미사일이 어떻게 미국 도시를 목표로 설정했는지 이해하는 데는 소련군 사령부 탄도처Ballistics Division의 부처장인 니콜라이 오블리진 소령에게 빚을 졌다. 오블리진은 컴퓨터나 GPS가 없던 시절 워싱턴 D.C.를 비롯한 미국 도시들을 목표로 설정하는 임무와 관련해서 복잡한 탄도 계산 다수를 실제로 했다. 키예프에서 발렌틴 아나스타시예프 장군은 자신이 책임진 히로시마식 원자폭탄 6개를 포함해서 소련군의 핵탄두 취급에 관해서 입이 딱 벌어질 정도로 놀라운 이야기를 들려주었다.

미국에서는 운 좋게 로버트 맥나마라 국방부 장관과 시어도어 소렌슨 대통령 특별보좌관 겸 연설문 담당관을 포함해서 미사일 위기에 관여했던 여러 정치인과 인터뷰할 수 있었다. 아서 런달 국가사진판독센터 소장의 최측근이었던 디노 브루지오니에게도 특별히 감사의 마음을 전한다. 브루지오니는 사진 정찰 기술과 이를 쿠바에 적용하는 법을 긴 시간 동안 가르쳐 주었다. 또한 원본 필름을 국가문서보관소로 넘기게 하라고 말해주었고, 이 일은 좌절감이 들었지만 결과적으로 내가 그럴 만한 가치가 있는 탐사 추적을 하게 했다. 집필 작업을 적극적으로 도운 또 다른 미국인에는 원고 초안을 읽고 도움이 되는 의견을 준 국무부 외교관 출신인 레이먼드 가소프와, 미사일 위기 기간에 쿠바 상공을 비행한 리처드 하이저, 제럴드 매클모일, 미 해병대와 함께 쿠바 상륙을 준비한 그레고리 J. 시젝, 정보 분야 전문가인 토머스 패럿, 토머스 휴즈, 워렌 프랭크가 있었다. 제55전략정찰비행단의 비공식 역사가인 롭 후버는 전직 부대원 다수를 소개해 주었고, 조지 캐시디는 USS 옥스퍼드함 출신의 예비역을 소개해 주었는데, 이점 감사하게 생각한다. 플로리다에서는, 특히 〈마이애미헤럴드〉의 기자인 돈 보닝에게 감사의 뜻을 전하고 싶다. 그는 미사일 위기 기간 중 쿠바의 오리엔테 주에서 CIA 비밀 첩보원으로 활동한 카를로스 오브레곤과 카를로스 파스쾰을 포함해 반카스트로 투쟁을 한 인물들을 소개해 주었다. 마타암브레 구리 광산에 대한 파괴 공작 실패 뒤 CIA로부터 버림받고 쿠바 감옥에서 17년을 보낸 페드로 베라에게도 고맙다는 말을 전한다. 베라는 지금 탬파에 살고 있다.

쿠바 당국으로부터는 아무런 지원을 받지 않았다. 미사일 위기를 연구하기 위해 비자 신청을 했지만 받아들여지지 않았다. 카스트로의 힘이 약해지고 권력이 라울에게 넘어가는 동안 아바나에서 벌어진 행정 마비 때문인 것으로 보인다. 쿠바 당국은 최고통수권자의 동의 없이는 간단한 결정조차 내릴 수 없다. 쿠바 당국의 협조가 미흡했다고 해서 정작 연구에 큰 차이가 있지는 않았다고 생각한다. 다른 역사가들에 대한 쿠바의 지원은, 이 문제에 대해 자신이 하려했던 사실상 모든 것을 말했던 카스트로의 장광설과 조심스럽게 걸러낸 전직 관료 몇 명에 한정되었다. 쿠바의 공식적인 입장은 워싱턴 D.C.에 있는 조지 워싱턴 대학의 비영리 부설 기관인 국가안보문서보관소가 조직한 컨퍼런스를 통해 기록이 충분하게 유지되었다. 개인적으로 나는 2006년과 2007년 두 차례 쿠바에 가서 피나르델리오 주에 있는 체 게바라의 동굴과 마타암브레 구리 광산, 미 해병대가 상륙하기로 계획한 타라라 해변, 엘치코에 있는 소련군 사령부를 비롯하여 사건과 관련된 여러 지역을 방문했다. 그곳에서 수십 명의 쿠바인과 비공식적으로 대화를 나눴고, 그들 중 다수는 1962년 10월을 생생하게 기억하고 있었다.

미사일 위기에 관여한 당사자들의 설명은 연구에서 매우 중요했지만, 나는 그런 증언이 문헌 기록과 차이가 있는지 일일이 확인했다. 사건이 끝나고 40년이 지났기 때문에 아주 꼼꼼한 목격자라고 하더라도 기억이 왜곡될 수 있었고, 실수하거나 다른 사건과 겹쳐 날짜가 헷갈리기가 쉬웠다. 때로는 기록물도 불완전하고 정확하지 않기는 마찬가지였다. 엑스콤 자문위원조차 가끔은 사건에 관해 부정확한 정보를 얻었고, 이런 정보는 결국 미사일 위기에 관한 여러 설명에 등장했다. 두 가지 사례만 들자면 다음과 같다. 첫째, 10월 24일 CIA 국장인 존 매콘은 쿠바로 향하던 소련 선박이 미군 구축함과 대치한 뒤 방향을 틀었다고 일지에 기록했지만 그런 상황은 결코 벌어지지 않았다. 둘째, 검은 토요일에 맥나마라는 케네디 대통령에게 쿠바 상공을 비행하던 미군 정찰기가 방공포에 피격되었다고 보고했지만 나중에 잘못된 보고로 밝혀졌다. 연구자에게 가장 현명한 접근법은 여러 출처를 찾아내고 문헌 증거와 구술사가 서로 일치하는지 확인하는 것이다.

기록물 연구의 시작점은 국가안보문서보관소가 모은 광범위한 쿠바 미사일 위기 문서였다. 지금 역사가들이 반드시 참조해야 할 자료였다. 톰 블렌턴 소장이 이끄는 국가안보문서보관소는 흔히 다루기가 쉽지 않은 정부기관으로부터 역사 기록을 들춰내기 위해 정보자유법을 적극적으로 이용하는 데 앞장섰다. 1988년에는 국무부 역사가들이 끌어모은 자료에 대한 접근권을 얻기 위해 역사적인 법정 다툼을 벌이기도 했다. 또한 1989년 모스크바 콘퍼런스와 1992년 및 2002년 아바나 콘퍼런스 등 학계 연구자들과 협조해서 미사일 위기에 관한 일련의 주요 회의를 조직하는 일을 도왔다. 나는 문서를 제공해 주고 대체로 옳은 방향으로 인도해 준 블랜턴, 스베틀라나 사브란스카야, 피터 콘블러, 맬콤 번, 윌리엄 버 같은 국가안보문서보관소 여러 스태프에게 빚을 졌다. 이들에게 진 빚에 대한 보답으로 내가 수집한 미사일 위기 기록을 국가안보문서보관소를 통해 다른 연구자들에게 공개하고 있다.

미사일 위기 콘퍼런스 녹취록은 제임스 블라이트, 브루스 앨린, 데이비드 웰치, 그리고 주석을 통해 언급한 사람들이 쓴 '벼랑 끝에서On the Brink' 시리즈에서 확인할 수 있다. 쿠바 정부가 연구자들에게 기록물을 공개하기 전에는 이런 콘퍼런스 자료가 쿠바의 입장을 이해하기 위해 가용한 최고의 자료다. 엑스콤 회의 녹취록의 경우 주로 버지니아 대학 밀러센터의 자료에 의지했다. 녹취 작업은 진행 중이고 다른 학자들, 특히 여러 오류를 지적한 케네디 도서관 역사가 출신인 셸던 스턴의 이견을 감안해서 갱신되었다. 밀러센터에서 작성한 녹취록은 엑스콤 회의에서 벌어진 일에 관한 가장 포괄적인 자료고 원본 오디오와 더불어 밀러센터 웹사이트를 통해 인터넷에서 편리하게 확인할 수 있다.

미사일 위기에 관한 소련 자료는 러시아보다 미국에서 더 많이 확인할 수 있다. 가장 좋은 자료는 워싱턴 D.C.의 국회 도서관에 소장된 드미트리 볼코고노프의 수집 자료다. 자료 중 다수는 소련 군사 역사가인 볼코고노프가 수집했고 냉전국제역사프로젝트Cold War International History Project를 통해 번역이 이루어져서 회보로 발행되었다. 다른 소련 문서들은 국가안보문서보관소의 스베틀라나 사브란스카야와 하버드 대학의 냉전 연구 프로젝트 팀장인 마크 크레이머가 제공해 주었다. 크레이머는 소련과 동유럽 기록물을 광범위하게 연구했고 소련군에 대해 권위 있는 글을 썼다. 스베틀라나는 미사일 위기 중 소련 잠수함들이 했던 역할에 관한 한 미국 내에서 손꼽히는 전문가다. 그녀는 잠수함 함장 네 명을 포함해서 미사일 위기에 핵심적으로 관여한 소련측 인사 다수와 직접 인터뷰를 했다. 또한 B-59 잠수함의 승조원인 바딤 오르로프를 소개해 주고 B-36 잠수함 승조원인 아나톨리 안드레예프의 흥미로운 일기도 제공해 주었다. 러시아 외국정보국의 미디어 센터인 SVR은 미사일 위기와 관련된 소련측 정보 보고 사본을 제공해 주었다.

쿠바 미사일 위기에 관한 미국의 주요 기록물을 소장한 곳에는 보스턴의 케네디 대통령 도서관, 메릴랜드 주 칼리지파크의 국가문서보관소, 워싱턴 D.C.의 해군역사센터가 있다. 각 기관은 장단점이 있다. 케네디 대통령 도서관이 소장한 국가안보 파일은 백악관의 시각이 담겨 있고 포괄적이고 손쉽게 접근할 수 있는 자료다. 안타깝게도 케네디가는 자료 일부를 아직 공개하지 않고 있다. 실패로 돌아간 몽구스 작전에 관한 문서 다수를 포함해서 로버트 케네디의 개인 기록물은 대체로 독립 연구자에게 공개되지 않고 있다. 케네디가는 또한 대통령의 의료 기록을 검토하는 연구자들이 "자격을 갖춘" 의료 전문가를 대동할 것을 요구했다. 보스턴 대학의 전염병학 교수인 로버트 호스버그는 고맙게도 자신의 소중한 오후 시간을 내서 나와 함께 의료 기록을 검토해주었다. 케네디 대통령 도서관의 전 관장인 데보라 레프에게도 지원과 조언을 해준 점에 대해 감사하다는 말을 전하고 싶다.

국가문서보관소가 소장한 미사일 위기 기록은 다른 여러 자료 속에 흩어져 있고 공개 범위도 다양하다. 매우 흥미롭게도 가장 풍부하고 쉽게 접근할 수 있는 자료 중 하나는 흔히 비밀주의로 비난받는 기관인 CIA의 자료다. 일일 사진판독 보고와 쿠바에 배치된 소련군 미사일 체계에 관한 최신 정보를 포함한 CIA 기록물 다수는 국가문서보관소의 크레스트CREST 컴퓨터 시스템을 통해 디지털 형태로 확인할 수 있다. 몽구스 작전에 관한 세부 문서는 국가문서보관소 웹사이트에 있는 온라인 검색 도구를 이용해서 케네디 대통령 암살 기록 자료를 통해 확인할 수 있다. 여기에는 1962년 10월 미 해병대의 쿠바 침공 계획과 미사일 위기 기간 중 쿠바 내부에 잠입한 미국 첩보원의 보고서처럼 암살과 직접적으로 관련이 없는 문서도 많다.

반면 미사일 위기에 관한 펜타곤 기록은 턱없이 부족하다. 국가문서보관소는 나의 요청으로 국방부 장관실의 위기 관련 기록물을 기밀 해제하는 절차를 시작했지만 수백 건의 주요 문서들이 추가적인 "심사"를 기다리고 있는 상태다. 앞서 말했듯이 국방정보국이 모은 원본 필름은 대부분 기밀 해제되었지만 검색 도구가 사실상 없어서 자료 대부분에 접근할 수가 없다. 국무부 기록물 대부분은 연구 목적으로 확인할 수 있다. 기밀 해제와 국가문서보관소에서 쿠바 미사일 위기 기록물을 확인하도록 도와준 앨런 웨인스테인, 미이클 커츠, 래리 맥도날드,

팀 네닝거, 데이비드 멩겔, 허버트 롤링스-밀턴, 제임스 매시스에게 감사드리고 싶다. 내가 국방정보국 사진을 이해할 수 있도록 도와준 GlobalSecurity.org의 팀 브라운에게도 감사의 마음을 전한다.

해병대와 미 해군은 역사 연구 예산이 공군에 할당된 예산의 일부에 불과하지만, 4개 군 가운데 기록물 공개 작업을 가장 원활하게 진행했다. 나는 해군역사센터에서 기록물을 낱낱이 검토하는데 몇 주를 보냈다. 여기에는 쿠바 주변의 격리선에서 보고한 분 단위 보고서, 해군 참모총장실 일지와 일일 정보 요약이 포함되었다. 그 과정에서 도움을 준 해군역사센터의 팀 페티트와 해군항공역사처의 커티스 A. 우츠에게 감사의 말을 전하고 싶다.

해군과 반대로, 공군은 미사일 위기에서 공군이 한 역할을 외부 학자들에게 접근할 수 있도록 문서화하는 작업을 제대로 하지 않았다. 지금까지 기밀 해제된 공군 기록물의 대부분은 명령서, 전보, 보고서 형태의 원본 자료라기보다는 부대 역사였다. 여러 경우에 이런 기록물은 미사일 위기 기간에 일어난 일에 대해 정확한 설명을 하기보다는 선전용이었다. 몰츠비의 소련 영공 침공은 공군의 공식 기록에서 삭제된 당혹스러운 사건의 한 가지 사례일 뿐이었다. 공군은 미사일 위기 기록물에 대한 반복된 요청에 대해 부대사를 약간 더 공개하는 식으로 대응할 뿐 기본적인 문서를 거의 내놓지 않았다. 자신들이 소속된 기관이 부과한 제약 안에서 지원 가능한 부분을 지원해준 린다 스미스와 마이클 바인더에게 감사의 마음을 전한다. 토니 페티토도 내가 맥스웰 공군기지의 공군역사연구소를 방문하는 동안 도움을 주었다. 커틀랜드 공군기지 내 공군안전센터의 로이 앨리는 특정 사고에 관한 정보 요청을 신속하게 처리해 주었다.

연구와 글쓰기는 고독한 일이 될 수 있고, 그런 이유로 그 과정을 도와준 기관과 개인들에게 더 감사함을 느낀다. 나는 2006~2007학년도에 수석연구원 자격을 준 미국평화연구소U.S. Institute of Peace에 특별히 빚을 졌다. 평화연구소의 지원이 없었더라면 러시아와 쿠바를 추가로 방문하고 더 많은 시간을 글쓰기에 몰두하지 못했을 것이다. 연구소 덕분에 16개월이 아닌 24개월간 프로젝트를 진행할 수 있었고 결과적으로 더 좋은 책이 나왔다. 연구소에서 이런 일을 가능하게 해준 사람은 많지만 리처드 솔로몬, 버지니아 부비어, 그리고 나를 위해 일한 크리스 홀브룩 연구원에게 특별히 감사의 마음을 전한다.

세르고 미코얀과 세르게이 흐루쇼프는 소련의 정치 시스템에 대한 직접적인 이해와 고위급 공산당 정치국원의 생활 방식에 대해 숨김없이 말해준 데에 감사하게 생각한다. 세르고 미코얀은 아버지인 아나스타스 미코얀 부총리의 비공식적인 보좌관으로 일했고, 미코얀이 여러 차례 쿠바를 방문할 때 동행했다. 세르게이 흐루쇼프는 아버지인 니키타 흐루쇼프의 회고록을 편집했고 소련의 로켓 프로그램에 관여했다.

쿠바 미사일 위기 같은 주제를 연구하는 일은 다른 나라와 문화를 연구할 멋진 기회이기도 하다. 나는 1988년에서 1993년까지 〈워싱턴 포스트〉의 모스크바 특파원으로 일한 덕분에 러시아와 러시아인에 대한 상당한 지식을 갖고 이 프로젝트를 시작했다. 모스크바를 재방문하는 일은 스베틀라나 체르보나야 덕분에 아주 수월했다. 키에프에서 가이드 역할을 해준 사람은 사회학 박사과정의 실력 있는 학생인 레나 보그다노바였다. 쿠바와 라틴아메리카는 대체로 내게 낯설었다. 스페인어를 가르쳐주고 라틴아메리카의 역사, 문화, 문학을 소개해 준 미리암 아로세메나에게 특별히 매우 감사함을 전한다. 미리암 덕분에 나는 통역사나 공식 가이드 없이도 혼자서 쿠바를 돌아다닐 수 있었다.

이전에 내가 펴낸 책과 더불어, 애쉬벨 그린에게도 큰 도움을 받았다. 미국에서 가장 저명한 편집자 중 한 명인 그린은 크노프에서 23년간 일한 뒤 2007년 말에 은퇴했다. 그린과 함께 작업한 저자에는 안드레이 사하로프(소련의 핵과학자이자 반체제 인사로 1975년 노벨 평화상을 수상함 - 옮긴이), 바츨라프 하벨, 밀로반 질라스가 포함되었기 때문에 내가 이들보다 더 나은 저자가 될 수는 없었다. 나는 그린을 아주 그리워할 테지만, 그린은 이 책이 더 나은 작품이 되도록 여러 소중한 제안을 해준 앤드류 밀러에게 편집 작업을 넘겨주었다. 크노프에서 내가 감사의 뜻을 전하고 싶은 사람에는 작업이 제때 진행되게 해준 사라 세빌, 교정 교열 담당인 앤 애델먼, 편집 디자이너 로버트 올슨, 지도 일러스트 작업을 한 데이비드 린드로스, 제작 편집자인 메건 윌슨, 멋진 표지 작업을 해준 제이슨 부허 등이 있다. 우정을 표해 주고 지지해 준 에이전트 라프 새글린에게도 특별히 감사의 뜻을 표한다.

피터 베이커, 수잔 글래서, 피터 핀, 세르게이 이바노프, 마샤 리프먼은 내가 모스크바에 있을 때 적극적으로 도와주었다. 보스턴에 있는 동안에는 알렉스 빔과 키키 런드버그의 환대를 받았다. 런던에서는 내 동생 제프리와 마찬가지로 피터와 미셸 돕스가 고맙게도 숙식을 제공해 주었다.

출판사 편집자뿐만 아니라 여러 사람이 수고스럽게도 원고를 읽고 도움이 되는 조언을 해주었다. 여기에는 톰 블랜턴, 스베틀라나 사브랜스카야, 레이먼드 가소프, 데이브 호프먼, 마샤 리프먼, 그리고 특히 마틴 셔윈은 외과용 메스를 현명하게 휘둘렀다. 작가이기도 한 어머니 마리 돕스는 초안을 광범위하게 지적해 주었고, 이 때문에 두 달간 내용을 수정했다.

가장 큰 빚을 진 사람은, 늘 그렇듯 아내 리사와 알렉스, 올리비아,

조조다. 내가 이 책의 집필 작업에 몰두한 2년간 작곡 능력과 언어적 재능을 키우고, 세상에 대한 호기심에 눈을 뜬 올리비아에게 이 책을 바친다.

주석

출처 약어

AFHRA	Air Force Historical Research Agency, Maxwell Air Force Base
AFSC	Air Force Safety Center, Kirtland Air Force Base
CINCLANT	Commander in Chief Atlantic
CNN CW	CNN *Cold War* TV series, 1998. Transcripts of interviews at King's College London
CNO	Chief of Naval Operations
CNO Cuba	CNO Cuba history files, Boxes 58–72, Operational Archives, USNHC
CREST	CIA Records Search Tool, NARA
CWIHP	*Cold War International History Project* bulletin
DOE	Department of Energy OpenNet
FBIS	Foreign Broadcast Information Service.
FOIA	Response to Freedom of Information Act request
FRUS	*Foreign Relations of the United States Series*,1961–1963,Vols. X, XI, XV. Washington, D.C.: U.S. Government Printing Office, 1997, 1996, 1994.
Havana 2002	Havana Conference on the Cuban Missile Crisis, October 1962.
JFKARC	John F. Kennedy Assassination Records Collection at NARA
JFKL	John F. Kennedy Library, Boston
JFK2, JFK3	Philip Zelikow and Ernest May, eds., *The Presidential Recordings: John F. Kennedy, The Great Crises*,Vols. 2–3, Miller Center for Public Affairs, University of Virginia
LAT	*Los Angeles Times*
LCV	Library of Congress Dmitrii Volkogonov Collection
MAVI	Archives of Mezhregional'naya Assotsiatsia Voinov- Internatsion-alistov, Moscow
NARA	National Archives and Records Administration, College Park, MD
NDU	National Defense University, Washington, D.C.
NIE	National Intelligence Estimate
NK1	Nikita Khrushchev, *Khrushchev Remembers*. Boston: Little, Brown, 1970
NK2	Nikita Khrushchev, *Khrushchev Remembers: The Last Testament.*

	Boston: Little, Brown, 1974
NPRC	National Personnel Records Center, St. Louis, MO
NSA	National Security Agency
NSAW	National Security Archive, Washington, DC
NSAW Cuba	Cuba National Security Archive, Cuba Collection
NYT	*NewYork Times*
OH	Oral History
OSD	Office of Secretary of Defense, Cuba Files, NARA
RFK	Robert F. Kennedy, *Thirteen Days.* New York: W. W. Norton, 1969
SCA	Records of State Department Coordinator for Cuban Affairs, NARA
SDX	Records of State Department Executive Secretariat, NARA
SVR	Archives of Soviet Foreign Intelligence, Moscow
USCONARC	U.S. Continental Army Command
USIA	U.S. Intelligence Agency
USNHC	U.S. Navy Historical Center, U.S. Continental Army Command, Washington, DC.
WP	*Washington Post*
Z	Zulu time

제1장 미국인

1. RFK, 24. 미사일 기지 사진은 JFKL, NSAW, Naval Historical Research Center, NARA에서 확인 가능하다.

2. CNN interview with Sidney Graybeal, January 1998, CNN CW.

3. Dino Brugioni, "The Cuban Missile Crisis—Phase 1," CIA *Studies in Intelligence* (Fall 1972), 49 - 50, CREST; Richard Reeves, *President Kennedy: Profile of Power* (New York: Simon & Schuster, 1993), 371; 2005년 10월 로버트 맥나마라와의 저자 인터뷰.

4. CIA, *Joint Evaluation of Soviet Missile Threat in Cuba*, October 19, 1962, CREST. CIA는 R-12 미사일의 사거리를 1020해상마일(1889킬로미터)로 판단했으나 실제 사거리는 1292마일(2080킬로미터)이었다. 책에서는 통일성을 위해 육상마일을 사용했다.

5. 엑스콤 회의 대화는 JFK2와 JFK3를 근거로 했다. 녹취록은 밀러센터 홈페이지에서 열람 가능하다. 또한 Sheldon. M. Stern, *Averting "the Final Failure": John F. Kennedy and the Secret Cuban Missile Crisis Meetings*(Stanford, CA: Stanford University Press, 2003)도 참조했다. 저자는 대화 분위기를 파악하고 녹취록 간 내용이 상이한 점을 확인하기 위해 밀러센터와 JFKL을 통해 원본 테이프를 직접 들었다.

6. Michael Beschloss, *The Crisis Years* (New York: HarperCollins, 1991), 101.

7. Keating press release, October 10, 1962.

8. Kai Bird, *The Color of Truth* (New York: Simon & Schuster, 1998), 226 - 7. Kenneth P. O'Donnell and David F. Powers, *Johnny, We Hardly Knew Ye* (Boston: Little, Brown, 1970), 310.

9. William Taubman, *Khrushchev: The Man and His Era* (New York: W. W. Norton, 2003), 499.

10. Beschloss, 224 - 7. Robert Dallek, *An Unfinished Life*(Boston: Little, Brown, 2003), 413 - 15. Reeves, 174.

11. Reeves, 172.

12. Dallek, 429.

13. Beschloss, 11.

14. FRUS, 1961 - 1963, Vol. XI: *Cuban Missile Crisis and Aftermath*, Document 19. 파괴 공작 제안과 스페셜그룹의 초기 회의는 JFKARC와 Richard Helms, *A Look Over My Shoulder* (New York: Random House, 2003), 208 - 9 참조.

15. Mongoose memorandum, October 16, 1962, JFKARC.

16. CIA memorandum, January 19, 1962, JFKARC. Church Committee Report, *Alleged Assassination Plots Involving Foreign Leaders* (U.S. Government Printing Office, 1975), 141.

17. Richard D. Mahoney, *Sons and Brothers: The Days of Jack and Bobby Kennedy* (New York: Arcade, 1999), 87.

18. Dino Brugioni, *Eyeball to Eyeball: The Inside Story of the Cuban Missile Crisis* (New York: Random House, 1991), 223; RFK, 23.

19. RFK, 27.

20. Reeves, 264; Dallek, 439.

21. Samuel Halpern interview with CIA history staff, January 15, 1988, JFKARC record no. 104-10324-1003.

22. Arthur M. Schlesinger, Jr., *Robert Kennedy and His Times* (Boston: Houghton Mifflin, 1978), 534.

23. 2005년 10월 토머스 패럿과의 저자 인터뷰.

24. Richard Goodwin, *Remembering America* (Boston: Little, Brown, 1988), 187.

25. "The Cuba Project," February 20, 1962, JFKARC record no. 176-10011-10046.

26. McManus interview with Church Committee, JFKARC.

27. Lansdale memo, October 15, 1962, JFKARC; 패럿의 처치위원회와의 인터뷰. 1976년 처치위원회에 보낸 서신에서 랜스데일은 그런 작전을 제시한 적이 없다고 화를 내며 부인했지만, 기록에 따르면 그가 제안을 한 것이 사실이다.

28. Robert A. Hurwitch memorandum, September 16, 1962, SCA, JFKARC record no. 179-10003-10046.

29. 아이젠하워 대통령 기록은 Reeves, 103을 인용했다.

30. Ibid., 174.

31. Joseph Alsop, "The Legacy of John F. Kennedy," Saturday Evening Post, November 21, 1964, 17. "다섯 번에 한 번꼴"은 Reeves, 179 참조.

32. Max Frankel, High Noon in the Cold War (NewYork: Ballantine Books, 2004), 83.

33. Thomas Parrott memorandum, October 17, 1962, SCA, JFKARC record no. 179-10003-10081.

34. State Department history of "The Cuban Crisis 1962," 72, NSA Cuba; CINCLANT Historical Account of Cuban Crisis, 141, NSA Cuba.

35. JCS memorandum, April 10, 1962, JFKARC.

36. L. L. Lemnitzer memorandum, August 8, 1962, JFKARC.

37. Edmund Morris, Theodore Rex (New York: Random House, 2001), 456.

38. James G. Blight, Bruce J. Allyn, and David A. Welch, Cuba on the Brink: Castro, the Missile Crisis, and the Soviet Collapse (New York: Pantheon Books, 1993), 323 - 4.

39. RFK desk diary, JFKARC. Chronology of the Matahambre Mine Sabotage Operation, William Harvey to DCI, November 14, 1962, JFKARC도 참조.

40. Evan Thomas, Robert Kennedy: His Life (New York: Simon & Schuster, 2000), 214.

41. Elie Abel, The Missile Crisis (Philadelphia: J. B. Lippincott, 1966), 51.

42. Chronology of the Matahambre Mine Sabotage Operation; Harvey memo on sabotage operation, October 19, 1962, JFKARC.

43. Reeves, 182.

44. Brugioni, Eyeball to Eyeball, 469.

45. Reeves, 175.

46. O'Donnell and Powers, 318.

47. Stern, 38; Beschloss, 530.

48. 2006년 1월 페드로 베라와의 저자 인터뷰; Harvey memo to Lansdale, August 29, 1962, JFKARC; Cuban army interrogation of Vera and Pedro Ortiz, Documentos de los Archivos Cubanos, November 8, 1962, Havana 2002.

49. "ISOLATION"이라는 암호로도 알려짐; Chronology of the Matahambre Mine Sabotage Operation.

50. Warren Hinckle and William Turner, Deadly Secrets (New York:Thunder's Mouth Press, 1992), 149.

51. Malakhov 회고, MAVI.

52. V. I. Yesin et al., Strategicheskaya Operatsiya Anadyr': Kak Eto Bylo (Moscow: MOOVVIK, 2004), 381. 기만 작전의 일환으로 아나디리 작전에 투입된 일부 미사일 연대의 명칭은 바뀌었다. 제79미사일연대는 쿠바 현지에서 제514미사일연대로도 불렸다. CIA는 산크리스토발 인근 미사일 기지가 가장 먼저 전투준비를 마쳤다고 잘못

보고했다.

53. 여기에 대한 시도로프 대령의 설명은 A. I. Gribkov et al., *U Kraya Yadernoi Bezdni* (Moscow: Gregory- Page, 1998), 213 - 23 참조.

54. Col. Gen. Sergei Ivanov memo, June 20, 1962, Soviet defense minister Rodion Malinovsky memos, September 6 and 8, 1962, trans. in *CWIHP*, 11 (Winter 1998), 257 - 60.

55. Malakhov, MAVI.

56. 선박의 용적 톤수와 이와 관련된 서술은 Ambrose Greenway, *Soviet Merchant Ships* (Emsworth, UK: Kenneth Mason, 1985)을 참조했다.

57. 2006년 5월 전략로켓군 표트로 1세 군사아카데미 공식 역사가인 세르게이 카를로프 중령과의 저자 인터뷰.

58. Ibid.

59. NSA Cuban missile crisis release, October 1998.

60. JFK2, 606. CIA는 9월 4일 소련 "기술자"의 수를 3000명으로 판단했다. 11월 19일 무렵에는 1만 2000~1만 6000명으로 상향했다. 이듬해인 1963년 1월에는 위기가 절정에 달했을 때 쿠바에 주둔한 소련군 병력 규모를 2만 2000명으로 결론 내렸다. Raymond L. Garthoff, *Reflections on the Cuban Missile Crisis*, 2nd ed. (Washington, DC: Brookings Institution, 1989), 35 참조.

61. 2004년 7월 모스크바에서 진행된 올레그 도브로친스키 대위와의 저자 인터뷰.

62. Final report by Maj. Gen. I. D. Statsenko on Operation Anadyr (이후 Statsenko report로 표기); Yesin et al., *Strategicheskaya Operatsiya Anadyr'*, 345 - 53 참조.

63. Yesin, et al., *Strategicheskaya Operatsiya Anadyr'*, 219. 2004년 7월 및 2006년 5월 시도로프 연대에서 중위로 근무한 빅토르 예신과의 저자 인터뷰.

64. 혼란을 피하기 위해, 책에서는 시도로프 대령의 연대를 사과라그란데라고 지정한 CIA 방식을 따랐다. 사실 해당 연대의 본부는 사과라그란데에서 남동쪽으로 27킬로미터 떨어진 칼라바사르데사과와 가까웠다(22°39´N, 79°52´W). 4개 발사장치를 보유한 1개 포대가 칼라바사르데사과 인근에 배치되었고, 두 번째 포대는 사과라그란데에서 남동쪽으로 약 10킬로미터 떨어진, 시티에시토와 비안나 사이에 있다.

65. Malakhov, MAVI.

66. Pierre Salinger, *John F. Kennedy: Commander in Chief* (New York: Penguin Studio, 1997), 116.

67. Minutes of October 20, 1962, ExComm meeting, JFK2, 601 - 14.

68. Stern, 133. Brugioni, *Eyeball to Eyeball*, 314와 Reeves, 388도 참조.

69. Havana 2002, vol. 2. 공습 발표를 담은 연설문을 누가 작성했는지는 밝혀지지 않았으나 정황과 문서 형식을 고려하면 번디 또는 번디의 보좌관이 작성한 것으로 보인다.

70. Theodore C. Sorensen, *Kennedy* (New York: Harper & Row, 1965), 1 - 2; Theodore Sorensen OH, 60 - 66, JFKL.

제2장 소련인

1. Salinger, *John F. Kennedy*, 262.

2. Sergei Khrushchev, *Nikita Khrushchev: Krizisy iRakety* (Moscow: Novosti, 1994), 263.

3. A. A. Fursenko, *Prezidium Ts. K. KPSS, 1954 - 1964*(Moscow: Rosspen, 2003), Vol. 1, Protocol No. 60, 617. 최고회의 간부회의 회의록은 비지니아 대학의 Kremlin Decision-Making Project of the Miller Center for Public Affairs 참조.

4. Sergo Mikoyan, *Anatomiya Karibskogo Krizisa* (Moscow:Academia, 2006), 252. Aleksandr Fursenko and Timothy Naftali, *Khrushchev's Cold War: The Inside Story of an American Adversary* (New York: W. W. Norton, 2006), 472에서 저자들은 미코얀이 이 말을 했다고 주장했지만 나중에 수정했다. 세르고 미코얀은 아나스타스 미코얀의 아들이다. 세르고 미코얀의 책에는 아나스타스 미코얀이 미사일 위기가 끝나고 3개월 뒤인 1963년 1월에 기록했다가 현재는 세르고 미코얀이 소장하고 있는 노트를 바탕으로 한 여러 인용이 담겨 있다.

5. Taubman, xx.

6. James G. Blight and David A. Welch, *On the Brink: Americans and Soviets Reexamine the Cuban Missile Crisis* (New York: Farrar, Straus & Giroux, 1990), 329.

7. NK2, 510.

8. Presidium Protocol No. 60.

9. Taubman, xvii.

10. Andrei Sakharov, *Memoirs* (New York: Knopf, 1990), 217.

11. Reeves, 166.

12. William Knox's account of his visit to Khrushchev, October 24, 1962, JFKL.

13. NK2, 499.

14. Gribkov et al., *U Kraya Yadernoi Bezdni*, 62.

15. Blight et al., *Cuba on the Brink*, 130.

16. Fursenko and Naftali, *Khrushchev's ColdWar*, 416.

17. Aleksandr Alekseev, "Karibskii Krizis," *Ekho Planety*, 33(November 1988).

18. Fursenko and Naftali, *Khrushchev's ColdWar*, 413.

19. John Lewis Gaddis, *We Now Know: Rethinking ColdWar History*(New York: Oxford University Press, 1997), 264.

20. FRUS, 1961 - 1963, Vol. XV: *Berlin Crisis*, 1962 - 1963, 309 - 10.

21. Sorensen OH, JFKL. 엑스콤 정식 멤버 13명은 케네디 대통령, 린든 존슨 부통령, 딘 러스크 국무부 장관, 더글러스 딜런 재무부 장관, 로버트 맥나마라 국방부 장관, 로버트 케네디 법무부 장관, 맥조지 번디 국가안보보좌관, 존 매콘 CIA 국장, 맥스웰 테일러 합참의장, 조지 볼 국무부 차관, 루엘린 톰슨 대외직명대사, 로스웰 길패트릭 국방부 부장관, 시오도어 소렌슨 대통령 특별고문이다. 그 밖에 전현직 관료들은 필요에 따라 추가로 참여했다. (National Security Action Memorandum 196, October 22, 1962.)

22. Walter Isaacson and Evan Thomas, *The Wise Men* (New York: Simon & Schuster, 1986), 631.

23. Cuba Fact Sheet, October 27, 1962, NSAW.

24. Reeves, 392.

25. Dean Acheson OH, JFKL.

26. *Air Defense Command in the Cuban Crisis, ADC Historical Study No. 16*, 116, FOIA. sections on 25th and 30th Air divisions도 참조.˙

27. F-106 조종사 출신인 조셉 A. 하트가 2002년 6월 저자에게 보낸 이메일.

28. ADC Historical Study No. 16.

29. Beschloss, 481.

30. Dobrynin cable, October 22, 1962, *CWIHP*, 5 (Spring 1995), 69. Dean Rusk, *As I Saw It* (New York: W. W. Norton, 1990), 235.

31. *WP*, October 23, 1962, A1; Beschloss, 482.

32. Fursenko and Naftali, *Khrushchev's ColdWar*, 474.

33. Oleg Troyanovsky, *Cherez Gody y Rastoyaniya* (Moscow: Vagrius, 1997), 244 - 5.

34. 10월 23일 소련 선박의 위치는 10월 24일과 25일 CIA 일일 보고서, NSA 수집문 및 카를로프의 연구를 바탕으로 재구성했다. Statsenko report도 참조.

35. Yesin et al., *Strategicheskaya Operatsiya Anadyr'*, 114.

36. 알렉산드롭스크호와 알메티옙스크호의 위치는 NSA Cuban missile crisis release, vol. 2, October 1998 참조.

37. Svetlana Savranskaya, "New Sources on the Role of Soviet Submarines in the Cuban Missile Crisis," *Journal of Strategic Studies* (April 2005).

38. CIA 일지와 카를로프의 연구에 따르면 쿠바행 항해를 지속한 선박은 알렉산드롭스크호, 알메티옙스크호, 디브노고르스크호, 두브노호, 니콜라옙스크호다.

39. Havana 2002, vol. 2, Document 16.

40. Fursenko, *Prezidium Ts. K. KPSS*, 618 - 19.

41. NK1, 497; Troyanovsky, 245.

42. Aleksandr Fursenko and Timothy Naftali, *One Hell of a Gamble: Khrushchev, Castro, Kennedy and the Cuban Missile Crisis*, 1958 - 1964 (New York: W. W. Norton, 1997), 39.

43. NK2, 478.

44. Blight et al., *Cuba on the Brink*, 190.

45. Fursenko and Naftali, *One Hell of a Gamble*, 55.

46. Blight et al., *Cuba on the Brink*, 203.

47. Fursenko and Naftali, *One Hell of a Gamble*, 29.

48. Felix Chuev, *Molotov Remembers* (Chicago: Ivan R. Dee, 1993), 8.

49. NK1, 494.

50. Fursenko and Naftali, *One Hell of a Gamble*, 153.

51. NK1, 495.

52. Dmitri Volkogonov, *Sem' Vozdei* (Moscow: Novosti, 1998), 420; 영어판인 *Autopsy for an Empire* (New York: Free Press, 1998), 236과 저자의 번역은 다소 차이가 있다.

53. 2005년 11월~2006년 2월 진행된 F-102 조종사 댄 배리 및 대럴 기더슨과의 저자 인터뷰.

54. USAF incident report, October 22, 1962, AFSC.

55. Alekseev message to Moscow, October 23, 1962, *CWIHP*, 8 - 9 (Winter 1996 - 97), 283.

56. Tomas Diez Acosta, *October 1962: The Missile Crisis as Seen from Cuba* (Tucson, AZ: Pathfinder, 2002), 156.

57. Fernando Davalos, *Testigo Nuclear* (Havana: Editora Politica, 2004), 22.

58. Dallek, 335.

59. JFK medical file, JFKL.

60. Kraus files, JFKL.

61. Reeves, 396.

62. 2006년 2월 B-47 조종사 출신인 루거 윈체스터와의 저자 인터뷰.

63. History of 509th Bombardment Wing, October 1962, and Special Historical Annex on Cuban Crisis, FOIA, Whiteman AFB.

64. 2005년 12월 B-47 항법사 출신인 로스 쉬몰과의 저자 인터뷰.

65. Carlos Franqui, *Family Portrait with Fidel* (New York: Random House, 1984), 192.

66. Yesin et al., *Strategicheskaya Operatsiya Anadyr'*, 130.

67. M. A. Derkachev, *Osoboe Poruchenie* (Vladikavkaz: Ir, 1994), 24 - 28, 48 - 50; Yesin et al., *Strategicheskaya Operatsiya Anadyr'*, 79. 플리예프의 인간성은 Dmitri Yazov, *Udary Sudby*(Moscow: Paleya-Mishin, 1999), 183 - 5도 참조.

68. Yesin et al., *Strategicheskaya Operatsiya Anadyr'*, 143; Gribkov et al., *U Kraya Yadernoi Bezdni*, 306.

69. Gribkov et al., *U Kraya Yadernoi Bezdni*, 234.

70. Karlov interview.

71. 1963년 1월 미코얀 노트; Mikoyan, 252 - 4 참조.

72. Vladimir Semichastny, *Bespoikonoe Serdtse*(Moscow: Vagrius, 2002), 236.

제3장 쿠바인

1. U.S. Navy message, November 14, 1962, from DNI to CINCUSNAVEUR, CNO Cuba, USNHC.

2. October 22, 1962, transcript, JFK 3, 64. Brugioni, *Eyeball to Eyeball*, 542.

3. NSA는 9월 25일 인디기르카호를 "쇄빙선"으로 잘못 파악했지만, 무르만스크 지역에서 출항한 사실을 제대로 인지하고 있었다. NSA Cuban missile crisis release, October 1998을 참조하라. 알렉산드롭스크호의 운송 상황은 Malinovsky report for Special Ammunition for Operation Anadyr, October 5, 1962, Havana 2002, vol. 2를 참조하라. 인디기르카호 운송에 관한 세부 내용은 카를로프의 노트와 인터뷰를 바탕으로 했다. 1994년 전력 배치를 맡은 소련군 장교인 니콜라이 벨로보로도프 대령은 핵지뢰 6개도 쿠바로 보냈다고 했지만, 이런 사실은 문서로 확인되지 않았다. 여기에 대해서는 James G. Blight and David A. Welch, eds., Intelligence and the Cuban Missile Crisis (Oxford: Routledge, 1998), 58을 참조하라.

4. 폭탄의 공식 명칭은 RDS-4다. 2006년 5월 발렌틴 아나스타시예프와의 저자 인터뷰.

5. *CWIHP*, 11 (Winter 1998), 259. directive to commander of Soviet forces on Cuba, September 8, 1962, Havana 2002, vol. 2도 참조.

6. 아나스타시예프의 세부 설명에 따르면, 타티아나 저장 시설은 마리엘 항에서 약 8킬로미터 떨어진 서쪽 해안에 있었다(좌표 : 23°1′13″N, 82°49′56″W).

7. 1963년 1월 CIA의 사후 분석에 따르면 알렉산드롭스크호는 10월 5일 세베로모르스크 인근에 있는 구바오콜나야 잠수함 시설에 있었다. "On the Trail of the Aleksandrovsk," released under CIA historical program, September 18, 1995, CREST 참조.

8. Malinovsky report, October 5, 1962, Havana 2002, vol. 2.

9. 인디기르카호의 대서양 횡단에 관한 이야기는 Gribkov et al., *U Kraya Yadernoi Bezdni*, 208을 참조하라. 알렉산드롭스크호의 이동도 이와 비슷하다.

10. Report by Maj. Gen. Osipov, MAVI; 카를로프 인터뷰.

11. 호송선에 관한 내용은 NSA intercepts, October 23, 1962; Cuban missile crisis release, vol. 2, October 1998 참조.

12. CIA memorandum on "Soviet Bloc shipping to Cuba," October 23, 1962, JFKARC 참조. 알렉산드롭스크호가 라이사벨라에 이미 도착한 뒤인 10월 24일, CIA는 알렉산드롭스크호의 위치를 잘못 파악해서 10월 25일까지도 아바나에 도착하지 않은 것으로 판단했다. CIA memorandum, October 24, 1962, CREST 참조. 알렉산드롭스크호의 위치는 육안이 아니라 방향탐지를 통해 파악되었다.

13. Mongoose memo, October 16, 1962, JFKARC.

14. CIA report on Alpha 66, November 9, 1962, JFKARC. 또한 Cuban Information Archives가 www.cuban-exile.com에 올린 FBI report, FOIA release R-759-1-41도 참조하라. 알파 66의 기습 공격은 10월 8일에 실시되었다.

15. 카를로프가 선박 일지를 확인한 결과 모스크바 시각으로 13시 45분에 도착했다. NSA는 오전 3시49분에 라이사벨라에서 40킬로미터 떨어진 지점에서 알메티옙스크호를 찾아냈다. NSA Cuban missile crisis release, vol. 2, October 1998 참조.

16. Fursenko and Naftali, *One Hell of a Gamble*, 254. 저자들은 알렉산드롭스크호가 이날 늦게 도착했다고 잘못 설명했다.

17. 2004년 7월 아나톨리 그립코프 장군과의 저자 인터뷰.

18. 2006년 5월 라파엘 자키로프와의 저자 인터뷰. ; Zakirov article in *Nezavisimoe Voennoe Obozrenie*, October 5, 2007. 전직 핵무기 책임자인 벨로보로도프의 보고서도 참조하라. Gribkov et al., *U Kraya Yadernoi Bezdni*, 204 - 13. 사건 발생 뒤 30년 뒤에 작성했기 때문에 날짜와 일부 세부 내용의 신뢰성이 떨어지지만 쿠바에서 진

행된 소련군 핵무기의 취급에 관한 가장 권위 있는 설명이다.

19. U.S. Navy records, NPIC Photographic Interpretation Reports, CREST; raw intelligence film for Blue Moon missions 5001, 5003, and 5005, NARA; 2005년 10월 윌리엄 에커 비행대장, 제임스 코플린 소령, 제럴드 커피 중위와의 저자 인터뷰. 에커는 5003 임무 비행을 했다.

20. 2005년 10월 크루세이더로 쿠바 상공을 비행한 존 I. 허드슨과의 저자 인터뷰. 다른 조종사들은 저공 사진 촬영을 한 것으로 기억한 반면, 10월 24일 아서 런달과 맥스웰 테일러는 전날 사진이 "약 1000피트"에서 촬영된 것이라고 대통령에게 보고했다. 현재 NARA에 보관된 원본 필름에는 1000피트에서 촬영되었다는 표기가 많다.

21. Brugioni, *Eyeball to Eyeball*, 374.

22. Ecker interview.

23. Davalos, 15.

24. Yesin et al., *Strategicheskaya Operatsiya Anadyr'*, 189.

25. Anatoly I. Gribkov and William Y. Smith, *Operation ANADYR: U.S. and Soviet Generals Recount the Cuban Missile Crisis* (Chicago: Edition Q, 1993), 57.

26. Ibid., 55.

27. Gribkov et al., *U Kraya Yadernoi Bezdni*, 100.

28. Yesin et al., *Strategicheskaya Operatsiya Anadyr'*, 173; blast information provided by Gen. Viktor Yesin—interview, May 2006.

29. Tomas Gutierrez Alea and Edmundo Desnoes, *Memories of Underdevelopment* (Pittsburgh: Latin American Literary Review Press, 2004), 171.

30. Adolfo Gilly, *Inside the Cuban Revolution* (New York: Monthly Review Press, 1964), 48.

31. 무삭제 대화 내용을 확인하기 위해 Stern, *Averting "The Final Failure,"* 204를 참조했다.

32. Abel, 116.

33. Reeves, 397.

34. David Halberstam, *The Best and the Brightest* (New York: Random House, 1972), 269.

35. 2006년 5월 길패트릭의 해군 보좌관인 윌리엄 D. 하우저 대위와의 저자 인터뷰.

36. *Time* magazine profile of Anderson, November 2, 1962.

37. Anderson memo to McNamara, October 23, 1962, CNO Cuba, USNHC.

38. Transcript of Joint Chiefs of Staff meetings, Havana 2002, vol. 2.

39. George Anderson OH, USNHC.

40. Blight and Welch, *On the Brink*, 64.

41. Abel, 137; Joseph F. Bouchard, *Command in Crisis* (New York: Columbia University Press, 1991), Abel을 비롯한 몇몇 작가들은 앤더슨이 언급한 자료를 해군 규정 매뉴얼Manual of Naval Regulations로 오인했다. Bouchard가 지적하듯이 해당 자료는 봉쇄 시행에 관한 지침을 담고 있지 않다. Law of Naval Warfare은 USNHC, no. NWIP 10 - 2에서 확인 가능하다.

42. Roswell Gilpatric OH, JFKL. 앤더슨은 격한 말은 쓰지 않았다고 했지만, 해군이 봉쇄를 시행하는 법을 인지하고 있다는 사실에 대해 "유쾌한 발언good humored remark"을 한 사실을 인정했다.

43. McNamara interview.

44. 맥나마라는 이 사건이 격리 시행 전인 10월 23일 저녁에 일어난 것으로 기억했지만, Abel, 135 - 8을 참고한 대부분의 작가는 10월 24일 수요일 저녁에 벌어진 일이라고 설명한다. 기록에 따르면 앤더슨은 10월 24일 오후 8시 35분에 펜타곤에서 나왔다. 맥나마라가 해군지휘통제실을 방문한 것은 오후 9시 20분이었고, 그곳에서 앤더슨의 부하 중 한 명을 만났다. CNO Cuba files, CNO Office logs, USHNC와 McNamara office diaries, OSD. Notes to pages 64 - 72 373을 참조하라.

45. Kennedy, *Thirteen Days*, 65 - 6; Anatoly Dobrynin, *In Confidence* (New York: Random House, 1995), 81 - 2; 면담 직후 두 사람이 작성한 보고서. 로버트 케네디 보고서는 FRUS, Vol. XI, 175 참조. 도브리닌이 1962년 10월 24일 보낸 전보의 영어 버전은 *CWIHP*, 5 (Spring 1995), 71 - 3 참조.

46. Tad Szulc, Fidel: A Critical Portrait (New York: William Morrow, 1986), 465. 카스트로의 초기 생애에 관한 세부 사항은 이 자료에 의존했다.

47. "The Fidel Castro I know," Gabriel Garcia Marquez, Cuba News, August 2, 2006.

48. Prensa Latina dispatch by Sergio Pineda, October 24, 1962.

49. Maurice Halperin, *Rise and Decline of Fidel Castro* (Berkeley: University of California Press, 1972), 191.

50. Szulc, 30.

51. Ibid., 51. 나중에 카스트로는 흥분한 상태에서 편지를 썼고 미국에 대한 자신의 진짜 감정과는 달랐다고 주장했다. 이런 주장은 설득력이 없고, 국제 여론을 감안한 것처럼 보인다. 산체스에게 보낸 카스트로의 편지는 쿠바 국내 관람자들을 위한 기념관에 눈에 띄게 전시되어 있다.

52. Hugh Thomas, *Cuba: The Pursuit of Freedom* (New York: Harper & Row, 1971), 445.

53. Halperin, 81.

54. Ibid., 124 - 5, 160.

55. report of Hungarian ambassador Janos Beck, December 1, 1962, Havana 2002, vol. 2.

56. Alekseev quoted in Fursenko and Naftali, *One Hell of a Gamble*, 179.

57. Mary McAuliffe, *CIA Documents on the Cuban Missile Crisis* (Washington, DC: Central Intelligence Agency, 1992), 105. 조종사 이름은 Claudio Morinas였다. 해당 보고서는 CIA 내부에서 1962년 9월 20일에 전파되었다.

58. Henry Brandon, *Special Relationships* (New York: Atheneum, 1988), 172.

59. Szulc, 445.

60. 2006년 3월 저자의 쿠에바데로스포르탈레스 방문. 이 동굴은 기념관 겸 체 게바라 유적지로 바뀌었다.

61. Jorge Castaneda, *Companero: The Life and Death of Che Guevara* (New York: Knopf, 1997), 83.

62. Ibid., 62.

63. Ibid., 71.

64. Blight and Welch, *On the Brink*, 398.

65. 티무르 가이다르는 구소련 붕괴 뒤 러시아의 첫 총리에 오른 이고르 가이다르의 아버지이기도 하다. 2006년 6월 엡투셴코와의 저자 인터뷰. article in Novaya Gazeta, July 11, 2005도 참조.

66. Timur Gaidar, *Grozi na Yuge* (Moscow: Voennoe Izdatelstvo, 1984), 159.

제4장 "눈싸움"

1. *NYT*, October 24, 1962; Foy Kohler cable to State Department 1065, October 24, 1962, SDX.

2. Knox notes on meeting, JFKL.

3. Beschloss, 496.

4. Roger Hilsman memo to secretary of state, October 26, 1962, OSD.

5. Reeves, 410.

6. RFK, 69 - 70.

7. Dobrynin, 83.

NYT8. *NYT*, October 28, 1962.

9. Clinton Heylin, *Bob Dylan: Behind the Shades Revisited* (New York: HarperCollins, 2001), 102 - 3; 1963년 5월 1일 스터즈 터클이 딜런과 한 인터뷰도 참조하라.

10. Rusk, 237.

11. RFK, 72.

12. CINCLANTFLT message 241523Z, CNO Cuba, USNHC. 이 명령은 해군지휘통제실에서도 단측파대 무선통신으로 전파되었다. Vice Adm. Griffin notes, October 24, 1962, CNO Cuba, USNHC 참조.

13. CINCLANTFLT message 241950Z, CNO Cuba, USNHC에 따르면 10월 24일 오전 9시 30분 키몹스크호의 위치는 27°18′N, 55°42′W이다. NARA에 있는 선박 일지에 따르면 10월 24일 오전 9시 에섹스호의 위치는 23°20′N, 67°20′W이다. 잘못된 소련 선박 위치는 Graham Allison and Philip Zelikow, *Essence of Decision*, 2nd ed. (New York: Longman, 1999), 233, 348 - 9와 Fursenko and Naftali, *Khrushchev's Cold War*, 477, 615에서 제시된 것이다. 10월 CNO Office logs에 따르면 미 해군은 10월 23일 그리니치 표준시로 7시(워싱턴 시각 오전 3시, 모스크바 시각 오전 10시)에 소련 선박이 방향을 틀었다고 10월 25일에 결론 내렸다. 소련 기록에 따르면 회항 명령은 10월 23일 오전 6시에 하달되기 시작했다. 2장 주석 참조.

14. McAuliffe, 297. 매콘의 정보는 잘못된 것이었다. 케네디는 엑스콤 회의에서 봉쇄 시도가 10시 30분과 11시 사이에 실시된다고 언급했다.

15. RFK, 68 - 72; Schlesinger, *Robert Kennedy and His Times*, 537도 참조하라. 이 책은 로버트 케네디의 설명에 의존했다.

16. CIA report, October 25, 1962, CREST.

17. Brugioni, *Eyeball to Eyeball*, 391. 알렉산드롭스크호와 폴타바호를 포함해서 소련 선박의 위치에 관한 몇몇 보고는 잘못된 것이 확실했다. 선박의 정확한 위치는 JFK3, 238을 확인하라.

18. CNO, Report on the Naval Quarantine of Cuba, USNHC.

19. CNO Office logs, October 24, 1962, CNO Cuba, USNHC.

20. Message from director, NSA, October 24, 1962, NSA Cryptologic Museum, Fort Meade, MD.

21. JFK3, 41.

22. Anderson message 230003Z, CNO Cuba, USNHC.

23. Kohler cable to State Department, 979, October 16, 1962, SDX.

24. CINCLANT (Dennison) message to JCS 312250Z, CNO Cuba, USNHC.

25. U.S. Navy messages 241610Z and 250533Z, CNO Cuba, USNHC. "The Submarines of October,"Electronic Briefing Book 75, NSAW에서도 확인 가능하다. 잠수함의 위치는 25°25′N,63°40′W였다. 해군은 해당 잠수함을 "C-18"로 불렀다.

26. 니콜라이 슘코프 함장과의 인터뷰를 바탕으로 한 B-130의 항해에 관한 설명은 Gary E. Weir and Walter J. Boyne, *Rising Tide: The Untold Story of the Russian Submarines That Fought the ColdWar* (New York: Basic Books, 2003), 79 - 98를 확인하라.

27. Savranskaya, "New Sources on the Role of Soviet Submarines in the Cuban Missile Crisis," Journal of Strategic Studies(April 2005).

28. Weir and Boyne, 79 - 80; Aleksandr Mozgovoi, *Kubinskaya Samba Kvarteta Fokstrotov* (Moscow: Voenni Parad, 2002), 69.

29. Savranskaya, "New Sources." 소련 잠수함 함장이 공격받는 경우 핵어뢰를 사용할 권한이 있는지에 관한 상충되는 증거를 확인하려면 이 자료를 참조하라.

30. 전략공군사령부 역사가들은 매일 현황을 적어서 Strategic Air Command Operations in the Cuban Crisis of 1962, SAC Historical Study No. 90,Vol. 1, NSA 에 기록을 남겼다. 전략공군사령부 통제실 사진은 Vol. 2, FOIA에 있다.

31. SAC Historical Study No. 90,Vol. 1, 58.

32. William Kaufmann memo, Cuba and the Strategic Threat, October 25, 1962, OSD.

33. Cuba crisis records, 389th Strategic Missile Wing, FOIA.

34. SAC Historical Study No. 90,Vol. 1, vii.

35. G. M. Kornienko, *Kholodnaya Voina* (Moscow: Mezhdunarodnie Otnesheniya, 1994), 96. 소련이 데프콘 2 명령을 입수했는지는 불분명하다. 파워의 연설은 평문인 반면 데프콘 2 명령은 일급비밀이었다. Garthoff, *Reflections on the Cuban Missile Crisis*, 62 참조.

36. Richard Rhodes, *Dark Sun: The Making of the Hydrogen Bomb* (New York: Simon & Schuster, 1995), 21.

37. Brugioni, *Eyeball to Eyeball*, 262 - 5.

38. Fred Kaplan, The Wizards of Armageddon (New York: Simon & Schuster, 1983), 265.

39. Gen. Horace M. Wade OH, AFHRA.

40. Kaplan, 246.

41. Kaufmann memo, Cuba and the Strategic Threat, OSD.

42. USCONARC *Participation in the Cuban Crisis 1962*, NSAW, 79 - 88, 119 - 21. USCONARC briefing to House Appropriations Committee, January 21, 1963.

43. Dino Brugioni, "The Invasion of Cuba," in Robert Cowley, ed., *The Cold War* (New York: Random House, 2006), 214 - 15.

44. *British Archives on the Cuban Missile Crisis*, 1962(London:Archival Publications, 2001), 278;"Air Force Response to the Cuban Crisis," 6 - 9, NSAW; *NYT*, *WP*, and *LAT* reports from KeyWest, October 1962.

45. USCONARC, 117.

46. 2005년 9월 카스트로의 공군 보좌관인 라파엘 델 피노와의 저자 인터뷰. Unpublished MS by Del Pino.

47. Notes on meeting between Castro and Cuban military chiefs, October 24, 1962, released by the Cuban government, Documentos de los Archivos Cubanos, Havana 2002.

48. Szulc, 474 - 6.

49. 2006년 3월 저자의 타라라 해변 및 지대공 미사일 기지 방문. 지대공 미사일 기지 및 방공포 기지는 구글 어스에서 확인 가능하다(좌표 : 23°09′ 28.08″N, 82°13′ 38.87″ W).

50. Acosta, 165. 카스트로의 생각은 Blight et al., *Cuba on the Brink*, 211을 참조하라. 카스트로의 대공포 부대 방문 사진은 쿠바 웹사이트에 공개되어 있다.

51. Franqui, 189.

52. 소련 국방부 장관 말리놉스키의 평가. Blight and Welch, *On the Brink*, 327.

53. Marine Corps records, October 1962, JFKARC.

54. 2005년 4월 제2해병연대 작전장교인 그레고리 J. 시젝 소령과의 저자 인터뷰.

55. 2005년 5월 제2해병연대 돈 풀햄과의 저자 인터뷰.

56. CINCLANT message, November 2, 1962, CNO Cuba, USNHC.

57. CNO Office logs, October 24, 1962, CNO Cuba, USNHC.

58. Gribkov and Smith, *Operation ANADYR*, 69.

59. Statsenko report.

60. Szulc, 179.

61. Beschloss, 501.

62. Ibid., 502.

63. Yesin interviews, July 2004 and May 2006. Yesin et al., *Strategicheskaya*

Operatsiya Anadyr', 154도 참조.

64. 2004년 7월 탄도처 부처장인 니콜라이 오블리진 소령과의 저자 인터뷰.

65. R-12 미사일 발사 절차는 소련 전략로켓군의 총참모장 출신으로서 쿠바 미사일 위기 당시 시도로프 연대에서 공병 중위로 복무했던 예신 상장의 도움을 받았다.

66. CIA는 쿠바 서부에 있던 미사일 기지를 서쪽에서부터 동쪽으로 각각 산크리스토발 1·2·3·4번 기지로 명명했다. 반딜롭스키 휘하의 1·2번 기지는 산크리스토발 서쪽으로 각각 26킬로미터와 21킬로미터 떨어져 있었다. 솔로비예프 휘하의 3·4번 기지는 각각 서쪽으로 10킬로미터와 북동쪽으로 11킬로미터 떨어져 있었다.

67. Statsenko report.

제5장 "주야장천"

1. Presidium protocol No. 61. Fursenko, *Prezidium Ts*. K.KPSS, 620‐2.

2. Attributed to Deputy Foreign Minister Vitaly Kuznetsov, in Kornienko, 96.

3. Semichastny, 279.

4. Testimony of Emilio Aragones in Blight et al., *Cuba on the Brink*, 351.

5. Vera interview.

6. CIA report, August 29, 1962, Mongoose memo, JFKARC.

7. *CWIHP*, 8‐9 (Winter 1996‐97), 287.

8. Alexander Feklisov, *The Man Behind the Rosenbergs* (New York: Enigma Books, 2001), 127.

9. NK1, 372.

10. Warren Rogers interview in Tulanian (Spring 1998).

11. 2004년 7월 게오르기 코르니옌코 참사관과의 저자 인터뷰. KGB report to Moscow, SVR; Fursenko and Naftali, *One Hell of a Gamble*, 261.

12. Dobrynin telegram, October 25, 1962, LCV; Fursenko and Naftali, *One Hell of a Gamble*, 259‐62.

13. Article in *Hoy Dominical* [Havana], November 18, 1962; CIA report, August 29, 1962, Mongoose memo, JFKARC.

14. 2005년 12월 제럴드 커피 중위와의 저자 인터뷰. 커피 중위의 임무 번호는 블루문 5012였다.

15. Undated letter to Coffee from Marine Corps Cdr. David Shoup.

16. Gribkov et al.,U KrayaYadernoi Bezdni, 253 - 60.

17. Malinovsky memorandum, September 6, 1962, LCV, trans. in *CWIHP*, 11 (Winter 1998), 259. 각 연대는 발사장치와 함께 프로그 핵미사일 4기와 재래식 미사일 8기를 통제했다.

18. 2006년 1월 카를로스 파스콸과의 저자 인터뷰. CIA Operation Mongoose memo from Richard Helms, December 7, 1962, JFKARC. 378

19. Richard Lehman, "CIA Handling of Soviet Build- up in Cuba," November 14, 1962, CREST.

20. Ibid.

21. NIE 85- 3- 62, "The Military Buildup in Cuba," September 19, 1962, CREST.

22. CIA inspector general report on handling of Cuban intelligence information, November 22, 1962, 19, 31, available through CREST. CIA는 해당 보고서를 10월 2일에 전파했다. 보고서에는 CIA 본부가 이 정보를 크게 신뢰하지 않는다는 평가가 담겨 있었다. 카를로프가 확인한 RSVN 문서에 따르면 폴타바호는 R-12 미사일 8기를 싣고 9월 16일 마리엘에 도착했다.

23. Marchant dispatch, November 10, 1962, NSAW Cuba; *British Archives on the Cuban Missile Crisis*, 1962.

24. Report by M. B. Collins, November 3, 1962, British Archives on Cuba, *Cuba Under Castro*, Vol. 5: 1962 (London: Archival Publications, 2003), 155.

25. Reminiscences of Rafael Zakirov, former FKR nuclear control officer, V. I. Yesin, ed., *Strategicheskaya Operatsiya Anadyr'*, 1st ed. (1999), 179 - 85. Zakirov, October 2007 article도 참조.

26. Malinovsky memo, May 24, 1962, LCV, trans. in *CWIHP*, 11 (Winter 1998), 254.

27. Malinovsky order to Pliyev, September 8, 1962, LCV, in ibid., 260.

28. 2006년 3월 저자의 마야리아리바 방문.

29. Yazov, 157; Gribkov et al., *U Kraya Yadernoi Bezdni*, 119도 참조.

30. Gribkov et al., *U Kraya Yadernoi Bezdni*, 90, 302 - 3.

31. *Cuba under Castro*, Vol. 5, 152.

32. 2006년 5월 스베틀라나 체르보나야의 비탈리 로쉬바 병장과의 인터뷰. Gribkov et al., *U Kraya Yadernoi Bezdni*, 87 - 8.

33. Blight and Welch, eds., *Intelligence and the Cuban Missile Crisis*, 102.

34. Zakirov, October 2007 article.

35. "Guantanamo Bay Compared to Attack- eady Suburbia," *Washington Evening Star*, November 14, 1962.

36. CINCLANT history, chap. VII. Evacuation details from Cuba Fact Sheet, October 27, 1962, NSAW.

37. Gitmo situation report No. 15 250100Z, CNO Cuba, USNHC.

38. AP report from Guantanamo in Chicago Tribune, November 13, 1962.

39. George Plimpton OH, JFKL.

40. Porter McKeever, *Adlai Stevenson: His Life and Legacy* (New York: William Morrow, 1989), 488.

41. Arkady Shevchenko, *Breaking with Moscow* (New York: Knopf, 1985), 114.

42 Presidential doodles file, JFKL.

43. O'Donnell and Powers, 334.

44. Scott D. Sagan, *The Limits of Safety* (Princeton, NJ: Princeton University Press, 1995), 99; NORAD Combat Operations Center logs, October 26, 1962, Sagan Collection, NSA.

45. 델루스 F-106 조종사 출신인 짐 아트먼이 저자에게 보낸 이메일.

46. ADC Historical Study No. 16, 212 - 14.

47. Ibid., 121, 129.

48. Historical Resume of 1st Fighter Wing Operations During Cuban Crisis, December 13, 1962, AFHRA; 셀프리지 공군기지 F-106 조종사 출신인 댄 배리와의 이메일 인터뷰.

49. NORAD log, NSA.

제6장 정보

1. Handwritten note from Maj. Gen. Chester Clifton, October 22, 1962, JFKL.

2. 제안을 한 사람은 대서양함대의 부사령관인 윌리스 비클리 중장이었다. Diary of Vice Adm. Alfred Ward, commander Task Force 136, USNHC와 NARA가 소장하고 있는 피어스호의 갑판 일지 참조.

3. Message 251800Z from COMSECONDFLT, CNO Cuba, USNHC.

4. Personal notes of Lt. Cdr. Reynolds, Battleship Cove Naval Museum. 케네디함은 현재 매사추세츠 주 폴리버에 영구 전시되어 있다.

5. Brugioni, *Eyeball to Eyeball*, 190 - 2.

6. Photo Interpretation Report, NPIC/R - 1047/62, October 25, 1962, CREST.

7. Supplement 6, *Joint Evaluation of Soviet Missile Threat in Cuba*, October 26, 1962, CREST; Brugioni, *Eyeball to Eyeball*, 436 - 7. 펜콥스키가 제공한 정보에 관해서는 Jerrold L. Schecter and Peter S. Deriabin, *The Spy Who Saved the World* (NewYork: Charles Scribner's Sons, 1992) 334 - 46을 참조하라. 펜콥스키 관련 자료는 IRONBARK와 CHICKADEE로 표기되어 있고 October 19, 1962, Joint Evaluation, CREST에 언급되었다.

8. Brugioni, *Eyeball to Eyeball*, 437.

9. Arthur Lundahl OH, July 1, 1981, Columbia University Oral History Research Office.

10. Photo Interpretation Report, October 1962, CREST.

11. Thaxter L. Goodall, "Cratology Pays Off," Studies in Intelligence (Fall 1964), CREST. 해당 선박은 9월 28일 촬영된 카시모프호였다.

12. Brugioni, *Eyeball to Eyeball*, 195 - 6.

13. Chronology of Submarine Contacts, C- 20, CNO Cuba, USNHC. Electronic Briefing Book 75, NSAW. 380에 있는 Summary of Soviet Submarine Activity 272016Z도 확인하라.

14. SOSUS activity in Atlantic, CTG 81.1 message 261645Z, USNHC; Electronic Briefing Book 75, NSAW.

15. Summary of Soviet Submarine Activity, 272016Z.

16. 안드레예프의 일기는 NSAW의 스베틀라나 사브란스카야가 제공해 주었다. 일기의 일부 내용은 *Krasnaya Zvezda*, October 11, 2000에 담겼다.

17. Dubivko memoir, "In the Depths of the Sargasso Sea," in Gribkov et al., *U Kraya Yadernoi Bezdni*, 314 - 30, trans. Svetlana Savranskaya, NSAW.

18. Memoirs of Capt. Vitaly Agafonov, commander of submarine flotilla, in Yesin et al., *Strategicheskaya Operatsiya Anadyr'*, 123.

19. Brugioni, *Eyeball to Eyeball*, 287.

20. 공식적인 회의 녹취록에서는 프로그 발사장치와 전술핵무기를 언급한 내용이 삭제되었다. 하지만 셀던 M. 스턴이 JFKL에서 제시한 공개 노트에는 포함되어 있다.

21. Bundy conversation with George Ball, FRUS, Vol. XI, 219; 10:00 a.m. ExComm

meeting, October 26, 1962.

22. U.S. News & World Report, November 12, 1962; Newsweek, November 12, 1962. 또한 Arthur Sylvester OH, JFKL도 참조하라.

23. Ship's log, as reported by Ahlander, *Krig och fred i Atomaldern*, 24 - 5; 2005년 9월 닐스 칼슨과의 저자 인터뷰.

24. Cable from U.S. Embassy, Stockholm, October 27, 1962, CNO Cuba, USNHC.

25. Coolangatta file, CNO Cuba, USNHC.

26. Alekseev telegram to Moscow 49201, October 26, 1962, NSAW.

27. Yevtushenko article, Novaya Gazeta, July 11, 2005.

28. JFK1, 492.

29. Halperin, 155.

30. Blight et al., *Cuba on the Brink*, 83, 254.

31. Ibid., 213.

32. James Hershberg, "The United States, Brazil, and the Cuban Missile Crisis," *Journal of Cold War Studies* (Summer 2004)에서 인용된 브라질 및 유고슬라비아 대사관 보고서.

33. David Martin, *Wilderness of Mirrors* (New York: Harper & Row, 1980), 127

34. Martin, 136. David Corn, *Blond Ghost* (New York: Simon & Schuster, 1994), 82 도 참조하라.

35. Martin, 144; Thomas, *Robert Kennedy*, 234도 참조하라. 로버트 케네디의 일기에는 10월 27일 마이애미에 있던 산 로만으로부터 걸려온 전화와 10월 26일 회의 일정이 언급되어 있지만, 실제로 회의를 했는지는 불확실하다.

36. McCone memo on meeting, October 29, 1962, JFKARC; Parrott minutes, FRUS, Vol. XI, 229 - 31도 참조하라.

37. Lansdale memo, October 26, 1962, JFKARC. 선박 파괴 공작은 10월 27일 승인되었지만, 흐루쇼프가 미사일 철수에 동의하자 10월 30일에 보류되었다. Lansdale memo, October 30, 1962, JFKARC 참조.

38. Chronology of the Matahambre Sabotage Operation, November 21, 1962, JFKARC.

39. Parrott interview.

40. Martin, 144.

41. Report from SAC, Los Angeles, to FBI director, October 26, 1962, JFKARC.

42. Senate Church Committee Report, *Alleged Assassination Plots*, 84.

43. Harvey testimony to Church Committee, July 11, 1975, JFKARC.

44. Roselli testimony to Church Committee, June 24, 1975, JFKARC.

45. Thomas, 157 - 9; Lansdale memo to RFK, December 4, 1961, JFKARC; CIA memo to Church Committee, September 4, 1975, JFKARC.

46. Samuel Halpern interview with CIA history staff, January 15, 1988, JFKARC.

47. Thomas, 159.

48. Halpern interview with CIA history staff; Harvey testimony to Church Committee.

49. Stockton, *Flawed Patriot*, 141.

50. Harvey testimony to Church Committee.

51. Branch and Crile III, "The Kennedy Vendetta"; comments by CIA review staff, August 14, 1975, JFKARC; Corn, *Blond Ghost*, 74 - 99.

52. 2006년 4월 JM/WAVE 간부 출신인 워렌 프랭크와의 저자 인터뷰.

53. RFK confidential file, Box 10, JFKARC.

54. *WP*, October 28, 1962, E5.

55. CIA memo to Lansdale, "Operation Mongoose—Infiltration Teams," October 29, 1962.

56. Unpublished 1996 memoir by Carlos Obregon; 2004년 2월 오브레곤과의 인터뷰.

제7장 핵무기

1. Mikoyan conversation with U.S. officials, November 30, 1962, SDX.

2. Acosta, 170.

3. CIA memo, October 21, 1962, CREST/JFKL.

4. Blight et al., *Cuba on the Brink*, 111; Statsenko report.

5. Blight et al., *Cuba on the Brink*, 113.

6. Gribkov and Smith, Operation ANADYR, 65.

7. TASS report, October 27, 1962; Revolucion, October 27, 1962, 8; *NYT*, October 27, 1962, 6.

8. *Cuba Under Castro*, 1962, 107.

9. Alekseev cable to Soviet Foreign Ministry, October 23, 1962, NSAW.

10. Desnoes interview, April 2006.

11. Franqui, 187. 같은 시기 프랑키의 견해는 CIA telegram, June 5, 1963, JFKL 참조.

12. *Cuba Under Castro*, 1962, 147.

13. Fursenko and Naftali, *One Hell of a Gamble*, 161 - 2.

14. Halperin, 190.

15. *Cuba Under Castro*, 1962, 619 - 20.

16. Air Force message on JCS authentication system 57834, October 25, 1962, CNO Cuba, USNHC.

17. Kornienko interview.

18. Beschloss, 521; Abel, 162.

19. Brugioni, *Eyeball to Eyeball*, 288.

20. Scali memo to Hilsman, October 26, 1962, FRUS, Vol. XI, 227.

21. Ibid., 241.

22. Pierre Salinger, *With Kennedy* (Garden City, NY: Doubleday, 1966), 274 - 6.

23. KGB 외국정보처는 비밀 정보가 없다는 이유로 페클리소프의 보고서 다수를 공개하기를 거부했다. SVR.

24. Feklisov, 371.

25. Ibid., 382; Dobrynin, 95. 도브리닌은 페클리소프를 워싱턴에서 사용한 위장 명칭인 "포민"이라고 언급했다.

26. Feklisov report to Andrei Sakharovsky, October 27, 1962, SVR. Aleksandr Fursenko and Timothy Naftali, "Using KGB Documents: The Scali- Feklisov Channel in the Cuban Missile Crisis," *CWIHP*, 5 (Spring 1995), 58. Semichastny, 282도 참조하라. KGB 국장은 페클리소프-스칼리 협상을 "미승인된 것"이라고 설명했다.

27. B. G. Putilin, *Na Krayu Propasti* (Moscow: Institut Voennoi Istorii, 1994), 104.

28. Hershberg, "The United States, Brazil, and the Cuban Missile Crisis," 34; Putilin, 108.

29. Putilin, 106.

30. Derkachev, 45.

31. Yesin et al., *Strategicheskaya Operatsiya Anadyr'*, 113.

32. Gribkov et al., *U Kraya Yadernoi Bezdni*, 167, 226.

33. Yesin et al., *Strategicheskaya Operatsiya Anadyr'*, 51; Gribkov et al., *U Kraya*

Yadernoi Bezdni, 115; Gribkov and Smith, Operation ANADYR, 64 - 5; Putilin, 105.

34. Svetlana Savranskaya, "Tactical Nuclear Weapons in Cuba: New Evidence" CWIHP, 14 - 15 (Winter 2003), 385 - 7와 Mark Kramer, "Tactical Nuclear Weapons, Soviet Command Authority, and the Cuban Missile Crisis" CWIHP, 3 (Fall 1993), 40 참조.

35. LCV.

36. 세르게이 로만노프 대령은 PRTB(Podvizhnaya Remontno-Technicheskaya Baza : 기동수리기술기지)로 알려진 특수부대의 지휘관이었다. PRTB는 핵탄두를 운용하는 각 미사일 연대, FKR 연대, 차량화소총병연대, IL-28 대대에 파견되었다. 탄두가 쿠바에 도착하기 전에는 니콜라이 벨로보로도프 대령이 관리하는 무기고에서 통제했고, 벨로보로도프는 핵설계국에 보고했다. 일단 탄두가 쿠바에 안전하게 도착해서 점검이 완료되면, 공식적인 통제권을 개별 PRTB에 넘겼지만, 적절한 관리에 관해서는 책임을 공유했다.

37. Cuba Activity Summary, 1963; CIA, Joint Evaluation of Soviet Missile Threat in Cuba, October 19, 1962, LBJ Library; NPIC memorandum, December 4, 1961, "Suspect Missile Sites in Cuba," NPIC/B - 49/61, CREST.

38. Malinovsky, "Instructions for Chiefs of Reconnaissance Groups," July 4, 1962, LCV. Beloborodov memoirs in Gribkov et al., U Kraya Yadernoi Bezdni, 210도 참조하라.

39. Romanov death certificate, January 30, 1963, inspected by Karlov.

40. Yesin et al., Strategicheskaya Operatsiya Anadyr', 196; 볼텐코와 같은 연대에서 근무했던 발렌틴 폴콥니코프 중령과의 저자 인터뷰.

41. 2006년 5월 바딤 칼레프와의 저자 인터뷰. letters from Dr. V. P. Nikolski and Engineer Kriukov, MAVI.

42. Recollections of Dmitri Senko in Yesin et al., Strategicheskaya Operatsiya Anadyr', 265.

43. Gribkov et al., U Kraya Yadernoi Bezdni, 234 - 5.

44. Marshall Carter briefing, White House meeting, October 16, 1962, JFK2, 430.

45. Joint Evaluation of Soviet Missile Threat in Cuba, October 19, 1962, LBJ Library.

46. Photographic Interpretation Reports, CREST.

47. Dwayne Anderson, "On the Trail of the Alexandrovsk," Studies in Intelligence (Winter 1966), 39 - 43, CREST.

48. Brugioni, Eyeball to Eyeball, 546 - 8.

49. Gribkov et al., *U Kraya Yadernoi Bezdni*, 209; Gribkov and Smith, *Operation ANADYR*, 46. *Operation ANADYR*에서 저자는 프로그 탄두가 베후칼에 보관되었다고 잘못 설명했다. 핵탄두를 직접 책임진 벨로보로도프에 따르면, 프로그 탄두는 마나과에 있었다. 베후칼 벙커의 좌표는 22°56′18″N, 82°22′39″W이다. 지금도 구글 어스에서 벙커의 윤곽과 원형도로를 볼 수 있다. 본부 시설은 베후칼의 북동쪽 변두리이자 벙커에서 남쪽으로 800미터 떨어진 곳에 있었다. 벙커 3개로 구성된 마나과 단지의 좌표는 22°58′00″N, 82°18′38W이다.

50. 2007년 5월 디노 브루지오니와의 저자 인터뷰.

51. *Joint Evaluation of Soviet Missile Threat in Cuba*, October 19, 1962, CREST; Lundahl briefing of JFK, October 22, 1962.

52. Brugioni, *Eyeball to Eyeball*, 542. 나중에 CIA는 마리엘이 핵탄두를 들여오고 내보내는 주요 중계지점이라고 결론 내렸지만, 베후칼에 대해서는 더 이상 주목하지 않았다.

53. USCONARC history, 154, NSAW.

54. "Alternative Military Strikes," JFKL; "Air Force Response to the Cuban Crisis," 8, NSAW; Blight et al., *Cuba on the Brink*, 164. 피델 카스트로는 1992년 하바나 컨퍼런스에서 침공 계획이 언급되었을 때, 공습 횟수를 11만 9000회로 잘못 들었다. 그래서 "다소 과장"된 듯 하다며 수치를 다시 말해 달라고 했고 1190회가 맞다는 말에 "이제 좀 마음이 놓이는군요"라고 무뚝뚝하게 말했다.

55. USCONARC history, 105, 130, 139, 143; Commanders' conference, February 4, 1963, CNO Cuba, USNHC; Don Fulham interview.

56. U.S. Marine Corps intelligence estimate, November 1962, JFKARC.

57. CINCLANT message 311620Z, CNO Cuba, USNHC.

58. 2006년 5월 체르보냐냐의 FKR 부대 항공정비담당인 비탈리 로쉬바 병장과의 인터뷰. 미국이 수집한 정보에 따르면 필리피나스 발사진지의 좌표는 20°0′46″N, 75°24′42″W이고, 빌로리오에 있던 발사 전 지점의 좌표는 20°5′16″N, 75°19′22″W이었다.

59. 2006년 4월 체르보나냐의 제나디 미헤예프(빅토르 미헤예프의 형)와의 인터뷰 및 가족 사진과 편지.

60. 미국 정보기관은 통신을 수집했고, 관련 내용은 Seymour M. Hersh, "Was Castro Out of Control in 1962?" *WP*, October 11, 1987, H1로 보도되었다. 이 기사에는 쿠바군이 소련군 SAM 기지에 대해 기습을 시도했다는 것을 포함해서 몇 가지 정확하지 않은 내용이 포함되어 있다. 해당 기사는 로쉬바와의 인터뷰와 지트모 정보 보고에 의존한 것이었다.

61. TV reports by Bjorn Ahlander, trans. by his son, Dag Sebastian Ahlander.

62. Transcript of broadcast, October 26, 1962, Robert Williams Collection, University of Michigan.

63. Carlos Alzuguray, "La crisis de octubre desde una perspectiva Cubana," Conference in Mexico City, November 2002; Blight et al., *Cuba on the Brink*, 248.

64. Halperin, 190.

65. Sorensen OH, JFKL.

제8장 선제공격

1. October 26, ExComm debate, JFK3, 290.

2. 2005년 11월 옥스퍼드함 R부서 출신인 오브리 브라운과의 저자 인터뷰.

3. 2005년 11월 R부서의 부서장인 키스 테일러와의 저자 인터뷰.

4. Ship logs, Oxford, NARA; 2005년 11월 T부서 부서장인 데일 스래서와의 저자 인터뷰. President's Intelligence Check List, October 22, 1962, quoted in CIA Paper on Intelligence Relationship with JFK White House, 18, record no. 104-10302-100009, JFKARC. T부서 출신의 조지 캐시디도 옥스퍼드함에 관한 정보를 제공해 주었다.

5. NSA Cryptological Museum. NSA 보고에는 옥스퍼드함이 언급되지 않았다. 하지만 근무자와의 인터뷰와 함정 일지에 따르면 해당 보고의 출처는 옥스퍼드함이 확실하다.

6. "The 1962 Soviet Arms Buildup in Cuba," 77, CREST; Memo from NSA assistant director John Davis, November 1, 1962, JFKL.

7. Boris Chertok, *Rakety i Lyudi: Goryachie Dni Kholodnoi Voini* (Moscow: Mashinostroenie, 1999), chapter on Karibskii Raketnii Krizis. 바이코누르에서 근무한 소련군 미사일 장교의 회고는 Ivan Evtreev, *Esche Podnimalos' Plamya* (Moscow: Intervesy, 1997), 79-80을 참조하라. 바이코누르에 있던 R-7 미사일은 쿠바에 배치된 미사일과 마찬가지로 준비상태 2였다.

8. Kaufmann memo, Cuba and the Strategic Threat, OSD. 미국 보유 수치는 ICBM 114기와 폴라리스 잠수함 발사 미사일 96기가 포함된다. 소련 보유 수치는 소련측 공식 데이터를 바탕으로 전략로켓군 역사가인 카를로프가 제시한 것이다. 여기에는 플레세츠크 우주기지의 R-16 36기 및 R-7 4기와, 바이코누르 우주기지의 비상시에만 운용하는 R-7 2기가 포함된다. 장거리 폭격기 전력은 대부분의 평가에서 1:5 정도로 격차가 더 컸다. CIA와 국무부는 소련이 작전 가능한 ICBM 발사장치를 60~75개 보유하고 있다고 판단했다. 이런 수치는 펜타곤이 평가한 수치보다 다소 적었지만 카를로프

가 언급한 수치보다는 여전히 높은 것이었다. Garthoff, 208 참조.

9. Oblizin interview; notes of Col. Vladimir Rakhnyansky, head of ballistic division, MAVI.

10. Blight et al., *Cuba on the Brink*, 109 - 11.

11. Alekseev message to Moscow, November 2, 1962, NSAW Cuba. Transcript of missile crisis conference in Moscow, January 1989. Bruce J. Allyn, James G. Blight, and David A. Welch, eds., *Back to the Brink: Proceedings of the Moscow Conference on the Cuban Missile Crisis, January 27 - 28, 1989* (Lanham, MD: University Press of America, 1992), 159. Blight et al., *Cuba on the Brink*, 117 - 22도 참조하라.

12. Putilin, 108.

13. Blight et al., *Cuba on the Brink*, 252.

14. Castro letter to Khrushchev, October 28, 1962, Cuban document submitted to 2002 Havana conference.

15. Blight et al., *Cuba on the Brink*, 345; Fursenko and Naftali, *One Hell of a Gamble*, 187.

16. November 2, 1962, dispatch, NSAW.

17. NSAW Cuba.

18. Richard Rhodes, *The Making of the Atomic Bomb* (New York, Simon & Schuster, 1986), 672.

19. Sakharov, 217.

20. Dallek, 429.

21. G. G. Kudryavtsev, *Vospominaniya o Novoi Zemlye* available online at www.iss.nillt.ru; V. I. Ogorodnikov, *Yadernyi Arkhipelag* (Moscow: Izdat, 1995), 166; 2006년 5월 키예프의 핵실험 관계자인 비탈리 리센코와의 저자 인터뷰.

22. Kudryavtsev article.

23. Ogorodnikov, 155 - 8; Pavel Podwig, ed., *Russian Strategic Nuclear Forces* (Cambridge, MA: MIT Press, 2001), 503.

24. 몰츠비의 미망인은 미출간된 몰츠비의 회고록을 저자에게 제공해 주었다. History of 4080th Strategic Wing (SAC), October 1962, FOIA.

25. Heyser interview. Michael Dobbs, "Into Thin Air," *WP* Magazine, October 26, 2003 참조.

26. Fursenko, *Prezidium Ts. K. KPSS*, 623, Protocol No. 62.

27. Fursenko and Naftali, *One Hell of a Gamble*, 261 - 2.

28. Ibid., 249.

29. 나중에 소련 특사인 아나스타스 미코얀은 해당 칼럼이 흐루쇼프로 하여금 쿠바-터키 미사일 교환을 제안하게 했다고 쿠바에 말했다. memorandum of conversation with Cuban leaders, November 5, 1962, NSAW Cuba을 확인하라. 또한 Fursenko and Naftali, *One Hell of a Gamble*, 275도 참조하라. 월터 리프먼이 쓴 칼럼은 10월 25일 *WP*를 비롯한 몇몇 신문에 나온다.

30. Problems of Communism, Spring 1992, author's trans. from the Russian.

31. Malinovsky message to Pliyev, October 27, 1962, 1630 Moscow time, NSAW.

32. Gromyko message to Alekseev, October 27, 1962, NSAW. 흐루쇼프의 보좌관이던 올레그 트로야놉스키는 터키-쿠바 제안이 케네디 대통령을 난처하게 만들 것이라는 생각을 전혀 하지 않았다고 주장했다. Troyanovsky, 249 참조. 알렉세예프에게 하달한 지시에 따르면 흐루쇼프의 전략에서 어쨌든 여론전은 중요한 것이 분명했다.

33. Theodore Shabad, "Why a Blockade, Muscovites Ask," *NYT*, October 28, 1962. See also "The Face of Moscow in the Missile Crisis," *Studies in Intelligence*, Spring 1966, 29 - 36, CREST. Notes to pages 192 - 201 387.

34. Petr Vail' and Aleksandr Genis, *Shesdesyatiye—Mir Sovetskovo Cheloveka* (Moscow: Novoe Literaturnoe Obozrenie, 2001), 52 - 60.

35. Report from Eugene Staples, U.S. Embassy, Moscow, October 30, 1962, State Department Cuba files, NARA.

36. Malinovsky message to Khrushchev, October 27, 1962, MAVI.

37. Vail' and Genis, 59.

38. Alekseev, November 2, 1962, NSAW dispatch.

39. Castro letter to Khrushchev, October 26 - 27, 1962, NSAW Cuba, trans. by the author.

40. Roshva interview. 배치 상황에 관한 세부 내용은 Gribkov et al., *U Kraya Yadernoi Bezdni*, 89 - 90, 115 - 19. 그리고 interview with Vadut Khakimov, former PRTB officer, in *Vremya i Denghi*, March 17, 2005를 참조하라.

41. GITMO intelligence reports.

42. December 6, 1962, report from M. B. Collins in *Cuba Under Castro*, Vol. 5, 565. 나중에 CIA는 마야리아리바에 있는 FKR 크루즈 미사일을 소프카 해안 방어 크루즈 미사일로 오인했다. 두 미사일은 외형이 비슷하지만 소프카는 핵탄두를 장착하지 않은

대함용 미사일이었다. *CWIHP*, 12 - 13 (Fall - Winter 2001), 360 - 1 참조.

제9장 그로즈니호 사냥

1. CIA memorandum, The Crisis: USSR/Cuba, October 27, 1962, CREST.

2. Reeves, 92.

3. Michael K. Bohn, *Nerve Center: Inside the White House Situation Room* (Washington, DC: Brassey's, 2003), 30.

4. Salinger, With Kennedy, 253.

5. Bohn, 32.

6. NSA and the Cuban Missile Crisis, October 1998 monograph, published by NSA.

7. Bouchard, 115. Graham Allison, *Essence of Decision* (Boston: Little, Brown, 1971), 128.

8. JCS Scabbards message 270922Z, JFKARC; Cuba Fact Sheet, October 27, 1962, NSAW.

9. CIA memorandum, The Crisis: USSR/Cuba, October 27, 1962, CREST; JCS Scabbards report, October 28, 1962, Cuba National Security Files, JFKL.

10. JCS Scabbards message 270922Z, JFKARC.

11. Khrushchev message to U Thant, October 26, 1962, NSAW.

12. CIA memorandum, The Crisis: USSR/Cuba, October 27, 1962, CREST; "Operation Mongoose Sabotage Proposals," October 16, 1962, JFKARC.

13. ExComm debate, October 25, 1962, JFK3, 254.

14. History of 55th Strategic Reconnaissance Wing, October 1962, AFHRA.

15. USAF accident report, October 27, 1962, AFSC; 2005년 12월 임무 취소된 RB-47의 항법사인 존 E. 존슨 및 예비 항공기의 전자전 장교였던 진 머피와의 저자 인터뷰.

16. History of 55th Strategic Reconnaissance Wing; Sanders A. Laubenthal, "The Missiles in Cuba, 1962: The Role of SAC Intelligence," FOIA; MacDonough message 271336Z, Grozny file, CNO Cuba, USNHC.

17. Andrew St. George "Hit and Run to Cuba with Alpha 66," Life magazine, November 16, 1962. CIA memos on Alpha 66, October 30, 1962, and November 30, 1962, JFKARC도 참조하라.

18. Letter from William R. Hearst, Jr., to Clare Boothe Luce, Clare Boothe Luce Papers, Library of Congress.

19. Telephone conversation between William Colby and Clare Boothe Luce, October 25, 1975, CIA files, CREST. 키팅과의 관계에 관한 루스의 설명은 Max Holland, "A Luce Connection: Senator Keating, William Pawley, and the Cuban Missile Crisis," *Journal of Cold War Studies* (Fall 1999)에 잘 나와 있다.

20. CIA memo, July 25, 1975, CREST.

21. CIA memorandum on Alpha 66, November 30, 1962, JFKARC.

22. Vera interview, January 2006.

23. *NYT*, October 28, 1962.

24. 케네디 대통령은 사진 공개를 "불편해"했고 해명을 요구했다. 브루스 대사는 CIA 가 공개를 허락했다고 백악관에 보고했다. Bruce message to Michael Forrestal, October 24, 1962, National Security Files, JFKL 참조. CIA 런던 지국장인 체스터 쿠퍼는 워싱턴에 연락했지만 "누구와도 연락이 닿지" 않았고 "워싱턴이 거부하지 않으면 그렇게 할 것이라고만 한" 전보를 쳤다. Chester Cooper OH, JFKL 참조.

25. Bruce message to Secretary of State No. 1705, October 28, 1962, JFKL and SDX.

26. Reeves, 291.

27. Record of conversation between British service chiefs, October 27, 1962, DEFE 32/7, Public Records Office. 위기 당시 영국군의 이동에 관한 논의는 인터넷으로도 확인 가능한 Stephen Twigge and Len Scott, "The Thor IRBMs and the Cuban Missile Crisis," Electronic Journal of World History, September 2005를 참조하라.

28. Beschloss, 217; Reeves, 68.

29. Reeves, 250.

30. JCS memorandum, October 6, 1962, NARA.

31. CIA Office of National Estimates memo, October 23, 1962, JFKL.

32. Reports from Berlin, UPI and *NYT*, October 27, 1962.

33. CIA memorandum, *The Crisis: USSR/Cuba*, October 28, 1962, CREST.

34. Taubman, 538 - 40; Fursenko and Naftali, *Khrushchev's Cold War*, 457 - 60.

35. Troyanovsky, 247.

36. 2003년 6월 U-2 조종사 출신인 로버트 파웰과의 저자 인터뷰.

37. History of 4080th Strategic Wing, appendix on special operations, October 1962, FOIA.

38. SAC message CNO 262215Z to CONAD, October 26, 1962, CNO Cuba, USNHC.

39. Heyser and McIlmoyle interviews.

40. Unpublished Kern memoir; Supplement 8, *Joint Evaluation of Soviet Missile Threat in Cuba*, October 28, 1962, CREST.

41. 전략공군사령부는 앤더슨의 이륙 시간을 여러 번 잘못 이야기했다. 저자는 전략공군사령부가 262215Z에 하달한 최초 실행 명령 시간을 기준으로 했다. 미국 방공 부대에 전파된 해당 메시지는 현재 USNHC가 소장하고 있다. 비행 계획은 소련군이 기록한 앤더슨의 쿠바 영공 침범 시간과 정확히 일치한다. 앤더슨의 비행 경로는 Supplement 8, *Joint Evaluation of Soviet Missile Threat in Cuba*, October 28, 1962, CREST에 포함되어 있다.

42. 앤더슨이 탄 항공기는 1955년 캘리포니아 버뱅크에 있는 록히드사의 스컹크웍스 조립 공장이 세 번째로 제작했고, U-2A를 업그레이드한 U-2F형이었다. 10월 14일 소련 미사일 기지를 처음 촬영한 하이저는 두 번째로 제작된 56-6675번 U-2기에 탔다. 몰츠비가 소련 영공을 침범했을 때 탄 U-2는 56-6715번이었다. 세 항공기는 초기에 생산된 대부분의 U-2와 마찬가지로 모두 추락했다. History of 4080th Strategic Wing, October 1962, FOIA 참조.

43. McIlmoyle interview.

44. State Department telegram 1633 from New York to Secretary of State, November 5, 1962, SDX.

45. 2003년 9월 로빈 로리스(앤더슨의 딸)와의 저자 인터뷰. 1962년 10월 11일 자 앤더슨의 의료 기록.

46. Col. John Des Portes OH interview, NSAW Cuba.

47. Herman interview; *WP* Magazine article, October 26, 2003도 참조.

48. Bruce Bailey, *We See All: A History of the 55th SRW* (privately published), 111. 저자는 제55전략정찰비행단의 비공식적인 역사가인 롭 후버 덕분에 비행단 조종사와 레이븐들을 만날 수 있었다.

49. 2005년 12월 돈 그리핀 RB-47 조종사와의 저자 인터뷰. 그리핀은 10월 27일 쿠바 임무를 수행했다.

50. SAC Historical Study No. 90,Vol. 1, 3, NSAW.

51. McNamara and Taylor comments to ExComm, JFK3, 446, 451. 테일러는 프룻셋 레이더를 "프룻케이크" 레이더로 잘못 언급했다. 맥나마라에 따르면, 정찰기는 U-2기가 활동하던 "동 시간에" 프룻셋 신호를 수집했다.

52. History of the 55th SRW, October 1962, FOIA. 10월 27일 윌슨은 3개 "빅시가" 레이더 활동을 포착했고, 각기 다른 소련 미사일 시스템과 관련된 총 14개의 여러 "미사일 수집" 사항을 보고했다.

53. Martin Caidin, *Thunderbirds* (New York: Dell, 1961), 109.

54. 몰츠비 회고록. 몰츠비의 생각과 행동은 모두 그가 쓴 미출간된 회고록을 바탕으로 했고, 당시 천문 차트 및 몰츠비의 비행 경로에 관한 국무부 차트 등 다른 자료와 대조했다.

55. Ibid.

56. Letter to Adm. George Burkley, October 24, 1962, Kraus files, JFKL.

57. Memo from Burkley, October 25, 1962, JFK medical file, JFKL.

58. Dallek, 154.

59. Reeves, 19.

60. Dallek, 72.

61. Quoted in Stern, 39 - 40.

62. Reeves, 306.

63. Sorensen, Kennedy, 513.

64. Reeves, 306.

65. JCS Emergency Actions File, Scott Sagan records, NSAW.

66. Fred Kaplan, "JFK's First Strike Plan," *Atlantic Monthly* (October 2001).

67. Reeves, 229 - 30, 696; 목표 데이터의 출처는 Kaplan, "JFK's First Strike Plan"이다. 파워는 맥나마라에게 SIOP-62에 관해 브리핑할 때 능글맞게 웃으면서 이렇게 말했다. "장관님, 장관님 친구나 친척이 알바니아에 없으시길 바랍니다. 거길 완전히 지워버려야 할 테니까요."

68. White House transcript, December 5, 1962, quoted by David Coleman in *Bulletin of Atomic Scientists* (May - June 2006). See Reeves, 175, for Civil War comparison.

69. Goodwin, 218.

제10장 격추

1. Gribkov et al., *U Kraya Yadernoi Bezdni*, 124.

2. Yesin et al., *Strategicheskaya Operatsiya Anadyr'*, 273; memoirs of former PVO

officer Col. Pavel Korolev in Gribkov et al., *U Kraya Yadernoi Bezdni*, 246 - 53; 2004년 7월 PVO 정치 장교인 그리고리 단닐레비치 중령과의 저자 인터뷰.

3. Gribkov et al., *U Kraya Yadernoi Bezdni*, 124.

4. Philip Nash, *The Other Missiles of October: Eisenhower, Kennedy, and the Jupiters* (Chapel Hill: University of North Carolina Press, 1997), 1 - 3.

5. October 22, 1962, memo, McNamara Papers, OSD.

6. Gribkov et al., *U Kraya Yadernoi Bezdni*, 199 - 200. 나중에 소련 국방부 장관은 "정찰 사진이 미국 손에 떨어지지 않도록 하기 위해 격추시켰다"고 보고했다. Malinovsky memo, October 28, 1962, *CWIHP*, 11 (Winter 1998), 262 참조. Derkachev, 56에 따르면 격추 상황을 알게 된 플리예프는 격노했다. 부하들의 증언에 따르면 이렇게 말했다고 한다. "격추시키지는 말았어야 해. (외교적) 협상을 아주 복잡하게 만들 수 있단 말이야."

7. 10월 27일 비행 경로는 NPIC Photo Interpretation Report on Missions 5017 - 5030, CREST에서 확인할 수 있다.

8. JCS meeting notes for October 27, 1962, Havana 2002, vol. 2. 이 자료는 합참 역사가인 월터 풀이 녹취록 원본을 바탕으로 작성한 것이다. 합참에 따르면 녹취록 원본은 나중에 파기되었다. 이 임무에서 촬영한 사진은 SAC Historical Study No. 90,Vol. 2, FOIA에 담겨 있다.

9. Malakhov notes, MAVI.

10. British Archives on the Cuban Missile Crisis, 242.

11. Saverio Tutino, *L'Occhio del Barracuda* (Milan: Feltrinelli, 1995), 134.

12. Desnoes interview.

13. Adolfo Gilly, "A la luz del relampago: Cuba en octubre," *Perfil de la Jornada*, November 29, 2002.

14. Radio Rebelde, October 28, 1962.

15. October 27 UPI report from Havana; *NYT*, October 28, 1962 참조.

16. 2005년 12월 재소자 출신인 알프레도 두란과의 저자 인터뷰.

17. Gribkov et al., *U Kraya Yadernoi Bezdni*, 124; Putilin, 111 - 12. 격추 시간은 자료에 따라 다소 차이가 있다. 이 책에서는 카마구이 지휘소에서 근무했던 코롤레프 대령이 말한 시간을 바탕으로 했다.(Gribkov et al., 250 참조). 기체 잔해의 위치는 October 28, 1962, report from Unidad Military 1065, NSAW Cuba를 확인하라.

18. Gribkov et al., *U Kraya Yadernoi Bezdni*, 235.

19. NPIC reports, October 26 and October 27, 1962, CREST.

20. The commander of the missile troops: Yesin et al., *Strategicheskaya Operatsiya Anadyr'*, 67.

21. Statsenko report; Yesin interview.

22. Malinovsky (Trostnik) order to Pliyev, October 27, 1962, NSAW Cuba, author's trans. 다른 번역은 *CWIHP*, 14 - 15 (Winter 2003), 388을 확인하라.

23. Gribkov and Smith, Operation ANADYR, 69.

24. Verde Olivo, October 10, 1968, quoted in Carla Anne Robbins, The Cuban Threat (New York: McGraw-Hill, 1983), 47.

25. CIA memorandum, The Crisis: USSR/Cuba, October 26, 1962, CREST; 저자의 쿠에바데로스포르탈레스 방문; Blue Moon missions 5019 - 5020, October 27, 1962, NPIC report, CREST.

26. Blue Moon missions 5023 - 5024, NPIC report, CREST.

27. David Holloway, *Stalin and the Bomb* (New Haven, CT: Yale University Press, 1994), 326 - 8.

28. CIA memorandum, The Crisis: USSR/Cuba, November 6, 1962, CREST. CIA는 10월 20일에 올긴 인근에 도착한 레닌스키 콤소몰호가 공군 IL-28기를 "거의 확실하게" 수송했다고 보고했다. Brugioni, *Eyeball to Eyeball*, 173에 따르면, 소련에서 IL-28 배치 전에 식별된 활동과 유사한 건설 활동이 있었기 때문에 NPIC은 이미 올긴을 주목했다. 산홀리안으로 수송된 IL-28과 달리 올긴으로 수송된 IL-28은 상자 상태로만 보관되었고 11월 26일 무렵 회수되었다. Brugioni, 536 참조.

29. Anastasiev interview.

30. Malinovsky memoranda, September 6 and 8, 1962, trans. in *CWIHP*, 11 (Winter 1998), 258 - 60. Raymond Garthoff, "New Evidence on the Cuban Missile Crisis," ibid.,251 - 4도 참조.

31. CINCONAD message 262345Z, CNO Cuba, USNHC; 합참의 답변은 Chronology of JCS Decisions Concerning the Cuban Crisis, October 27, 1962, NSAW Cuba와 OPNAV 24- hour resume of events, 270000 to 280000, CNO Cuba, USNHC 참조.

32. Chronology of JCS Decisions, October 28, 1962, NSAW Cuba.

33. CINCLANT history, 95.

34. Blight et al., *Cuba on the Brink*, 255, 261; amendment to CINCLANT history, JCS request for casualty estimates, November 1, 1962,CNO Cuba, USNHC.

35. Polmar and Gresham, 230; USCONARC message to CINCLANT 291227Z, CNO Cuba, USNHC.

36. Taylor memos to McNamara and the President, May 25, 1962, JCS records, NARA.

37. Sorensen OH, JFKL.

38. JCS memo to McNamara, October 23, 1962; Gilpatric memos to President and Bundy, October 24, 1962; Sagan Collection, NSAW; Sagan, 106 - 11. 10월 22일 길패트릭은 보좌관들에게 이런 2단계 수소폭탄의 관리 규정을 바꿀 아무런 이유가 없는 듯하다고 말했다. Gilpatric desk diary, OSD 참조.

39. Lt. Col. Robert Melgard quoted in Sagan, 110.

40. 2006년 2월 CALAMITY 임무에 투입된 조지 R. 맥크릴리스 중위와의 저자 인터뷰.

41.Dominic Operations Plan, September 1962, History of Air Force Participation in Operation Dominic, Vol. III, DOE.

제11장 "몇몇 개자식"

1. Maultsby memoir.

2. 몰츠비가 탄 U-2기와 소련 요격기의 항적 데이터는 미국 정부 차트를 기반으로 했다. 가장 구체적인 지도는 State Department Executive Secretariat, SDX, Box 7의 파일에서 찾을 수 있었다. 페베크 기지에서 이륙한 것으로 보이는 소련 요격기의 항적을 보여주는 두 번째 지도는 National Security Files—Cuba, Box 54, Maps, charts, and photographs folder, JFKL에 있다.

3. Brugioni, *Eyeball to Eyeball*, 456.

4. Official transcript, McNamara press conference, October 22, 1962, OSD.

5. Report to National Governors' Conference by Assistant Defense Secretary Steuart L. Pittman, October 27, 1962, JFKL.

6. Steuart L. Pittman OH, JFKL.

7. Alice L. George, *Awaiting Armageddon: How Americans Faced the Cuban Missile Crisis* (Chapel Hill: University of North Carolina Press, 2003), 78 - 80.

8. AP and UPI reports, October 27, 1962; *WP*, October 28, 1962.

9. 2003년 6월 전략공군사령부 장교인 오빌 클랜시 소령과의 저자 인터뷰.

10. Col. Maynard White, *America's Shield, The Story of the Strategic Air Command*

and Its People (Paducah, KY: Turner, 1997), 98.

11. Des Portes OH, NSAW.

12. Interviews with Clancy; Gerald E. McIlmoyle; and former SAC intelligence officer James Enney, October 2005.

13. 2005년 8월 프레드 오키모토와의 저자 인터뷰.

14. Taubman, 455.

15. 몰츠비는 1952년 1월 5일 북한 상공에서 격추되었고, 1953년 8월 31일에 풀려났다. Maultsby personnel file, NPRC 참조. 북한군의 몰츠비 신문 자료 사본은 소련에 제공되었고 전쟁 포로 및 임무 중 실종자에 관한 미소 합동위원회를 통해 공개되었다.

16. Martin Caidin, *The Silken Angels: A History of Parachuting* (Philadelphia: J. B. Lippincott, 1964), 230 - 6.

17. Maultsby personnel file.

18. 2006년 5월 맥나마라의 보좌관인 프랜시스 J. 로버츠 대령과의 저자 인터뷰.

19. CNO Office logs, October 27, 1962, CNO Cuba, USNHC. 해당 보좌관은 아이삭 C. 키드 대위다.

20. Council for Correspondence, Newsletter No. 22, Herman Kahn files, NDU; 2006년 2월 어빈 도레스와의 저자 인터뷰.

21. 몰츠비 비행 차트.

22. 2003년 6월 F-102 조종사 출신인 레온 슈무츠 및 조셉 W. 로저스와의 저자 인터뷰. Sagan, 136 - 7; Alaskan Air Command Post log, October 22, 1962도 참조.

23. Message to Joint Staff from Maj. Gen. V. H. Krulak, October 26, 1962, JCS Maxwell Taylor records, NARA.

24. JCS memo for the President, JCSM- 844 - 62, OSD.

25. JCS Poole notes.

26. Kaplan, 256.

27. David Burchinal OH, NSAW Cuba.

28. McNamara interview; 에롤 모리스 감독의 영화 *The Fog of War* (Sony Pictures Classics, 2003) 참조.

29. *LAT*, October 28, 1962; McNamara desk diaries, OSD.

30. JCS Poole notes. 1975년 구술사에서 공군 장군 출신인 데이브 버키널은 맥나마라가 다음과 같이 신경질적으로 소리쳤다고 주장했다. "이건 소련과의 전쟁을 뜻합니다. 대통령께서 모스크바와 핫라인으로 연락해야 한단 말입니다!" 맥나마라는 이런 말을 한

사실을 부인했다. 미소 핫라인은 쿠바 미사일 위기 뒤에 개통되었다.

31. Secret U-2 memo, National Security Files, Box 179, JFKL.

32. 이 부분은 1962년 10월 27일 대통령 전화 기록, 백악관 출입 기록, O'Donnell and Powers, Johnny, *We Hardly Knew Ye*, 338-9를 통해 상황을 재구성했다. *We Hardly Knew Ye* 설명은 케네디 대통령이 두 건의 U-2 사고를 알게 된 시각을 혼란스럽게 한다.

33. Roger Hilsman, *To Move a Nation* (Garden City, NY: Doubleday, 1967), 221; JFK letter to Jacqueline Kennedy, March 6, 1964, JFKL; Roger Hilsman interview, CNN CW.

34. O'Donnell and Powers, 337에 따르면 케네디 대통령은 "주피터 미사일의 철수를 8월에 지시"했다. 나중에 번디는 "대통령의 의견은 대통령 명령이 아니다"라며 이런 주장에 반박했다. Stern, 86 참조. A presidential memorandum (NSAM 181) dated August 23, 1962은 펜타곤에 "터키에서 주피터 미사일을 철수시키기 위해 어떤 조치를 할 수 있는지" 검토하게 했다. Nash, 110 참조.

35. Parallel drawn by Stern, 39, 296.

36. RFK, 127, 106.

37. Herman interview; History of the 4080th Strategic Wing, October 1962, FOIA.

38. 2006년 5월 맥나마라의 보좌관인 시드니 B. 베리와의 저자 인터뷰.

39. Gilpatric OH, NSAW.

40. History of the 4080th Strategic Wing, October 1962, FOIA; McNamara memo to Air Force secretary, October 28, 1962, OSD.

41. JCS Poole notes. 보고자는 합동정찰전대의 랄프 D. 스테클리 대령이었다.

42. Maultsby memoir. 회고록에서 몰츠비는 소리친 조종사의 이름을 언급하지 않았다. 슈무츠가 자신이 아니라고 밝혔기 때문에 소리친 조종사는 지금은 고인이 된 딘 랜즈가 틀림없다.

43. 몰츠비는 자신의 비행 시간을 10시간 25분으로 계산했다. 백악관에서는 몰츠비가 10시간 14분 비행 뒤, 워싱턴 시각으로 오후 2시 14분에 착륙한 것으로 기록했다. National Security Files, Box 179, JFKL을 참조하라. 비행 계획상으로는 7시간 50분 뒤인 오전 11시 50분에 귀환할 예정이었다. 이 책에서는 몰츠비가 제시했고, 제4080 전략비행단의 1962년 10월 부대사에 언급된 시각을 사용했다.

제12장 "죽기 살기로 도망치기"

1. Cuba Fact Sheet, October 27, 1962, NSAW.

2. Reminiscences of Col. Burton C. Andrus, Jr., History of the 341st Space Wing, FOIA.

3. Joseph E. Persico, *Nuremberg: Infamy on Trial* (New York: Penguin, 1995), 50.

4. Interview with Joe Andrew, Missile Maintenance Division, 341st Strategic Missile Wing, September 2005, in *Time* magazine, December 14, 1962.

5. Lt. Col. George V. Leffler quoted in *Saturday Evening Post*, February 9, 1963.

6. Andrus reminiscences.

7. Eugene Zuckert letter to JFK, October 26, 1962, Curtis LeMay records, Manuscript Division, Library of Congress. 알파식스는 1962년 10월 26일 1816Z(워싱턴 시각 오후 2시16분)에 전략비상대기가 발령되었다. November history, 341st Strategic Missile Wing, Sagan Collection, NSAW 참조.

8. October history, 341st Strategic Missile Wing, Sagan Collection, NSAW; Sagan, 82 - 90.

9. SAC Historical Study No. 90, Vol. 1, 72 - 3, 121; SAC message 1827Z, October 27, 1962.

10. Andrew interview in *Time*.

11. SAC Historical Study No. 90,Vol. 1, 43. 미사일 위기 당시 B-52는 대개 Mark-28 4발 또는 Mark-15 2발을 탑재했다.

12. "A Full Retaliatory Response," *Air and Space* (November 2005); 2005년 전략공군사령부 출신 조종사인 론 윙크 및 돈 앨드리지와의 저자 인터뷰.

13. Sagan, 66.

14. SAC Historical Study No. 90, Vol. 1, 90. 재밍과 관련해서는 Air Force messages AF IN 1500 and 1838, October 27 and 28, CNO Cuba, USNHC 참조.

15. Kaplan, 268.

16. Sagan, 186 - 8.

17. CIA, Supplement 8, Joint Evaluation of Soviet Missile Threat, October 28, 1962, LBJ Library; Yesin interview.

18. 칼라바사르 기지가 뉴욕을 겨눈 사실에 관해서는 빅토르 예신 상장이 알려주었다. 예신은 시도로프 휘하에서 공병 중위로 근무했고 소련군 전략로켓군의 참모장으로서 다른 연구자들에게는 미공개된 기록물을 볼 기회를 가진 인물이었다.

19. Malakhov notes, MAVI; Yesin interview.

20. Yesin interview.

21. CIA, Supplement 8, Joint Evaluation of Soviet Missile Threat, LBJ Library.

22. Yesin interview.

23. CIA telegram on Communist plans for Central America in the event of an invasion of Cuba, October 10, 1962, National Security Files, JFKL; CIA memo on Cuban subversion, February 18, 1963, JFKARC.

24. Undated CIA memo obtained through CREST,
RDP80B01676R001800010029 - 3; CIA memoranda, *The Crisis: USSR/Cuba*, October 29 and November 1, 1962; October 27, 1962, intercept, JFKARC.

25. Blight et al., *Cuba on the Brink*, 18.

26. Blight and Welch, eds., Intelligence and the Cuban Missile Crisis, 99.

27. Fursenko and Naftali, *One Hell of a Gamble*, 141.

28. CIA memo, "Operation Mongoose, Main Points to Consider," October 26, 1962, and McCone memo on Mongoose meeting, October 26, 1962, JFKARC.

29. *NYT*, October 29, 1962.

30. a "Communist sabotage ring": *NYT*, October 30, 1962.

31. Memos on CINCLANT psychological leaflet program, OSD. 원래 이 작전을 지지했던 합참 수뇌부는 10월 27일 문서에서 "군사적으로 부적절"하다고 언급했다. 이들은 작전에 투입된 항공기가 격추되어 쿠바에 선전 빌미를 주는 상황을 우려했다.

32. OPNAV 24-hour resume, 270000 to 280000, CNO Cuba, USNHC; 제임스 코플린 소령이 비행 기록을 제공해 주었다.

33. Author's interview with Capt. Edgar Love, October 2005; flight track in NPIC report on Blue Moon missions, October 27, 1962, CREST; Raw intelligence film, NARA.

34. 국무부 초안은 조지볼과 알렉시스 존슨이 준비했다. Johnson OH, JFKL 참조. 초안 사본은 Maxwell Taylor Papers, NDU에 나온다.

35. 조종사 임무 후 브리핑에 따르면, 포탄에 맞은 항공기는 없었다. 이날 오후 임무에 투입된 항공기 수는 불명확하다. 테일러 장군은 엑스콤에서 항공기 2대가 엔진 문제로 귀환했고 또 다른 6대가 쿠바 상공을 비행했다고 보고했다. 다른 보고서에 따르면 10월 27일 오후에 계획된 비행은 6회뿐이었다. Pentagon war room journal for October 27, NSAW 참조.

36. 스칼리가 러스크에게 건넨 메모는 Salinger, *With Kennedy*, 274 - 80에 나온다.

ABC News program on John Scali, August 13, 1964도 참조하라. 자막은 NSAW를 통해서 열람 가능하다.

37. 2006년 3월 토머스 휴즈와의 저자 인터뷰. 스칼리와 휴즈는 오후 5시 40분에 함께 백악관에 갔다. WH gate logs, JFKL 참조.

38. JFK3, 462.

39. 러스크는 스티븐슨이 작성한 초안을 엑스콤에서 읽었다. 저자는 국무부 원본을 Maxwell Taylor's Papers at NDU에서 발견했다. Alexis Johnson OH, JFKL도 참조.

40. 이 말은 나중에, 이 책 후기에서 논의한 "트롤로프의 수"로 알려지게 되었다. 수많은 작가, 이를테면 *Essence of Decision*을 쓴 그레이엄 앨리슨은 바비의 건의에 따라 케네디 대통령이 첫 번째 편지에 답변하고 두 번째 편지는 무시하기로 했다고 주장했다. 이런 주장은 실제 상황을 지나치게 단순화한 것이다. 케네디는 두 번째 편지를 무시하지 않았다. 다음 장에는 케네디가 터키-쿠바 마사일 맞교환 문제를 어떻게 처리했는지에 관해 세부적인 설명이 담겨 있다.

41. RFK, 97.

42. 2003년 9월 매를린 파웰과의 저자 인터뷰. *WP Magazine*, October 26, 2003을 참조하라. 제4080전략비행단 부대사에 따르면, 제인 앤더슨이 남편의 실종을 통보받은 것은 10월 27일 오후 5시 50분이었다.

43. Troyanovsky, 250; Sergei Khrushchev, 363.

44. Khrushchev letter to Castro, October 30, 1962, NSAW Cuba.

45. Shevchenko, 106.

46. Khrushchev letter to Castro, October 30, 1962, NSAW Cuba; Sergei Khrushchev, 364.

47. NK1, 499.

제13장 고양이와 쥐

1. 미 해군은 소련 잠수함을 발견한 시간 순으로 이름을 붙였다. 첫 번째로 잠수함은 241504Z에 발견한 C-18(소련명 B-130으로 니콜라이 슘코프가 지휘)이다. 252211Z에 발견한 잠수함은 C-19(B-59, 발렌틴 사비츠키), 261219Z에 발견한 잠수함은 나중에 C-26으로도 식별된 C-20(B-36, 알렉세이 두빕코)이고, 271910Z에 발견된 잠수함은 C-23(B-4, 류리크 케토프)이다.

2. Carrier Division Sixteen, Cuban missile crisis documentation, NSAW.

3. Logbooks of Beale and Cony, NARA, also available through NSAW.

4. Secretary of Defense message to Secretary of State 240054Z, NSAW Cuba.

5. JCS Poole notes.

6. *Time* magazine profile, July 28, 1961.

7. JCS message 051956Z, CNO Cuba, USNHC.

8. Intercepted message reported in ExComm meeting, interview with Keith Taylor, USS Oxford, November 2005; tracking intercept described in Harold L. Parish OH, October 12, 1982, NSA.

9. CINCAFLANT messages 27022Z and 280808Z, CNO Cuba, USNHC. 몇몇 작가들은 SAM 기지에 대한 즉각 공격을 저지하기 위해 백악관이 르메이와 대화해야 했다고 주장했다. Brugioni, *Eyeball to Eyeball*, 463 - 4을 참조하라. 합참 역사가인 월터 풀이 작성한 기록에 따르면 그런 주장은 사실이 아니다. 합참은 추가적인 손실이 있을 때까지 정찰 비행을 계속한 뒤 "적어도" SAM 기지 전체를 공격하는 방안을 선호했다. Chronology of JCS Decisions, October 23, 1962, NSAW를 참조하라. 단편적인 조치에 대한 합참의 반대는 October 27 memorandum on "Proposed Military Actions in Operation Raincoat," OSD를 참조하라.

10. Mozgovoi, 92, Havana 2002, vol. 2.

11. Yesin et al., *Strategicheskaya Operatsiya Anadyr'*, 84; Mozgovoi, 71. 함대 사령관은 비탈리 아가포노프 대령으로 B-4 잠수함에 탑승하고 있었다.

12. 아르히포프와 사비츠키는 모두 중령이었고, 어뢰 담당 장교는 소령이었다.

13. Mozgovoi, 93; 2004년 7월 오르로프와의 저자 인터뷰. 다른 잠수함의 함장들은 오르로프의 사건 설명에 의문을 제기했다. 아르히포프와 사비츠키는 둘 다 사망했다. 사비츠키가 정확하게 무슨 발언을 했는지 알 수는 없지만, 오르로프의 설명은 소련군 폭스트로트급 잠수함의 상태와 B-59의 알려진 움직임과 일치한다.

14. RFK, 102.

15. Schlesinger, *Robert Kennedy and His Times*, 625.

16. Schlesinger, "On JFK: An Interview with Isaiah Berlin," *New York Review of Books*, October 22, 1998.

17. State Department and Stevenson drafts, and ExComm discussion.

18. 회의 참석 인원에 관한 설명은 사람마다 다소 다르다. 딘 러스크 국무부 장관에 따르면, 본인 외에 케네디 대통령, 바비 케네디, 로버트 맥나마라, 맥조지 번디 및 "아마 또 다른 한 명"이 참석했다. Letter to James Blight, February 25, 1987, NSAW를 참조하라. 번디에 따르면 조지 볼, 길패트릭, 루엘린 톰슨, 소렌슨도 참석했다. McGeorge

Bundy, *Danger and Survival* (New York: Random House, 1988), 432 - 3 참조.

19. 러스크가 제안한 안은 터키 주재 미국 대사인 레이먼드 헤어가 Ankara cable 587에서 처음 제안한 것이다. 해당 전보는 토요일 아침 국무부에 도착했다. NSAW 참조.

20. Bundy, 433. 다른 설명은 Rusk, 240 - 1 참조.

21. Dobrynin, 61. 1962년 10월 30일 러스크에게 보낸 메시지에서 바비는 도브리닌에게 오후 7시 45분에 법무부에서 만날 것을 요청했다고 말했다(FRUS, Vol. XI, 270). 바비는 약속 시간에 늦었다. 엑스콤 회의는 7시 35분 무렵에도 끝나지 않았고, 그 뒤로도 약 20분간 대통령 집무실에서 실시된 회의에 참석했다. 바비는 오후 8시 5분에 도브리닌을 만났을 것이고, 이 시각에 국무부는 대통령 친서를 모스크바에 보냈다. ibid., 268.

22. KGB profile of RFK, February 1962, SVR.

23. Dobrynin cable to Soviet Foreign Ministry, October 27, 1962. 해당 내용은 도브리닌의 전보와 바비가 러스크에게 보낸 메모, RFK, *Thirteen Days*, 107 - 8를 바탕으로 재구성했다. 바비와 도브리닌의 설명은 거의 동일하지만, 도브리닌의 설명이 좀 더 분명하며, 특히 주피터 미사일 철수에 관해서 그렇다. 주피터 미사일에 관한 논의는 각기 다른 바비의 설명보다는 면담 직후 작성된 도브리닌의 전보가 더 신뢰할 만한 것으로 보인다. 이 문제에 관한 미국의 공식적인 스토리는 시간이 지나면서 바뀌었다. 소렌슨 같은 케네디 대통령의 보좌관들은 정부를 당혹하게 할 만한 구체적인 내용을 완곡하게 말하거나 심지어 누락시켰다. 도비리닌 전보의 영문 번역이 포함된 Jim Hershberg, *CWIHP*, 5 (Spring 1995), 75 - 80과 8 - 9 (Winter 1996 - 97), 274, 344 - 7을 참조하라.

24. O'Donnell and Powers, 325; 1962년 10월 27일 백악관 출입 입지 및 대통령 전화 일지.

25. O'Donnell and Powers, 340 - 1.

26. Ted Gup, "The Doomsday Blueprints," *Time*, August 10, 1992; George, 46 - 53.

27. O'Donnell and Powers, 324.

28. Brugioni, *Eyeball to Eyeball*, 482; "An Interview with Richard Lehman," *Studies in Intelligence* (Summer 2000).

29. Blight et al., *Cuba on the Brink*, 378. 맥나마라는 "해 질 무렵 대통령 집무실"을 나섰다고 했지만, 셸던 스턴은 엑스콤 회의를 마쳤을 때 이미 어두웠다고 지적했다. 10월 27일 일몰 시각은 오후 6시 15분이었다.

30. FRUS, Vol. XI, 275; Rusk, 240 - 1. 러스크는 코디어에게 연락했다는 사실을 1987년에 밝혔다. 일부 학자들은 이런 설명의 신뢰성에 의문을 제기했지만, 이 일이 있기 전 엑스콤 논의의 취지와 주피터 미사일에 관한 케네디 대통령의 견해는 완전히 일치하는

것처럼 보인다.

31. State Department Coordinator for Cuban Affairs memo, October 27, 1962, JFKARC.

32. Miro profile, *Time*, April 28, 1961.

33. Reeves, 97.

34. Nestor T. Carbonell, *And the Russians Stayed: The Sovietization of Cuba* (New York: William Morrow, 1989), 222 - 3.

35. CIA memo for Lansdale on Operation Mongoose—Infiltration Teams, October 29, 1962, JFKARC; Lansdale memo on covert operations, October 31, 1962, JFKARC도 참조.

36. Allyn et al., *Back to the Brink*, 149.

37. Alekseev cable to Moscow, October 27, 1962, trans. in *CWIHP*, 8 - 9 (Winter 1996 - 97), 291.

38. Blight et al., *Cuba on the Brink*, 117. 알렉세예프는 1978년까지도 U-2 격추의 진실에 대해 알지 못했다고 말했다.

39. Orlov interview.

40. Ibid.

41. Mozgovoi, 93; Carrier Division Sixteen, Cuban missile crisis documentation, NSAW.

42. Orlov interview.

43. Salinger, John F. Kennedy, 125.

44. Seymour Hersh, *The Dark Side of Camelot* (Boston: Little, Brown, 1997), 389. 케네디 대통령은 자신의 성적 욕망을 거듭 밝혔다. 클레어 부스 루스에게도 "여자 없이는 잠자리에 들 수" 없다고 했다.

45. White House phone records, October 27, 1962; WH social files, October 24, 1962, JFKL. 대개 비밀경호국이 여러 차례 매리 메이어의 백악관 방문을 기록해 두었다. 10월 27일 매리 메이어가 케네디 대통령을 만났다는 증거는 없다. 백악관 교환대를 거치지 않고도 시내 통화가 가능했기 때문에 케네디 대통령에 매리 메이어에게 전화를 걸었는지 여부는 불확실하다. 두 사람의 관계에 관한 내용은 Nina Burleigh, *A Very Private Woman* (New York: Bantam Books, 1998), 181 - 227 을 참조하라.

46. O'Donnell and Powers, 341.

47. CNO Office log, October 27, 1962; OPNAV resume of events, CNO Cuba, USNHC.

48. Gilpatric handwritten notes from 9:00 p.m. ExComm meeting, October 27, 1962, OSD.

49. October 28 Prensa Latina report, FBIS, October 30, 1962.

제14장 "철수"

1. Troyanovsky, 250. 회의 시간은 Sergei Khrushchev, Nikita Khrushchev, 351 참조.

2. 1993년 9월 보리스 포노마료프와의 인터뷰는 Fursenko and Naftali, *One Hell of a Gamble*, 284에 나온다. 1962년 10월 28일 최고회의 간부회의에 관한 말린의 기록은 Fursenko, *Prezidium Ts. K. KPSS*, 624 참조.

3. Sergei Khrushchev, 335. 세르게이는 자신의 아버지가 말리놉스키에게 쿠바에 있는 소련군 장군들은 소련군이 아니라 쿠바군에서 복무하냐고 화를 내며 물었다고 했다. "소련군에 복무하면서 왜 외국 지휘관의 명령에 따른단 말이오?" 저자는 세르게이가 현장에 없었으므로 책에 이 발언을 넣지 않았다. 하지만 해당 발언에 담긴 정서는 이 당시 흐루쇼프의 생각을 정확하게 반영하는 것처럼 보인다.

4. Troyanovsky, 251; Dobrynin, 88. 여러 작가가 도브리닌의 바비 케네디와의 면담 결과 보고서가 케네디에게 보내는 흐루쇼프의 답장에 영향을 미치기에는 너무 늦게 도착했다고 주장했다. 이를테면 Fursenko and Naftali, Khrushchev's Cold War, 490는 흐루쇼프가 "케네디의 양보에 관해 알기 전 ⋯ 자신의 양보가 담긴 발표문을 구술했다"고 주장한다. 이것은 10월 28일 최고회의 간부회의 기록을 오독한 것이다. 실제로 회의록에 따르면, 이날 나중에 최고회의 간부회의 소회의가 도브리닌의 보고서를 검토하고 답장을 작성하기 위해 소집되었다. 하지만, 이들은 도브리닌의 보고서를 이날 최소 9개 의제 중 세 번째에 올려놓았다. 원래 회의의 일부였던 피델 카스트로에게 보내는 편지와 (다섯 번째 의제인) 플리예프에게 보내는 전문보다 앞선 의제였다. 최고회의 간부회의에 관한 다른 기록에 따르면, 여러 의제가 "어지럽게" 논의되었다. 따라서 도브리닌의 보고서는 흐루쇼프가 케네디와 카스트로에게 보낼 편지를 구술하기 전인 회의 초기에 도착했지만 두 번째 회기에서 세부적인 토의의 주제가 되었을 가능성이 있어 보인다. 이것은 흐루쇼프 자신의 회고록과 첫 번째 회기에 있었던 올레크 트로야놉스키의 기억과도 일치한다. 최고회의 간부회의의 단편적인 기록과 더불어, 트로야놉스키의 설명은 회의 상황에 관한 가장 권위 있는 자료고, 그래서 저자는 엄밀하게 이 자료를 바탕으로 했다.

5. Khrushchev letter to Castro, October 30, 1962, NSAW.

6. Gribkov et al., *U Kraya Yadernoi Bezdni*, 167.

7. NK1, 500.

8. FRUS, Vol. XI, 279.

9. Khrushchev letter to Castro, October 28, 1962, NSAW

10. Malinovsky telegram to Pliyev (pseudonym Pavlov), October 28, 1962, 4:00 p.m. Moscow time. NSAW Cuba. 오후 6시 30분에 말리놉스키는 추가 메시지를 보내 "미군 정찰기와의 충돌을 피하기 위해" 지대공 미사일로 전투기를 격추시키지 말 것을 플리예프에게 명령했다. 두 전문을 확인하려면 *CWIHP*, 14-15 (Winter 2003), 389를 참조하라.

11. CINCLANFLT message 272318Z, CNO Cuba, USNHC.

12. Log books of USS Beale, Cony, and Murray. NSAW가 작성한 잠수함 일지 참조.

13. Carrier Division Sixteen, Cuban missile crisis documentation, NSAW.

14. Mozgovoi, 94; Orlov interview.

15. Dubivko memoir, "In the Depths of the Sargasso Sea," trans. Savranskaya.

16. Mozgovoi, 109-10.

17. Gen. Horace M. Wade OH, AFHRA.

18. Unpublished Maultsby memoir.

19. Sagan, 76.

20. 몰츠비가 정확히 어떻게 소련 영공을 침범했는지와 북극에 다녀올 때 어떤 항로를 이용했는지는 수십 년간 미스터리로 남게 된다. 미국 정부는 조종사의 "심각한 항법 과실"이 원인이라고 인정했지만, 당혹스러운 이 사건을 은폐하기 위해 최선을 다했다. 맥나마라는 임무의 문제점에 관한 "완벽하고 구체적인 보고서"를 요구했으나, 공군의 조사 결과는 공개되지 않았다. McNamara memo to Air Force secretary, Cuban missile crisis files, Box 1, OSD 참조. 이 사건과 관련해서 저자가 확인할 수 있었던 몇몇 공식 자료 중에는 몰츠비의 영공 침범 항로를 보여주는 차트 두 개가 있었고, 해당 차트는 국무부와 JFKL의 기록물 중 예상치 못한 곳에 있었다.

　천문 지도와 함께 보면, 이 차트는 몰츠비와 몰츠비가 알래스카로 귀환하는 것을 지원한 항법사의 기억이 사실임을 보여준다. 반면 몰츠비가 북극에서 선회를 잘못해서 소련 영공을 침범했다는 널리 인정되는 공식적인 추정을 약화시키기도 한다. 실제로 이 차트에 따르면 몰츠비는 북극에 도달하지도 않았고, 그린란드 북부 근처 또는 캐나다 북부의 퀸엘리자베스 제도까지만 도달했다.

　공식적인 설명의 주요 문제는 영공 침범 시각과 추가 비행 시간이 설명되지 않는다는 점이다. 고도 7만 5000피트에서 U-2기는 약 420노트의 항속 속도로 비행해야 했다. 몰츠비가 이런 속도를 유지하고 북극에서 선회를 잘못했다면, 워싱턴 시각으로 오전 11

시 59분이 아니라 오전 10시 45분쯤 소련 영공을 침범했을 것이다. 추가 비행 시간은 약 600마일(966킬로미터)을 우회한 시간과 맞먹는다.

항로 이탈 이유에 관한 가장 타당한 설명은 나침반 때문에 항법 계산에 착오가 있었다는 것이다. 북극 근처에서는 나침반이 쓸모가 없어진다. 조종사는 별자리와 방향을 유지하게 하는 자이로, 그리고 정확한 비행 시간 및 거리에 의존해야 했다. 또 다른 U-2 조종사인 로저 허먼에 따르면, 몰츠비가 나침반에서 자이로를 분리하지 않았다고 동료들에게 말했다. 그것은 당시 캐나다 북부의 자북극 방향으로 향하게 했을 실수였다.

국무부 차트에 따르면, 몰츠비는 북쪽이 아니라 동북부에서 소련 영토에 진입했다. 이런 사실은 몰츠비가 항공기 기수 "좌측"에서 오리온자리의 벨트를 봤다는 회고와 일관성을 가진다. 북극에서 남쪽으로 비행했다면 항공기 기수 우측에서 오리온자리를 봤을 것이다.

21. Vera interview.

22. Richard Helms memo, November 13, 1962, JFKARC.

23. Chronology of the Mathambre Mine Sabotage Operation, November 14, 1962, JFKARC. Harvey memo to Director of Central Intelligence, November 21, 1962, JFKARC도 참조. 하비가 작성한 문서에서, 하비는 계획상 "10월 22일과 23일 두 차례만 즉각적인 예비 접선일"이 있었다고 말했다. 공작원들이 투입되고 4~5일 뒤였다. 이런 접선일을 놓치는 경우, "최종 픽업 작전"이 11월 19일로 정해졌다. 이런 일정은 말이 되지 않는다. 다들 파괴 공작 작전을 수행하는 데 나흘 이상이 걸릴 것이라는 사실을 알고 있었다. 이보다 앞서 10월 초에 실시했지만 실패한 동일 임무 시도에서 CIA는 오로스코가 지휘한 공작팀을 쿠바에서 닷새 뒤에 데려왔다. 10월 22~23일 계획은 별도의 무기 은닉 작전이고, 오로스코와 베라가 마타암브레에 도달하지 못했을 경우에 대한 대비책이었을 수 있었다. 접선일이 10월 28~30일이고, 예비일은 11월 19일이라는 베라의 주장을 의심할 이유는 없다.

24. Cuban interrogation report, November 8, 1962, Havana 2002, Documentos de los Archivos Cubanos, Vera interview.

25. Blue Moon mission 5035, November 2, 1962, NARA.

26. Moscow telegram 1115 to Secretary of State, October 28, 1962, SDX.

27. Troyanovsky, 252; Taubman, 575 - 6.

28. Sergei Khrushchev, 367.

29. Troyanovsky, 253.

30. O'Donnell and Powers, 341; Beschloss, 541.

31. Alsop and Bartlett, "In Time of Crisis," *Saturday Evening Post*, December 8, 1962.

32. Wilson OH, JFKL.

33. Abel, 180.

34. Sorensen, Kennedy, 705.

35. JCS Poole notes.

36. NSAW Cuba.

37. Beschloss, 544.

38. Franqui, 194, Thomas, 524. 카스트로의 설명은 Blight et al., *Cuba on the Brink*, 214 참조.

39. Alekseev interview, CNN CW.

40. 이 사건에 관한 전체 설명은 Sagan, 127 - 33을 참조하라. 세이건을 비롯한 몇몇 작가들은 시간을 잘못 제시했다. NORAD 일지상 시간은 1608Z, 즉 워싱턴 시각으로 오전 11시 8분이었다. Sagan Collection, NSAW 참조.

41. Summary record of ExComm meeting, FRUS, Vol. XI, 283.

42. Sorensen interview, CNN CW.

43. Reeves, 424.

44. Instructions to Dobrynin, October 28, 1962, NSAW; Dobrynin, 89 - 90.

45. Gribkov and Smith, Operation ANADYR, 72.

46. Mario Vargas Llosa report, *Le Monde*, November 23, 1962.

47. CIA memorandum, *The Crisis: USSR/Cuba*, November 10, 1962, CREST.

48. Telegram from Czechoslovak ambassador, October 31, 1962, Havana 2002, vol. 2.

49. Yesin et al., Strategicheskaya Operatsiya Anadyr, 57.

50. K. S. Karol, *Guerrillas in Power* (New York: Hill & Wang, 1970), 274.

51. RFK, 110.

후기

1. Arthur M. Schlesinger, Jr., *A Thousand Days* (Boston: Houghton Mifflin, 1965), 851.

2. Alsop and Bartlett, "In Time of Crisis," *Saturday Evening Post*, December 8, 1962.

3. Schlesinger, *Robert Kennedy and His Times*, 529.

4. Schlesinger, *A Thousand Days*, 828.

5. Dobrynin, 83.

6. 핵무기 사고에 관한 연구서인 Scott Sagan, *The Limits of Safety*(1993)는 예외다.

7. History of 4080th Strategic Wing, October 1962, FOIA.

8. Alsop and Bartlett, "In Time of Crisis."

9. Kaplan, 334.

10. Clark M. Clifford, *Counsel to the President* (New York:Random House, 1991), 411.

11. Michael Charlton and Anthony Moncrieff, *Many Reasons Why: The American Involvement in Vietnam* (New York: Hill & Wang, 1978), 82. Eliot A. Cohen, "Why We Should Stop Studying the Cuban Missile Crisis," *The National Interest* (Winter 1985 - 86)에서 인용.

12. Reeves, 424.

13. Schlesinger, *Robert Kennedy and His Times*, 548.

14. NIE 85-3-62, September 19, 1962; 사후평가는 February 4, 1963, memo from President's Foreign Intelligence Advisory Board in McAuliffe, 362 - 71을 참조하라.

15. JFK Commencement Address at American University, June 10, 1963.

16. Reeves, 425; "Acheson Says Luck Saved JFK on Cuba," *WP*, January 19, 1969도 참조.

색인

ㅎ

1962 세기의 핵담판 쿠바 미사일 위기의 13일

초판 1쇄 2019년 6월 29일
초판 2쇄 2022년 4월15일

지은이 마이클 돕스
옮긴이 박수민
독자감수 최재근 권성욱
펴낸이 박수민
펴낸곳 모던아카이브 · **등록** 제406-2013-000042호
주소 경기도 파주시 회동길 480 B동 341호
전화 070-7514-0479
팩스 0303-3440-0479
이메일 do@modernarchive.co.kr
홈페이지 modernarchive.co.kr

ISBN 979-11-87056-29-4 03900
이 도서의 국립중앙도서관 출판시도서목록(CIP)은 서지정보유통지원시스템 홈페이지(http://seoji.nl.go.kr)와 국가자료공동
목록시스템(http://www.nl.go.kr/kolisnet)에서 이용하실 수 있습니다.
(CIP제어번호: CIP2019023572)